本书为国家社会科学基金资助项目（12BZS080）
结项成果

近代湖南乡村社会研究
（1840—1949）

王继平 著

中国社会科学出版社

图书在版编目（CIP）数据

近代湖南乡村社会研究：1840—1949／王继平著．—北京：中国社会科学出版社，2021.8

ISBN 978-7-5203-8537-4

Ⅰ.①近⋯　Ⅱ.①王⋯　Ⅲ.①农村调查—湖南—1840-1949　Ⅳ.①D693.79

中国版本图书馆 CIP 数据核字（2021）第 100828 号

出 版 人	赵剑英
责任编辑	安　芳
责任校对	张爱华
责任印制	李寡寡

出　　版	中国社会科学出版社
社　　址	北京鼓楼西大街甲 158 号
邮　　编	100720
网　　址	http://www.csspw.cn
发 行 部	010-84083685
门 市 部	010-84029450
经　　销	新华书店及其他书店
印　　刷	北京明恒达印务有限公司
装　　订	廊坊市广阳区广增装订厂
版　　次	2021 年 8 月第 1 版
印　　次	2021 年 8 月第 1 次印刷
开　　本	710×1000　1/16
印　　张	40.25
字　　数	620 千字
定　　价	198.00 元

凡购买中国社会科学出版社图书，如有质量问题请与本社营销中心联系调换
电话：010-84083683
版权所有　侵权必究

目 录

绪 论 ……………………………………………………………… (1)

第一章 近代湖南乡村区位与乡村聚落 ……………………… (8)
  第一节 近代湖南乡村的自然与人文环境 ………………… (8)
  第二节 近代湖南乡村聚落 ………………………………… (15)
  第三节 近代湖南乡村状况 ………………………………… (21)

第二章 近代湖南乡村经济 …………………………………… (35)
  第一节 晚清湖南乡村经济的嬗变 ………………………… (35)
  第二节 民国湖南乡村经济的发展 ………………………… (59)
  第三节 新民主主义经济的出现 …………………………… (88)

第三章 近代湖南乡村的人口、家庭、宗教与信仰 ………… (101)
  第一节 近代湖南乡村的人口 ……………………………… (101)
  第二节 近代湖南乡村的家庭与宗族 ……………………… (132)
  第三节 近代湖南乡村的宗教与信仰 ……………………… (162)

第四章 近代湖南乡村社会分层与社会流动 ………………… (180)
  第一节 晚清湖南乡村社会分层与社会流动 ……………… (180)
  第二节 民国湖南乡村社会分层与社会流动 ……………… (204)
  第三节 近代湖南的乡绅阶层 ……………………………… (216)

第五章　近代湖南乡村社会治理 (242)
　　第一节　晚清湖南乡村治理与清末乡村自治 (242)
　　第二节　民国前期湖南乡村自治与治理 (281)
　　第三节　国民政府时期湖南乡村治理 (296)

第六章　乡村革命根据地的治理与建设 (323)
　　第一节　革命根据地的乡村政权建设 (323)
　　第二节　革命根据地的乡村社会革命与社会建设 (342)
　　第三节　革命根据地的社会动员与社会参与 (365)

第七章　近代湖南乡村社会组织与社会动员 (391)
　　第一节　晚清湖南乡村社会组织与社会动员 (392)
　　第二节　民国湖南乡村社会组织的转型与发展 (420)
　　第三节　民国湖南乡村的社会动员 (442)

第八章　近代湖南乡村社会冲突及社会控制 (468)
　　第一节　近代湖南乡村的社会问题与社会矛盾 (468)
　　第二节　近代湖南的乡村社会冲突 (495)
　　第三节　近代湖南的乡村社会控制 (526)

第九章　近代湖南乡村社会生活变迁 (559)
　　第一节　近代湖南乡村生产方式的进步 (559)
　　第二节　近代湖南乡村生活方式的变迁 (574)
　　第三节　近代湖南乡村习俗及文化生活的改良 (586)

参考文献 (613)

后　记 (638)

绪　　论

长期以来，中国是一个封建的农业帝国，乡村是人们的主要聚落，也是中国社会的主要构成。小农业与小手工业紧密结合的自然经济，构成乡村社会牢固的经济结构。鸦片战争后，由于西方商品和资本的输出，中国乡村自然经济结构被打破，乡村经济在转型的过程中，呈现出凋敝的景象。如何在工业化的进程中变革与重建乡村经济，不仅是政府需要面对的问题，也是学者们十分关注的课题。

民国时期，一批具有西方社会学专业背景的知识分子以极大的人文情怀关注着乡村社会。一是进行大规模而深入的乡村社会调查。费孝通先生的《江村经济》《乡土中国》《皇权和绅权》等，是在深入调查乡村社会之后有关乡村研究的传世之作。尤其是在20世纪20—30年代，蔚然兴起了一场中国社会调查运动，形成了一批有价值的调查报告。特别是30年代初，国民党"中央"政治学校地政学院的学生对全国19省市180余县市土地问题所作的调查，形成了166部报告，对了解民国及其以前的乡村土地状况，具有重要的意义。在他们的影响下，各省的中等以上学校师生对当地的乡村也进行了深入的调查，如湖南省立衡山乡村师范学校调查乡村的《衡山县师古乡社会概括调查》《新宁白杨乡社会概括调查》等，是非常翔实而深入的调查报告。此外，陈翰生、薛暮桥、冯和发等先生的乡村社会调查，也是非常有意义的。[①] 中国共产党自诞生之日起，就关注农村问题，视农民为中国革命的动力。毛泽东同志就身体力

[①] 其成果结集为《解放前的中国农村》，中国展望出版社1985年版。

行地考察了湖南农民运动，形成了《湖南农民运动考察报告》，并且在 20 世纪 30 年代对中央苏区所在地的乡村进行过调查，完成了《中国佃农生活举例》（1926 年）、《寻乌调查》（1930 年）、《兴国调查》（1930 年）、《东塘等处调查》（1930 年）、《水口村调查》（1930 年）、《长冈乡调查》（1933 年）、《才溪乡调查》（1933 年）等一系列农村调查报告，对指导土地革命具有重要的意义。[①] 二是乡村建设的实践。其中著名的是 20 世纪二三十年代兴起的一场规模大、时间长、波及广的乡村建设运动。这是中国近代历史上引人注目的一件大事。当时，全国出现了数百个乡村建设团体和机构，出现了一大批乡村建设的杰出人士，其中最具代表性的是晏阳初、梁漱溟、卢作孚。在普及农村教育，发展农村经济、培养农业人才，传授和推广农业技术，改变农村社会风气等方面做了大量工作，是值得肯定的。他们在乡村建设的理论上和实践上，都强调应注意中国传统文化，以及中国的国情和特色，反对生搬硬套外国模式，都十分重视农村的教育。这些对于今天建设现代化的社会主义新农村，仍有着重要的借鉴意义。[②] 与此同时，中国共产党领导的苏区、抗日民主根据地、解放区，从 20 世纪 20 年代末开始，也尝试着乡村建设实践，特别是对农村土地改革进行了系列的探索和实践。

近代中国乡村社会的研究，在 20 世纪 80 年代以前，主要研究集中在农村土地兼并和赋税剥削方面，是为研究各地农民起义的社会背景服务的。80 年代以来，社会学在中国得以复兴和发展，以社会学的方法研究中国乡村、乡村社会，成为学术界研究的热点并形成了一批成果。《历史研究》《近代史研究》等重要史学杂志和相关的专门学术刊物发表了一批有关近代乡村史研究的论文，《史学月刊》甚至专设乡村史研究专栏。值得注意的是，一批有分量的近代乡村史研究论著纷纷面世，如魏宏运的《二十世纪二三十年代冀东农村调查》（天津人民出版社 1996 年版）、程歗的《晚清乡土意识》（中国人民大学出版社 1990 年版）、朱德新的《二

[①] 中共中央文献研究室、中国井冈山干部学院编：《毛泽东中央革命根据地斗争时期调查文集》，中央文献出版社 2010 年版。

[②] 刘重来：《乡村建设运动三杰：晏阳初、梁漱溟、卢作孚》，《光明日报》1999 年 1 月 29 日。

十世纪三四十年代河南冀东保甲制度研究》（中国社会科学出版社1994年版）、王先明的《近代绅士——一个封建阶层的历史命运》（天津人民出版社1997年版）、朱玉湘的《中国近代农民问题与乡村社会》（山东大学出版社1997年版）、张鸣的《乡土心路八十年：中国近代化过程中农民意识的变迁》（上海三联书店1997年版）、孙泉等《强权与民声：民初十年社会透视》（河南大学出版社1991年版）、张静如的《国民政府统治时期中国社会之变迁》（中国人民大学出版社1993年版）、孙达人的《中国农民变迁论：试探我国历史发展周期》（中央编译出版社1996年版）、赵秀玲的《中国乡里制度》（社会科学文献出版社1998年版）、苑书义等《艰难的转轨历程——近代华北经济与社会发展研究》（人民出版社1997年版）、乔志强等《近代华北农村社会变迁》（人民出版社1998年版）、郑大华的《民国乡村建设运动（20至30年代）》（社会科学文献出版社2000年版）等，由此构成了近代乡村史研究再度复兴的主要标志。[①]

21世纪以来，该领域又取得了比较大的进展。首先是资料的搜集、整理、出版，取得了很大的成绩，尤其是由李文海、夏明方、黄兴涛主编的大型资料汇编《民国时期社会调查丛编》，是民国社会调查史料最完备的汇集。共分3编24卷45册，精选民国时期的社会调查史料近千种，4000余万字，猬集了民国时期具有代表意义的社会调查报告，其中关于乡村社会、乡村经济、底边社会、社会组织等资料，是研究民国乃至民国以前中国乡村社会的重要材料。[②] 至于研究，主要集中在乡村经济（特别是乡村手工业史）、乡村社会流动、乡村社会阶层（主要是绅士阶层）、乡村建设思想等方面。就地区而言，研究主要集中在北方地区尤其是华北地区。代表性的成果有乔志强、行龙主编的《近代华北农村社会变迁》、贺跃夫《晚清士绅与近代社会变迁：兼与日本士族比较》、王跃生《近代中国人口地区流动》、王先明《变动时代的乡绅——乡绅与乡村社会结构变迁》（人民出版社2009年版）及系列研究论文《中国近代绅士

[①] 王先明：《中国近代乡村史研究及展望》，《近代史研究》2002年第2期。
[②] 李文海、夏明方、黄兴涛主编：《民国时期社会调查丛编》，一、二、三编，福建教育出版社2004—2014年版。

阶层的社会流动》《近代士农工商社会结构的错动》《晚清士绅基层社会地位的历史变动》等、丛翰香的《近代冀鲁豫乡村》、王印焕的《1911—1937年冀鲁豫农民离村问题研究》、马俊亚的《混合与发展：江南地区传统社会经济的现代演变》、黄宗智的《华北的小农经济与社会变迁》、彭南生的《中间经济：传统与现代之间的中国近代手工业（1840—1936）》和《半工业化：近代中国乡村手工业的发展与社会变迁》、王广义的《近代中国东北乡村社会研究（1840—1931）》等。此外，还有复旦大学历史系、中外现代化进程研究中心编辑的《近代中国乡村社会》、李长莉主编的《近代中国的城市与乡村》两本论文集，也集中探讨了近代中国乡村社会的若干问题。

上述研究虽然涉及近代社会的各个方面和各区域，但主要集中在北方（华北、西北、东北）地区。就一般研究状况而言，南方地区的乡村历史与社会研究比较薄弱。最早有贺跃夫先生的《晚清县以下基层行政官署与乡村社会控制》（《中山大学学报》1995年第4期）、《晚清士绅与近代社会变迁》（广东人民出版社1994年版）。此外，邱捷先生的《知县与地方士绅的合作与冲突——以同治年间的广东省广宁县为例》《同治、光绪年间广东首县的日常公务——从南海知县日记所见》《晚清广东的"公局"——士绅控制乡村基层社会的权力机构》《清末民初地方政府与社会控制——以广州地区为例的个案研究》《民国初年广东乡村的基层权力机构》《同治、光绪年间广州的官、绅、民——从知县杜凤治的日记所见》等论著探讨了近代广东乡村社会的地方权力变迁和官、绅、民之互动关系。李永芳先生的《近代中国农会研究》（社会科学文献出版社2008年版）从乡村社会组织的角度对近代农会的发展进行了深入研究；迟子华先生的《中国近代流民》（浙江人民出版社1996年初版；社会科学文献出版社2006年修订版）则对近代流民进行了系统、定量的研究。尽管如此，中国乡村幅员广大，地区差异很大，加之近代中国发展不平衡的特征也表现在乡村地区，因此有必要对中国近代乡村社会进行区域或方面的研究，取得不同地区、不同侧面的研究样本，才能更好地对近代中国乡村社会进行整体的研究。因此，从这个意义上来说，南方各省乡村社会历史的研究需要进一步深入。

湖南是中国中部地区的内地省份，也是较为典型的农业社会，因此，从近代中国乡村社会研究来看，它具有区别沿海地区、华北地区、西部地区的不同特点，因而具有研究范本的意义。大概近代湖南在军事、政治上有较为重要的地位，故湖南的历史学者长期以来关注的是近代湖南的政治、军事诸方面的研究，如湘军、太平天国、维新运动尤其是辛亥革命的研究，于近代湖南乡村社会鲜少关注，研究比较薄弱，成果也差强人意。著作方面，刘泱泱的《近代湖南社会变迁》是比较早的研究成果，主要是用历史学的方法，对近代湖南社会进行了整体的研究；许顺富的《湖南绅士与晚清政治变迁》则考察了绅士阶层与晚清湖南政治运动的关系；熊英的《湘军与近代湖南社会》着重研究了湘军兴起与晚清社会经济的变化。社会史的研究，是在21世纪初，由周秋光先生和他的研究生们从慈善史研究向社会史研究拓展，形成了以硕士论文为形式的研究成果，并在此基础上撰写了《湖南社会史》（湖南出版社2013年版），系统研究了包括乡村社会在内的近代湖南社会史。杨鹏程先生对近代湖南的自然灾害及其防治也进行了深入研究，形成了《湖南灾荒史》等研究成果，也是湖南社会史研究领域的标志性成果之一。此外，还有一些零散的论文，主要是研究生的学位论文，从不同侧面研究湖南城乡社会生活的某些方面。从整体上系统考察湖南近代乡村社会的成果，目前还比较缺乏。

2012年，笔者申请获得国家社会科学基金项目"近代湖南乡村社会研究（1840—1949）"。[①] 目的是想通过这一课题的研究，弥补目前近代中国乡村社会研究中，长江以南地区乡村社会研究特别是湖南近代乡村社会研究的不足，特别是探讨处于南北交界地带的中部乡村社会在近代社会转型过程中的变化及其特征，以期对中国近代社会史研究有所拓展。同时，对20世纪上半期的乡村社会的深入研究，也有助于充分认识乡村的历史，加深对现状的了解，对当代农村的建设发展提供借鉴。

湖南处于东西部的交界的中部地区，是近代西方文化由沿海向内地辐射的必由之路，也是传统文化抵御外来文化的桥头堡，因此，中西文

---

① 批准文号：12BZS080。

化的冲突与交汇在此剧烈演进。近代湖南乡村社会是中部地区较为典型的农业社会，其在近代转型时期的变化和发展，反映着近代中国乡村社会的区域差别。一般来说，它表现出以下特征：

第一，近代湖南乡村经济从整体上来看，仍然是自然经济占主导地位的经济结构，存在发展不平衡的现象。在湘北洞庭湖地区及湘中地区，商品经济获得较为充分的发展，特别是在近代后期即民国时期，而在湘西、湘南、湘东的广大山区，仍然保持着自然经济的结构。

第二，近代湖南乡村社会分层单纯，社会流动呈现单一、向下流动的趋势，既表现出农业社会的典型流动形态，又是近代湖南乡村社会动荡不安、会党、民变蜂起的社会基础。

第三，近代湖南社会组织在前期不尚发达，主要是宗族类传统组织，同时秘密社会组织活跃，如天地会、哥老会之类，成为19世纪下半叶乡村社会矛盾和冲突的主要力量；20世纪特别是民国以来，社会组织呈现活跃态势，政治类社会组织获得发展，特别是20年代中期农会的发展，是湖南乡村社会动员规模最大的时期，对此后湖南乡村社会参与产生了深刻影响。

第四，近代湖南乡村社会矛盾主要表现为阶级、宗族、地域以及官民间的矛盾，由此导致不同的社会冲突发生；乡村社会的控制，表现为从传统向现代发展的态势，晚清时期乡村的行政控制相对弱化，乡绅在社会冲突中的调控作用凸显；民国以后，乡村政权建设逐步完善和严密，保甲制度的推广加强了乡村社会的控制。

第五，作为湘军兴起的产物之一的湘绅，是湖南近代特别是晚清时期湖南乡村势力巨大的社会阶层，成为乡村经济、政治、社会、文化等诸方面的主导力量，是乡村社会冲突的调解者，保守势力的代表人物。同时，他们也是乡村公共事业的倡导和担当者。19世纪末，湘绅发生分化，部分成为湖南实业的创办人、新式教育的兴办者，并成为20世纪初年政治变动的参与者。民国以后，乡村政权的完善，乡绅逐步退出乡村社会生活。

第六，湖南乡村的现代化进程缓慢，主要表现为沿湘江城镇工商业的发展，农业的商品化程度有所提高，集镇贸易有所发展，但仍然表现为明显的农业社会特征。

近代湖南乡村社会呈现的这些特征,反映了中国中部地区乡村社会的典型特征,它们表现了中西文化冲突与交汇、传统与现代对抗与交融的地带,传统的自然经济与社会结构抗拒着现代的因素,而现代的潮流不断冲刷着传统的堤坝,由此浸润着近代湖南乡村社会的沃土,开启了近代湖南乡村社会变迁的进程。

第一章

近代湖南乡村区位与乡村聚落

湖南省因地处中国南部、长江中游、洞庭湖以南而得名"湖南",因省内最大河流湘江流贯全境而简称"湘"。湖南在原始社会时为三苗、百濮与扬越(百越一支)之地,据出土文物证明,湖南境内在 40 万年前有旧石器时期的人类活动,早在一万多年前就有种植稻谷,早在五千年以前的新石器时代湖南的先民就开始过定居生活[①]。湖南除北部为洞庭湖平原外,处于中国地势从西部高原向东部沿海的过渡地带,湘西南有高山,大部分是比较典型的丘陵地区,因而自古是以农耕为主的乡村社会。

第一节 近代湖南乡村的自然与人文环境

湖南内陆省份的区位,决定了湖南是以农业为主要经济部门的社会经济结构,是以农业种植为主体的乡村社会,而其自然与人文环境既是湖南乡村社会存在和发展的基础,也是研究近代湖南乡村社会的起点。

一 湖南乡村的自然环境

湖南省地处 108°47′E—114°15′E,24°39′N—30°08′N,东西直线距离

[①] 《湖南省情》编委会编:《湖南省情》,湖南人民出版社 1989 年版,第 1 页。

宽 667 公里，南北直线距离长 774 公里，全省土地面积 21.18 万平方公里，占全国国土面积的 2.2%，在各省市幅员中居第 11 位。湖南东与江西为邻，北和湖北交界，西连四川、贵州，南接广东、广西，是我国东南腹地。绝大部分位于低纬度，在五带中位于北温带；在我国温度带中位于亚热带。[①]

湖南处在中国大陆第二级与第三级阶梯的交界地带，因而地形多变，高山、丘陵、平原、洼地依次排列，且整体地势南高北低，故而江河北去，形成长江中游的重要水系之一。边界东有高耸的幕阜、罗霄山脉，南有逶迤的五岭（又称南岭）山脉，西有险峻的武陵、雪峰山脉，中部是马蹄形丘陵地区，多连绵起伏的山冈和宽阔的盆地，而北部则是浩瀚的洞庭湖及地势低平的冲积平原。

湖南属亚热带季风湿润气候，四季分明，严寒期较短。湖南为大陆型中亚热带季风湿润气候。省境距海 400 公里，受东亚季风环流的影响密切相关。气候具有三个特点：第一，光、热、水资源丰富，三者的高值又基本同步。湖南 4—10 月，总辐射量占全年总辐射量的 70%—76%，降水量则占全年总降水量的 68%—84%。第二，气候年内与年际的变化较大。冬寒冷而夏酷热，春温多变，秋温陡降，春夏多雨，秋冬干旱。气候的年际变化也较大，极大值与极小值的地区差值比平均值的地区差值大 1.29 倍，雨量最多年份与最少年份相差 1460 毫米，最多年几乎为最少年的 3 倍。第三，气候垂直变化最明显的地带为三面环山的山地。尤以湘西与湘南山地更为显著。湖南年日照时数为 1300—1800 小时，以洞庭湖为最多，岳阳可达 1840 小时。湖南热量丰富。年气温高，年平均温度在 16℃—18℃之间。湖南冬季处在冬季风控制下，而东南西三面环山，向北敞开的地貌特性，有利于冷空气的长驱直入，故 1 月平均温度多在 4℃—7℃之间，湖南无霜期长达 260—310 天，大部分地区都在 280—300 天之间。年平均降水量在 1200—1700 毫米之间，雨量充沛，为我国雨水较多的省区之一。这些气候因素均有利于亚热带农作物（水稻、甘蔗、棉花等）的培植与生长，加之湘中盆地和湘北平原土地肥沃，且洞庭湖

---

① 《湖南省情》编委会编：《湖南省情》，湖南人民出版社 1989 年版，第 1 页。

水系水产丰饶，故湖南省历来农业发达，渔业兴盛，素有"鱼米之乡"的美誉。唐代就有"湖广熟，天下足"的谚语，可见自然条件优越的湖南自古就是中国的粮仓。

全省土地总面积约为31774.35万亩，其中51.2%为山地，13.9%为盆地，13.1%为平原，15.4%为丘陵；全省有水面135.37万公顷，占总面积的6.4%。海拔高度在50米以下的面积占总面积的9.9%，1000米以上的占总面积的4.3%，大部分地区海拔高度在100—800米之间。①

湖南地处中亚热带，气候温和，植被繁茂，为野生动物提供了适宜的生存场所。湖南野生动物资源中，对农业有益的动物有265种；属国家级保护的珍稀动物有90种，其中一类保护动物有白鳘豚、华南虎等18种；二类保护动物有猕猴、短尾猴等65种；三类保护动物有黑熊等7种。湖南的家禽家畜品种齐全，分布广泛，禽鸟种类繁多，共有500多种，占全国鸟种数的45%。其中属于国家级保护的一、二、三类珍禽共22种，占全国鸟类保护数的44%。湖南一类珍禽有白头鹤、白枕鹤、红腹角雉、白鹤、黑鹤、白冠长尾雉、中华秋沙鸭；二类珍禽有红腹锦鸡、白腹锦鸡、大天鹅、小天鹅、鸳鸯等。②

湖南有林地11302万亩，占湖南总面积的35.7%。森林覆盖率为34.3%，大大超过全国平均水平。现有木本植物2470种，林业用地占湖南土地面积为57.4%。现有活立木蓄积量2.749亿立方米。其中用材林1.84亿立方米，年生长量1100余万立方米，是我国南方重要的产材林基地之一。有"广木之乡"的雪峰山区，有"江华木"产地的湘南南岭。还有竹林面积984万多亩，毛竹蓄积量89亿根，居全国第三位。湖南经济林主要有油茶、油桐、茶叶等，湘西自治州素有"金色桐油之乡"的美称，洞庭湖君山盛产的"君山银针"茶，在唐代就作为贡品。此外，省内还拥有丰富的草场资源。③

---

① 据高冠民、窦秀英编著《湖南自然地理》，湖南人民出版社1981年版。
② 据高冠民、窦秀英编著《湖南自然地理》，湖南人民出版社1981年版。
③ 根据高冠民、窦秀英编著《湖南自然地理》（湖南人民出版社1981年版）及历年《湖南年鉴》资料整理。

湖南矿产资源丰富，在已探明储量的矿产中，以有色金属矿居多，非金属矿次之。湖南是"有色金属之乡"，不论是矿种还是储量在全国占有重要地位。目前已探明储量的有色金属37种，其中锑的储量居世界首位，钨、铋、独居石等名列全国榜首，铅、锌等储量也很丰富。湖南非金属矿是仅次于有色金属矿的第二大矿产资源，在已探明的储量中，萤石、重晶石、长石、海泡石等储量均居全国第一位。其他还有石灰石、硅石、白云石、硫铁矿、磷矿等30多种，分布在湖南66个县市。煤炭储量在江南9省（区）中名列榜首。①

湖南自然环境的这种特征首先是使湖南成为典型的农业社会，乡村地区广大，且农业以水稻种植为主，同时山川、湖泊、江河也为乡村的多种经营提供了自然条件。其次，地貌特征也决定了湖南乡村聚落的多样性，较平原或高原山区丰富多样。

二 湖南乡村的人文环境

湖南在原始社会时为三苗、百濮与扬越（百越一支）之地，据宁乡县、安乡县、津市、澧县、道县和平江县等地考古挖掘出土的文物证明，湖南境内在四十万年前有旧石器时期的人类活动，早在一万多年前就有种植稻谷，早在五千年以前的新石器时代湖南的先民就开始过定居生活。

湖南在夏、商和西周时期为荆州南境。春秋、战国时代属于楚国苍梧，洞庭二郡。秦始皇设黔中、长沙两郡；西汉初期属于长沙国，汉武帝之后属荆州刺史辖区，辖武陵郡、桂阳郡、零陵郡和长沙郡；三国时属吴国荆州，置昭陵郡，为荆南五郡；西晋时分属荆州和广州；东晋时分属荆州、湘州、江州；南朝宋、齐、梁时分属湘州、郢州和小部分荆州，南朝陈时分属荆州、沅州；隋高祖开皇九年（589）平南陈，统一中国后，在湖南设长沙、武陵、沅陵、澧阳、巴陵、衡山、桂阳、零陵八郡；唐玄宗开元二十一年（733）时分属山南东道、江南西道和黔中

---

① 根据高冠民、窦秀英编著《湖南自然地理》（湖南人民出版社1981年版）及历年《湖南年鉴》资料整理。

道、黔中道黔州都督府，唐代宗广德二年（764）在衡州置湖南观察使，从此在中国行政区划史上开始"湖南"之名；五代十国时期，马殷据湖南，建立楚国，国都为长沙。宋朝分全国为路，路下设州、府、军、监，各辖若干县。湖南分属荆湖南路和荆湖北路。元代实行行省制度。湖南属湖广行省，分14路3州：岳州路、常德路、澧州路、辰州路、沅州路、靖州路、天临路、衡州路、道州路、永州路、郴州路、宝庆路、武冈路、桂阳路、茶陵州、耒阳州、常宁州。元朝政府还在今湘西少数民族聚居地实行土司制度，置有10多个长官司或蛮夷长官司，分别隶属思州军民安抚司、新添葛蛮安抚司和四川行省永顺等处军民安抚司管辖。明朝行省设布政使司，后改为承宣布政使司。省下为府（州），府下设县，实行省、府（州）、县三级制。湖南属湖广布政使司，辖地在今湖南境的有7府、2州、2司：岳州府、长沙府、常德府、衡州府、永州府、宝庆府、辰州府、郴州、靖州、永顺军民宣慰使司、保靖州军民宣慰使司。

清朝地方政权实行省、道、府（直隶厅、直隶州）、县（散厅、散州）四级制。康熙三年（1664）置湖广按察使司，湖广右布政使、偏沅巡抚均移驻长沙。湖广行省南北分治，湖南独立建省。长沙、衡州、永州、宝庆、辰州、常德、岳州7府，郴、靖2州由偏沅巡抚直接管辖。雍正二年（1724），偏沅巡抚易名湖南巡抚。

中华民国时期，湖南废除府、厅、州，保留道、县2级。民国三年（1914）全省下设湘江、衡阳、辰沅、武陵4道。民国十一年（1922）道制撤销，仅存省、县2级。民国二十六年（1937）12月普遍设立行政督察专员公署，湖南省划为9区；1938年湖南省调整为10个行政督察区；1940年4月湖南省调整为10个行政督察区，各区辖6—10县不等，并成立长沙市（1933年）、衡阳市（1943年）两省辖市。[①]

中华人民共和国成立以后，初期设置长沙（1949年）、株洲（1956年）两地级市，长沙、衡阳、郴县、常德、益阳、邵阳、永州7个直属

[①] 参阅《湖南省志》编纂委员会编《湖南省志·地理志》（上册），湖南人民出版社1961年版。

专区，湘西行政区及所辖永顺、沅陵、会同3个专区。截至2002年末，湖南省共计划分为14个地区（13个地级市和1个自治州），122个县级行政区包括34个市辖区、16个县级市、65个县和7个自治县。①

从经济、文化发展来说，对于中原王朝，湖南在宋代以前，是"南蛮"之地，是朝廷流放罪犯和贬官之处。宋代以后，中国政治经济文化重心南移，湖南经济文化得以发展并与中原主流经济文化融为一体。明代李釜源在他所编纂的《地图综要》中写道："楚故泽国，耕稔甚饶。一岁再获，柴桑、吴楚多仰给焉。谚曰'湖广熟，天下足'，言其土地广阔，而长沙转输便易，非他省比。"这是对宋以来湖南农业经济发展的概括，其实在唐代"湖广熟、天下足"即也成为湖南农业经济发展的写照，特别是在湘北洞庭湖平原，乡村经济十分发达，而商品交换和手工业生产也呈现出欣欣向荣的景象。

从文化上来看，湖南自然环境造成湖南独特民风，"湖南……盖四塞之国。……而民性多流于倔强，以故风气锢塞，常不为中原人文所沾被。……罔不有独立自由之思想，有坚强不磨之志节。……义以淑群，行必厉己，以开一代风气，盖地理使然也。"② 谭其骧先生《论近代湖南人之蛮族血统》曾经论述湖南因自然地理环境而造成的"蛮族"血统对湖南人文环境的影响，他说：

> 蛮族血统在今日湖南全部人口中所占之成分，殊不在少数。试据方志选举志为湘西各县作一统计，则蛮姓人数占全县人数少或五、六分之一，多至三分之一以上。此所谓"蛮姓人数"，其中自必有汉族分子参杂其间，然此所谓非蛮姓人数之中，亦当有一部分含有蛮族血统，双方对消，则此比数距事实或非过远也……但兹篇所论因以姓氏为线索，故所谓蛮裔，仅限于父系方面；使吾人能得母系方面材料而并计之，则今日湖南全省人口之中，其可确保为纯粹汉族者，恐绝无仅有矣。世有惑于优胜劣败之说，以为蛮族日就于消灭，

---

① 据湖南省人民政府门户网站"省情介绍"。
② 钱基博：《近百年湖南学风》，岳麓书社1985年版，第1页。

今日南方人为纯粹汉族者，读此文其可以知其谬乎！且清季以来，湖南人才辈出，功业之盛，举世无出其右，窃以为蛮族血统活力之加入，实有以致之。①

同时，湖南因为地处南北要冲、东西咽喉，人口的迁徙和更新频繁。土著的"南蛮"因躲避战乱或移民的挤压而不断迁往西南或边远的山区，而中原、江南的人口则进入三湘大地。最近一次移民高潮则是在明末清初，特别是三藩之乱时，湖南人大部迁入四川，江西人则迁入湖南，故有所谓"湖广填四川，江西填湖广"的传说。根据林增平先生的考证，明清鼎革之际，湖南大约三分之二的人口为移民，而以江西人居多。康熙时，大庸县（今张家界市永定区）"土著老民，百不存一，其后迁徙新户，十常得九，稽其户籍，以江西为最多，湖北、四川次之"②。醴陵县"播迁来者十九为闽粤汀江、东江流域之人"；蓝山县迁来163族，其中粤赣居三分之一；溆浦县全县共475族，江西移民88族，其他省移民126族，其中清初移入的有191族。③

高山、大川、湖泽和丘陵的环境，蛮族的血统以及移民的成分，造成湖南独特的人文环境，最显著的特征，一是民风强悍；二是坚韧耐劳，湖南方言称之为"霸得蛮"。由于人多地狭，且山多田少，资源的获取和维护有时不得不依靠武力，因此养成山民多彪悍、蛮横性格，争地界、水源的械斗多所发生。更为严重的是，在湘西、湘南地区，环境的恶劣，使大家族、大户人家难以产生，社会缺乏稳定的调解力量，往往易为下层社会力量所把持，陷社会于无序状态。同时，资源的缺乏，谋生的艰难，也培养了人民坚韧的性格和刻苦的精神，故湖南历来多进取之士，尤其是近代以来，可以说是人文荟萃、人才辈出，深刻地影响着中国历史的发展。

此外，流寓文人（屈原、贾谊、柳宗元、范仲淹、寇准等）对启迪

---

① 谭其骧：《论近代湖南人之蛮族血统》，《史学年报》1939年第二卷第五期。
② 《永定乡土志》，"户口"，1921年刊本，第342页。
③ 林增平：《近代湖湘文化试探》，《林增平文存》，中华书局2006年版，第100页。

和影响湖南士风也有潜移默化的作用。故而北宋出现了理学的开山鼻祖周敦颐，南宋岳麓书院成为当时学术重镇，并诞生了湖湘学派，明朝形成了李东阳的茶陵诗派，而明清之际的王船山，则是中国史上伟大的思想家，深刻影响着湖南思想和文化。进入近代，湖南崛起，涌现了许多杰出的人才，出现了以魏源、曾国藩为代表的地主阶级政治家群体，以谭嗣同、黄兴为代表的资产阶级政治家群体和以毛泽东为代表的无产阶级革命家群体，他们的思想和事功深刻地改变了中国乃至世界的历史面貌。

第二节 近代湖南乡村聚落

聚落是人类聚居和生活的场所，聚落来源于人类的聚集，其形成与发展是人与环境相互作用的结果。一般可将聚落分为乡村聚落和城市聚落两大类，还有介于两者之间的城市化村和集镇等聚落类型。乡村聚落是以农业活动和农业人口为主的聚落，规模较小；城市聚落是以非农业人口为主的聚落，规模较大，是一定地域范围内的政治、经济、文化中心。人类先有乡村聚落后有城市聚落，一般而言，城市聚落是由乡村聚落发展而成的。[①] 湖南以丘陵为主，但亦多有高山及湖泊，因此其乡村聚落拥有不同类型，大致可以区分为丘陵聚落、山区聚落、湖区聚落、集镇聚落等类型。

一 丘陵聚落

丘陵聚落是湖南较为普遍的聚落形式。一般建筑在山脚（丘陵）下，有屋宇相连的院落形制，也有单门独户人家组成的院落群而形成的聚落。大家族聚集而居，如岳阳县张谷英村、桂阳县阳山村；单门独户聚集而成聚落的则如湘潭县的韶山村、双峰县的荷叶塘村。

[①] 浦欣成：《传统乡村聚落平面形态的量化方法研究》，东南大学出版社2013年版，第1页。

湖南因处丘陵地带，平地宝贵，即使是屋宇相连的大院落，也难以与北方平原地区相媲美。

张谷英村，位于湖南岳阳以东的渭洞笔架山下，地处岳阳、平江、汨罗三县市交会处，距离长沙、岳阳分别约150公里和70公里，为中国保存最为完整的江南民居古建筑群落。以其始迁祖张谷英命名，至今已存在了500多年。2001年6月25日被公布为全国重点文物保护单位，2003年被评为中国历史文化名村。有"天下第一村""民间故宫"之称。

张谷英村呈半月形分布在山脚下，以主屋为大门，背靠青山，门前的渭溪河成了天然的护庄河。大门门楣上有一幅太极图，为全族人保平安、佑富贵之意。大门里的坪上有两口大塘，分列左右。它们寓意龙的两只眼睛，既用来防火，又壮观瞻。屋场内渭溪河迂回曲折，穿村而过，河上大小石桥47座。屋宇墙檩相接，参差在溪流之上，形成"溪自阶下淌，门朝水中开"的格局。傍溪建有一条长廊，廊里用青石板铺路，沿途可以通达各家门户，连接着各个巷道，巷道两旁由青砖垒墙，高达10余米。墙高且厚，宜于防火，称为封火墙。大屋场里像这样的巷道一共有60条，它们纵横交错，四通八达，最长的巷道有153米，所有的巷道加在一起，总长度达1459米。居民们在此起居可以"天晴不曝晒，雨雪不湿鞋"。檐内，浑圆的梁柱上刻有太极图，屋下镂雕的是精巧的小鹿。窗棂、间壁以及隔屏大多以雕花板相嵌，图案有喜鹊、梅花、猛兽之类，栩栩如生。

桂阳县阳山村也是比较典型的湖南丘陵地带的乡村聚落。阳山村地处湘南丘陵地带，位于桂阳县正和乡境内，距离桂阳县城18公里，距离郴州市区30多公里。阳山村始建于弘治年间（1497），成于康乾盛世，而盛于道光年间，因依骑田岭（古称阳山）而得名。这里青山环绕、秀水萦回，颇类《桃花源记》，自明初迁始祖而定，子孙繁衍，聚族而居，已逾600余年。全村占地万余平方米，坐北朝南，依山造屋，傍水结村，小溪流贯全村，谓之"金带环抱"。村中现存古建筑60余栋，面积5000平方米，房屋结构严谨、错落有致、屋檐飞翘、雕梁画栋，在通风、采光、排水、防火处理上独具匠心；壁檐彩绘、木雕石刻，精致素雅、栩

第一章　近代湖南乡村区位与乡村聚落　❖　17

图 1-1　阳山村全景

图 1-2　阳山村民居

栩如生、历数百年沧桑而不毁，实属罕见。在布局上，阳山村讲究"天地人合"，结构上，体现儒家"中和"思想，是民俗文化与建筑的完美结合。自古以来阳山村人崇文尚武，重伦理，求和睦，明礼仪，事农桑，涌现进士、举人十余人，官至将军、翰林者多人，不以望族自居，助弱扶贫，形成了"宽容诚厚重、和气致祯祥"的百年家风，是我国古民俗风情的"活化石"。

张谷英村和阳山村体现的是大家族聚居的村落，在湖南丘陵地带，更多的是独门独户院落或居屋组成的村落，由于年代久远，原址原貌已不可考，但其布局、走向，与现在较为闭塞的乡村村落大致吻合，只是建筑材料、风格迥异了。如韶山冲、荷叶塘，基本上是在每个小山丘之下建立起一座或数座居屋，沿着整个山丘的走向，形成一个狭长的村落，故湖南方言称之为"冲"或"垅"的，实际上就是一个乡村聚落（自然村）。

二 山区聚落

湖南山区聚落主要分布在湘西、湘西北和湘西南地区，这些地区处于武陵、五岭、雪峰山区，也是湖南少数民族主要的居住区域，因此其聚落除具有山区聚落一般的属性外，还具有浓厚的民族特色，反映出浓郁的民族风情。如土家族、苗族的吊脚楼、侗族的风雨桥等。它们大多依山而建，或建在山坡，或建在群山环抱的山谷盆地。现在保存较好的会同县高椅村、靖州县地笋苗寨、绥宁县黄桑坪苗族乡上堡村、怀化通道侗族自治县坪坦村就是比较典型的山区聚落。

三 湖区聚落

我国南方地区在沿湖地带修建堤坝，围成一块区域，将水抽干，进而在此居住和进行农事作业的区域，称之为"垸子"，也称围子。湖区聚落基本上就是建立在垸子里的乡村聚落，因湖区的功能不一，聚落也有所区别。以渔业为主的湖区，大抵是沿湖堤建立起村庄，非常简易，一般是因地制宜，是以芦苇作为主要的建筑材料，搭成芦苇棚子；而以农业为主的湖区聚落，基本上与平原或丘陵地区的农业聚落相同。

四 集镇聚落

集镇是中国古代乡村进行商业交易的场所，一般认为它是介于乡村与城市之间的聚落，它不是县治所在，其实就其区位和功能来说，它应当纳入乡村聚落体系之中。在广大的乡村地区，集镇聚落是乡村土特产的集散与交易之地，也是乡村获得自己不能生产的生活用品与生产工具的市场。湖南地理情况复杂，有山区、湖区、丘陵地带，但一般相隔5—10公里即有一集镇。集镇一般建在交通要冲，在依赖水路运输的时代，它基本上建在河流港湾之处。比较著名的有长沙靖港、铜官、湘西州花垣县茶峒镇、湘潭易俗河镇等。

集镇聚落的主要功能是交易，一般都是综合性的交易市场，但发展到晚清，也形成了专门的一种商品为主的集散地或市场，如长沙铜官因其具有陶瓷生产的作坊而成为著名的陶瓷市场，长沙的靖港、湘潭的易俗河、汨罗的长乐则成为晚清著名的米市。

图 1-3　靖港牌坊

20 ❖ 近代湖南乡村社会研究(1840—1949)

图 1-4　靖港民居

图 1-5　侗寨鼓楼

图 1-6 芙蓉镇（王村）

总之，湖南乡村聚落大致可以划分为上述几种。不论哪种聚落，其建筑风格，因民族不同而各有特色，侗族的寨子、风雨桥，土家族、苗族的吊脚楼，是湖南民族地区聚落的标志，汉族地区主要还是受江西移民影响，在明清时期以徽式风格为主，特别是湘东、湘东南地区。而建筑材料则因地制宜，丘陵区域以夯土墙或土砖、青瓦组成，也有富裕大户以青砖、红砖为墙体的，山区少数民族多为木、竹结构。汉族聚落讲究依山傍水，一般靠山而建，门前开挖池塘。但无论何种村落，汉族的祠堂（或少数民族的议事堂如侗族称之为鼓楼）是必需的，它是供奉祖先的圣地，也是议定家族大事、执行乡规民约的处所，还是村民公共的活动场所。

第三节 近代湖南乡村状况

近代湖南乡村的状况，随着鸦片战争后中国社会向半殖民地半封建的发展,也发生了若干变化。由于人口的增加,土地开垦面积扩大,特别是围湖造田,使洞庭湖区的可耕面积得以扩大;农业的逐步卷入世界市场,经济作物的种植面积增加;耕作技术的改进,产量有所提高;人口增殖加快,家庭及农事习惯也在缓慢变化。

一 土地及利用状况

经过明末清初的王朝鼎革及平定"三藩之乱",湖南经济得以逐步恢复。特别是政府劝垦政策的实行,使得湘南山区和洞庭湖区出现了大规模的开垦热潮。洞庭湖区的湘阴县在乾隆年间就新筑堤垸133处,"新旧堤堰参伍错综,拭目遥瞻,如星罗,如棋布,如蚪蚪蜿蜒,如碧碗团圆"①据研究统计,清代湖南筑堤围垸共1000多个,其中同治以前400多个,同治以后500多个;②至清末,洞庭湖区堤垸面积达600万亩,③而南州直隶厅(今南县),即是又围湖筑垸而于1895年新设立的行政区划。民国时期,围垦继续发展,1935年比1911年增加300多个,湘南山区也开垦了许多山地。

晚清湖南乡村社会,土地划分为官田和民田两大类。湖南的官田,只有屯田、学田、民田三种形式。所谓民田,实际上掌握在地主手中,农民只拥有很少部分。以嘉庆年间的情况为例,湖南各类田地的数量如下:④

田地 { 屯田 3098812 亩
学田 730080 亩
民田 31581600 亩
总计 35410492 亩 }

从上述数字可以看出,湖南的官田,占耕地面积的十分之一。其中屯田的比例较大。屯田包括军屯、民屯和漕运屯田,湖南的屯田,一般是以民屯为主,即使是军屯,在清代中期以后,也大多与民屯一样,采

---

① 《湘阴县志》卷二八,乾隆二十一年刊本。
② 何业恒:《洞庭湖区水利事业的历史兴废》,《益阳师专学报》1987年第3期。
③ 曾继辉:《洞庭湖保安湖田志》卷二一,岳麓书社2008年版。
④ 李文治:《中国近代农业史资料》第一辑,生活·读书·新知三联书店1957年版。

取的是分租给农民耕种、收取地租的办法。屯田的租额，一般较民田租赋重至数倍，有的则达十倍之多，如沅州、龙阳（今汉寿）、黔阳、靖州等处的屯田。① 学田则是"专供修学"和"赡给贫士"的专门官田，一般也是佃耕收租，其谷充地方教育支出。

民国时期，湖南土地状况与晚清时期比较，由于开垦的原因，就面积而言有比较大的增加。土地占用的形式，可分为民田（私人所有，一般称为私田）、官有地、公有地和团体所有地。官有地是指政府因特种需要而指定或使用之地，如屯田、卫田、营地、牧场、盐田、学田、籍田、庄田、旗地，以及一切无主荒熟田地山荡；公有地系指属于一村或一地方共有共用之地，以山林地、池荡地、荒地为多，水田旱地则鲜见。团体所有地系指寺庙地、义庄地、祭田，以及不属于官有之学田。②

根据国民政府土地委员会1934年对全国22省的调查统计③，在民国二十三年（1934），对湖南省各类土地调查情况是：

1. 民田

国民政府土地委员会1934年对湖南14个县，240211户农户的调查，计有土地3376389.677亩，其中水田占59.46%；旱地占8.43%；山林地占21.13%；池荡地3.79%；荒地3.82%；其他3.37%。户均14亩。④

2. 官有地

根据上述机构统计，湖南47个县的调查表明，47县共有1446843.368亩，平均每县37459.298亩；其中熟地1090316.529亩，平均每县23198.224亩，荒地356526.839亩，平均每县14261.074亩。⑤

---

① 刘墉、嵇璜等：《皇朝文献通考》卷一〇，第39页。
② 国民政府土地委员会：《全国土地问题调查报告纲要》，载李文海等主编《民国时期社会调查丛编》二编，"乡村经济卷"，福建教育出版社2009年版，第349页。
③ 据《全国土地问题调查报告纲要》"缘起"说明，调查区域，共22省，其中普查者10省，所谓普查，系将全省所有之县，调查其五分之一，而在此五分之一县中，挨户调查全县农户五分之一。故此次调查并非完全的普查。
④ 国民政府土地委员会：《全国土地问题调查报告纲要》，载李文海等主编《民国时期社会调查丛编》二编，"乡村经济卷"，福建教育出版社2009年版，第324页。
⑤ 国民政府土地委员会：《全国土地问题调查报告纲要》，载李文海等主编《民国时期社会调查丛编》二编，"乡村经济卷"，福建教育出版社2009年版，第250页。

3. 团体所有地

据统计，湖南 50 个县，团体所有地共计 103043.197 亩，其中熟地 44933.267 亩；荒地 58109.930 亩。其中寺庙地 16168.277 亩；义庄地 9405.23 亩；祭田 61904.515 亩；学田 15565.175 亩。[①]

公有地系指属于一村或一地方共有共用之地，因为统计资料的缺乏，没有准确的数字。根据上述统计，可知在全部耕地当中，民田大约占 70%。

民国时期土地利用方式多样，利用率较高。据民国二十三年（1934）对湖南 10 个县 531 户农户的调查统计，在全部耕地中，主要粮食作物种植面积高达 79.24%（其中水田占 71.78%），其他诸如菜园、桑园、果树园、竹园、柴草芦苇、池塘、树林、坟地、房屋、晒场占 20.76%。[②] 从全国来看，各省主要粮食作物种植面积平均为 91.20%，湖南之低于全国平均数，乃因树林（占 8.84%）、池塘（占 2.92%）、柴草芦苇（2.24%）所占比例较大，反映出湖南湘北湖区及其他地区森林与水面较多的特点。

二 农业产业结构及产量

湖南雨量充沛，为我国雨水较多的省区之一。这种气候均有利于水稻、甘蔗、棉花等亚热带农作物的培植与生长，湘中盆地和湘北洞庭湖平原土地肥沃，且湖南水系水产丰饶，故历来农业发达，渔业兴旺。粮食作物主要为水稻，湘西南旱地则以玉米为主。晚清关于各种作物种植面积缺乏数据统计，进入民国时期，间或有一些统计，可以推测出湖南农业产业结构的情况。

据民国二十三年（1923）对湖南 10 个县 531 户农户的调查统计，在全部作物栽培面积 20338.14 亩中，各种作物栽培面积所占百分率为：[③]

[①] 国民政府土地委员会：《全国土地问题调查报告纲要》，载李文海等主编《民国时期社会调查丛编》二编，"乡村经济卷"，福建教育出版社 2009 年版，第 351 页。

[②] 国民政府土地委员会：《全国土地问题调查报告纲要》，载李文海等主编《民国时期社会调查丛编》二编，"乡村经济卷"，福建教育出版社 2009 年版，第 325 页。

[③] 国民政府土地委员会：《全国土地问题调查报告纲要》，载李文海等主编《民国时期社会调查丛编》二编，"乡村经济卷"，福建教育出版社 2009 年版，第 326 页。

表 1-1　　　　　湖南 10 个县各种农作物栽培面积情况

品种	百分率（%）	品种	百分率（%）
水稻	77.19	油菜	3.17
小麦	1.36	其他油料类	0.12
粟	0.10	甘薯	1.16
玉蜀黍	0.01	其他根薯类	0.44
高粱	0.07	蔬菜	3.61
大麦及裸麦	0.42	棉花	2.04
其他谷类	1.82	麻类	1.29
豆类	3.42	烟草	0.41
落花生	0.23	其他	3.14

有表 1-1 可知，湖南农作物栽培品种虽然丰富，但是以水稻种植为主。当然，上述统计只是 10 个县的资料，在不同的地区，则有所不同，比如湘中盆地，水稻种植普遍；而湘西旱地多，玉米及薯类种植则多；洞庭湖区的棉花、麻类作物就较为普遍。就全省情况而言，水稻是普遍的。

关于粮食产量，晚清数据缺乏。刘泱泱先生根据新编《湖南省志》资料，认为全省粮食产量常年为 150 亿斤，最高年份 200 亿斤，最低年份 100 亿斤。现将民国时期有数字记载的表列如下：[1]

表 1-2　　　　　　民国时期湖南省粮食产量情况

年份	粮食总产量（亿斤）	其中稻谷产量（亿斤）	年份	粮食总产量（亿斤）	其中稻谷产量（亿斤）
1914	215.37	206.37	1939	149.53	111.59
1915	—	198.67	1940	128.93	100.07
1929	—	94.58	1941	126.27	85.03
1931	127.70	90.09	1942	167.02	120.23
1932	150.72	107.77	1943	143.92	105.33

---

[1] 刘泱泱：《近代湖南社会变迁》，湖南人民出版社 1998 年版，第 134—136 页。

续表

年份	粮食总产量（亿斤）	其中稻谷产量（亿斤）	年份	粮食总产量（亿斤）	其中稻谷产量（亿斤）
1933	163.27	101.74	1944	106.71	96.10
1934	103.14	70.31	1945	172.30	134.23
1935	189.34	140.95	1946	182.05	134.23
1936	186.26	144.72	1947	217.16	169.82
1937	162.78	125.10	1948	203.20	172.05
1938	207.28	168.73			

从表1-2可以看出，民国时期湖南的粮食总产量还是比较高的，而在粮食总产量中，稻谷产量占到了60%—80%，每亩单产也比较高，兹以民国二十三年（1934）的亩产为例：[1]

表1-3 民国二十三年湖南省粮食亩产情况

品种	产量（斗）	品种	产量（斤）
籼粳稻	32.14	黄豆	260
小麦	12.91	落花生	381.64
大麦	23.29	油菜	102.38
粟	9.87	甘薯	836.21
高粱	17.13	棉花	52.42
荞麦	15.76	烟草	196.29

注：一斗折合市斤为12.5市斤。

由表1-3可知，民国时期湖南亩产也是比较高的，以水稻为例，在当时亚洲国家中，还是比较高的（日本3.567石/亩，安南0.922石/亩，暹罗1.417石/亩）。[2]

---

[1] 国民政府土地委员会：《全国土地问题调查报告纲要》，载李文海等主编《民国时期社会调查丛编》二编，"乡村经济卷"，福建教育出版社2009年版，第330页。

[2] 国民政府土地委员会：《全国土地问题调查报告纲要》，载李文海等主编《民国时期社会调查丛编》二编，"乡村经济卷"，福建教育出版社2009年版，第331页。

三 乡村政权组织

近代乡村行政机构有较大的变化。湖南在康熙年间从湖广行省分离建立行省之后，县以下为都、区、庙，都设都总，区设区总，庙设庙总或庙长。咸丰年间推行保甲，以十户为牌，十牌为甲，十甲为保，设保正，但各县执行不一。晚清时期，都、区、坊、镇、乡、段、册、甲、牌、庙等名目及设置常有变更。光绪末年，《城镇乡自治章程》颁布，规定：凡府厅州县治城厢地方为城，其余市镇村庄屯集等各地方，人口满五万以上者为镇，人口不满五万者为乡。城镇乡地方各设自治公所，为城镇乡议事会会议及城镇董事会乡董办事之地。[①]

民国成立，初期政局紊乱，官制设置变更频繁，乡村组织变化频仍，同时也往往难以实施。民国十七年（1928）9月15日南京国民政府首颁《县组织法》，在县以下按户口及地形分划若干区，一般每县4—10个区为限，区下为村里。一般每区不少于20个村里，撤销村制和市、乡行政局。区置区公所，设区长1人及区长助理和区丁，区公所设区务会议，由区长、区助理员及所属村里长组成。凡县内百户以上的乡村地方为村；百户以上的市镇地方为里。村置村公所，设村长、副村长各1人；里置里公所，设里长、副里长各1人。村公所或里公所事务由村长、里长指定闾长襄助办理。区长由县长挑选，呈请民政厅委任，村、里长及副村、里长由村、里民大会选出，由县长择任，报民政厅备案，村、里居民以25户为闾、5户为邻。闾、邻长由本闾、邻会议推选，报县政府备案。民国十八年（1929）6月5日国民政府再次颁布《重订县组织法》，县以下设区，县下划区原则由"按户口及地形"改为"按户口及地方情况"；区长任职，原规定由县长遴选、省民政厅委任，改为由省民政厅就训练考试合格人员委任；区长免职，原规定由县长罢免、呈民政厅备案，改为县长呈报，省政府罢免；每区以20—50个乡镇组成。根据民国十九年（1930）5月国民政府公布的《中华民国市组织法》规定在城市设区，区

[①]《城镇乡自治章程》，徐秀丽主编：《中国近代乡村自治法规选编》，中华书局2004年版。

下设坊、间、邻。以5户为邻，设邻长；5邻为间，设间长；20间为坊，设坊长；10坊为区，设区长，并各冠以第一、第二次序。废止乡镇的村里制，村改称为乡，里改称为镇。各乡镇置乡、镇公所，设乡、镇长各一，副乡镇长各一，管理本乡镇行政事务。民国二十二年（1933）10月国民政府行政院通令实施保甲制度。在全国乡镇之下编组保甲替代间、邻，编组保甲以户为单位，每户设一户长；10户为甲，设一甲长，甲长由一甲内过半数的户长共推产生；10甲为保（城区以25甲为一保）设一保长，保长由一保内过半数的甲长共推出一户长充任。保长任期2年，甲长任期3年，均可连任。保甲长负责本保甲范围内门牌编制，调查户口，检查取缔歹人入境，防范水火盗贼，修筑道路桥梁，组织保卫，提倡生产，调解乡民纠纷等。5保至10保为一乡镇，设乡镇长，乡镇长由一乡镇内过半数的保长共同推出一个兼任，并以保长任期为任期，必要时可由县长呈请省民政厅核准，指定乡镇长。乡镇以上为区。在编组保甲中，实行连坐切结法，凡保甲内住民如有勾结窝藏逃犯等，除依法惩处外，并对曾具连坐切结的各户长及甲长也予以处罚。

民国二十八年（1939）9月19日，国民政府公布《县各级组织纲要》，县以下设置乡镇，皆为实级，区不作为一级政权，皆为虚级，仅为县政府的辅助机关。湖南全省设乡镇3000多个，保3.8万余个。[①] 对乡镇一级，参照《县各级组织纲要》皆不分等，增设副乡镇长1人及专任干事1人。乡镇保除执行上级官署委办事项外，其办理的主要事项为：户口调查及户籍人事登记，编组训练国民自卫队、维护地方治安，预防天灾人祸，赈灾济贫、育幼养老，办理国民学校及中心学校，[②] 修筑保护四境道路，创立合作社经营各种合作事业，禁烟禁赌、取缔游惰，协助调查地价，调解民间纷争，以及乡镇保认为应举办的事项，融管、教、养、卫于一切应办理事项中。

值得注意的是，在近代乡村组织中，晚清时期乡绅是乡村治理的一

---

① 宋斐夫：《湖南通史》（现代卷），湖南出版社1994年版，第377页。
② 《县各级组织纲要》，徐秀丽主编：《中国近代乡村自治法规选编》，中华书局2004年版。

股非常重要的势力,进入民国以后,以宗族为基础的乡村政治体制逐步瓦解,乡村被直接纳入国家政权控制之下,乡镇最终变成政权实级。当然,因各地情形不同,乡绅等地方势力对乡村政权的控制和影响而表现不一。

四 自然灾害

近代湖南自然灾害频仍,也是影响近代湖南乡村社会发展的重要因素之一。湖南的自然灾害主要是水灾、旱灾、虫灾、雹灾、冰冻和疫灾等种类,以水灾和旱灾为多。

湖南山川、河湖、塘坝较多,而湘北乃洞庭湖平原,是造成自然灾害的环境因素。更为重要的是人类活动的原因。近代湖南生殖日繁,人口增长较快,故对山林开发、湖区围垦过度,加剧了环境的恶化。自鸦片战争以来,战争频仍,农民起义蜂起,民国时期军阀混战,湖南当处南北要冲,历来为南北势力拉锯之地,对自然环境的破坏严重。政府更替频繁,水利工程兴建和维护难以为继,而乡村社会的凋敝,乡村也难以集资兴办社会公益,故加重了近代湖南的自然灾害。

1. 水灾

湖南的水灾分为山洪灾害和江河灾害。山洪灾主要发生在湘中、湘南、湘西等丘陵山区,而江河灾主要发生在洞庭湖区和湘、资、沅、澧四大河系区域。晚清七十二年(1840—1911),湖南几乎每年有水灾发生,据统计,发生受灾面积达30个县以上的巨灾5次;受灾面积20—29个县的大灾3次;受灾面积10—19个县的中灾34次;受灾面积为9个县以下的微灾30次。平均每年均有水灾发生,平均9年发生一次巨灾、大灾,中灾几乎两年一次。其中,1870年为千年一遇之特大洪水,1906年为二百年一遇的特大水灾,1909年又发生百年一遇的特大水灾。[1]

民国时期,湖南水灾更加严重,几乎年年发生,据杨鹏程先生统计如下:[2]

---

[1] 杨鹏程:《湖南灾荒史(至1912年)》,中国文史出版社2007年版,第229页。
[2] 杨鹏程:《湖南灾荒史(1912—1949)》,中国文史出版社2007年版,第299页。

表1-4　　　　　　　民国时期湖南省水灾情况　　　　（单位：个）

年份	受灾县数	年份	受灾县数
1912	23	1931	66
1913	19	1932	40
1914	39	1933	45
1915	51	1934	7
1916	30	1935	44
1917	39	1936	27
1918	27	1937	41
1919	20	1938	16
1920	37	1939	6
1921	13	1940	13
1922	56	1941	2
1923	9	1942	7
1924	69	1943	8
1925	19	1944	6
1926	42	1945	3
1927	11	1946	21
1928	15	1947	12
1929	55	1948	36
1930	46	1949	57

2. 旱灾

近代湖南的旱灾也是比较严重的。据统计，在1840年至1912年，总计发生242年次，按有记载的65个县统计，平均每年有3.72个县发生旱灾。[1] 旱灾相对集中于湘南和湘中地区、洞庭湖区，有时也出现水、旱灾交替的情况。其中1895年是这一时期旱灾最严重的一次，仅长沙、衡州、宝庆三府受灾州县达14个，灾民139余万。[2]

[1] 杨鹏程：《湖南灾荒史（至1912年）》，中国文史出版社2007年版，第248页。
[2] 李文海等编：《近代中国灾害纪年》，湖南教育出版社1990年版，第603页。

民国时期，从20世纪20年代开始，湖南旱灾进入一个频繁期。据统计，1920年至1928年，湖南受灾县数达269个（包括重复受灾），超过1912年至1919年受灾县的9倍，其中1921年、1922年和1925年分别有74个、72个、58个县受灾。① 特别是1922年全省大旱，湘西灾情严重，甚至出现人相食的惨状。1928年至1949年，湖南大约每两年一次旱灾，其中1928年至1946年共有296个县受灾，最严重的是1928年、1929年、1934年和1945年，受灾县数分别为48个、52个、69个、54个。有的地方大旱期年，赤地千里。

3. 虫灾及其他灾害

主要包括虫灾、风灾、雹灾、冰冻等灾害。湖南虫灾主要是蝗虫，主要是对水稻造成严重危害，有时螟生灭苗，蝗飞蔽日，稻谷颗粒无收。除虫灾之外，风灾、雹灾、冰冻等也较为严重，据统计，晚清湖南各地风灾、雹灾、冰冻等灾害共发生113次，具体如表1-5：②

表1-5　　　　晚清时期湖南风灾、雹灾、冰冻、地震情况　　　（单位：次）

时期	风灾	雹灾	冰冻	地震	总计
道光	6	6	4	6	24
咸丰	6	10	3	1	20
同治	8	11	3	2	24
光绪	15	15	6	5	41
宣统	1	3	—	—	4
总计	36	45	16	16	113

进入民国时期，虫灾等灾害仍然频繁，据杨鹏程《湖南灾害史（1912—1949）》统计，列表如下：③

---

① 杨鹏程：《湖南灾荒史（1912—1949）》，中国文史出版社2007年版，第18页。
② 杨鹏程：《湖南灾荒史（至1912年）》，中国文史出版社2007年版，第260页。
③ 据杨鹏程《湖南灾荒史（1912—1949）》，中国文史出版社2007年版，第30、139—140页资料统计。

表1-6　　　　　　　民国时期湖南虫灾等灾害情况

时间	虫灾	风灾	雹灾	冰冻	地震
1912—1949	274	113	121	79	53

可见，虫灾是湖南继水灾、旱灾之后的第三大灾害；雹灾、风灾其次；至于地震，湖南发生的都是震级较低的地震，灾害后果并不是很严重。

4. 疫灾

除上述灾害外，还有疫灾。瘟疫是传统社会比较流行的疾病，由于古代医疗和防疫手段的缺乏，瘟疫的破坏性很大，而且疟疾、霍乱、痢疾、天花、白喉等，在古文献中并没有详细的区分，统称为"疫"或"瘟疫"。湖南有文献记载的瘟疫流行是汉代（公元前181年）。① 从建武二十五年（49）至明崇祯十六年（1643），有记载的湖南瘟疫44次，即每40年1次，而明朝276年中记载有29次。1644年至1839年共196年，湖南有50年发生过瘟疫。

进入近代以后，湖南瘟疫继续肆虐，晚清发生过三次大的瘟疫：道光二十九年（1849）、光绪十四年（1888）、光绪十九年（1893），"死者数以万计"②，1888年大疫，仅湘潭就死亡数千人，③ 其状甚惨。

民国时期，湖南瘟疫几乎每年都有发生，只是流行范围大小而已。此时医学的发达，能够区别各种不同疫病，流行的有霍乱、天花、伤寒、疟疾、痢疾、流行性脑髓脊膜炎、鼠疫、猩红热、回归热等。由于医疗和防疫条件有限，加之卫生状况堪忧，有的地区瘟疫流行持续数年。

自然灾害对乡村社会造成的危害巨大。第一是对农村劳动力的损害，

---

① 《史记·南越列传》：赵佗"乃自尊号为南越武帝，发兵攻长沙边邑，败数县而去焉。高后遣将军隆虑侯晁往击之。会暑湿，士卒大疫，兵不能逾岭"。
② 黄教镕等：《重修龙阳县志》，卷一一，"灾祥"，光绪元年刻本。
③ 赖文等：《岭南瘟疫史》，广东人民出版社2004年版，第843页。

一是人口的死亡，1918 年、1919 年，武冈疫病流行，全县死亡 400 多人；① 平江瘟疫流行，全县死亡 300 多人；② 1925 年浏阳大旱，"饿死者千数人"③ 1927 年，桂阳县城暴发天花，死亡 700—600 人；④ 1933 年平江疫病暴发，东南乡死亡万余人，北乡死亡 7000 余人。⑤ 二是大量人口的逃亡，使农村劳动力减少。据统计，1931 年湖南水灾之后，灾区每千人中流离者达 129 人，举家逃离者占总户数 14%，流离人口占总人口 25%，而流离男子在流离人口中占 51%。⑥

第二，造成财产特别是生产工具的损失。水灾造成房屋的垮塌，牲畜的淹毙，而疫病也造成大量牲畜的死亡。1931 年洞庭湖区水灾，汉寿、沅江、南县、常德、湘阴、临湘、岳阳、安乡、华容、益阳 10 个县，淹毙耕牛 5062 头，因饥饿宰杀耕牛 23428 头。⑦ 1948 年洞庭湖区 11 个县堤垸溃决，损失耕牛 1.6 万头。⑧

第三，造成农作物的大面积减产甚至绝收。1929 年安乡水灾，绝收之田达 15 万亩，占赋田的 30%；1935 年洞庭湖区水灾，粮食减产更为严重，岳阳减产 163 万余石，汉寿减少 385 万石，常德损失 200 万石，沅江损失 340 万石，湘阴损失 320 万石。⑨ 全省在 1949 年受灾之后，粮食产量只有 128 亿斤，比平均年产量 200 亿斤左右下降 35%。⑩

第四，造成乡村社会问题。大灾之后，生计无着，乡村犯罪现象剧增，甚而有群体的械斗与暴动发生，而疫病的流行又往往使谣言流言盛行，造成社会的浮动。

总之，近代湖南乡村的自然灾害是非常频繁的，对乡村社会造成直

---

① 《武冈县志》，中华书局 1997 年版，第 16 页。
② 《平江县志》，国防大学出版社 1994 年版，第 610 页。
③ 《浏阳县志》，中国城市出版社 1994 年版，第 279 页。
④ 《桂阳县志》，中国文史出版社 1994 年版，第 702 页。
⑤ 《平江县志》，国防大学出版社 1994 年版，第 24 页。
⑥ 金陵大学农学院：《中华民国二十年水灾区域之经济调查》，1932 年刊，第 32 页。
⑦ 杨鹏程：《湖南灾荒史（1912—1949）》，中国文史出版社 2007 年版，第 110 页。
⑧ 杨鹏程：《湖南灾荒史（1912—1949）》，中国文史出版社 2007 年版，第 109 页。
⑨ 杨鹏程：《湖南灾荒史（1912—1949）》，中国文史出版社 2007 年版，第 111 页。
⑩ 宋斐夫：《湖南通史》（现代卷），湖南出版社 1994 年版，第 503 页。

接的损失之外，同时也影响着乡村社会的经济发展、社会流动和社会控制等一系列问题。因此，研究近代湖南乡村社会，自然灾害的因素是必须加以考量的。

第二章

近代湖南乡村经济

乡村经济是乡村社会发展的物质基础。近代湖南乡村经济与社会结构和其他地区一样，处于剧烈的变化过程中。经历了自然经济的缓慢解体和商品经济发展的过程，但由于地处内陆，在晚清这一过程表现得极为缓慢和程度有限，到民国时期，由于工业化的发展和交通运输的加强，其进程得以加快并在较为广泛的地区和较深的程度上体现。

第一节 晚清湖南乡村经济的嬗变

晚清湖南乡村社会经济是以自然经济为特征的，即家庭小农业和手工业结合的经济结构，同时存在传统的集市贸易作为乡村经济的补充。鸦片战争后，伴随西方商品和资本的输入，整个中国自然经济开始了解体的过程。湖南虽然解体过程缓慢，但也加入了这一历史趋势。在湘北及洞庭湖等经济较为发达的地区，这一过程表现得较为明显，而在南部、西部山区则表现不太显著。

一 土地关系与土地兼并的发展

湖南乡村，与全国其他地区一样，晚清实行的仍然是地主占有大部分土地，而农民则很少土地或者完全没有土地的地主土地所有制。土地分为官田、学田和民田三种类型，屯田在湖南比较少，一般是民屯，采取租典的方式耕种；学田是书院所有，但也是租典经营；民田包括地主和自耕农的土地。

民田实际上包括自耕农和地主所占的土地。清初，由于刚从战乱中恢复，地旷人稀，自耕农为数较多。随着地主经济的发展，土地兼并的现象日趋严重。在湖南，地主兼并土地的方式多种多样，有投效投献、倚势侵占、恃强贱买等情况。《湘潭县志》曾记述该县地主投效投献的情况说：

> 康熙初，地旷人稀，多占田，号标产。标产者，折竹木枝标识其处，认纳粮遂为永业。其时大乱，漕重役繁，弱者以田契送豪家，犹惧其不纳。①

所谓弱者，实际上就是那些在苛赋重税和天灾人祸之下濒临破产的自耕农，被迫将田契投献给地主，甘愿做佃户以求其庇护。这是封建社会比较常见的情形。

地主倚势侵占或强买土地的情况在湖南也不少见。当时有记述说：

> 邑之细民，置田产，惧差役之累，立券书诡寄绅士门下……年远，豪强者遂夺其田，佃民多愚弱，不敢校。②

有的豪强地主倚仗官场势力，强买百姓土地。嘉庆年间，长沙李象鹍最初有田收租六百余石，"服官中州后，禄入较丰"，"置产数倍于前"，至道光年间，土地已较最初多至六七倍。③

地主兼并，造成土地集中的严重后果，"强者佞渔借窃，田连阡陌；而弱者拱手他人，身无立锥"。④ 占有大量土地的大地主，比比皆是，桂阳县的邓仁心、邓仁恩兄弟，有"田数百顷"，"以富雄一方，至用担石

---

① 王闿运等：《湘潭县志》卷一一，第1页。
② 邱琮：《山阴邱氏文献私记》卷一一，第1页。
③ 李象鹍：《棣怀堂随笔》，卷首。
④ 《皇朝经世文编》，卷二三，第27页。

程田契；乘马不牧，游食田野数十里，不犯人禾"。① 衡阳县的刘重伟，为万金之家，其子孙在嘉庆时，"田至万亩"。② 道光年间常德的丁炳鲲，其田也在四千亩之上。③ 可见，在鸦片战争前，湖南土地兼并的情况是相当严重的。

鸦片战争后，由于外国商品的输入，尤其是五口通商后，广州—湖南—内地的传统商道的改变，农村收入减少，土地丧失情况更为严重，兼并现象日趋严重，据这一时期地方志记载：

  湘潭县："其时大乱，漕重役繁。弱者以田契送豪家，犹惧其不纳。"④

  桂阳县："（邓氏）列宅分地，数十里田舍相望……（又）邓仁兴者……兄弟田数百顷，以富雄一方，至用担石程田契；乘马不牧，游食田野数十里，不犯人禾。"⑤

  衡阳县："康熙中，刘重伟……于是坐致税利，为万金之家。至嘉庆时，子孙田至万亩。"⑥

  长沙县："嘉庆壬申，李象鹍奉父命析产为二，各收租六百余石。……服官中州后，禄入较丰，积俸所赢，置产数倍于前。……于道光壬辰仍合旧产为二析之，较壬申数且六、七倍。"⑦

土地兼并的直接后果，使自耕农和中小地主陷入困境，变为佃农，乡村社会发生分化。据记载，由小地主变为佃农的比比皆是：

---

① 王闿运等：《桂阳直隶州志》卷二○，第 25 页。
② 彭玉麟：《衡阳县志》卷一一，第 5 页。
③ 《京报》，第 8 册。
④ 李文治编：《中国近代农业史资料》第一辑，生活·读书·新知三联书店 1957 年版，第 64—68 页。
⑤ 李文治编：《中国近代农业史资料》第一辑，生活·读书·新知三联书店 1957 年版，第 64—68 页。
⑥ 李文治编：《中国近代农业史资料》第一辑，生活·读书·新知三联书店 1957 年版，第 64—68 页。
⑦ 李文治编：《中国近代农业史资料》第一辑，生活·读书·新知三联书店 1957 年版，第 64—68 页。

近日田之归于富户者，大约十之五、六；旧时有田之人，今俱为佃耕之户。每岁所入，难敷一年口食。①

曾国藩也曾经感叹这种情况：

天道五十年一变，国之运数从之，惟家亦然。当其隆时，不劳而坐获；及其替也，忧危拮据，而无少补救，类非人所为者。昔我少时，乡里家给人足。农有余粟，士世其业……自远游以来，每归故里，气象一变，田宅易主，生计各蹙，任恤之风日薄。呜！此岂一乡一邑之故哉？②

太平天国农民战争短暂地打击了乡村的封建关系，但是由于湖南是太平天国的经过区域而非其统治区域，因此在太平军进军湖南进入江南后，特别是随着湘军成为镇压太平天国的主力，建有战功的湘军将领在湖南买田建屋，更加剧了湖南乡村土地兼并的趋势。时人曾记载：

湘省自江南恢复后，文武将领之冒饷致富者，行盐起家用者，田宅之外，如票号，如当店，以及各项之豪买豪卖，无不设法垄断，贫民生计，占搁殆尽，实已不堪其苦……③

据湘乡地方志载，清中叶以前，土地未曾高度集中，占地千亩以上的地主很少，多为百数十亩的中小地主。咸丰以后，许多湘军将领回乡置田建庄，湘乡才出现土地集中的情况。官至提督的章合才置田6000余亩，同治三年（1864）至光绪三年（1877）建成108间和94间的庄园各

---

① 李文治编：《中国近代农业史资料》第一辑，生活·读书·新知三联书店1957年版，第105页。
② 《曾国藩全集》第14册，岳麓书社2011年版，诗文，第286页。
③ 李桓：《宝韦斋类稿》卷九三，《上王夔石中函书》，第46—47页。

一栋；①曾参加攻陷天京的陈湜，抢劫金银财宝，船运至家，置田数千亩，人称"陈百万"。易盛鼎兄弟置田"累逾千亩"。锦屏乡杨氏，占有田土10000余亩，庄园12处，房间5000余间。②

湘乡之外，湘军集中的其他县也出现了同样的情况。湘潭的情况是："诸将帅还者，挥霍煊赫，所过倾动，良田甲第期月而办。"③ 如郭松林，原来"不事农、儒，跌宕乡里。父怒，恒欲逐之"。参加湘军以后，以军功封一等轻车都尉，于是"出军中资获，置田宅值十余万金"④。临湘县刘璈，亦因参加湘军立军功而官至台湾道，在革职被查抄家时，抄出"住屋一所，共六十八间""田契四百三十一纸"⑤。

由此看来，湘军官兵在镇压太平天国的战争中，通过各种途径获得的巨额财富，大多数用来添置田产。这种现象，在湘军兵源比较集中的湘中几个州县尤为突出。以湘乡曾国藩家族的成员来看，他们聚敛的财产和土地为数可观。曾国荃，"每克一名城，奏一凯战，必请假还乡一次，颇以求田问舍自晦"⑥，他所聚敛的资财已达百万，田产有6000余亩，这在南方地区是相当多的了。⑦曾国藩之子曾纪泽，虽长期在外为官，也在家乡大置田产，"远过于文正"，"自俄使归而毙，赒资得十余地万"。⑧

湘军的各级官吏，也纷纷效法曾氏族人。如长沙县的聂尔康，因参加湘军，官至知府，在家置有田产颇巨，共计租谷七千石，房产公馆二所。⑨时人曾记载："诸将帅还者，挥霍煊赫，所过倾动，良田甲第期月而办。"⑩

---

① 《湘乡县志》编纂委员会：《湘乡县志》，湖南出版社1993年版，第123页。
② 《湘乡县志》编纂委员会：《湘乡县志》，湖南出版社1993年版，第123页。
③ 《光绪湘潭县志》卷八，《列传》，第186、182页。
④ 《光绪湘潭县志》卷八，《列传》，第186、182页。
⑤ 李文治：《中国近代农业史资料》第一辑，生活·读书·新知三联书店1957年版，第180页。
⑥ 曾纪芬：《崇德老人自订年谱》，第3页。
⑦ 徐珂：《康居笔记汇函》，仲可笔记，山西古籍出版社1997年版，第78页。
⑧ 徐珂：《康居笔记汇函》，仲可笔记，山西古籍出版社1997年版，第78页。
⑨ 曾纪芬：《崇德老人自订年谱》，民国二十二年（1933）排印本，第3页。
⑩ 《光绪湘潭县志》卷八，《列传》，第186页。

此外，地主侵占公田、外国传教士霸占民田的情况也屡屡发生。在洞庭湖区，大片的湖州土地为地主劣绅所占。这些土地本为各地游民垦种。而豪绅地主见有利可图，乃"执持废契印照，影射争占，盗卖盗佃"，造成"械斗成风，讼狱繁兴，命案叠出"①。外国传教士在第二次鸦片战争夺战后也大量入湘，所到之处，或占地设堂，或放佃收租。如湘南靖州教堂拥有田产合租谷一千数百石，衡州教堂也有田产数千亩之多。

湘军将领的聚敛，使农民的土地大都集中于大地主、世宦手中，土地兼并现象严重。农民丧失土地而沦为佃户。据资料统计，在巴陵（今岳阳），农民中有60%是无地或少地的佃农。②

农民沦为佃户后，生活十分困顿，承担巨额的地租。在太平天国失败后，湖南各地的地租均有普遍提高趋势。由于战后清政府加赋增税，地主便把负担转嫁给农民，而且因为失去土地的佃农颇多，争佃现象时有发生，客观上为地主增租提供了条件。如攸县，"向来服畴者，自食其力，恒产固多不匮，即佃户口良者，亦时成奥族。今则田价日昂，田租不得不增。兼以侨耕者众，不谙土宜，转碍土著。计终岁勤动，良未必尽丰"③，这就真实地描绘了当时佃农的窘境。除增加正租以外，地主还常常增加押租、改分租为定额租或额外加收浮租，致使佃农的负担大大增加。

二　封建地租及封建剥削

地主阶级兼并土地的后果，便是大量自耕农丧失土地，沦为佃户。佃户租种地主的土地，缴纳的地租额是很高的。鸦片战争前湖南的地租形态是以实物地租为主。在嘉庆朝刑部案件关于地租的诉讼案中，湖南的9桩案件，实物地租占6件，货币地租仅3件。④

实物地租租额一般较高。在"地薄田瘠"的浏阳县，"丰年之收，每

---

① 张之洞：《张文襄公公牍稿》卷九，第6页。
② 李文治：《中国近代农业史料》第一辑，生活·读书·新知三联书店1957年版，第195页。
③ 王元凯：《攸县城志》，光绪十八年，卷一八，风俗，第2页。
④ 据李文治《中国近代农业史资料》统计，见王继平主编《晚清湖南史》，湖南人民出版社2004年版，第15页。

亩不上一石七、八，纳租不过五、六斗"，占收成的30%—35%。[1] 而岳阳一带的地租，"主佃各得其半"，租额达50%。[2] 根据乾隆、嘉庆朝刑部藏档的统计，当时湖南各地的租额一般在每亩0.5—1.0石以上，按当时亩产水平，地租率一般在50%上下。[3] 有的则超过此数，高出甚多。湘乡王殿玉佃田4亩，年纳租10石，亩平2.5石；酃县刘必学佃山场4亩，年纳租8石，亩平2石。这个租额已远远超过了50%。[4]

除实物租制外，还有劳役、货币租制，不过，这两种租制特别是货币地租，在鸦片战争前的湖南，由于商品经济够发达，还比较少见。

佃户除交纳地租外，还要交纳押租或预租。湖南的押租或预租名曰"进庄钱""进庄礼钱"或"佃规钱"，一般视佃田的多少、优劣及地区不同而数量不等。根据乾隆朝刑部所藏有关租佃关系案件的材料，湖南各地押租或预租的数量如表2-1：[5]

表2-1　　　　　　　　湖南各地押租或预租情况

州县	佃户	佃田亩数	押租或预租（两）
安仁	李元武	3亩	5.5两
茶陵	钟额周	8.2亩	6.6两
新宁	唐汝山	17担	3.8两
新化	刘捷飞	20亩	4.5两
桂阳	僧慧南	3亩	12两
湘乡	刘祖章	1处	12两
长沙	单东秩	7斗5升	22两
酃县	龚远士	14.5亩	60两
邵阳	羊洪茂	1.5亩	2.6两
湘潭	易秉纯	26亩	20两
华容	严准南	26亩	14.4两

---

[1] 邹俊杰等：《浏阳县志》卷六，第28页。
[2] 杜贵墀等：《巴陵县志》卷一四，第20页。
[3] 邹俊杰等：《浏阳县志》卷六，第73页。
[4] 王继平主编：《晚清湖南史》，湖南人民出版社2004年版，第15页。
[5] 根据《清代地租形态》统计，中华书局1982年版。

据表2-1的情况，可知鸦片战争前湖南的押租或预租是比较高的。按惯例，"进庄钱"或"佃规钱"一般在佃户退佃时须由地主退还，然而大多数情况是地主千方百计予以吞并，由此引起主佃之间的人命诉讼。表2-1所列各佃户一般都是因这种诉讼而京控刑部的。可见，押租实际上成为佃户的一种额外地租。

除承受苛重租税外，农民还要忍受地主阶级超经济的剥削与人身迫害，如长沙县的情形为：

> 从来雇工佃户，原为力役之人，非同臧获可比。近见湖南人情浅薄，以强欺弱，往往有本属雇工，配以婢女，限满不许归宗，行羁留者。偶或挈妇言归，辄即指为逃奴叛仆，辗展兴诉，愚民饮恨吞声，莫敢辩理，殊堪矜怜。又有擅将佃户为仆，恣行役使，过索租粒，盘算磊利，甚有呼其妇女至家服役，佃户不敢不从者。且有佃户死亡，欺其本宗无人，遂卖嫁其妻若子，并收其家资者。①

这种情况在湖南各地都有所发现。农村高利贷也是农民所承受的封建剥削之一。高利贷有以谷物为贷者，如岳阳乡村，贷谷"石息三斗，春夏贷而秋收"。② 龙山县借贷制钱三千文，每钱一千每年还包谷五斗为利，③ 在长沙，高利贷者实行所谓"加三"，即以月计息，"有一、二日零期者，亦算一月扣利"，且放贷时每两银成色不过九四、九五，"每两必轻三分、二分；进银则要十分足以，每两必重科三分、二分"，"名虽加三，实则加四、加五，牟利剥民"。④ 如此苛重的利息，往往使借贷者倾家荡产，不足以偿还利滚利的高利贷。

湖南农村土地的高度集中和农民租额的沉重，使农民的生活水平十分低下，极其困苦。"力田所入，抵债去其大半"，以致"甫交冬春，即

---

① 张延珂等：《长沙县志》卷二〇，第21页。
② 杜贵墀等：《巴陵县志》卷一五，第3页。
③ 李文治：《中国近代农业史资料》第一辑，生活·读书·新知三联书店1957年版，第91页。
④ 张延珂等：《长沙县志》卷一五，第35页。

须籴米而食"，①长沙一带的农民，"佃耕多于自耕"，而"佃耕农民，多形拮拙"，"终多勤动有不得养其父母者"。②在这种情况下，农村贫富对立十分严重，自耕农大都逐渐变为佃户，土地相率集中于地主手中，所谓"旧时有田之人，今俱为佃耕之户"，就是这种写照。在当时，"田之归于富户者，大约十之五、六"。③

太平天国农民战争失败以后，与封建土地关系强化的同时，封建地方政府也逐步建立和恢复其统治秩序和职能，加紧对城乡人民的搜刮和剥削，各种正赋常税及各种名目的捐税日益繁多，造成人民的生活困顿不堪。

这一时期湖南的封建捐税主要是地租、厘金、田赋和各种杂税苛捐。

地租一般以实物地租为主，其形式各州县不一，有包租、议租、预租或分种等，租额是相当大的，如在零陵县，"其租谷大约半田所出，亦有十取三四者"。④长沙一张姓业主，出租田土四石，"岁收租谷伍拾肆石"。⑤可见，当时的地租率一般占产量度的50%—70%。农民辛苦劳动一年，要将收入的大部分交给地主，生活之贫困可想而知。

此外，佃农还要承受封建地主阶级的超经济强制，承担各种无偿的劳役和负担。作为地主阶级统治工具的封建政府，对农民也采取逼租、催租等各种办法，致使农民往往因交不起租税而卖儿卖女，坐牢受监，妻离子散。

厘金本为镇压农民起义而开设的临时税收，但在太平天国运动失败之后，这种税并没有撤减，反而成为一种常税，数额也越来越重。

湖南是继江苏之后率先设厘金的省份。咸丰五年四月（1855年5月）由巡抚骆秉章奏准设立厘金局开征，税率大约在2%至3%。咸丰六年（1856），在厘局之外又设盐茶局，抽收盐、茶税。盐税每包抽700文，茶税每箱抽银0.45两。咸丰十年（1860），曾国藩募湘江军援皖，奏准

---

① 《皇朝经世文编》卷三九，第7页。
② 张先抡等：《善化县志》卷一六，第7页。
③ 《皇朝经世文编》卷三九，第8页。
④ 刘沛等：《零陵县志》，光绪二年，卷五，《风俗》，第16页。
⑤ 《长沙瞿氏家乘》卷七，第1页。

在长沙设立东征局，对盐茶货物，在征收厘金之后再征东征税50%。所以在太平天国时期，湖南的税收除厘金外，还有盐茶税、东征税，税率颇为苛重，以致商民负担累累。

太平天国运动失败后，湖南地方当局整顿税务。名义上将东征局裁撤，而税收则仍留四成并于厘金征收。盐茶税也一律合并于厘金内，厘金局改为厘金盐茶局。这样，湖南的厘金在形式上就划归统一，征收的项目还包括盐茶在内，另外还额外保留了东征税的40%。

湖南厘金征收种类达十种之多，计有百货厘金、茶厘、茶厘加抽、粮厘加抽、烟酒厘加抽、复征内地米谷厘金、出口米谷加抽、进口杂粮加抽、竹木厘金、出口煤厘加抽等。如果从税收性质而论，大约可分为出口税、起坡厘、土产厘、门市厘五种，统称为税厘。

湖南厘金的税率在初兴时一般是值百抽二三，后加征东征税，则达3%—3.5%。但湘省抽厘的办法，是一税一厘，故税厘相加，则达5%。到光绪二十年（1894），百货厘金加抽两成，百货税厘的税率则达6%；茶厘税率较百货高，正附厘金共计7.5%；烟酒类的税厘更高，达10%。这还是规定的税率，在实际征收过程中，各级厘卡官员贪污中饱，任意加码的现象极为严重。

湖南厘金的支出，大部分都解送中央财政，充作国家行政费、皇室用费、归还外债、赔款、军费等，仅一小部分充作本省行政费用。从这些开支项目来看，基本上为封建统治机器服务，对工商业者和农民没有益处。

湖南厘金的收入历年在13000000两至14000000两之间，如此庞大的数目，对清政府的财政当然是一个重要的来源，但对工商业者和农民来说却是一个沉重的负担。[1] 当时的情况是，"卡若栉比，法若凝脂，一局多卡，一卡多人，只鸡尺布，并计起捐，碎物零星，任意扣罚"，[2] 而"抽厘之弊，尤不忍言。一石之粮，一担之薪，入市则卖户抽几文，买户

---

[1] 以上关于厘金的统计，均见但湘良《湖南厘务汇纂》和罗东玉《中国厘金史》。
[2] 刘锦藻：《皇朝续文献通考》，卷六〇，征榷考，第1页。

抽几文。其装船而东运者，五里一卡，十里一局，层层剥削，亏折已多"①，以致"行旅愁叹，衢路荆棘"，"所入三厘而已，其六七皆官私耗费，而鱼肉之之于关市为暴于国家直盗臣耳"，如此，"商民工焉得得不裹足，百物焉得不涌贵乎！"② 当时有人计算，"百金之家，为田不过十亩耳，终岁月勤动，收获无多，一家衣食出此，地丁出此，厘金出此"，"闾阎骨髓，曾有几何？"③ 一般的商农，其困苦难尤可想象。故当时商民"哀怨之声哗然在道"④，"为之不平"⑤。严重地挫伤了农商的生产积极性，对社会生产力的发展起着严重的障碍作用。

太平天国运动失败以后，赋税制度除新增厘金之外，传统的赋税如田赋也有日益严重的趋势，清代实行的赋税制度是"摊丁入亩"，即将人丁税摊入田亩税中起征。这个制度在康熙末期实行以来，最初也确实减轻了一些负担。随着时间的更替，弊病也愈大。"永不加税"变成了空话，正额税之外，各种折耗浮收不断增加。根据《大清会典》的记载，在嘉庆年间，湖南的田赋每石田正额征银二两至十八两不等，征米一升至十四升不等。正额之外，每亩还征收随征耗羡银一两，米若干升。⑥ 可见，所谓折耗浮收最高时占正额田赋的50%。

19世纪后期，因为对外国人战争赔款、镇压农民起义的军费和开办各种"新政"的需要，清政府大肆转嫁负担，将款项分派各省，摊入田粮或厘金税额中加征，导致了"旧捐款税更加繁重而难以负担，旧捐税之外又加上新捐税的局面。⑦"根据资料统计，各省的田赋（地丁银）在太平天国运动失败后的19世纪60年代至20世纪初年，增加的百分比从50%—900%不等。湖南的田赋增加一般均在200%—400%之间。⑧

田赋增加的名目，一般以军费和赔款为大宗。晚清政府的军费开支

---

① 尹耕云：《心白日斋集》卷二，第15页。
② 尹耕云：《心白日斋集》卷二，第15页。
③ 沈菁士：《春星草鞋堂集》，偶存，第22—23页。
④ 冯子材：《冯宫保军版》卷七，第17页。
⑤ 易佩绅：《贵东书牍节钞》卷三，第12页。
⑥ 《大清会典事例》，嘉庆，卷一三八，第9页。
⑦ 《马克思恩格斯论中国》，人民出版社1997年版，第42页。
⑧ ［德］瓦格勒：《中国农书》（上册），王建新译，商务印书馆1936年版，第166页。

增加很大。以光绪年间为例，光绪十九年（1893）的军费开支为25604880元，光绪二十七年（1902）则增至45055000元，不到十年，军费增加了将近两倍。① 如此庞大的军费开支，当然只有搜刮于民。因此，清政府的每一次对内对外的军事行动，都对人民大肆搜刮一番。在湖南，有的地区"按粮捐军费，每石至十缗不等"，② 有的则按田数摊派，每亩在20—80文之间。这种军费加征，大有每年增长之趋势，有的次年即有前年的两倍之多。

对外赔款的摊派，数量也是相当大的。仅1902年的教案赔款，湖南省即达36万两,③ 庚子赔款，摊到湖南的就有70万两。④ 这些巨额的赔款，无疑均摊派到人民群众头上。仅光绪二十六年（1901）的36万两教案赔款，湖南地方当局即能通过"土药加收三成""整顿田房税契"和"盐斤加价"三条途径来征收，其中所谓"整顿田房税契"，无非是对田赋再次征收附加税。⑤

清政府对田赋加征所采取的另一种办法，是所谓"改折浮收"，即对漕粮不再征收实物，而以银两代替实物折纳，实行漕粮折色。这种办法于1853年起在湖南等长江流域为太平军活动区域省份首先实行，因为此时长江流域为太平军活动区域，漕运困难。漕粮的折色，一方面促使了粮食各物的商品化；另一方面却加重了封建剥削。按清政府的规定，在1853年，湖南的漕粮一石折银一两三钱。在实际征收中，各级官吏的贪污勒索，地方政府的加征加税，相当严重。据巡抚骆秉章的奏报，湖南征地丁银一两，"民间有费至数两者"，漕米一石"民间有变至数石者"。⑥ 可见层层加码的严重性。

民间浮收过多的原因，一在于官吏的勒索。湘潭县的情况是，"官吏

---

① 陈翰笙：《中国农民负担的赋税》，见王仲鸣编《中国农民问题与农民运动》，第129—130页。
② 李元度等：《平江县志》，同治十三年，卷三六，第9页。
③ 中国近代史资料丛刊：《义和团》，（一），第40页。
④ 《东华续录》，光绪朝，卷一六九，第6页。
⑤ 《东华续录》，光绪朝，卷七八，第15页。
⑥ 骆秉齐：《骆文忠公奏议》卷一二，第18页。

所得苛索……皆在漕米","县富饶，民重身家，易于取赢，浮收勒折，自信蓰至十百不止"。① 一般州县，廉俸无多，办公之需，全赖钱漕陋规稍资津贴，因此，勒折浮收"款目繁多，民间难以折算"。"每遇完纳银米，整数之外，尚有奇零，则一并收作整数。如一分一厘，则收作二分，一升一合，则收作二升，名曰收尾。小户穷民，尤受其累。"此外，"刁衿劣监也从而挟持之，每人索费数十两百两，人数多者，一县或至数十人，名曰漕口。少不遂意，则阻挠乡户完纳"。② 此种现象极为严重。其次，吏书差役的把持勒索，也是漕粮折色浮收几倍于额数的原因。"湖南钱粮食积弊，大半由于蠹书之包征包解，甚至擅出墨券、私相接受。该书截串在家，小民偶尔迟延，欲求给串，有费十数倍而尚不可得者。稍不遂欲，禀官拖押，门丁差役，从而需索。"③ 如在衡阳、清泉两县，钱粮由保甲征收，保甲便"勾蠹役捐票浮勒，甚至于痞棍买充领票，讹索小民，浮收数倍，名曰包保包甲"④。钱粮浮收，造成民间极大痛苦。

田赋、漕粮折色，表面上是对有地的土地所有者或地主征收，实际上，地主通常采用各种办法，将负担转嫁在农民特别是佃农和自耕农的身上。所以，在征收田赋与漕粮时，有所谓大小户的差别。一般绅士大户，"有正额外所余无多者，有仅及正额者，甚有颗粒不完者"，于是，"不能不取偿于小户，大户价愈短，故小户价愈长"。⑤ 田赋与漕粮的绝大部分转嫁于所谓"小户"即自耕农或小土地出租者的身上。有的记载说，"有十数顷之家而所完无几者，有一二亩产之家而横征倍之者，⑥ 绅户多折银，最少者约一石二三斗当一石"，"民户最弱者折银，约三四石当一石，强者完米，二石有余当一石，尤强者亦完米，不足二百当一石"。⑦ 可见，农村的地主阶级依仗其特权与势力，所承担的赋税任务极少，大

---

① 王闿运等：《湘潭县志》，光绪十四年，卷六，第4页。
② 骆秉齐：《骆文忠公奏议》卷一二，第18、19页。
③ 张延珂等：《长沙县志》，同治十年，卷二〇，第37页。
④ 曾国藩：《曾文正公全集》，奏稿，卷二，第30页。
⑤ 冯桂芬：《均赋税务局劝绅》，《显志堂皇稿》，卷九，第23页。
⑥ 《申报》，光绪二年十月初三日。
⑦ 丁日昌：《抚吴公牍》卷一九，第8页。

部分转嫁于农民身上。

即使如此，地主阶级所承担的少量赋税，也通过地租的形式转嫁给佃农。他们大量增加租额，提高租率，以至于佃农辛苦一年，所剩无几，生活万分凄苦。有人统计，在漕粮折色后，湖南农民原来承担一石漕粮，如今却要承担三石至四石，地丁银也由一两增至数两，① 负担数倍于前。

同时，农民的实际负担还要受到银贵钱贱、银价上涨的影响而加重。银贵钱贱 在近代社会是普遍的趋势。从19世纪50年代开始，清政府为筹集军费，滥发银票、钱票（宝钞）和铸铜、铁钱，致使银价又大为上涨。鸦片战争时的1840年，银一两兑铜钱1643.8文，而到1860年，银一两则可换铜钱八九千文。② 银价的上涨，使农民遭受极大的损失。农民在完纳田赋、漕粮时，须出卖粮食换取铜钱，而交纳时又须按银价将铜钱折换成银两。以湘潭县的情况为例。该县"自承平以来，官吏收漕米或改折银，渐增米价"，在道光时，"漕米石当用钱二万以上，而米石不能售二千，乃至或三石值银一两"，到咸丰年间，"催科愈急，而银价益涨，两至钱三千，漕米石当纳二十余千"，以致"结粮愈多，乡民大扰"③，"有数石之粟，数捆之布，不足完数两之银者。银愈贵，而农愈困矣"④。

19世纪后期清政府的横征暴敛，使农民负担沉重，农村经济凋敝，生产萎缩。从清政府历年的赋税收入情况也可以反映出来。表2-2是1869—1872年湖南历年的地丁正耗等银两征收情况。⑤

表2-2　　　　　　1869—1872年湖南地丁正耗等银两征收情况

年份	实完银两（两）	占应完纳百分比（%）
1869	1028760	82.32
1870	1030661	82.47

---

① 据李文治《中国近代农业史资料》第一辑，第348页，附表。
② 清代钞档：咸丰八年二月十三日御史陈浚奏。
③ 王闿运等：《湘潭县志》，光绪十四年，卷六，第11页。
④ 徐霸：《未灰斋文集》，中册，卷一，第2页。
⑤ 据彭泽益《十九世纪后半期的中国财政与经济》所列表。

续表

年份	实完银两（两）	占应完纳百分比（%）
1871	1037126	83.00
1872	1018114	81.47

表2-2表明，在19世纪70年代前后，湖南所完纳的地丁银的绝对数值增减比重很小，每年仅能完成应纳银的82%左右。这种情况并不意味着清政府负担的减轻，而是表明，农村社会经济的破坏程度已相当深，农业生产已陷入停顿的局面，无论清政府和地方官吏怎样横征暴敛、勒索催逼，农村及农民也无法承受应完纳的赋税。

除田赋、厘金和各种苛捐杂税以外，农民还要承担各种徭役负担。除兵役和驿站等经常性徭役外，在19世纪后期，各种近代事业的兴起，如修筑铁路，架设电讯设备以及各种地方性的徭役，屡出不断，成为农民的重大负担。甚至"各府州县，平时肩舆旗锣伞扇，以至看堂看门监卡押犯，下至洒扫刍收，派用民户，因公晋省或新旧赴任去任，用夫更多"①，民间苦不堪言。徭役虽按人口摊派，但地主大户往往可以以钱代役，差事落到一般平民百姓头上。甚至于有的官吏以派役为名，横加勒索，动辄出钱每县"五六万缗"②或"每粮一石"，派役钱"三千及二千数百文"。③农民在沉重的赋税下，又增加了无穷无尽的徭役，以至农民生活日苦，甚至卖儿卖女，离井背乡。

三 乡村商品经济的发展

晚清湖南乡村经济是以自然经济为主导，但是鸦片战争后由于外国商品的输入和对中国原材料的掠夺，也促使自然经济逐步解体并向商品经济潜变。

湖南经济的这种潜变，最初表现在农产品的商品化趋势。在明末清

---

① 《东华续录》，光绪期，卷五一，第8页。
② 张之洞：《张文襄公奏稿》卷三，第21页。
③ 张之洞：《张文襄公共所牍稿》卷二〇，第23面。

初之时，洞庭湖区一带的粮食生产得到发展，"湖广熟，天下足"，首先出现在顺治年间的书刊上，这表明洞庭湖地区在此时已成为重要的粮食产地，而粮食产量的增加，便为粮食生产的商品化提供了前提条件。据乾隆朝的《岳州府志》记载，当时的岳州乃"产谷之乡"，但因为"四方采买，络绎转移"，米价大涨，从"一金市籴六石"，变为一金市"二石为难矣"。① 洞庭湖区的粮食，大多流东南各省，这些地区因为"烟户稠密，需用粮米甚多，历系仰给客米接济；三、五日内客贩不到，米价即昂"，湖南米谷正是这个市场的重要来源之一。②

粮食商品化的同时，经济作物中的种植面积扩大，并成为专门的商品生产。仅岳州府所属的巴陵、临湘、华容、平江等县就大量种植了木耳、香菇、番薯、蕨、蒿类、烟叶、棉花、葛、苎麻、绢、蔗糖等作物，且大多是"市买长（沙）、衡（阳）"，甚至远销江西、湖北等地。③ 经济作物的增长，促进了手工业生产原料的发展，也使手工业获得了一定的发展，向商品经济的方向发展。因此，鸦片战争后湖南经济向商品化的潜变，主要的表现是在手工业各行业。

首先是手工业商品生产发展，出现了商业资本对小生产者的控制。湘潭的苎麻生产，"俱岁三州，每亩可数十斤，贩贸南省，获利甚饶"④，常德的土丝生产，也是"悉供商贩"⑤。最为显著的是岳阳的棉纺织业，生产规模巨大，据吴敏树的记载说，"巴陵之产有名者布，初邑之山中多作小布，幅裁尺，红之河巾，且以张彩饰馆柱，青者以为鞋带。长沙有巴陵小布行，以此其后二三都及冷铺三角港嘴诸处产棉，而一都人工作布绝精匀，谓之都布。二三都谓之三都布，男妇童稚皆纺绩"。可见，在岳阳从事纺织业的人数很多，已经不再是单纯的农家副业性质，而是独立的小手工业了。正因为如此，在这处情况下，以"吴客"（江苏一带的商人）为主的包买商便活跃在巴陵一带了："吴客

---

① （乾隆）《岳州府志》卷三九、第8页。
② 《皇朝经世文编》，卷四七，第20页。
③ （乾隆）《岳州府志》卷一二，物产。
④ 张云璈等：《嘉庆湘潭县志》，卷三九，第14页。
⑤ 陈楷礼等：《嘉庆常德府志》，卷一八，第12页。

在长沙、湘潭、益阳者来鹿角市之，鹿角、孙坞、童桥皆有庄，庄皆吴客，蚤起收之，饭而止，岁会钱可二十万缗。"看来，以吴客为主的包买商所设立的包买行（庄）在逐渐地控制着巴陵布市，他们不单是收买布市匹，而且还将"苏花"（太仓棉花）等原料和资金分贷给织布者，收购制成品。这已经是商业资本控制生产的初步形态了。① 不过，这种包买商控制手工业生产的情况，在鸦片战争前的湖南还不多见，主要是在湘北地区经济比较发达的州县。

在湖南手工业商品化的发展趋向中，比较常见的是各业中的大作坊和手工工场的出现，特别是在冶金及矿业生产行业中。

湖南、湘西一带，"多山岭重复，产铁之处甚广"，故而铁矿开采极多，在嘉庆年间，湖南开采的铁矿达17—19处之多，仅次于广东。② 所采之铁矿石，经冶炼后多"船装运赴湖北汉口发卖"。③ 仅辰溪一县，以采铁冶炼为业的工人，"岁不下万余人"，可见生产的作坊和手工工场规模之巨。④

有色金属也是湖南的特产之一，鸦片战争前，在湖南的有色金属开采业中，生产规模也是不小的。桂阳鹿子坳、铜坪岭两处矿场，年产在近30万。⑤ 据统计，在清代道光十八年（1938）以前，湖南历年报开的铜、铅、金、银、锡、水银、硫磺等类的有色矿山就有85处之多，⑥ 这些矿山规模较大，一般均在数十人或百人以上。⑦ 这充分显示出鸦片战争前湖南手工工场和作坊的发展水平。

从19世纪40年代初，连绵不断的农民战争和清政府的军事行动，给

---

① 吴敏树：《畔湖文集》，《巴陵土产说》。
② 彭泽益：《中国近代手工业史资料》第1卷，生活·读书·新知三联书店1957年版，第317页。
③ 雍正朱批谕旨，第36册，第96页，《湖南辰永靖道王柔奏》。
④ 刘家传等：《道光辰溪县志》，卷二一，第4页。
⑤ 王闿运等：《桂阳直隶州志》，卷二〇，第24页。
⑥ 彭泽益：《中国近代手工业史资料》第1卷，生活·读书·新知三联书店1957年版，第386页。
⑦ 据中国人民大学清史研究所、档案系中国政治制度史教研室编：《清代的矿业》（中华书局1983年版）有关湖南的资料统计。

湖南的手工业和商业以严重的影响。诚如咸丰五年（1855）湖南巡抚骆秉章所奏陈的：

> 自逆贼（指太平军——编者）窜湖广扰江皖，而陷金陵，长江梗塞，淮盐片引，不抵楚岸者，三年于兹矣。湖南一省，例余淮盐州县，十居七八。从前无事之时，商民贩运谷米、煤炭、桐茶油、竹木、纸铁及各土产，运赴汉口销售，易盐而归。……自江淮道梗，淮南片引不到，两粤多故，粤引亦不时至，而盐价亦昂，四民重困。湖南为产米之乡，近年稍称丰稔，谷贱如泥；又武汉叠陷，米粮无路行销，农民卖谷一石，买盐不能十斤，终岁勤动，求免茹淡之苦而不得，如是而农困。商贩贸迁阻滞，生计萧条，向之商贾今变而为穷民，向之小贩今变而为乞丐，如是而商困。①

湘西重要的工商城镇洪江，历来为贵州商人云集中转贸易之处。贵州的桐、菜油，遵义的柚及木材，都是大宗商品。咸丰初年，由于"长江不靖"，"均滞阻不行"，大量土产品积滞洪江不能运销。以桐油为例，"江苏油贵至每百斤易银六、七两"，而滞积洪江的桐油就地贱卖"每百斤不过一两六、七钱"。②辰州以盛产木材驰名，同治初年，也因"匪踪滋漫，焚斫殆尽，即有较为完善之区，而兵勇进剿，沿河一带，亦经伐尽无遗"，"故迩来竹木价值，较从前昂贵至六七倍之多，商贾亦惮于艰险，裹足不前"。③由此可见，在咸同年间，农民起义和战乱对湖南的手工业和商业造成了生产不前、商业阻滞的情况。

太平天国运动失败后，国内阶级矛盾暂趋缓和，中外矛盾和冲突也暂时处于酝酿的阶段，出现了所谓"同治中兴"的局面。在这个时期，社会较为安定，为手工业、商业和矿业的恢复和发展提供了可能。同时，地方政府为了治理战乱带来的经济困难，也采取了一些有利于社会生产

---

① 骆秉章：《骆文忠公奏议》，卷五，第11页。
② 黄辅辰：《戴经堂日钞》。
③ 清代钞档：同治十一年七月初一日，湖南巡抚王文韶奏。

的发展措施,① 因此,从19世纪60年代中期以后,湖南的手工业、商业和矿业又逐渐得到发展,在战后恢复的过程中,它就渐次重建了以前的规模,并有了新的发展。

爆竹业是传统手工业之一。在乾隆年间,"湘东之平江、浏阳、醴陵,湘西之沅陵、永绥、乾城、泸溪、凤凰、芷江、晃县、会同、靖州,湘南之衡阳、郴州,均为爆竹制造之中心地"。到同治年间,"自广东、山东、山西各帮客商,亦有贩运销售者,于是浏阳爆竹作坊,咸集中于城市,制造益精,声誉远播"。"逮光绪初年,湘商有将浏阳爆竹,试销上海、南洋,颇受欢迎,销路益广。汉口新堤等处,商人见有利可图,竞将浏阳爆竹,向外推销"。特别是醴陵平江,"为浏阳之邻县,是项工业,于光绪年间,亦颇发展,而出品之对外销售,均已浏阳爆竹名之"。②

冶铁业,也是湖南比较发达的传统手工业。湘中的湘潭、湘西的邵阳、武冈、新宁等县,"土法炼钢由来已久"。邵阳新产之钢,名"宝庆大条纲"。邵阳附近之武冈、新宁的钢铁制品,"均集中于邵阳,业中人也以宝庆大条纲名之"。所以邵阳实际上成为湖南手工冶铁炼钢的中心地区。所产之宝庆大条纲,"极负盛名"。在同治年间,手工冶铁作坊,达20余家,钢铁产量,一年约达一万余担,"行销汉口、长沙、河南、甘肃、山西、河北等处,颇形畅旺"。③ 除邵阳之外,湘潭也是重要的冶炼中心,所产曰"苏钢","质地较优"。在咸同年间,湘潭的冶铁作坊,达40余家,产品远销本省及湖北、河南、陕西、山西、山东、天津、汉口、奉天、吉林等地,史书称之为湘潭苏钢业的"黄金时代"④。

---

① 战后各地方政府曾采取措施恢复生产。如同治年间曾任湖南衡州知府的胡文炳记载说:"事定之后……余察此情,乃为公示,劝民间栽桑种棉,以为布帛之本。又虑空言之无益也,为捐钱制纺车三百余具,分散城厢内外,令衡商妇女教之纺。又虑其纺成而无所集也,余发钱五百串,募衡商甘广生谢连顺等,开机坊招机匠,以终其事。"(胡文炳:《楚南鸿爪》,风俗,第32页)。此种情况,在湖南其他地区亦不鲜见。

② 实业部国贸局编:《中国实业志》,湖南省,第七编,实业部国际贸易局印行,1937年,第426页。

③ 实业部国贸局编:《中国实业志》,湖南省,第七编,实业部国际贸易局印行,1937年,第349—350页。

④ 王继平主编:《晚清湖南史》,湖南人民出版社2004年版,第170页。

在炼钢业刺激下的冶铁业，咸同时期也大为发展。供应宝庆炼钢所用的生铁产品，系由"宝庆之华家山、清水塘、青山冲、刘家冲、金仙铺、东茅冲、石湾等处土法炼铁坊产品"；供应湘潭苏钢所用生铁则大半由安化的手工冶铁坊提供。价格也由咸同年间的每担1800文，上涨至光绪年间的每担2300—2800文，由此可见利润甚丰。[1]

其他冶金制品行业也有大的发展，以制锅行业为例，其中又以新化、长沙的制锅业最为有名。新化制锅业源远流长。始于宋代。在清同光年间，新化制锅作坊有22家，工人达2000余人，其产品"远销长江流域及长城内外，其交易年达一百万两以上"。[2] 长沙的铸锅作坊，"始于逊清同治年间"，"专铸鼎锅及其他铸货"，"最盛之时，在光绪初年"。[3] 除上述两地外，"湘潭、邵阳、衡阳、浏阳、湘乡、常宁等县之锅业……其繁盛时期，大概在同光年间"。[4]

榨油业也是传统的手工行业，特别是湘西、湘中地区，盛产桐油、茶油，此时都得到长足的发展。如湘潭的榨油业，"清咸同至光绪年间最为兴盛，当时油坊家数达五十余家"[5]。

制糖业也得到发展。在同治初年，仅宁远县内"又新开糖榨，沿江一带不下数十余所"[6]。在湖南其他地区，如武冈、郴州等地，也出现了不少糖坊。

制茶业是湖南的名特手工行业，洞庭湖区的岳阳和湘西地区，盛产茶叶。在五口通商以后，由于国际市场对茶叶的需求增大，使湖南茶业出现新的发展。尤其是英国、俄国对红茶的需求，使历来生产黑茶的湖

---

[1] 实业部国贸局：《中国实业志》，湖南省，第七编，实业部国际贸易局印行，1937年，第349—350页。

[2] 实业部国贸局：《中国实业志》，湖南省，第七编，实业部国际贸易局印行，1937年，第351、331、29、332页。

[3] 实业部国贸局：《中国实业志》，湖南省，第七编，实业部国际贸易局印行，1937年，第351、331、29、332页。

[4] 实业部国贸局：《中国实业志》，湖南省，第七编，实业部国际贸易局印行，1937年，第351、331、29、332页。

[5] 实业部国贸局：《中国实业志》，湖南省，第七编，实业部国际贸易局印行，1937年，第102页。

[6] 欧阳泽闿等：《宁远县志》，卷六，第7页，同治年间。

南茶业，也改变工艺，制作红茶。据载，湖南制红茶之始于咸丰年间，始由广东商人来安化传授红茶技术，"因价高利厚，于是各县竞相仿制、产额日多"。① 以下将各县茶业情形陈列如下：

> 安化："原为黑茶市场，至清咸丰初年，始有红茶之制造，当时年产红茶约十万箱（每箱约55市斤至65市斤），花卷三万余卷（每卷71.25市斤），红茶销俄国者约占70%，英美仅占30%，花卷则悉销于晋省。嗣广帮中兴，由香港销英美之红茶增至40%，余60%，仍由恰克图销于俄国，花卷则减少至于万余卷。"②
>
> 平江："道光末，红茶大盛，商民运以出洋，发不下数十万金。"③"凡山谷间向种红薯之处，悉以种茶"，"茶庄数十所，拣茶者者不下二万人，塞巷填衢，寅集酉散。"④
>
> 醴陵："近日红茶利兴，三四月间开庄发拣"，民间"多资余润"。⑤
>
> 岳阳："邑茶盛称于唐……今则推君山矣。然君山所产无多"，"与外洋通商以后，每挟重金来制红茶，土人颇享其利。"⑥

总之，在咸同以后，"由于楚境渐次肃清"，湖南茶业得到发展，"茶运稍畅"，而"洋商在各口岸收买红茶，湖南北所产之茶，多由楚境水路就近装赴各岸分销"；南境所产之茶，则由奥商运往香港出口。⑦ 可见，在19世纪后期，湖南茶业受到国际市场的吸引，发展颇快，成为湖南手工业行业产品出口的大宗。

作为手工业的重要行业的矿业，在19世纪后期的湖南也有大的发展。

湖南的矿藏丰富，各种矿业开采也比较早。特别是煤、铁、铜、铅

---

① 吴觉农：《湖南省茶业视察报告书》，《中国实业》第一卷第四期。
② 雷男：《湖南安化茶业调查》，经济资源委员会、经济部中央农业实验所编，1939年。
③ 李元度：《平江县志》，同治年间，卷二〇，第3页。
④ 彭泽益：《中国近代手工业史资料》第一辑，生活·读书·新知三联书店1957年版，第617、450页。
⑤ 刘家传：《矿厂利弊说》，附载道光《辰溪各县志》，卷二一，第5页。
⑥ 刘家传：《矿厂利弊说》，附载道光《辰溪各县志》，卷二一，第5页。
⑦ 刘家传等：《辰奚各县志》卷二一，第4页。

等矿业,在明清以来就大量开采。进入近代以来,官府对矿业开发的种种限制相对减少,所以进步也略为快些。道光十八年至光绪六年(1838—1880),湖南先后在采的矿山达 75 个之多,种类包括煤、铁、铜、铅等,其中以煤、铁为主。在这些矿山中,大部分是规模很小,手工采掘的"小窑",工艺落后,产量也不大,往往是农闲之时,秋后无他艺业,往往于产有铁矿处所,竭力开采,以此获值自赡。如湘西辰州,每矿"约数十人",每年"不下万余人"加入其中。

当然,在这些矿山中也陆续出现了规模较大的矿山,但这种大规模的采掘,一般是官府所创办的"官矿",由政府统一管理。其生产关系是属于封建性质的,但生产规模和产量都较大。一般商人开采的矿山,也是中型规模的,但受到封建官府的剥削和压榨较多,如桂阳的铜矿,矿商炼铜百斤,官府抽税 20 斤,无价可得,余 80 斤也要为官府收买,给值甚少,造成商人"不踊跃开采"的现象。在清朝统治者看来,矿山多处深山僻远处,他们并不希望民间大规模开采,用以防止"山民啸集",酿成危害统治的"祸患",所以湖南矿业发展并不十分顺利。

19 世纪后期的湖南手工业、商业和矿业在某些方面已经向商品经济发展。①

从手工业、商业内部的情况来看,随着规模不断扩大,出现了分工细密、生产规模日渐扩大的情况。其一,手工业的行业分工和行业内部的分工已经十分细致,逐步向专门化发展。以行业分工而言,其细密程度相当可观。在长沙,专一生产某种小商品的行业已非鲜见。如角盒花簪行、戥秤行、京刀行、明瓦行、棕绳、锡器行、翠器行、铜器行等;行业内部的分工也有所发展,表现在生产工序的单一、专门化,一件产品的制成,往往不再是一个人包干到底,而是从粗坯、成型、加工等依次由众多的工人各自完成的,反映出商品生产的特征。

其二,手工业作坊的出现和发展。从 19 世纪后期湖南的手工业发展的一般情况来看,这样作坊的家庭小规模作坊为主,但在某些行业,也

---

① 参见王继平主编《晚清湖南史》,湖南人民出版社 2004 年版,第 173 页。又见王继平《论清代湖南的手工业和商业行会》,《中国社会经济史研究》1988 年第 3 期。

出现了规模较大的作坊。这种较大的作坊，多集中在冶金、矿业或茶业等行业。如益阳的制锅行业，全县有较大的作坊22家，工人达2000余人，平均每家有百余名工人。① 宝庆、湘潭的冶炼作坊，也是工人较为集中的行业。茶业以工艺手工劳动为主，故集中的工人也较多。平江的"茶庄"，每一间基本上集中了工人数百人。② 不过，茶业的工人多为季节性的临时工，且以女工为主。

伴随着手工业、商业和矿业的发展，也出现了一些较为集中和发达的工商业城镇。传统的政治中心如长沙、湘潭历来是工商业发达的地方。湘潭在鸦片战争前曾是由内地向广东转运出口货物的重要集散地之一，战后虽因东南沿海商埠的开放使其地位受到影响，但作为工商业城镇的地位仍不减当年。两湖乃至川贵一带的出口丝茶等土特产品，除由长江流向南京等港口外，由陆路流向广东，"必先在湘潭装箱，然后再运广东放洋"，而一些由广东上岸的进口货物，"先必集湘潭，然后再运广东放洋"。③ 其他城市如岳阳、益阳、衡阳，也是重要的工商城镇。

随着工商业的发展，一批小集镇也陆续发展起来。岳阳的鹿角、汨罗的长乐、长沙的铜官、湘西的洪江，便是较大的工商集镇。

鹿角距岳阳20余公里，是岳阳至长沙或由长沙出洞庭湖的水运古镇。在19世纪后期，由于它处交通要冲，又盛产质量较好的陶土，地商业逐步发展。手工业方面，以陶瓷业为主。渔业较发达。尤其是，它位于洞庭湖东岸，附近一带盛产稻谷、棉花、油菜、豆、芦苇等，在以水运为主的清代，它成为洞庭湖东岸的集散地之一，因而商业发达，牙行、布庄、钱庄、当铺达数十家。据载，在最繁华时，仅屠宰坊就有28家。④

汨罗的长乐镇，虽南北不过0.5公里，却有十八门、八巷和五街，可见工商业之发达。据载，在清末，长乐镇的工商户已近百户。长乐镇的工商业主要以棉布、茶油为大宗。棉布行有数十家，供应附近一带民用，也外销长沙、汉口。茶油则主要是集散转运，吞吐量年达万余担。此外，

---

① 《中国实业志》湖南省。
② 李元度：《平江县志》，同治。
③ 容闳：《西学东渐记》，湖南人民出版社1981年版，第46页。
④ 王继平主编：《晚清湖南史》，湖南人民出版社2004年版，第174页。

长乐镇还盛产雨伞、烟草，店铺二十余家，每店有二三十人。①

长沙的铜官，以盛产陶瓷为主，是一个陶瓷业发达的工商小镇。湘西的洪江，则是贵州及湘西、湘西南一带土特产品集散的工商集镇。② 小集镇的发展和繁荣，也显示出19世纪后期湖南手工业、商业的发展情况。

19世纪后期湖南的工商经济，从总的趋势来看，是未能超越传统自然经济的轨道，但极然受到外国经济侵略的影响，由此导致了手工业、商业的兴衰荣枯。

外国经济对湖南的影响，首先表现为刺激一部分手工业行业的发展，这主要是那些适合于外国资本原料掠夺和土物产出口的加工行业。前述红茶加工业的兴起，就是这种情况。由于国际市场对红茶需求的增大，以制作黑茶为主的湖南传统茶业，开始改变工艺生产红茶，以适应外贸的需要，这就导致了湖南红茶行业的兴起。

不过，在外国经济侵略刺激下如茶业一样获得发展的湖南手工行业是很少的。大多数倒是另一种情况，就是在外国经济的侵略下，手工行业受到冲击，行业衰落，工人失业。这种情况首先表现在与农业紧密结合的棉纺行业。在洋纱、洋布的大量冲击下，手工纺织业受到严重的影响。以80年代的情况为例，洋纱洋布的倾销，已造成了严重的后果，例如：

常德、澧州：该地处"织布之户，近来全系掺用洋纱"③。

这种情况，在冶炼行业也有反映。同治十一年（1872），李鸿章在奏折中说："至楚粤铁商，咸丰年前销售甚钜。近则外洋铁价较贱，中土铁价较昂，又粗硬不适于用，以至内地铁商，十散其九。"④ 张之洞则记述得更为详细："湖南煤铁之利，自昔甲于天下……自与洋人互市，洋煤洋铁退缩一步，以致湖南煤铁不能售出境外，其利皆为洋人所占。"⑤ 以盛产苏钢的湘潭钢坊，"迨光绪年间，亦受洋钢进口影响，贸易渐渐缩小，

---

① 王继平主编：《晚清湖南史》，湖南人民出版社2004年版，第175页。
② 王继平主编：《晚清湖南史》，湖南人民出版社2004年版，第175页。
③ 《海关贸易关册》下卷，第30页。
④ 李鸿章：《李肃毅伯奏议》卷四，第76页。
⑤ 张之洞：《劝开湖南煤矿示》，《皇朝经世文编》卷九九，第18页。

钢坊相继停闭";① 生产大条钢的宝庆钢坊,也因为"外国铁条,进口益盛,质地虽不及土炼钢条,但国人喜其价廉,乐于购用,因此宝庆钢铁,销路大衰"②。

湖南社会经济由于其特殊的地理环境和其他原因,在外国资本的冲击下解体的程度相对沿海地区缓慢得多,但也在逐步解体。与鸦片战争开始的十年相比,程度又深了一步。

19世纪后期湖南工商经济的发展,也受到封建统治的各种束缚。太平天国以后,封建政府所征收的厘金,对工商业者是一个沉重的负担。湖南厘金种类达十余种,几乎是逢卡纳税,税率高达6%—9%,严重挫伤了工商业者的生产积极性。湖南茶业以生产红茶出口,然而由于"税厘之重","近年以来,几乎一息仅存"。③ 在供国内使用的产品流通过程中,征税也几倍,乃至十倍于外国进口的产品,这极不利于民族工商业的发展。所以,19世纪后期湖南工商经济在战乱中恢复,获得了一定程度的发展,但因种种阻碍,其发展水平不应估计过高。

农产品的商品化趋势,手工业中商业资本的控制生产以及手工作坊、工场的发展,表现出在鸦片战争前夕,湖南的区域经济也出现了若干资本主义的萌芽,自然经济正处于向商品经济潜变的过程。当然,与东南沿海地区的经济相比较,湖南商品经济发展的水平还是很低下的,向近代经济潜变的速度也是十分缓慢的。

清代前期,湖南的手工业、商业和矿业是比较发达的。鸦片战争以后,虽然随着外国资本主义的侵略,湖南各地的手工业和商业受到一定的冲击,但总的来说,它仍然沿着旧有的经济轨迹发展着。

第二节 民国湖南乡村经济的发展

民国时期,在比较长的一段时间里,处于军阀混战与割据的局面,

---

① 实业部国际贸易局:《中国实业》,湖南省,第七编,实业部国际贸易局印行,1937年。
② 实业部国际贸易局:《中国实业》,湖南省,第七编,实业部国际贸易局印行,1937年。
③ [英]贝思福:《保华全书》卷四,蔡尔康译,第13页,吴云记书局光绪二年(1876)版。

乡村社会没有根本的变革，仍然维持着封建的经济政治关系。南京政府建立后，面对的是日本帝国主义日益紧迫的侵略现实，国内战争连续不断，因而对于乡村建设未暇顾及，农村凋敝，处于困窘状况。1933 年 5 月，行政院成立农村复兴委员会，开始调查、研究农村和农业问题，也推行了一些实验工作，对乡村经济有过一些推动作用，但成效并不很大，不久全面抗战爆发，乡村经济转入了战时轨道。

一　土地关系与地权变化

辛亥革命没有改变乡村的土地关系，因此乡村封建土地关系继续保持，而伴随着世界资本主义对华的商品和资本输出，农村经济进一步凋敝，加剧了自耕农的破产，乡村土地进一步集中，造成土地兼并的后果。

根据北京政府农商部 1917 年、1919 年两年的统计，湖南佃农和半佃农在农村户口中约占 80%，其中佃农占 69.9%，自耕农兼佃农占 10%，说明土地集中情况非常严重。[①] 据记载，湘乡曾国荃的子孙占地 6000 亩，湘乡李笃真在南县占用淤田万亩，衡山聂缉规在南县占用种福垸土地 5 万余亩。[②] "湘潭、长沙一带，佃农占十分之六，雇农占十分之二，至于自耕农在湘中要算是最少的了，大约说起来，只能占十分之二。"[③]

国民政府土地委员会在 1934 年的调查情况也大致相同，调查者依据中国农村土地所有权关系复杂，认为不能简单地将农民分为地主、佃农、自耕农三个部分，认为分为十类比较切合实际，即地主（有地不自耕而出租者）、地主兼自耕农（有地出租一部分自耕一部分）、地主兼自耕农兼佃农（有地自耕一部分、出租一部分，同时又佃耕他人土地者）、地主兼佃农（有地出租而反佃耕他人土地者）、自耕农（有地而完全自耕者）、自耕农兼佃农（有地自耕而同时佃种他人土地者）、佃农（无地而佃耕他人土地者）、佃农兼雇农（无地佃耕他人土地，同时受雇于人者）、雇农（无地受雇于人，从事农作者）、其他（无耕地，也不从事农作者）。

[①] 《地政月刊》（第 1 卷），第 3—4 期，第 295 页。
[②] 宋斐夫：《湖南通史》（现代卷），湖南出版社 1994 年版，第 2 页。
[③] 《湘中农民状况调查》，见冯和法《中国农村经济资料续编》，黎明书局 1935 年版，第 121 页。

陶真夫1937年曾作《中国现阶段的土地问题》一文,指出占农村户数10%的地主富农占有近70%的土地。在湖南,仅湘潭、宁乡、益阳、湘乡、安化、湘阴6县的调查,占农村总户数11%的大地主,占有农村耕地的51%,加上有耕地20亩以上的小地主,总共占有耕地的65%以上。①

湖南省立衡山乡村师范学校曾于1936年对该县师古乡进行了调查,其中对全乡1486户的地权状态进行调查,情况显示:全乡1486户农户,完全耕种自有土地者计167家,占11%。耕种之田地内一部分为自有田产,一部分为租人之地者,有296家,约占20%;自己完全没有土地,完全租种别人田产者之佃农589家,约占40%;没有土地而为他人耕种获得工资之雇农17家,占1%;无田产而不以种田为生即从事其他职业者277家,约占19%;田产完全出租,自己不种地之地主66家,约占4%。具体情形如下:②

表2-3　　　　衡山县师古乡土地占有情况(1936)

农家类别	家数 实数	家数 百分比(%)	亩数 种自己田地	亩数 租种	亩数 租出
自耕农	167	11.24	1649.0		
自耕农兼租种	296	19.92	3366.4	3029.5	
自耕农兼租出	38	2.56	805.8		542.3
自耕农租入兼租出	35	2.36	342.7	495.9	242.2
租入兼租出	1	0.06		12.0	12.0
完全租出之地主	66	4.44			5433.0
佃农	589	39.63			
雇农	17	1.15			
无地亦不种地	277	18.64			
合计	1486	100	6163.9	10376.1	6229.5

---

① 黄星辂:《旧长沙府属之佃租关系》引国民政府内政部调查统计,台湾成文出版社1977年版。

② 湖南省立衡山乡村师范学校编:《衡山县师古乡社会概况调查》,载李文海等主编《民国时期社会调查丛编》二编,"乡村社会卷",福建教育出版社2009年版,第858—859页。

由上表可知，无地靠租种别人土地（包括寺庙等公有土地）或从事其他劳作的达60%以上。占农户4.44%的地主则拥有全部土地（包括寺庙等公有土地）的55%，如果除去4000余亩寺庙等公有土地，则地主所占土地达90%。① 毛泽东在1928年参加了对茶陵、醴陵农村的调查，显示地主占有70%以上的土地。

此前，毛泽东在《湖南农民运动考察报告》中也指出了20世纪20年代湖南农村的社会分层情况：

> 据长沙的调查，乡村人口中，贫农占百分之七十，中农占百分之二十，地主和富农占百分之十。百分之十的贫农中，又分赤贫、次贫二类。全然无业，即既无土地，又无资金，完全失去生活依据，不得不外出当兵，或出去做工，或打流当乞丐的，都是赤贫，占百分之二十。半无业，即略有土地，或略有资金，但吃的多，收的少，终年在劳碌愁苦中生活的，如手工工人、佃农（富佃除外）、半自耕农等，都是次贫，占百分之五十。②

1935年，湖南省立农民教育馆对长沙河西石佳冲第一实验区的调查显示，全区154户，954人，其中男性劳动力277人，其自耕农7人；佃农42人；帮农（系14岁以上男子。帮助家庭农业生产）52人；专营副业的农民36人；雇工及零工40人。③

民国时期，地权变动的情形也非常频繁。据行政院农产促进委员会印行的《抗战以来各省地权变动概况》显示，对湖南23个县的调查，

---

① 湖南省立衡山乡村师范学校编：《衡山县师古乡社会概况调查》，载李文海等主编《民国时期社会调查丛编》二编，"乡村社会卷"，福建教育出版社2009年版，第785页。
② 《毛泽东选集》第一卷，人民出版社1991年版，第20—21页。
③ 湖南省立农民教育馆编：《河西石佳冲第一实验区基本区内社会调查报告》，载李文海等主编《民国时期社会调查丛编》二编，"乡村社会卷"，福建教育出版社2009年版，第785页。

1937年、1939年、1941年三年的变动情况如下：①

表2-4 湖南23个县地权变动情况

年份	地主	地主兼自耕农	自耕农	半自耕农	佃农
1937	5.2	11.9	13.9	28.2	35.8
1939	4.5	11.2	18.6	28.4	37.3
1941	7.2	11.6	18.4	28.9	33.9

注：系每百户农家中之百分比。

表2-4反映，从趋势来说，地主在每百户农户中所占比例有上升的趋势，说明地权进一步集中到地主手中，而自耕农和半自耕农大抵维持现状，佃农则有减少的趋势，主要是战争影响，耕作困难，佃农退佃，或因经营困难，退佃改营他业。

就地主地权变动情形来考察，有向大地主集中的趋势。②

表2-5 地主地权变动情况

年份	大地主	中等地主	小地主
1937	10.5	51.2	58.3
1939	11.0	31.7	57.3
1941	14.6	33.4	52.0

注：系每百户农家中之百分比。

在土地占有的绝对数方面，每户平均面积，大地主占有的土地是中等地主的两倍多，是小地主的十倍以上。③

土地的集中，造成农民无地化趋势严重，其表现一是无地的佃户户

---

① 行政院农产促进委员会：《抗战以来各省地权变动概况》，载李文海等主编《民国时期社会调查丛编》二编，"乡村经济卷"，福建教育出版社2009年版，第419页。
② 行政院农产促进委员会：《抗战以来各省地权变动概况》，载李文海等主编《民国时期社会调查丛编》二编，"乡村经济卷"，福建教育出版社2009年版，第423页。
③ 据上引资料，每户平均之面积，湖南大地主为1112.5亩，中等地主为453.8亩，小地主为107.2亩。

数增长；二是自耕农户数减少，濒于破产；三是半自耕农动荡不定，呈增长之势；四是雇农人数呈增长之势。①

总之，民国乡村仍然保持着封建租佃关系，土地有进一步集中的趋势，农村中大多数农户为半自耕农和佃农。

二　地租形态与农民生活

民国时期乡村地租形态，既有实物地租，也有货币地租，或二者同时存在，也有以实物计算再折算为货币交纳。大抵在经济较为发达地区，以货币地租为主，而较落后之地区则以实物地租为主。湖南乡村二者兼具。租佃权分永佃制和定期制两种，以定期制为主。

据国民政府全国土地委员会的调查，民国二十三年（1934），乡村地租种类可分为包租和分收两种。包租即不分年岁丰歉，每年交纳额定之地租，有交纳货币的，也有交纳实物的。分收制，也有两种形式，一是普通分收制，即地主提供土地，或少量农具，余则佃户自备；佃工分收制则是地主提供土地及其他一切生活和生产工具，佃工类似雇工。据统计，湖南地区以包租定额物租制和普通分收制为主。②

【附】湖南省衡山县师古乡租佃契约样式

立佃耕字人△△△今佃到△△△所管△字△区地名△△处种田△石，坐落△处，其大小

△塘

田△△丘，计毛谷△△肩，水系　　注荫，凭引荐人△△行言招到△△承耕，耕作为业。比

---

① 据宋斐夫《湖南通史》"现代卷"研究指出：湖南佃农1931年占农村户数的47%；1932年和1933年上升至49%；1936年达50%。长沙府属11县，1929年，佃农占农村总户数的43.4%；湘潭、攸县达60%；长沙、醴陵、湘乡占50%左右；宁乡、浏阳占40%。自耕农也趋下降趋势，1912年自耕农占全省农户的29%；1931年减至28%；1932年、1933年为26%；1934年为24%；1935年减至23%；1936年降至22%。半自耕农在1912年至1935年之间，在25%至30%之间徘徊。雇农大约占农村人口的11.09%。见该书第268—269页。

② 行政院农产促进委员会：《抗战以来各省地权变动概况》，载李文海等主编《民国时期社会调查丛编》二编，"乡村经济卷"，福建教育出版社2009年版，第354页。

△坝

日三面言定近秋纳干净谷△石，毛车湿洒，东斗交量，不得短少。倘天年不顺，请东临田踏看验不减租。至注荫车水二班人工，东佃各半。一有不愿，原洋原田双方发还。如租谷不清，应以押租洋内扣除。退田之日，押租银洋迟加早扣，两无异言，恐口无凭，立此佃耕字一纸与东手执为据。

引荐人△△△押

中华民国　　　年　　月　　日立佃耕字△△△亲笔押

【注】注荫，灌溉之意；毛车湿洒，即过风车将毛谷扇干之意；东斗，东家即地主家之斗；原洋，佃金；原田，所租之田；押租洋迟加早扣，即如地主于佃户交田时，不能立即退还佃金，迟退若干日子，就得多付佃户若干日子的利息。如佃户未交田，因需款孔急，向地主请求早日返还佃金，早退若干日子，也得付地主若干日子的利息。

根据对湖南54083户农户的地租情况调查，列表如下：

表2-6　　　　　　　　　　地租结构表

定额钱租制		定额物租制		普通分收制		佃工分收制		其他		合计	
户数	%	户数	%	户数	%	户数	%	户数	%	户数	%
5032	9.30	38898	71.97	9962	18.42	5	0.01	186	0.34	54083	100

地租的数额也是比较高的，全国平均为43%，实付额38%，平均租额占地价的10%，均高于当时土地法所规定，湖南的情况如下：①

表2-7　　　　　　　　　　地租率表

县数	佃户数	地价总额（元）	收获总值（元）	额定地租			实付地租
				总额（元）	占地价（%）	占收益（%）	总额（元）	占收益（%）
10	164	157443.870	57945.920	24148.310	15.33	41.67	17162.920	29.61

---

① 行政院农产促进委员会：《抗战以来各省地权变动概况》，载李文海等主编《民国时期社会调查丛编》二编，"乡村经济卷"，福建教育出版社2009年版，第355页。

就一般情况而言，湖南额租之规定，"则以田盘（即面积也）之宽广为定率，如此田可收谷2石，即输额租1石，俗谓之对开田，亦有四六开者（佃四东六）。佃户对于田主，尚有附带各条件，亦有须于佃字上注明。加送田鸡、田蛋、或稻草及糯米"①。就具体区域来看，各县有所不同。据研究者称，如长沙一般为东佃各半，最高为东七佃三；岳阳、临湘、溆浦为东六佃四，湘潭为东七佃三。② 一般视当地土地资源多寡而定，也有租佃习俗因素在内。衡阳师古乡则是："普通一亩田产毛谷5石，出干谷4石，约纳租谷2石。按民国25年的谷价计算，平均每石4元，每亩水田普通出干谷4石约值16元。在收谷之后再种别的作物，如豆类、晚稻、席草等，其收获量的总值可以大十八九元，每亩水田纳租8元，则纳租额要占到收获总量之44%。"③

虽然国民政府先后颁布《土地法》和《保障佃农办法原则》，规定定租额不得超过产额的37.5%，即三七五限租，但未能真正实行。据统计，1930年，湖南地租按上中下三等分别为53.9%、55%、51.3%，远远超过规定。④

除租谷外，还要额外交纳押金，各地情况不一，少的相当于一年的租谷价值，多的超过土地总产量的一倍以上。醴陵大约为每石2—11元；衡阳为7—8元；临湘为5—6元。⑤

此外，佃户还要给地主送年节或承担额外的劳役。在衡阳师古乡，地主盖房子、婚丧喜事，佃户必须帮工，只供吃饭，没有工钱。佃户家喂养的鸡、鸭、鱼、猪，逢年过节需送地主若干。地主收租的时候，佃户需请地主吃租饭，一般需花费两三元。而随时听地主使唤服役者，"甚者至俨然有若主奴"，"其由经理人或经租账房代收者，往往额外欺侵，

---

① 刘大钧：《湘省农佃状况》，国民政府土地委员会：《全国土地问题调查报告纲要》，载李文海等主编《民国时期社会调查丛编》二编，"乡村经济卷"，福建教育出版社2009年版，第172—173页。

② 宋斐夫：《湖南通史》（现代卷），湖南出版社1994年版，第3页。

③ 李文海等主编：《民国时期社会调查丛编》二编，"乡村社会卷"，福建教育出版社2009年版，第863页。

④ 黄星轺：《旧长沙府属之佃租制度》，台北：成文出版社1977年版，第30722页。

⑤ 宋斐夫：《湖南通史》（现代卷），湖南出版社1994年版，第3页。

滥施淫威，又或黠者包租转佃，耕者多受一重之剥削"。①

农民除了要承担高额的地租以外，还要承受政府赋税以及高利贷等乡村金融的剥削。民国时期田赋科则，大抵沿袭清旧，唯将银米改折银元，各省折价不一，按折价交纳之银元数，谓之正税。正税为中央征收。正税之外，附带征收之款，通称附加，亦称附税。各省有附税，而县区也有附税，项目繁多，少则二三，多则十余种，乃至二十余种，民众苦不堪言。1921年到1922年，田赋附加，"每银一两有附加至三至四元者"②，1917年开始田赋预征，郴县在1924年已经预征至1930年。③ 1928年，国民政府规定附税不得超过正税之数，1932年重申此令，1933年又重订整理办法，但收效甚微。湖南正、附税情况列表如下：④

表2-8　　　　　　　　　　正、附税比例表

调查县数（个）	正税（元）	省附税（元）	县附税（元）	省县附税合加（元）	正附税百分比（%）	省县附税百分比（%）	
						省附税	县附税
52	2838940	4749016	4833634	9582950	337.54	49.56	50.44

注：以正税为100。

湖南的省县附税是正税的377.54%，据上述调查显示，在被调查的17个省中，湖南省附税比例最高，是正税的3倍以上。

除附税以外，还有临时摊派，"数频额巨，苛扰往往百倍于普通田赋附加"，各省平均每户3元有奇，每亩平均0.2元。临时摊派大抵为乡区公所或乡镇长所为，占交纳户数的84%。⑤湖南情况亦大体相同。

---

① 国民政府土地委员会：《全国土地问题调查报告纲要》，载李文海等主编《民国时期社会调查丛编》二编，"乡村经济卷"，福建教育出版社2009年版，第355页。
② 宋斐夫：《湖南通史》（现代卷），湖南出版社1994年版，第4页。
③ 宋斐夫：《湖南通史》（现代卷），湖南出版社1994年版，第4页。
④ 国民政府土地委员会：《全国土地问题调查报告纲要》，载李文海等主编《民国时期社会调查丛编》二编，"乡村经济卷"，福建教育出版社2009年版，第375页。
⑤ 国民政府土地委员会：《全国土地问题调查报告纲要》，载李文海等主编《民国时期社会调查丛编》二编，"乡村经济卷"，福建教育出版社2009年版，第375页。

民国时期资本主义工商业有所发展，乡村金融比较活跃，商业资本与传统高利贷结合，对农村的剥削加剧。乡村人民"买进货物要受商人的剥削，卖出农产要受商人的勒抑，钱米借贷要受重利盘剥者的剥削"①。商业资本在乡村的活动形式，一是操纵农产品的价格，扩大农产品的季节差价，如1919年前后，湖南农产每石谷的价格，秋收前的价格高于秋收后价格的好几倍。②二是预购。商人往往趁农民青黄不接之际，以低价向农民预购农产品，俗称"买青苗"，从中攫取利益。

至于高利贷剥削，则是乡村社会长期以来的封建剥削形式。普通借贷的利息，皆按月计算，最高者3分，最低者1分6厘，平常2分，期限有一年和六个月两种。③但高利贷则不同，一般月利为6%—8%，如南县、安化、华容等县有的月息为20%，慈利、永明、城步等县高达30%。④1933年至1934年，湖南粮食借贷利率为月利6.8%，现金借贷利率平均在20%—40%左右。农民因为天灾，食谷歉收，或因婚丧、疾病而无储蓄，或因佃田少、人口多，入不敷出等情况，不得不借高利贷。然而，因高利贷而生计无着者日益增加，有人描述这种情况说："由高利贷借到债款以接济家用者，仅可周转一时，无异剜肉补疮，饮鸩止渴，而多数家庭，因连岁亏欠，债台高筑，终于连租佃之资本，渐次蚀完，唯有退还耕地，卖佣为生。"⑤

地租、赋税和商业资本的剥削，使得乡村凋敝，农民生活日益困难。有调查者对长沙县崇礼堡乡298户农户1948年1月至5月五个月的收入、支出情况考察进行统计。在这298户中，85%以耕种为主业，其中占最大多数为佃农，平均每家佃地19.2亩；其次为半自耕农，每家耕种28.2亩；自耕农每家耕种35.5亩。自耕农平均每户岁入142万元，尚须除去

---

① 《毛泽东选集》第一卷，人民出版社1991年版，第40页。
② 宋斐夫：《湖南通史》（现代卷），湖南出版社1994年版，第3页。
③ 湖南省立衡山乡村师范学校编：《衡山县师古乡社会概况调查》，载李文海等主编《民国时期社会调查丛编》二编，"乡村社会卷"，福建教育出版社2009年版，第875页。
④ 宋斐夫：《湖南通史》（现代卷），湖南出版社1994年版，第3页。
⑤ 孙本文等：《长沙崇礼堡乡村调查》，载李文海等主编《民国时期社会调查丛编》二编，"乡村社会卷"，福建教育出版社2009年版，第807页。

25%的田赋、肥料、人工费；半自耕农岁入111万元，除去10%之田赋、地租及20%之肥料、人工费；佃户每户岁入76万元，其中半数归地主，再扣除肥料、人工，基本温饱不能满足。以下按月入分五个组，其收入构成及支出项目如下表：①

表2-9　　　　　　　　崇礼堡乡家庭收入构成表

每月收入组	户数（户）	田产及房产（%）	职业及营业（%）	借贷及典当（%）	副业及其他（%）	收入总计（%）
5万元以下	152	39.21	34.26	9.85	16.68	100.00
5万—9.9万元	63	43.23	32.10	5.83	18.84	100.00
10万—14.9万元	42	40.15	41.23	6.12	12.50	100.00
15万—19.9万元	30	53.28	36.17	—	10.55	100.00
20万元以上	11	54.14	37.42	—	8.44	100.00
各组合计	298	42.16	35.09	7.11	15.64	100.00

根据统计，月入14.9万元及以下的前三组，均为佃农和半自耕农，月入15万元及以上两组则为自耕农和地主。五组家庭主要收入，一是田产和房产；二是职业与营业。值得注意的是对于佃农和半自耕农，典当与借贷占其收入的6%—10%，而自耕农与地主则没有典当与借贷。在支出结构中，最大项是食物与衣服，佃农、半自耕农此两项支出占总支出的55%—82%，自耕农和地主则占46%—68%，说明收入的差距较大而佃农和半自耕农的生活水平非常之低。同时，自耕农和地主花在此两项的金额绝对数较大，将近是佃农和半自耕农的两倍，如果按家庭人口平均计算，则也要高出很多。总的情况是，收支两抵，佃农家庭亏欠户数达74%以上，由此可见乡村的贫困化程度。

衡山县师古乡的调查也同样印证了民国时期乡村农民生活的困顿。湖南省立衡山乡村师范学校的调查人员于1936年在衡山师古乡选择了304户农家进行收支调查，其中佃户142家，占46.7%，自耕农109家，

---

① 孙本文等：《长沙崇礼堡乡村调查》，载李文海等主编《民国时期社会调查丛编》二编，"乡村社会卷"，福建教育出版社2009年版，第805—806页。

表2-10　崇礼堡乡家庭支出构成表（单位：万元）

每月收入（元）	家数	平均人数/家	每家五个月内平均支出费					每家支出总平均数	盈余		亏欠		平均盈亏/家
			食品	衣服	房租	燃料	杂费		家数	平均数额	家数	平均数额	
5万元以下	152	6.56	26.14	2.14	0.12	0.98	2.40	31.78	9	0.50	113	3.50	-3.18
5万—9.9万	63	5.08	30.43	10.58	0.15	2.95	5.12	49.23	30	0.91	23	2.02	-0.36
10万—14.9万	42	5.13	41.28	12.20	0.17	3.07	17.28	74.00	23	1.03	9	3.10	-0.13
15万—19.9万	30	5.09	42.85	16.13		3.68	27.72	90.38	22	3.43	8	2.15	1.94
20万以上	11	4.01	52.35	22.35		3.93	34.61	113.24	10	7.54	1	4.15	6.47
总计	298	5.79	31.83	7.49	0.12	2.07	8.81	50.30	94	2.19	154	3.17	-1.14
百分比（%）													
5万元以下	51.01		82.26	6.73	0.38	3.08	7.55	100	5.9		74.3		
5万—9.9万	21.15		61.28	21.49	0.31	5.99	10.39	100	47.2		36.5		
10万—14.9万	14.09		55.78	16.49	0.23	4.15	23.35	100	54.8		21.4		
15万—19.9万	10.05		47.42	17.84		4.07	30.67	100	7.3		2.7		
20万以上	3.70		46.22	19.74		3.48	30.56	100	90.9		9.0		
总计	100		68.14	12.86	0.29	4.57	14.14	100	31.7		51.7		

占35.9%，地主13家，占4.3%，无地亦不种地38家，占12.5%，雇农及租入及租出各1家，各占0.3%。这大致反映了当时师古乡的各种农户比例。其收支情况如下表：①

表2-11　　　　　　　师古乡304户年收入分组表

收入（元）	150元以下	150—249元	250—349元	350—449元	450元及以上
户数（304户）	73	124	55	25	27

表2-12　　　　　师古乡304户农户分类年支出表

农户类别	户数（户）	平均每家全年支出数（元）					全年各类支出百分比（%）				
		食品	燃料	房租	衣服	杂费	食品	燃料	房租	衣服	杂费
地主	13	103.5	16.3	2.2	13.5	162.3	35.4	5.4	0.7	4.5	54.0
租入及租出	1	240.8	21.6	1.5	9.0	19.8	82.3	7.4	0.5	3.1	6.8
自耕农	109	184.5	23.7	2.4	10.6	62.3	65.1	8.4	0.8	3.7	21.9
佃农	142	155.5	23.3	2.1	8.8	41.7	67.3	10.0	0.9	3.8	18.0
无地	38	120.8	19.2	1.9	8.6	39.6	63.5	10.1	1.0	4.5	20.8
雇农	1	103.5	12.4	2.0		11.5	80.0	9.6	1.5		8.8
合计	304	159.5	22.6	2.2	9.6	53.9	64.3	9.1	0.9	3.9	21.8

表2-13　　　　　　　师古乡自耕农年支出表

农户类别	户数（户）	平均每家全年支出数（元）					全年各类支出百分比（%）				
		食品	燃料	房租	衣服	杂费	食品	燃料	房租	衣服	杂费
兼租种租出	17	260.0	36.3	3.2	13.5	94.9	63.5	8.9	0.8	3.7	23.1
兼租种	62	180.2	21.5	2.4	9.8	54.1	67.1	8.0	0.9	3.7	20.2
完全自耕	22	151.4	20.3	1.8	10.7	61.1	61.9	8.3	0.7	4.2	25.0
兼租出	8	150.0	23.0	2.1	7.1	59.7	61.9	9.5	0.9	2.9	24.7
合计	109	184.5	23.7	2.4	10.6	62.3	65.1	8.4	0.8	3.7	21.9

---

① 湖南省立衡山乡村师范学校编：《衡山县师古乡社会概况调查》，载李文海等主编《民国时期社会调查丛编》二编，"乡村社会卷"，福建教育出版社2009年版，第895—903页。

从以上三表中可以看出，师古乡农民主要是佃农收入很低。按同年同地长工（无地为地主常年帮工一年者，吃住在地主家）工资，普通30元，最高40元，最低15元、谷每石价4元计算，再按农户家庭人口5口平均，则64%的农户人均年收入仅30—50元之间，境况并不比雇工好，甚至更差。

从支出来看，农户的日常生活费用（主要是食物购买费用）占收入比例很高，越是低收入者支出越高，特别是佃农。地主食物支出仅占其收入的35.4%；自耕农占65.1%；佃农占67.3%；雇农则高达80%。杂费主要是零用及应酬，以地主支出最多，佃农及雇农较少。

每年支出之绝对数，以地主最高，户均300.8元，雇农最少，计129.4元（而其食物支出即占103元），可以说，收入低的家庭，基本支出即食物，甚至温饱亦难以维持。

以上两例还是较为发达的长沙和衡阳地区，如湘西、湘西南等偏远山区，人多地少，交通不便，其生活更为艰难。衡山地区流行的歌谣唱道：①

> 正月欢欢喜，二月没粒米；
> 三月餐半餐，四月难过关；
> 五月没奈何，六月割早禾。

有人形象地描述湘中农民的生活：

> 每天只有两顿粗糙饭，还有一点自家种的蔬菜。肉除掉大节气如过年节的时候，是不容易发现的。鸡鸭喂得尽管多，都仿佛是地主小财主的专门食物。农民眼巴巴的望着他们长大，生蛋，统统送到有余钱的人家，换得极低微的代价。衣服仅足蔽体，料子都是极粗的老棉布，常常看到许多的农民，身上穿的衣裤，没有一件不是

---

① 湖南省立衡山乡村师范学校编：《衡山县师古乡社会概况调查》，载李文海等主编《民国时期社会调查丛编》二编，"乡村社会卷"，福建教育出版社2009年版，第931页。

补过又补，缝过又缝的。脚是差不多终年赤着，穿鞋袜的，大概只有到人家拜年的时候才看见。穿了一二天，又得好好的收藏起来，预备明年的此时再用。①

因此，民国时期由于封建的土地关系没有改变，加上战争频仍，乡村经济凋敝，农民生活日蹙。因破产、灾荒而逃离农村的人口日多，据1933年调查统计，湖南全省离村的农户14.7万户，占农户总数的8%。同时，农民负债现象严重，1933年农户借款户数占总户数的52%，借粮户数占49%。② 由此可见，民国时期农民生活水平下降，生活日益艰难。国民政府虽开始调查整理农村情况，也曾建立农村复兴委员会，希图能够改变，但由于各种原因，民国时期农村的变化并不明显。

三 乡村手工业和商品经济的发展

手工业是传统乡村家庭的重要经济支柱。③ 鸦片战争以来，中国自然经济逐步解体，与小农业紧密结合的家庭手工业的经营方式发生了变化，男耕女织的模式逐步瓦解。但是，由于乡村土地关系的高度集中，自耕农和佃农依靠土地所获并不能完全维持生计，因此，乡村的手工业始终是乡村主要的经济活动之一。民国时期，乡村手工业经营的形式，存在着两种情况。一是作为家庭副业的手工业，即农闲时间或妇女、老人、小孩从事的副业；二是因为无地也不从事农业的专业的手工业户，后者大多集聚在集镇（包括县治所在城关镇）。

据1935年编写的《湖南实业志》记载，湖南农家所从事的副业主要有七大类，即"（一）纺织及针线类，以旧式方法纺织纱线、布匹及针织品，包括纺纱、绩麻、织土布、夏布、做鞋、绣花；（二）编制类，用手工编制竹、柳、蒲物品，如制席、制斗笠、织草鞭、编篮、制箩等；（三）打结类，不用工具织造而用手工打结之软件，有打草鞋、打绳、制

---

① 陈仲明：《湘中农民状况调查》，《东方杂志》1927年第24卷，第16号，第79页。
② 黄星铻：《旧长沙府属之佃租制度》，台北：成文出版社1977年版，第30722页。
③ 关于民国时期湖南手工业发展的状况，张绪先生的博士论文《民国时期湖南手工业研究》，做了比较深入的考察。

蓑衣；（四）饲养类，为农家饲养之一切动物；（五）制造类，为农家从事制造所成之物品，如制伞、鞭炮、制竹器、制革履、造纸、烧窑、砖瓦、桐油、茶油、菜油、麻油、土靛；（六）采集类，有捕鱼、采莲、打柴、挖煤；（七）其他，有白炭、石灰"①。

在衡山师古乡，佃户占农户的40%，而且山多田少，所以多以手工副业谋生或补贴家用。据统计，该乡男子的副业竟有七八十种之多，主要有打铁、砍柴、短工、织席、编草鞋、做豆腐、弹棉花、做乐器、做曲酒、织布、裁缝等，妇女的副业也有二三十种，如纺织、编草鞋、织布、做布鞋、砍柴等。其经营形式，有作为副业在农闲时兼而为之的，有无地的农家以此为业的，大多采取家庭作坊式的经营方式。②

在浏阳县的农村地区，爆竹的制造、造纸均为普遍的家庭副业，如爆竹业"当其最盛时，东、西、南三乡，居民于农闲时操此工作者，达三十余万人"，③造纸业也很兴盛，已成为农家所从事的一项重要副业，"盖浏人务农，其余纸业，直以副产目之，初非专工其事者"④。

在湘南临武县，"编席……多系女工，为家庭工业之一，城内及近城各乡，业此者约八百余家，农闲时任编席工作人数，约一千五百人以上"⑤。耒阳县的旦塘"妇女善于织布，男子亦会，每家有纺织机一架，当见妇女家务口或男子田间归来，即事纺织，该地五天赶墟一次，每次赶墟，即□□□之布捆去售卖"⑥。在某些乡村，由于手工业的发展，形成了专营某一行业的村镇。如"浏阳南乡素称鞭爆富产之区，作坊散布乡间，营是业者比比皆是，有专做爆竹者，有兼做爆竹者"⑦。在益阳，"现在该地专以织布为业者尚有七百余家，每家备有手扯梭之木机约十

---

① 朱羲农、朱保训编纂：《湖南实业志》，湖南人民出版社2008年版，第147页。
② 湖南省立衡山乡村师范学校编：《衡山县师古乡社会概况调查》，载李文海等主编《民国时期社会调查丛编》二编，"乡村社会卷"，福建教育出版社2009年版，第866—872页。
③ 朱羲农、朱保训编纂：《湖南实业志》，湖南人民出版社2008年版，第1131页。
④ 傅角今编著：《湖南地理志》，雷树德校点，湖南教育出版社2008年版，第228页。
⑤ 朱羲农、朱保训编纂：《湖南实业志》，湖南人民出版社2008年版，第1131页。
⑥ 徐幼芝：《湖南农村妇女教育及生活调查报告》，《农村建设》1940年第2卷第1期。
⑦ 曾赛丰、曹有鹏编：《湖南民国经济史料选刊》第2册，湖南人民出版社2009年版，第669页。

架，全业工人，约万余名，女工约占三分之一"①。在祁阳，"到民国十几年，在县城附近的雷坛观、株林山、枫林铺、下马渡先后出现好些纺织专业户"②。

就整体而言，相对于晚清时期，民国时期湖南乡村的手工业发展，受到国际市场的影响较大。一方面，传统的纺织部门，在现代机器工业的冲击下，其趋势是走向衰退，但也因地区、时间不同而变化。较为偏僻的地区，土法纺织仍然是乡村自给自足的经济活动；在抗战时期，由于战争的缘故，某些行业又获得了一定程度上的复兴或繁荣。另一方面，由于农产品市场卷入国际市场，因此提供出口的某些手工业行业获得发展。③ 这些所谓外向型的手工行业，主要是湖南的土特产行业，如鞭炮、湘绣、瓷器、桐油。前三种是湖南的特产，桐油则在湖南具有产地丰富的优势。

鞭炮是湖南传统的手工产业，尤以浏阳、醴陵、平江为最。浏阳是湖南鞭炮、烟花出口的主要基地，鞭炮业非常发达，是浏阳最主要的手工业行业，在清末，其从业人员达到30万人。湖南的烟花鞭炮出口数量逐步占到全国的一半以上。据统计，1912年，湖南海关出口烟花鞭炮数量占全国海关出口数量的30.07%，接近三分之一。从1928年开始，即超过一半，最高达56.42%（1931年），1928—1934年平均达52.70%。④

湘绣是湖南独特的工艺产品，最初只是民间的女红，大约在19世纪60年代逐渐成为一种规模性商品生产，主要集中在以长沙为中心的湘中湘北地区。从20世纪初年到三四十年代，是湘绣逐步走向繁荣的时期。

---

① 佚名：《益阳工商业调查》，《工商半月刊》1934年第6卷，第15号。
② 罗鑫、周克：《祁阳土布染织业的兴起发展和衰落》，《祁阳文史资料》第2辑，中国人民政治协商会议湖南祁阳县委员会文史资料研究委员会1985年印行，第128页。
③ 刘泱泱在《近代湖南社会变迁》（湖南人民出版社1998年版）中认为，较为发达的外向型手工业有，如鞭炮、湘绣、瓷器等行业在民国时期获得了较大的发展，参见概述第153页至166页。刘绪在其博士论文《民国时期湖南手工业研究》（武汉大学，2005年）也提出了相似的看法；刘云波在《论近代湖南的几种外销型手工业》［《湘潭大学学报》（哲学社会科学版）2005年第5期］也作了讨论。刘泱泱先生和刘绪博士称之为"外向型"手工业，笔者认为刘云波先生称之为"外销型"手工业比较合适。
④ 据刘泱泱《近代湖南社会变迁》相关数据统计。

1913年，湖南绣庄数量21家，产量约1000件，到1935年，绣庄数量达到65家，产品件数达2.4万件，城乡从业人员达1.5万人。产品大部分出口，价值达120万元。

瓷器业也是湖南传统的优势手工行业，主要集中在岳阳、湘阴、铜官，尤以醴陵瓷器为最。但长期以来，除醴陵以外，其他地方多以陶器为主，而醴陵瓷器业多为碗、坛、碟等日用粗糙品种为主。清末在熊希龄的倡导下，成立醴陵瓷业公司和瓷业学堂，引进日本技术，聘请日本技师，使湖南瓷业获得发展，产品出口世界各地，瓷器业遂成为湖南外销型手工业的支柱之一。据统计，1940—1943年期间，湖南全省有从业人员1万余人，年产日用瓷器1.2亿件，其中细瓷2000余万件。① 其中仅醴陵一县在1940年就有细瓷工厂46家，年产值五六百万元，土瓷工厂138家，产值也在二三百万元，直接从业者近万，间接者达十数万。②

由于这一时期西方资本主义国家对华商品和资本输出的加剧，也由于国内民族资本主义的发展，乡村商品经济发展有了较大的进步。除手工业的发展外，湖南乡村商品经济的发展，表现在粮食的商品化和经济作物的发展。

湖南盛产以稻谷为主的谷物。历来有"湖广熟、天下足"的盛誉。民国时期，由于农业的改良，粮食产量年平均在200亿斤左右，占全国粮食总产量的11%左右。③ 据1944年、1945年两次调查结果显示，湖南71个县，谷米有余且有输出的33个，自给自足的7县，不足的31县（也可以杂粮补充）。④ 因此，谷米的商品化程度很高。自1904—1934年31年间（其中有7年数据不完整），从岳阳、长沙海关出口的谷米平均每年为80多万石。⑤

---

① 《湖南省志·工业矿产志》，湖南人民出版社1992年版，第67页。
② 王彦：《湖南瓷业调查》，湖南银行经济研究室：《湘东各县手工艺品调查》，1942年刊，第2页。
③ 宋斐夫：《湖南通史》（现代卷），湖南人民出版社1994年版，第272页。
④ 张人价：《湖南之谷米》，湖南省经济调查所丛刊，长沙商务印书馆1936年版，第28—31页。
⑤ 据刘泱泱《近代湖南社会变迁》，湖南人民出版社1998年版，第137—138页表格统计。

谷米贸易的发展，使湖南形成了众多乡村米市，如湘潭的易俗河、长沙的靖港、汉寿的沧港、醴陵的渌口、常德的津市等。进入民国以后，长沙更成为全国四大米市之一。

在经济作物种植方面，主要有棉花、苎麻、茶叶、烟草、桐油、竹木等等。

湖南是全国主要的产棉区之一。民国时期，湖南棉产量最高达43万担，最低为5万担，常年产量为20万担，通过长沙、岳阳海关出口的每年约2万担，最高近5万担。①

湖南是全国苎麻重要的产地，1934年全省74个县中，有27县产苎麻。民国时期获得比较快的发展，其年产量列表如下：②

表2-14　　　　　　　　民国时期湖南苎麻产量表

年份	产量（担）	年份	产量（担）
1914	146785	1938	130000
1933	86973	1939	405000
1936	160000	1942	213500
1946	160000	1947	130000

与全国相比，湖南苎麻产量位居全国第三，仅次于湖北和江西。

湖南山地丘陵多，几乎每个县都产茶。湖南茶叶在晚清曾经历了辉煌时期，同治、光绪年间，年输出量在40万—60万担之间，进入民国后，由于印度和锡兰茶叶的竞争，湖南茶叶在国际市场逐步衰落，产量也随之下降年产量徘徊在40万担左右，抗战时期更下降至10万担左右。③

烟草。湖南烟草种植主要在湘南、湘东南和湘西山区旱地，在晚清已有比较大的发展。民国时期，由于战争频仍，政局动乱，生产受到影

---

① 刘泱泱：《近代湖南社会变迁》，湖南人民出版社1998年版，第144页。
② 据《湖南省志·农林水利志》统计，湖南人民出版社1992年版，第524—525页。
③ 据《湖南省志·农林水利志·农业》统计，湖南人民出版社1992年版，第556—557页。

响，产量时有起伏。常年产量在 70 万担左右，最高达到 80 多万担（1942年），但最低仅 8 万余担。①

桐油。湖南历来是中国桐油的重要产区，集中在沅水和澧水流域，即湘西北地区，洪江曾经是湘西北桐油的重要集散地，进入民国以后，湘江流域和资水流域也有大的发展。全省桐油年产量大约为 60 万担，最高达 66 万担。湖南桐油主要用于出口，在全国桐油出口总量中，湖南桐油所占比重逐年提高，20 世纪 20 年代，维持在 20% 左右，进入 30 年代，提高到全国总量的 30% 以上，最高达 38%，也是湖南省出口货物的大项，曾经达到了 44%。②

除此之外，竹木、水果、芝麻、花生、甘蔗、蚕桑等经济作物均有较大的发展。

乡村商品经济的发展，推动了乡村集市的发展。③ 据统计，1935 年，全省有集市 1500 多处，平均每 1000 平方千米有 7 个集市。④ 如衡山县面积为 14300 余方里，有乡村集市（圩场）50 处，以南岳、草市、白果、石湾、大堡、吴集为繁华，六镇共有商铺 700 余家。⑤ 同时，集市开集（赶集、逢圩）日期频繁，交易商铺品种日多。衡山县师古乡全乡只有一个集市，在师古桥，每逢三、八为集日，每五天一次，每月 6 次，是比较频繁的。每次集日，外来交易摊贩摊位在 50—80 个左右。交易的商品以农产品、日用品及食品为主。赶集之人，以本乡为主，但也有附近各乡甚至邻近他县来的商贩，每集有 500—600 人。⑥ 集市贸易的繁荣，使

---

① 《湖南省志·农林水利志·农业》，湖南人民出版社 1992 年版，第 632—633 页。
② 李石峰：《湖南之桐油与桐油业》，湖南经济调查所，长沙商务印书馆 1935 年版，第 3—7 页。
③ 王国宇《湖南经济通史》现代卷认为，湖南现代农村商品经济的发展，导致了集市数量的增多、集市贸易的繁荣和集市向集镇方向发展。见该书第 192—193 页（湖南人民出版社 2013 年版）。刘兴豪博士在其博士论文《1912—1937 湖南经济现代化研究》（浙江大学，2004）也认为集市贸易的发展是这一时期乡村商品经济发展的重要表现。
④ 王国宇：《湖南经济通史》（现代卷），湖南人民出版社 2013 年版，第 192 页。
⑤ 湖南省立衡山乡村师范学校编：《衡山县师古乡社会概况调查》，载李文海等主编《民国时期社会调查丛编》二编，"乡村社会卷"，福建教育出版社 2009 年版，第 821—823 页。
⑥ 湖南省立衡山乡村师范学校编：《衡山县师古乡社会概况调查》，载李文海等主编《民国时期社会调查丛编》二编，"乡村社会卷"，福建教育出版社 2009 年版，第 873 页。

得某些集市逐步变为集镇。在晚清时期，因为某些集市成为某一种商品的集散或转运地而成为繁荣集镇乃至城镇的情况，在湖南并不鲜见。如湘潭的易俗河、长沙的靖港，因米市而成为繁华的集镇，长沙的铜官因陶瓷而为集镇，洪江因承担湘西桐油的集散与转运亦成为湘西著名城镇等。民国时期，这些集镇依旧发展，且因商品经济的发展，并不只是成为某一单一商品的集散地，而成为综合性的集镇了。如湘乡的永丰镇，处邵阳、湘潭必经之处，非县治所在，但由于地理位置重要，乃湘中货物中转之处，有大小商铺700多家，俨然已成商贸重镇。故中华人民共和国成立后湘乡析出双峰县，永丰则自然选为县治之地。类似有湘潭之株洲镇，也因为商贸的发达，迅速成为一个城市（当然株洲更重要的驱动因素是铁路以及附属铁路工厂的原因）。

四　国民政府的乡村改良与建设

中国为传统农业大国，但一直是以牛耕为主，靠天吃饭，生产技术是比较落后的。近代以来，西方现代农业技术逐步传入，有识之士倡导改良农业，各地方政府对农业逐步进行了一些改良措施。晚清，湖南有识之士即创议改良农业，但大多限于议论或民间的设立"农学会"之类。民国时期，北洋政府及南京国民政府也曾致力对农业进行改良，虽因战争频仍，政局纷乱而收效甚微，但毕竟亦有所创获。在湖南，自谭延闿督湘以后，开始对农业进行改良，嗣后历任省长均有所改进。主要是设立农事机构，进行品种和农机具的引进、实验和改良、建立合作社、开展农贷，王东原主政湖南时，还进行了县乡建设的示范运动。

农事机构的增设，开展农业试验和研究。1911年，湖南省政府在民政司内增设实业科，由实业科下的农课负责农林蚕茶的改良、虫害预防、水利兴建等农林事务；1914年，又将原来的农课和工课合并成为农工科，由其管理全省农林事务。[1] 1926年春，实业司改为建设厅，由建设厅的第二科专门负责农林事务。[2] 1936年7月，建设厅增设湖南农林委员会，统

---

[1] 湖南省地方志编纂委员会：《湖南省志·农业志》，湖南人民出版社1991年版。
[2] 余籍传：《湖南省之经济建设》，《实业部月刊》1937年第2卷第2期。

一管理全省农业行政事宜。1926年，湖南省水利行政并入建设厅第二科办理，建设厅成为水利事务的主管机关。为加强对水利事务的决策，1931年秋，湖南省在建设厅内专门成立水利委员会，聘请土木专家和办理水利事务富有经验者为委员，下设事务、设计、测绘三股。①

在省政府的统一领导下，先后设立了相关的农事机构②：

（1）湖南省农事试验场，湖南模范制丝工场。民国元年（1912），湖南都督谭延闿拨长沙岳麓山的三间大夫祠一带土地设立湖南省农事实验场，同年，由龙绅章等人筹备，在长沙新河开办湖南模范制丝工场，前者第二年因财力不足而停办，后者1919年停办。

（2）湖南茶叶讲习所。民国六年（1917），为了改进茶叶栽培和制茶技术，在岳麓山创办了湖南茶叶讲习所，民国十年（1921）迁安化，民国十八年（1929）改为湖南茶事试验场，民国二十一年（1932）迁回长沙高桥，民国二十五年（1936）更名为湖南第三农事试验场。

（3）湖南第一农事试验场。民国十八年（1929），湖南省政府设立湖南省农事试验场，场址在长沙南门外东塘。试验场下设总务、种艺、园艺三科和虫害系、推广部，主要从事水稻，果树栽培和虫害防治等研究工作，民国二十五年（1936）将该场更名为湖南第一农事试验场。

（4）常德农事试验分场。民国十八年（1929）冬，湖南省建设厅呈请省政府批准，建立常德农事试验分场，隶属湖南省农事试验场。

（5）湖南棉业试验场。在建立常德农事试验分场的同时，湖南省建设厅在长沙东乡的长桥建立了湖南棉业试验场，下设事务、技术、推广、经济四科，民国二十年（1931）增设常德、澧县、衡阳、华容四个棉业分场。民国二十五年（1936），更名为湖南第二农事试验场并增设芷江棉业分场。

（6）湘米改进委员会。民国二十五年（1936），湖南省建设厅根据中央稻麦改进所意见，由该所与地方合作成立湘米改进委员会，主要从事

---

① 湖南省政府秘书处：《1933年湖南年鉴》，商务印书馆1934年版。
② 据湖南省地方志编纂委员会《湖南省志·农业志》（湖南人民出版社1991年版）"省级农业企事业机构"资料整理列举。

改进稻米品质及增加产量等工作，该会于民国二十七年（1938）7月并入湖南省农业改进所。

（7）湖南省高级农科职业学校。其前身是成立于光绪三十年（1904）的湖南农业中学堂，光绪三十四年（1908）改为湖南公立第一甲种农业学校，民国后改为湖南省高级农科职业学校。农科职业学校承担了培养农业专门人才的任务。

品种的改良与农机具的改进。在湖南农事试验场、茶叶讲习所、棉业试验场等机构的主持下，1933年，湖南农事试验场的谢国藩应用欧美的纯系育种技术，进行水稻新品种选育研究，育成546号水稻。[①] 1935年，湖南农事试验场征集本省水稻品种198种、外省品种82种、国外品种17种，共计297个品种进行播种、中耕、收获等各项试验，以比较各品种的优劣，从中选择适合湖南地区耕种的优良品种。[②] 1936年，湘米改进会将新改进的崇德广籼、改良曲玉及红色谷等品种在衡阳推广，推广面积达4588亩，第二年又扩充推广29803亩。[③] 此外，在棉花、茶叶等品种改良方面，也进行了一些实验和推广工作。

在新式农机具的使用方面，也做过一点尝试，但成效不大。1930年，南县第二孤儿院开垦荒地时，从上海购进一台美制32马力拖拉机，这是湖南首次使用拖拉机，嗣后又陆续购进几台在衡阳、岳阳、长沙等地开垦荒地；[④] 1934年，湘西大旱，凤凰驻军曾使用小型发电机水轮泵为陈渠珍私家稻田排灌，这是湖南首次使用排灌机械。[⑤]

开展农田基本建设。湖南省政府在20世纪30年代还进行了一些水利、仓储、绿化建设工作，成立了水利委员会，先后颁布了《整顿堤工办法》《洞庭湖滨各县堤垸修防章程》《各县垸堤修防处规则》《湖南省保障垸堤规则》《各垸堤务局整理规则》等法规，并督促各地兴修堤垸和

---

① 谷兴荣：《湖南科学技术史》，湖南科学技术出版社2009年版，第1007页。
② 姚顺东：《地方政府与近代湖南农业转型》，《武陵学刊》2012年第2期。
③ 湖南省地方志编纂委员会：《湖南省志·政务志·政府》，湖南人民出版社1993年版，第196页。
④ 王国宇：《湖南经济通史》（现代卷），湖南人民出版社2013年版，第181页。
⑤ 王国宇：《湖南经济通史》（现代卷），湖南人民出版社2013年版，第182页。

山塘，提高了抗旱防洪能力。1931年，国民政府将长沙和岳阳两关所征的堤工捐，用作农田水利专项经费，1935年大水灾后，全省堤垸损失巨大，国民政府拨款170余万元，以工赈的形式贷予兴修堤垸工程。[①]

与此同时，省政府成立了湖南省农林委员会和林业局，开始进行植树造林。颁布了《湖南强制造林暂行规则》《湖南省强制造林奖励暂行规程》《湖南省各县县长及林务专员办理林务考成规程》，规定了各级政府和部门的造林责任和奖惩措施。林业局下辖的三个分局（分设长沙岳麓山、衡阳南岳、常德锡山），也在各自管区开展造林活动，取得了一定的成效。

为防止灾荒，湖南省政府加强了对仓储的整顿，按照实业部颁布的《义仓管理规则》，1929年，湖南省民政厅要求各县成立义仓管理委员会。1930年，根据实业部颁布的《各地方仓储管理规则》，湖南省民政厅制定《各县积谷查验结报办法》，采取多项措施，使全省仓储积谷逐渐增加，已达147万余石。1931年，湖南省又颁布了《湖南各县仓储管理细则》，明确规定各县仓储积谷数量及筹集办法。同年制定《湖南各县县长筹办仓储考成章程》及《仓储结报查验办法》，由民政厅直接派员查验各县积谷情形。1931年全省积谷达239万余石，名列全国第一位。1933年，年底，全省积谷总额达251万余石。[②] 截至1935年年底，全省新建县仓302所，区仓87所，乡镇仓892所，义仓210所，全年共计新建1491所。[③]

乡村合作社的建立。民国时期的乡村合作事业还是比较发达的。主要有华洋义赈会、乡村建设运动的倡导者所创办的合作社，以及国民政府官方创办的合作社三种。前两种主要在北方特别是华北地区。湖南乡村合作社主要是由国民政府官办，也有华洋义赈会建立的。1927年国民政府定都南京后，鉴于中国的农村经济危机和民族危机以及乡村建设运动的影响，国民政府开始用行政手段推行合作社。在国民党的号召下，

---

① 湖南省政府秘书处：《湖南年鉴》，洞庭印书馆1936年版，第380、388页。
② 姚顺东：《地方政府与近代湖南农业转型》，《武陵学刊》2012年第2期。
③ 余籍传：《湖南省之经济建设》，《实业部月刊》1937年第2卷第2期。

江苏、浙江两省率先设立省一级合作社管理机构，颁布合作社暂行条例，运用行政手段推进合作社发展。1931年长江、淮河流域发生严重水灾。南京国民政府在上海成立了救济水灾委员会，委托华洋义赈会负责农赈事宜。华洋义赈会在湖南省组织互助社和合作社1930多个。[①] 1934年2月国民政府立法院正式通过《中华民国合作社法》，与同年8月实业部颁布的《合作社法实施细则》一并实施。第二年，国民政府在实业部正式设立合作司，全国各省市、各团体组建的合作社均被纳入统一的管理体系。1940年8月，为配合抗日战争的需要，国民政府行政院颁布了《县各级合作社组织大纲》，规定合作社是国民经济的基层单位，与地方自治相配合。合作社设置与行政区域相一致，每保一社，每户一社员；每保合作社加入乡（镇）合作社，乡（镇）合作社加入县联社；保、乡（镇）合作社一般兼营其他业务，专业合作社另行组织，形成系统。由于乡镇保合作社是靠行政力量推动的，因而发展速度很快，从1942年开始，每年以2万个左右的速度递增。抗战结束时已达7万多个。与此同时，一般类型的合作社也有显著增长，最高时曾达14万个。到1945年抗战结束时，合作社已达到17万多个。[②] 合作社分生产、供销、消费、信用等种类，但以信用合作社为最。这是因为农民在封建地主的剥削下十分困苦，加之天灾人祸不断，亟须资金救济。而通过组建信用合作社或类似组织将救济款下发到农户，是一种较实用的解困方式。从农民方面看，由于生活极度贫困，又遭高利贷盘剥，而组织信用社可以获得低息借款，这就使得信用合作社不断发展起来。

1932年3月，湖南省建设厅成立合作事业设计委员会，专门负责合作设计事业。1933年2月，建设厅第二科改组为合作课，主管合作事务。1935年随着合作事业的发展，湖南省成立合作事业委员会，负责全省合作事业推进、调整及建议事务，行政指导仍由建设厅主管。1932年湖南省只有2个县成立了合作社1934年发展至24个县，1937年则增至48个

---

① 《中华年鉴》，中华年鉴社1948年版，第1257页。
② 潘劲：《民国时期农村合作社的发展与评价》，《中国农村观察》2002年第2期。

县。合作社数目也从1932年的8个发展到1937年的3414个。① 到1942年，合作事业遍及全省75个县，合作社数目最高达17728个，参与合作户数也达到了865076户。② 在这些合作社中，有生产、供销、消费类合作社但信用合作社所占比重最大，如1940年，浏阳县全县512个合作社中，有纺织生产社4个、水利工程灌溉社62个、造纸社9个、森林园艺社4个、制伞社1个。③ 在1939年前，政府或银行向农户贷款，主要通过信合社进行。

以衡山县师古乡消费合作社为例，大致可以了解合作社的运作情况。师古乡消费合作社名称为"有限责任师古乡消费合作社"，成立于1936年7月，以师古乡为营业范围。社员76人，计134股，每股5元，股金共670元。内部组织结构为：理事委员会、监事委员会、评价委员会。理事委员会和监事委员会由社员大会选举产生，评价委员会则由理事委员会和监事委员会共同组织而成。理事委员会有委员5人，互选理事主任1名。综理社中事务；监事委员会有监事3人，互选监事长1人，司监察社务及账目之责。评价委员会则负规定物价之涨落及改定之责。理事会选举经理1人、司库1人、书记1人，驻社服务，只供饮食不支薪。雇用工友1人、学徒1人，均系雇工性质。社中所售物品，以杂货、纸张、文具、食品、中药等日用品为主，也兼及其他物品，价格较一般商店稍廉，颇受农户欢迎。红利分配除股息年利1分外，盈余以20%为公积金，10%为公益金；30%为职员酬劳金；15%为社务发展金；以35%为盈利金。盈利金80%分给社员，20%分给非社员。④

民国时期的合作事业，在一定程度上缓解了农户资金短缺的困难，对于自耕农维持再生产起到了一定积极意义。

农贷事业的发展。国民政府成立后，针对农村萧条的情况，采取农

---

① 丁鹏骞：《湖南之合作事业》，《经济季刊》1942年第1卷第1期。
② 丁鹏骞：《湖南之合作事业》，《经济季刊》1942年第1卷第1期。
③ 《浏阳经济概况》，《湖南省银行经济季刊》1944年第1卷第6期，第232页。
④ 湖南省立衡山乡村师范学校编：《衡山县师古乡社会概况调查》，载李文海等主编《民国时期社会调查丛编》二编，"乡村社会卷"，福建教育出版社2009年版，第874页。

村复兴措施,农贷是其重要的方面。① 民国时期湖南的农贷始于1931年华洋义赈会的农赈。1931年长江大水灾,国民政府成立水灾委员会,一面在湖南办理急赈,一面委托华洋义赈会组织合作社,给予低利贷款,提供生产资金,帮助灾民恢复生产。自1933年4月起,湖南省建设厅分别将湖南省实业银行摊还的湘潭盐仓及常德门板洲垸田官股、水口山矿局所存锌整砂票卖款3万元、各县湖田未缴纳的执照费5.8万余元,拨作合作银行基金,并在建设厅内设立合作社贷款所负责指导合作和农贷事宜。同时省政府也推动各商业银行、社会团体积极参与农贷事业。到1934年,中国、交通、上海、中国农民银行等9家银行在湖南设立了分行或支行。农贷的对象,最初为灾民互助组织、合作社,后来逐步向各种机构和农户个人贷款。贷款用途抗战前主要为生产、供销、储押及农田水利四项,抗战爆发后扩大到各种中长期贷款项目:运输工具贷款、佃农购置耕地贷款、农村副业贷款、农事改进机关或农业教育机构所经营之事业贷款,包括农业生产贷款、农村副业贷款、农产储押贷款、运输工具贷款、农田水利贷款、佃农购置耕地贷款等,还试办过耕牛贷款、土地金融。② 农贷的规模,全省缺乏统一的精确统计,仅以中国农民银行个别年份的数据,还是不小的。截至1936年6月,中国农民银行长沙分行向长沙、湘潭、醴陵等8个县市92个合作社发放贷款43596元;③ 1940年时累计农贷总额达3319万余元,至1942年则增到16426万余元。三年间增长了近五倍。贷款区域已遍及全省78个县市。④ 农贷期限因贷款种类不同而各异,一般为1年,最长达10年。相对于农村高利贷来说,农

---

① 关于湖南民国时期农贷,李金铮先生在《民国乡村借贷关系研究——以长江中下游地区为中心》(人民出版社2003年版)一书中,以长江中下游地区六省一市为研究对象,对该区域范围内的农业金融做了一个较为系统的研究,徐畅先生也在《二十世纪二三十年代华中地区农村金融研究》(齐鲁书社2005年版)中,以该区域为研究对象,主要从农户融资渠道、农村金融与农村经济的互动关系两个方面对该地区的农业金融进行了研究。姚顺东先生在《近代湖南农贷事业发展研究》(《求索》2011年第11期)对湖南省农贷发展概况、运作机理、绩效等方面进行了研究。

② 姚顺东:《近代湖南农贷事业发展研究》,《求索》2011年第11期。

③ 秦孝仪:《十年来之中国经济建设》,台北"中央文物供应社"1976年版,第2—3页。

④ 姚溥苏:《湖南之合作金融》,湖南省银行经济季刊,1944年第1卷第7期。

贷利息低，使农户减少损失，因而对乡村灾后重建、促进农村经济的发展有积极的意义。

县乡建设示范运动。抗战胜利后的1946—1948年间，王东原[①]担任湖南省政府主席，主政湖南期间，拟定了《湖南省建设计划大纲》，制订了各项建设事业计划。其中涉及乡村建设的一些方面，包括县乡示范运动、农业与水利建设、乡村卫生与文化建设等方面。县乡示范运动是王东原发起的基层政治改造工作。主要内容是，省府拟定了户政、警保、财政自治、国民教育、农田水利、地政、合作、卫生八项示范工作，前三项完成时期各为一年，后五项各为两年。除示范县以外，其余各县各设示范乡镇至少一个单位。对于县乡工作有四项基本要求，即安定地方秩序；革除非法摊派；不得向人民收取任何捐税财物；修筑县乡道路；整理仓储塘。经过挑选，确立了安乡的户政示范；浏阳的合作示范；永顺的政治剿匪示范；宁远的警保示范；郴县的卫生示范；邵阳的乡村工作示范；溆浦的国民教育示范；安仁的农田水利示范。[②] 与此同时，乡镇示范也开展起来。各县的示范运动取得了一定的效果。如永顺的政治剿匪示范由王东原亲自主持，效果十分显著，湘西、邵阳等地的土匪自首的有6450名（其中包括永顺著名土匪黎世雍），击毙者有574名，抓获的有68人，缴得枪支492支，手枪130支，轻机枪22挺。[③] 乡村工业示范在邵阳开展，除原有工厂外，另外添办了造纸厂和制革厂。联合国救济总署为整个乡村工业项目作了11.9万美元的预算，主要用于采购所需设备。1946年夏季开始在邵阳试办乡村工业，先后开工投产的厂家有有

[①] 王东原（1898—1995），原名修墡，安徽全椒人，原籍徽州。民国政要、国民党陆军中将，曾任湖北省政府主席、湖南省政府主席。1949年随国民党前往台湾。赴台后，曾于1951年至1961年间任台湾当局"驻韩大使"。1970年任"总统府""国策顾问"。次年，前往美国定居，著有《浮生简述》。关于王东原主政湖南期间的建设计划研究，有杨乔的硕士论文《王东原与战后湖南重建（1946—1948年）》（湖南师范大学，2007年），是目前唯一的相关研究成果，比较全面地叙述了王东原主政湖南期间的经济、政治、文化诸方面的规划和实施情况。王国宇主编的《湖南经济通史》"现代卷"也介绍了王东原主政湖南期间的县乡建设及示范运动（湖南人民出版社2013年版，第460—463页）。

[②] 《湖南百科全书》，岳麓书社1999年版，第713页。

[③] 《一年来的湘政》，《湖南省政府公报》1947年5月3日，第47期。

机肥料厂、硫酸厂、榨油厂、炼焦厂、水玻璃厂、小水泥厂、漂白粉厂、两家改进的榨糖厂、小碾米厂和农药厂。1947年，在邵阳还建成了日供200立方米的自来水厂一座。到1947年年底，示范组总人数达382人，机械厂达80人（其中技工44人，普工28人）。① 其他示范县乡也取得了一定的成效，但由于时局动荡，加之资金缺乏，很多工作进展缓慢，或者仅限于计划。

在农业和水利建设方面，主要是督促县乡对水利设施进行整顿，也编制了《湖南滨湖农业区第一期建设计划》，计划对洞庭湖区进行大规模的整治和开发；还对沅资流域的发展很重视，于1946年7月成立了沅资流域规划委员会来统筹规划这一地区的发展。但是这两方面的工作除完成少量基础工作外，如呈请行政院由水利委员会成立了洞庭湖工程处，调遣了8个测量队在洞庭湖区域内进行勘查工作，全力规划洞庭水利，由中央拨经费37亿元，面粉2500万吨，用来排除洞庭湖积水、疏通河道及修筑堤垸；② 1948年完成沅水的最大支流酉水凤滩整治工程第一期等等，③ 其余也只是规划。

乡村的卫生建设主要是对当时流行的疾病进行防治，1946年夏秋两季湖南疫灾严重，饥荒外加以霍乱、痢疾，王东原采取赈灾与除疫相结合的救灾措施，省政府设法将美军遗留在昆明的四部全套饮水消毒设备运来湖南，并在长沙、衡阳两地筹建夏令防疫联合办事处，施行预防注射、家庭消毒、交通检疫，设立临时隔离病院，派遣医疗防疫队医生护士等分往岳阳、衡山、郴县、永顺、南岳等地治疫，确定1947年为扑灭痢疾年，从3月份开始，以湘东南沿边痢疾流行区为主要工作地带，实施家庭清洁、改善环境卫生、宣传预防痢疾知识等措施，收到一定的成效。

此外，王东原还进行了乡村的扩乡并保工作。1946年秋颁布了《乡镇区域调整办法》，至1947年4月，扩乡并保完成，将原来的1617个乡

---

① 李会刚：《湖南工业经济发展历史及展望》，湖南人民出版社1988年版。
② 湖南省地方志编纂委员会编：《湖南省百年志》，湖南人民出版社2000年版，第288页。
③ 《凤滩整治工程第一期告竣》，《湖南日报》1948年5月28日。

镇并为 1210 个，减少了 407 个；保亦由原有的 20515 个并为 14830 个，减少 5685 个。

第三节　新民主主义经济的出现

民国时期湖南乡村经济最显著的现象是新民主主义经济的出现。新民主主义经济是中国共产党在土地革命战争中在根据地实行的经济制度。湖南在土地革命战争时期，部分地区先后在井冈山、湘赣、湘鄂赣、湘鄂西、湘鄂川黔革命根据地范围之内，在这些地区，在中国共产党的领导下，进行了土地革命的尝试，开展了根据地的经济建设工作，出现了新民主主义的经济形态。

一　根据地的土地革命

土地问题是中国新民主主义革命的根本问题。中国共产党自成立以来，就十分重视土地问题。党的五大制定了土地革命的行动纲领，指出：现阶段革命的主要任务，是土地问题解决。土地问题是巩固工农小资产阶级革命联盟所必需的。党的五大还通过了以解决农民土地问题为核心的"农民政纲"七条，提出："没收一切所谓公有的田地以及祠堂、学校、寺庙、外国教堂及农业公司的土地，交诸耕种的农民"，"无代价的没收地主租与农民的土地，经过土地委员会，将此等土地交诸耕种的农民"；"属于小地主的土地不没收"，"革命军人现时已有的土地可不没收"，"革命军兵士中没有土地者，于革命战役完终后，可领得土地耕种"。[①] 八七会议比较清晰地认识到了土地革命在中国革命中的地位和作用，确立了进行土地革命的总方针。并在土地革命问题上确立以下主要思想：[②] 第一，认识了土地革命的重要性："土地革命问题是中国的资产

[①]《中国共产党第五次全国代表大会土地问题议决案》，载《中国共产党第二次至第六次全国代表大会文件汇编》。

[②] 参见王继平《中国社会主义思想发展史纲》，广西人民出版社1991年版，第143页。

阶级民权革命中的中心问题"，"是中国革命新阶段的主要的社会经济之内容"①；第二，规定了土地革命的初步政策，即"没收大地主及中地主的土地，分这些土地给佃农及无地的农民"，"对于小田主则减租，租金率由农民协会规定之"，"没收一切所谓公产的族祠庙宇等土地，分给无地的农民"。②

对于土地所有权、土地革命的方针及其如何分配土地等问题，则是在土地革命的实践中逐步解决的。八七会议上，中共仍主张土地国有政策。会议之后，毛泽东同志在湖南省委讨论秋收起义问题的会议上，提出"没收大地主的土地交给农民"，"农民自动没收地主的土地，我们可以不干涉"的主张。但是在1927年11月，由瞿秋白主持的中央政治局仍然通过了土地国有的主张。1928年12月，毛泽东总结井冈山土地改革的经验，制定了《井冈山土地法》。《井冈山土地法》也是主张土地国有，提出"没收一切土地归苏维埃政府所有"，分配给农民耕种，农民只有使用权，"禁止土地卖买"。1928年党的六大也没有改变土地国有的政策。1929年4月，毛泽东同志主持制定的《兴国土地法》虽然改正了《井冈山土地法》中的若干错误，但对于土地所有权问题仍然没有明确的界定。

八七会议以来，毛泽东同志为了解决土地所有权问题，进行了大量的社会调查，在深入了解了农民的实际的基础上，正确地解决了八七会议以来一直没有解决的土地所有权问题。1931年2月，毛泽东以中央军委政治部主任的名义，致信江西省苏维埃政府，指示省政府发布布告，规定："过去分好的田……即算分定得田的人……这田由他私有，别人不得侵犯"，"租借买卖，由他自由；田中出产，除交土地税于政府外，均归农民所有。吃不完的，任凭自己出卖，得了钱来供零用，用不完的，由他储蓄起来，或改良土地，或经营商业，政府不得借词罚款，民众团体不得勒捐"，"农民一家缺少劳力，田耕不完，或全无劳力，一点不能

---

① 中共中央文献研究室、中央档案馆编：《建党以来重要文献选编》（一九二一——一九四九），第四册，中央文献出版社2011年版，第420—421页。

② 魏宏运：《中国现代史资料选编》，第三册，黑龙江人民出版社1981年版，第39页。

自耕的；准许出租"。① 毛泽东的论述，基本上解决了土地所有权的问题，确定了适合中国民主革命的土地私有政策。八七会议关于土地问题的决议规定，没收大地主和中地主的土地，没收一切所谓公产的族祠庙宇等土地，分给无地的农民，对小地主的土地则实行减租办法，对富农问题则没有作出规定。② 在这次会上，毛泽东提出要界定大中地主的标准，对小地主也要有一定的办法，要根本取消地主制，对富农要有一个正确政策。但由于国际代表的反对，毛泽东的建议没有被讨论和采纳。

在此后的土地革命实践中，毛泽东根据农村的实际情况，就这一问题进行了探索。1928年的《井冈山土地法》仍然坚持了"没收一切土地"的主张，其中也包括自耕农的土地，重新加以分配。1929年的《兴国土地法》则纠正了这一倾向，把"没收一切土地"改为"没收一切公共土地及地主阶级的土地"，比较正确地解决了土地革命的方针。③ 在此后的土地革命实践中，虽然曾经出现过李立三、王明等"左"倾路线的干扰，但毛泽东领导的中央革命根据地，均及时纠正和正确执行这个总的方针。

在分配土地的具体方针和原则上，《井冈山土地法》规定"以人口为标准，男女老幼平均分配"，也可以以劳力为标准进行分配；分配土地的时候"以乡为单位分配"，在特殊的地方也可以以区为单位进行分配。在其他地区，也提出了自耕农的土地不进不出和"谁种谁收、抽多补少、抽肥补瘦、好坏均匀"的办法。经过一段时间的实践，《兴国土地法》等一系列土地问题的决议逐步确定了按人口平分土地、以乡为单位、以原耕地为基础，抽多补少、抽肥补瘦的分配土地的具体方针。实践证明，这是符合中国新民主主义革命的基本实际的。

根据地在湖南部分地区进行的土地革命，正是中国共产党对土地问题的探索时期。因此不同的根据地、不同的时期，所进行的土地革命的尝试是不相同的。土地革命战争时期，在革命根据地范围的县

---

① 郑德荣等编：《毛泽东思想史稿》，甘肃人民出版社1983年版，第97页。
② 王继平：《中国社会主义思想发展史纲》，广西人民出版社1991年版，第145页。
③ 王继平：《中国社会主义思想发展史纲》，广西人民出版社1991年版，第145页。

如表 2-15：

表 2-15　　　　　　土地革命时期湖南县域归属根据地表

根据地名称	在根据地范围内的湖南县域
井冈山	茶陵、炎陵、桂东、攸县、醴陵、汝城、资兴
湘赣	茶陵、炎陵、桂东、攸县、醴陵、株洲、资兴、郴县、宜章、桂阳、耒阳
湘鄂赣	平江、浏阳、湘阴、临湘、岳阳、汨罗、长沙、醴陵
湘鄂西	桑植、大庸、石门、慈利、龙山、岳阳、华容、南县、安乡、沅江、益阳、湘阴、君山、常德、汉寿
湘鄂川黔	永顺、大庸、桑植、龙山、保靖、沅陵、桃源、慈利、常德、石门、临澧、澧县、津市

注：1. 以上县域并不包括全县域，特别是县城，只包括该属部分地区；

　　2. 地名系当时地名。

湖南区域内的根据地土地革命，是从"醴陵暴动"开始尝试的。1927 年 12 月至 1928 年年初，醴陵党组织发动了醴陵暴动，在进行武装革命的同时，还进行了土地革命。其分配土地的具体办法，一是分耕，即农民在平均分配到的土地上耕种；二是在乡村苏维埃耕作委员会的统一指挥下进行集体耕作：早晨六点半鸣炮起床工作；八点半打鼓吃早饭，九点工作至十二点午饭；下午一点工作至五点。十人一组，三四组在一处工作。同时成立了手工业委员会，共同劳动，产品统一分配。[①]

1928 年 1 月，朱德率领的南昌起义余部，与湘南特委发动了"湘南暴动"，并在 3 月召开了湘南工农兵代表会议，讨论土地问题，制定了《土地分配法》，规定：没收地主豪绅的土地，分配给无地少地的农民，土地归农民所有，以乡为单位，按人口平均分配土地，以原耕为基础，抽多补少。[②] 根据这一法令，3—4 月，湘南各县在工农兵苏维埃政府的领导下，在土地委员会的具体执行下，开展了分田运动。据统计，湘南

[①] 胡义：《醴陵的农民暴动》，《布尔塞维克》（第 1 卷），第 26 期，《红藏：进步期刊总汇（1915—1949）》，《布尔塞维克》，湘潭大学出版社 2014 年版。

[②] 中共郴州市委党史办：《湘南起义史稿》，湖南人民出版社 1986 年版，第 148 页。

的宜章、郴县、耒阳、永兴、资兴、桂阳、汝城、桂东 8 县，共分田 69 万亩，约占总耕种面积的 20%。其中郴县分配最多，全县 32 万亩，被分 18 万亩，占 60%。[①]

以上两次分配土地是在暴动过程中的土地革命，随着暴动的失败而结束。醴陵的土地革命具有战时共产主义的色彩，超越了民主革命的范畴。

井冈山和湘赣革命根据地的土地革命则是在中共探索土地革命政策的过程中不断推进的。酃县（今炎陵县）中村是井冈山根据地最早进行土地革命的地方。具体步骤是，第一步，召开诉苦大会；第二步，派骨干指导分田工作；第三步，分田。具体分田办法是：首先由农民协会将全村人口、土地登记造册，然后以乡为单位，以原耕地为基础，按人口平均分配，好坏搭配，出榜公布。最后，由农会写好标有户主、坐落、位置、边界、面积的竹牌，在群众大会上发给各户安插。按照这一办法，酃县大院、东西大坑、青石岗等地都分配了土地。[②]

《井冈山土地法》公布后，在 1929 年 5 月，茶陵等地又进行了一次土地分配，这次的政策变化是，地主和富农同样按人口分配土地。茶陵县苏维埃成立了土地部，区、乡成立土地委员会，工作分五步进行：第一，召开民主大会，宣讲分田的意义；第二，调查土地、人口、财产状况；第三，划分阶级；第四，打土豪，没收其土地财产；第五，分配土地与财产。[③]

1931 年 11 月，《中华苏维埃共和国土地法》颁布后，中共湘赣省委制定了《重新彻底平均分配条例》和《土地法执行条例》，革命根据地在茶陵、攸县又进行了重新分配土地。但这次重新分配土地，受到王明"左"倾错误的影响，否定了"以原耕为基础，抽多补少，抽肥补瘦"的原则，没收包括地主、富农、和尚、道士、商人和自由职业者的土地和财产，连同雇农、贫农、中农的土地，分成好田、坏田，实行贫农分好

[①] 宋斐夫：《湖南通史》（现代卷），湖南出版社 1994 年版，第 216 页。
[②] 王国宇：《湖南经济通史》（现代卷），湖南人民出版社 2013 年版，第 275 页。
[③] 王首道、萧克等：《回忆湘赣根据地》，江西人民出版社 1986 年版，第 459—463 页。

田，富农分坏田，地主不分田的办法，并且把地主驱逐到白区，结果给根据地带来损失。

平江、浏阳是湘鄂赣革命根据地的一部分。1928年彭德怀、滕代远领导平江起义后，工农兵苏维埃政权即开展了土地革命。规定"不论大小地主，自耕农的田土、山坡、森林一概没收归苏维埃政府重新分配，实行分耕或共同生产、共同消费"[①]。1928年冬天，即开展了土地革命，没收地主、富农、中农的土地，按人口平分土地；也有实行共耕的。但是由于根据地新创，还不稳定，这些政策只在少部分地区实行。1930年7月，平江县苏维埃制定了《暂行土地法决议案》，没收豪绅、地主、富农和一切反革命分子的土地，进行了广泛的宣传、发动和调查，所以各区、乡进展顺利。但是到1931年7月，中共湘鄂赣省委成立以后，推行王明的"左"倾错误，提出地主不分田、富农分坏田的原则，平江县苏维埃政府重新作出了《关于没收地主阶级土地决议案》《关于彻底平分土地的指示》，规定"地主阶级在土地革命的过程中不应有土地所有权"，不论大中小地主的土地，一律没收，以前分配给地主、豪绅及反革命家属的土地，一律收回；分给富农的土地也一律收回，但是还是按平均分配的办法，分些坏田给他。[②] 随之还进行了查田运动，检查是否给地主分了田或者给富农分了好田。

浏阳的土地革命开展得比较早，大革命时期，浏阳就实行了减租减息，驳佃退押的斗争，个别区乡还成立了土地委员会，采取没收地主土地，以村为单位，以乡为调剂，统一按人口平分土地的办法，开展了土地革命。浏阳县苏维埃政府成立后，于1930年8月颁布了《苏维埃土地法》，各区乡苏维埃政府都成立了土地委员会，进行宣传、发动，开始了土地革命。办法是以区为单位，按人口平均分配土地，并由县苏维埃政府发给"土地使用证"。[③]

---

① 中共平江县委党史办编：《平江革命历史文献资料汇编》（内部资料），1983年9月，第414页。

② 中共平江县委党史办编：《平江革命历史文献资料汇编》（内部资料），1983年9月，第501—503页。

③ 唐伯藩主编：《浏阳人民革命斗争史》，湖南人民出版社1989年版，第81—84页。

位于湘鄂西、湘鄂川黔革命根据地的桑植、大庸、石门等地也进行了土地革命，由于其根据地土地革命进行比较晚，汲取了其他根据地土地革命的教训，实行的是基本正确的土地革命路线和政策以及土地分配办法。

桑植县的土地改革始于1931年，至1935年春天完成。其步骤是：第一步，组织土地委员会和土地分配委员会，土地委员会是县区乡苏维埃的工作部门，土地分配委员会则由各片选举5—7人为评议员或土地委员组成，负责全乡的土地分配；第二步，进行土地和财产登记；第三步，划分阶级成分，分为雇农、贫农、中农、富农、地主和土豪劣绅；第四步，分配土地。分配的原则是：采取"抽肥补瘦"的原则，以乡为单位，按人口平均分配，贫雇农分好田，中农原则上不动，富农分坏田。①

石门的土地改革在1930年开始，根据中共湘鄂西特委《关于土地问题决议案大纲》的精神进行土改。以乡为单位，每个乡成立土地委员会，在区乡政府领导下开展工作。具体做法是没收地主、土豪劣绅和"军田官田公田庙田祠产寺产天主堂田"，"抽多补少"，以原耕为基础，按人口平均分配。对于在乡地主劣绅，有的赶走，有的也分配土地。②

大庸县土地改革在1934年12月开始，有13个区、68个乡成立了苏维埃政府，到1935年农历年前，60多个乡的土改普遍展开，60%的区域完成。③

湖南区域内的根据地辖区在土地革命战争时期进行的土地改革，是中国共产党探索和实践新民主主义革命的组成部分。从其思想和实践来说，反映了中国共产党对新民主主义革命土地问题的探索历程，也为中国共产党人探索正确的新民主主义革命的土地政策积累了经验和教训。

二　新民主主义经济建设的开展

在根据地建设中，中国共产党十分注意经济建设的重要性，认为它

---

① 桑植县档案馆编：《桑植革命史》，内部资料，1959年。
② 中共石门县委党史办编：《石门人民革命斗争史》，内部资料，1986年，第84页。
③ 湖南师院历史系编：《湘鄂川黔革命根据地调查资料》，1960年7月，湖南省社科院图书馆藏。

是巩固革命根据地的根本保证,也是为将来的社会主义建设提供基础。中华苏维埃共和国临时中央政府主席毛泽东先后在江西南部十七县经济建设工作会议上和第二次全国工农代表大会上作了题为《必须注意经济工作》《我们的经济政策》的报告,提出了经济建设的两大任务。一是"为着争取物质上的条件去保障红军的给养和供给;为着改善人民群众的生活,由此更加激发人民群众参加革命战争的积极性,为着在经济战线上把广大人民群众组织起来,去巩固工农民主专政,去加强无产阶级的领导"[①];二是为了提高人民群众的物质生活水平,激励人民群众"真正围绕在我们的周围,热烈地拥护我们","巩固工农在经济方面的联合,保证无产阶级对于农民的领导","造成将来发展到社会主义的前提"。[②]

从进行经济建设的重要性出发,党和毛泽东同志在经济建设的实践中,逐步摸索了一些规律和经验。例如:关于正确处理革命战争与经济建设的关系问题;关于根据地经济建设应以发展农业生产为中心、努力发展工业、对外贸易的思想;关于在经济中应当坚持"尽可能地发展国营经济和大规模地发展合作社经济",并"与奖励私人经济发展同时并进"的原则[③];关于在财政政策上实行增加财政收入、厉行节约支出的方针等[④]。这些方针政策、原则的提出,对于保证土地革命战争的胜利、巩固农村革命根据地有着重大的意义。以毛泽东为主席的中华苏维埃共和国临时中央政府还具体提出了根据地经济建设的四大任务:发展农业生产、发展工业生产、发展对外贸易和发展合作社。[⑤]

在中央政府的指示下,湘赣、湘鄂赣、湘鄂西三省下辖的湖南区域内的根据地在进行土地革命的同时,大力推进经济建设。[⑥]

[①] 《毛泽东选集》第一卷,人民出版社1991年版,第105、109页。
[②] 《毛泽东选集》第一卷,人民出版社1991年版,第116页。
[③] 《毛泽东选集》第一卷,人民出版社1991年版,第120页。
[④] 郑德荣等编:《毛泽东思想史稿》,甘肃人民出版社1983年版,第101—102页。
[⑤] 《毛泽东选集》第一卷,人民出版社1991年版,第116页。
[⑥] 中华苏维埃共和国临时中央政府先后设有江西、福建、湘赣、湘鄂赣、湘鄂西、闽赣、粤赣、赣南、闽浙赣、鄂豫皖等省,但其间变化较大,辖区经常变更。

1. 农业

湖南区域内的根据地辖区均处于湘南、湘东、湘东北、湘东南和湘西地区。这些地区都是几省交界的山区，是比较落后的偏远农业地区，农业是这些地区主要产业。同时，这些地区也经常遭到国民党军队的围剿，造成很大的破坏。因此，为了保障根据地群众的生活，支持土地革命战争，必须恢复和发展农业。根据地的党和政府采取了积极的措施推动农业的恢复和发展。首先是进行土地革命，使农民获得土地。湖南革命根据地大多处于山区，人多田少，而且耕地大都集中在地主手中，根据地的土地改革使土地占有情况得以改变，无地少地的佃农、贫农获得了土地，沉重的地租剥削被废除，因而农民的积极性大大提高，成为恢复和发展农业的动力，极大地解放了生产力。其次，根据地各级政府采取了很多措施鼓励和帮助农户发展生产。一是尽最大努力解决劳动力、耕牛、农具不足的困难，最大可能地扩大种植面积。山区农户本身家底薄，加上国民党军队对根据地的围剿，耕牛、农具损失很大，青壮年又要参军参战，劳动力更显紧张，为了解决这些问题，政府组织互助组、换工队（变工队）、耕田队，互相帮助；又组织托儿所，把妇女从家庭解放出来，成为一支重要的力量。二是组织各种劳动竞赛，开展评比活动，奖勤罚懒。同时还组织党政机关工作人员参加礼拜六义务劳动，帮助红军家属和劳力缺乏的农户生产。三是组织合作社。湘赣根据地的合作社组织的比较早也比较有成效。省国民经济部设立了合作社委员会，负责合作社指导事宜，还发布了《组织各种合作社工作大纲》，在根据地组织了劳动协作合作社、耕牛农具合作社、生产合作社、消费合作社、供销合作社等等，大大提高了劳动生产率。四是加强农田基本建设，兴修水利、鼓励垦荒。湘鄂赣地区鼓励农民对无主荒地荒山开垦，给予免征三年累进税的优惠；湘鄂西地区则大力整治堤坝山塘，政府以工代赈或义务修建的办法兴修水利。五是大力发展副业生产，多种经营。湘鄂赣苏维埃政府颁布《培育森林暂行条例》，以免征租税的方式鼓励农户造林。湘赣苏区开展春节义务造林活动，要求春节期间每人需植树五棵。湘鄂西苏区帮助群众组织渔业合作社，进行养鱼和捕鱼，增加收入。①

在党和政府以及广大群众的努力下，根据地农业得到恢复和发展，粮食产量有了较大的提高。湘赣根据地茶陵，亩产量从以前的 200—300 斤，增加到 300—400 斤；② 攸县产量从土改前的亩产 300 斤增加到 450—500 斤。③ 湘鄂赣的平江县，从土改前的 200—300 斤提高到 400 斤以上。④ 而鄘县，在土改后的 4 年里，平均每年粮食增产 5%。⑤

2. 手工业、工业

湖南区域内的革命根据地，因为地处多省交界的边远地区，现代工业基本上没有，只有手工业或者规模不大的手工作坊。根据地建立起来以后，首先是为着战争的需要，就陆续创办了一些兵工厂，成为根据地具有现代色彩的工业。根据地的工业，按其性质区分，有公营、合作社营以及私营三种类型。

公营。指由根据地各级政府或军队创办的企业。⑥ 公营企业最初大多为军工厂，即为保障红军及其革命战争所需要的物质而建立的企业。

湘赣根据地。湘赣省苏维埃政府就曾发出指示，要求各根据地"特别要注意保障供给红军的一切企业的发展，目前省苏维埃政府首先帮助兵工厂、军服厂、石印局的扩大，并即责令各县建立矿厂、樟脑厂、武器制造厂，供应红军地方武装的需要"⑦。1930 年下半年，茶陵县苏维埃在小田创办了缝纫厂，有缝纫机 5 台；1931 年，又在马首创办了兵工厂，一度发展到有工人 50 多人，设造械组、修理组、制药组等；⑧ 同年，鄘县兵工厂建立，后改为湘赣军区第二军分区兵工厂；1933 年鄘县缝纫厂

---

① 宋斐夫主编：《湖南通史》（现代卷），湖南出版社 1994 年版，第 297 页。
② 胡涤非主编：《茶陵人民革命史》，中共党史出版社 1994 年版，第 99 页。
③ 宋斐夫主编：《湖南通史》（现代卷），湖南出版社 1994 年版，第 290 页。
④ 中共平江县委党史办：《平江人民革命史》，国防大学出版社 1987 年版，第 207 页。
⑤ 财政科学研究所编：《革命根据地的财政经济》，中国财政经济出版社 1985 年版，第 59 页。
⑥ 也有的论著称之为国营企业，本书认为在中华苏维埃共和国临时中央政府成立之前，各根据地政府和军队创办的企业还不能称之为国营企业，故统称为公营。
⑦ 江西省档案馆编：《湘赣革命根据地史料选编》，江西人民出版社 1984 年版，第 536—537 页。
⑧ 周敬德：《湘赣根据地茶陵工人运动情况》，《湖南工运史研究资料》1986 年第 3 期。

创办，工人达 51 人。① 攸县苏维埃政府在东程家冲祠堂设立了军工厂，有工人 100 多人，同时还办了被服厂。②

湘鄂赣根据地。湘鄂赣有名的军工厂是平江枪械局、鄂东南兵工厂以及由该两厂合并而成的湘鄂赣兵工厂和各县分厂。平江枪械局有工人 100 余人，能生产弹药和修理枪械；同时还设有平江红十六军被服厂、平江公有缝纫厂等；1932 年，湘鄂赣省红军兵工厂在浏阳建立，有技师和工人 60 余人，能修理枪械，生产手榴弹等；还建立了浏阳被服厂，日产军服达百件。③

湘鄂西根据地。湘鄂西兵工厂规模达到职工 250 余人，有 1 台 90 马力的柴油机和车、刨、钻、铣等机器，还从上海、长沙请来了一批军工技师，是机械化和技术水平较高的兵工厂，能制造长短枪、手榴弹、子弹、手雷，还试制成功迫击炮。同时还有被服厂，生产军服、雨衣、绑带、子弹袋等。④

湘鄂川黔根据地。湘鄂川黔边区修理厂于 1934 年 11 月创办于永顺县塔卧，由铁匠、木匠等 50 多人组成。后在慈利县缴获了敌人一批车床、刨床，还吸收了 40 多名兵工工人加入，一度发展到 30 多人。年底，湘鄂川黔军区供给部在大庸建立了工人缝纫连，后搬到永顺塔卧成立被服厂。

上述根据地除创办了军工企业外，还建立了不少民用企业，包括采矿、制盐、染织、造纸、印刷、医药、造币、榨油、造船、卷烟、制陶等行业。⑤ 其中发展好的是湘鄂赣根据地的平江县。其黄金洞的 4 个硝盐厂，日产盐 100 多斤；制药厂用中草药为原料，提炼了 100 多种药品。南乡的纸业经营委员会，生产的纸张可供全县自给。湘赣根据地则有永新的硝盐业，该县硝盐日出盐 3 万斤；永新石印局组建为湘赣省石印局后，工人达 3260 人。到 1932 年 10 月底，湘赣省共有煤矿 7 个、石灰厂 59

---

① 中共郴县党史办编：《中共郴县党史大事记》，"新民主主义革命时期"（内部资料），第 49 页。
② 刘普庆、易雨华：《土地革命时期的攸县情况概述》，《攸县史志通讯》1983 年第 4 期。
③ 《湘鄂赣革命根据地》，中共党史资料出版社 1991 年版，第 303 页。
④ 宋斐夫主编：《湖南通史》（现代卷），湖南出版社 1994 年版，第 299 页。
⑤ 宋斐夫主编：《湖南通史》（现代卷），湖南出版社 1994 年版，第 298 页。

个、樟脑厂37个、铁厂7个，此外还有纺织、陶瓷、石膏、造纸、土瓷、缝纫等工厂。①

根据地的公营企业，虽然设备简陋、技术落后、规模小，但它是中国共产党领导下最早的公营经济，也是新民主主义经济的国有成分。它内部实行的平等的劳资关系、民主管理的机制，为以后中共领导的抗日民主根据地和解放区的工业企业，乃至新民主主义时期的国营企业的管理，提供了经验。

合作社经营。根据地手工业、工业的另一种经营形式是合作社经营，具有集体经济的性质。发展合作经济，是根据地党和政府非常重视的事业。毛泽东在1934年1月召开的第二次全国工农代表大会上提出，要"大规模地发展合作社经济。"② 据1933年9月的统计，江西、福建两省17个县，共有合作社1423个，其中生产合作社是仅次于粮食与消费合作社而处于第二位的。在湖南的根据地中，也有生产性的合作社，但基本上是手工业合作社。平江、浏阳两县，在1930年至1931年就建立了造纸、石灰生产合作社；茶陵、酃县、攸县也建立了缝纫、理发、铁业、篾业、石灰等生产合作社。

私营。根据地党和政府对于私营经济是采取鼓励的政策的。在根据地，私营经济是占有绝对优势的，但是小规模经营的形式。各级苏维埃政权对私营经济都是采取保护和奖励的政策的。湘鄂赣省苏维埃还发布公告，宣布保护和奖励私营经济的办法，并且要求工人与企业主签订包括工资待遇等内容在内的合同，以尽快恢复生产。因此，在根据地，私营经济有了比较快的发展，但大部分是工匠、作坊式的手工业。

3. 商业

根据地的商业，也存在着公营、合作社、私营三种形式。公营商业是指由根据地政府出资创办的商业，最初是通过没收地主土豪劣绅和大资本家的财产兴办的，其雏形是井冈山根据地茨坪的公卖处，后来名为红军商店、列宁商店或红色商店。在各根据地均有开设。湖南境内的根

---

① 王国宇主编：《湖南经济通史》（现代卷），湖南人民出版社2013年版，第295页。
② 《毛泽东选集》第一卷，人民出版社1991年版，第120页。

据地也发展了公营商业，最初只是经营批发业务，并不进行零售，以后也经营零售业务。与私营商业相比，公营商业价格相对低廉一些，对煤油、盐则实行平价供应，对红军家属则有折扣，一般为七五折。

合作社商业是根据地普遍发展的商业，一般有消费合作社、粮食合作社和供销合作社三种形式，都是由群众入股创办的，苏维埃政府则在资金周转、房屋、物质调配、税收等方面予以支持。湘赣边区是合作社事业比较活跃的地区，据统计，从1932年冬季起，边区共成立了471个合作社，① 仅攸县就有30多个消费合作社。湘鄂赣边区则每个县设有总社，区设分社，乡有支社。合作社主要是为了打破敌人的封锁、减少商人的剥削，巩固苏维埃政权。因此，它在白区设立收购点收购物资，以满足红区的群众需求。合作社的管理，一般由全体社员选举5—7人组成管理委员会，负责经营事宜，对社员大会负责。年底盈利，除留足发展金外，则由社员们分红。

私营商业是根据地的主要商业形式。根据地党和政府对私营商业最初采取的是没收和禁止的错误主张，其后是采取保护、奖励、同时又加以限制、防止其哄抬物价、垄断投机的行为。对私营商业，除了征收一定的营业税外，不再征收其他杂税，以利于私营商业的发展。对白区的商人，只要他们不妨碍革命，也允许并保障他们在根据地的商业活动。

土地革命时期湖南新民主主义经济的出现，是几千年来湖南乡村社会经济发生的革命性变化，是一种崭新的经济因素。虽然，它只存在于少数偏远交界地区，时间也不长，但它代表着乡村社会经济发展的方向，是十分重要的经济现象。

---

① 赵效民：《土地革命时期的根据地合作社商业》，《财贸经济》1983年第2期。

第三章

近代湖南乡村的人口、家庭、宗教与信仰

人口就是指在一定时空内,由一定社会关系联系起来的、一定数量和质量的有生命的个人所组成的总体。人口是社会的主体,是社会构成的中心要素,也是文明的载体。[①] 人口以家庭的形式组成社会的基本细胞,由此构成社会的整体和各种社会关系。宗教和信仰是维系人们社会伦理的观念体系。近代湖南乡村的人口、家庭及宗教信仰伴随近代中国时代社会变迁也在发生着深刻的变化,成为近代湖南乡村社会发展变化的基础。

第一节 近代湖南乡村的人口[②]

人口是社会物质生活的必要条件,是全部社会生产行为的基础和

[①] 吴增基、吴鹏森、苏振芳主编:《现代社会学》第5版,上海人民出版社2014年版,第62页。
[②] 关于湖南人口的研究,刘泱泱先生所著《近代湖南社会变迁》之第二章"人口与民族"以及王勇著《近代湖南人口变迁史》(湖南人民出版社2009年版)以及吴正东的博士论文《明清时期湖南人口与社会变迁》(华中师范大学,2012年)、彭辉的硕士论文《近代湖南人口及其变迁》(湖南师范大学,2006年)、胡志霞《民国时期湖南人口与社会问题辨析》(湘潭大学,2009年)等著作进行了研究。《近代湖南社会研究》,对清朝以前及清朝的人口进行了回溯,着重对于近代人口变化的研究;《明清时期湖南人口与社会变迁》一文主要探讨明清两代人口的变迁及其对湖南社会的影响,也对明以前湖南人口的变迁予以关注;《近代湖南人口变迁史》一书则是对近代湖南人口变迁研究的专著,依次对湖南从先秦至民国的人口规模、人口变动、人口分布、人口迁移、民族构成与变迁等进行了考订和数据分析,并列出了98个表格,对各个历史时期湖南人口的变化情况进行了比较详细的考证,是关于湖南人口史研究的第一部系统的著作。本节所依据的人口材料,除采用当代湖南各市县志和民国时期社会调查(见李文海、黄兴涛等编《民国时期社会调查丛编》一、二辑《乡村社会》、《乡村经济》卷)外,均参考或引用了上述成果。

主体。① 近代中国处于农业社会向工业社会过渡的时代，工业化程度较低。人口也处在从原始型（高出生率，高死亡率，很低的自然增长率）向传统型（高出生率，低死亡率，高自然增长率）的转变时期。湖南处于内地农业发达的地区，乡村是人口的主要聚居区，居住着全省90％以上的人口。同时，中华人民共和国成立之前，中国的户籍制度还没有严密的城乡二元结构区分，在人口统计上没有分别城乡的统计。故本节近代湖南人口数量统计，忽略了城镇与乡村人口的差别。一方面，清代的人口统计，没有区分城乡人口，而民国时期虽有行政院直辖、省直辖城市之设立，也有城市单独进行过人口调查，但当时尚未确立城乡的户口差别，而是注重于职业的调查，也无法准确区分城乡人口的地理分布情况。另一方面，近代中国工业化程度低，而城市化程度更低，城乡人口比例悬殊非常大，大多数人口居住在乡村。例如湘乡县在晚清民国的乡村人口与城市人口比是在99∶1到97∶3之间浮动。② 湘乡是湘中地区经济较发达的县，情况尚且如此，其他湘南、湘西等边远山区的情况可想而知。1953年，第一次人口普查时全国人口乡村与城市人口比是：城镇人口占13.26％，乡村人口占86.74％。③

一　近代湖南乡村人口的数量及变迁

1. 历代至清前期（1840年以前）湖南人口

在研究近代湖南乡村人口变迁之前，有必要对近代以前湖南历代人口情况作一简要的回顾。由于中国古代历史学缺乏计量统计的传统，加上历代因赋税制度不同而对纳税人口统计的差异，④ 中国历代人口的统计只能是一个约数，但大抵还是能够寻觅中国人口发展的轨迹和大致的情况。

根据现有的资料，兹将湖南自有人口记载以来到鸦片战争时的1840

---

① 张桂蓉主编：《人口社会学》，武汉大学出版社2009年版，第2页。
② 《湘乡县志》编纂委员会：《湘乡县志》，湖南出版社1993年版，第103页。
③ 《中华人民共和国国家统计局关于第一次全国人口调查登记结果的公报》，1954年11月1日。
④ 参见赵文林《中国人口史》，人民出版社1988年版，第346、378页。

年的人口统计数字列表如下：①

表 3-1　　　　　　湖南历代人口统计（至 1840 年）

时间	人口数（人）
公元前 221 年（秦王政二十六年）	约 500000
公元 2 年（西汉元始二年）	5339622②
140 年（东汉永和五年）	2813266
280 年（西晋太康元年）	972360
420—470 年（南朝·宋）	344086
609 年（隋大业五年）	280473
639 年（唐贞观十三年）	312630
740 年（唐开元二十八年）	1238504
1080 年（北宋元丰三年）	约 2400000
1102 年（北宋崇宁元年）	2612383
1223 年（南宋嘉定十六年）	约 7200000
1290 年（元至元二十七年）	5719064
1393 年（明洪武二十六年）	约 2000000
1578 年（明神宗万历六年）	1917052
1685 年（清康熙二十四年）	1213368
1746 年（乾隆十一年）	13540461
1791 年（乾隆五十六年）	16556000
1816 年（嘉庆二十一年）	18754259
1830 年（道光十年）	19523000
1840 年（道光二十年）	19891000

① 资料来源：刘泱泱《近代湖南社会变迁》、王勇《近代湖南人口变迁史》、吴正东《明清时期湖南人口与社会变迁》。清代人口统计时间相对规范，本书仅为说明人口变化情况，每一皇朝原则上选取初年和终年的数据（雍正朝数据缺佚）。

② 公元 2 年（西汉元始二年）的人口数字，刘泱泱原著为 508352 人。据吴正东博士认为：关于西汉元始二年湖南人口，有下列几种观点，湖南省志编撰委员会编《湖南省志·地理志》（上册）（湖南人民出版社 1982 年版，第 222 页）认为湖南合计 126858 户，717449 人，这一数据的结果是将西汉元始二年 1 国 3 郡的人口数相加而得到的，这显然是错误的；何业恒、张锡田《两千年间的湖南人口》（《湘潭大学社会科学学报》1984 年第 1 期）认为 50.8 万人；毛况生《中国人口·湖南分册》（中国财政经济出版社 1987 年版，第 38 页）认为共有 508352 人；赵文林、谢淑君《中国人口史》（人民出版社 1988 年版，第 47 页）认为有 528071 人；袁祖亮《中国古代人口史专题研究》（中州古籍出版社 1994 年版，第 174 页）认为西汉末期，湖南有 10067 户，483521 人。最确切和合理的应当属于王勇在《湖南人口变迁史》中的得出的数据，湖南的在籍人口为户 95069，口 533962（王勇：《湖南人口变迁史》，湖南人民出版社 2009 年版，第 11 页）。

从表3-1可以看出，湖南在清以前的1800年历史时期里，人口最多时为南宋时期，约720万，到明朝则下降为200万左右。但进入清代，特别是清初，人口呈现爆炸式增长。在清康熙二十四年（1685）至乾隆十一年（1746）的60年间，人口增长了11倍。关于清乾隆年间人口的剧增，学术界比较一致的看法是，乾隆五十一年（1712），颁布上谕，实行"摊丁入亩"政策："今海宇承平已久，户口日繁，若按见（现）在人丁加征钱粮，实有不可。人丁虽增，地亩并未加广，应令直省督、抚，将见（现）今钱粮册内有名丁数，勿增勿减，永为定额，自后所生人丁，不必征收钱粮"①，"其征收办粮，但据五十年丁册定为常额，续生人丁永不加赋"②。废除了新生人口的人头税。这一政策的实行，从统计上说，避免了为了少纳税而有意瞒报人口的弊端，使得以前瞒报的人口被公开了；从民生来说，是鼓励人口增长的措施，经过30多年的实施（1712—1746年），人口经历了一个快速发展的时期。③对于湖南来说，还有一个重要的原因，即移民的结果。明清鼎革之际，战乱使湖南人口亡逸，损失很大，而清初的"三藩之乱"，湖南是重要的战场，人口的损失也是巨大的。故清初有移民的政策，使得大量的外省移民进入湖南，所以有"湖广填四川，江西填湖广"的说法。据林增平先生的考证，清初湖南移民多从江西而来：

> 清顺治、康熙以至乾隆年间屡颁"召民开垦"的谕旨，于是，大量移民进入湖南。大庸县"清顺治初因遭大乱，以致户无遗种。及康熙时，又遭吴三桂兵蹂躏。其时土著老民，百不存一。其后迁徙新户，十常得九，稽其户籍，以江西为最多，湖北、四川次之"④。

---

① 《清圣祖实录》，卷二四九。
② 嘉庆《大清会典事例》，卷一三三，《户部·户口编审》。
③ 刘泱泱《近代湖南社会变迁》引述葛剑雄的观点认为，清初乾隆以前的户口统计都是丁额，应当依据一定的比例将丁额换算成实际人口。根据全国丁与口的平均比例，并考虑湖南的实际情况，刘泱泱先生取1∶5的丁口比，换算出万历六年（1578）湖南的实际人口数当为9585260人，而不是1917052人。见刘书第25—27页。
④ 《永定乡土志》，《户口》。

醴陵县因明末清初"重催浩劫，土旷人稀，播迁来者十九为闽粤两省汀江、东江流域之人"①。蓝山县清初从外迁入者达163族之众，以江西、广东两省为多，约各占三分之一。②沅陵县"郡中故族鲜明以前者，建宗祠修谱牒，今尚多未逮木本水源"③。邻近江西的浏阳县康熙年间所修县志载："浏鲜土著，比间以内，十室有九皆江西之客民也。"④检索《溆浦县志》《氏族志》，也可窥探移民的来向和大致年代。如下表：⑤

全县汉族计154姓，475族（另瑶族14姓不在内）

移民来向及族数：

江西　　　88族

其他省　　38族

本省　　　312族

合计　　　438族

不明　　　37族

迁入时代：

宋　　　　29族

元　　　　24族

明　　　　115族

清　　　　191族

不明　　　79族

如果将不明情况的37族作为土著，则全县移民占到92%。前面提到，按宝庆府、靖州、湘阴等府、州、县志所载《氏族志》统计，该七州、县的人口中，移民占到98.4%。故到清代乾嘉之际，估计湖南全省移民占人口总数的九成以上，是大体可信的。⑥

---

① 《醴陵县志》，《氏族志》，1948年刊。
② 《蓝山县图志》，《户籍》，1933年刊。
③ 《沅陵县志》卷三七，《风俗志》。
④ 《浏阳县志》卷一四，《拾遗志》。
⑤ 《溆浦县志》卷一四，《氏族志·族姓》，1921年刊。
⑥ 《林增平文存》，中华书局2006年版，第100—101页。

因此，清初为弥补人口损失而实行的移民政策、乾隆时期实行的"摊丁入亩"政策所产生的效果，加之明代及以前对人口统计的单位（丁或户）不同而与实际人口的差距，造成了乾隆十一年（1746）统计人口的与此前的巨大差距是可以理解了。

从乾隆十一年（1746）至道光二十年（1840）的近100年间，只增加了635万人，平均年增长6.5万人，属于正常的自然增长。近代湖南人口的变迁，即以此为人口基数而开始。

2. 晚清湖南人口数量的变化

清代是中国人口统计制度从纳税户、丁数统计到人口数统计的转变时期。清代前期实行的是人丁编审制度，即五年一举的人丁编审，实际上是对"人丁户口"的统计，并不反映人口的真实情况。清中叶开始确立的建立在保甲编查基础之上的人口统计制度，是所谓"民数"的统计，即对全部人口的统计，是真正的人口统计，"它使得中国的人口统计第一次彻底地摆脱了赋税的束缚，从而能够较为真确地反映人口变动的实际。以组织严密的保甲制度作为人口造报的基础，是清代统治者对人口统计的一大贡献"。因此，"乾隆六年（1741）以后的'民数'统计，按《清实录》的用语是'会计天下民数，各省通共大小男妇若干名口'，从原则上说，已属人口统计的范围。所谓'天下民数'，实际上只是指各直省的汉族人口以及部分已入编氓的少数民族人口，但由于这部分人口已占全国人口的绝对多数，将其近似地看作全国人口的统计还是可以的"[1]。具体做法是各省督抚每年冬季"除去流寓人等，及番苗处所，将该省户口总数与谷数一并造报"户部，[2] 户部再编制《汇奏各省民数谷数清册》，这是《清实录》民数统计的依据。[3] 晚清人口的统计，即是建立在这一人口统计制度基础之上的。兹将这一时期的人口概况列表如下：

---

[1] 姜涛：《清代人口统计制度与1741—1851年间的中国人口》，《近代史研究》1990年第5期。姜先生在其著作《中国近代人口史》（浙江人民出版社1993年版）一书中更有充分地发挥。

[2] 《清高宗实录》，卷一三三，乾隆五年十二月丙辰。

[3] 此类《清册》按年编纂，一式二份，是《清实录》民数统计的依据。第一历史档案馆藏有1787—1898年间较为完整的《清册》。

表 3-2　　　　　晚清（1840—1911 年）人口统计表[①]

时间	人口数（人）
道光二十年（1840）	19891000
道光二十一年（1841）	19962000
道光二十二年（1842）	20032000
道光二十三年（1843）	20096000
道光二十四年（1844）	20169000
道光二十五年（1845）	20360000
道光二十六年（1846）	20440000
道光二十七年（1847）	20504000
道光二十八年（1848）	20540000
道光二十九年（1849）	20576000
道光三十年（1850）	20614000
咸丰元年（1851）	20648000
咸丰二年（1852）	—
咸丰三年（1853）	20700000
咸丰四年（1854）	20725000
咸丰五年（1855）	20754000
咸丰六年（1856）	20783000
咸丰七年（1857）	20812000
咸丰八年（1858）	20841000
咸丰九年（1859）	20876000
咸丰十年（1860）	20940000
咸丰十一年（1861）	20990000
同治元年（1862）	20992000
同治二年（1863）	20995000
同治三年（1864）	20996000
同治四年（1865）	20996000
同治五年（1866）	20997000

---

① 本表据《湖南省志·地理志》编制，其中 1902 年、1909 年、1910 年三年据张朋园《中国早期现代化的研究：湖南省》。

续表

时间	人口数（人）
同治六年（1867）	20997000
同治七年（1868）	20998000
同治八年（1869）	20998000
同治九年（1870）	20998000
同治十年（1871）	20999000
同治十一年（1872）	20999000
同治十二年（1873）	20999000
同治十三年（1874）	21000000
光绪元年（1875）	21000000
光绪二年（1876）	21000000
光绪三年（1877）	21001000
光绪四年（1878）	21002000
光绪五年（1879）	21002000
光绪六年（1880）	21002000
光绪七年（1881）	21002000
光绪八年（1882）	21003000
光绪九年（1883）	21003000
光绪十年（1884）	21004000
光绪十一年（1885）	21005000
光绪十二年（1886）	21006000
光绪十三年（1887）	21006000
光绪十四年（1888）	21007000
光绪十五年（1889）	21008000
光绪十六年（1890）	21008000
光绪十七年（1891）	20935000
光绪十八年（1892）	21009000
光绪十九年（1893）	21009000
光绪二十年（1894）	21010000
光绪二十一年（1895）	21011000
光绪二十二年（1896）	21011000
光绪二十三年（1897）	21012000

续表

时间	人口数（人）
光绪二十四年（1898）	21174000
光绪二十八年（1902）	23600000
宣统元年（1909）	24075615
宣统三年（1911）	23402992

从表 3-2 可以看出，湖南人口在 1840 年至 1911 年的 70 多年间，增加了 3511992 人，年均增加 50171 人。对上述统计数据如何看待，学术界存在不同的意见，刘泱泱先生认为虽然某些年份存在统计误差，但大致是可靠的。并据此提出近代湖南人口变迁的三阶段，即 1840—1864 年、1865—1895 年、1896—1911 年三个阶段，第一阶段和第三阶段人口增长较快，第二阶段增长较慢，并具体分析了其中原因。[1] 也有对此表示怀疑的，如彭辉先生认为，"因为表上的人口数据的'规律性'太强了：第一，其数据每一年（除 1891 年外）雷打不动地不少于前一年；第二，其数据都是要么几年完全雷同，如 1868—1870 年连续三年的人口数据都是 20998000 人，1871—1873 年连续三年的人口数据都是 20999000 人，1874—1876 年连续三年的人口数据都是 21002000 人，而从 1881 年起到 1889 年人口以'奇迹'般地每年一人不差地呈等差数列地递增 1000 人"[2]。根据姜涛先生的研究，清代以来的人口统计，自乾隆六年（1741）建立按民数统计以来至太平天国农民战争爆发的 1851 年的 100 多年的时间，其统计数据虽有瑕疵，但基本上还是可靠的。太平天国起义爆发之后，人口损失、迁徙、亡逸情况严重，尤其是对南方地区清朝地方政权的打击，以及清朝各级穷于应对军事，以致人口统计无法也无暇进行，故 1852 年的统计数据缺佚。这种动乱持续十几年，直到光绪二十四年（1898）户部现存最后一本《清册》，仍有七个省缺失未报。[3] 在此之前，自 1852 年至 1898 年，每年的人口报表都有省份缺报，最多时缺十多个省

---

[1] 参见刘泱泱《近代湖南社会变迁》，湖南人民出版社 1998 年版，第 31—34 页。
[2] 彭辉：《近代湖南人口及其变迁》，硕士学位论文，湖南师范大学，2006 年。
[3] 是年造报了 14 个省份，合计 3.15 亿人。

份。即使是上报的省份，由于保甲的废弛，数据采集也不准确，更有胥吏随意估算，虚应了事，可见这一时期的人口统计数据是不可靠的。以湖南的情况看，也是如此。据光绪《湖南通志》记载，道光以前，虽然"编审久停，而州县厅卫户口册籍犹申司备案"，但"近年以来盖阙如也"，"浏阳、茶陵、东安、桂东等属，户册仅有存者，聊载一二，犹是告朔饩羊云尔"。① 除上述四州县外，其余州县册籍均已散佚。因此，这一时期湖南人口统计数据也并不是非常准确的。但根据姜涛先生引用在华外国人对中国当时人口的统计数据，与户部数据对比，差距不是太大。兹将1885年前后的中外统计湖南人口数量列举如下：②

表3-3　　　　1885年前后中外统计湖南人口数量对比表

统计单位	数量（万人）
户部《清册》	2001
《世界人口》（卷六，1980年版）	2005
《世界人口》（卷七，1982年版）	1870
《中国海关报告》（1882）	2005

从表3-3可知，对晚清湖南人口统计数据的分析，从大致情况来说，姜涛先生的观点还是有道理的，即晚清户部《清册》所反映的人口数据，将其近似地看作人口数量的统计还是可以的。其实，晚清湖南的人口并没有大起大落的现象发生，太平天国时期被认为是人口损失严重的时期，但在湖南，只是在1852年太平军进军湖南过程中，人口有所损失，表现在官吏、地主的亡逸和贫苦人士的追随（特别是参加太平军、组建土营和水营），但1854年太平军西征退出湖南后，曾国藩及其湖南地方当局加强了社会控制，严厉镇压农民起义和会党起事，厉行保甲制度，虽有石达开入湘的战事，但基本上是旋进旋退，主要是在湘南、湘西等边界地区，虽引起一时之骚动，但很快就恢复了。相对于江南地区

---

① 光绪《湖南通志》，卷四八。
② 据姜涛《中国近代人口史》，浙江人民出版社1993年版，第75—77页资料编制。

来说，湖南一直处在较为安宁的环境，人口的滋生基本上处于正常的状态。

3. 民国湖南人口数量的变迁

民国虽然只有短暂的38年，但期间政局动荡，战争频仍，自然灾害频繁，与人口发展极有关系。湖南处南北要冲，民国初年的南北军阀混战，湖南深受其害；抗日战争时期，湖南是正面战场发生大规模战役较多的地区，计有三次长沙会战、衡阳会战、常德会战和湘西会战等六次大会战；同时，自然灾害也很频繁，据统计，就旱灾而言，1920年至1928年，湖南受灾县数达269个（包括重复受灾），1928年至1949年，湖南大约每两年一次旱灾，其中1928年至1946年共有296个县受灾，最严重的是1928年、1929年、1934年和1945年，受灾县数分别为48个、52个、69个、54个。有的地方大旱期年，赤地千里。水灾更加严重，几乎年年发生。[1]

就人口统计而言，民国时期政府进行过几次，其方法较晚清更为先进。清末，清政府为举办预备立宪和地方自治，民政部为此办理户口调查，宣统二年（1910），各省先后进行了户数调查（也有的省同时进行了口数调查）；宣统三年（1911），各省又陆续进行了口数调查，但因武昌起义爆发，政权更替，没有完成。民国元年（1912），由当时的民国政府内务部将各省辛亥年（1911年）上报民政部的报告加以整理，予以公布。学界认为，这次调查，虽还存在不少瑕疵，但确是具有近代意义的人口普查的雏形。[2]

1912年，民国北京政府在公布宣统年间民政部人口调查的同时，下令于本年度再次进行人口调查，规定由警察负责人口调查，尚没有办理警政的地方，由地方保卫团办理，既无警察又无保卫团的地方，由官方征集地方绅士办理。调查结果，内务部于1916年、1917年分两次陆续出版。这次调查，除错谬之处外，还有广东、广西、安徽等省未将统计上报。

---

[1] 参见本书第一章第三节。
[2] 姜涛：《中国近代人口史》，浙江人民出版社1993年版，第80—85页。

南京国民政府成立后，内政部于1928年5月拟定户口调查统计规则及表式，通令各省办理人口调查。至1930年年底止，计有13省按部颁规则完成上报，其余15省及蒙、藏地方，则依据各该省及地方过去资料估计。1933年，内政部依据各省报告编制发表了《民国十七年各省市户口调查统计报告》。这次调查还不能算是真正意义上的人口普查。1936年民国政府鉴于"训政"期即将结束，筹办国民大会选举施行"宪政"，内政部1月电令各省市政府汇报所属各县保甲户口，随后将统计结果《全国各选举区户口统计》，于1936年10月内政部统计处编辑发行的《内政统计季刊》创刊号上公布。此次户口统计大部分系根据编查保甲户口所得，先后报部者，计有30省市。可以说这是全面抗战前最后一次人口统计。1938年，内政部对这次人口统计进行了修订与补充，再一次公布了全国户口统计数据。抗战胜利后，内政部统计处公布1946年度的全国户口数字，载入其所编印的《各省市乡镇保甲户口统计》，而此时国民政府已经不能有效控制全国，大面积的国土已经成为共产党所领导的根据地，因此实际上数据来源参差不齐，很多地区的统计数字只是利用以前的资料予以补充、估计。国民政府于1947年公布的民国三十六年（1947）全国户口统计数字，资料来源仍是各省市上报内政部的乡镇保甲户口统计。嗣后，国民政府没有再举办过全国性的人口调查，[①] 但个别省、市以及一些社会机构和学术团体如邮政局、清华大学等进行过局部或年度的人口调查。

由此可知，民国时期虽然政府举办过人口调查，也定期或不定期公布过人口数据，但精确度并不高。兹根据《湖南省志地理志》、毛况生《中国人口湖南分册》、张朋园《中国现代化的区域研究湖南省》、赵文林《中国人口史》、姜涛《中国近代人口史》等资料将民国时期湖南人口统计表列如下：

[①] 抗战胜利后，国民政府为筹备全国户口普查，将内政部户政司扩编为人口局，原拟1950年举办第一次全国人口普查，后又推迟至1951年10月1日为普查日，但未等到普查日到来，国民政府就结束了在大陆的统治。

表 3-4　　　　　　　民国时期历年人口统计表

时间	人口数（人）
1912 年	27616708
1918 年	27519272①
1919 年	29543279
1920 年	28443279②
1925 年	30529988
1928 年	31501212
1929 年	28335031
1932 年	30457851
1933 年	30217502
1934 年	28514044
1935 年	28294735
1936 年	28293735
1937 年	28143064
1938 年	27924728
1939 年	26490603
1940 年	27186730
1941 年	28031420
1942 年	28087467
1943 年	27132100
1944 年	28087467
1945 年	29621300
1946 年	26171117
1947 年	25557926③
1949 年	29869000

注：1943 年、1945 年两年湖南人口数据，系据胡志霞《民国时期湖南人口与社会问题辨析》一文中《表 2.1 民国时期部分年份的人口数量表》而来，未审其资料来源。

---

① 邮政局人口报告，据王士达《近代中国的人口估计》（《社会科学杂志》，抽印合订本，1931）。
② 邮政局人口报告，《东方杂志》21 卷第 4 期，1924 年。
③ 国民政府内政部人口局《人口统计》（中华年鉴社 1948 年 8 月印行）谓该年湖南省人口数为 25948628 人。

从上述 38 年的人口统计数据来看，总的趋势是在缓慢地增长，其中增长的最高点是 3150 万，至 1949 年仍然保持 2986 万。如果分阶段考察，则自民国初年到 30 年代初（1933 年），湖南人口一直是增长的，保持在 3000 万左右，人口年平均增长率约为 6.72‰。自此以后则呈下降趋势，最低年份低至 2555 万，直到 1949 年，仍未达到 3000 万。30 年代以后人口的递减，其原因主要有三：首先是战争，包括国共内战，但主要是抗日战争时期日本侵略者的屠杀。国共内战，主要是指第二次国内革命战争时期，即 "四一二" 政变以及国民党在井冈山、湘赣、湘鄂赣、湘鄂西、湘鄂川黔等革命根据地进行 "围剿" 的战争中，对红军、共产党员、革命群众乃至根据地的一般老百姓进行残酷的屠杀，使得曾经的根据地荒芜一片，赤地遍布，人烟稀少。至于日本侵略者对湖南人民的屠杀，抗日将士的为国捐躯，更是惨烈异常。据肖栋梁先生考证，湖南抗战期间人口伤亡达 371.6715 万人：[①]

> 1937 年七七事变后，日军飞机对全省 59 个县市狂轰滥炸 2000 多次，纠集 50 多万军队在湖南发动六次大会战，沦陷 55 个县市 2100 万人口，制造屠杀 1000 人以上的重大惨案 11 起，屠杀 100—1000 人的惨案 40 余起，屠杀 10—100 人的惨案 85 起以上，屠杀 10 人以下的惨案数千起。引发数百万人口伤亡，1000 多万灾民；加上日军强掳劳工 60 多万人致死致伤 20 多万人；强奸妇女 20 万人以上，致死 3 万人以上；发动细菌毒气战，加剧瘟疫流行；再加上国民政府在湘征兵 200 余万上前线抗日的伤亡，造成战时湖南人口伤亡极为巨大。[②]

其次是自然灾害对人口造成的损失。民国时期湖南自然灾害频仍，尤以水、旱灾为最。民国共 38 年，而发生水灾的年份则有 37 年，只是大小和受灾地区的区别。1931 年 6 月，湘、资、沅、澧四水同时泛滥，全

---

① 肖栋梁：《战时湖南人口伤亡考略》，《抗战史料研究》2013 年第二辑（总第 4 辑）。
② 肖栋梁：《战时湖南人口伤亡考略》，《抗战史料研究》2013 年第二辑（总第 4 辑）。

省54个县受灾，淹毙5万余人。① 1935年6月，湖南再次遭受严重水灾，洞庭湖区岳阳、华容、安乡、汉寿、慈利、南县、沅江、常德等15个县大部分被淹没，淹毙人口37532口。② 1948年，湖南洞庭湖区又发生水灾，综计滨湖10县凡661垸，溃决306垸，淹毙8300余人，灾民230余万人。③ 1949年又是大水灾，总计全省受灾田亩达1535万亩，死亡人口57877人。④ 此外还有旱灾、虫灾、冰雪灾害以及瘟疫，给湖南人口造成重大损失。

第三，由于战争、灾荒造成人口的流徙，减少了湖南人口。人口损失不完全是人口的死亡，还有人口的迁徙。中国人有安土重迁的传统，非万般无奈、走投无路很少迁徙。民国时期农村凋敝，无业者增多，加之城市工业有所发展，乡村人口有向城镇流动的趋势，也有向省外通商大埠流动的现象。而战争和灾难使人们失去家园和生产、生活资料，不得不流离失所，甚至遗尸他乡。抗战初期，湖南还是后方，大量机关、学校、工厂、难民迁到湖南，增加了湖南的人口，但很快湖南也变成了前线，湖南人也不得不向广西、贵州、云南、四川等西南地区省份流徙，有的从此就流落他乡。自然灾害之后从乡村流离的也有不少，1931年湖南水灾以后，金陵大学农业经济系曾对湖南灾区进行调查，统计了人口流离的情况：每千人中流离人口129人，流离人口占总人口比例达25%。⑤

据1948年中央大学社会科学研究所对长沙县崇礼堡乡的调查，人口的损失也大致是上述原因造成的：

> 居民向系安土重迁，惟以战时兵役征调，社会不安，经济衰落，盗匪充斥，敌伪蹂躏，遂不得不转迁他乡，其迁徙之动向，大致系乡与邻乡，县与邻县，省与邻省之互迁，其中迁出人数以33、34年

---

① 田伏隆主编：《湖南近150年史事日志》，中国文史出版社1993年版，第145页。
② 《湖南自然灾害年表》，湖南人民出版社1961年版，第126页。
③ 李文海等主编：《近代中国灾荒纪年续编》，湖南教育出版社1993年版，第656—658页。
④ 杨鹏程：《湖南灾荒史》，中国文史出版社2007年版，第108页。
⑤ 章有义编：《中国近代农业史资料》第三辑，生活·读书·新知三联书店1957年版，第889页。

（即1944年、1945年——引者注）两年为多，且以壮丁居首位。推究其迁徙之原因，1/3系应征服役，1/3系敌伪所迫，逃奔他乡，因缺少工作而外出谋事，与婚姻关系者，不过1/4。①

总之，由于民国时期社会动乱和自然灾害等等原因，造成这一时期人口的损失，也由于统计方面的原因，历年人口的数据并非完全准确。②但总的趋势是，民国时期湖南人口虽有起伏，但确是在缓慢地发展。

二 近代湖南乡村人口的地域结构及流动

人口的地域结构或曰区域分布与自然条件和经济发展密切相关。湖南自然环境为丘陵山区，湘西处武陵山区，湘南为五岭山区，湘东为罗霄山脉，湘中是丘陵地带，湘北为洞庭湖平原。从开发程度和经济发展来看，湘中、湘北是比较发达的。这样，就形成了以湘北、湘中为重心的人口居住区，人口密度较大。到嘉庆年间，湖南各府州人口密度如表3-5:③

表3-5　　　清嘉庆二十一年（1816）湖南各府州人口密度表

府州	面积（千米²）	口数（人）	密度（人/千米²）
长沙府	40850	4348883	106.46
衡州府	17138	2333748	136.18
永州府	22196	1680052	73.31
宝庆府	20595	1672205	81.19
岳州府	12964	1782918	137.53
常德府	10992	1249996	113.72

---

① 孙本文等编印：《湖南城市崇礼堡乡村调查》，李文海等主编：《民国时期社会调查丛编》二编，"社会调查卷"，第804页。

② 1953年中华人民共和国第一次人口普查，由于各级政府的精心组织，获得较以前历代人口统计都准确的数据。湖南统计结果为33226954人，较1949年的29869000人增加3357954人。这335万多人估计不全是1950—1953.6期间新增的，还包括以前没有调查到的或新从外省迁徙回湘的人口。

③ 王勇：《湖南人口变迁史》，湖南人民出版社2009年版，第248页表3-10。

续表

府州	面积（千米²）	口数（人）	密度（人/千米²）
辰州府	13250	908902	68.60
郴州	12900	1024809	79.44
靖州	8969	619181	69.04
澧州	22522	1041795	46.26
桂阳州	6244	788186	126.23
沅州府	7732	595335	77.00
永顺府	11120	642466	57.78
乾州厅	5400	35090	30.01
凤凰厅		74669	
永绥厅		25284	
晃州厅		27034	

由表3-5可知，清代嘉庆年间，湖南人口密度较大的是湘北、湘中地区（衡阳、桂阳），长沙府、衡州府、岳州府、常德府、桂阳州4府1州人口密度超过100人/平方千米，在全省总人口中（1816年全省总人口为18754259人）占56%。桂阳只是因为是直隶州，且面积小，人口密度相对大，而地理位置相距很近的郴州则因其面积大，虽然人口总数较桂阳多，其密度则小得多。

进入近代以后，这种趋势仍然保持，见表3-6：[①]

表3-6　1850年、1910年湖南各府州人口总数及所占百分比

府州	面积（千米²）	口数（万人） 1850年	口数（万人） 1910年	占全省人口百分比 1850年	占全省人口百分比 1910年
长沙府	40850	523.4	614.8	24.0	26.1
衡州府	17138	275.4	269.9	12.6	11.5
永州府	22196	195.7	218.0	9.0	9.3
宝庆府	20595	204.9	184.4	9.4	7.8

---

① 据王勇《湖南人口变迁史》第249—250页表3-11编制。

续表

府州	面积（千米²）	口数（万人） 1850年	口数（万人） 1910年	占全省人口百分比 1850年	占全省人口百分比 1910年
岳州府	12964	195.3	147.9	9.0	6.3
常德府	10992	131.9	163.4	6.0	7.0
辰州府	13250	101.0	108.6	4.6	4.6
永顺府	11120	71.1	81.3	3.3	3.5
沅州府	7732	62.4	66.3	2.9	2.8
湘西四厅	5400	32.9	54.0	1.5	2.3
郴州	12900	108.8	100.5	5.0	4.3
靖州	8969	65.1	52.3	3.0	2.2
澧州	22522	132.7	196.1	6.1	8.3
桂阳州	6244	84.3	74.0	3.9	3.1
合计		2061.4	2171.2	100	100

据表3-6，至1910年，长沙府、衡州府、岳州府、常德府、桂阳州4府1州人口占全省人口总数百分比虽比1816年有所下降，但仍然占有总数的54%。人口增长较快的则有永州、宝庆、澧州等府州。但在1850年至1910年60年间，各府州的人口长沙、永州、常德、永顺、湘西4厅、澧州等地区增长较快，衡州、宝庆、郴州、桂阳均有下降。有学者认为其中原因一是移民的迁入导致人口增长；二是太平天国农民战争导致人口减少。① 其实，近代商品经济的发展，也是人口地域变化的重要原因，例如长沙的人口增加，乃是由于其作为省会同时又具有发达的商品经济所致。

进入民国时期，湖南总的人口在缓慢地增长，虽然有些县市的人口绝对数有所下降，但人口分布的区域格局基本上没有改变，如表3-7所示：

---

① 曾树基《中国人口史》（复旦大学出版社2001年版第5卷，第145页）和王勇《湖南人口变迁史》（湖南人民出版社2009年版，第250—251页）均持这种意见。

表3-7　　湖南各县1947年与1930年人口比较（万人）①

区域	县	1930年人口	1947年人口	增减数量	增减率（%）
第一区（长沙区）	长沙县	133.34	92.97	-40.37	-30.28
	岳阳县	47.82	41.99	-5.83	-12.20
	湘潭县	106.79	89.65	-17.14	-16.05
	浏阳县	82.79	69.10	-13.70	-16.54
	醴陵县	58.16	53.78	-4.37	-7.53
	平江县	55.25	38.34	-18.91	-34.22
	湘阴县	71.48	55.80	-15.69	-21.94
	临湘县	24.85	20.98	-3.87	-15.58
第二区（耒阳区）	耒阳县	59.64	44.85	-14.78	-24.79
	衡阳（市、县）	136.40（市县合计）	14.15（市）94.94（县）	-27.31	-20.02
	衡山县	51.36	42.70	-8.66	-16.86
	攸县	37.27	31.70	-5.57	-14.94
	茶陵县	28.66	20.81	-7.85	-27.37
	常宁县	43.53	32.97	-10.56	-24.27
	安仁县	17.49	13.94	-3.55	-20.29
	酃县	12.07	8.13	-3.94	-32.64
第三区（郴县区）	郴县	39.11	17.21	-21.90	-56.00
	汝城县	15.70	14.44	-12.58	-8.01
	桂阳县	36.69	30.49	-6.20	-16.90
	宜章县	21.80	17.93	-3.87	-17.76
	资兴县	16.54	11.78	-4.76	-28.78
	永兴县	29.66	22.03	-7.63	-25.73
	临武县	14.29	11.83	-2.49	-17.45
	桂东县	17.19	8.41	-8.78	-51.10
	蓝山县	13.14	12.99	-0.15	-1.15
	嘉禾县	13.98	13.05	-0.94	-6.69

① 采自王勇《湖南人口变迁史》，湖南人民出版社2009年版，第253—256页，略有调整。

续表

区域	县	1930年人口	1947年人口	增减数量	增减率（%）
第四区（常德区）	常德县	66.63	57.73	-8.86	-13.30
	澧县	69.90	53.18	-16.72	-23.91
	桃源县	56.55	53.54	-3.01	-5.32
	石门县	31.71	32.50	0.78	2.46
	华容县	31.13	29.83	-1.30	-4.18
	南县	20.51	28.55	8.03	39.16
	慈利县	33.33	33.24	-0.08	-0.25
	安乡县	22.04	23.68	1.64	7.42
	临澧县	25.87	20.53	-5.34	-20.66
第五区（益阳区）	益阳县	80.97	79.80	-1.17	-1.44
	湘乡县	128.36	104.23	-24.13	-18.80
	安化县	67.19	57.29	-9.9	-14.73
	汉寿县	41.65	30.93	-10.72	-25.75
	宁乡县	68.24	71.42	3.18	4.66
第六区（邵阳区）	沅江县	26.71	27.49	0.78	2.91
	邵阳县	152.08	104.71	-47.37	-31.15
	新化县	83.72	68.28	-15.44	-18.44
	武冈县	79.16	80.30	1.14	2.07
	新宁县	20.79	21.34	0.55	2.64
	城步县	18.22	9.08	-9.14	-50.18
第七区（零陵区）	隆回县	—	22.94	—	—
	零陵县	43.89	38.21	-5.68	-12.94
	祁阳县	87.06	70.58	-16.48	-18.93
	宁远县	33.03	35.61	2.58	7.82
	道县	43.65	30.48	-13.18	-30.20
	东安县	22.48	21.13	-1.35	-30.20
	永明县	11.48	10.09	-1.40	-6.02
	江华县	18.68	18.21	-0.47	-2.52
	新田县	15.51	14.42	-1.09	-7.06

续表

区域	县	1930年人口	1947年人口	增减数量	增减率（%）
第八区 （永顺区）	永顺县	22.39	19.24	-3.15	-14.06
	龙山县	19.86	20.89	1.02	5.16
	大庸县	34.81	15.27	-19.54	-56.14
	保靖县	13.60	13.32	-0.27	-2.01
	桑植县	28.38	13.12	-15.26	-53.77
	古丈县	8.45	6.42	-2.03	-23.97
第九区 （沅陵区）	辰溪县	15.92	16.06	0.14	0.88
	沅陵县	35.06	36.63	1.57	4.49
	溆浦县	32.71	32.69	-0.03	-0.07
	凤凰县	13.48	15.44	1.96	14.51
	乾城县	8.23	9.00	0.76	9.26
	永绥县	12.37	12.22	-0.15	-1.27
	泸溪县	10.73	11.33	0.59	5.53
第十区 （会同区）	麻阳县	11.14	13.14	1.99	17.89
	芷江县	22.20	15.22	-6.98	-31.44
	会同县	17.03	18.05	1.02	5.99
	绥宁县	16.91	16.22	-0.70	-4.12
	黔阳县	21.68	20.33	-1.36	-6.25
	晃县	14.97	11.47	-3.49	-23.32
	靖县	7.75	7.66	-0.09	-1.14
	通道县	5.05	2.75	-2.31	-45.64
	怀化县	—	11.05	—	—

注：1. 湖南省设置为十个行政督察区是1947年的湖南行政区划，为方便比较，此表将1930年相关县的统计数据纳入十个区。

2. 长沙市、衡阳市为省辖市，其中长沙市未计算在内。

从表3-7可以看出，民国时期湖南总人口在40年代末达到这一时期的最低点，为25948628人，人口损失的原因已于前文述及，主要是战争特别是抗日战争，湖南人口损失达370多万，国共内战也损失了部分人口，加上自然灾害。当然，战争时期的人口逃亡也是主要原因。抗战时期，湘西怀化、会同、沅陵、芷江、麻阳、凤凰等地人口增加，除了处于大后方人口没有非正常损失外，也由于湘中、湘北地区人员的流入。否则，仅距离两年，1949年湖南总人口就达到了29869000人，增加了392万人，自然增长显然是做不到的，应当是躲避战祸而避居他乡的人口回到了故土。虽然如此，湘中丘陵地区和湘北洞庭湖平原地区仍然是湖南人口的主要聚集区。按1947年的各市县人口统计，处于湘中丘陵地带和湘北洞庭湖平原的长沙市、衡阳市、长沙区、衡阳区、常德区、益阳区、邵阳区的总人口达到1819411人，达到总人口的70%。虽然，与1930年相比，其绝对数基本上是减少。① 但这并没有改变湖南人口地域结构即地理分布的基本格局。

近代湖南人口地域结构的相对稳定，并不意味着近代湖南人口流动或迁徙的停滞。从1840年到1949年的100多年里，湖南虽然没有如明末清初那种"湖广填四川""江西填湖南"的大规模的移民，但迁入和迁出的移民还是有不少。据王勇据《湖南氏族迁徙源流》研究统计，清代道光、咸丰、同治、光绪、宣统年间从粤、赣、闽、浙、滇、川、晋、鲁、黔、贵、鄂等省迁入湖南的为数众多，分布在全省各个州县。其中以长沙、宝庆、岳阳、怀化为多。② 民国时期的迁湘移民，主要是在抗战时期，在战争初中期尤其是1944年衡阳会战之前，湖南处于后方，因而有众多的学校、机关、企业迁入湖南，特别是湘西地区因为一直没有被日军占领，所以成为难民流入和军政机关的疏散之地（这也是湖南战时人口总数增加，战后人口剧减的原因之一）。

近代湖南人口的外迁是比较少的。大多是因为战争的原因，参加太平军或被太平军裹挟而去的有之，参加湘军转战东南各省，甚至远征至新疆、台湾且从此定居于斯的也当不在少数。但是，这些都不是湖南近代人口变迁的重要因素。其实，民国时期的另一种人口迁徙或流动是非常重要的，而且也是人口迁徙与流动的现代转型的表现，这就是从乡村

---

① 只有南县例外，南县是在咸丰、同治年间长江洪水决堤或长江倒灌洞庭湖淤积而成的"新大陆"，面积达100余平方千米。光绪二十一年（1895），设立南洲直隶厅，辛亥革命后撤厅改县，是为南县。南县人口由1930年的20万增加到1947年的28.5万，增幅达39%，就是周边县域的人口移入所致。

② 王勇：《湖南人口变迁史》，湖南人民出版社2009年版，第330—331页。

到城镇的流动，由农业人口转换为非农业人口的现象。这是与传统社会根本不同的人口迁徙和流动，反映了经济与社会转型的特征。

由于统计数据的缺乏，近代湖南乡村人口的职业构成很难得到准确的数字表达。据1936年前对各省乡村人口迁徙方向的调查，在206274人的调查人口中，由乡村迁徙到城市的占0.9%；由乡村到乡村的占1.9%。[1] 1949年中华人民共和国成立时，湖南省的非农业人口只有255.21万人，占总人口2986.69万的8.4%，农村人口占91.6%。城镇人口只有235.95万人，只占总人口的7.9%。全省只有长沙、衡阳两个建制市，人口不到50万，占全省总人口的1.5%左右；其他小城镇的人口180万，占全省人口的6.4%。[2] 但这毕竟是近代以来，特别是民国时期湖南人口变迁的积累。

在19世纪末以前，湖南基本上没有近代企业。因此乡村人口的迁徙，大多是此乡到彼乡，职业变化也不大。所谓"其迁徙之动向，大致系乡与邻乡，县与邻县，省与邻省之互迁"[3]。进入20世纪特别是民国时期，湖南工业有了一定的发展，乡村人口的迁徙，才有了新的选择即进入城市从事工业。据1935年湖南省立农民教育馆的调查，长沙县枫树坪实验区逐户职业调查，其情况如下表：[4]

表3-8　　　　　　　长沙县枫树坪实验区职业分布

项目	农	工	商	闲居	苦力	儒	政	军	道士	统计
户数	241	61	48	25	19	8	6	4	2	404
%	60	15	12	6	5	2	1.5	1	0.5	100

由表3-8可知，该乡业工者仅占总户数的15%，大多还是从事农业，枫树坪距省城长沙仅1.5公里左右，其情况尚且如此，其他远离省城

---

[1] 姜涛：《中国近代人口史》，浙江人民出版社1993年版，第361页，表13-6。
[2] 毛况生主编：《中国人口湖南分册》，中国财政经济出版社1987年版，第223页。
[3] 孙本文等编印：《湖南城市崇礼堡乡村调查》，李文海等主编：《民国时期社会调查丛编》，二编，"社会调查卷"，第804页。
[4] 湖南省立农民教育馆：《枫树坪第三实验区基本区内404户区民教育生活调查报告》，载李文海等主编《民国时期社会调查丛编》二编，"社会调查卷"，第790页。

等工业较为集中的县，情况可想而知了。据1939年对新宁县白杨乡4382名13—69岁的男子的职业调查，只有204人从事工矿业，占总人口的4.65%。①确实，湖南现代工业总体来看是不发达的，因此，直到中华人民共和国成立，湖南非农业人口的比例还是很小的。

三 近代湖南乡村人口的自然结构

人口的自然结构是指人口的性别、年龄等自然标志划分的结构系统。清以前，中国历代王朝对于人口的统计，主要是对承担赋役的男丁的统计，将妇女排斥在外。清代实行摊丁入亩以后，开始对包括女性在内的人口进行统计，但也没有区分性别、年龄等人口的自然属性。直到清末预备立宪，清政府才开始进行较为现代意义上的人口统计，这时才区分性别等因素进行统计。宣统元年至三年（1909—1911年），全国进行预备立宪的人口调查，湖南省才开始有了包括性别比例在内的人口调查。但因为武昌起义的爆发，全省只有61个州县完成调查。1909年，此61个州县统计人口共计19581503人，其中男口10867602人，女口8713901人，如果按61州县平均则每县321008人，其中男178157人，女142851人。如果将此平均数作为未完成的14州县的概数，则全省1909年的总人口数为24075615人，其中男13361800人，女10713815人。②综合此三年的全省的男女性别比如下表：

表3-9　　　　1909—1911年湖南省人口性别结构变迁表③

时间	总人口（人）	男口（人）	女口（人）	性别比（以女为100）
1909	24075615	13361800	10713815	124.7
1910	19581503	10867602	8713901	124.7
1911	23402992	13108577	10294415	127.3

---

① 湖南省立衡山乡村师范学校第125班编《新宁白杨乡社会概况调查》，载李文海等主编《民国时期社会调查丛编》二编，"乡村社会卷"，福建教育出版社2009年版，第967页。

② 参见张朋园《中国现代化的区域研究·湖南省》，台北"中央研究院"近代史研究所1983年版，第13页。

③ 据刘泱泱《近代湖南社会变迁》，湖南人民出版社1998年版，第49页列表。

可知，清末湖南人口男女性别比例大约在125.6。有民国学者对宣统年间全国人口调查统计数据进行分析，得出当时全国人口性别比例为121.8。[1]

尽管如此，在湖南地方志中，还是有一些晚清时期男女人口的统计数字，虽然不是同一年份的，区域间没有可比性，但还是可以窥见这一时期不同区域的人口性别比例。兹列表如下：

表3-10　　嘉庆、道光年间湖南州县人口男女性别比例[2]

州县	时间	总人口（人）	男口（人）	女口（人）	性别比例
汝城	嘉庆二十一年（1816）	145605	82995	62610	132.56
会同	嘉庆二十三年（1818）	100048	57894	42154	137
会同	道光六年（1826）	416000	251930	164070	152.56
蓝山	道光十年（1830）	140085	75884	64201	118.2

表3-11　　咸丰、同治年间湖南州县人口男女性别比例[3]

州县	时间	总人口（人）	男口（人）	女口（人）	性别比例
蓝山	咸丰八年（1858）	149543	81007	68536	123.04
城步	同治七年（1868）	86017	54565	31452	177
零陵	同治九年（1870）	397240	222317	174923	127
蓝山	同治九年（1870）	150669	81617	69052	118.20
攸县	同治十年（1871）	226702	137524	89178	154.20

---

① 陈长蘅：《清末民政部户口调查之新研究》，载《统计月刊》，上海黎明书局1934年版，第67—94页。但也有学者认为宣统年间人口统计太过草率，未可置信（见姜涛《中国近代人口史》，第300—301页）。

② 资料来源为：《汝城县志》编纂委员会《汝城县志》湖南出版社1997年版，第107页；《会同县志》编纂委员会：《会同县志》，生活·读书·新知三联书店1994年版，第140页；《蓝山县志》编纂委员会：《蓝山县志》，中国社会出版社1995年版，第81页。

③ 资料来源：《蓝山县志》编纂委员会《蓝山县志》，中国社会出版社1995年版，第81页；《城步县志》编纂委员会《城步县志》，湖南出版社1996年版，第78页；《零陵县志》编纂委员会《零陵县志》，中国文史出版社1992年版，第67页；《蓝山县志》编纂委员会《蓝山县志》，中国社会出版社1995年版，第81页；《攸县县志》编纂委员会《攸县县志》，中国文史出版社1990年版，第641页。

表3-12　　　　　光绪年间湖南州县人口男女性别比例①

州县	时间	总人口（人）	男口（人）	女口（人）	性别比例
湘潭	光绪十三年（1887）	817608	471039	346569	136
新宁	光绪二十一年（1995）	135993	77291	58702	132
郴县	光绪三十三年（1907）	274141	163530	110611	147.8
花垣	光绪三十四年（1908）	67310	36118	31192	115.8

上列三表，所选州县基本上是湘西、湘南地区的，相对来说男女性别比例比较高，最高达到177。这些地区大多是少数民族聚居地区，也是相对偏远的山区，一方面溺婴的陋俗比较普遍；另一方面因为经济的不发达，难以吸引外地女性嫁入，而本地女性多选择嫁往外地，因而造成本地男女比例失调。

进入民国，人口统计的方法改进，一般人口调查均区分男女，故民国时期的人口统计数据中，能比较多地反映男女人口比例。试看下表：②

表3-13　　　　　　民国时期湖南人口性别比例

时间	总人口（人）	男口（人）	女口（人）	性别比例
1912	27616708	14744672	12872036	114.5
1914	30817487	16483401	14334086	114.9
1922	30817487	16483401	12872036	114.9
1928	31501212	17550062	13951150	125.7
1929	28335031	15595919	12739112	122.4
1931	28847267	16017146	12830121	124.8
1932	30457851	16683907	13733944	121.1
1934	28514044	15807654	12706480	124.4

---

① 资料来源：《湘潭县志》编纂委员会：《湘潭县志》，湖南出版社1995年版，第103页；《新宁县志》编纂委员会：《新宁县志》，湖南出版社1995年版，第128页；《郴县县志》编纂委员会：《郴县县志》，中国社会出版社1995年版，第139页；《花垣县志》编纂委员会：《花垣县志》，生活·读书·新知三联书店1993年版，第551页。

② 此表综合《湖南省志·地理志》《中国现代化的区域研究·湖南省》、《中国人口史》第6卷相关数据整理而成。

续表

时间	总人口（人）	男口（人）	女口（人）	性别比例
1935	28294735	15560638	12734097	122.1
1936	28293735	15559638	12734097	122.2
1937	28143064	15459248	12683816	121.8
1938	27924728	15313355	12611373	121.4
1939	26490603	14398677	12091926	119.0
1940	27186730	14304595	12882135	111.0
1941	28031420	14636653	13394767	109.2
1942	28087467	14633922	13453545	108.7
1943	27132145	14104396	13027749	108.3
1946	26171117	13693880	12477237	109.7
1947	25557926	13476892	12081034	111.5
1949	29866900	15760800	14106100	111.7

从表 3－13 可以看出，与晚清相比，湖南人口的男女性别比要小得多。20 世纪 20 年代到 30 年代末期，男女性别比在 120 上下浮动，40 年代以后，则在 100—110 之间浮动，最高没有超过 111.7（1949 年）。与中部地区几个省份相比，是差不多的，见下表：[1]

表 3－14　　　　民国时期中部省份人口性别比例对照表

	1912	1928	1935	1937	1941	1943	1945	1946	1947	1948
湖南	127.3	125.8	122.1	112.1	111.0	111.0	108.6	109.8	110.7	111.6
湖北	118.3	123.9	118.8	116.5	115.1	115.1	115.1	112.7	109.2	107.6
河南	112.6	112.6	116.4	114.10	114.3	114.3	114.3	105.6	103.8	103.7
江西	126.5	124.9	—	121.34	106.9	106.9	106.1	109.9	107.7	107.9
福建	122.1	136.5	136.2	135.3	116.5	116.5	109.5	108.1	106.0	107.4
安徽	123.1	128.5	123.3	121.37	121.4	121.4	117.9	112.8	111.8	112.0
山西	135.5	137.1	133.9	130.01	130.0	130.0	130.1	121.5	120.6	121.0

[1] 杨子慧主编：《中国历代人口统计资料研究》，改革出版社 1996 年版。

这种情况说明，民国时期人们的观念得以改变，溺婴的陋俗正在逐步地消失。同时，20世纪20年代末到30年代末期，社会相对稳定，湖南区域内的内战基本上在湘鄂赣、湘赣、湘鄂西等几省交界的边远地区，性别比例基本维持在全国的平均水平，而30年代末以后，由于日本侵华战争和接踵而至的国共内战，导致男性人口的大量损失，因此男女性别比例就有所下降。[①] 当然，由于区域经济政治和社会、文化发展的不平衡，湖南人口的性别比例因地区而存在差异：

表3-15　　　　　1947年湖南人口性别比例区域差异对照表

区域	县	口数（万人）	男（万人）	女（万人）	性别比
第一区（长沙区）	长沙县	92.97	45.46	47.51	95.69
	岳阳县	41.99	22.40	19.60	114.28
	湘潭县	89.65	44.13	45.51	96.97
	浏阳县	69.10	35.68	33.41	106.79
	醴陵县	53.78	28.02	25.76	108.77
	平江县	38.34	21.36	16.98	125.80
	湘阴县	55.80	30.72	25.08	122.49
	临湘县	20.98	11.32	9.66	117.18
第二区（耒阳区）	耒阳县	44.85	24.17	20.68	116.88
	衡阳县	94.94	49.64	45.33	109.50
	衡山县	42.70	22.31	20.39	109.41
	攸县	31.70	16.76	15.94	105.14
	茶陵县	20.81	10.30	10.52	97.90
	常宁县	32.97	17.61	15.36	114.64
	安仁县	13.94	7.10	6.84	103.80
	酃县	8.13	4.14	3.99	103.76

---

① 但从科学的角度考察，其性别比仍然是不合理的，根据学术界的研究，人口性别比在102—107之间为正常，这说明民国时期湖南溺婴等不利于女性生存的陋俗还是存在的。

续表

区域	县	口数（万人）	男（万人）	女（万人）	性别比
第三区 （郴县区）	郴县	17.21	8.93	8.28	107.85
	汝城县	14.44	8.199	6.27	130.83
	桂阳县	30.49	16.05	14.44	111.15
	宜章县	17.93	9.09	8.83	102.94
	资兴县	11.78	6.19	5.59	110.73
	永兴县	22.03	11.29	10.74	105.12
	临武县	11.83	6.26	5.57	112.38
	桂东县	8.41	4.41	4.00	110.25
	蓝山县	12.99	6.62	6.37	103.92
	嘉禾县	13.05	6.73	6.31	106.65
第四区 （常德区）	常德县	57.73	30.41	27.32	111.31
	澧县	53.18	28.56	24.61	116.50
	桃源县	53.54	29.00	24.54	118.17
	石门县	32.50	17.29	15.21	113.67
	华容县	29.83	15.42	14.40	107.08
	南县	28.55	14.73	13.81	106.66
	慈利县	33.24	17.88	15.36	116.40
	安乡县	23.68	12.52	11.16	112.17
	临澧县	20.53	11.49	9.04	127.10
第五区 （益阳区）	益阳县	79.80	42.88	36.92	116.14
	湘乡县	104.23	53.04	51.19	103.61
	安化县	57.29	31.46	25.84	121.75
	汉寿县	30.93	16.18	14.75	109.70
	宁乡县	71.42	37.17	34.25	108.52
	沅江县	27.49	14.00	13.49	103.78
第六区 （邵阳区）	邵阳县	104.71	55.51	49.20	112.82
	新化县	68.28	36.60	31.69	115.49
	武冈县	80.30	42.94	37.37	114.90
	新宁县	21.34	11.35	9.99	113.61
	城步县	9.08	4.67	4.40	106.14
	隆回县	22.94	12.61	10.27	123.37

续表

区域	县	口数（万人）	男（万人）	女（万人）	性别比
第七区 （零陵区）	零陵县	38.21	20.92	17.28	121.06
	祁阳县	70.58	40.12	30.46	131.71
	宁远县	35.61	18.35	17.26	106.32
	道县	30.48	16.91	13.56	124.71
	东安县	21.13	11.31	9.82	115.17
	永明县	10.09	5.04	5.05	99.91
	江华县	18.21	9.81	8.40	116.78
	新田县	14.42	7.57	6.85	110.51
第八区 （永顺区）	永顺县	19.24	9.98	9.26	107.78
	龙山县	20.89	10.73	10.16	105.61
	大庸县	15.27	8.24	7.03	117.21
	保靖县	13.32	6.65	6.68	99.55
	桑植县	13.12	6.75	6.36	106.13
	古丈县	6.42	3.34	3.08	108.44
第九区 （沅陵区）	辰溪县	16.06	8.40	7.66	109.66
	沅陵县	36.63	19.47	17.16	113.46
	溆浦县	32.69	17.06	15.63	109.15
	凤凰县	15.44	7.82	7.62	102.62
	乾城县	9.00	4.60	4.40	104.55
	永绥县	12.22	6.28	5.94	105.72
	泸溪县	11.33	5.81	5.51	105.44
	麻阳县	13.14	6.73	6.40	105.16
第十区 （会同区）	芷江县	15.22	8.01	7.21	111.10
	会同县	18.05	9.25	8.8	105.11
	绥宁县	16.22	8.44	7.80	108.20
	黔阳县	20.33	10.21	10.12	100.89
	晃县	11.47	5.96	5.51	108.17
	靖县	7.66	4.04	3.62	111.60
	通道县	2.75	1.38	1.37	100.72
	怀化县	11.05	5.80	5.25	110.48

注：长沙市、衡阳市为省辖市，未计算在内。

从上述数据来看，民国时期各县的性别比虽然总体仍然偏高，相对晚清时期趋于正常和合理。在102—107的值域之间的，是湘西各少数民族集中的县，而汉族居住的湘北、湘南、湘中地区反而偏高。尤其是道县、祁阳、零陵、隆回、临澧、汝城、湘阴、平江等县，值域达到120以上甚至130以上，是十分不正常的。除临澧和湘阴外，其他均属山区，说明在这些地区，溺婴等妨害妇女正常生存的各种陋俗还严重地存在，导致其性别比的不正常。据民国时期对个别乡的社会调查，其男女性别比例大致也反映了这种状况，试比较衡山县师古乡和长沙县崇礼堡乡的情况：①

表3-16　衡山县师古乡和长沙县崇礼堡乡性别比对照表

地区	人口总数（人）	男数（人）	女数（人）	性别比
师古乡	7090	3821	3269	117
崇礼堡乡	2917	1438	1479	96.23

注：师古乡统计数据系1937年，崇礼堡乡系1946年。

因为两个乡调查的时间相距10年，且经历抗日战争这一人口损失巨大的时期，因此存在客观的差异。例如据崇礼堡乡的调查，这一时期该乡人口损失总数中大约有1/3是因为兵役，②这无疑是以男性为主体的。对照《1947年湖南人口性别比例区域差异对照表》可以看出，长沙县1947年的性别比为95.69，与同时期崇礼堡乡的值域相近；衡山县为109.41，较1937年的值域117有所下降，说明了抗战对湖南人口总数以及性别构成的影响。

综上所述，近代是湖南人口发展的一个重要时期，其规模从道光二十年（1840）的不到2000万，发展到1949年的将近3000万，110年间，

---

① 见孙本文等编印《湖南城市崇礼堡乡村调查》和湖南省立衡山乡村师范学校编《衡山县师古乡社会概况调查》，李文海等主编：《民国时期社会调查丛编》，二编，"社会调查卷"，第802、832页。

② 孙本文等编印：《湖南城市崇礼堡乡村调查》，载李文海等主编《民国时期社会调查丛编》二编，"社会调查卷"，第804页。

增加了近1000万（9978000人），年均增长90709人。就人口地理分布来说，主要分布在湘北洞庭湖平原、湘中、湘东等广大丘陵地带，而湘西、湘南等山区人口规模有所增加，但仍然是人口密度较小的地区。就人口的自然结构而言，随着社会的进步，传统的陋习得以逐步消除，人口性别比逐步趋向合理。

第二节　近代湖南乡村的家庭与宗族

家庭是社会的基本组织，宗族也是一种社会单位，由几个核心家庭松散地组成，都是以血缘关系为联系、以父子相承的继嗣原则上溯下延，族内有家，因此，宗族又是家庭的联合体。[①] 中国的家庭和宗族是在几千年的封建社会中形成的，并由封建的纲常伦理所维系。近代以来，伴随着欧风美雨、西学东渐，也开始了嬗变的过程。湖南乡村的家庭、宗族也发生了巨大的变化。

一　近代湖南乡村家庭变迁

家庭是以婚姻和血缘为基础的社会组织。作为社会的细胞和组成单位，家庭具有血缘和婚姻的自然关系，也具有繁衍后代、教育后代、组织和安排生产、进行社会交往和保障成员安全与利益的共同体。家庭是伴随着社会经济政治和文化的发展而发展的。人类自形成了一夫一妻制的个体家庭以后，迄今已有几千年的历史了。中国传统的家庭，因为受到小农经济和长期以来的伦理的影响，具有比较明显的特征：

一是以父系、父权、夫权为核心。父系制就是以父系为计算血缘关系的标准，所谓祖、父、子、孙等，注重父系的血缘关系；同时，"父为子纲"，父辈是家庭的家长，是家庭经济、财产和一切家庭事务的主宰，有高于其他家庭成员的种种特权，其他家庭成员对其的权威只有绝对的

---

① 宗族亦称家族，都是同宗并具有血缘关系而形成的社会组织，家族相对范围小些，血缘关系也相对近一些。本书对此不加区别。

服从；所谓夫权制，就是在夫妻关系中，丈夫具有绝对的支配地位，所谓"夫为妻纲"，并有"三从四德"为之约束，妇女处于附属地位。

二是家庭是一个基本经济单位。首先是一个生产单位，这是农业社会尤其是小农经济所决定的，家庭小农业生产和小手工业相结合，男耕女织，家庭既是生产单位也是消费单位。

三是累世同堂的大家庭结构。这样一种大家庭的结构实际上也是农业社会的产物，农耕文化安土重迁，需要聚族而居，形成势力；而中国传统的封建伦理道德也不断地强化孝道，褒扬孝子。所谓"讲究多代同居，显示家大业大，子孙发达，人多势众。富豪之家，以四世同堂、五世同堂为荣"，① 据记载，清代湖南经朝廷旌表的五世同堂的家庭共1339户。② 就家庭的平均规模来看，也是很大的。明万历年间，湖南全省户均人口为6.94人，③ 清嘉庆时也超过5.84人。④ 而个别地区则更大，清嘉庆二十一年（1816），长沙府户均6.28人，其中善化户均7.33人，宁乡户均6.96人。⑤

中国古代家庭的这种特征对于维系农业社会的伦常秩序起到过一定的积极作用，在一定程度上保证了社会的稳定和凝聚力，对于倡导孝道，保持家庭的稳定也具有积极的意义。但这种家庭是农业社会的产物，家长制的权威扼杀了家庭成员的创造性，尤其是对妇女的压制，造成了几千年的男女不平等的制度。因此，进入近代社会后，伴随着近代资本主义经济的发展，以及社会政治、文化的发展，其逐步解体是必然的。近代湖南乡村家庭也在逐步地发生着改变。

近代湖南乡村家庭变化的原因是多方面的。首先，是经济的转型和发展。鸦片战争后，外国资本主义国家开始对华进行商品输出和原料掠夺，甲午战争后又进一步进行资本输出，导致了中国农村耕与织紧密结合的自然经济逐步解体，造成了自耕农的破产而传统的土地兼并，而商

---

① 《醴陵市志》编纂委员会：《醴陵市志》，湖南人民出版社1995年版，第128页。
② 光绪《湖南通志》卷二〇一，"人物志"42，"耆寿"。光绪二十一年刊。
③ 《湖南省志地理志》（上册），湖南人民出版社1982年版，第229页。
④ 光绪《湖南通志》卷四八，"赋役户口"，光绪二十一年刊。
⑤ 光绪《湖南通志》卷四八，"赋役户口"，光绪二十一年刊。

业资本进入乡村及高利贷的盘剥，也加剧了农村经济的凋敝，农民生活的贫困化，传统大家庭难以为继，不得不分离为较小的家庭；生儿育女的成本也增加，难以抚养众多的子女。同时，近代以来资本主义工商业的发展，也为乡村人口流入城市进入工厂企业，在城市谋生、安家提供了途径，从而减少了乡村的人口，导致多子多女的大家庭逐步衰落。湖南地处内陆，现代化的进程开启的稍晚一些，但进入20世纪以后，尤其是南京政府成立后的最初10年，湖南在经济方面获得长足进步，例如在公路建设和湘潭作为南方工业基地的确立，中央电工厂、中央机器厂、中央机车厂等企业的建立，带动了湖南工业化的发展。从而使乡村劳动力进入城市，也促使乡村大家庭的瓦解。

其次，是教育的发展。近代以来，特别是20世纪初废科举、兴办新式教育以来，更多的乡村青年走进新式学堂，接受新式教育，其家庭与生育观念也发生了深刻变化，随着女学的开放，越来越多的女子也进入学校，参与到各种社会事务中去。教育改变了人们的生育观念，而经济的自立也使女子有了独立的基础，人们不再将生儿育女、儿孙满堂当作人生的完美追求和衡量女性成功的唯一标准。据调查，即使是在乡村社会，受教育程度越高，所生子女数量越少，其家庭规模也越小。民国三十七年（1948）长沙崇礼堡乡的调查表明，受教育程度越高，家庭人口规模就越少，反之则多。见下表：[1]

表3-17　　1948年长沙崇礼堡乡家庭结构与受教育程度关系表

教育程度类别	未受教育者	受私塾教育者	受小学教育者	受中学教育者	受大学教育者
人数	163	155	121	42	3
子女数	4.8	4.4	4.4	3.5	2.2

第三，是近代的思想解放运动以及政治改良和革命运动的推动。封建的家庭、家族制度是对个性的压抑，特别是对女性的桎梏，因而在近

---

[1] 孙本文等编印：《湖南城市崇礼堡乡村调查》，载李文海等主编《民国时期社会调查丛编》二编，"社会调查卷"，第803页。

代以来的思想启蒙运动和政治运动中，受到进步人士的猛烈抨击。维新运动时期，谭嗣同就对传统的家族制度进行了激烈的批判，认为包办婚姻、夫为妻纲、男子纳妾，乃是"三纲之说苦之也"①。他倡导组织"不缠足会"，在会员中提倡不缠足、不得包办子女婚姻，并支持妻子李闰成立女学会，创办《女学报》，推动了湖南及全国的妇女解放运动。辛亥革命时期，有识之士倡言家庭革命、妇女解放，《江苏》1904 年第七期发表《家庭革命论》，认为"中国今日家庭不可以不革命"，②《女子世界》也发表文章，指出"女权削弱之原因，半由亲族爱情之羁绊，半由家庭礼法社会风俗之侵淫"，所以，"欲革国命，先革家命"。③ 因此，辛亥革命前后，女子参政、参军成为一种风气，涌现了秋瑾、唐群英等一批革命家。五四运动前后，毛泽东等一批进步青年组织新民学会，创办《湘江评论》，提出"夫妇关系，完全是要以恋爱为中心，余事种种都是附庸"，必须"打破父母代办政策"，"打破媒人制度"，④"家庭，家庭！真是杀尽中国人的牢狱"，因此，"要改革社会，先非改革家庭不可"。⑤ 在 20 世纪 20 年代轰轰烈烈的湖南农民运动中，乡村"主要攻击的目标是土豪劣绅、不法地主，旁及各种宗法思想和制度"，而"束缚中国人民特别是农民的四大绳索"之一的"夫权"，也在扫荡之列。⑥

因此，近代以来，家庭发生了新的变化。据学者研究，其中最显著的变化是：一是"大多数思想开通的人都反对以往的复式大家庭制度，而赞成只包括父母与未婚子女的家庭"，⑦ 即"以夫妻及未婚子女组成之家庭增多，传统式大家庭相对减少"；⑧ 1927 年 6 月《时事新报》副刊

---

① 《谭嗣同全集》，中华书局 1958 年版，第 349 页。

② 张枬、王忍之：《辛亥革命前十年间时论选集》第一卷，下册，生活·读书·新知三联书店 1960 年版，第 833 页。

③ 张枬、王忍之：《辛亥革命前十年间时论选集》第一卷，下册，生活·读书·新知三联书店 1960 年版，第 929 页。

④ 《毛泽东早期文稿》，湖南人民出版社 1990 年版，第 439 页。

⑤ 《新民学会资料》，人民出版社 1980 年版，第 118—119 页。

⑥ 《毛泽东选集》第一卷，人民出版社 1991 年版，第 31 页。

⑦ 杨懋春：《近代中国农村社会的演变》，台湾巨流图书公司 1980 年版，第 80 页。

⑧ 朱岑楼：《中国家庭组织的演变》，载朱岑楼编《我国社会的变迁与发展》，台湾东方图书公司 1986 年版，第 255 页。

《学灯》刊出家庭调查材料,关于家庭制度,调查的问题是:"中国之大家庭有种种价值,允宜保存。"调查结果为:赞成者29%,不赞成者71%。在回答"采取小家庭制:祖父母与父母生计由子女或孙辈承担,但不同居"问题时,赞成者61.8%,不赞成者38.2%。① 可见人们的家庭观念已经发生了很大的变化;二是职业妇女增多,妇女的经济依赖减轻,家计趋向共同负担,妇女的地位也相应得到提高;三是父权制家庭趋向平权家庭,家庭成员的平等地位得以加强;四是传宗接代的观念减轻,家庭人数减少。②

考察近代湖南乡村家庭,也发生了很大的变化,主要体现在三个方面:

第一,家庭结构发生变化,传统的大家庭开始解体,出现了更多的小家庭。湖南乡村家庭人口数,在1816年为户均5.84人,按府县户均如下表:③

表3-18　嘉庆二十一年(1816)湖南分府(直隶厅、州)户均人口数

府州厅	户数(户)	口数(人)	户均人口数(人)
长沙府	691742	4348883	6.29
衡州府	368030	2333784	6.34
永州府	303937	1680052	5.52
宝庆府	299256	1672205	5.59
岳州府	303050	1782918	5.88
常德府	202562	1249996	6.17
辰州府	133093	908902	6.83
永顺府	131206	642466	4.90
沅州府	92380	595335	6.44
乾州厅	7190	35090	4.88
凤凰厅	14942	74669	5.00

① 向警予:《女子解放与发行之商榷》,《少年中国》1927年第2期。
② 参见刘泱泱《近代湖南社会变迁》,湖南人民出版社1998年版,第310页。
③ 据《湖南通志》(光绪),卷四八—四九"赋役户口"统计,光绪二十一年(1895)刊。

续表

府州厅	户数（户）	口数（人）	户均人口数（人）
永绥厅	4383	25284	5.77
晃州厅	5967	27034	4.53
郴州	187135	1024809	5.48
靖州	104474	619181	5.92
澧州	217299	1041795	4.79
桂阳州	165411	788186	4.77
合计全省	3210863	18754259	5.84

从上表可以看出，清代中后期湖南户均人口大约是6口，最高接近7口，一般在5口左右，如果扣除孤寡鳏独家庭的话，应该在5—8口之间。根据《嘉庆一统志》统计，1820年各直省户均人数为：[1]

表3-19　　　　　　1820年各直省户均人口数

地区	户均人数（人）	地区	户均人数（人）
合计	5.41	湖南	5.73
直隶	4.89	四川	3.95
江苏	—	福建	5.32
安徽	—	广东	—
山西	6.10	广西	5.81
山东	5.86	云南	5.81
河南	4.99	贵州	4.78
陕西	—	奉天	9.16
甘肃	6.59	吉林	5.07
浙江	5.41	黑龙江	5.89
江西	5.40	新疆	7.97
湖北	6.74	台湾	7.95

---

[1] 姜涛：《中国近代人口史》，浙江人民出版社1993年版，第316页。其中，甘肃不含镇西府、迪化州；福建不含台湾府；新疆为镇西府、迪化州数据；台湾为台湾府数据。

由表 3-19 可知，湖南户均人数居各直省中等水平，湖南多丘陵、山地，耕地面积有限，洞庭湖区虽为平原，但历来多自然灾害，因此，以大家庭的形式成为生产和居住单位是受到自然条件限制的。

进入近代以后，这种家庭结构发生变化，有逐步小型化的趋势，向以核心家庭和直系家庭为主体发展。[1] 晚清由于战乱频仍，户均人口统计数据缺乏，但从 1909—1911 年举行的宣统人口普查的数据，也可略窥一斑。当时湖南有 70 州县报告了户数和人口数，总计户数 3980327 户，人数 21712203 人，户均人口 5.45 人，[2] 虽然武陵、龙阳、桂阳、会同、通道、绥宁、石门、蓝山等 9 州县未报告，但大体反映了清末湖南的家庭结构。

进入民国以后，人口统计数据比较齐全，可以比较清晰地观察到家庭结构的变化状况：[3]

表 3-20　　　　　　　　民国时期湖南家庭结构变化

年份	户数（户）	人口数（人）	户均人口（人）
1912	5767467	27616708	4.79
1914	5696616	30817487	5.40
1928	6115693	31501212	5.15
1931	5532908	28847267	5.21
1936	5002125	28293735	5.66
1937	4960151	28143064	5.67
1938	5113952	27924728	5.46
1939	4426045	26490603	5.99
1940	4468598	27186730	6.08
1941	5318083	28031420	5.27
1942	5438064	28087467	5.16
1946	4778559	26171117	5.48

---

[1] 家庭一般区分为三个类型：由一对夫妇及其未婚子女组成的核心家庭；父母和一个已婚子女及其配偶、后代组成的直系或主干家庭；由父母和两个或多个已婚子女及其配偶、后代所组成的复合或联合家庭。

[2] 王勇：《湖南人口变迁史》，湖南人民出版社 2009 年版，第 126 页。

[3] 据王勇《湖南人口变迁史》，湖南人民出版社 2009 年版，第 128 页表 1-22 计算。

续表

年份	户数（户）	人口数（人）	户均人口（人）
1947	4621038	25557926	5.53
1949	8637000	29866900	3.46

从表3-20情况来看，除了1949年因为战争结束的原因，大量离湘的家庭回乡，所以户数和人口数都有较大的增加，但户均数并没有低于往年，说明战争使家庭人口遭受损失，家庭人口减少外，其余各年份均大致持平，全省户均为4.99人，较清末还是有所下降。为了了解城市地区和农村地区以及不同自然环境地区间的差异，兹作进一步比较：[①]

表3-21　　　　　　　1947年湖南城市户均人口数

地区	户数（户）	人口数（人）	户均人口数（人）
长沙市	66940	409719	6.12
衡阳市	28077	141484	5.04
全区合计	95017	551203	5.80

注：1947年湖南省仅有长沙和衡阳两个行政市建制。

表3-22　　　　　　　1947年长沙区分县户均人口数

地区	户数（户）	人口数（人）	户均人口数（人）
湘潭县	149526	896474	5.99
长沙县	157723	929666	5.89
浏阳县	144517	690958	4.78
岳阳县	95916	419895	4.38
醴陵县	75252	537840	7.15
湘阴县	111274	557969	5.01
平江县	65810	363413	5.52
临湘县	47057	209787	4.46
全区合计	846931	4626002	5.46

① 以下四表均根据王勇《湖南人口变迁史》，湖南人民出版社2009年版，第132页表1-23计算。

表 3-23　　　　　　　1947 年常德区分县户均人口数

地区	户数（户）	人口数（人）	户均人口数（人）
常德县	119112	577701	4.85
澧县	106099	531822	5.01
桃源县	98398	535387	5.44
石门县	66652	324971	4.88
华容县	63028	298318	4.73
南县	53926	285474	5.29
慈利县	41738	332429	7.96
安乡县	48714	236772	4.86
临澧县	41332	205269	4.97
全区合计	638999	3328143	5.21

表 3-24　　　　　　　1947 年永顺区分县户均人口数

地区	户数（户）	人口数（人）	户均人口数（人）
永顺县	37534	192395	5.12
龙山县	33841	208877	6.17
大庸县	29912	152689	5.10
保靖县	29950	133258	4.45
桑植县	24330	131191	5.39
古丈县	14610	64232	4.40
全区合计	170177	882642	5.19

　　从上述统计表来看，城市和乡村比较，其户均人口数要多；湘中地区比湘北多，而湘北又比湘西要多，实际上，首要的因素是经济。湘中、湘北地区比湘西地区自然条件优越，耕地资源丰富，经济条件能够承担多子多女的大家庭，而湘西地处山区，自然条件差，土地贫瘠，难以承载太多的人口。但就个体家庭来说，贫穷的家庭希望有更多的人口成为劳动力，所以，家庭收入越低，其家庭人口反而越多。1948 年长沙崇礼

堡乡的调查情况说明了这种情况:①

表 3-25   1948 年长沙崇礼堡乡家庭结构与财产关系表

每月收入	户数	户均人口数	每月收入	户数	户均人口数
5 万元以下	152	4.6	5 万—9 万	63	4.2
10 万—14 万元	42	4.0	15 万—19 万	30	3.2
20 万元以上	11	2.1			

其次,风俗习惯的变化是缓慢的,醴陵习俗"讲究多代同居,显示家大业大,子孙发达,人多势众。富豪之家,以四世同堂、五世同堂为荣"②,故其户均人口达 7.15 人；慈利更达到 7.96 人。但总的趋势是 8 口以上的大家庭在乡村正在消逝之中。据民国时期乡村调查,兹将衡山县师古乡和新宁县白杨乡的家庭人口调查情况列表如下:③

表 3-26   衡山县师古乡 1936 年家庭结构大小表

每家人口数	家数（家）	共有人口数（人）	家数百分比（%）
1—4	791	2358	53.23
5—8	593	3603	39.90
9—12	80	789	5.38
13—16	16	223	1.07
17—20	5	94	0.34
21—24	1	23	0.08
总计	1486	7090	100

衡山县师古乡户均人口 4 口以下的占到了 53.23%,5—8 口的占

---

① 孙本文等编印:《湖南城市崇礼堡乡村调查》,载李文海等主编《民国时期社会调查丛编》二编,"社会调查卷",第 803 页。
② 《醴陵市志》编纂委员会:《醴陵市志》,湖南人民出版社 1995 年版,第 128 页。
③ 湖南省立衡山乡村师范学校第 125 班编:《新宁白杨乡社会概况调查》、湖南省立衡山乡村师范学校编:《衡山县师古乡社会概况调查》,载李文海等主编《民国时期社会调查丛编》二编,"乡村社会卷",福建教育出版社 2009 年版,第 959、835 页。

39.9%，而9口以上的所谓大家庭只有82户，占6.87%。新宁县白杨乡的情况也差不多：

表3-27　新宁县白杨乡1939年各保户数、人口数及户均人口数

保别	户数（户）	人口数（人）	户均人口数（人）
第1保	119	717	6.01
第2保	166	744	4.45
第3保	133	593	4.43
第4保	108	609	5.62
第5保	165	802	4.84
第6保	100	559	5.57
第7保	148	671	4.52
第8保	95	425	4.39
第9保	129	539	4.17
第10保	97	597	6.14
第11保	74	289	3.90
第12保	88	412	4.66
第13保	98	510	5.19
第14保	71	381	5.35
第15保	66	382	5.77
第16保	77	388	5.03
第17保	96	493	5.12
第18保	96	432	4.50
第19保	144	590	4.08
第20保	68	305	4.47
第21保	147	786	5.20
第22保	136	711	5.21
第23保	87	414	4.85
第24保	83	487	5.85
第25保	77	386	5.00
合计	2568	—	4.96

全乡2568户，各保最高户均6.14人，最低3.90人，平均为4.96

人,其家庭人口结构规模也是不大的。

时隔10年,1948年长沙崇礼堡乡的调查情况说明,其发展趋势更为明显。该乡总计486户,其家庭人口数如下表:①

表3-28　　　　　长沙崇礼堡乡1948年家庭结构大小表

每家人口数（人）	家数（户）	共有人口数（人）	家数百分比（%）
1—4	172	467	35.37
5—8	244	1511	50.19
9—12	35	369	7.21
13—16	20	281	4.12
17—20	11	201	2.26
21—24	4	88	0.85
总计	486	2917	100

据上表,4口以内的家庭占到了三分之一多,8口以内的占50.19%;8口以上的仅占14.44%,而其户均人口数则为6.00人。

由此可见,民国时期湖南户均4.99人的家庭结构的确反映了传统大家庭在逐步地消解。

第二,作为生产单位的家庭功能逐步消解。在传统中国社会,家庭是主要的生产和消费单位,一方面由于男耕女织的自然经济决定了男女在家庭中的各自经济角色,是一种互补型的经济关系;另一方面,以小农业为主体的个体农业经济结构,经济基础薄弱,难以抵御不可预测的天灾人祸,大家庭便成了"抱团取暖"的避风港。晚清外国资本主义的商品倾销和原料掠夺,农业卷入世界经济体系的旋涡,逐步瓦解了乡村自然经济,男耕女织的家庭经济结构解体,作为生产单位的家庭已经难以依靠全家的劳动来保持自给自足的地位,而是需要通过社会的劳动和市场的交换来获取生产和生活的资料,生产功能渐渐从家庭中分离,据晃县民国二十三年(1934)统计,全县13594个农业家庭,保持自给自

---

① 孙本文等编印:《湖南城市崇礼堡乡村调查》,载李文海等主编《民国时期社会调查丛编》二编,"社会调查卷",第803页。

足生产功能的有818个,占6%;退到辅助地位的9036个,占66%;已趋消失的2264个,占17%。① 湖南省立衡山乡村师范学校1936年对衡山县师古乡的男女劳动力进行了职业调查,其结果列表如下:②

表3-29　　　　　衡山县师古乡男性劳动力职业列表

主业	副业	人数（人）	百分比（%）
农业	铁匠、砍柴、米贩、木匠等	1473	57.88
工匠（手艺人）	农、短工、小贩、脚夫等	481	18.90
粗工	土工、木工、短工、小贩等	212	8.33
商	脚夫、杂货铺经理、砍柴、织布等		4.40
学（学生、教员、小学校长等）	家事、拾柴、保长、中医等	65	2.53
医	农	9	0.35
军		31	1.22
警		1	0.04
政		4	0.16
其他（年老、道士、乞丐、算命等）		157	6.17
合计		2545	100

从以上情况可以看到,师古乡2545个13岁以上的男性劳动力,以农为主业的仅占57.88%,说明作为传统家庭主业的"耕"已经成不了乡村家庭的支柱了,即使如此,也需兼任其他副业。但无论主业为何,均需有其他副业兼之才能生存。

下面将该乡2168名13岁以上的女性职业情况表列如下:③

---

① 《新晃县志》编纂委员会:《新晃县志》,生活·读书·新知三联书店1993年版,第744页。

② 湖南省立衡山乡村师范学校编:《衡山县师古乡社会概况调查》,载李文海等主编《民国时期社会调查丛编》二编,"乡村社会卷",福建教育出版社2009年版,第840—847页。

③ 湖南省立衡山乡村师范学校编:《衡山县师古乡社会概况调查》,载李文海等主编《民国时期社会调查丛编》二编,"乡村社会卷",福建教育出版社2009年版,第847—849页。

表 3-30　　　　　　衡山县师古乡女性劳动力职业列表

主业	副业	人数（人）	百分比（%）
家务	纺织、编草鞋、缝纫、织席等①	1735	80.03
工匠（纺织、缝纫、织席、织洋袜、织布）②	家务、编草鞋等	214	9.87
粗工（编草鞋、佣工、砍柴、种菜等）	家务、纺织、织席、短工等	45	2.12
商（小贩、布贩、饭店经理等）	洗衣等	5	0.23
学（学生、教师）		15	0.78
农	编草鞋、家务	2	0.09
其他（年老、无职业、赋闲、乞丐等）		150	6.92
合计		2168	100

从上表可以看出，作为传统耕织相结合的家庭手工业的"织"，是妇女的主业，但此时无论是把织当成主业还是副业的妇女，只有496人了（其中作为主业的151人，作为副业的345人），占全部职业妇女的22.88%。

师古乡只是民国时期湖南乡村社会的一个缩影。伴随着商品经济的发展，乡村家庭也发生着深刻的变化，家庭已经不再是一个自给自足的经济单位，从而也在经济上解构了传统家庭。

第三，以父系为中心的家庭权威正在消逝，家庭成员有了更多的平等自主的权利。特别是女性家庭成员获得更多的权益，妇女的地位得以提高。维系以父系为中心的传统家庭，一是经济上男子是主要的经济支柱；二是传统的伦理道德即三纲五常的严格钳制。近代以来，这两方面的因素都遭遇了严重的挑战，使之得以逐步瓦解。关于经济方面，城市和乡村，富裕家庭和贫困家庭还是有所区别的。毛泽东在《湖南农民运

---

① 其中纺织345人；编草鞋92人；缝纫73人；织席56人；其他均在10人以下。
② 其中纺织151人；缝纫39人；织布21人；织洋袜2人；织布1人。

动考察报告》中描述了乡村中贫者家庭和富裕家庭的区别:"夫权这种东西,自来在贫农中就比较地弱一点,因为经济上贫农妇女不能不较富有阶级的女子多参加劳动,所以她们取得对于家事的发言权以至决定权的是比较多些。至近年,农村经济益发破产,男子控制女子的基本条件,业已破坏了。最近农民运动一起,许多地方,妇女跟着组织了乡村女界联合会,妇女抬头的机会已到,夫权便一天天地动摇起来。"① 毛泽东实际上说明了夫权瓦解的经济和文化的前提。乡村妇女因为经济上并不完全依赖父系家庭成员特别是丈夫,因此她在家中的地位自然要高一些。晚清以来,自然经济的解体,土地的高度集中,自耕农、佃农都难以依靠土地的收入来维持家庭,因而家庭女性成员也不得不从事劳动甚至主要的劳动来维持家庭,自然而然地在经济上获得了地位。特别是近代工业和其他行业的发展,使女性能够获得独立的工作,提高经济上的独立能力。即使是丈夫外出从事非农业的工作,留在乡村的妇女需要独立承担家庭的土地耕种、子女抚养,也因此而获得经济上较大的自主权,也就获得了较大的发言权。

束缚家庭其他成员特别是女性成员的更多的是封建的纲常伦理及受其制约而千百年来形成的习俗,这是需要随着经济、文化、教育的发展而逐步消除的。晚清以来的思想启蒙运动、政治改良与革命运动,冲击封建的纲常伦理和封建陋习,民国的成立,在政治上规定了男女的平等地位,这就逐步地解构了以父系为核心的家庭制度。曾著《中国家庭组织的演变》的台湾地区学者朱岑楼在 1977 年做过一次问卷调查,就近 60 年来中国家庭发生的重大变迁征求答案,整理出《近六十年我国家庭的重大变迁》,其中关于家庭关系的变化有如下几项:②

(1) 职业妇女增多,妻之经济依赖减轻,家计趋于共同负担;

(2) 传统家庭伦理式微,祖先崇拜不似过去之受重视;

(3) 传统孝道日趋淡薄,家庭非若以往以父母为中心,而趋向于以子女为中心;

---

① 《毛泽东选集》第一卷,人民出版社 1991 年版,第 32 页。
② 转引自刘泱泱《近代湖南社会变迁》,湖南人民出版社 1998 年版,第 310 页。

(4) 教养子女方式由以往之严格控制, 转向尊重子女人格独特发展;

(5) 男女趋向平等。

或许这些变化较多地反映了调查时的20世纪60—70年代的变化, 但是这样的变化乃是晚清以来社会经济、政治、文化、教育的发展以及随之而来的观念、意识的变化使然。

二 近代湖南乡村的宗族变迁

宗族或曰家族, 是基于血缘关系而形成的社会组织, 是家庭的进一步延伸和发展, 即是同一祖宗的子孙家庭以血缘关系为纽带而结合成的社会组织。"积家以成族", 宗族是在家庭的基础上形成的, 是农耕社会的产物。农业生产需要定居, 有稳定的聚落, 需要形成一定的力量才能够应对自然灾害, 而以血缘关系为基础的宗族是天然的组织形式。同时, 古代社会交通闭塞, 人们安土重迁, 聚族而居的自然是有血缘关系的宗族。为了更好地理解宗族的结构, 下列图系本宗九族世系示意图:[①]

				高祖父母				
			曾祖姑	曾祖父母	曾叔伯祖母			
		族祖姑	祖姑	祖父母	叔伯祖父母	族叔伯祖父母		
	族姑	堂姑	姑	父母	叔伯父母	堂叔伯父母	族叔伯父母	
族姊妹	再从姊妹	堂姊妹	姊妹	己身	兄弟及妻	堂兄弟及妻	再从兄弟及妻	族兄弟及妻
	再从侄女	堂侄女	侄女	子及妇	侄及妇	堂侄及妇	再从侄及妇	
		堂侄孙女	侄孙女	孙及妇	侄孙及妇	堂孙及妇		

图 3-1 本宗九族世系示意图

---

① 据《清律例》, 二, 《丧服图》编制。

由图3-1可知，所谓宗族乃是以父系为世系，以己身为基准，上溯至四代、下沿至四代的血缘关系组织。这是一个庞大而由按血缘远近排序的群体，一般来说，由始祖的嫡长子一系递承下来的称为大宗，嫡长子以下诸子的世系称为小宗。到清代，由于支系繁衍增多，已经不再讲究大、小宗，但各宗支长房长孙在家族中仍然享有继承、荫封、祭祀等方面的特权。宗族内部有严密的组织结构，建有祠堂（宗祠）、有族田、设族长、修族谱、立族规，对家族成员进行管理。在清代，宗族也是政府管理乡村社会的准基层组织，其保甲制度大多也以宗族组织为基础。

历史上湖南宗族势力强大，因为相比中原地区来说，特别是自晋至宋，南方世家大族较少受到战乱和改朝换代的毁灭性打击。由于明末清初的人口迁徙，湖南有很多家族由江西迁来，经过近两百年的发展，形成了强大的势力。即使到了20世纪20年代末，宗族势力也非常强大，1928年，毛泽东在描述湘赣边界的宗族势力时说：

> 社会组织是普遍地以一姓为单位的家族组织。党在村落中的组织，因居住关系，许多是一姓的党员为一个支部，支部会议简直同时就是家族会议。①

这种宗族势力庞大的现象，在湖南比较普遍：

> 湖南生息日久，人民聚族而居者，动历数十世，至数千户。如长沙之郑、李、周、曹四大姓，善化之皮、黄、张、郭四大姓，皆有丁数千至万余不等。安化风乐龙氏，自宋时徙居，今已二十四代，计万余丁；又李氏，宋乾祐时徙居，今历二十六代，丁三万余。邵阳之太平曾氏、尹氏，三溪之周氏，聚族于斯，绵亘二三十里无杂姓。他邑类此者甚繁，不胜枚举。②

---

① 《毛泽东选集》第一卷，人民出版社1991年版，第73页。
② 《湖南民情风俗报告书》，湖南教育出版社2010年版。

湖南宗族的组织结构或曰外部形态非常完备。[①]其族长、祠堂、族田、族谱、族规均设置完备，是比较典型的宗族组织样本。

族长是宗族的首领，是族权的体现者，也是本宗族利益的代言人，一般由族内年高德劭的长者担任。"凡族长必须年高、有德、正直、公平、品行足以服众者为之"[②]，中湘甘氏宗族也规定："族中立族长一人，族正二人，管理全族事务，由全族择廉能公正人望素孚者充任。"[③]族长的权力和职责一般包括：主持祭祀、执行族规、组织纂修族谱以及管理族内其他事务。祭祀是凝聚宗族人心，强化族人血缘意识，加强族人归属感的仪式，也是宗族存在的重要外在表现。祭祀活动每年举行多次，视各宗族情形而定。衡山县师古乡宗族祭祀，总祠多系三年举行大祭一次，约在阴历十月间。分祠则每年举行一次，在清明节或在十月间，私祠则每年多举行两次，以祖宗之诞辰与忌辰为期。[④]但清明节祭祖却是湖南宗族共同的祭祀习俗。大约程序是：是日，族人集于所属之祠堂，举行祭祖，并备酒食聚餐，餐后携带祭品同至祖坟挂扫（用白、蓝、红色的钱纸挂在插入坟上的棍子上），祭祀费用由祠堂公费中支出。[⑤]

对违反族规的族人施以族法，是族长的职责。轻者一般是体罚，也就是打板子，重者拘禁于祠堂班房，不得自由，或五天或十天，也有时至两个月之久的，伙食由祠堂供给；情节较重者，也有被祠堂革出永不许入社与祭，并竖立石碑，以示警诫。严重者送官府治罪。[⑥]

修族谱是祠堂的大事，由族长主持。但修纂年限则视祠堂的经费情

[①] 谭件国：《近代湖南宗族研究》，硕士学位论文，湖南师范大学，2007年。该文对于湖南宗族的外部形态描述比较全面。

[②] 清光绪《衡阳彭氏族谱》，卷三，彭氏家规。

[③] 《中湘甘氏族谱》，卷六，族范。

[④] 湖南省立衡山乡村师范学校编：《衡山县师古乡社会概况调查》，载李文海等主编《民国时期社会调查丛编》二编，"乡村社会卷"，福建教育出版社2009年版，第905页。

[⑤] 湖南省立衡山乡村师范学校编：《衡山县师古乡社会概况调查》、湖南省立衡山乡村师范学校第125班编：《新宁白杨乡社会概况调查》，载李文海等主编《民国时期社会调查丛编》二编，"乡村社会卷"，福建教育出版社2009年版，第924、979页。

[⑥] 湖南省立衡山乡村师范学校编：《衡山县师古乡社会概况调查》、湖南省立衡山乡村师范学校第125班编：《新宁白杨乡社会概况调查》，载李文海等主编《民国时期社会调查丛编》二编，"乡村社会卷"，福建教育出版社2009年版，第906、982页。

况而定。有二三十年重修一次的，有七八十年重修一次的，也有废弛不修的。一般是由官宦人家或族中经商发财的族人发起并支付主要经费。如湘潭易氏宗族于乾隆三十四年（1769）年初修族谱时，曾有 7 个房份 36 人捐款，最多的达银 4 两，最少的仅 5 钱，大多数为 1—2 两。① 湘乡李氏宗族（李续宾、李续宜族谱）纂修时，因为"修谱经费浩大"然族中"贫户多，富户少"，因此倡议"凡享祖宗福泽厚者，即应重捐以为之倡，某谨捐养廉银五百两；璞阶捐银二百两；愈勋捐银一百两，而我三家丁费仍不在内。凡我房族各家拟请公议分为三等：头等身家每丁捐钱三百文；二等身家每丁捐钱二百文；三等身家每丁捐钱一百文。其系头二等身家者，捐项应皆缴齐并应择其银钱宽裕之家酌量额为劝捐；其系三等身家者，苦情难以言喻，须随本人之意愿缴捐则不必禁，或不能缴捐则亦不可逼取"②。族谱中对捐款人名及捐资数额均加载，以示表彰。

族长对于宗族内部重大事务及族人关系负有处理和协调之责，如婚嫁、立嗣、分家、财产继承等，族长需做裁判和公证，如有分歧，需做出调停，避免纷争。即使族中有诉讼之事，族人也不得私自告官，必须先鸣族。若有族人违背，轻者申斥，重者罚银充公。

此外，族长还代表宗族处理对外事务，以保护本族的利益和荣誉。

祠堂是宗族的祖先崇拜场所，也是宗族的精神象征，供奉着祖先的牌位。祭祀、聚议族内事务、执行族规等，均在祠堂进行。湖南宗族祠堂一般分为宗祠、支祠、私祠和家庙四种。③ 宗祠又称总祠，是合同姓各派建立的祠堂，为祭祀始祖之所；支祠为始祖以下，各支派分别建立的祠堂，为各派祭祀各派支祖之所，故亦成为"分祠"；私祠为支祠下各房分别专立之祠堂，如某某公祠，故又称为公祠。至于家庙，是清代的制度，家中先祖有做官者，为他修建祠堂，称为家庙，含有光宗耀祖的意义。如果没有做官而修建祠堂，则只能称为公祠，不能叫家庙。

祠堂的修建，先由族中几人发起召集全族人或各房代表会议，通过

---

① 《湘潭易氏四修支谱》，卷一二杂记，第 14 页。
② 湖南名人家谱丛刊：《李报本堂族谱》，卷首甲，《续修族谱纪略》，第 147—148 页，全国图书馆文献缩微复制中心。
③ 也有将家庙纳入私祠类的。

后推举老成而有族望的几人为"督修首士",讨论计划并建筑等事项。至于经费,一般来源三个方面:一是由祖宗遗产之税租而来,祠堂有田产者即其每年之租谷收入;二是由各派或各房之募捐而来,募捐按田亩和人口为标准,当然也有乐捐;三是由入主的进款而来。所谓入主,就是族内子孙将祖父母或父母的神主置于祠内的神龛,入主必须缴纳一定的费用。

祠堂的管理人,由族内各派各房推举,多系老诚公正而富有族望之人担任,称为"经首",定额一般为2人或4人,依派或房分配之,其职责为经理祠租、筹备祭祀等,任期一般为三年,不得连任。移交时需将收入支出款项的数目,一一公布。

祠堂的数量,视当地宗族的多寡,也反映当地的经济状况和人文风气。"衡(山)民一姓一公祠。祠,始祖也,岁一祭之。其祠多在城邑……公祠外有支祠,有家祠。支祠一姓,或数所,或十余所,皆在乡,不在邑。"① 茶陵"一姓分建宗祠有至数所者"②,江华"凡族姓之繁衍者建有祠堂,清明合族公祭祖宗,无祠者祭于寝"③,凤凰"立祠以祭,惟族众者有之"。④ 据民国二十五年(1936)调查,衡山县师古乡有祠堂33处,以旷氏、赵氏最多,罗氏、苏氏次之。⑤ 而据民国二十八年(1939)新宁县白杨乡的调查,该乡则有15处祠堂。⑥

湖南祠堂的建筑格式,各地大致相同,唯房间因祠堂的大小不同而

---

① 丁世良、赵放主编:《中国地方志民俗资料汇编》,中南卷,上册,北京图书馆出版社1991年版,第549页。
② 湖南省茶陵县地方志编纂委员会编:《茶陵县志》,中国文史出版社1993年版,第671页。
③ 丁世良、赵放主编:《中国地方志民俗资料汇编》,中南卷,上册,北京图书馆出版社1991年版,第573页。
④ 丁世良、赵放主编:《中国地方志民俗资料汇编》,中南卷,上册,北京图书馆出版社1991年版,第632页。
⑤ 湖南省立衡山乡村师范学校编:《衡山县师古乡社会概况调查》,载李文海等主编《民国时期社会调查丛编》二编,"乡村社会卷",福建教育出版社2009年版,第904页。
⑥ 湖南省立衡山乡村师范学校第125班编:《新宁白杨乡社会概况调查》,载李文海等主编《民国时期社会调查丛编》二编,"乡村社会卷",福建教育出版社2009年版,第982页。

有多寡。衡山县师古乡的祠堂，房间最多者有20多间，最少者五六间。①兹将师古乡一般祠堂格式图示如下：②

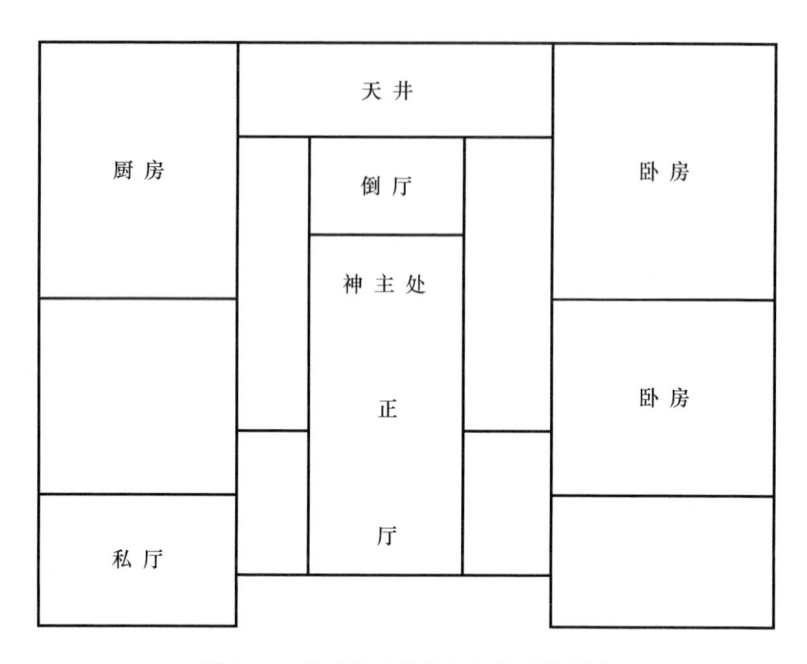

```
┌─────────┬─────────────────┬─────────┐
│         │      天 井      │         │
│         ├─────────────────┤         │
│  厨 房  │      倒 厅      │  卧 房  │
│         ├─────────────────┤         │
│         │                 │         │
│         │     神主处      │         │
├─────────┤                 ├─────────┤
│         │                 │         │
│         │      正         │  卧 房  │
│         │                 │         │
│         │      厅         │         │
├─────────┤                 ├─────────┤
│  私 厅  │                 │         │
└─────────┴─────────────────┴─────────┘
```

图 3-2　湖南衡山县师古乡祠堂结构图

宗族一般有族田、族产，族田又称祭田、义田、学田。族田之收入与宗族所开办之店铺、作坊则为族产。族产是维系宗族活动的经济基础，主要用来举办宗族活动和公益事业，如祭祀、修谱、救济、办学、助学、设置茶亭、架桥修路及其他公益活动。据民国二十五年（1936）衡山县师古乡调查，该乡33处祠堂共有族田2000余亩，占该乡10376亩土地的20%。③族田一般由族中品行端正、公正廉洁、有才有识的族人负责管

---

① 湖南省立衡山乡村师范学校编：《衡山县师古乡社会概况调查》，载李文海等主编《民国时期社会调查丛编》二编，"乡村社会卷"，福建教育出版社2009年版，第904页。
② 湖南省立衡山乡村师范学校编：《衡山县师古乡社会概况调查》，载李文海等主编《民国时期社会调查丛编》二编，"乡村社会卷"，福建教育出版社2009年版，第904页。
③ 湖南省立衡山乡村师范学校编：《衡山县师古乡社会概况调查》，载李文海等主编《民国时期社会调查丛编》二编，"乡村社会卷"，福建教育出版社2009年版，第859页。

理，如衡阳何隆彭氏宗族规定："义学田租等项由合族公同，于大公经管中举一正直、明白、晓事之人经管塾中一切出入，谷米银钱数目登载簿子，开列旧存新收、开除实存，四柱明晰。"① 也有由宗族内不同房分之间轮流管理的形式，如浏阳俞氏宗族，"轮举两房各一人值年，一人管租谷银钱出入，一人管契据权限"，"一年一交，不得连管二年"。② 至于族田的经营方式，都是采取租佃制，租谷归宗祠所有。各个地区对佃户要求不一，有的只租给本族人耕种，有的则禁止本族人租种。③

族谱是维系宗族血缘关系的主要纽带，是溯族源、明世系、别亲疏的主要依据。族谱的主要内容包括宗族源流、族人世系和血缘关系图表、家族法规、家训家范、祠堂、祖坟、族产等。族谱的收藏与保管要求也非常严格，族谱一般藏于精制的专用木匣中，安放在家中祖先牌位之后的神龛中，不能随意摆放，更不能私自涂改，如污损、遗失、霉变、虫蛀，藏谱人则要依族规予以惩处。如湘潭陈氏家规就规定："凡领谱者宜各什袭藏之，慎勿菇借。即被水火之灾，亦须急为搬出，以谱之重，无异于契券也。……议定三年一会，公同勘验，若有污秽、添改、散遗、鼠啮及以箱作别用者，重行责罚。"④ 浏阳何氏宗族规定：族谱，"五年带祠一验。倘有油污、墨迹、鼠侵、虫伤以及霉朽、私行出借、遗失、擅

---

① 衡阳何隆《彭氏族谱》，卷四，义塾条规。
② 浏阳《俞怀锡堂家谱》，卷八，管理公庄条规。
③ 族田出佃，一般而言，实行本族优先的原则，所收租额也相对较低。当然，也有一些数宗族规定族田只准出佃给他族耕种。如中湘甘氏宗族"合族公议，祠田、公屋、墓庐只可佃赁外姓，不许本家佃耕住居"。见谭伴国《近代湖南宗族研究》（硕士学位论文，湖南师范大学，2007年）。《武陵郭氏公定规约》规定："公产系统动产、不动产而言，其管理方法分公管、分管两种。"公管"应由理事三人以上之建议，交会通过，并送监事会考核决定之"。"分管，由理事会择任人选指派之。其人数多寡，视事项之繁简而定，但不得每房指派一人形成，名为公有，实已照股分配，此为败坏公款之起因。决定人数时须慎之。分管动产人须于每年冬至节，将经管金额本息收齐，随同账目交给理事会转交监事会，查算无讹后，再续行领管。购备用品、物资，经手人之账目，须于事竣时将账交理事会核算后，并送监事会审计核销。上项账目之经手人，如查出确有讹混、浮报、浪支等情弊，监事会得提出弹劾，交由理事会责命赔偿。如系蓄意舞弊，除斥退不准再管外，并处以罚金。其罚金数，依犯情之轻重酌定之。"（《武陵郭氏公定规约》，载费成康主编《中国的家法族规》，上海社会科学院出版社1998年版，附录）
④ 宣统《湘潭白沙陈氏支谱》，卷首，家规。

自纪录添涂，从重处罚，归公示儆。"①《武陵郭氏公定规约》规定："族谱是我族一脉，自始祖而下，继继承承之总记载。品其庄严尊重，自应殊于他种书籍。承领人须于每年六月曝晒一次，以免虫蠹。谱内人所必看之各种（如公定规约、字派、茔山图等），均已刊发副本随发，俾便流览，以免多次翻谱，发生下列之各项：暗自涂改者罚。欠缺不完者罚。油污墨染者罚。茶水浸漫者罚。壳页发现撕扯破痕者罚。其他不如前完整之各状者罚。上列各项，承领人须慎防。倘不幸发生，应迅赴族理事长报明。如有相胥隐讳而经查觉，处罚加一等。"②

族规是族谱的一部分，又称族约、祠约、家规、家法、家训、祖训等。它是规范宗族人们的行为的标准，是所有宗族成员共同遵守的各种行为规范和规章制度的总称，是建立在封建伦理道德和宗法制度基础之上，借助族长等宗族权威，强制族众遵守的各类约束规范，是宗族的法典。其基本内容包括各种纲常伦理规范、宗族治家训条等。此外，族规还有劝谕族人遵守官府法律的规定，有的族规为了取得权威性，还呈送县令予以批示。族规在规范族人道德行为方面以及维护封建统治秩序上，有着重要的作用。但它扼杀族人的独立意识，尤其对妇女的桎梏，是具有严重的消极作用的。

附：《湘阴狄氏家规》（咸丰九年，1859年）③

一、钱粮为天庚正供，自应踊跃输将，年清年款。如有拖欠把持，除饬令完纳外，带祠重惩，以免效尤。

二、祠宇以妥先灵，自应打扫洁净。凡家用器具，不得混置，致干亵渎。违者带祠扑责。

三、父母之恩，昊天罔极。如有忤逆不孝者，送官严惩，决不宽贷。

---

① 光绪浏阳《何氏四修族谱》，卷一，家规。
② 《武陵郭氏公定规约》，载费成康主编《中国的家法族规》，上海社会科学院出版社1998年版，附录。
③ 《湘阴狄氏家规》，载费成康主编《中国的家法族规》，上海社会科学院出版社1998年版，附录。

四、祖墓为体魄所藏，务当不时修理。倘不肖子孙悄窃树木、戕毁坟茔者，送惩不贷。

五、窝窃分赃，显干国法。犯此者除将屋宇撤毁外，带祠重惩。子弟犯盗者同。

六、博弈、饮酒，不务正业，败家之道，恒必由之。犯此者带祠重责。

七、入孝出弟，弟子宜然，属在梓桑，尤当恭敬。倘不肖子弟出言无状、冒渎尊长者，带祠扑责。

八、榆社梓乡，无非亲友。凡遇事端，自应从中解释，不得播弄是非。倘有不肖子弟，惯唆惯怂，滋扰乡邻，一经家长闻知，带祠立予重惩。

九、百善先孝，万恶首淫。如有灭纪乱伦、行同禽兽者，送官严惩不贷。

十、祀田公积，原为时祭所需。承领之人务宜尽心管理，不得任意报销。如有侵吞，除勒令赔还外，仍加重惩，以警将来。

十一、纵容子弟，不严约束，行凶帮恶，置若罔闻，一经犯事，势必连累族人，惹出无穷烦恼。犯此者除将子弟重惩外，并罚其父兄之教不先。

十二、祠内经管董事，必择老成谨厚之人，方可公同推举。如有不在公举之列争充入场者，除带祠扑责外，永不许干预公事。

十三、日出而作，日入而息，农家恒情也。倘不肖子弟无故黑夜游行，大恐别生事故，犯此者带祠扑责。

十四、夫妇为人伦之首，婚嫁尤必以时。如有嫌贫爱富，勒女旷夫；借故生端，逼子退媳，虽村妇之无知，为人伦之大变。犯此者，用家法惩其夫主家不正。

十五、强掘强牵，不守本分，恃强凌弱，饰智欺愚，一味横行，扰害乡里，犯此者带祠立予重惩。

十六、服毒坐拚，有干例禁。常有假意服毒，为诈索之谋，解毒稍迟，遂至不可救药。被索者遭害，往索者丧身，两败俱伤，殊堪恸恨。犯者送官重惩不贷。

《武陵郭氏公定规约》（节录，民国三十六年，1947年）①

第二章　严罚则

本约为补足政府法令所不及，特规定罚则如下：

关于伦纪之紊乱部分。

甲、子对亲生父母有语言忤逆、使其父母不能容忍而投诉到族者，责其子跪求宽宥，誓不再犯。

乙、因语言过激，其父母将欲杖之，其子抗拒不逃而反肆口谩骂者，处体刑五十。

丙、抗拒其父母而演成对斗之形势者，处体刑一百。

丁、对嫡母、继母而演出上项行为，处减一等。对伯叔及庶母减二等。

戊、媳对翁姑之泼形，发现与乙项、丙项相类似，处荆刑五十。其夫闻知而不立加制止者，并罪其夫。发现与甲项、丁项相类似，责令跪求宽宥，誓不再犯。

己、弟对兄因口角相争演成对斗，致其兄鳞伤血浃者，处依丙项减三等。

前项对斗，如其起因，兄实有占强阿私之隐匿，处其兄工役五日，责令跪即龛前，誓不再犯。

庚、夫对妻因口角相争而演成凶斗，其妻鳞伤血浃而奔诉到族，处其夫工役十日，责令跪叩龛前，誓不再犯。

前项行为之起因，如其妻实有使泼逞凶、令人难忍之状态，但责其夫跪叩誓戒，免处工役。

辛、妻对夫应守贞顺而从之常道。如有不守妇道，动辄使泼谩骂以凌其夫，使其夫不能忍受而奔诉到族者，处荆刑二十。

前项使泼之行为，如持有伤人武器，无论其夫受伤与否，均援戊项处办。

---

① 《武陵郭氏公定规约》，载费成康主编《中国的家法族规》，上海社会科学院出版社1998年版，附录。

壬、卑对尊因什物之争执而演成斗殴，其尊属有伤可验，五服以内之卑属处体刑二十五，服以外者处工役十日，并应跪即龛前，誓不再犯。

上列各项被处之人，如有再犯处，较初次加百分之五十。

又因血统关系，且其尊属原有杖之之心，故沿用体刑，然亦蒲鞭，以示辱而已。

本约定为五等折算，如处一百，减一等，即为八十。工役由理事会用为蒲茸祠基，整理附近道路。力不胜任时，得缴代役金。

关于风化之败坏部分

子弟因人格堕落而发现窃人财物之罪形，或伙人窃盗，甚之藏匿窃犯于私室，经查询认实者，处体刑一百或送官究惩。

上项恶形之发现，如系经人捉获或窃犯口供，其家属应自动呈请严惩。

子弟因不勤事业而发现赌博财物，与类似赌博之恶形，或聚会赌徒于室，以图牟利，经查询认实者，处工役二十日，并押游一境示戒。

上项恶形之发现，如系机关拿获或被人指控时，其家属应自动呈请究办。

子弟因不谨行检而发现姘识他人妇女，或诱藏他人妇女于暗地，如经对方家属拿获或指名控诉时，我方家属应自动呈请究惩。

前三项送惩与呈诉之文件，理事长均应署名。

子弟有不务正业、恒日游荡惯行、参人赌场夥类、玩视伦纪、专作一切违反政令之行为者，理事会应提出警告制止。制止不道，得由理事长传唤宗祠、宣示其行为后，处一月以上之工役，或径送充兵役。

宗族制度作为中国封建社会的一项重要而独特的制度，在漫长的封建社会中,具有祭祀、教化、抚恤、奖励以及惩戒的社会功能。① 同时,在维护乡村社会秩序方面,可以作为一种基层政权的补充,特别是晚清以来,它与保甲制度互为补充,强化了乡村的社会控制,所谓"保甲为经,宗族为纬。一经一纬,参稽互证"②。即使到了20世纪30年代,蒋介石也曾经想加以利用,他说:"我国农村家族制度本极发达,今犹牢守,犹谋地方安定,只有沿用家族制度中之价值以为严密民众组织之基础,乃可以抓简而驭繁。"③ 但是,它作为封建经济政治的产物,在近代资本主义发展的趋势下,必然要受到冲击,并逐步瓦解。

晚清以来,对宗族势力的冲击并最终导致其消亡主要是由于下列原因:

首先,近代以来自然经济的瓦解,资本主义经济的发展,加剧了乡村人口的流动,动摇了宗族的基础。宗族赖以存在的基础乃是聚族而居的具有血缘关系的人口,而这又是以封闭的、自给自足的自然经济为前提的。鸦片战争以后,外国资本主义对华进行商品倾销和原料掠夺,逐步瓦解了中国农村的自然经济结构;甲午战争后又开始了资本输出,商业资本与高利贷资本同时加剧了农村自耕农的破产,失去土地的农民无法在乡村立足。在晚清,这些人或离乡迁徙,主要流向西南更为偏僻的山区;④ 或沦为流民,成为会党或诸如太平天国农民起义的主力,有学者认为,太平军在进军湖南途中,经蓑衣渡之战后力量损失大半,而出湖南则水陆两路,浩浩荡荡,人数达20万之巨,其中多是湘南的穷苦农民、矿工及湘北的船户,是湖南宗族人口流失严重的一次,而湘军起湖南,征战东南乃至远到新疆,东渡至海开台湾,也使得湖南宗族人口有

---

① 刘泱泱:《近代湖南社会变迁》,(湖南人民出版社1998年版)第316—317页对此有详细的论述,足资参考。
② 冯桂芬:《复宗法议》,《校邠庐抗议》,卷下,第51页,光绪二十四年刊本。
③ 转引自闻钧天《中国的保甲制度》,商务印书馆1936年版,第547页。
④ 王勇:《湖南人口变迁史》第四章第五节"湖南的人口迁出"考察了清代和清末民初湖南人口迁出的主要流向为四川、广西、云南、贵州、陕西等地,迁出的原因有诸如太平天国等战乱、自然灾害等。

了大迁徙,这是很有道理的。① 到民国时期,由于近代工业的发展,则更多是由乡村流入城市,成为近代企业廉价的劳动力。同时,由于自然经济的解体和农产品的商品化程度提高、交通的发展,小集镇也不断扩张,成为相对乡村繁荣的城镇,也吸引了农村的剩余劳动力。所有这些,导致宗族人口不断流失,族人联系疏远,宗族赖以维系的基础丧失,宗族凝聚力也就相应削弱,从而逐步瓦解。

其次,革命运动的冲击、打击了封建的宗法权力,特别是族权。近代以来对宗族势力予以沉重打击的主要是太平天国农民运动尤其是中国共产党领导的新民主主义革命。太平天国对于宗族制度的冲击主要是对豪族地主的打击,对封建祠堂、偶像的扫荡,动摇了族权的权威,同时也吸收了大批乡村群众特别是湘南地区的流民加入其中,从而冲击了包括族权在内的封建权力体系。

中国共产党领导的新民主主义革命从本质上来看是一场新式的农民革命,反对封建主义是其革命的目标之一。在乡村地区,土地和宗族势力是乡村革命的重要问题。毛泽东说:"中国的男子,普遍要受三种有系统的权力的支配,即:(一)由一国、一省、一县以至一乡的国家系统(政权);(二)由宗祠、支祠以至家长的家族系统(族权);(三)由阎罗天子、城隍庙王以至土地菩萨的阴间系统以及由玉皇上帝以至各种神怪的神仙系统——总称之为鬼神系统(神权)。至于女子,除受上述三种权力的支配以外,还受男子的支配(夫权)。这四种权力——政权、族权、神权、夫权,代表了全部封建宗法的思想和制度,是束缚中国人民特别是农民的四条极大的绳索。"② 大革命时期,湖南农民运动异军突起,农民组织起来,扫荡一切封建势力,在政治上打击地主势力的同时,也给予封建宗族势力以沉重的打击。毛泽东在《湖南农民运动考察报告》记载了农民运动对封建族权的冲击情况:

---

① 见谭件国《近代湖南宗族研究》(硕士学位论文,湖南师范大学,2007年)、《湘军与湖南宗族变迁》,《郑州航空工业管理学院学报》(社会科学版) 2008年第4期。

② 《毛泽东选集》第一卷,人民出版社1991年版,第31页。

农民的主要攻击目标是土豪劣绅,不法地主,旁及各种宗法的思想和制度,城里的贪官污吏,乡村的恶劣习惯。这个攻击的形势,简直是急风暴雨,顺之者存,违之者灭。其结果,把几千年封建地主的特权,打得个落花流水。地主的体面威风,扫地以尽。地主权力既倒,农会便成了唯一的权力机关,真正办到了人们所谓"一切权力归农会"。连两公婆吵架的小事,也要到农民协会去解决。一切事情,农会的人不到场,便不能解决。农会在乡村简直独裁一切,真是"说得出,做得到"。外界的人只能说农会好,不能说农会坏。土豪劣绅,不法地主,则完全被剥夺了发言权,没有人敢说半个不字。在农会威力之下,土豪劣绅们头等的跑到上海,二等的跑到汉口,三等的跑到长沙,四等的跑到县城,五等以下土豪劣绅崽子则在乡里向农会投降。①

地主政权既被打翻,族权、神权、夫权便一概跟着动摇起来。农会势盛地方,族长及祠款经管人不敢再压迫族下子孙,不敢再侵蚀祠款。坏的族长、经管,已被当作土豪劣绅打掉了。从前祠堂里"打屁股"、"沉潭"、"活埋"等残酷的肉刑和死刑,再也不敢拿出来了。女子和穷人不能进祠堂吃酒的老例,也被打破。衡山白果地方的女子们,结队拥入祠堂,一屁股坐下便吃酒,族尊老爷们只好听她们的便。又有一处地方,因禁止贫农进祠堂吃酒,一批贫农拥进去,大喝大嚼,土豪劣绅长褂先生吓得都跑了。②

大革命失败后,中国共产党领导的土地革命,其区域基本上在乡村,继续打击着乡村封建地主势力及依附其上的封建族权。一是没收宗族土地和其他族产。从《井冈山土地法》到《兴国土地法》,都明确规定了没收包括族田在内的一切封建土地所有权归苏维埃政权所有,并分配给农民。1931年,《中华苏维埃共和国土地法》规定:一切祠堂、庙宇及其他公共土地,苏维埃政府必须力求无条件地交给农民;没收一切

---

① 《毛泽东选集》第一卷,人民出版社1991年版,第14页。
② 《毛泽东选集》第一卷,人民出版社1991年版,第31—32页。

封建主、军阀、豪绅、地方的动产与不动产，房屋、仓库、牲畜、农具等。[①] 1947年9月，《中国土地法大纲》规定：废除封建剥削土地制度，实行耕者有其田的土地制度。废除一切祠堂、庙宇、寺院、学校、机关团体的土地所有权和乡村在土地改革以前的一切债务。[②] 在土地革命时期，湘赣、湘鄂赣、湘鄂西、湘鄂川黔等地的苏维埃政权也颁布了一系列的法律法令，没收族田及祠堂的房屋、财产、用具等，分配给农民或充作公用。这些法令政策，从根本上摧毁了宗族赖以存在的经济基础。与此同时，苏维埃区域和解放区对土豪劣绅、地主恶霸的镇压，也打击了宗族势力，因为这些被镇压的反动分子，同时也是把持乡村社会的宗族势力上层。

第三，基础政权的强化，摧毁了宗族的权力基础。中国传统社会中，政府行政管理设置到县为止，县以下乡村社会基本上是由绅士阶层所控制和治理的，而其治理的方法，就是依靠庞大而严密的宗族组织，绅士与族长、绅权与族权是密切相连的，甚至是合二为一的。乡村的都、里以及后来的里、甲（保、甲）并非政府的职官，而只是乡绅主持乡村社会事务的机构。清末特别是民国时期，随着现代国家治理的发展，国家行政管理尝试向县以下下探（延伸），但同时又遭遇乡村自治的环境。[③] 抗日战争爆发后，国家进入战时体制，国民政府才得以建立起县以下的治理体系。与此同时，中国共产党从土地革命开始，就在乡村根据地开

---

① 《中华苏维埃共和国土地法》，蓝全普：《解放区法规概要》，群众出版社1982年版，第213页。

② 《中国土地法大纲》，蓝全普：《解放区法规概要》，群众出版社1982年版，第217页。

③ 陈益元在《民国时期国民党农村基层政权建设：制度与实践的脱节——以湖南省醴陵县为中心的考察》（《中国农史》2008年第1期）一文中考察了这种状况，认为：民国时期，为对付中国共产党革命运动，实现政权整合和全国统一，国民党在农村政权建设上开始改变传统"皇权止于县"的政权架构。制度建构上，国民党力图使国家力量由县下移到区、乡层级。政权实践上，设有严重军事化性质的防"匪"组织，如清乡队、团防局、守望队、常备队、义勇队、保安团，保甲制等，来强化农村社会的控制网。表层上，国民党政权管治力度上确实改变了原来国家权力不下县的政权格局。实质上，醴陵农村社会呈现的却是一幅国民党基层政权人员与乡村恶势力的豪取强夺，以及在此基础上农村社会不断退化、分裂的图景。这种制度建构与实践运行的脱节，反映了国民党国家政权"内卷化"（指的是一种权力的社会或文化模式达到确定的形式后，便停滞不前或无法转化为另一种高级形式，使经济很难有实际的发展）的政权建设属性。

始了比较深入的乡村动员，结合土地革命，建立起比国民政府更有效和更有效率的乡村治理体系。因此，以宗族为基础的乡绅社会治理体系受到遏制，其权力空间被挤压，逐步退出了乡村治理结构。

　　第四，乡村社会事业的发展，取代了宗族的抚恤救济、兴学助学等社会功能。在传统社会中，宗族具有在乡村进行抚恤救济、兴学助学的社会功能，即所谓义仓、义学、修路、架桥、赈灾、救灾等，在一定程度和范围内承担了乡村社会公益事业的举办者的角色。晚清以来，一方面，农村经济的凋敝使宗族也没有太大的能力来进行社会公益事业；另一方面，现代化的发展，使国家和具有现代意义的社会组织逐步渗入乡村，替代了宗族这种比较狭隘的传统组织的功能。在社会救济方面，有华洋义赈会等组织的赈济活动，也有现代金融机构如中国农民银行等借贷救济，同时乡村合作事业的发展，也增强了农民抵御灾害和防范风险的能力。[①] 在乡村教育方面，清末废除科举制度以后，新式学堂逐步建立，特别是进入民国以后，乡村教育体系逐步完善，宗族举办的私塾、义学之类逐步废弛，或转变为新式的国民教育。社会功能的消解，宗族作为社会组织的存在就失去了它的基础。

　　宗族是长期以来中国乡村社会的社会组织，更是封建家族制度的外在形式，与封建的纲常伦理和家族观念一样，具有根深蒂固的影响，不是短时期内可以消除的。家族观念、宗法意识仍然需要长时间的发展才能够最终消除。

第三节　近代湖南乡村的宗教与信仰

　　近代湖南宗教除了传统的佛教、道教外，还有伴随西方商品、炮舰一起来的天主教、基督教。在乡村地区，佛教、道教是传统的宗教信仰，天主教和基督教也深入到了乡村，特别是天主教尤注重在乡村地区发展。此外，乡村中较为普遍的是以偶像崇拜为主的民间信仰。

[①] 参见本书第二章第二节"民国湖南乡村经济的发展"。

一　佛教、道教的衰微

佛教传入湖南有久远的历史，始于西晋武帝泰始四年（268），来自浙江嵊县的竺法崇在长沙岳麓山建立麓山寺。中经漫长的发展时期，到晚清逐渐走向衰落。佛教在晚清的衰落是全国性的趋势，其原因是多方面的。[①] 1852 年 6 月至 12 月，太平军由广西进入湖南，攻占道州，分兵江永、江华，继占郴州，经茶陵、攸县攻长沙不克，旋出益阳，克岳州，再出湖南，沿长江攻武昌。太平军在湖南约有半年之久，但其中有三个月在围攻长沙。虽然太平军"所过郡县，先毁庙宇，即忠臣义士如关帝岳王之凛凛，亦皆污其宫室，残其身首，以至佛寺、道院、城隆、社坛，无庙不焚，无像不灭"[②]，但其范围和时间毕竟有限，相对于较长时间处于太平天国统治区域的江南地区，其损害相对较小。因此，晚清佛教在湖南的衰落，与全国其他地方一样，主要是动荡的社会局势和日益进逼的现代化趋势的必然结果。

中国长期以来是世俗国家，政教分离，对于宗教的态度，依赖于朝廷的政策和社会的宽容度。明清时期，中国封建中央集权发展到极致，因此，从明朝朱元璋开始，对佛教实行更为细密的行政管理，从中央到地方均设置僧录司、僧纲司、僧正司、僧会司等各级衙门，管理和控制佛教事宜。清代延续了明朝的宗教行政管理制度。政府对于宗教的管理，本质上是一种控制，因而也就遏制了佛教的发展。至于民众，由于专制权力的钳制、宗法制度的严密、儒家伦理的牢笼，并不具备宗教的意识，除唐代由于多数皇帝的崇奉佛教，官府予佛教以类同"国教"的地位而激发了民众的宗教热情外，其他历史时期，倡佛与反佛的对立始终存在。

[①] 论者大多认为太平天国的反偶像崇拜是重要原因。《湖南省志·宗教志》认为：太平天国革命和戊戌变法维新兴起以后，出现"庙产兴学"运动，给佛教寺院经济以沉重打击。刘泱泱《近代湖南社会变迁》认为，太平天国在湖南的反偶像崇拜，捣毁包括佛教在内的一切庙宇，"这种情况虽为时不长，却使佛教寺院受到严重损失"。其他论者亦多以此为主要原因。笔者认为，相对于太平天国长期占据的江南地区（江苏、浙江等地），只是进军南京时途经湖南的太平军，对湖南佛教寺院的破坏是短暂而局部的。

[②] 《曾国藩全集》第 12 册，岳麓书院 2012 年版，第 40 页。

就佛教内部的发展而言，也存在弊端。度牒制的废除、佛教内部宗法制度的滋长，使士大夫和民众对佛教产生隔膜。乾隆十九年（1754），朝廷彻底废止度牒制度，僧人出家无须度牒与考试，于是"天下丛林，随处放戒，于是方外流品，渐趋复杂，为世诟病"①。废止度牒对寺院佛教的影响巨大，使得僧侣队伍良莠不齐，"盖自试经之例停，传戒之禁弛，以致释氏之徒，无论贤愚，概得度牒。于经、律、论毫无所知，居然作方丈开期传戒，与之谈论，庸俗不堪，士大夫从而鄙之。西来的旨，无处问津矣"②。对于普通民众来说，自"摊丁入亩"实行以后，寺院不再具有"避税"的作用，其信仰的现实基础不复存在。同时，佛教进入中国后，与小农经济、儒家思想相结合，宗法制度逐渐在丛林寺院之中盛行起来，各宗派都以本派为正宗，并为争夺佛教的正宗地位相互排斥、攻击。同时，为了争夺庙产与法座，往往也出现同一门派法徒之间的相互争斗的情况。因此，佛教宗法制度也构建了一个以剃度、法门、受戒等宗教亲属关系为基础的复杂丛林网络社会。于是丛林之中常常出现师徒相传霸占庙产，不同寺院之间帮派林立，同门法徒之间为传座而相互争斗的现象。③凡此种种，对于佛教的社会声誉大有影响。

鸦片战争以后，中国社会一直处于动荡的环境，民族危机日益严重，国内社会对立严重，西学东渐又带来具有资本主义性质的新的思想和观念，从19世纪七八十年代兴起的维新思潮，对于佛教是持消极态度的，以为"多一僧道即少一农民。乃若辈不惟不耕而食，且食必精良；不惟不织而衣，且衣必细美"④。当民间和官府都以倡导兴学为革新，而又经费匮乏之时，庞大的庙产就成为首选目标。康有为、张之洞是最热心的倡导者。康有为向光绪皇帝报告说：

> 查中国民俗，惑于鬼神，淫祠遍于天下。以臣广东论之。每乡必有数庙，庙必有公产。若改诸庙为学堂……责令民人子弟，年至

---

① 蒋维乔：《中国佛教史》，上海古籍出版社2007年版，第261页。
② 杨文会：《释氏学堂内班课程当议》，《杨文会全集》，黄山书社2000年版，第333页。
③ 唐忠毛：《中国佛教的衰落及其原因略考》，《佛教研究》2010年总第19期。
④ （清）刘锦藻：《清朝续文献通考》，浙江古籍出版社1988年版，第8488页。

六岁者，皆必入小学读书……若此则人人知学学堂遍地，不独教化易成，亦且风气遍开。①

张之洞亦论曰：

> 或曰：府县书院经费甚薄，屋宇其狭，小县尤陋，甚者无之，岂足以养师生，购书器。曰：一县可以善堂之地赛会演戏之款改为之。一族可以祠堂之费改为之。然数亦有限，奈何！曰：可以佛道寺观改为之。今天下寺观何止数万，都会百余区，大县数十，小县十余，皆有田产，其物皆由布施而来，若改作学堂，则屋宇田产悉具，此亦权宜而简易之策也。方今西教日炽，二氏日微，其势不能久存，佛教已际末法中半之运，道家亦有其鬼不神之忧。若得儒风振起，中华乂安，则二氏亦蒙其保护矣。大率每一县之寺观什取之七以改学堂，留什之三以处僧道，其改学堂之田产，学堂用其七，僧道仍食其三。计其田产所值，奏明朝廷放奖僧道，不愿奖者，移奖其亲族以官职，如此则万学可一朝而起也。②

因此，在19世纪末20世纪初的兴办新式学堂的过程中，"庙产兴学"成为主要的途径。到民国，国民政府颁布了一系列关于佛教寺院的管理文件、章程，但庙产兴学的主旨没有改变，只是或显或隐。

在这一大背景下，湖南近代佛教也必然走向衰落。经过清末和民国时期的庙产兴学之后，湖南佛教寺院遭受重创。③ 据记载，近代湖南佛教寺院有增长的趋势，但佛教僧尼却呈下降趋势。④ 1930年湖南省佛教会调

---

① 汤志钧编：《康有为政论集》，中华书局1981年版，第313页。
② 张之洞：《劝学篇》，设学第三，《张文襄公全集》，台北文海出版社1971年版，第819页。
③ 许效正《清末民初（1895—1916）湖南的庙产兴学运动》（《兰台世界》2013年第6期）一文对1895年至1916年湖南的庙产兴学运动进行了介绍。
④ 据刘泱泱《近代湖南社会变迁》研究，近代湖南僧尼人数的统计一直是不完整的，缺乏连续年达和具体人数的记载，但可以有限的几个数据中了解其大致的趋势。

查，全省僧尼约10000人，寺庙5000所。① 1933年《湖南年鉴》统计，有僧尼11227人，寺庙庵会292个，到1949年，全省大小寺院3855所，僧尼9355人。②

至于乡村社会，信仰佛教的情形，以衡山县师古乡民国二十五年（1936）的调查为例：

> 师古乡一般民众，尤其是妇女，几乎完全偶像崇拜。
> ……1486家中，信佛教者有28家，信道教者有23家，信儒教者18家，信耶稣者只有6家，其余的家庭都是偶像崇拜者。③

衡山县师古乡距南岳6公里。南岳是我国著名的佛教圣地，而师古乡信奉佛教的情况尚且如此，其他地区可想而知。

另据《湘乡县志》载，民国二十九年（1940）全县有寺庵493所，后因兵燹、火灾、倾圮，到抗战结束后，全县仅有42所寺庵，僧尼500余人，佛教徒1795人。④

道教在湖南源远流长。在道教形成的过程中，就有道教道士云游南岳等地，但并未在此传教。道教在湖南传播是在东晋时期，著名道姑魏华存（南岳夫人）在南岳天柱峰潜心修道，凡16年，是道教上清派的创始人。唐代道教倡行，道教在湖南获得大发展，所谓三山五岳、三十六洞天、七十二福地等著名道教活动地，湖南占据了不少。⑤ 明初，张三丰创武当山道，是为全真道的南派，在湖南有较广泛的传播。清代道教处于衰落状态，尤其是摊丁入亩实施及取消了度牒制度后，借道观以避税

---

① 《湖南省志·宗教志》，佛教篇，1990年稿。
② 《湖南资料手册》（1949—1989），中国文史出版社1990年版，第41页。
③ 湖南省立衡山乡村师范学校编：《衡山县师古乡社会概况调查》，载李文海等主编《民国时期社会调查丛编》二编，"乡村社会卷"，福建教育出版社2009年版，第907页。
④ 湘乡县志编纂委员会编：《湘乡县志》，湖南出版社1993年版，第914页。
⑤ 五岳中占有南岳；三十六洞天占有南岳衡山洞、醴陵小沩山洞、宁远九嶷山栋、浏阳阳山洞、沅陵大酉山洞、桃源桃源山洞等六个；七十二福地占有十三：洞庭君山、郴县苏仙岭、郴县马头岭、长沙鹅羊山、长沙岳麓山云麓宫、衡山青玉坛、衡山光天坛、衡山洞灵源、桃源绿罗山、醴陵彰龙山、常德德山、新宁金城山、武冈云山。

第三章 近代湖南乡村的人口、家庭、宗教与信仰　❖　167

的途径消失，与佛教一样僧尼减少。

　　道教历来组织松散，又因为道教分全真道和正一道，全真道一般深居宫观，黄冠道服，称为全真道士，间或为人禳解祈祷；正一道则不居宫观，日常家居（故又称为火居道士），专门为人禳解祈祷，也有兼营他业者，只是在临坛作法时着道服。湖南道士以火居道士为多，如湘乡县清末民初全真派有住观道士百余人，民国十一年（1922）则只有元真、显真观各住5人，到1949年最后一名道士老死，全真派失传。至于火居道士因平时居家如常人，仅在做法事时道装登坛，故也成为一种兼职，有的世代相传。据民国三年（1914）统计，湘乡县境内"入佛道二教者约计6000人"，据民国二十九年（1940）统计，湘乡县全县佛教徒有1795人，估计道教徒约400人。① 衡山县师古乡的统计，大约有23家。② 至于全省的确僧尼及信众人数，很难有一个准确的数字。1933年，为了编纂《湖南年鉴》，对道教活动较多的长沙、湘潭、东安、道县、益阳、新化等18个县进行调查，共有宫、观、庵等各种道教场所33处，道教徒1743人。③ 但以1914年湘乡县约4000信徒的估计，显然是不准确的。④ 1935年，《湖南年鉴》又做了一次统计，但只有长沙、攸县、华容、新化、衡山、宜章、常德、汉寿、澧县、会同、晃县11县的数据，共有道教团体（不含宫、观、庵、庙）12个，信众5617人。⑤ 1949年前后，湖南共有道教宫观86处，道士、道姑1400人，信徒约3000人。⑥ 同样，这也只是长居宫观的全真道士、道姑。

　　道教有重符箓的特点，民间常常请道士用符箓驱邪治病，有浓厚的迷信色彩，故在士大夫和上层社会层面，有负面的评价，故清末民初的庙产兴学对其打击较大，但因火居道士并不居观，近代湖南医疗卫生又

---

① 《湘乡县志》编纂委员会编：《湘乡县志》，湖南出版社1993年版，第916页。
② 湖南省立衡山乡村师范学校编：《衡山县师古乡社会概况调查》，载李文海等主编《民国时期社会调查丛编》二编，"乡村社会卷"，福建教育出版社2009年版，第907页。
③ 《湖南年鉴》（1933），湖南省政府秘书处统计室，1993年刊，第550页。
④ 该年鉴编者也说明："此次调查之所得，不过约略计之，俾阅者明现在宗教之大略而已。"同时，湖南道士以火居道士为主，这也是难以统计准确之原因。
⑤ 《湖南年鉴》（1935），湖南省政府秘书处统计室，1936年刊，第757页。
⑥ 《湖南资料手册》（1949—1989），中国文史出版社1990年版，第41页。

落后，故民间请道士驱邪治病者还是不少。

二 天主教、基督教、伊斯兰教的活动

与本土宗教在近代衰落不同，外来宗教天主教（耶稣教）、基督教获得较快的发展。天主教传入湖南较早，大约在清初顺治年间传入。据载，在 1644 年至 1661 年间，有葡萄牙耶稣会传教士乘船经过衡阳，并吸引了少数当地人入教。康熙二十四年（1685），湘潭知县姜修仁受南怀仁的嘱托，在湘潭建立教堂，并有葡萄牙籍传教士穆迪我驻此传教。在随后的时间里，天主教传教士先后在长沙、衡阳、永州等地建立了教堂，至 1700 年，全省共有教堂 6 座，教徒约 2000 人。① 嗣后，由于天主教干涉中国内政，特别是禁止教徒祭祖祀孔，为清政府严令禁止，教堂被没收，传教士被驱逐。但是，直到鸦片战争后，清政府被迫开放传教之前，仍然有天主教传教士非法进入湖南并秘密传教，但教务进展不大，直到 1838 年湖广教区成立时，教徒数目仍然维持在康熙中叶的数目。

天主教大规模进入湖南是在 19 世纪 60 年代，天主教传教士凭借不平等条约的特权，开始进入湖南，罗马教廷也在中国划定教区，1856 年，湖南从湖广教区独立出来成为一个教区，1879 年则划分为湘北、湘南两个教区，湘南教区属方济各会各派，总堂驻衡州；湘北教区属奥古斯汀会，总堂设在澧州。从此以后，湖南天主教势力迅速发展，截至 1899 年，共有长沙府属的茶陵，岳州府属的巴陵、临湘，常德府属的武陵、沅江，辰州府属的沅陵，衡阳府属的衡阳、清泉、衡山、耒阳、常宁，澧州属的澧州、石门、安福，桂阳州属的嘉禾等 5 府 2 直隶州的 15 县，有天主教教会势力活动。② 到 1900 年，湖南共有大小教堂 60 所，外国传教士 22 人，华籍传教士 20 人，教徒总数达 6600 人。其中湘南教区发展较快，教徒有 5700 余人。③

进入民国以后，湖南天主教教会势力发展更为迅速。从 1924 年到

---

① 《湖南省志·宗教志》，湖南人民出版社 1999 年版，第 19 页。
② 据《教务教案档》第六辑（二），台北"中央研究院"近代史研究所 1980 年版，第 1171—1178 页。
③ 李杕：《拳祸记》，土山湾印书馆 1905 年版，第 389、396 页。

1938年，湘南、湘北两个教区逐步划分为长沙、湘潭、衡阳、零陵、邵阳、常德、澧县、岳阳、沅陵9个教区，教徒数量增加迅速，兹将1913年至1949年湖南省教徒数量列表如下：

表3-31　　　　　　1913—1949年湖南省天主教徒数量表

年代	1913	1926	1928—1930	1936—1937	1947—1948	1949
数量（人）	15344	47100	51074	69095	57962	57462

从表3-31可以看出，湖南天主教势力在20世纪上半叶发展迅速，特别是进入民国以后，与1900年相比，近50年内教徒增加了将近10倍，几乎分布于全省各个州县。与此同时，天主教还在湖南创办各种事业。如育婴堂、学校、医院、安老院（养老院）等，抗战时期还设立难民所。

天主教比较重视发展信徒，因此在也注重在乡村的工作，其经济来源的重要途径之一是地租收入。据载，湘北教区在安乡拥有田地近1万亩，这些土地有的贱价收买，有的由信徒捐献。衡阳天主堂有田500亩，沅江、常德、华容、澧县、祁阳等地各堂亦拥有田产。①

天主教在湖南乡村的发展情况，缺乏实时的统计数据，兹选择湘北、湘中、湘南和湘西各一个县的大致情况，以了解近代天主教在湖南乡村的发展大略。

湘乡县：据《湘乡县志》载，天主教最早于1875年由湘潭天主堂派传教士来该县传教，设天主堂本堂于县城张公祠，后向乡镇发展，设谷水、永丰、红溪坳、壶天、杨家滩等分堂。但湘乡民间受天主教"挖眼睛""剖心脏"制药之类讹传，对天主教抵制甚巨。本堂区最盛时有教徒50多人，谷水分堂最盛时有教徒200多人，永丰分堂最盛时有教徒50人。②

岳阳县：天主教最早传入岳阳是光绪十三年（1887），是年，西班牙籍传教士安熙光来岳阳传教。1906年，正式建立教堂，开办育婴堂，并

---

① 《湖南省志·宗教志》，湖南人民出版社1999年版，第388—389页。
② 《湘乡县志》编纂委员会编：《湘乡县志》，湖南出版社1993年版，第916—917页。

传播至城陵矶、新墙等乡村，建立分堂。1931年从常德教区分离，成立岳阳教区，负责平江、华容、临湘、岳阳4县教务。1933年，建立男女修道院。至1943年，全县有教徒2000人，参见天主教大节日活动的教徒约500人，经常参加礼拜活动的大约100人。至1951年，参加天主教活动的仍有57人。①

沅陵县：1901年，沅陵天主教会西班牙奥斯汀会建立，有男女教徒931人，土地73亩。1925年，沅陵教区划归美国苦难会，有传教士91人（其中外籍38人），教区辖辰溪、浦市、芷江、溆浦、龙潭、凤凰、永绥、花垣、安江、保靖等，1940年，教徒最多达1410人（其中女教徒700人）。②

从以上湘西、湘中、湘北三个县的情况来看，近代湖南乡村天主教发展一般。民国时期较晚清稍强一点，民间的抵御没有晚清社会那么强烈，但也并非全然接受。③ 就一般情形而言，湖南乡村社会祭祖祀孔崇偶像的传统根深蒂固，加之传教士挖心取眼的讹传在湖南有广泛而持久的影响，④ 乡村社会极易以讹传讹，也影响了民众对于天主教的信仰。以衡山县师古乡的调查，该乡1486家中，信佛教者有28家；信道教者有23家；信儒教者18家；信耶稣者只有12家；其余的家庭都是偶像崇拜者。也就是说，该乡信教的仅占全部家庭的5.45%，而信天主教的又只占信教者家庭的14.81%。⑤

---

① 《岳阳县志》编纂委员会编：《岳阳县志》，湖南人民出版社1997年版，第524—525页。
② 《沅陵县志》编纂委员会编：《沅陵县志》，中国社会出版社1993年版，第658—659页。
③ 1935年湘乡就发生一起民教骚动。该县茶佩古塘冲祷告所教徒谭湘德逝后，本堂区外国神职人员按宗教仪式对死者装抹入殓，不许家属及乡民在场观看。群众疑其挖心取眼制药，引起骚动。(《湘乡县志》，湖南出版社1993年版，第917页)
④ 著名的宁乡人周汉反洋教宣传，自1891年开始刊刻《天猪教》《擎天柱》《鬼教该死》之类的反教传单，散布于全国各地，产生了巨大的影响。其中《鬼教该死》就印发80万份。虽有外国公使的压力，但湖南地方官碍于湖南社会舆论，直到1897年周汉再次刊印揭帖，才不得不将其拘押，但一直不敢处理，1907年欲释放他遭其拒绝，直到1910年病逝狱中。周汉事件折射出湖南社会根深蒂固的反教情绪。参见刘泱泱《周汉反洋教案述论》(《益阳师专学报》1985年第1期)，肖宗志、蒋艳丽《周汉的反洋教文本及其传播》[《河北师范大学学报》(哲学社会科学版) 2006年第2期]。
⑤ 湖南省立衡山乡村师范学校：《衡山县师古乡社会概况调查》，载李文海等主编《民国时期社会调查丛编》二编，"乡村社会卷"，福建教育出版社2009年版，第907页。

相对于天主教，基督教进入湖南已经很迟。1863年，中华循道会创始人郭修礼牧师由岳阳旅行至湘潭，是为基督教传教士第一次进入湖南。到1900年止，基督教各差会先后从北（湖北）或南（广东）向湖南派遣传教士，先后深入到长沙、常德、岳阳、辰州、临武、茶陵、衡阳、湘潭等地进行传教，并于1894年在临武建立了湖南省第一座基督教教堂，隶属于督会。① 但是，直到《辛丑条约》签订，湖南各地对基督教的态度，不论官方还是民间都是非常不欢迎的，传教士常常遭遇民间驱逐出境或官方押解出境的尴尬局面。到1899年止，在湖南设有教堂9座，教徒最多的清泉县也只有39人。② 义和团被镇压以后，《辛丑条约》签订，基督教在湖南才获得较为稳定的发展环境。据载，1900年至1910年十年间，进入湖南省传教的差会达12个之多。而1913年至1918年五年间，基督教传教事业发展较快，其教徒及教堂数统计如下：③

表3-32 1913—1918年间基督教教堂及教徒数

时间	教堂及布道区数目④（处）	受餐信徒数目（人）
1913年	254	3835
1918年	472	11018

基督教各差会在湖南除布道外，还从事教育和医疗等其他事业。据1916年的统计，全体外国传教士中，11%从事医药工作；17%从事教育工作；72%则从事布道工作。可见基督教在湖南，是以传教为主体的。⑤

1911年，曾季融（曾国藩嫡孙）邀集若干亲友和士绅自设教堂，取

---

① 中华续行委办会调查特委会编：《中华归主：中国基督教事业统计》，中国社会科学院世界宗教研究所印行，1985年，第206—207页。
② 《湖南省志·宗教志》，湖南人民出版社1999年版，第428页。
③ 中华续行委办会调查特委会编：《中华归主：中国基督教事业统计》，中国社会科学院世界宗教研究所印行，1985年，第207页。
④ 根据中华续行委办会规定，必须有受餐信徒10人以上，或有受薪中国职员1人，常住一处，每周举行礼拜，才可以称为布道区。
⑤ 中华续行委办会调查特委会编：《中华归主：中国基督教事业统计》，中国社会科学院世界宗教研究所印行，1985年，第207页。

名中华基督教会，是湖南基督教徒自办教会之始。嗣后，长沙、靖县、岳阳、常德也先后成立过自立会之类组织，但这些自办教会还是和外国教会保持往来。

据统计，到1949年止，在湖南活动的基督教差会有19个，教徒28444名，具体情况列表如下：[①]

表3-33　　　　1949年湖南省基督教基本情况统计表

教派（差会）	堂点（个）	教牧师（人）	教徒（人）
中华基督教会	192	216	5266
内地会	118	108	2588
循道公会	75	299	2332
湘中信义会	85	87	5000
湘西信义会	30	25	1862
湘北信义会	24	25	572
鄂湘圣公会	4	10	394
湘桂圣公会	27	32	1070
安息日会	11	62	396
宣道会	29	32	1028
圣洁会	3	3	110
浸信会	4	10	120
真耶稣教会	227	33	6874
基督教聚会处	10	11	229
自立福音会	2	11	530
自立会	1	1	30
基督化家庭实验所	1	2	37
耶稣家庭	1	1	6
合计	844	968	28444

与天主教不同，以英美为主体的基督教各差会，注重在城市和上层社会的影响，尤重视以教育、医疗、慈善等为手段，扩大其对中国所谓

[①]　《湖南省志·宗教志》，湖南人民出版社1999年版，第520页。

精英阶层的影响，以影响中国的政治经济，尤其是对未来，因此，它们对于乡村普通百姓不如天主教那样抱有兴趣。它们更热衷于创办各种各类学校，以所谓"基督精神"培养"西方型知识分子"。所以，在湖南各个县都有教会小学、中学和专门学校（护士学校、农业学校等），数量达80多所，以长沙、湘潭、衡阳、邵阳、常德、益阳、郴州、零陵等城市为多，但也深入到沅陵、攸县、醴陵、茶陵、慈利、大庸、安化、津市、祁阳等偏僻的山区县。通过学生，在乡村家长群体中也有若干信奉的教徒。

伊斯兰教是相对固定在回族中传播和信仰的宗教。"回族向不劝人入教，故其势力向不扩张。"[①] 在湖南，只是少数有回族人居住的地方才有伊斯兰教的信仰，于近代湖南乡村社会的影响甚微。兹述其传播之大略。

伊斯兰教传入湖南的时间，存在几种不同的看法，当以明洪武元年（1368）传入较为准确。[②] 据道光《宝庆府志》及邵阳《马氏族谱》《张氏族谱》《苏氏族谱》《海氏族谱》及《蔡氏族谱》记载，马、张、苏、海、蔡五姓，在明洪武元年（1368）和二年（1369），他们因任职而从南京和北京迁居湖南宝庆（今邵阳），是最早定居在湖南的穆斯林，邵阳遂成为湖南伊斯兰教的发源地。

明永乐年间，黄、李、刘、杨诸姓回族穆斯林也因任职而从北京等地迁居湖南常德。

元朝降明名将哈十因征辰州洞蛮有功被朱元璋赐姓翦，其后代亦随征因功授常德卫左所指挥使、常德卫正指挥使等职，从此在常德定居，成为湖南仅次邵阳的第二个穆斯林居住区域。

清末民初，外省穆斯林因经商来湖南，有相继定居在长沙、湘潭、常德、邵阳等城市的，也有湖北沔阳一带的穆斯林因水灾而迁居津市、湘阴、华容、南县等地，后又迁居常德、长沙、株洲。

自洪武元年伊斯兰教传入中国，至1949年580余年间，湖南境内共

---

① 《湖南民情风俗报告书·湖南商事习惯报告书》，湖南出版社2010年版，第161页。
② 《湖南省志·宗教志》，湖南人民出版社1999年版，第281页。一说伊斯兰教在唐天宝年间（742—756）传入湖南，长沙建有清真寺；另一说为明永乐二年（1404），江南地区的穆斯林来到湖南常德，由此传入伊斯兰教。参见刘泱泱《近代湖南社会变迁》，湖南人民出版社1998年版。

建有88座清真寺,基本上是在明代和清代前期建立的。近代所建共14座,其中晚清7座,民国7座。分布情况如下表:

表3-34　　　　　　　　清真寺在湖南分布

县市	数量	县市	数量	县市	数量	县市	数量
常德	22	邵阳	17	桃源	11	隆回	10
汉寿	7	长沙	5	澧县	4	益阳	4
安乡	1	南县	1	沅陵	1	湘潭	1
衡阳	1	岳阳	1	凤凰	1	晃县	1

从表3-34情况来看,湖南清真寺大部分分布在常德和邵阳两个地区。至于穆斯林数量,根据清末的调查,大体情况是:

邵阳回民约一万三千人,最称繁盛;桃源达五千人;武陵达三千人;龙阳、澧州、南洲俱达千五百人。合之全省几近三万人。①

民国时期,湖南有关部门对宗教情况进行过调查,但不全面。1933年《湖南年鉴》列举了7县的基本情况:长沙2000人;湘潭19人;邵阳12003人;汉寿1800人;常德632人;桃源38人;澧县985人,总计17477人。②

三　民间信仰的发展与式微

民间信仰,特别是乡村的民间信仰,在很大程度上与习俗难以区分。积习成俗,习俗本省包含着信仰,也往往成为信仰的一种外在的仪式或象征。中国长期以来是一个世俗国家,人民的宗教意识历来淡薄,而小农经济和专制政治造成民间长期以来的功利主义和实用主义取向。人们对于偶像的崇拜大都出于一种敬畏而实用的态度,所谓"敬鬼神而远

---

① 《湖南民情风俗报告书·湖南商事习惯报告书》,湖南出版社2010年版,第161页。
② 《湖南年鉴》,上海商务印书馆1933年版,第869页。

之",避祸趋利。

楚俗好鬼。湖南民间信仰多崇鬼神。据清末调查,湖南民间祭祀活动频繁,祭祀对象五花八门。

祭祖是普遍的习俗,分祠祭和家祭两种。祠祭即宗族祭祀,一般在清明和冬至日进行。届时,由族长或值年人率领祭扫祖墓,焚香化楮,剪纸为标插坟上。家祭即在自家设香祭祀。一般为中元节、忌日、年节、朔望之日,在家治牲焚香,置于祖龛前,家长率子弟叩首致礼。

祭神亦分家祭与庙祭。家祭之神,有门神、灶神、土神、天地君亲师等,每于一定之期,设牲祭之。此外,还有各种神祇,无不祭之,有记载云:

> 湘人无论贫富,迷信神权者什居八九。家中……更有立财神者,为求财也。立观音者,为求嗣也。立钟馗与天师者,为驱邪也。立土地与吞口者,为镇宅也。以上六种,以立财神为最多,凡百商家几于无不祀之……①

所谓庙祭,即设庙祭之。湖南民间设庙祭祀之神不胜枚举,所谓"湘人信神已达极致,其神之名号,难尽举",据《湖南民情风俗报告书》调查,有:玉皇、土地、洞庭王爷、文昌、观音、财神、天妃、吕祖、城隍、杨泗将军、雷祖、龙神、灵官、王元帅、太阳、南岳、朗公、晋陶桓公、东岳、天符、宋忠定公、天后、关帝、火神、风神、陶真人、李真人、包孝肃、大王、天师、判官等。② 一遇神诞祭日,热闹非凡:

> 一届神诞之期,其庙之值年人等皆先期齐集,悬灯挂彩,杀猪宰羊,延请僧道诵经致祭。庙款多者,并演唱戏剧,数日不绝;庙款少者,亦演唱影戏或神戏,以达神庥。其附近居民,则皆扶老携

---

① 《湖南民情风俗报告书·湖南商事习惯报告书》,湖南出版社2010年版,第150—151页。

② 《湖南民情风俗报告书·湖南商事习惯报告书》,湖南出版社2010年版,第151页。

幼，入庙焚香，纷至沓来，道途络绎，极一时之盛事焉。①

此外，各行业也有各自祭祀的神祇，集会结社，亦各祀一神，以求庇佑：士祀孔子、文昌，农祀土地、田神，木匠祭鲁班，药祭药王，补匠祭女娲，不一而足。

在乡村地区，民间祭神的传统极为普遍。根据1936年衡山县师古乡的调查，该乡一般民众，尤其是妇女，几乎全是偶像崇拜者，"就是一般受过教育，迷信较为薄弱的青年，遇有疾病或困难不能解决时，亦多照例烧香拜神，成为牢不可破的传统习惯"②。全乡有六座较大的庙宇，庙宇一般不止供奉一座神像，有多种神像，供信众选择，但有一位是主神。该乡供奉的神像有六种：一是为祈福免灾而供奉的，如南海大帝、十八罗汉、二十四位诸天神、土地神等；二是为祈雨而敬奉的，如玉皇大帝、龙王等；三是为镇压邪祟而敬奉的，如灵官、韦驮神等；四是为祈免虫灾而敬奉的，如虫王神；五是为求财而供奉的财神；六是为一般崇拜而供奉的三官、关帝、康王等。③

新宁县白杨乡的情形也大致一样，据1939年的调查，该乡"一般民众，尤其是老年人和妇女差不多全是偶像崇拜，他们以为一生祸福都寄托在鬼神身上，一切疑难只诚意祈求而已，就是一般受过教育的智识分子，遇有疾病或困难时，亦照例烧香拜神，迷信之深，可以想见"。该乡庙宇供奉的神像，一是为祈福免祸的观音菩萨、罗汉、诸神；二是为保护农作物而敬奉的太阳神、龙王、虫王神、五谷神；三是为镇压邪祟而供奉的伏魔大帝、灵官菩萨等。④

除敬神之外，湖南乡村的迷信也十分普遍。例如求雨，就是大规模

---

① 《湖南民情风俗报告书·湖南商事习惯报告书》，湖南出版社2010年版，第151页。
② 湖南省立衡山乡村师范学校编：《衡山县师古乡社会概况调查》，载李文海等主编《民国时期社会调查丛编》二编，"乡村社会卷"，福建教育出版社2009年版，第906页。
③ 湖南省立衡山乡村师范学校编：《衡山县师古乡社会概况调查》，载李文海等主编《民国时期社会调查丛编》二编，"乡村社会卷"，福建教育出版社2009年版，第906页。
④ 湖南省立衡山乡村师范学校第125班编：《新宁白杨乡社会概况调查》，载李文海等主编《民国时期社会调查丛编》二编，"乡村社会卷"，福建教育出版社2009年版，第982页。

的迷信活动之一。每遇天旱，农民或数十人或数百人，在龙王庙中举行求雨，同时吃斋，戒杀生，请道士做章醮，并请文人做祭文祈祷，锣鼓喧天，笙管齐奏，焚香点烛，虔诚拜祝。还有家人生病，亦请道士或巫师烧香焚纸、捉鬼拜神。

拜鬼敬神是生产力落后、科学知识普及不广和文化教育水平低下所造成的，当它成为一种习俗之后，可谓根深蒂固，难以在短期内消解。近代以来，疾风暴雨式的革命、资本主义文化的启蒙、乡村教育的发展、科学知识的普及，都在不同程度动摇了乡村偶像崇拜的陋俗。

太平天国进军湖南途中，对偶像、庙宇的破坏是非常严重的：

> 所过郡县，先毁庙宇，即忠臣义士如关帝岳王之凛凛，亦皆污其宫室，残其身首。以至佛寺、道院、城隍、社坛，无朝不焚，无像不灭。①

太平天国的行动沉重打击了乡村的偶像崇拜和迷信，但它对于湖南乡村社会庙宇、偶像的破坏，只是短暂的，也没有从根本上消除人们崇拜偶像的根源。同时，它以另一种偶像崇拜（拜上帝教）取代传统的偶像崇拜，不具备进步性和科学性。

对于乡村封建迷信与偶像崇拜的沉重打击，是20世纪20年代席卷湖南的农民运动。毛泽东在《湖南农民运动考察报告》中写道：

> 神权的动摇，也是跟着农民运动的发展而普遍。许多地方，农民协会占了神的庙宇做会所。一切地方的农民协会，都主张提取庙产办农民学校，做农会经费，名之曰"迷信公款"。醴陵禁迷信、打菩萨之风颇盛行。北乡各区农民禁止家神老爷（傩神）游香。渌口伏波岭庙内有许多菩萨，因为办国民党区党部房屋不够，把大小菩萨堆于一角，农民无异言。自此以后，人家死了人，敬神、做道场、送大王灯的，就很少了。这事，因为是农会

---

① 《曾国藩全集》第14册，岳麓书社2012年版，第140页。

委员长孙小山倡首,当地的道士们颇恨孙小山。北三区龙凤庵农民和小学教员,砍了木菩萨煮肉吃。南区东富寺三十几个菩萨都给学生和农民共同烧掉了,只有两个小菩萨名"包公老爷"者,被一个老年农民抢去了,他说:"莫造孽!"在农民势力占了统治地位的地方,信神的只有老年农民和妇女,青年和壮年农民都不信了。农民协会是青年和壮年农民当权,所以对于推翻神权,破除迷信,是各处都在进行中的。①

农民运动的这些疾风暴雨的行动,确实扫除了大批偶像庙宇,对乡村迷信是巨大的冲击。

同时,自西学东渐以来,由于科学知识的传播,在知识阶层,对于乡村的偶像崇等陋俗拜渐有改良之议。自19世纪80年代维新思潮渐兴,开民智成为改良社会风气的手段,为维新志士和开明士绅们所倡导。也正是在他们的倡导下,清末以来兴起的庙产兴学运动,也是对乡村偶像崇拜和迷信习俗的一次冲击。所不同者,这是一次由上而下的政府行为,有乡绅们倡导于先,政府法令于后,且是针对其经济基础——庙产而来,故对民间的偶像崇拜和迷信活动是一次釜底抽薪式的打击。也正因为如此,在庙产兴学的过程中,不同程度地引发了乡村的骚动。但确实对乡村祭祀活动是严重的打击,据记载,攸县"从前祀神祀祖极其严肃,而神会祀产亦颇丰裕。近因学款提拨十之六,余产又为黠者盗卖,致礼典皆废"②。

清末以来特别是民国时期乡村教育的发展,对乡村社会的民间信仰也起到了瓦解的作用。清末科举废除以后,作为传统乡村教育机构——私塾逐渐式微,新式学堂开始建立,据统计,从光绪二十八年到宣统三年(1902—1911),湖南新式小学堂从31所增加到2085所,在校学生由1071人增加到73577人。③民国时期,湖南乡村教育获得进一步发展。湖

---

① 《毛泽东选集》第一卷,人民出版社1991年版,第31—32页。
② 曾继梧主编:《湖南各县调查笔记》,民国二十年(1931)长沙和键印刷公司铅印本,下册,第126页。
③ 冯象钦等:《湖南教育史》第2卷,岳麓书社2002年版,第236页。

南省颁布《暂定学制大纲》，规定初等小学为义务教育，鼓励宗族利用族产兴族学，效果显著。如1912年，醴陵县小学达200余所;① 1913年攸县达32所;② 宁乡县乡镇设立的小学达445所，族立私立小学达153所。③ 到1913年，全省小学达5747所，学生人数达到20多万人。1914年湖南省颁布《取缔私塾暂行章程》，进一步推进了乡村教育的发展，到这一年，全省小学校增加至6956所小学生人数达到27万余人。④ 长沙的麓山镇小学达123所，嵩山镇109所，临湘镇102所，新康镇100所。⑤ 乡村教育的发展，对于传播科学知识，消除对偶像的迷信和崇拜，发挥了重要的作用。比如原来科举时代被士子们崇祀的文昌、关圣、奎星之类偶像，逐步失去市场，"此等神会多就此消灭矣"。⑥ 更重要的是，乡村教育的发展，使得乡村偶像崇拜逐步失去市场，据20世纪30年代的调查，偶像崇拜在一些乡村逐渐减少甚至废除。新宁县往年"六月六日及二十九日，相传为雷祖及火神诞辰，必扎故事游街，今幸废除"，"关、岳祀典，尤不尊重"，"他如文昌、社坛诸祭，及节孝名宦乡贤十贤诸祠，春秋二祀，现均废除矣"。⑦

---

① 《醴陵市教育志》，1989年印，第4—5页。
② 《攸县教育志》，1987年印，第48页。
③ 《宁乡小学调查》，《湖南教育杂志》第2年第14、15期。
④ 冯象钦等:《湖南教育史》第2卷，岳麓书社2002年版，第262页。
⑤ 《长沙府城镇学校调查简表》，《湖南教育杂志》第2年第11期。
⑥ 《湖南民情风俗报告书·湖南商事习惯报告书》，湖南出版社2010年版，第151页。
⑦ 《湖南民情风俗报告书·湖南商事习惯报告书》，湖南出版社2010年版，第133、135页。

第四章

近代湖南乡村社会分层与社会流动

近代中国处在一个转型的时期,因而也是乡村社会剧烈变动的时期。社会的分层急剧变动,社会流动也在不断加速呈现出转型时期的特征。传统社会的土地兼并与近代商业资本的渗透,使乡村土地所有权变动频繁;晚清和民国时期社会矛盾和社会冲突,资本主义经济因素的发展,也使得乡村社会成员呈现多元发展的选择。诸多因素交织,造成晚清社会各阶层的不断转换,社会流动加快,从而导致乡村社会的动荡与转型。

第一节 晚清湖南乡村社会分层与社会流动

晚清中国是半殖民地半封建社会,这一社会形态特征制约着乡村社会分层和社会流动。但湖南地处内陆,社会现代化转型的进程非常缓慢,直到19世纪末20世纪初,湖南社会才逐渐具有新的社会因素。因此,晚清湖南乡村社会的分层和流动必然具有过渡时期的特征。

一 晚清湖南乡村社会分层

社会学所说的社会分层（social stratification）指的是依据一定具有社会意义的属性,一个社会的成员被区分为高低有序的不同等级、层次的过程与现象。分层是一种社会过程。尽管在有些社会中的社会分层结构比较僵化,但没有任何一个社会的社会等级秩序是一成不变的。社会持续不断地把人们区分为拥有不同社会地位的人并在他们之间不平等地分配财富、权力和声望。[1] 关于近代中国乡村社会的分层，学术界有不同的观点。杨豪先生归纳为如下几种意见:[2]

一是阶级分层。这是马克思主义传入中国以后而出现的一种社会分层理论，以生产资料的占有及其产品分配模式作为分层标准。毛泽东在《中国社会各阶级的分析》《湖南农民运动考察报告》《怎样分析农村阶级》等著作中进行了阐述，并将农村社会分为地主、富农、中农、贫农、工人（雇农）五个阶级。周谷城等马克思主义史学家则认为农村中区分为地主、农民两大阶级，农民又可分为自耕农、佃农、雇农和无业游民。

二是等级分层。传统中国有士农工商的社会分层，是根据身份制度及政治特权来划分的。费孝通将乡村社会分为乡绅和普通民众两个阶层，秦晖则将其分为权贵地主、平民地主、依附农民、独立农民四个阶层。

三是观念分层，认为在中国近代乡村社会成员的观念中存在一个先验性的图式分类，这个先验性的图式分类必然会形成一套价值评判标准，农民以此标准形成了独特的社会分层结构，即士绅领袖、乡村能人、普通大众和弱势群体四个阶层。孙立平也认为农民对于自己生活的社会分类只有贫富之分、亲疏之分、道德之分。

四是多元分层。这种分层理论认为近代中国乡村社会成员处于经济、政治、社会等多个场域之中，也就意味着社会分层有多个分层标准。

五是经营分层，即根据农民的经济资本（尤其是土地资本）而对农民的一种社会分层。

民国学术界主要是三种意见：马克思主义的分层理论、具有国民党主流意识的分层理论（分为自耕农、半自耕农和佃农）和依据土地经营规模把农民分为上户、中户、下户的分层标准。

笔者认同马克思主义的社会分层理论。近代中国乡村社会成员与其他社会成员一样，虽然"生活在经济、政治、社会乃至文化等各个场域

---

[1] 于凤春、刘邦凡主编：《社会学概论》，中国铁道出版社2011年版，第164页。
[2] 杨豪：《回顾与思考：中国近代乡村社会分层与社会流动研究述评》，《民国档案》2012年第3期。

之中",但归根结底,经济基础决定上层建筑,社会存在决定社会意识。对经济资源(在传统农业乡村社会主要体现在土地资源)的占有,是决定人们的社会意识的基础,也是决定其观念、社会等级(社会地位)的基础。道德的评判虽然受制于历史文化传统的影响,但其根源还是受经济因素制约的。因此,我认为近代乡村社会可以区分为两大阶级,六个社会阶层,即地主和农民阶级,大地主、中小地主、自耕农、佃农、雇农、无业流民。晚清湖南乡村社会分层也当作如是观。

大地主。所谓大地主,不但是因为其占有土地数量的规模大,更重要的是他们在占有土地资源的同时,还占据乡村的政治资源,类似于秦晖先生所说的权贵地主,或称豪绅地主。他们或是乡村政权的把持者,如保长、甲长、团总等,或者是乡村权力的操纵者,如乡绅、族长之类民间社会的控制者,掌握着地方公共事业的权柄。在晚清湖南,具有湘军背景的大地主是典型的代表。这些以军功起家的地主,有着现任或候补的官职背景,占有大量的土地。曾国藩家族在湘乡即是如此。曾国藩本人所置土地,远至衡阳县,其子曾纪泽在主持家务时,使用曾国藩攫夺的钱财大买田宅,"远过文正"。[1] 曾国荃则是人所共知的"老饕","每克一名城,奏一凯歌,必请假还乡一次,颇以求田问舍自晦"。[2] 其他的湘军将领,在家乡也是富甲一方的大地主。湘潭的郭松林,"置田宅值十余万金";[3] 临湘的刘璈,被革抄家查有房产68间、值银4588两,有田契431张,值银6290两。[4] 长沙举人周乐,本无恒产,1853年入胡林翼幕府后,于1866年致休回乡,大置田产,至1899年,其租田达五六千石以上。[5] 平江县也是参加湘军较多的县份,在数十年内依靠军功发家的地主,收租几万石的十几家,几千石者几十家,几百石者无数家。[6] 以湘军军功起家的地主,在19世纪60年代以后的湖南,是一个不可小觑的群

---

[1] 徐珂:《康居笔记汇函》之《仲可笔记》,第78页。
[2] 曾纪芬:《崇德老人自订年谱》,1931年刻本,第3页。
[3] 王闿运:《湘潭县志》卷八,《列传》,光绪年间刊本,第182页。
[4] 《益闻录》,第578号,光绪十二年六月十六日。
[5] 严中平主编:《中国经济史》,经济管理出版社2007年版,第599页。
[6] 李六如:《六十年的变迁》,人民文学出版社1981年版,第1页。

体，强化了湖南乡村社会乡绅阶层，是晚清湖南乡村的重要社会控制力量。①

中小地主。所谓中小地主，一般来说，如周谷城先生所说，是"由纯粹的平民变成的，特权者及官吏之变成地主，那是很寻常的事。至于平民之能够变成地主，则有种种特别原因：或则由于体力过人，或则由于智力过人，或则由于机会好过别人，或则由于环境胜过别人。在生存竞争最激烈的社会里，有此种过人之处，最能致富。既已富了，又以重利向他人盘剥，或经营投机事业；如此而要造成地主资格，便不难了。凡人既成了地主，便开始向他人掠夺"②。中小地主拥有土地不多，也没有太多的官场背景或地方公共资源，如遇家庭重大变故或重大自然灾害，往往有破产的危险，甚至在与大地主和乡村黑恶势力的争斗中失败而沦为自耕农或佃农。晚清湖南在咸同时期出现了一些以军功而致富的大地主，但不久因为人口的增加以及其他原因而发生变化，大地主减少，中小地主有增加的趋势。如湘军的故里湘乡县就是这种情况。湘军将领易盛禧兄弟曾置地300余亩，经子孙续置，累逾千亩，但析为六户后，每户减至100余亩或数十亩。③ 中小地主在乡村公共生活中，要仰豪绅地主鼻息、眼色行事，也有的自己也参加农业劳动。

自耕农。自耕农是拥有土地自给自足的农村"中产阶级"，是封建王朝赋税的主要来源，也是社会稳定的基础，故历代统治者都非常重视自耕农的稳定。晚清已进入清王朝的末期，封建社会固有的土地兼并问题也发展到严重的地步，自耕农因各种原因破产而沦为佃户。就湖南乡村而言，人口的急剧增加，是重要原因之一。④ 乾隆时期的摊丁入亩政策，去除了人头税，使得人口在嘉庆、道光年间获得急剧增长。加之人为和自然因素，自耕农难以维持自给自足的状态，沦为佃户。

佃农。佃农是晚清湖南乡村人数众多的社会阶层，大约占乡村农户

---

① 详论见本章第三节。
② 周谷城：《中国社会史论》（上册），齐鲁书社1988年版，第283页。
③ 《湘乡县志》编纂委员会：《湘乡县志》，湖南出版社1993年版，第123页。
④ 湖南人口在乾隆初期为1300万，到道光年间增长至2000多万。见第三章。

的50%—60%。据光绪《善化县志》载，该县"乡民佃耕多于自耕"；①洞庭湖区的巴陵县，佃农占到60%。②湖南"居楚南隅，摩山带水，其民饭稻羹鱼自给，无秦晋商贾巨万之家，赋税俭薄，才敌江浙一大郡"③。在经过清初大量移民和清中叶的人口繁衍之后，人多地少的矛盾日益突出，且加上土地兼并，自耕农逐步失去土地，沦为佃户。另一方面，由于赋税的严重，自耕农甚至中小地主为了逃避赋税，主动将土地"投献"给大地主，甘为佃农，如湘潭县"漕重役繁，弱者以田契送豪家，犹惧其不纳"④。

佃农也区分为几种情况。有的是完全没有土地，全部佃种地主或祠堂、寺庙、学田生活；有的则自有少量土地，但无法满足生活需要，仍需租佃部分土地耕种。佃农的社会地位是低下的，除向地主交纳地租外，还有各种额外负担。地租额是很高的。鸦片战争前湖南的地租形态是以实物地租为主，且租额较高。如田少地瘠的浏阳县，"丰年之收，每亩不上一石七、八，纳租不过五、六斗"⑤洞庭湖区的岳阳，则"主佃各得其半"⑥。有的则超过此数，高出甚至多于此数。湘乡王殿玉佃田4亩，年纳租10石，亩平2.5石；鄢县刘必学佃山场4亩，年纳租8石，亩平2石。这个租额已远远超过了50%。⑦佃户除交纳地租外，还要交纳押租或预租。湖南的押租或预租名曰"进庄钱""进庄礼钱"或"佃规钱"，一般视佃田的多少、优劣及地区不同而数量不等。农民在承受苛重租税的同时，还要忍受地主阶级超经济的剥削与人身奴役，当时有人记载长沙县地主对佃户的超经济强制的情形时说："从来雇工佃户，原为力役之人，非同臧获可比。近见湖南人情浅薄，以强欺弱，往往有本属雇工，配以婢女，限满不许归宗，行羁留者。偶或挈妇言归，辄即指为逃奴叛

---

① 《善化县志》卷一六，光绪三年刻本，第10页。
② 李文治编：《中国近代农业史资料》第一辑，生活·读书·新知三联书店1957年版，第195页。
③ 王安定：《湘军记》，岳麓书社1981年版，第248页。
④ 王闿运等：《湘潭县志》，卷一一，第1页。
⑤ 邹俊杰等：《浏阳县志》，同治十二年刻本，卷六，第28页。
⑥ 杜贵墀等：《巴陵县志》，光绪十二年刻本，卷一四，第20页。
⑦ 根据《清代地租形态》统计，中华书局1982年版。

仆，辗展兴诉，愚民饮恨吞声，莫敢辩理，殊堪矜怜。又有擅将佃户为仆，恣行役使，过索租粒，盘算磊利，甚有呼其妇女至家服役，佃户不敢不从者。且有佃户死亡，欺其本宗无人，遂卖嫁其妻若子，并收其家资者。"① 这种情况在湖南各地都有所发现。因此，佃户是晚清湖南乡村的中坚阶层，但其生活状况却是非常艰难的。

流民。流民是失去土地而又不从事农业生产的农民。除此之外，因从事其他职业而失业流落乡间的人也占一大部分，如行伍遭遇裁撤、从事车夫、挑夫、矿工或其他手工业而破产的，因为不熟农耕而无法回归耕作的人，当然也有好逸恶劳而游荡的乡民。就晚清湖南而言，有两大因素造成晚清湖南流民的增加。一是土地兼并造成自耕农和小手工业者的破产，而人多地少又造成乡村无田可佃，以至于流离江湖；二是传统从广州到内地的贸易商道的改变，造成沿道数以万计的车夫、脚夫、船夫以及小商人的失业与破产。

所谓流民，并非完全无职无业。其最常从事的职业，多半是雇工，且以短期、无须特别技术的粗笨活计为主；其次是乞丐、串乡卖打、耍猴、算命、打卦之类的江湖艺人；最后是以坑蒙拐骗偷为业的所谓江湖强人。他们或从事人口拐卖："湖南客民每在湖北地方不惜多金价买人口，以供使令，有等不法之徒三五成群，串成骗局，哄诱良家子女，自己装作买主，写立身约，得价瓜分人口。"② 有的则占山为匪，"焚毁房屋，提人勒赎，无恶不作"③。

流民一旦为秘密社会利用，则成为会党之渊薮。晚清湘南地区会党势力强大，是与该地区流民聚集分不开的。湘南民风强悍，且人多地少，矿藏丰富，又当粤湘商道中央，故晚清失业之挑夫、车夫、船户众多。因此，天地会等在此地非常活跃，就是因为大量的流民投身其中。在太平天国金田起义之后，湘南地区会党起事活跃，随后投附太平军的达数万之多。

---

① 同治《长沙县志》，卷二〇，第21页。
② 民国《宁乡县志》，民国三十年（1941）刊本。
③ 同治《长沙县志》，卷一九，"政绩"。

晚清湖南乡村社会的分层，总的来说是占有经济资源的地主、自耕农数量较少，大量的是佃农和雇工以及流民，呈现出宝塔型的社会层级，下层社会人数众多，同时土地和公共资源占据在人数不多的豪绅地主手中，这也是导致晚清、民国时期乡村农民运动激烈的重要原因。由于统计数据的缺乏，晚清湖南乡村社会分层的具体比例很难得到准确的数据。只有大致的估计。同治《巴陵县志》云：

> 巴陵土瘠民贫。高苦旱，下苦水，十分其土，山水居其七；十分其民，而工贾居其四；十分其农，而佃租居其六；十分其力，而佣工居其五；十分其入，而耗用居其半。①

巴陵处洞庭湖区，情况尚且如此，而湘南、湘西和湘东山区，山多地少，自然条件难以和洞庭湖区、湘中地区相比，其情形更可想而知。无地和少地农民数量更多，因此自耕农数量更少，大量的是佃户和流民。这也是晚清湘南地区会党众多的原因之一。

二　晚清湖南乡村社会流动

晚清湖南乡村社会流动呈现的是一种持续向下的趋势。就整体而言，晚清乡村社会流动既反映了处于封建社会末期和清王朝末期的特征，也反映了东西方制度交汇碰撞所产生的后果。其结果是，这一时期的社会流动，无论是个人还是社会阶层，向下流动的频率超过向上流动，反映晚清社会向下沉沦的趋势，并由此造成社会的分裂，爆发社会危机，引起社会的动荡。就湖南乡村社会而言，其流动的主要原因是土地兼并的加剧、传统商道的改变、太平天国运动的兴起和湘军的崛起。因此，晚清时期湖南乡村社会的流动，反映的既有传统社会的特征，又有近代转型的征兆。但是，这一时期的社会流动，表现为垂直流动，是从上层地位和职业向下层地位和职业的流动，是一个向下的过程，不是社会活力和进步的体现，它促使乡村社会阶层分化，为晚清乃至民国时期的乡村

---

① 同治《巴陵县志》，卷四，同治十一年刻本。

社会动荡、骚动乃至革命的发展提供了基础。

在传统社会，土地是最主要的生产资料，因此土地兼并是造成农村社会流动的主要因素，社会的治乱盛衰，与土地关系极大，也是王朝循环更替重要原因。清代自乾隆末年，土地兼并日趋严重，至嘉庆、道光年间，成为社会矛盾激化的焦点。土地兼并，不但造成自耕农社会地位的变化，而且也使中小地主发生分化，从而动摇了封建统治的基础。有学者在探讨太平天国运动在广西爆发原因时，将土地兼并造成人民流离失所作为重要原因，而太平军进军湖南，在湖南引起巨大响应，其原因也在于此。

湖南地处内陆丘陵地带，人口兹繁，土地稀少，兼并也是很严重的。试举几个县的案例：

> 湘潭县："其时大乱，漕重役繁。弱者以田契送豪家，犹惧其不纳。"①
>
> 桂阳县："（邓氏）列宅分地，数十里田舍相望……（又）邓仁兴者……兄弟田数百顷，以富雄一方，至用担石程田契；乘马不牧，游食田野数十里，不犯人禾。"②
>
> 衡阳县："康熙中，刘重伟……于是坐致税利，为万金之家。至嘉庆时，子孙田至万亩。"③
>
> 长沙县："嘉庆壬申，李象鹍奉父命析产为二，各收租六百余石。……服官中州后，禄入较丰，积俸所赢，置产数倍于前。……于道光壬辰仍合旧产为二析之，较壬申数且六、七倍。"④
>
> 湘乡县："往往一族数十百家，向之衡宇相望，阡陌相望者，今

---

① 李文治编：《中国近代农业史资料》第一辑，生活·读书·新知三联书店1957年版，第64—68页。
② 李文治编：《中国近代农业史资料》第一辑，生活·读书·新知三联书店1957年版，第64—68页。
③ 李文治编：《中国近代农业史资料》第一辑，生活·读书·新知三联书店1957年版，第64—68页。
④ 李文治编：《中国近代农业史资料》第一辑，生活·读书·新知三联书店1957年版，第64—68页。

皆鬻食他人，有其未尽鬻者，特无人鬻者。"①

土地兼并的直接后果，是使自耕农和中小地主陷入困境，变为佃农，乡村社会发生分化。据记载，由小土地者变为佃农的比比皆是：

近日田之归于富户者，大约十之五、六；旧时有田之人，今俱为佃耕之户。每岁所入，难敷一年口食。②

曾国藩也曾经感叹这种情况：

天道五十年一变，国之运数从之，惟家亦然。当其隆时，不劳而坐获；及其替也，忧危拮据，而无少补救，类非人所为者。昔我少时，乡里家给人足。农有余粟，士世其业……自远游以来，每归故里，气象一变，田宅易主，生计各蹙，任恤之风日薄。呜！此岂一乡一邑之故哉？③

鸦片战争之后，随着五口通商，广州作为唯一的外贸港口地位结束，从而改变了传统的商路，商路改变则造成挑夫、船工乃至从事流通、运输乃至餐饮的中小商人失业，加剧了社会的分化。

在广州一口通商的年代，湖南是南北贸易的必经之地，沟通南北的商路发达。据吴承明先生考证，明清以来南北两条商路，其中一条"由湖南湘江南行，过桂林，沿西江到广州。此路明洪武虽重修灵渠，但以军事为目的。到清代，随着洞庭湖流域的开发，湘江商货日繁，始成为重要商路。尤其在广州一口通商后，丝茶在湘潭装箱南运，洋货亦先集湘潭，再分运内地。中经南风岭，人力肩挑，不下10万人"④。

---

① 彭洋中：《致邑候朱石樵明府书》，《古香山馆存稿》，湘乡彭氏，同治十三年。
② 李文治编：《中国近代农业史资料》第一辑，生活・读书・新知三联书店1957年版，第105页。
③ 《曾国藩全集》第14册，《诗文》，岳麓书社2011年版，第286页。
④ 吴承明：《论清代前期我国国内市场》，《历史研究》1983年第1期。

曾于1859年到湘潭等地考察的容闳在他的著作中记载道：

> 凡外国运来货物，至广东上岸后，必先集湘潭，由湘潭分运内地；又非独进口货为然，中国丝茶之运往外国者，必先在湘潭装箱，然后再运广州放洋。故湘潭及与广州间，商务异常繁盛，交通皆以陆，劳动工人肩货往来于南风岭者，不下十万人。①

南北货物在湘潭集结后，无论是经衡阳转永州、全州、兴安经灵渠入漓江、西江到广州，还是经郴州翻越南风岭，都要经过湘南地区，而湘南正是鸦片战争后会党活跃的地区，也正是太平军在湖南壮大力量的主要地区。鸦片战争后，由于上海开放为通商口岸，而上海以其优越的区位，很快取代广州成为外贸的中心，湖南作为南北商路的重要性下降，清初一口通商开始繁荣了一百多年的广州越五岭经湘潭至内地的传统商路失去垄断地位，湘潭中外贸易转运中心地位随之动摇。多少年来艰难跋涉在五岭三湘间成千上万的几代脚夫、挑夫、纤夫、走贩，乃至中小商人失业或破产，纷纷失业，这条昔日繁华喧嚣的商道从此渐渐沉寂。谭嗣同如是描述说：

> 从前海禁方严，番舶无埠，南洋、五岭之珍产，必道吾埠，然后施及各省。维时湘潭帆樯鳞萃，繁盛甲于东南，相传有"小江南"之目。厥后轮船、租界曼延沿边，商旅就彼轻捷，厌此艰滞，而吾湘口岸，始日衰耗。②

而这些手工业者失业之后，在土地兼并十分严重的情况下，是难以回到土地上的，大部分流落江湖，成为所谓流民，而流民社会正是会党的来源，这就导致了湖南特别是湘南地区秘密社会组织在道光、咸丰年间的兴盛。

---

① 容闳：《西学东渐记》，湖南人民出版社1981年版，第46页。
② 蔡尚思、方行同编：《谭嗣同全集》，中华书局1981年版，第424页。

太平天国运动的兴起，也是加剧晚清湖南乡村社会流动的重要原因。当太平军由广西进入湖南以后，湘南一带会党纷纷响应，或为之向导，或附和起义，更多则是加入太平军。《李秀成自述》说：在湘南，"招得……道州、江华、永明之众，足有两万之数"，后"入郴州亦招二三万众，茶陵州亦得数千"①。江忠源说，"会匪之入党，日以千计"②。曾国藩后来回忆说，"去年粤逆入楚，凡入添弟会者，大半附之而去"③。罗尔纲先生在《太平天国史事考》一书中认为，太平军在湘南吸收的会党有五万多人，是蓑衣渡战败入湘人数的十倍。太平军在湖南建立起来的土营和水营，就是以湖南的矿工和船户为主体的。据载："自陷郴、桂，得采煤山夫千余人，仿鳌翻法，立土营伪师帅，穴地攻城"④，"贼攻城专以挖地道为计，于道州、郴、桂等处，尽掳挖煤山人数千，另立土营"⑤。太平军攻下湖南益阳后，征集"民舟数千"，占领岳州后，又获"估舟五千余艘"⑥，将多数船工水手编入太平军，封粮船水手、湖南祁阳人唐正财为"典水匠，职同将军"，建立了水营。⑦

作为镇压太平天国而兴起的湘军，也造成了晚清湖南乡村社会的流动。湘军的建军原则是"选士人、领山农"，湖南乡村的农民便成为湘军最好的兵源。早期湘军都是湖南人，以后出省作战，也有过一些外省人，但仍然是以湖南人为主，其将官就更不用说了，且大多是湘乡人，曾国藩认为"同县之人易于合心"⑧，而曾国荃"不独尽用湘乡人，且尽用屋门口周围十余里之人"⑨，且是以"朴实少心窍"的"山农"，即闭塞、纯朴的农民为主，这是曾国藩从戚继光那里学来的。戚继光在《纪效新

---

① 《李秀成自述》，中国近代史资料丛刊续编《太平天国》（二），广西师范大学出版社2004年版，第346页。
② 《江忠烈公遗集》卷一，答刘霞仙书。
③ 《曾国藩全集》第1册，岳麓书社2011年版，第72页。
④ 杜文澜等撰：《平定粤匪纪略》，卷一。
⑤ 张德坚：《贼情汇纂》卷四《太平天国》，第三册。
⑥ 杜文澜等撰：《平定粤匪纪略》，卷一。
⑦ 张德坚：《贼情汇纂》卷四《太平天国》，第三册。
⑧ 《曾文正公书札》卷四。
⑨ 赵烈文：《熊静居士日记》卷二七。同治六年六月十七日。

书》中就专门谈到选兵的标准，认为选兵"第一切忌，不可用城市游滑之人"，即"面目光白，形动伶便"之人，这些人"神色不定，见官府敬然无忌"，是"奸巧之人"，切不可用；而"第一可用之人"，乃"乡野老实之人"，这些人"黑大粗壮，辛苦手面，皮肉坚实，有土作色"。①曾国藩便继承了这一条，对湘军兵卒的选募，要求"多用朴实少心窍之人"，而"滑弁游卒及市井无赖"则决不选用。② 同时，湘军的饷银较绿营丰厚，对晚清湖南乡村农民有很大的诱惑力。

总之，晚清湖南经济和政治诸因素，造成湖南乡村社会动荡，乡村社会流动频繁的。正如湖南巡抚骆秉章所奏陈的：

> 自逆贼（指太平军——编者）窜湖广扰江皖，而陷金陵，长江梗塞，淮盐片引，不抵楚岸者，三年于兹矣。湖南一省，例余淮盐州县，十居七八。从前无事之时，商民贩运谷米、煤炭、桐茶油、竹木、纸铁及各土产，运赴汉口销售，易盐而归。……自江淮道梗，淮南片引不到，两粤多故，粤引亦不时至，而盐价亦昂，四民重困。湖南为产米之乡，近年稍称丰稔，谷贱如泥；又武汉叠陷，米粮无路行销，农民卖谷一石，买盐不能十斤，终岁勤动，求免茹淡之苦而不得，如是而农困。商贩贸迁阻滞，生计萧条，向之商贾今变而为穷民，向之小贩今变而为乞丐，如是而商困。③

考察晚清湖南乡村社会流动的趋向，大致在以下几个途径：

行伍。这是晚清湖南乡村流动的主要趋向。一是太平天国运动兴起，在太平军进军湖南的过程中，大批湖南乡村青年（包括矿工、会党、普通农民及船户）或自愿或被裹胁进入太平军。根据研究估计，太平军出洞庭湖进入长江向南京进军，其人数是由蓑衣渡进入湖南时的10倍。④

---

① 戚继光：《纪效新书》卷一。
② 王安定：《求阙斋弟子记》卷二三。
③ 骆秉章：《骆文忠公奏议》卷五，台北：文海出版社1966年版，第11、11页。
④ 罗尔纲：《太平天国史事考》，生活·读书·新知三联书店1955年版，第60页。

江忠源也说，太平军进入湖南后，"土匪之迎降，会匪之入党，日以千计"，① 可见湖南乡村加入太平军的人数众多。二是参加湘军。与参加太平军不同，由于曾国藩的募兵原则是以"朴实少心窍"的"山农"为主，"滑弁游卒及市井无赖"坚决不用，所以湘军士兵基本上是乡村农民，特别是湘乡及湘乡周边几个县如湘潭、新化、安化等地的农民为主。因为乡村土地兼并严重，湘乡又是人多田少的地区，加之湘军薪饷较为丰厚，加入湘军成为无地的佃农的不错的选择。三是清末军制改革，新军编练，参加新军也成为一种选择，特别是科举废除，乡村士子的出路窄逼，因此有不少士子投笔从戎，加入新军，主要集中在湖北新军和湖南新军之中，有很多成为武昌首义和湖南响应的革命党人。

科举与新式学堂及留学。科举是传统乡村士子向社会上层流动的主要路径。费孝通曾经对915个清代贡生、举人和进士的出身进行分析，从城乡分布来看，52.5%出自城市（其实也就是州县城）；41.6%出自乡村；还有6.34%出自集镇。② 这一比例大致也反映了晚清湖南的情况。晚清（1840—1905）湖南共中进士317人③，其中接近半数是县以下乡村的。湖南新式学堂创办比较晚，洋务时期没有洋务学堂，直到维新运动前后才逐步举办。与其他省份不一样的是，湖南创办的新式学校以中学堂和师范学堂为主。著名的有三路（北路、中路、南路）师范学堂和优级师范学堂、明德中学堂、周南女学堂以及各县中学堂。据统计，到光绪三十三年（1907），湖南共有中学堂39所，学生3220人；1908年有中学堂42所，学生3734人；1909年有中学堂47所，学生3932人；④ 1912年有中学堂41所，学生5217人。⑤ 这些新式学堂成为乡村贡生们的新选择，而科举制废除后，也成为大部分乡村士子的选择。同时，师范教育的发展，也为乡村小学提供了师资，清末民初湖南乡村小学教育的繁荣，得益于此时的师范和中学教育。据统计，从光绪二十八年到宣统三年

---

① 《江忠烈公遗集》卷一，答刘霞仙书。
② 费孝通：《乡土重建》，岳麓书社2012年版，第58页。
③ 王继平等：《晚清人才地理分布研究》，中国社会科学出版社2012年版，第99页。
④ 冯象钦等：《湖南教育通史》第2卷，岳麓书社2002年版，第220页。
⑤ 冯象钦等：《湖南教育通史》第2卷，岳麓书社2002年版，第221页。

（1902—1911），湖南小学堂从 31 所增加到 2085 所，在校学生由 1071 人增加到 73577 人。①

出国留学也是晚清湖南乡村社会流动的途径。一方面是科举的废除，士子们寻找出路使然；另一方面是民族危机刺激士子们的爱国热情所致。光绪二十八年（1902）2 月，湖南巡抚俞廉三次面晤来湘考察的日本高等师范学校校长嘉纳治五郎并商定咨送湘籍学生留日事宜，随后选派第一批学生共计 12 人赴日留学。是为湖南派遣官费留学之始。湖南留日热潮的形成，是在 1905 年科举废除前后。自 1904 年起，湖南留日学生总人数一直居于全国前列。1904 年为 359 人，为全国之首。到 1906 年，据当年学部《官报》统计，全国留日学生 5418 人中湖南省有 589 人，占 10.87%。②虽然留学生不完全来自乡村，但还是占有一定比例的。以后成为著名革命志士的黄兴、陈天华、宋教仁等就是生活在乡村的。应当说，留学此时已经是乡村社会流动一个重要层级。

矿山。湖南是矿产资源丰富的地区，晚清矿山成为乡村社会流动的一个重要途径。清初为了防止民众啸集山林、扯旗造反，政府实行矿禁。平定三藩之乱后，时开时禁，直到乾隆初年，政府全面放开了矿禁。这对于矿产资源丰富的湖南，提供了经济发展一条途径。同时，经过清代近一百年的发展，湖南乡村经济已经从明末清初的动乱中恢复过来，移民充实，生殖日繁，湘南、湘西、湘东山区本来人多田少，已经处于过度开发的状况，向以"湖广熟，天下足"著称的湖南，也在乾隆时期出现了因人口增加而导致的粮食问题。益阳"近时农民力耕，勤垦山岭，植杉竹，滨湖筑堤垸，人满地僻"③。武冈农民"以种稻为本，其余麻麦杂植各随地宜，不遗余利，生齿日繁，仅以自给"④。长沙府也出现了"生齿繁而物力尽"的情况。⑤《宁乡县志》载："吾宁为膏腴之壤，土无不毛矣。但自食指日繁，山童矣，泽竭矣，农鲜盖蔽矣。……［旧产］

---

① 冯象钦等：《湖南教育通史》第 2 卷，岳麓书社 2002 年版，第 221 页。
② 伍春辉：《近代湖南留日热潮与湖南新教育》，《当代教育论坛》2008 年第 3 期。
③ 乾隆《益阳县志》卷八"物产"。
④ 乾隆《武冈州志》卷一"风俗"。
⑤ 乾隆《长沙府志》卷三六"物产"。

竹木之属今皆濯濯矣。"① 芷江县"各乡所产稻谷不足供一岁之食，则杂植蔬麦稷菽以佐之，然亦不多。……每秋收后结伴入山，采取蕨根滤汁作粉以充食"②。泸溪县，"地多山少平地，悬崖陡壁皆栽桐、榆，艺菽粟。……所产谷不足供一岁之食，必仰给旁邑，高坡侧壤广植荞麦、包谷、高粱、烊𬞟子诸杂粮。……山农……无田则佣工……惟岁歉口入山采蕨挖葛根滤粉充食"③。永顺府，"四邑山多田少，农民刀耕火种，田畔种菽无隙地，自始耕至收成无片刻之暇……贫者庸工取给，岁稍歉则入山采蕨掘苗根滤粉以充食"④。正是这种严重的生计压力，促使地方官员和有识之士倡议开放矿禁，以解民困。雍正初年，湖南衡永郴道王柔为缓解民生凋敝的情况，力主开采矿山：

厂利之宜亟兴也。湖南边徼地方，重山复岭，金银铜锡铅铁所产者，不一其处。郴州桂阳虽开采黑白二铅，而其余封闭者尚多。人迹罕到之区，率奸棍勾通蠹役强霸偷挖，微弱穷民反往滇厂佣工。……（开矿）虽未必处处有济，但得一二有成效者，则经费有济，数十万失业之民，得有营生之处矣。⑤

因此，乾隆初年，开放矿禁，使湖南乡村失去土地的农民，或过剩的人口得以取得生计。晚清湖南巡抚陈宝箴兴办官矿时就说：

湖南山多田少，物产不丰，而山势层叠奥衍，多砂石之质类，不宜于树艺，惟五金之矿多出其中。煤铁所在多有。小民之无田可耕者每赖此以谋衣食。⑥

---

① 乾隆《宁乡县志》卷一"食货"。
② 乾隆《芷江县志》卷五"风土志"。
③ 乾隆《泸溪县志》卷七"物产"。
④ 乾隆：《永顺府志》卷一〇"风俗"。
⑤ 中国人民大学清史研究所、中国人民大学档案系中国政治制度史教研室合编：《清代的矿业》，中华书局1983年版，第350页，王柔奏。
⑥ 《光绪朝朱批奏折》，第一〇一辑，"工业·矿务"，一〇八六，第1081页。

所以，进入深山老林，从事艰苦的挖矿工作，是晚清湖南乡村失地农民或流民比较可行的谋生之路。当然，矿工的生活也是极为艰苦的，不仅劳动繁重，而且经常发生矿难，还受到封建官府、矿主等层层盘剥，故太平军进入湘南地区，则有众多矿工投身其中，动辄几千上万。

佃户。由自耕农、半自耕农沦为佃户，是乡村社会流动中，同一职业中不同层级的流动。在晚清湖南乡村社会，这一现象持续呈现。晚清湖南的土地兼并，有两个比较活跃的时期，一是所谓康乾盛世之后，社会由盛而衰，土地兼并严重，到嘉庆、道光年间已经非常严重。不仅自耕农、半自耕农破产沦为佃户，一些中小地区也难逃厄运。曾国藩曾经感叹过这种情形：

> 天道五十年一变，国之运数从之，惟家亦然。当其隆时，不劳而坐获；及其替也，忧危拮据，而无少补救，类非人所为者。昔我少时，乡里家给人足。农有余粟，士世其业……自远游以来，每归故里，气象一变，田宅易主，生计各蹙，任恤之风日薄。呜！此岂一乡一邑之故哉？[①]

具体的土地兼并情况已经在上文叙述，此不再述。这也是湖南在太平军进军途中众多追随起义队伍的重要原因之一，与其他地区不同的是，湖南在湘军崛起以后，众多因参加湘军征战东南的湘军官佐因此发财，在家乡买地置业，又造成了新的一轮土地兼并。当时有人描述这种情况说：

> 湘省自江南恢复后，文武将领之冒饷致富者，行盐起家用者，田宅之外，如票号，如当店，以及各项之豪买豪卖，无不设法垄断，贫民生计，占搁殆尽，实已不堪其苦……[②]

[①] 《曾国藩全集》第14册，诗文，岳麓书社2011年版，第286页。
[②] 李桓：《宝韦斋类稿》，卷九三，第46—47页，《上王夔石中函书》。

由此看来，湘军官吏通过各种途径获得的不义之财，数量颇巨，且大多数用来添置田产。这种现象，在湘军的老巢湘中几个州县尤为突出。以湘乡曾国藩家族的成员来看，他们聚敛的财产和土地为数可观。曾国藩之弟曾国荃，"每克一名城，奏一凯战，必请假还乡一次，颇以求田问舍自晦"，①他所聚敛的资财已达百万，田产有6000余亩，这在南方地区是相当多的了。②曾国藩的儿子曾纪泽，虽为官在外，也在家乡置田敛财，"远过于文正"，"自俄使归而毙，赒资得十余地万"。③

湘军的其他官吏，也不逊色于曾氏族人。如湘潭的郭松林，本为一"不事农、儒"的纨绔子弟，入湘军后被"封一等轻车都尉"，"出军中获资，置田宅值十余万金"。④临湘的刘璈，入湘军官至台湾道，后被革职抄家，查出有房产68间，值银4588两；田契431张，值银6290两。⑤可见其家资之富。又如长沙县的聂尔康，因参加湘军，官至知府，在家置有田产颇巨，共计租谷七千石，房产公馆两所。⑥类似的情况不少，以至当时有人描述说，湘军"诸将帅还者，挥霍煊赫，所过倾动，良田甲第期月而办。"⑦

此外，地主侵占公田、教堂侵占民田的现象也十分严重。在洞庭湖区，大片的湖州土地为地主劣绅所占。这些土地本为各地游民垦种。而豪绅地主见有利可图，乃"执持废契印照，影射争占，盗卖盗佃"，造成"械斗成风，讼狱繁兴，命案叠出"。⑧外国传教士在第二次鸦片战争夺战后也大量入湘，所到之处，或占地设堂，或放佃收租。如潮南靖州教堂拥有田产合租谷一千数百石，衡州教堂也有田产数千亩之多。

湘军系统将官的聚敛，使农民的土地大都集中于大地主、世宦手中，土地兼并现象严重。农民丧失土地区性而沦为佃户。据资料统计，在巴

---

① 曾纪芬：《崇德老人自订年谱》，第3页。
② 徐珂：《康居笔记汇函》，仲可笔记，第78页。
③ 徐珂：《康居笔记汇函》，仲可笔记，第78页。
④ 王闿运等：《湘潭县志》，光绪十四年，卷八，列传，而百八十二。
⑤ 《益闻录》，第578号，光绪十二年六月十六日。
⑥ 曾纪芬：《崇德老人自订年谱》，第3页。
⑦ 《湘潭县志》，卷八，列传，第186页。
⑧ 张之洞：《张文集公公牍稿》卷九，第6页。

陵（今岳阳），农民中有60%是无地或少地的佃农。①

基于土地兼并的严重，在19世纪60年代后的所谓同治中兴的时期，湖南乡村社会流动在农民这一层级中，存在着向下流动的趋势。大量有地或少地的自耕农、半自耕农失去土地而成为佃户，这种趋势一直持续到民国时期。

会党与流民。湖南会党大约是在清嘉庆年间出现的，主要活跃在湘南地区。最初是从广东、广西传入的天地会，"浸寻阑入，日聚日多。遂致诱众结拜，纷纷散布。而永州一府与两广切近，其所属之道州、宁远、江华等县尤为甚"②。在湘军兴起之前，会党是乡村破产农民、商道改变后的失业工人以及流民为主体组成的。会党在湖南发展起来，且名目繁多，添弟会（天地会）、担子会、串子会、红教、红簿会、三合会等，不一而足。在太平天国起义之前，1835年、1847年、1849年湖南就先后爆发了新宁蓝正樽、雷再浩、李沅发发动的规模很大的会党起义。湘军兴起特别是其后期乃至湘军裁撤以后，湘军士兵则成为会党的主要来源并发动起事。湘军的下层兵卒，有的在战后虽也捞了一点小财，却是微不足道的，尤其是大多数士兵，卖命多年，很少能得到好处。战争结束后，他们被遣散回家，迫于生活，不得不铤而走险，参加各种反清的秘密会党，特别是在湖南盛行的哥老会。所以有记载说，湘军散，哥老会起。因此，湘军对湖南乡村社会流动的重大影响，便是哥老会的兴起。

哥老会在湘军中的出现，是在湘军后期就有的。按曾国藩的说法，哥老会在湘军的盛行原因，"大约初入会时，有两种议论最易诱人，一曰在营会聚之时，打仗则互相救援，有事则免受人之欺；一曰出营离散之后，贫困而遇同会，可周衣食，孤行而遇同会，可免抢劫。因此同心入会"③。这说明加入哥老会的大都是在军中地位不高的士卒，其目的乃为互相帮助。在攻陷金陵前后，湘军中哥老会的势力渐多。曾国藩在同治

---

① 李文治编：《中国近代农业史料》第一辑，生活·读书·新知三联书店1957年版，第195页。
② 嘉庆二十四年五月初九日蒋云宽奏，第一历史档案馆藏，军机处录付奏折，农民运动类，秘密社会项。
③ 《曾文正公书札》卷三一，《复刘蕴斋中丞》。

四年（1865）说："近年以来，各营相习成风，互为羽翼，抗官哗饷皆由于此。"① 所以金陵克复后，湘军各营抗官闹饷之事不断，一些士兵思归，不愿再征战。当曾国藩想调兵前往皖北剿捻时，竟无一兵一卒愿往；② 刘松山部由宁国至龙潭时，竟有三分之一的人请假，③ 席宝田所统湘军中也"纷纷哗噪，不肯从命"④。比较大的事件便是1865年5月湘军霆字营的哗变。霆字营中的哥老会分子相当活跃，而且其中还有不少太平军士兵俘虏，由湘军悍将浙江提督鲍超统带，共计18营8000余人，当时驻扎在江西南昌城外。鲍超因重伤回籍调养，部队由宋国永、娄云庆统带。清廷在1865年3月下令霆字营入甘，镇压回民起义。营中士兵多不愿远征西北，故在1865年5月初队伍行抵湖北金口时，在参将欧阳辉、游击罗三元等的领导下，宣布反正，拟向南进军，进入福建会合正在那里活动的太平军汪海洋、李世贤部。他们从金口出发，攻入咸宁，杀死知县，然后由通城入江西义宁，与跟踪追击的清军激战之后，又折回铜鼓，沿途不少群众加入义军，力量达万人，并正式设立了指挥、检点等官职。随即由萍乡入湖南醴陵、安仁、桂阳，进入广东，与汪海洋部太平军会合。

在19世纪70—80年代，湖南会党发动的起义不断出现，在很大程度上就是被遣撤的湘军士兵和下层官吏的活动所致。在湘军的老巢湘乡县，由湘军遣撤士兵为主体的会党起义就发生过好几次。1867年5月，原为湘军士兵的会党首领曾广八与童级高、贺新惠等人在湘乡发动会党五六百人起事，他们头裹红巾、手执白旗，与前来镇压的绅团展开战斗。义军的矛头主要是针对湘乡的地主豪绅，这也反映出湘军遣撤后湖南土地关系的变化，大多数湘军士兵生活日蹙，不得不铤而走险。1870年3月，湘乡哥老会首领赖荣甫等聚集会党数百人，再次发动起义，先后多次与地方绅团接战，转战湘乡、湘潭一带。

在其他地区，也有哥老会众发动的起义。1867年6月浏阳会党起义，

---

① 《曾文正公批牍》卷三。
② 《曾文正公书札》卷二四，《复钱子密书》。
③ 《曾文正手书日记》，同治四年五月十五日。
④ 《曾文正公批牍》，卷三。

1870年9月湘潭会党起义，1871年5月龙阳、益阳会党聚众拜会攻占益阳，1890年澧州哥老会起义等。这种情况实际上一直延续到20世纪初年。在此间湖南历史上发生的农民起义、反洋教斗争、资产阶级革命活动，湖南哥老会众一直是非常活跃的。

在晚清湖南乡村社会持续向下的流动中，唯一具有向上流动趋向的，是入仕和成为乡绅。而这一现象的产生，是与湘军的兴起分不开的。湘军选士人领山农的建军原则，为包括乡村的士子和农民提供了进阶之路（假如没有战死在疆场的话），而进阶主要是通过统兵和帮办营务而获得拔擢，从而使原来只是乡村士子或塾师乃至农夫的"乡野之人"得以入仕成为晚清政府、军队的各级官员；退而求其次，则回乡为乡绅。故此，因湘军的缘故而得以向上流动的就有入仕和为绅两种。

入仕。在镇压太平天国农民起义的战争中，湘军兵将因"战功"获得了不同等级的功名，被保举为各种品秩的官衔。湘军最初的定例，每次战功保案，每百人中准保3人，在咸丰四年（1854）攻陷武昌时，全军保举300人。到1856年湘军再陷武昌时，军队人数约1.5万人，但保举却过3000人，平均每百人中保举20人。① 到同治年间，曾国藩所部湘军达12万人，连年征战，保举之人可想而知，估计不下数万人。有记载说："湘、淮、楚营士卒，徒步起家，多擢提、镇、参、游以下官，益累累然。"② 根据罗尔纲对湘军人物182人的查考，在各级湘军将官中，官至总督的就有13人，巡抚13人，其他文职在布政使、按察使，武职在提督上下的143人。③ 进一步考察因湘军而入仕人员的出身，可以看出这是晚清湖南乡村社会流动的典型表现。据罗尔纲《湘军兵志》表列官至文职知县、武职游击以上的182人中，进士、举人、孝廉方正、拔贡、附贡生、诸生、附生、廪生、增生、县学生、监生、文生、文童出身的书生占58%；武进士、武举、武童、护军、前锋、千总、外委、行伍、勇等

---

① 罗尔纲：《湘军兵志》，中华书局1984年版，第161页。
② 《清史稿》，职官志，四。
③ 罗尔纲：《湘军兵志》，中华书局1984年版，第66页。

出身武职的占42%。① 进一步对湖南籍的书生进行分析，如表4-1②：

表4-1　　　　　　　　湘籍湘军将领书生出身分析表

出身	人数（人）	出身	人数（人）
进士	2	附生	7
举人	6	廪生	6
孝廉方正	1	增生	2
拔贡	3	监生	6
诸生	6	文童	11
合计		50	

由表4-1可以看出，书生出身并得以入仕的湘军将领中，基本是尚未达到通过科举入仕的进阶低层士子，可见湘军的确是晚清湖南乡村士子向上流动的途径之一。至于以武童、行伍、勇等出身的普通农民而入仕的，也并不鲜见，如行伍出身官至贵州提督田兴恕、长江水师提督黄翼升、江南提督李朝斌；武童出身官至署甘肃提督陶茂林、福建陆路提督孙开华、乌鲁木齐提督谭上连、江南提督谭碧连；湘军勇出身而官至总兵、提督、副将的也不在少数。

乡绅。乡绅阶层是传统中国社会一种特有的阶层，在近代，乡绅"主要包括两类人：一类是致仕、卸任甚至坐废的回乡官员，以及现任官员家乡的亲戚子弟；一类是府州县学的生员、国子监的监生，以及在乡试、会试中及第的举人和进士。这两类人虽然与现任官员不同，但是都与'官'有密切的联系，前一类是曾经做官的人，后一类则是将要做官的人（进士大多例外）"③。乡绅是晚清湖南乡村社会具有重要影响的社会阶层，其来源广泛，④ 而湘军是其重要来源之一。湘军将士因战功或营务而获得保举的人并非都可以实授，大多数人，仅授以官阶，并未实授。

---

① 罗尔纲：《湘军兵志》，中华书局1984年版，第67页。
② 据罗尔纲《湘军兵志》，中华书局1984年版，第56—65页表统计。
③ 岑大利：《乡绅》，北京图书馆出版社1998年版，第9页。
④ 关于晚清湖南乡绅，将在本章第三节讨论。

以武职而论，当时绿营官员提督至额外外委（从一品至九品）的定额共12933名。① 这个数字远远不够湘军历年所保举的人数，何况还有其他军队保举的人。所以，在湘军裁撤时，这些因武功而保举的各级官吏，便发生了安置的问题。虽然后来曾国藩想出了"大衔借补小缺"的办法，使一部分人得以实授，但仍是僧多粥少，"半年数月不出一缺"，以致"遇有缺出，诸将望泽者环观，喁喁待命"②。所以，当湘军裁撤时，大多数被保举的官员仍无法实授，只能回籍待缺。这样的结果，便是湖南在湘军解散后平添了许多有官衔在籍候补官员。同时，这些在籍候补的官员大都在战争中发了财，特别是湘军攻陷天京之后，对天京进行大肆抢劫，"江宁磁货，尽入军中"，③ 湘军官兵人人都置一箧，放置抢来的东西，"担负相属于道"。④ 将官更是发财最多的，曾国荃因此还获得"老饕"之名。据载，当天京攻陷之后，"湘军满载金银子女，联樯而上"，衣锦还湘。⑤ 这些发了财的湘军官兵，回乡之后，广置田产，营造华宅，大富者成为称霸一地的大地主豪强，小富者至少成为不愁衣食的中小地主。同时，也有因参加湘军授官任职期满或因其他原因在籍的致休官员，他们与在籍候补官员一起，成为晚清湖南乡村社会乡绅阶层重要成分。

从以上叙述来看，晚清湖南乡村社会流动表现了以下特点：

第一，晚清湖南乡村社会流动反映了传统性流动的特征。有研究者认为，科举、行伍、佃户、入仕、乡绅、会党和流民属于传统性社会流动，新式教育、留学、成为产业工人等属于近代性社会流动。⑥ 晚清湖南社会的变迁，较东南沿海地区的变迁缓慢一些，又因为它地处南北缓冲地区，新旧斗争激烈。整体上来说，其保守的社会氛围更浓厚。特别是湘军崛起，取得平定东南半壁河山的事功之后，社会的保守、骄虚之气

---

① 《清史稿·职官志》。
② 《曾文正公书札》卷三一，《复刘岘庄中丞》。
③ 王闿运：《湘军志》，曾军后篇。
④ 《太平天国史料丛编简辑》第三册，第370页。
⑤ 《灵峰先生集》卷二，第53页。
⑥ 参见杨豪《晚清直隶农村社会分层与社会流动之表征》，《河北经贸大学学报》2009年第1期。

浓厚。当时就有人评论道：

> 自咸丰以来，削平冠乱，名臣儒将，多出于湘，其民气之勇，士节之盛，实甲于天下。而恃其忠肝义胆，敌王所忾，不愿师他人之所长，其义愤激烈之气，鄙夷不屑之心，亦以湘人为最。①
>
> 湘人尚气，勇于有为，而气太盛，则不能虚衷受益。②
>
> 自鸦片战争至英法联军之役，中国所发生的"三千年变局"，湖南人是无动于衷的。湖南人的守旧态度，有似一口古井，外在的激荡，没有引起些许涟漪。所以当自强运动在沿海地区进展的时候，湖南人仍在酣睡之中。三十余年的自强运动，于湖南人几乎完全是陌生的。③

以基督教入湘为例，湖南人的反应是非常强烈的。1887年，一位名叫马歇尔·布朗荷的英国传教士所说："湖南之对于中国，正如拉萨之对于西藏一样。多年以来，它是大陆腹地中一座紧闭的城堡……出现了对基督教的最激烈的攻击。不管别的省份采取什么态度，湖南仍然毫不容情。"④ "就人的力量来说，至少就取得一个居留地而言，湖南比以往任何时候都更加保守固拒了。"⑤ 截至19世纪80年代末，还没有任何一个传教士进入长沙。在基督教进入的湖南边缘地区，教案和反洋教事件层出不穷，著名的周汉反洋教事件，长达20年，其传单、揭帖遍及南方地区。甚至到了20世纪初年，还有"不打洋伞、不用洋火、不穿洋布"的贺金声。⑥ 在对待西方器物文化，湖南人也表现出顽强的排斥。洋务运动实乃曾国藩、左宗棠等湘人倡导，但在19世纪湖南没有一家近代企业，

---

① 陈宝箴：《戊戌变法档案史料》，中华书局1958年版，第249页。
② 皮锡瑞：《伏师堂未刊日记》，《湖南历史资料》1958年第4期。
③ 张朋园：《中国现代化的区域研究·湖南省》，台北"中央研究院"近代史研究所1983年版，第131页。
④ 周锡瑞：《改良与革命》，中华书局1982年版，第39页。
⑤ 周锡瑞：《改良与革命》，中华书局1982年版，第40页。
⑥ 王继平：《湘军集团与晚清湖南》，中国社会科学出版社2002年版。

即使安装电线,也遭到抵御:"湖南省人,向未知西法为天下之良法,更未知新法为今日之要法,是以逞其私见,悉力拒之,甚至奉旨设立之电杆,竟敢拔而投诸之火,种种乖僻,皆自困之道也。"[①]

晚清湖南的保守的自闭氛围,使得具有现代化意义的事物直到19世纪末年才出现并逐步为社会所接受。因此,在这种经济、政治、文化和社会环境中,湖南乡村社会的流动就只能延续传统的方式进行,在科举、行伍、租佃、矿工、会党、流民这些传统的社会阶层与职业间沉浮:或上升为地主、乡绅,或沦为佃户、矿工、会党、流民。直到19世纪末20世纪初,才陆续出现了出国留学、进厂矿当工人或由地主转变为企业主等具有现代特征的社会流动。

第二,晚清湖南乡村社会流动主要表现为一种向下的趋势。晚清湖南乡村虽然开始了向半殖民地半封建社会的转变,但由于地处内地,自然经济解体的程度依然有限,因此它基本上还是一个自给自足的农业社会。同时,晚清湖南乡村土地兼并的加剧,使得农村各阶层处于不稳定的经济状态,中小地主、自耕农、半自耕农因为天灾人祸沦为佃户,"田宅易主,生计各蹙"的现象周期性出现。恰逢其时的太平天国运动和湘军兴起为失去土地的佃户和早已沦为会党的流民提供了参加太平军或湘军的机会,但从社会流动来说,这是一种向下的流动,或者至多是一种水平流动。19世纪60年代以来中国早期现代化运动启动,本应是导致乡村社会结构性流动的契机,但在湖南因湘军回乡买地置业造成的新一轮的土地兼并,更加剧了乡村社会的凋敝,乡村社会流动依然向传统的方向发展。即使这一时期大量人口流向矿山,也并不体现现代流动的发生,因为这一时期的矿山并非新的生产力的体现,只是封建经济的不同领域。

由科举、军功入仕或进入乡绅阶层,是一种向上的流动。晚清湖南乡村因创办团练、加入湘军镇压太平天国立功以及捐输而获得各种功名并入仕或在籍为绅,但通过这些途径而获得进入更高的社会阶层毕竟是少数,从整体上没有改变晚清湖南乡村社会流动持续向下的趋势,这正是晚清湖南乡村社会动荡以致不断出现会党和农民起义的社会原因。

[①] 《万国公报》第90卷(光绪二十二年六月)。

第三，晚清湖南乡村社会流动也表现为一种自由流动与结构性流动相结合的特征。从总的趋势来看，晚清由封建社会向半殖民地半封建社会发展，是一个根本性的社会变革，但这一过程是渐进的，湖南又处于内地，亦非政治中心，因此这一巨大的社会变革在晚清湖南的反应也是缓慢的。倒是太平天国运动作为一次规模巨大的社会运动，不仅起义本身对湖南社会造成巨大影响，乘势而起的湘军势力对湖南社会造成的影响也应当包括在这个社会运动之中。所以，晚清湖南乡村社会流动在某种意义上具有结构性流动的特点，如加入太平军和湘军，清末的留学、进入新式学堂（因废除科举这一制度性的变化）和新式企业。前者是社会的剧烈动荡造成的；后者则是近代社会性质的剧变所带来的。但是，湖南乡村社会流动的主流还是具有自由流动的特性。土地兼并造成自耕农、半自耕农的破产沦为佃户，形成庞大的流民群体乃至会党，是中国历史上历代封建王朝末期共同的现象，是旧王朝灭亡、新王朝兴起的征兆。

以上特点说明，晚清湖南乡村社会流动具有从传统性到现代性的过渡的特征，实际上，这也是晚清中国乡村社会共同的特征，只不过东南沿海、内地、北方地区的程度有所差别罢了。因此，这也预示着中国乡村社会将迎来一场深刻的社会变革，20世纪中国乡村历史的发展证明了这一点。

第二节　民国湖南乡村社会分层与社会流动

辛亥革命结束了中国两千多年的封建制度，建立了资本主义的经济政治制度，民国政府推行了一系列推动资本主义经济政治发展的政策，尤其是改变了几千年来"皇权不下县"的制度，乡村社会分层和社会流动在新的基础上展开，并由此呈现出新的变化。

一　民国湖南乡村社会分层的变化

民国建立后，随着资本主义逐步进入乡村社会和现代化事业的推进，无疑对乡村造成了深刻的影响,导致乡村社会分层和流动表现出新的特点。就乡村社会分层而言,它既延续了传统乡村社会分层,又因为政治经济的变化而出现了新的社会分层。

就广大的农民阶级而言,辛亥革命没有改变乡村土地所有制形式,因而建立在这种资源占用制度基础上的乡村社会分层依然存在,并且由于民国时期的农村凋敝日益严重,因此乡村下层规模日益膨胀,人数日益增加。

自耕农数量的减少和佃农数量的增加。民国时期的学者和相关部门对租佃制度和租佃关系进行过调查,这些调查涉及全国各省,但集中在北方地区以及广东等省,湖南的调查资料非常少,但大致可以看出其基本状况。根据民国六年至民国十年(1917—1921年)的调查,全国自耕农与佃农的比率平均如下表:①

表4-2　　　　　1917—1921年全国自耕农与佃农比率　　　　单位:%

百分比	民国六年	民国七年	民国八年	民国九年	民国十年
全国平均	49.7	46.7	41.4	40.0	46.3

如果仅从表4-2来看,自民国六年(1917)开始,佃农连续几年有下降的趋势,直到民国十年(1921)还没有超过民国六年(1917)的百分比。实际上,这是全国的平均值,就地区而言,北方各省佃农之比率较低,最高为奉天59.3%,最低为新疆23.6%;南方最低为安徽53.8%,最高为湖南80%,大约60%—90%为佃农和半自耕农。② 如"湘潭、长沙一带,佃农占十分之六,雇农占十分之二,至于自耕农在湘

---

① 据刘大钧《我国佃农经济状况》统计,载李文海、黄惊涛主编《民国时期社会调查丛编》,二编,乡村经济卷,福建教育出版社2009年版,第143页。民国学者和有关部门将农村社会阶层根据土地占有情况,划分为自耕农和佃农两个部分,而不是划分为地主、自耕农、半自耕农、佃农、雇农等社会阶层;也有的细划为地主、自耕农、半自耕农、佃农、雇农等社会阶层。

② 刘大钧:《我国佃农经济状况》,载李文海、黄惊涛主编《民国时期社会调查丛编》,二编,乡村经济卷,福建教育出版社2009年版,下册,第143页。湖南的数值仅有民国六年(1917)一年的。

中要算是最少的了，大约说起来，只能占十分之二"①。

1930年，国民政府立法院统计处曾向乡村小学教师发出调查表，调查乡村租佃状况，其中湖南省报告县数为8个，报告村数为11个，得到的结果是，自耕农占34%，半自耕农和佃农占66%。②

国民政府土地委员会在1934年其对湖南14个县、288830户农户进行地权形态调查，结果表列如下：③

表4-3　　　　1934年湖南部分县农村土地占有情况

地权形态户	所占农村农户百分比（%）	地权形态户	所占农村农户百分比（%）
地主	1.63	自耕农兼佃农	26.62
地主兼自耕农	5.85	佃农	19.42
地主兼自耕农兼佃农	0.89	佃农兼雇农	0.001
地主兼佃农	0.29	雇农	0.844
自耕农	30.10	其他	14.355

由表4-3可知，无地少地的农户（包括自耕农兼佃农、佃农、佃农兼雇农、雇农、其他）占61.25%，自耕农占30.10%，地主占8.66%，其中大地主仅占1.63%。

上述材料并非全面，也只能反映一个趋势。据民国时期修撰的《醴陵县志》统计，1936年，全县农户共计80418户，其中自耕农27511户；佃农52907户；佃农占农户的65.79%。④ 另据《湘乡县志》载，在1949年12月，中共湘乡县委办公室调查，该县景庆乡三保共426户，其中地主、富农、中农共91户，占总户数21.37%，占有土地84.81%；贫农、雇农、手工业者共335户，占总户数78.63%，但只占有土地总数的15.19%。该县白坨、白田、花石、石江等15个乡，土改前共有田土7.8

---

① 冯和法：《中国农村经济资料续编》，黎明书局1935年版，第121页。
② 张心一：《中国佃农问题的一点材料》，载李文海、黄惊涛主编《民国时期社会调查丛编》，二编，乡村经济卷，福建教育出版社2009年版，第207页。
③ 国民政府土地委员会：《全国土地问题调查报告纲要》，载李文海等主编《民国时期社会调查丛编》二编，"乡村经济卷"，福建教育出版社2009年版，第344—345页。
④ 陈鲲等修，刘谦纂：《醴陵县志》，民国三十七年（1948）铅印本，第197页。

万亩，人口6.06万，占人口总数7.1%的地主占有46.54%的土地，占人口总数54%的贫雇农，只占有5.65%的土地。[1]

湖南省立衡山乡村师范学校曾于1936年对该县师古乡进行了调查，其中对全乡1486户的地权状态进行调查，情况显示：全乡1486户农户，其社会分层如表4-4：[2]

表4-4　　　　1936年湖南衡山县师古乡社会分层比例　　　　单位：户、%

农户类别	自耕农	自耕农兼租种	自耕农兼租出	自耕农租入兼租出	租入兼租出	完全租出之地主	佃农	雇农	无地亦不种地
户数	167	296	38	35	1	66	589	17	277
百分比	11.24	19.92	2.56	2.36	0.06	4.44	39.63	1.15	18.64

由上表可知，佃农、雇农、无地的家庭达60%以上，如果除去完全出租土地的地主外，自耕农以下的社会阶层达到95.56%。

1935年，湖南省立农民教育馆对长沙河西石佳冲第一实验区的调查显示，全区154户，954人，其中男性劳动力277人，其自耕农7人，佃农42人，帮农（系14岁以上男子，帮助家庭农业生产）52人，专营副业的农民36人，雇工及零工40人。[3] 可见除7人为自耕农外，其他的人基本上是没有土地的佃户及雇工或小手工业者。

流民的增加。在传统社会，流民是指失去土地无所归依的人。近代由于资本主义的发展，流民的含义发生了变化。迟子华先生认为近代流民包含四个方面的含义：丧失土地而无所归依的农民；因饥荒、兵灾而流亡他乡的农民；四处求乞的农民；因自然经济解体的推力和城市近代

---

[1] 湘乡县志编撰委员会：《湘乡县志》，湖南出版社1993年版，第123页。
[2] 湖南省立衡山乡村师范学校：《衡山县师古乡社会概况调查》，载李文海等主编《民国时期社会调查丛编》二编，"乡村社会卷"，福建教育出版社2009年版，第858—859页。
[3] 湖南省立农民教育馆编：《河西石佳冲第一实验区基本区内社会调查报告》，载李文海等主编《民国时期社会调查丛编》二编，"乡村社会卷"，福建教育出版社2009年版，第785页。

化的吸力而盲目流入都市谋生的农民,不论其是否保留有小块土地。① 就民国时期湖南而言,流民的增加,除了传统的土地兼并、饥荒(水、旱、虫灾)、人口增加导致人多田少等原因外,主要是战争频仍和自然经济的解体。

首先是军阀混战,特别是南北军阀的混战,湖南地处南北要冲,所受灾难最为严重,其次是抗日战争,湖南承担了正面战场的几次大的战役:三次长沙会战、衡阳会战、常德会战、湘西会战;还有20世纪30年代国民党对井冈山、湘赣、湘鄂赣、湘鄂川黔等革命根据地的围剿战争。这些战争造成人民财产的损失和人民的流离失所、流民增加。

同时,民国时期工业化发展,城市急剧扩张,农村商业资本活跃,自然经济解体加速,乡村经济凋敝,失地、失业(手工业)农民急剧增加,成为流民。湖南工业发展虽不及沿海地区,但在民国时期还是有较大的发展。首先是湖南本省的工业在抗战前获得较大的发展,长沙、湘潭、衡阳成为湖南工业集中的发展地区,公路建设也获得较快的发展;其次战时沿海工业向内地的迁移,也促使湖南工业得到一定的发展。

最后,宗族的瓦解也造成游民的增加。战争和自然经济的解体,使得族人中的精英分子进入城市或从事工商业而转变为资产阶级,或接受新式教育而进入政府、教育、医疗以及其他新的社会阶层;宗族中的保守和顽固势力在中共领导的农民运动中被当作土豪劣绅遭到打击,也有相当部分逃离乡村而进入城市。而宗族中的下层,则从乡村中游离出来,或成为新式企业的工人,或沦为流民,更有甚者则沦为游民,成为乞丐、土匪。

由于上述原因,民国时期湖南流民数量增加。据1935年的调查,湖南全家离村达147511户,占总农户的8%,在南方各省,仅次于贵州(12.2%)、湖北(10.2%)而位居第三。② 出现了"户鲜盖藏,途有饿殍,年富力强者,多铤而走险,致盗贼起于郊野,哀鸿遍于村原,耕者

---

① 迟子华:《中国近代流民》(修订版),社会科学文献出版社2007年版,第4页。
② 实业部中央农业实验所:《农情报告》第4卷第7期,1936年7月,第173页。

离其阡陌，织者离其机杼，扶老携幼，逃亡四方"①。上焉者进入城市，成为工人或进入军队当兵吃粮；走投无路者则为匪为盗。民国时期湖南土匪众多，流民是去重要的来源。"全湘75州县，乃无不有匪，而匪无不炽"，②溆浦县"离开土地的农民，除开当兵或作匪，别无出路"，"此前溆浦县虽然也是间或有土匪发生，但是其为量也微，而且还是躲藏在深山大泽之中，现在呢，平地高山，遍地是匪了"。③民国湖南土匪主要集中在湘西地区，如永顺县就有土匪96股3万余众；沅陵县42股2万余众；会同县49股3万余众。④湘西的土匪占湖南土匪总数的90%。⑤

乡绅的瓦解。作为传统乡村社会的中坚的乡绅阶层，到了民国时期，由于县以下政权的建立而失去了制度的依托，加之在国民革命时期的农民运动的打击，作为一个把握乡村权力的社会阶层已经消解。⑥

经营地主的出现。民国时期，工业化的发展和现代化的推进，改变了旧有的社会阶层，出现了新的社会阶层。就整体而言，出现了代表新的生产力和生产关系的民族资产阶级和工人阶级。但由于湖南乡村的工业不发达，而现代化进展也极为缓慢，但在某些交通发达，耕地资源相对丰富的地区，地主阶级也发生了某些变化，出现了具有资本主义性质的经营地主。

据民国时期日本学者长野郎《中国土地制度的研究》称："在粤汉路沿线的湘潭、长沙一带，地主和佃农之间滋长起来一批小资本家，他们向地主租得数亩乃至二三百亩土地，雇工耕种，牟取利润，据说这种人占农户总数的十分之三。"⑦民国学者任忠道对安乡一个垸子的调查显示，

---

① 《大晚报》（上海），1935年6月28日。
② 湖南善后协会：《湘灾纪略》，荣孟源、张伯锋编：《近代稗海》，四川人民出版社1987年版，第165页。
③ 韦东：《湖南溆浦县的农村经济概况》，章有义编：《中国近代农业史资料》第三辑，生活·读书·新知三联书店1957年版，第905页。
④ 迟子华：《中国近代流民》，社会科学文献出版社2007年版，第196页。
⑤ 周秋光等：《湖南社会史》（二），湖南人民出版社2013年版，第1140页。
⑥ 本章第三节将有详细的论述。
⑦ ［日］长野郎：《中国土地制度的研究》，强我译，神州国光社1932年版，第431页。

该垸175家农户中，经营面积100亩以上的农户有8户；70亩以上的有6户；50亩以上的有36户；他们大多使用雇佣劳动。[①] 这种情况实际上反映了农村中农业资本主义的发展，但这种状况并不普遍。

知识阶层。由于乡村教育的发展和乡村现代事业的推进，乡村中出现了一批新的知识阶层，这就是乡村教师、医师、律师、会计师、乡村基层公务员等，他们是乡村中具有知识和技能的新的社会阶层。其中最有样本意义的是乡村教师。

民国时期乡村教师是一个庞大的群体。主要分布在公立学校、私立学校和私塾，乡村主要为公、私立小学和私塾。湖南公立小学占32.1%；私立小学占33.8%；私塾占31.8%。[②] 湖南乡村教师最多的是师范毕业（35人）；其次是初中毕业（38人）；其他为简易师范、乡村师范、职业学校等。[③] 据衡山县乡村师范学校的调查，1936年衡山县师古乡的情况是：

> 全乡公立小学7处，族立小学1处，短期小学1处，教员共计10人，皆系男性。其中衡山县简易师范毕业者2人，县立中学毕业者4人，衡阳私立道南中学毕业者2人，振新中校毕业者1人，长沙岳云中校毕业者1人。
>
> 关于教员的诞生地，大多数隶本县第一督导区，计水口乡4人，师古乡4人，福宁乡1人，南岳镇1人。
>
> 教员家庭，多属中产阶级，因无力升学，始辍学就业，故经济情形特别优越者寥寥无几。至于教员薪金，过去原无一定标准，多依照各校之经费情形，由各校校长规定，待遇甚低。自实验县成立后，始规定各校教员，每期薪金最低限度为60元，其经费充裕者，

[①] 任忠道：《湖南省安乡县湖田区域中的农田经营》，《中国农村》（第1卷），第5期，第31页。

[②] 农业部中央农业试验所：《乡村教育调查》，载《农情报告》1936年第9期，第14—20页。

[③] 农业部中央农业试验所：《乡村教育调查》，载《农情报告》1936年第9期，第14—20页。

不加限制。但实际超过 68 元者甚少。①

民国时期的乡村教师，不但承担着乡村教育的责任，同时作为乡村中的知识分子，也在某种程度承担着晚清社会中乡绅的角色，有研究者认为：

> 乡村教师作为乡村小社会中稀有的文化人，其身份绝不单单是一个以教书为业的职业角色，除了常规教学之外，他还必须拿出一定的精力来充当乡村的"参谋长、顾问官"。乡村生活中的许多社会和文化事务，如自卫、农业、公共卫生、法律、合作，以致村民婚丧嫁娶中的礼俗事务等等，都成了他们责无旁贷的义务。②

除乡村教师外，乡镇的基层公务人员、农业实验机构的技术员等，也是乡村中具有一定知识的新的社会成分。但是，他们或具有官的身份，或与乡村社会缺乏本土的血缘联系，因而在某种程度上是游离于乡村社会的。

二 民国湖南乡村社会流动的频繁

与晚清相比，民国湖南乡村社会流动更加频繁。一方面是自然经济的瓦解和商业资本对乡村经济的侵蚀；另一方面是战争的频仍，民初的军阀混战和 20 世纪 30 年代中期开始的抗日战争。同时，民国时期湖南自然灾害非常严重，这一切最终造成乡村经济的进一步凋敝，农民生活的进一步贫困化，从而导致乡村社会流动的加剧。

民国时期湖南乡村社会流动的趋势，主要表现在以下几个方面：

第一，向矿山或工厂流动，成为工人或城市手工业者。湖南工矿业

---

① 湖南省立衡山乡村师范学校编：《衡山县师古乡社会概况调查》，载李文海等主编《民国时期社会调查丛编》二编，"乡村社会卷"，福建教育出版社 2009 年版，第 852 页。

② 姜朝晖、朱汉国：《民国时期乡村教师的生存状况》，《史学月刊》2015 年第 5 期。

在民国初年有一个较快的发展时期，国民政府建立后到抗战前夕，也有一个较为稳定的发展时期，而蒋介石的"修路剿共"政策也使湖南公路建设及其交通运输也获得发展。因此，乡村失地、失业农民的一个重要流向是脱离乡村，进入矿山、工厂当工人，或者进入城市成为手工业工人。

在民国初年，湖南比较发达的是矿业，较大的工厂为数很少，大多是手工作坊。张朋园先生认为湖南工人分为矿工、手工艺工人和苦工三种。他估计，湖南当时矿区有8000余处，每处平均以200人计，矿工在160万左右；手工艺工人在10万—15万左右；苦工在15万—20万左右，总计约190万。①

矿山机械化程度不高，以人工采掘为主，故工人数量较多。以湖南最大的两个矿山为例，新化锡矿山1925年有工人3.2万人，② 1926年有4.2万工人；③ 水口山铅锌矿1919年工人"约五六千人"，④ 1922年，两天内有3000名工人加入工人俱乐部，⑤ 1925年，水口山有工人4000余人。⑥

湖南的手工艺工人主要是指泥木业、缝纫业、织造业、理发业、鞋靴业、笔业、织袜业、油漆业、刻字业、漂染业等需要一定技能的手工行业工人。对此没有完整的统计数据，只有省会城市两年的大概数字：一是五四运动前后，长沙有泥木工人约5000人；缝纫工人1450余人；织造个人1500余人；理发工人1200余人；鞋靴工人1800余人；笔业工人300余人；织袜工人4000余人。⑦ 二是据1921年《湖南实业杂志》统计，长沙有席工500人；刻字工300余人；纺织工300余人；香工400余人，合计5200人。⑧

---

① 张朋园：《湖南现代化的早期进展（1860—1916年）》，岳麓书社2002年版，第179页。
② 王国宇主编：《湖南经济通史》（现代卷），湖南人民出版社2013年版，第88页。
③ 《湖南历史资料》1960年第1期，湖南人民出版社1960年版，第59页。
④ 《大公报》（湖南）1919年8月26日。
⑤ 王国宇主编：《湖南经济通史》（现代卷），湖南人民出版社2013年版，第88页。
⑥ 王国宇主编：《湖南经济通史》（现代卷），湖南人民出版社2013年版，第88页。
⑦ 王亚元：《长沙工人运动大事记》，湖南大学出版社1988年版，第12页。
⑧ 《湖南实业杂志》，第69号，湖南师范大学出版社2010年版（光盘版）。

苦工主要是人力车夫、码头工人、轿夫、掏粪工人等。1920年，长沙有码头工人2600名；掏粪工人484人；轿夫223人；人力车夫2300—2400人（1919年）。①

据1921年的统计，当时湖南最大的工厂，和丰火柴厂"平时厂中约共有男女工人二三千人"，还有一些承接火柴盒子在家庭加工的贫家妇女；②湖南造币厂有工人2286名；③湖南第一纱厂有工人1000人左右，到1926年，达到2900人。④

国民政府成立到抗战爆发前，湖南工业有了进一步的发展，特别是资源委员会确定在湘潭建立工业基地，先后建立中央电工厂、中央电厂、中央机车厂（原湘潭县株洲镇，今株洲市）等，重工业有所发展，工人人数有所增加。

工人作为民国时期湖南正在成长的社会阶层，虽然不是完全源于乡村失地、失业的农民，但以晚清湖南城市和工业发展落后的状况分析，应当说大部分工人是由乡村流入矿山、工厂和城市手工业、苦力行业的农民。

第二，流入军队。民国时期战争频繁，从军是乡村社会流动的一个重要趋向。自晚清湘军兴起以来，进入军队不仅是当兵吃粮的谋生方式，更是建功立业、光宗耀祖的途径。从军成为湖南乡村的一个重要的流向。且军队待遇相对乡村务农较为优厚，"一个士兵的收入约等于当地一户自耕农的收入，只有小地主的收入才比他的情况好些"⑤。故此，民国时期湖南乡村农民纷纷加入军队，"此亦一时之风气也"⑥。一是流入军阀队伍。湖南在清末仅有新军5000人，加上巡防营也不到1万人。民国初年，军阀混战，军队成为争夺地盘的工具，各派势力大肆扩军。1912年，长

---

① 《新青年》1920年第7卷，第6号。
② 《大公报》（湖南）1921年3月3日。
③ 《新青年》1919年第7卷，第1号。
④ 王国宇主编：《湖南经济通史》（现代卷），湖南出版社2013年版，第88页。
⑤ 陈志让：《军绅政权：近代中国的军阀时期》，生活·读书·新知三联书店1980年版，第73页。
⑥ 朱传誉主编：《赵恒惕传记资料》第一册，台北天一出版社1979年版，第6页。

沙一地就有兵 5 万人，一时间"车轿担役，流氓乞丐，皆相率投营当兵"。① 北洋军阀混战时期，湖南地处南北要冲，南北军阀争夺激烈，军队成为势力的象征。北洋军阀入湘部队和湖南本省的部队，达到 7 万人；② 湖南自治时期，更到了 8 万人；③ 何键主政湖南后，到全面抗战前夕的 1935 年，军队达到 10 万人。④

二是加入抗日军队。抗战时期，湖南既是正面战场拉锯战的战场，也是后方的一部分，特别是在 1944 年以前。因此，湖南成为抗战时期国民党军队的重要兵源地。抗战时期，湖南有 178.184 万青年入伍，此外还有其他形式的招募兵员 24.9517 万人，总计达到 203.1357 万人，占全国征募总数 1392.2859 万人的 14.6%⑤，是仅次于四川第二多的征募省份。三湘子弟的鲜血洒遍中华大地。

三是加入中国共产党领导的红军、八路军、新四军以及人民解放军。在土地革命战争时期，湖南境内的井冈山、湘赣、湘鄂赣、湘鄂西、湘鄂川黔等革命根据地里，接受了革命思想的穷苦农民，纷纷加入红军，为中国革命的胜利作出贡献。平江、浏阳、醴陵、茶陵、桑植等县成为著名的"将军县"。抗日战争爆发后，也有一大批乡村知识分子奔赴延安和其他抗日根据地，为民族解放贡献力量。

第三，流入边缘社会。边缘社会是指被主流社会所排斥和忽略的社会。民国时期，湖南乡村中因为经济、家族、政治等原因而被迫流向边缘社会的人也有相当数量，主要是帮会、乞丐、土匪等去处。

自晚清以来湖南会党就十分活跃。辛亥革命时期，会党成为民主革命的同盟者，进入民国以后，会党开始社会化和帮会化。原来以游勇、游民为主的会党，开始在社会各阶层发展，农村中的各个阶层，包括游民、船户、自耕农甚至地主、乡村知识分子、乡勇、基础官员都有加入

---

① 子虚子：《湘事记》，军事篇二，中国近代史资料丛刊，正编，台北：文海出版社。
② 文公直：《最近三十年中国军事史》（上），民国丛书，第一编，卷三二，上海书店 1989 年版，第 315—323 页。
③ 张朋园：《湖南现代化的早期进展（1860—1916 年）》，岳麓书社 2002 年版，第 225 页。
④ 周秋光等：《湖南社会史》（二），湖南出版社 2013 年版，第 1146 页。
⑤ 《湖南省志·军事志》，中国文史出版社 1994 年版，第 263—264 页。

其中。同时，会党向行业渗透，形成所谓帮会。民国湖南帮会有"汉流""游玩""圈子""梁山兄弟""金兰兄弟""袍哥""江湖""青红帮"等称谓。甚至出现了水上帮会，如活跃在湘、资、沅、澧四大河流的帮会就有所谓湘乡帮、沅帮、辰帮、九澧帮、衡山帮等众多名目。[①] 帮会往往成为垄断某一行业的势力，既有统一市场、协调物价的作用，也有欺行霸市、垄断价格的恶行。

乞丐有以乞讨为生的职业乞丐和临时乞讨的乞丐之分。职业乞丐是失去土地而又没有其他谋生技能的游民，在民国湖南乡村，每个乡都多少有一些以乞讨为生的人。据衡山县师古乡1936年的调查，该乡7090人中，有以乞讨为生的职业乞丐17人，其中男性7人，女性10人。[②] 临时乞丐大多是遭遇自然灾害或重大家庭变故而被迫为之的短期行为。民国时期湖南自然灾害频繁，每一次大灾之后，外出乞讨者不计其数。1935年水灾之后，沅江、辰溪、溆浦、通道四县外出逃荒乞讨的达6180人；[③] 1948年益阳火田垸溃决后，有4000人外出乞讨。[④]

土匪是民国时期湖南严重的社会问题。由于民国时期人口的增加以及土地的集中，大量乡村人口处于无地无业状态，成为游民，是潜在的土匪来源。据统计，1941年，新化县总人口80.949万人，就业年龄人口56.4639万人，实际就业人口47.9467万人，占84.9%。[⑤] 这意味着还有15%左右的人无法就业；1936年，对长沙崇礼堡乡的调查显示，该乡无业者占全人口67.2%。[⑥] 乡村无业人员以及乡村宗族、帮派之间的械斗中失败的一方，是民国湖南土匪的后备军，也是湖南乡村社会流动的一个趋向。

民国湖南乡村社会流动与晚清乡村社会流动有所不同。晚清湖南乡

[①] 周秋光等：《湖南社会史》（二），湖南人民出版社2013年版，第1137页。

[②] 湖南省立衡山乡村师范学校编：《衡山县师古乡社会概况调查》，载李文海等主编《民国时期社会调查丛编》二编，"乡村社会卷"，福建教育出版社2009年版，第846—849页。

[③] 《大公报》（长沙）1936年7月19日。

[④] 《益阳地区志》，新华出版社1997年版，第1031页。

[⑤] 《新化县志》，湖南人民出版社1996年版，第151页。

[⑥] 孙本文等编印：《湖南城市崇礼堡乡村调查》，载李文海等主编《民国时期社会调查丛编》二编，"社会调查卷"，福建教育出版社2009年版，第804页。

村社会流动主要表现为一种向下的趋势，即由社会的较高的阶层向较低的阶层流动；其流动的性质表现出传统社会的特征，主要是传统社会的土地兼并、自然灾害、农民起义等原因造成。民国时期湖南乡村社会流动体现了转型社会的特征。一方面，传统的导致社会流动的因素依然存在但在逐步减弱，而自然经济的解体、资本主义的发展乃至乡村现代化事业的推进成为乡村社会流动的主要因素；另一方面，在流动的趋向上，无论是社会地位，还是职业流动，体现了现代的特征，例如流入矿山、工厂、长沙，成为现代企业的一员；流入军队成为为民族独立解放而奋斗的战士；也构成乡村知识阶层这一新的社会阶层。因此，民国时期湖南乡村社会流动体现了现代的发展趋势。

第三节　近代湖南的乡绅阶层

近代湖南乡绅阶层是一个重要的社会阶层。[①] 它在晚清通过军功或捐输得以扩张，成为影响近代湖南乡村社会的重要势力。乡绅与乡村地主经济相结合，与乡村宗族势力合为一体，把持乡村基层社会权力，掌握乡村公共事业，在晚清成为沟通官民、维持乡村社会秩序的力量。民国成立后，乡村自治和乡村政权的建立，宗族势力的瓦解以及乡村教育、

[①] 关于湖南士绅的研究，学术界已有比较丰富的成果。刘泱泱先生在《近代湖南社会变迁》一书中较早地系统考察了近代湖南绅士阶层和绅权势力的膨胀，对绅士的来源给予了较为详细的分析。许顺富的《湖南绅士与晚清政治变迁》（湖南人民出版社2004年版），系统研究了湖南绅士与近代湖南历次政治改良与革命的关系，并就湖南士绅的结构、政治态度予以分析。阳信生《湖南近代绅士阶层研究》（岳麓书社2010年版）以湖南绅士阶层在近代的演变为经，以湖南绅士与近代社会变迁的互动关系为纬，运用整体研究和个案研究相结合的方法对湖南近代绅士阶层进行了全面而系统的研究，深入探讨了湖南绅士阶层在近代演变的原因（影响因素）、过程、结果和影响。与刘泱泱、许顺富不同的是，阳信生将研究拓展到了民国时期，并对其中的著名绅士进行了个案剖析。但以上研究均以士绅作为一个整体研究，没有特别关注乡村社会的乡绅阶层及其对乡村社会的影响。王先明先生的《变动时代的乡绅——乡绅与乡村社会结构变迁》（人民出版社2009年版）则考察了乡绅与20世纪上半叶（1901—1945）乡村社会结构的变迁，其中有两章专门考察了湘绅的走向与农民运动的兴起、两湖地区乡绅与20世纪30—40年代乡制的更易。

医疗、慈善等现代公益事业的展开，使得乡绅开始转型和消解。

一 近代湖南乡绅的崛起

湖南以丘陵、山区为主，自然条件造成人多田少，经济开发较北方和江南地区滞后，文化发展缓慢，清中叶以前少有人才，据林增平先生统计，湖南古代历史上能青史留名的人物实属罕见。一部《中国历代名人辞典》收历代名人3755人，鸦片战争前为3005人，其中湘籍仅23人，占0.77%。[①] 如皮锡瑞所云："湖南人物，罕见史传，三国时如蒋琬者，只一、二人。唐开科三百年，长沙刘蜕始举进士，时谓之破天荒。"[②] 而到了近代，湖南人列入名人辞典者骤然增多。据林增平先生的统计，《中国历代名人辞典》中收入近代的共750人，湘籍的85人，占11.34%。[③] 故近人有云："清季以来，湖南人才辈出，功业之盛，举世无出其右。"[④] 最主要的原因，是科举的不发达。清代前期（1652—1821年），湖南进士中额323人，在18行省中排名第14。科举功名少，致休或未仕的科举士人就少，因此乡绅阶层发育并不成熟，类似于北方地区那种拥田千顷、深宅大院的巨族大户极为少见。尤其在湘南、湘西地区，由于乡绅阶层的缺失，造成地方社会糜烂，会、匪横行，酿成鸦片战争前后巨大的社会冲突。

进入19世纪50年代以后，情况发生了变化，乡绅作为一个足资影响乡村社会的阶层开始在湖南崛起。近代湘绅的崛起，其原因是多方面的。首先是科举的发展。湖南乡试长期以来是与湖广合闱，这也是影响湖南科举功名数额的重要原因之一。到雍正元年（1723），湖南取得了在长沙独立乡试的地位，随着时间的推移，科举员额逐步增加，形成了庞大的士人群体。据统计，从同治元年至光绪九年（1862—1883）的21年中，湖南共录取进士124人，举人861人（其中正榜759人，副榜102人），恩赐举人31人，恩赐副榜举人58人。至于贡生、生员则

---

① 林增平：《近代湖湘文化试探》，《历史研究》1988年第4期。
② 《师伏堂未刊日记》，《湖南历史资料》1959年第1期。
③ 林增平：《近代湖湘文化试探》，《历史研究》1988年第4期。
④ 林增平：《近代湖湘文化试探》，《历史研究》1988年第4期。

不计其数。① 但是，获得上述功名的士人，并非都能够授予官职。以上述861名举人为例，到光绪九年（1883），除78人再试为进士外，获得各类官职者159人，占总数的18%左右，② 其余的均在乡为绅。与此同时，清政府在太平天国运动爆发后，多次给予湖南增加学额（包括永广和暂广学额），使湖南录取生员数大大增加。据统计，1850年后湖南正途绅士的数量为文生员34944名（包括新生），武生员14520名。外加暂广学额数902名。我们可以计算出近代湖南正途文生员35846名，武生员14520名（而1850年前，湖南正途文生员26019名，武生员10340名）。③ 这意味着湖南士人有机会通过科举而进入仕途的机会增加了。但是，实授官职是有限的。据张仲礼统计，太平天国前全国绅士阶层总人数为110万人，太平天国后为140万人，清政府各级官僚机构可容纳15万官员，④ 因此，大部分具有各种功名的士人成为在乡的绅士。湖南因科举而未能入仕者成为地方绅士，居乡者为乡绅。

更为直接的原因是湘军的崛起。湘军的崛起使湖南人获得了除科举之外的另一条进阶之路，这就是军功和捐输。按湘军的定例，每一次与太平军作战，都要因战功的多少而举一定数量的将士为官。到同治年间，曾国藩部湘军已达12万人，连年征战，保举之人可想而知，估计当在数万之数。此外还有左宗棠、刘长佑、李元度等部湘军。有记载说："湘、淮、楚营士卒，徒步起家，多擢提、镇、参、游以下官，益累累然。"⑤ 据光绪十一年（1885）刻《湖南通志》统计，全省因军功保举武职游击以上人员即达6319人之多，其中提督478人、总兵1077人、副将1534人、参将1464人、游击1766人。⑥ 其区域分布如下：⑦

---

① 据王继平等《晚清湖南人才地理分布研究》（中国社会科学出版社2012年版）第一章资料统计。
② 李瀚章等修，曾国荃等撰：《湖南通志》卷一三六，第2728页；卷一四三，第2875页。
③ 阳信生：《湖南近代绅士阶层研究》，岳麓书社2010年版。
④ 张仲礼：《中国绅士》，上海社会科学院出版社1991年版，第109页。
⑤ 罗尔纲：《湘军兵志》，中华书局1984年版，第161页。
⑥ 李瀚章等修，曾国荃等撰：《湖南通志》卷一四一，第2794页。
⑦ 据光绪十一年（1885）刻《湖南通志·军功》统计，此处引自阳信生《湖南近代绅士阶层研究》（岳麓书社2010年版）。

表4-5　　　　　以军功保举游击以上武职人员分布表　　　　单位：人

府州	提督	总兵	副将	参将	游击	合计
长沙	331	750	1053	906	1342	4382
衡州	35	81	76	76	92	360
永州	18	39	46	32	38	173
宝庆	27	55	91	73	102	348
岳州	19	50	76	108	133	386
常德	2	11	14	20	24	71
辰州	13	18	30	17	23	101
永顺	5	12	11	6	9	43
沅州	3	8	26	26	21	84
乾州	5	7	16	4	10	42
凤凰	11	25	50	32	73	191
永绥		4	5	3	8	20
晃州		1	1	1		3
郴州	4	8	15	10	13	50
靖州			3	3	8	14
澧州	7	7	7	13	14	48
桂阳	1	5	14	23	38	81
合计	481	1081	1524	1353	1948	6387

湘军的发源地湘乡县，到光绪初年，历保游击以上武职人员2490人，占全省三分之一。其中提督181人；总兵411人；副将579人；参将569人；游击750人。其他各县因军功保举为游击以上人数也不少：宁乡468人；湘阴352人；长沙333人；湘潭302人；平江257人；善化224人；凤凰191人；衡阳151人；新宁140人；邵阳109人；衡山103人。[①] 按

---

① 李瀚章等修，曾国荃等撰：《湖南通志》卷一四一，第2794页。

清代官制，通过科举（包括武科举）或保举等各种途径获得功名和官衔的并不是实授官，称为候补，须有空缺方可按例补缺，才能成为实授官员。但保举之人众多，官职定额有限。以武职而论，当时绿营官职提督至额外外委（从一品至从九品）的定额共12933名。① 区区万名之数，远远少于湘军历年所保举的人数，何况还有通过武举及其他各军队保举之人，所以，湘军中因战功而保举的各级官吏，便发生了安置问题。到湘军裁撤时，积累的人数更多。其结果是，湖南在湘军解散后平添了许多有官衔的在籍候补官员。

湘军非国家制兵，湘军的粮饷依靠地方，其中重要途径是捐输，而各县的团练保甲也需要经费维持，政府财政困难，只能依靠捐输维持湘军的粮饷。与历代和清前期的捐输不同，捐输人士由原来的纯粹地主的地租收入外，也有从事工商业的地主、买办、商人。虽然中国传统官、商地位悬殊，所谓"士农工商"，官与商互不认同。但商人"纳资得官，乃得厕身缙绅之列"②，故捐输重开，捐者云集。据张仲礼的统计，以太平天国运动爆发为界，捐纳人数由原来的355535人上升到533303人，增长率为50%。③ 湖南乃传统农业经济省份，近代性工商业至19世纪末20世纪初才开始出现。因此，在太平天国运动爆发的时代，巨富大贾很少，故由捐输而为乡绅的基本在附贡、增贡、廪贡等例贡的层次。当然也有个别的例外，如邓仁堃捐知府、唐炯捐知县、左孝同、蒋德钧捐道员、杨德麟捐州吏、朱德裳捐府学训导等。④

科举的发展、湘军的崛起，使得湖南乡绅阶层得以在19世纪60年代以后获得迅速的发展⑤，成为乡村社会最有实力和影响的一个阶层，这种影响一直持续到19世纪末。

----

① 《清史稿·职官志》。
② 《论整顿茶市》，《申报》1880年5月6日。
③ 张仲礼：《中国绅士》，上海社会科学院出版社1991年版，第138页。
④ 刘泱泱：《近代湖南社会变迁》，湖南人民出版社1998年版，第261页。
⑤ 阳信生估计在1912年封建专制统治被推翻之前，晚清湖南绅士人数在11万人上下，如果这个估计正确的话，那么作为绅士的绝大部分的乡绅，其人数应该在8万到9万左右，因为离村居城从事工商业的绅士在19世纪末以前的湖南，数量是很少的。

二 近代湖南乡绅与乡村社会

湖南乡绅阶层一经形成，就在乡村社会发挥着举足轻重的影响。有研究者认为，湖南乡绅在晚清湖南"举凡一切政治、军事、经济政策，在绅士的干预下一经奏定，便奉行不逾，后来的督抚也不能改变他"，造成"绅权大于官权"的状态。① 湖南乡绅的这种强势的角色定位，是其他省份难以比拟的，其原因在于它与湘军存在历史和现实的联系。② 一方面，因军功而为绅的，一般都是从血与火的拼杀中赚取功名的，本身具有彪悍的性格，而且湘军以非经制之师建立了平定东南半壁江山的事功，足以傲岸轻视一切的；另一方面，湘军出身的众多封疆大吏及其培育的错综复杂的官场网络，不仅是历史的荣光，更是现实的利益关系网络。1865年，出身湘军的湖南人任督抚者10人，其中总督6人，巡抚4人，他们是：两江总督曾国藩、闽浙总督左宗棠、陕甘总督杨岳斌、云贵总督劳崇光、总督淮扬等处并提督漕运海防军务彭玉麟、直隶总督刘长佑、兵部侍郎、前浙江巡抚曾国荃、湖北巡抚郑敦谨、陕西巡抚刘蓉、署广东巡抚郭嵩焘。此外，还有任布政使、按察使的9人，为监司者7人，为提督者6人，为总兵、副将者32人。当时21行省（时新疆、台湾、青海等尚未建省），湘人任督抚者12人。③ 整个晚清时期，湖南人任督抚者达37人，其中总督17人，巡抚20人，以下官职则更多了。乡绅虽居乡，但难免与这些在任官有千丝万缕的联系，不仅乡间民众，就是地方官也要退避三舍。正是这样的状况，使得近代湖南乡绅势力在乡村社会日益膨胀。

垄断乡村地权。在传统农业社会，土地是最主要的经济资源，是财富的体现和象征。

以军功起家的湘军将领，无论是待缺乡里还是现任官职，对于土地的追求是非常热衷和贪婪的。据史载，湘军将领曾国荃在家乡的土地达

---

① 岑生平：《咸丰同治朝湖南的财政政策》，《求索》1993年第2期。
② 有研究者认为"湖南绅权势力的膨胀一开始就带有一定的血腥气味"，见许顺富《湖南绅士与晚清政治变迁》，湖南人民出版社2004年版，第33页。
③ 毛祥麟：《墨余录》，同治九年刻本。

6000亩。① 一般湘军官佐求田问舍也很普遍,时人描述道:"湘省自江南收复后,文武将领之冒饷致富者,行盐起家者,田宅之外,如票号,如当店,以及各项之豪买豪卖,无不设法垄断,贫民生计,占搁殆尽,实已不堪其苦。"②

据湘乡地方志载,清中叶以前,土地未曾高度集中,占地千亩以上的地主很少,多为百数十亩的中小地主。咸丰以后,许多湘军将领回乡置田建庄,湘乡才出现土地集中的情况。官至提督的章合才有田6000余亩,还有108间和94间的庄园各一栋;曾参加攻陷天京的陈湜,抢劫金银财宝,船运至家,置田数千亩,人称"陈百万"。易盛鼎兄弟置田"累逾千亩"。锦屏乡杨氏,占有田土1万余亩,庄园12处,房间5000余间。③

湘乡之外,湘军集中的其他县也出现了同样的情况。湘潭的情况是:"诸将帅还者,挥霍煊赫,所过倾动,良田甲第期月而办。"④ 如郭松林,原来"不事农、儒,跌宕乡里。父怒,恒欲逐之"。后来参加湘军,因功封一等轻车都尉,乃"置田宅值十余万金"。⑤ 临湘的刘璈,官至台湾道,后革职抄家,抄出"住屋一所,共六十八间""田契四百三十一纸"。⑥

左右乡村基层权力。乡绅凭借在经济的地位及其在官场广泛的联系,左右乡村基层权力,"凡地方之公事,大都由绅士处理,地方官有所兴举,必与绅士协议,绅士之可否,即为地方事业的兴废"⑦。近代湖南乡绅势力的膨胀,主要是在太平天国时期依靠创办团练的机会,逐步形成对地方基层权力的干预和控制的。这一时期湖南最早的团练是江忠源创办的楚勇,他的楚勇,在太平天国初期是太平军的劲敌,蓑衣渡一战,

---

① 徐珂:《康居笔记汇函》,《仲可笔记》,第78页。
② 李桓:《宝韦斋类稿》,卷九三,页四六。
③ 《湘乡县志》编纂委员会:《湘乡县志》,湖南出版社1993年版,第123页。
④ 光绪《湘潭县志》,卷八,列传,第186、182页。
⑤ 光绪《湘潭县志》,卷八,列传,第186、182页。
⑥ 李文治:《中国近代农业史资料》第一辑,生活·读书·新知三联书店1957年版,第180页。
⑦ 攻法子:《警告我乡人》,《浙江潮》第二期。

对太平天国造成了巨大的损失。太平军进入湖南以后，各地乡绅纷纷组织团练，抵御太平军。郴州罗正仁、湘乡罗泽南、靖州储玫躬、攸县谭国灿、浏阳艾国兴等，都在各地组织了团练。据研究表明，湖南团练基本上是由乡绅组织的，57位团练领袖中，乡绅有32位，其中进士4人，举人6人，生员13人，监生1人，捐生4人。此外25人为平民。[1] 通过举办团练，乡绅将乡村地方武装掌握在自己手中，获得了控制地方治安的大权。同时，清代乡村实行保甲制度，保甲类于地方基层政权，但并非官僚机构的组成部分（清代官僚机构只延伸到县，所谓"皇权不下县"），乡村保甲长由平民担任，但真正控制乡村政权的是乡绅、宗族、乡约、社等传统、习惯性的地方组织。而通过组织镇压太平天国的团练，湖南乡绅又获得控制地方治安的权力，毫无疑问，他们成为乡村举足轻重的势力，地方官对此都要敬畏三分，何况以团练为基础的湘军已经成为左右19世纪下半叶中国社会的重要势力，实为湖南乡绅之奥援。因此，在晚清湖南乡村社会，"自寇乱以来，地方公事官不能无绅士而有为"[2]。历来以平民担任保甲长用以抑制有功名的地方乡绅的朝廷，在这种特别的情况下，也不得不依靠乡绅来控制乡村社会。太平天国被镇压下去以后，一方面，清政府希望恢复社会秩序，开始对地方势力进行压制，对乡绅势力予以抑制；另一方面，地方官对日益坐大的乡绅势力也极力予以抵制，"官湖南者，皆以屈抑绅士为先务"，[3] 由此产生了严重的官权与绅权的冲突。曾在南昌曾国藩湘军中办理营务的四川人李榕，在19世纪60年代末任湖南布政使，发现捐输局名为"勤捐济饷"，实则敲诈勒索老百姓。李榕为此申奏朝廷，断然将省外捐输局全部撤去，明令"豁免下户，着重上户，使不得巧避"。这些措施，触犯了湖南乡绅的利益，引起了乡绅们的反弹，他们罗织各种罪名，向朝廷诬告李榕贪赃枉法，朝廷于同治己巳年（1869）五月宣布罢了李榕的官职。咸丰十一年（1861），毛鸿宾任湖南巡抚，对骆秉章任湘抚时重用左宗棠等湖南乡绅

---

[1] 郑亦芳：《清代团练的组织与功能》，《中国近现代史论集》第33辑，台湾商务印书馆1986年版，第657—658页。

[2] 胡林翼：《胡文忠公遗集》卷八六，第33页。

[3] 朱克敬：《瞑庵二识》，岳麓书社1983年版，第96页。

权颇不以为然,"恶绅与官事,谋尽去之,凡骆秉章、左宗棠所用之官绅,皆批报督过"①。适逢湘军经营江浙,朝廷正倚重之,湘军将领对毛鸿宾所为颇不满,凡毛鸿宾诿过之人,皆奏调至军中用之。同时收集毛鸿宾材料,拟弹劾之。正好在咸丰大丧之际,毛鸿宾娶民妇,被乡绅们抓住把柄。从此,毛鸿宾"乃大窘,更诣诸绅谢,任以事,又礼加焉",败下阵来。②类似的事情在同治末光绪初王文韶任湘抚时也有发生。③可见,晚清湖南乡绅的势力是相当大的。其实,官绅之间的矛盾与冲突在传统乡治的环境中始终是存在的,朝廷、官员既希望也需要乡绅们以其在乡村中的声望与地位,协助官府实现对乡村的统治,但又担心乡绅的势力坐大而影响其在乡村的秩序。一般来说,官绅间的合作还是比较融洽的,只是晚清湖南的乡绅,与传统从科举获得功名而成为绅士的情况不完全相同,特别是依靠军功而成为乡绅的那一部分人,其素养、性格迥然不同与受过儒学教育的乡绅,他们武断乡曲、贪陋侵吞,俨然土豪劣绅。在以维护皇权为职责的地方督抚来看,这是不能容忍的。

主导乡村公共事业。著名美国中国学家费正清在描述乡绅与乡村公共事务关系时指出:

> 士绅在每个乡里履行许多重要的社会职责。他们为诸如运河、堤堰、水坝、道路、桥梁、渡船之类的灌溉和交通设施进行筹款和主持修建。他们支持儒家的机构和伦理——创办和维持学校、圣祠和当地孔庙,出版图书,特别是地方史籍和地方志,并给贫民大众分发道德说教册子和劝世歌谣。在承平时期,他们给公众生活定下调子。在动乱时期,他们组织和统率民兵的防守力量。他们日复一日非正式的仲裁服务,使当地不至像美国任何一个市镇那样经常发生法律诉讼。士绅还创办慈善事业,并运用所托管的经费救济乡间疾苦;他们在官方请求下向政府捐款,特别是在战争、水灾和饥荒

---

① 朱克敬:《暝庵二识》,岳麓书社1983年版,第96页。
② 朱克敬:《雨意消窗录》,岳麓书社1983年版,第114—115页。
③ 参见刘泱泱《近代湖南社会变迁》,湖南人民出版社1998年版,第265页。

的时期。①

诚如费正清先生所说，在乡村社会事务中，湖南乡绅也发挥了主导作用。在地方教育方面，义学、私塾大多是有功名的科举士人所主办，而书院山长、教习则一律由乡绅掌握。湖南著名的书院如岳麓书院、城南书院、求忠书院、醴陵渌江书院、衡阳船山书院、道州濂溪书院等等，均由地方著名乡绅担任山长。晚清湖南277所书院，情况大抵相同。当然，书院与一般私塾、义学不同，是当地最高的儒学机构，山长均为当地的硕学鸿儒，非一般劣绅能为。在清末的兴学热潮中，乡绅所作贡献很大。湘潭胡元淡创办了明德中学，王先谦在长沙也办了简易初级小学10余所。② 其他州县乡绅也在各自家乡捐出祠产、族产创办各类学校。对地方文献、史籍和地方志的搜集、整理和编纂，则更是非常热衷。新化邓湘皋于授徒之余，尤关注地方文献的搜集整理，潜心湖南文献数十年，编纂《湖南文征》《船山遗书》，被誉为楚南文献第一家；王闿运仕途不得意，但对于地方志编纂，竭尽全力，所撰《湘潭县志》《桂阳州志》《东安县志》《衡阳县志》乃地方史上乘之作。

在地方救济和慈善事业中，乡绅也起到了积极作用。比如义仓，同治二年（1863）湖南就由巡抚下令在全省普建义仓，由士绅管理，官员青吏不得干涉，更不得敲诈勒索，且要记账以备查验。因此，义仓就成了官方监督、民间（主要是乡绅）自行管理的救荒组织。虽然官方对义仓有牵头和引导之功，但具体工作的承担者还是绅士，特别是建仓和日常管理工作都是由绅士负责，可以说在义仓建造、积谷、管理、救济等各个环节，绅士都起着主要作用。乡绅还创办救济机构以帮助特定对象，如长沙士绅徐莱、李概等捐建保骼堂（同治五年，1866年），掩埋无名尸体；士绅刘培元、唐际盛、成果道等捐建恤无告堂，救济孤贫老（1869年）；士绅袁继彰、刘培元倡建同仁小补堂（1875年），供养长沙县、善化县四乡节妇。

---

① 费正清：《美国与中国》，世界知识出版社2008年版，第36—37页。
② 周秋光等：《湖南教育史》（二），岳麓书社、湖南教育出版社2002年版，第195页。

在社会动乱时期，乡绅则起而团练，维持地方秩序。太平天国兴起时，新宁江忠源创团练，与太平军对抗，成为著名的"新宁勇"；罗泽南在湘乡也组织学生、族人，团练守望；还有左宗棠等也积极倡导团练之法。

乡绅对于地方公共事务的主导，既为他们获得了地方声誉和政治、经济利益，也维持了地方社会秩序，是对传统中国政府在公共事务中缺位的不可或缺的一个补救。

影响乡村社会价值观念。乡绅对于乡村社会价值观念的影响力是巨大的。乡绅组成乡村社会最具标杆意义的阶层，他们在经济、政治和文化具有主导地位，因而在社会声誉方面也具有无可比拟的影响力，从而也影响着乡村社会的价值取向。近代湖南乡绅对乡村社会价值观念的影响，主要体现在三个方面：

第一，崇道奉儒的政治取向。宋以来，湖南学术以崇奉程朱理学为正统，到晚清，恪守理学是以曾国藩为首的湖南士人群体的共同学术价值。曾国藩、胡林翼、罗泽南、刘蓉、李续宾、李续宜等一大批以理学为旨归的士人，在镇压太平天国运动的活动中获得成功，成为后辈学子的仿效。曾国藩等人在训练湘军和湖南团练时，也是以理学为基本，强调维护孔孟圣教的根本，恪守封建的纲常伦理。曾国藩《讨粤匪檄》乃是湖南士人的价值宣言：

> 自唐虞三代以来，历世圣人扶持名教，敦叙人伦，君臣、父子、上下、尊卑，秩然如冠履之不可倒置。粤匪窃外夷之绪，崇天主之教。自其伪君伪相，下逮兵卒贱役，皆以兄弟称之，谓惟天可称父，此外凡民之父皆兄弟也，凡民之母皆姊妹也。农不能自耕以纳赋，而谓田皆天王之田；商不能自买以取息，而谓货皆天王之货；士不能诵孔子之经，而别有所谓耶稣之说、《新约》之书，举中国数千年礼义人伦诗书典则，一旦扫地荡尽。此岂独我大清之变，乃开辟以来名教之奇变，我孔子孟子之所痛哭于九原，凡读书识字者，又乌可袖手安坐，不思一为之所也。

正如萧一山先生所说:"湘军将领几全系儒生……大半都是理学家。……所以湘军是含有儒教色彩的军队,他们以维护名教为主义,卫乡卫国,必忠必信。"① 即使在训练团练之时,他们也不忘教以"忠义"。湘乡团练章程规定,团总、团长、团正在教导团丁时,需注重纲常伦理教育,使他们"惕然动容,庶足以化其桀骜之习,而生忠顺之心,至其孝亲敬长,睦族和邻,矜孤恤寡,尊老怜贫,排难解纷,靖争息讼,有无相通,患难相救"②。

太平天国被镇压以后,湖南乡绅还以编写地方志、修建、祭祀昭忠祠等方式褒扬湘军死士,教化乡村士民。所修地方志开篇无不申明其宗旨:

是志之修……而其大者,尤在于阐扬忠烈,发挥节义,足以励风俗而正人心。③

然则是志……稽习俗而资政教,观记载而动劝惩,于扶世冀教之道不无小补矣。④

(是志)不独以记时事供采择,而亦使后之贤者足以感发而兴起,夫诵诗读书以论世,儒者日与忠孝节义之人对习,闻夫忠孝节义之言自奋发而有为。⑤

太平天国被镇压以后,湖南乡绅在各地大修昭忠祠,仅长沙就有祭祀江忠源、罗泽南、胡林翼等12处昭忠祠。"自军兴以来,楚南建专祠者不下十余人,附祀者且数万人,忠义之盛,自古未有也。"⑥ 修建昭忠祠,一是为了纪念阵亡的湘军将士,更重要的是褒扬湘军将士忠孝节义的精神,以教化乡里士子。曾国藩为湘乡的昭忠祠写的祭文写道:

---

① 萧一山:《曾国藩传》,湘潭大学出版社2011年版,第113—114页。
② 朱孔彰:《中兴将帅别传》,岳麓书社1989年版,第70页。
③ 《湘乡县志》,齐德五序,同治十三年刊本。
④ 《长沙县志》,卷之首,同治十年刊本。
⑤ 《桂东县志·叙》,同治十五年刻本。
⑥ 《长沙县志》,卷之十四,秩祀二,同治十年刊本。

> 君子之道，以忠诚为天下倡……今海宇粗安，昭忠祠落成有年，而邑中壮士效命疆场尚不乏人，能常葆此拙且诚者，出而济世，入而表里，群才之兴也，不可量矣。①

正是通过各种方式，乡绅们引导着湖南乡村社会的价值取向。

第二，"崇正黜邪"的保守排外思想。程朱理学倡导的"正人心、端风俗"的价值取向，湘军创造的平定东南半壁河山的事功所产生的傲岸心理，以及处南蛮之地而形成的强悍民风，造成了以湘军军功起家的湖南乡绅极端保守的心理。时人描述说：

> 自咸丰以来，削平寇乱，名臣儒将，多出于湘，其民气之勇，士节之盛，实甲于天下。而恃其忠肝义胆，敌王所忾，不愿师他人之所长，其义愤激烈之气，鄙夷不屑之心，亦以湘人为最。②
>
> 发逆之役，湘军成大功，故嚣张之气渐生，而仇视洋人之风以起。③

而湖南乡绅亦以卫道者自居，以排外为自豪：

> 我湖湘士民，情溺纲常……食毛践土，久承北阙之恩；肆礼读书，只识东山之教；假令华夷杂处，哪堪鸟兽同群？④

表现了强烈的卫道自觉和自信，使得湖南乡绅在一切对外的问题上，表现出不可理喻的排斥。湖南乡绅的这种深固拒纳的态度，造成了湖南的现代化步伐姗姗来迟、步履蹒跚。

---

① 《曾国藩全集》，十四，诗文，岳麓书社 2012 年版，第 173—174 页。
② 陈宝箴：《戊戌变法档案史料》，中华书局 1958 年版，第 249 页。
③ 梁启超：《戊戌政变记》，中华书局 1954 年版，第 129 页。
④ 《湖南士民公传揭帖》，《教务教案档》第三辑，台北"中央研究院"近代史研究所编，第 891 页。

第三，导引了湖南乡村社会坚忍不拔、自强成才的价值选择。湖南古代人才罕见，湘军开启了湖南人才辈出、人文荟萃的局面。乡绅既是这些人才的体现，就必然成为乡间士子的榜样。乡绅们以低微的功名出身乃至乡野农夫之身，创造了扫平"粤匪"的功绩，其事功、其志气自然成为湘人的成才动力。"湘军则南至交趾，北及承德，东循潮、汀，乃渡海开台湾，西极天山、玉门、大理、永昌，遂渡乌孙水，属长江五千里，击柝闻于海。自书契以来，湖南兵威之盛未有过此者。"① 这种巍巍功事滋长了乡绅的豪气：

> 振支那者惟湖南，士民勃勃有生气，而可侠可仁者惟湖南。②
> 万物昭苏天地曙，要凭南岳一声雷！③
> 中国如今是希腊，湖南当作斯巴达，中国将为德意志，湖南当作普鲁士。诸君诸君慎如此，莫言事急空流涕，若道中华国果亡，除非湖南人尽死。④
> 湖南天下之中，而人才之渊薮也……其可以强天下而保中国者，莫湘人若也！⑤

这种豪迈之气当然与19世纪末20世纪初勃兴的爱国思潮紧密相连，但确实是长期以来湖南乡绅倡导的结果。自湘军兴起以来，湖南形成了以曾国藩为代表的湘军人才群体、以谭嗣同为代表的维新志士群体、以黄兴为代表的资产阶级革命家人才群体，且以政治家、军事家、革命家人才为特质，这不能不说是晚清湖南乡绅倡导的价值选择所致。

三 近代湖南乡绅的转型与衰亡

伴随着清末资本主义的发展和现代化事业的推进，乡绅作为乡村社

---

① 王闿运：《湘军志》，"湖南防守篇第一"。
② 《唐才常集》，中华书局1980年版，第178页。
③ 《谭嗣同全集》，中华书局1981年版，第490页。
④ 《杨度集》，湖南人民出版社1986年版，第95页。
⑤ 《饮冰室合集·文集》第2册，中华书局1989年版，第66页。

会重要的阶层开始发生转变，并逐步地退出社会历史舞台。乡绅阶层的转型和消解原因是多方面的，首先，是科举制的废除。科举制是乡绅赖以存在的基础，是乡绅身份和特权的合法依据。科举制作为一种文官考试制度，在历史上对限制世族贵族地主对权力的垄断、扩大统治阶级的基础，提高社会的公平方面曾经发挥了重要的作用。但随着资本主义经济的发展和工业化的推进，它与国民教育混为一体的弊端，它在考试内容和考试形式方面的僵化，严重地制约了国民教育的发展，禁锢着人们的思想，也不适应现代工业化社会分门别类的社会分工。在维新运动时期，科举制就进行了改革，但戊戌政变后又恢复旧制。1905年，在各种压力下，清政府废除了科举，意在将育人、取才合于学校一途。科举制的废除，使得通过科举获得各种功名而成为士绅的途径中断，伴随功名而获得种种特权（如在某些历史时期免除丁税、田赋、劳役等）也由此终结。

其次，乡制的推进，改变了"皇权不下县"权力结构，使乡绅作为官府与乡民中介的地位逐步丧失。清初实行的是传统的里甲制，辅之以保甲制。但里甲制随着"摊丁入亩"政策的实施，里甲制在清中叶以后逐渐名存实亡，而保甲制也大多在战乱时存在。即使如此，清代中期以后的乡治机构及其里甲长，本身并非乡官且基本还是由乡绅担任，而且其主要职能是在征收赋税等方面应付各种官差，至于地方教育、教化、公益事业等职能，则主要依靠靠士绅、宗族及各种民间团会来执行，而在其中起主导作用的还是乡绅，这就赋予了乡绅在乡村社会治理中的特殊地位，故传统乡村治理在某种意义上来说，就是所谓"绅治"。但随着清末经济政治现代化的发展，这种治理结构日益显示出严重的不适应性。清末，先是实行"新政"，先后在乡村设立了"学区"和"警区"，实为乡村设立行政机构之滥觞。在清末"预备立宪"过程中，清政府推行地方自治，城、镇、乡自治区划开始划分，这是一种职能全面的自治行政区划，可以视为中国乡村乡官设置之始。1909年颁布的《城镇乡地方自治章程》规定："凡府厅州县治城厢地方为城，其余市、镇、村、庄、屯、集等各地方，人口满五万以上者为镇，人口不满五万者为乡；城镇有区域过广，其人口满十万以上者，得就境内划分为若干区，各设区董办理自治事宜。"① 进入民国以后，北洋政府沿袭了清末乡村自治的模式（有的地区名称有所变化，如江苏改清末的"乡、镇"为"市、镇"），直到1914年袁世凯废止地方自治，后又改县乡两级自治为县以下的"区"自治。1921年，北洋政府颁布《市自治法》和《乡自治法》，规定在县以下划分行政区划为"市""乡"；与此同时，湖南等南方省份倡导"联省自治"，颁布"省宪法"，1922年湖南省颁布了《市、乡自治宪法规则》。由于北洋政府时期政局混乱，无论中央或地方联省自治，其县乡自治均未能得到实行，但乡、镇或市、乡作为县以下的行政区划则成为通例。国民政府成立以后，无论是在《县组织法》时期（1928—1938年），还是1939年以后实施"新县制"时期，国家权力延伸，对县以下市乡加强控制是其趋势，乡镇或区、乡镇成为县以下的国家政权机构。国家权力在县以下的建立，使得乡绅左右乡村政权的常态得以改变，虽然在局部地区乡绅与地方官吏相勾结，或者把持了局地政权，但不具备合法性，是受到法律禁止和限制的。因此，清末以来新乡制的推进，国家权力向县以下的延伸和完善，从法律上杜绝了乡绅左右地方、包揽词讼的途径。

乡村公共事业的发展，改变了以往乡绅垄断地方公共事业的局面。清末以来，特别是进入民国以后，国家对乡村公共事业逐步予以推进，传统上由乡绅筹资、主持的乡村教育、慈善、修路建桥、兴办水利等公共事业，逐步由国家兴办。在清末，由于受到西方近代科学思潮的影响，清政府及地方政府就在农业改良、社会救济等领域学习西方、倡导新政。戊戌维新时期，湖南尝试创办了保卫局和迁善所，在城乡社会治安管理、贫民教养等方面进行了尝试。宣统元年（1909），湖南成立农会。进入民国后，北洋政府也颁布了一系列改良社会的法令、政策，虽然由于政局混乱，没有得到完全的贯彻，但各地方政府在不同程度上采取了一些措施，对于乡村社会的改良，起到了一定的作用。1911年，湖南又成立农业讲习所、宣讲所、研究所等机构，1912年，湖南农会改组，在长沙设

---

① 《城镇乡地方自治章程》，商务印书馆1909年版。

立总会,各州县设立分会,有的地区还将农会推广至乡镇。① 与此同时,新式教育也在乡村中得以发展,祠产兴学运动,使得乡绅也成为兴办新式教育的力量。南京政府建立后,在比较广泛的层面上推进乡村社会的建设。乡镇政权的建立,公共事业成为政府的主要职能。农业技术的改进、新品种的推广、水利设施的修建、仓储的整顿等,在乡村次第推进。乡村教育的发展更是异常迅速,乡镇普遍设立了公立小学,如湖南衡山县师古乡"全乡公立小学7处,族立小学1处,短期小学1处"②。教育在传统社会向为乡绅把控,如张仲礼所说,"中国绅士的地位不是来自地产,而是出自对教育的垄断,正是功名作为凭证的教育使绅士有资格向国家和社会提供重要的服务"③。教育的普及,使得乡绅垄断教育资源的历史结束。而政府对其他公共事业的推进,也使得乡绅逐步退出乡村的公共领域,使其获得社会声誉的独占资源得以分解。当然,在乡村公共事业转型的这一过程中,乡绅的参与也是非常重要的,下文将予以分析。

　　宗族的瓦解,使得乡绅失去了其统治的血缘支柱。宗族是传统农业社会以血缘关系组成的社会集团,在传统中国皇权不下县的乡村治理结构中,宗族起到了维持皇权在乡村统治、教化乡民、调解社会纠纷、维持乡村秩序的作用。同时,宗族也是乡村教育、社会救济的重要担当者。在以血缘为基础的乡村社会,乡绅既是宗族势力的产物(宗族对子弟的扶助与教育),也是宗族势力的支柱。乡绅掌握了宗族的权力,族长(族正)往往是最有势力的所谓德高望重的乡绅担任,乡绅的支持是宗族权力(族权)行使的保证。晚清以来资本主义的发展、频繁的战争和自然灾害,使得族人离散、人口迁徙成为一种趋势,这是自给自足的自然经济解体、工业社会发展的必然趋势。湖南在经历了晚清太平天国时期的战乱、民国时期的南北军阀混战以及抗日战争,以及近代工业化的推进,宗族离乱,族人迁徙,宗族逐步瓦解,乡绅赖以统治的基础消解,在湖南,导致乡绅势力瓦解的还有一个重要的原因,这就是国民革命时期如

---

　　① 王国宇:《湖南经济通史》(现代卷),湖南人民出版社2013年版,第412页。
　　② 湖南省立衡山乡村师范学校:《衡山县师古乡社会概况调查》,载李文海等主编《民国时期社会调查丛编》二编,"乡村社会卷",福建教育出版社2009年版,第852页。
　　③ 张仲礼:《中国绅士的收入》,上海社会科学出版社2001年版。

火如荼的农民运动对乡村土豪劣绅的沉重打击。① 晚清以来的湖南乡绅与其他省份相比，有其不同的特点，不仅数量巨大，② 而且其出身并非完全是具有科举功名的士人，很多是依靠湘军的功名或者办理团练获得奖励的各色人等。这些人出身行伍，在血战中获得军功，与官场具有密切的联系，与生俱来有一种"权绅化"的倾向。在晚清，乡绅除了占有巨大的土地资源而成为地主，而且通过掌握团练而获得地方治安权、司法权，成为与地方官抗衡的一股势力。清末的地方自治过程中，他们又成为地方自治中的议员、局董、乡董，控制了地方自治机构。在武昌首义后湖南的独立进程中，谭延闿为代表的地方士绅，发动政变，杀害了首应武昌起义的长沙光复的领袖焦达峰、陈作新。焦、陈罹难实际上是湖南绅权对革命派的进攻。军阀混战时期，乡绅又成为军阀统治的基础，军阀"其基础是建立在一般士绅阶级基础上面……一切东西都是掌握在士绅阶级手里……军阀到处利用士绅阶级做他们的基础。……士绅阶级完全是军阀保养成的，既要借他的手去压迫平民，于是给他们以武装——团防"③。湖南乡绅的种种作为，加剧了与农民的矛盾，也不容于建立现代国家、致力于国民革命的国民党，更为建立社会主义为目标的共产党所反对。因此，在国民革命中，首先成为农民革命的目标。诚如毛泽东在《湖南农民运动考察报告》中所描述得那样：

　　农民的主要攻击目标是土豪劣绅，不法地主，旁及各种宗法的

---

① 王先明先生在《变动时代的乡绅——乡绅与乡村社会结构变迁（1901—1945）》（人民出版社2009年版）第四章"权绅化走向与农民运动的兴起——以乡绅为基点的历史考察"中，对湖南乡绅自晚清以来"权绅化"发展进行了分析，认为正是晚清以来湖南乡绅对乡村权力的垄断，以及对乡民的欺压与盘剥，导致了农民与乡绅的剧烈矛盾，并因此成为国民革命时期农民运动兴起的原因。同时，乡绅对乡村权力的把持，与在乡村建立政权的国民党也产生了矛盾。因此，"打倒劣绅！"成为国民革命中国民党、共产党和农民的共同诉求。

② 《东方杂志》第24卷第16号（1927年）刊登《各地农民状况调查——征文节录》说："湘之官宦多而绅士之权亦重……即今调查省城一区而统计其总数，约有四五百万，若兼外府、外县尚不止此数。"此说当然有夸张之嫌，据统计，1930年长沙县人口为133万多。但也确实反映湖南乡绅力量之强大。

③ 湖南省博物馆编：《湖南全省第一次工农代表大会日刊》，湖南人民出版社1979年版，第141页。

思想和制度,城里的贪官污吏,乡村的恶劣习惯,这个攻击的形势,简直是急风暴雨,顺之者存,违之者灭。其结果,把几千年封建地主的特权,打得个落花流水。地主的体面威风,扫地以尽。

土豪劣绅,不法地主,则完全被剥夺了发言权,没有人敢说半个不字。在农会威力之下,土豪劣绅们头等的跑到上海,二等的跑到汉口,三等的跑到长沙,四等的跑到县城,五等以下土豪劣绅崽子则在乡里向农会投降。①

农民还采取清算、罚款、捐款、大示威、戴高帽子游街、关进县监狱、驱逐、枪毙等方式打击土豪劣绅。② 经过这种疾风暴雨式的农民运动,湖南乡绅的威风扫地,许多乡绅从此逃离乡村,定居城市。

基于上述原因,从清末开始,伴随着资本主义经济的发展和现代民族国家的建设以及乡村公共事业的发展,乡绅开始了转型,并最终退出乡村社会舞台。这种转型首先在经济领域开始,传统乡绅以大量获取土地资源为财富和地位的象征,随着资本主义工商业的发展,乡绅开始投资于资本主义工商业,由单一的地主兼士绅转变为工商业者兼士绅。在湖南,由于长期以来乡绅阶层的保守取向,湖南资本主义的发展姗姗来迟,促使湖南乡绅觉醒并由此导致湖南资本主义发展和现代化事业推进的乃是甲午战争。谭嗣同说:"光绪二十一年,湘军与日本战,大溃于牛庄,湖南人始转侧豁悟,其虚骄不可向迩之气,亦顿馁矣。"③《湘学报》也撰文指出:"自甲午一役,城下行成,割地偿金,数万万人已如酣睡至四鼓以后,蜀鸡一鸣,沉睡方觉。"④ 的确,"自咸丰以来,削平寇乱,名臣儒将,多出于湘,其民气之勇,士节之盛,实甲于天下。而恃其忠肝义胆,敌王所忾,不愿师他人之所长,其义愤激烈之气,鄙夷不屑之心,亦以湘人为最"⑤。现在,经过甲午战争辽东半岛的三战皆败,湖南乡绅

---

① 《毛泽东选集》第一卷,人民出版社1991年版,第14页。
② 参见《毛泽东选集》第一卷,人民出版社1991年版,第24—26页。
③ 《谭嗣同全集》,中华书局1981年版,第174页。
④ 《湘学报》第28册,光绪二十四年二月初一日。
⑤ 陈宝箴:《戊戌变法档案史料》,中华书局1958年版,第249页。

终于开始了觉悟,在深刻的民族危机的背景下,乡绅开始投身到兴办企业、创办新式教育和随着而来的地方自治运动之中,正是这一系列的新的事业的推进,使乡绅阶层由分化、转型,到最终退出历史舞台。

湖南最早的近代企业是陈宝箴倡办的湖南矿务总局和湖南矿务总公司,在它们的带动下,湖南乡绅们开始投入新式企业。据统计,在湖南维新运动中创办的企业,如湘裕炼矿公司(1895)、黔阳金矿(1897)、平江黄金洞金矿(1897)、常宁龙王山铅矿(1896)、埠南官钱局(1896)、常宁水口山铅锌矿(1896)、和丰火柴公司(1895)、鄂湘善后轮船局(1898)、化学制造公司(1897)等,都有乡绅的参与。张祖同、朱恩绶、邹代钧、张通典、朱昌琳、喻光蓉、陈文玮等均为创办人或股东。而以政治上保守著称的王先谦,是这一批最早参与新式企业创办的主要人物。1896年,王先谦创办了宝善成机器公司;1902年,王先谦等士绅成立"湖南炼矿总公司"和阜湘总公司。乡绅的投资新式企业的行为,开始了湖南乡绅从专注土地投资到近代工商业的投资转型。

在清末新政中,湖南乡绅还积极参与地方兴学。1902年,经巡抚俞廉三向清廷奏准,设立湖南学务处。委布政司张绍华、署按察使盐法道继昌会同办理。任道员尽先补用知府朱益浚,奏留直隶委任知县罗正钧为提调。规定所有省城大学堂,各府、厅、州、县之中小学堂、蒙养学堂、武备学堂,统归其督率、稽核。官署即设于抚署左侧之玄帝宫内,是为湖南建立新式教育行政机构之始。但这时科举尚未正式废止,学政仍继续存在,形成新旧两种教育行政机制同时并存局面。1906年,清政府明令废科举,撤学政;于各省设提学使司掌理全省教育行政。是年5月,吴庆坻为湖南首任提学使,吴到任后,立即组成湖南提学使司,负责统辖全省学务。[①] 同时在省城长沙设立学务公所,在各州县设立劝学所,州县以下划定学区,设立劝学员,为士绅提供了合法的参与学务的途径。据统计,在学务公所中的20名士绅中,有13名为湖南籍,并担任

[①] 湖南省地方志编纂委员会编:《湖南省志》第17卷,《教育志》(下册),湖南教育出版社1995年版,第1211页。

议长、副议长等职务；①而各州县之劝学所、学区之劝学员，均为当地乡绅担任，至宣统元年（1909），全省共有劝学所63所，劝学员335人。②

在参与教育行政的同时，乡绅们更多的是兴办学校。湖南乡绅兴学之热情和成效，较之他省更为积极和有效。时任湖南巡抚的陆元鼎奏报说，湖南"士绅之办学者，锐意猛进，振奋无前"③。湘潭拔贡胡元倓，与官绅龙璋兄弟创办了"明德中学"，后成为著名学校，有"北有南开，南有明德"之誉；王先谦也在1908年创办简易初级小学堂10余所于长沙四城。据许顺富研究统计，1906年湖南省城各学堂的创办人或负责人大多数是乡绅，如高等学堂监督陈庆年、增设师范传习所监督罗永绍、实业学堂监督王铭忠、副监督陆鸿逵、宁乡中学堂总理童光嶽、楚才小学堂总理周家濂、周氏女学堂监督周季藩等。④乡绅们在办学经费、校舍方面也给予了很大支持。1904年，沅州府熊吴氏捐献价值白银2000余两的房屋和图书等物，资助公立小学堂；湘潭籍官员袁树勋捐俸银1万两，作为明德学堂的办学经费；1907年，桂阳乡绅候选知县陈兆璜捐银1万两给本地中学堂；桃源乡绅候选县丞高继长捐钱1.2万余串，兴办东乡高等小学堂；1908年，常德山货业董理们集议筹款设立西提小学，免费收贫寒子弟读书。⑤同时，乡绅们也或自愿或被迫捐出庙产、祠产，供办学使用。在晚清兴学的热潮中，湖南办学成绩显著，在1902年到1911年10年间，湖南小学堂达到2085所，在校生73577人，其中女子小学59所，在校生3607人。⑥师范教育更是湖南特色，到1913年，湖南有师范学校6所，学生1353人，女子师范学校17所，学生1104人，简易师范学校12所，学生956人，初等小学教员养成所16所，学生1950人。⑦

与此同时，年轻的乡绅们也成为新式教育的受教者。科举废除后，

---

① 《学部官报》1907年12月25日，第43期。
② 冯象钦等：《湖南教育史》第2卷，岳麓书社2002年版，第194页。
③ 《湖南巡抚陆奏筹办湘省学堂情形折》，《东方杂志》第2卷第1号，1905年1月。
④ 许顺富：《湖南绅士与晚清政治变迁》，湖南人民出版社2004年版，第284—286页。
⑤ 冯象钦等：《湖南教育史》第2卷，岳麓书社2002年版，第238页。
⑥ 冯象钦等：《湖南教育史》第2卷，岳麓书社2002年版，第238页。
⑦ 冯象钦等：《湖南教育史》第2卷，第236页。

士子们或迫于生计，或接受新思潮而进入新式学堂学习，或者出国留学，学成后则成为新式教育的创办者或教员。京师大学堂师范馆1902年至1906年共招收学生512人，有传统功名（举人、贡生、生员、监生等）者422人，占82%；其中湖南学生29人，举人1人，贡生7人，监生7人，廪生3人，增生1人，附生7人，有官职者2人，其他1人。[①] 可见，乡绅们对于新式教育的热心。1902年和1903年，湖南先后派出两批官费留日学生，第一批12人，第二批21人，全部为举贡生员。[②] 就籍贯而言，长沙2人，善化6人，湘潭5人，湘乡4人，新化2人，武陵2人，湘阴2人，龙阳、醴陵、衡山、临湘、蓝山、安化、溆浦、芷江、邵阳、泸溪各1人。[③] 可见其分布较广，即使如湘西地区也同样派遣了学生。

　　乡绅参与或者接受新式教育的意义深远，首先是其身份的转变，他们不再仅仅世居乡村，坐拥土地财产，充当官、民间的中介，而是通过兴办或接受新式教育，改变其身份和居地，成为正在发展的城市各色新式职业担当者。更为重要的是，他们的知识结构尤其是思想意识也随之发生变化。自太平天国以来湖南士绅形成了保守、排外的心理，对于新事物的接受十分排斥。此时参与和接受新式教育，反映了长期以来的士林风气开始改变，走出国门的生员们走上了与其父辈乡绅不同的道路。首批留日官费生胡元倓就是其中的代表。胡元倓，湖南省湘潭县人，字子靖，号耐庵，1897年入选拔贡。1902年入选湖南首批官费留日生，归国后，即着手筹办学校，1903年3月与表兄龙璋（时任江苏泰兴知县）、龙绂瑞合作办学，租赁长沙左文襄公祠为校舍，创办了湖南明德学堂。自任监督（即校长），是近代湖南第一所私立新式学堂，曾经熏陶了多少三湘学子、志士名人，刘公武、宁调元、陈果夫、蒋廷黻、周谷城、任弼时、周小舟等先后曾在该校就读。蔡元培曾高度评价说："今观宣劳党国之同志，出于明德者甚众。"后担任过湖南大学校长。第二批官费留日学生杨昌济，1871年诞生于长沙县清泰乡板仓冲下屋杨家，1889年，应

[①] 许顺富：《湖南绅士与晚清政治变迁》，湖南人民出版社2004年版，第287页。
[②] 参见许顺富《湖南绅士与晚清政治变迁》，湖南人民出版社2004年版，第296页表十五。
[③] 参见许顺富《湖南绅士与晚清政治变迁》，湖南人民出版社2004年版，第296页表十五。

长沙县学试，补邑庠生，应试举人不中，为生活计，在家设馆授徒，1902年，参加赴日留学考试，获官费留日资格，先后在日本弘文学院、东京高等师范学校学习，再入英国苏格兰爱丁堡大学，毕业后又游学德国9个月。1913年回到湖南后，出任湖南高等师范学校教授，教伦理学、心理学、教育学，同时兼任湖南第四师范学校修身和心理学教员。1918年6月，应蔡元培先生之聘，任北京大学伦理学教授。除了在学术上的贡献外，杨昌济的进步思想也影响了五四前后湖南知识界，对青年毛泽东、蔡和森等有重大的影响。

清末地方自治的兴起，也为湖南乡绅的转型提供了机会。1907年，谭延闿、杨度、龙璋、胡元倓等人成立了湘省宪政讲习所，为地方自治准备人才；1909年，湖南设立了地方自治筹备处，创办各级地方自治研究所，从1909年至1910年，选拔了217名具有低级功名的乡绅进行培训，[1] 各县开办地方自治培训，如善化县唐绅创办了善化地方自治传习所，湘潭胡元倓创办了自治研究所，先后在本县开展了自治培训工作。由于以王先谦、叶德辉为代表的老辈乡绅，思想趋于保守，对地方自治并无热情。通过这些活动，使得年青一代的乡绅得以把握地方自治的话语权以及组织机构。诚如张朋园先生指出的，"筹备大权落在谭延闿一派较年轻的新派士绅之手"了。[2]

1909年5月至8月的咨议局选举，进一步使湖南乡绅参与到预备立宪之中，也促使乡绅的转型。根据《咨议局章程》，符合下列条件者具有选举和被选举权：

> 凡属本省籍贯之男子，年满二十五岁以上，具有下列资格之一者，有选举咨议局议员之权。
> 一、曾在本省地方办理学务及其他公益事务满三年以上，著有成绩者；
> 二、曾在本国或外国中学堂及与中学同等或中等以上之学堂毕

---

[1] 贺跃夫：《晚清士绅与近代社会变迁》，广东人民出版社1994年版，第203页。
[2] 张朋园：《湖南现代化的早期进展》，岳麓书社2002年版，第148页。

业得有文凭者；

三、有举贡生员以上之出身者；

四、曾任实缺职官文七品、武五品以上未被参革者，

五、在本省地方有五千元以上之营业资本或不动产者。

凡非本省籍贯之男子，年满二十五岁，寄居本省满十年以上，在寄居地方有一万元以上之营业资本或不动产者，亦得有选举谘议局议员之权。

凡属本省籍贯或寄居本省满十年以上之男子，年满三十年以者者，得被选举为谘议局议员。①

从以上规定来看，只有地主、商人、乡绅才具有选举权，而被选举资格虽然没有财产、功名之类的限制，但基本上也只有具有选举权的人才有可能当选。据统计，湖南省第一届谘议局议员82人，有功名的76人，占92.6%。其中进士6人，举人13人，贡生30人，生员27人。上述76人当中，既有功名又具留日学生身份的6人，亦无功名亦无留学身份的只有5人，有1名虽无功名但有留学生身份。从年龄来看，50岁以下的54人，占67%；51—60岁的24人，60岁以上的4人。议长谭延闿仅31岁。② 在37名候补议员中，仅2人身份不详，其余35人均具各种功名。③

就谘议局第一届年会讨论的议案来看，议员们关注的大多是地方自治、发展实业、兴办教育和改良社会。在议决的59各议案中，有关地方自治的5件，有关实业的10件，有关教育的3件，改革、整顿司法、警政的6件，改良社会风俗的10件。由此可以看出正在转型中的乡绅们关注点以及他们的价值取向。④

---

① 西北政法学院法制史教研室编：《中国近代法制史资料选辑（1840—1949）》第一辑，西北政法学院法制史教研室编印，1985年，第13页。
② 据《谘议局议员姓名职衔表》统计，载杨鹏程编《湖南谘议局文献汇编》，湖南人民出版社2010年版，第63—65页。
③ 据《谘议局候补议员姓名职衔表》统计，载杨鹏程编《湖南谘议局文献汇编》，湖南人民出版社2010年版，第66—67页。
④ 据《湖南谘议局第一届年华议事录》统计，载杨鹏程编《湖南谘议局文献汇编》，湖南人民出版社2010年版，第68—72页。

上述情况说明，随着清末资本主义的发展和预备立宪的开展，湖南乡绅开始了转型，他们对实业、教育、地方自治等领域表现出极大的兴起，并通过在这些领域的参与和扩张集聚着资本与声望。一方面，这是晚清民族危机在乡绅的反应；另一方面则是他们对社会变革（乡村自治、科举废除等）的应对。在这个转型的过程中，乡绅内部也发生了变化，一般来说，乡绅中年轻的一代（相应功名也较低），比较能够接受新事物，并投身于新事物之中。谭延闿、胡元倓、杨昌济等，就代表着转型中的这批乡绅。他们大多出生于鸦片战争以后的19世纪70—80年代，彼时世界形势已发生巨大的变化，而他们在研习制艺之外，也能获得新的知识，影响着他们的价值观念和价值选择。而王闿运、叶德辉这一批功成名就的老一代乡绅，在社会变革中虽然可以接受创办企业乃至新式教育，但对于宪政、自治之类的事物则难以接受，表现消极。王先谦虽然被地方官纳入咨议局筹备处，但他自己也说只是挂名，①反映了他们的守旧倾向。

湖南乡绅的这种转型，是晚清以来乡绅们的共同命运。湖南因为地处内地，资本主义姗姗来迟，而太平天国运动以来士林风气向来保守和强悍，其转型迨至清末才得以彰显。其实，在东南地区和通商口岸，乡绅们的转型自鸦片战争以来就次第展开。生员们或做买办，或远洋留学，或进入洋务学堂，或创办企业，成为一种常态。这实际上标志着作为中国封建社会长期存在的特殊的社会阶层——乡绅阶层，在社会的转型过程中，特别是科举制的废除和现代乡村社会治理结构发生变化之后，他们赖以存在的制度基础和社会土壤逐步消失，作为一个阶层的乡绅，也开始逐步消解，逐步地退出了历史舞台。②就政治影响力来说，已经逐步

---

① 王先谦：《葵园自订年谱》卷中，台北：文海出版社1971年版，第105页。
② 阳中信先生认为民国时期湖南仍然存在着绅士阶层，除了清代遗留的功名绅士外，受过专业技术教育的人士也应纳入这一阶，见阳中信《湖南近代绅士阶层研究》（岳麓书社2010年版，第六章"民国时期的湖南绅士阶层"）。笔者认为，绅士阶层作为科举制的衍生物，只有在传统中国乡村治理结构中才能够得以作为一个阶层存在。民国时期受过专业技术教育或充任各级官吏回乡人员以及其他在地方具有声望和实力的人物，是地方精英阶层，但与传统社会的绅士阶层相去甚远。

消失。张朋园先生对民国初年第一届国会参众两院湘籍议员出身进行过研究，在37名湘籍两院议员中，有出身可考的28人（占75%），其中具有传统功名的7人（举人3人、贡生1人，生员3人），占20%；而留学出身和国内新式教育出身的有20人，占63%。从年龄来看，参院平均年龄37岁，众院平均年龄34岁，两院平均年龄为35.5岁。[1] 就居住地来说，乡绅们也逐步地"城市化"了，由世居乡间而进入城镇了。根据对第一届咨议局议员82名议员"通问处"（通讯处）统计，只有两位议员通讯处为"县城某某转寄"，可能本人不住县城，而由亲戚或朋友转寄，其余均直接标注为省城或县城某某宅、某某公司，可见97.56%的议员已经居住在县城及省城。其中有15位议员的通讯地址为"某某学堂""某某劝学所""某某自治所"；25人为"某某公司""某某堂""某某号"，说明其身份是经营工商业；此外还有调查局、育婴堂、巡警局、警察局、警务所等，真正标注某某宅、某某第、某某寓也很少。[2] 这说明在20世纪初年，湖南乡绅们大多已经移居县城，或已从事工商业和与新政相关的公共事业，已经不是寓居乡村，包揽词讼的"乡绅"，作为乡村一个举足轻重的社会阶层，已经趋于瓦解了。

但是，乡绅在乡村社会的传统声望与地位，仍然是不可忽视的。国民政府建立后，在乡村设立区乡政府并建立保甲，乡绅仍然在一定程度上控制乡村政权。但作为传统社会的一个特殊阶层，其衰败的趋势不可阻挡，伴随着国家权力的延伸和乡村社会的现代化进程，乡绅阶层在民国时期已经是强弩之末，逐渐退出历史舞台了。

---

[1] 张朋园：《湖南现代化的早期进展》，岳麓书社2002年版，第168—169页。
[2] 据《湖南咨议局议员通问录》统计，载杨鹏程编《湖南咨议局文献汇编》，湖南人民出版社2010年版，第73—76页。

第五章

近代湖南乡村社会治理

近代湖南乡村社会处在由传统向现代的过渡时期，乡村治理结构和方法正在发生着变化。传统乡村社会治理以"皇权不下县"为前提，国家正式职官的设置止于县，县以下没有国家行政，以乡绅治理为主体，以宗族、乡约、乡社为组织，协调官、绅、民之间的关系，达至彰儒学、征钱粮、应徭役、息诉讼的乡治目标。进入近代社会以后，资本主义经济深入乡间，国家权力进入乡村，并逐步建立起乡村政权，乡村进入国家权力网络。乡村治理由"绅治"转变为"官治"，成为现代国家治理的一部分。

第一节　晚清湖南乡村治理与清末乡村自治

清代实行的里甲制、保甲制发展到清中叶以后，随着"摊丁入亩"制度的实行，湖南乡村组织也逐渐废弛，从而导致太平天国前期湖南乡村社会矛盾激化，乡治紊乱，秘密社会得以滋生，遂成为太平天国运动前夕会党起义最为频繁的地区之一。曾国藩任督办团练大臣以后，在湖南整顿保甲、厉行团练，以军事手段强化乡村治理，由此也推动了19世纪50年代以后湖南绅权的扩张。清末，清政府在各种压力下推行乡村自治，湖南乡村社会也开始了乡村自治的宣传动员与尝试。

一 晚清湖南乡村组织

清代的乡村行政组织变动频繁，系统复杂，南北情形不同，各地名称各异。① 一般来说，里甲是乡村征收钱粮的系统，保甲则是乡村维护治安的组织，都不具备国家政权的性质，只是乡村"绅治"的外在形式。

清初沿袭明制，在全国推行里、甲制度，"计丁授役，三年一编审，嗣改为五年。凡里百有十户，推丁多者十人为长，余百户为十甲，甲十人。岁除里长一，管摄一里事。城中曰坊，近城曰厢，乡里曰里。里长十人，轮流应征，催办钱粮，勾摄公事，十年一周，以丁数多寡为次，令催纳各户钱粮，不以差徭累之"②。里甲制之外，清代地方还同时推行保甲制。雍正四年（1726），保甲法开始在全国大部分地区实行。史载："保甲之法，十户立一牌头，十牌立一甲长，十甲立一保正。其村落畸零及熟苗熟童，亦一体编排。"③ 保甲的功能主要在维护地方治安，所谓缉盗、防匪。

康熙年间，湖南几次审编丁户，造报赋役黄册，编排里甲。④ 初定3

---

① 自清中叶以来，由于里甲制度的废弛，乡村组织系统非常紊乱，各地称呼不一，一省之内各府厅州县也不尽相同。学界对此的看法也不尽一致。一般认为，清代在"摊丁入亩"以前，实行的是里甲制，或者是里甲制与保甲制并行而以里甲为主；"摊丁入亩"以后，以保甲制取代了里甲制。近年以来，有学者认识到清代乡里制度的复杂性。张哲郎指出："在乡村组织上，除了继承明朝以来的自然村落之外，采用明人的里甲制，作为赋役征收的机构；采用宋代的保甲制，以维护地方治安；在地方上实施元代的社制，作为劝农的组织。同时，又设立宋以来的乡约法，以宣传教化。"张研对清代乡里组织的发展脉络从三个时段作了分析，认为，清初，里社、保甲、宗族相并列；清中期，里社及职能并入了保甲，而宗族系列又与保甲相交错；清末，团练兴起逐渐形成了一团、一团保、一族团保·体制。魏光奇通过对华北地区的研究，指出：清代的华北农村社区组织名目繁多，可因其性质而分为三类：里社组织、乡地组织、保甲组织。除此外，清政府还作出努力试图在农村建立其他组织来担负教化、教育、社会救济和地方自卫等职能，如乡约制度、社学、乡兵制度，但在清代均没有得到持久普遍实行。参见申立增《清代乡里制度研究综述》[《首都师范大学学报》（社会科学版）2004年增刊，中国近现代史研究专辑］。相对于华北地区和江浙地区，清代湖南地区乡村基层组织的研究很不充分，一方面是史料发掘不够；另一方面是湖南史学界的研究传统在政治史和思想文化史领域。

② 《清史稿》卷一二一，"食货二·役法"。

③ 《清世宗宪皇帝实录》，卷四六。

④ 《湖南省志》编纂委员会：《湖南省志》，中国文史出版社1993年版。本节关于湖南里甲、保甲的一般情况的叙述，均采自该书。

年一编审，后改 5 年。以 110 户编为一里，推人丁多的 10 户为长，其余 100 户编成 10 甲，每甲 10 户。60 岁以上者役册除名，免征赋役。16 岁以上者造报役册，计征赋役。鳏寡孤独不服役者称畸零①，在 100 户之外，附于里甲册之后。里长 10 年轮换一次，以人丁多少为序，管摄一里的征赋派差，催缴各户钱粮差役。清初据湘潭、茶陵、衡阳等 50 州、县汇总，共编 1019 里，26 都、8 厢。顺治十二年（1655），除湘潭、武陵、沅江 3 县由原 72 里并为 58 里外，其他州、县没有变化。康熙三十五年（1696），在 43 州县内增编 98 里、6 厢、11 坊。康熙六十年（1721），仅浏阳一县增编 3 里，其余 49 州县未变。至此，50 州县里、厢、坊总数为：1106 里，26 都，14 厢，11 坊。② 与清初比较，增加 87 里、6 厢、11 坊。雍正、乾隆年间，里甲又经多次编审。嘉庆二十一年（1816），据辰溪、善化（今望城）等 68 州县汇总：共编 1386 里，32 都，18 保，15 厢，14 坊。③ 浏阳县在明洪武初年（1368），全县编 71 里。其后赋重民逃，仅存 50 坊、里；康熙年间增至 60 里。④ 长沙县在清初编为 15 里、3 厢；顺治十三年（1656）改编 12 都、3 厢，每都、厢各 10 甲，每甲分 10 柱，自一柱至十柱，大差九空一当，粮不出甲，差不过都。⑤ 华容县在清初"废坊编为 6 里，里 10 甲，今定 7 里，里 11 甲"，"里曰一都至七都"。⑥

乾隆三十七年（1772），湖南废除编户与审定新生人口，推行保甲制。稽查户口，以保甲册为据。"保甲者为防奸设也。"⑦ 编排保甲，户给门牌，书其家长之名与丁男之数，出则注所往，入则注所来。以 10 户为牌，牌有头；10 牌为甲，甲有长；10 甲为保，保有正。门牌每年更换一次。户口迁移随时换发。牌头、甲长三年一更代，保正一年一更代。甲内如有盗窃、邪教、赌博赌具、窝逃奸拐、私铸私销私盐、贩卖硝磺、

---

① 同治《浏阳县志》，卷五，"食货一·户口"。
② 乾隆《湖南通志》，卷二三，"食货·户口"。
③ 光绪《湖南通志》，卷四八，"食货·户口"。
④ 同治《浏阳县志》，卷五，"食货一·户口"。
⑤ 嘉庆《长沙县志》，卷三，第 9 页。
⑥ 光绪《华容县志》，卷一，"都甲"。
⑦ 同治《浏阳县志》，"食货一·户口"。

并私立名色、敛财聚会，或有面生可疑、形迹诡秘的人，皆令查报。各府、州、厅、县所辖城厢、市镇、村屯居民，从缙绅至商贾、农工、吏役、兵丁皆挨户编审。寺观亦发门牌，以查僧道之出入。客店则立一簿，书寓客姓名、行李，以便稽查。保正、甲长、牌头须以"诚实、识字、勤慎练达有身家之人充任"，限年更换。"查访盗贼，据实举报，按名给赏；徇情隐匿，即予警惩。"①道光十二年（1832），以编查保甲有名无实，谕诏有（藩）司："今后毋得玩视，以使匪徒无立足之地"。同治四年（1865），又上谕群臣："整顿保甲，以清治源，敢蹈以前积弊，其严处之。"②此时已办团练，与整编保甲、稽户口、诘奸究相并进行。湖南全省审编保甲的总况，已无从查考，部分州县确已按例编定，里甲逐渐改名都甲、都团。醴陵县于嘉庆十八年（1813）编查烟户人丁，门牌邑令，共编24都、103境；有保正103名，甲长456名，牌头4188名③。善化县在嘉庆十九年（1814），家给门牌，每10家为1甲有甲长统于保正，城乡一律，"奸人无所容"④。太平天国运动前后，湘南地区会党活动日趋频繁，永州、郴州、桂阳州等地议定团练章程，严行保甲制度。郴州、宜章二州县，为广东客商往来要道，脚夫肩挑贩运经过的甚多，地方官置循环簿，令各夫行将往来人夫进行登记稽查，随时盘诘。⑤同治七年（1868），浏阳县册载牌长9235名，甲长2940名，保正121名。⑥

在实际实行过程中，由于习惯和其他原因，乡村组织名称各县并不统一，有称都（坊）、甲的，也有称里、甲的，或袭明制，或依习俗。此择若干县列举如下：

长沙县：据同治《长沙县志》载：

> 长沙旧制十五里三厢，因屡罹兵燹，都甲成败不一，田粮荒熟

---

① 《清史稿》，"食货志·食货一·户口"。
② 同治《浏阳县志》，卷五，"食货一·户口"。
③ 嘉庆《醴陵县志》，卷六。
④ 《善化县志》卷三，"疆域·乡里都甲"。
⑤ 《清宣宗实录》卷三四九，"道光二十一年甲寅谕"。
⑥ 同治《浏阳县志》，卷五，"食货一·户口"。

不等,顺治十三年,知县朱明魁编为十二都三厢,俱系额递充当甲役,后因西山夫草供亿难堪,遍点花户苦累不均。康熙十三年……知县俞牲始从舆议详定审编通计,阖邑熟垦粮二万一千七百石有零,仍照十二都三厢名色,每都厢各十甲……粮不出甲,差不出都,额递始免重累,花户亦得均平,行之有年,官民两便。至吴逆之乱(按:指三藩之乱),田亩尽荒,军需旁午,供应浩繁。恢复之后,仍当里役挨管催征积弊多端,民苦多支,屡奉各宪禁革里役。康熙二十八年……知县向登元始详请永革里役,一切摊派止照由单,钱粮花户自行上纳。十数年来,强无躲闪,弱无包赔,愚民乐业,田价倍增。①

由此可以看出,作为完钱粮、应徭役的里甲(都甲)组织,在实施过程中,或因编户不均,或因战乱,或因里役勒索,里民不堪其苦,各级政府不得不采取各种办法加以改良。作为乡村组织的里甲制度也因此废弛。

善化县:"旧辖四乡:曰永康、曰忠臣、曰长乐、曰兴化。明初编一十六里,后改为十里。"清初为10都、5厢,1、2、3、4、5都编湘江之东;8、9、10都编编湘江之东南;6、7都编湘江之西改上厢、下厢等5厢为1、2、3、4、5厢。三藩之乱后,田荒丁逃,仅编为六都。到康熙六十年(1723),始恢复10都,"每都设立保正,以应差遣,以防贼盗奸邪。嘉庆十九年(1814),家给门牌,每十家为一甲,有甲长,统于保正。乡城一律,奸人无所容"②。这里除提及都坊(厢)组织外,还提到了保甲制度的实施情况,这是湖南地方志史料中比较少见的材料,说明雍正年间开始推行的保甲制度,各地进展不一,但在湖南也是推进的。

湘乡县:"顺治十一年(1654),沅抚袁廓宇奏请权立均都法,以熟

---

① 同治《长沙县志》卷之三,疆域,《中国地方志集成》,"湖南府县志辑",江苏古籍出版社、上海书店、巴蜀书社2002年版,第32页。

② 光绪《善化县志》,卷之三,疆域,《中国地方志集成》,"湖南府县志辑",江苏古籍出版社、上海书店、巴蜀书社2002年版,第37—38页。

粮七百八十石为一都"，① 湘乡知县依"均都法"，将全县按田亩册簿平均分都，但这些"都"只是征收赋税的单位，并没有在实地上划分都坊范围，"遂成纸上割裂之坊都，非复陌上鳞次之坊都"。康熙三十五年（1698），知县李玠"始矫其失，循区编都"，计设44个都，3个坊，"仍立12乡以统之"。②

表 5-1　　康熙三十五年（1698）湘乡县以下组织表

乡名	所辖都坊	
	个数（个）	都坊名称
宣化	3	迎恩1坊、悦来2坊、景清3坊
常乐	4	东风1都、湘西2都、大育3都、凤音4都
万全	4	同风5都、莲花6都、兴仁7都、兴让8都
雍睦	4	归德9都、潭台10都、白龙11都、归厚12都
状元	4	南熏13都、弦歌14都、鹤山15都、碧溪16都
常安	4	珍涟17都、壶天18都、胜岩19都、宣风20都
兴乐	4	梓门21都、永新22都、铜梁23都、荷塘24都
沐导	4	同德25都、乐郊26都、望春27都、瞻云28都
庆善	4	评事29都、诚和30都、尚义31都、黄山32都
清乐	4	常丰33都、新安34都、和安35都、锦石36都
神童	4	丰乐37都、云下38都、延福39都、乐善40都
集祥	4	清溪41都、纯化42都、崇信43都、敦行44都

都以下设区，区下设牌。所以湘乡县以下的组织为乡、都（坊）、区、牌。

但到了咸丰年间，湘乡县又废乡改里，实行里都制，全县分为上里、中里、首里。上里辖13个都，中里辖16个都，首里辖18个都、坊。③

---

① 同治《湘乡县志》，卷一，地理，《中国地方志集成》，"湖南府县志辑"，江苏古籍出版社、上海书店、巴蜀书社2002年版，第202页。
② 同治《湘乡县志》，卷一，地理，《中国地方志集成》，"湖南府县志辑"，江苏古籍出版社、上海书店、巴蜀书社2002年版，第202页。
③ 《湘乡县志》编纂委员会：《湘乡县志》，湖南出版社1993年版，第51—56页。

湘潭县："明代分城中为二坊，附郭为二厢，各统于乡都，四境八乡二十一都，都大者设里长七，小者一。国朝罢里长，仍编十八都为十甲。近岁军兴，乡各立团，团各制名，然无称用之者。"① 可知在光绪年间，湘潭县以下组织是乡、都、甲。但是乡只是地理区划，并未设治，"然今乡民亦不知乡里名，惟以都分"②。据民国二十六年（1937），《中国行政区域志资料调查表》载湘潭县情况，约在康熙、雍正时期，湘潭县"划分都甲，全县合二十一都，都各十甲，自一起至十八，再四都与五都及十七都各分上下，故都尉二十一，县城总市后，别有三十都，殆明制也，俗称二十一都半，所谓半都，或指此耳。各都位置，或以次列，或不以次列，其幅员为相连或不相连，错综纠纷，后之人罔识其划分意义"③。

醴陵县：宋代析醴陵县为六乡十六里，④ 明改乡里为坊都，洪武初年划醴陵为四十二坊都，以后多有变化，成化八年（1472）为二十五坊都。"清顺治十四年（1657），知县张法孔匀都坊，仍之。康熙二十一年（1682）改编为三十都百有八境，以都系乡，以境系都（境以下为段、为爪、为社、为团、为甲，随俗而异），以定征科册籍。"⑤ 由此可知，醴陵县以下组织亦为都、甲制。

岳阳县：明洪武二年（1369），岳阳划为3乡2厢46里3村（村为特设区域）；隆庆年间（1567—1572年），改里为都，全县辖3乡2厢24都52村。清初，设3乡2厢34都14镇5河泊所及穆湖、旧江2个特设村。光绪十七年（1891）调整为3乡2厢45村5河泊所：⑥

---

① 王闿运等撰：《湘潭县志》，光绪十四年刊，卷一，疆域三。
② 王闿运等撰：《湘潭县志》，光绪十四年刊，卷一，疆域三。
③ 湘潭市地方志编纂办公室编：《湘潭修志有关史料汇编》（内部资料），1987年7月，第77页。
④ 醴陵乡（上丰仁里、依仁里）、金水乡（金水里、崇仁里）、明月乡（开祥里、云泉里）、省元乡（封仁里、兴城里）、魁躔乡（下丰仁里、滚秀里、金桥里、石下里）、黄泽乡（黄泽里、平乐里、永宁里、铜渚里）。见民国《醴陵县志》，第129页。
⑤ 民国《醴陵县志》，《中国地方志集成》，"湖南府县志辑"，江苏古籍出版社、上海书店、巴蜀书社2002年版，第129—130页。
⑥ 《岳阳县志》编纂委员会：《岳阳县志》，湖南人民出版社1997年版，第49页。

表 5-2　　　　　　　光绪十七年（1891）岳阳县以下组织表

乡	村
延寿乡	林溪、杨梅、游源、石泉、白果、万石、铜柈、太平、新桥、荷塘、古塘、旧江、马家、穆湖、一厢、二厢
石潭乡	新塘、青岗、范塘、南平、黄陵、潼溪、老家、大陂、潭林、桦林、南分、枯陂、鲁家、白洋、柘港
永宁乡	岩岭、洪山、花角、龙里、湖田、湛田、官桥、上游、山溪、高仓、黄泥、小湄、饶村、白水、公田、白箬
河泊所	古冢、杨林、艑山、鱼苗洋、虾须

衡阳县："衡阳为衡州附郭县，原编户四十五里，有上十五里，中十五里，下十五里。以西乡为上十五里，南北交互为中十五里，割南益东为下十五里。盖以土田之瘠腴辨上下也。……乾隆二十一年，分设清泉县。……而衡阳则自一都至二十二都、又自四十都至四十二都、城内则正街以西、城外西厢仍隶矣。"衡阳县在明朝县以下设都、里，"明制编都有太平、政平等名目，各分里甲，康熙年间偏抚（按：指偏沅巡抚）赵申乔仿衡山例，废里改区"。①

沅陵县：沅陵县明清两代均为都里制，明代全县分为12都，58里；清康熙三十年（1691），仍分12都53里。②

茶陵州：茶陵在明洪武初分4乡100里，坊厢1；永乐十年（1412）并里为52；景泰三年（1452）再并里为33，坊厢仍旧，均系于乡，后改里为都。清顺治十二年（1655），并为24都；康熙二十一年（1682），拓为25都，坊厢归并于都，皆为民籍，外有屯籍8区。③

从上述各州县情况来看，第一，清代县以下组织名称并不统一，存在着里甲、都甲、都里等差异，或因明制，或为习惯。正如张研先生在

---

① 乾隆《衡阳县志》，卷之一，形势，《中国地方志集成》，"湖南府县志辑"，江苏古籍出版社、上海书店、巴蜀书社2002年版，第31—32页。
② 《沅陵县志》编纂委员会：《沅陵县志》，中国社会出版社1993年版，第52页。
③ 同治《茶陵州志》，卷之四，地界，《中国地方志集成》，"湖南府县志辑"，江苏古籍出版社、上海书店、巴蜀书社2002年版，第37页。

研究了各地清代县以下行政区划之后，得出"层次不一、名称驳杂"的结论。① 在湖南，由于顺治年间为着编民纳粮的急需，朝廷采纳了偏沅巡抚袁廓宇的奏议，实行"均都法"，按粮食的产量划分都甲（里），由于实行中袁廓宇"限期严迫"，州县根本无法根据实际情况来编民划都，一如湘乡知县南起凤那样，"均分悬榜为定"，因此出现了"纸上割裂之坊都，非复陌上鳞次之坊都"；② 也出现了湘潭县所谓各都位置，或以次列，或不以次列，其幅员为相连或不相连，错综纠纷，后之人罔识其划分意义的情况。③ 初创时的匆忙潦草，加之湖南又经历了"三藩之乱"的田荒丁逃的动乱，再加上地权的变动、人丁的迁徙，以编户纳粮的为目的的都、甲组织，逐渐与实际情况相距甚远。加上里役的盘剥中饱，都、甲组织的弊端日见其深。期间也进行过一些改革，如实行征粮截票、由单、滚单等措施。但是随着清朝摊丁入亩这一重大赋税制度的改革，乡村组织的变革也就成为必然。第二，与都甲组织同时运行的还有保甲组织。清世祖入关之后，清政府就颁布了编置牌甲的命令，以便于编立人户册。"其法，州县城乡十户立一牌长，十牌立一甲长，十甲立一保长。户给印牌，书其姓名丁口。出则注所往，入则稽所来。其寺观亦一律颁给，以稽僧道之出入。其客店令各立一簿，书寓客姓名行李，以便稽察。"④《大清会典事例》中记载："凡保甲之法，户给印单，书其姓名习业，出注所往，入稽所来。十户为牌，立牌长，十牌为甲，立甲长，十甲为保，立保长，自城市达于村乡，使相董率遵约法，察奸宄，劝嫩行，善则相共，罪则相及，以保安息之政。"⑤ 清入关开始实行的是总甲法，在全国推行保甲法是雍正四年（1726）。但实行的效果并不如意，一是承平日久，以缉盗匪、查户口为主要职责的保甲制，在所谓康乾盛世时期并没有什么

---

① 张研：《清代县以下行政区划》，《安徽史学》2009年第1期。
② 同治《湘乡县志》，卷一，地理，《中国地方志集成》，"湖南府县志辑"，江苏古籍出版社、上海书店、巴蜀书社2002年版，第202页。
③ 湘潭市地方志编纂办公室编：《湘潭修志有关史料汇编》（内部资料），1987年7月，第77页。
④ 赵尔巽编：《清史稿》卷一二〇《食货》，中华书局1976年版，第3481页。
⑤ 光绪《大清会典事例》卷九，商务印书馆宣统己酉五月再版，第6页。

特别的需要；二是在乡村同时运行两套制度是耗费人力和资金的事情，因此，在很多地方，实际上征赋役和缉盗匪是一个机构同时进行的。一般来说，管理农村土地与人户、负责征收赋役的组织就成为乡村社会的基本组织。虽然，朝廷为了既保证赋役征收，又要维持乡村社会秩序，是希望两者并行不悖的，但难免出现矛盾。茶陵州的情况就证实了这一点。

宜允肃在康熙朝前期任湖南茶陵州知州。彼时，茶陵在康熙初期"数十年来，并未举行保甲"。"宜允肃上任之初，即已竭力举行，令里团编造烟册，举素行服人者为保长。""行之数月，始贴然，册无讹，牌旋给。"① 从"设十家连坐之法"② 和告示中所言"牌甲长烟民人等"语中可知，茶陵的保甲组织也是十进制的牌甲制。钱粮征纳，茶陵仍然由早甲组织执行。直允肃在公文中说："自卑职到任之后，力行照粮当差之法，每里设立排年，使排年督催花户，里长督催排年，而里长无独累之苦。"同时还实行了"由单"法，花户自封投柜。为使花户不拖欠钱粮，设立"木早，列十甲欠数，欠多者用朱圈为圈头，使其执早赴比"。而此前茶陵的钱粮征收"照粮当差之法久废，比较专责里长，全不分任排年，兼催花户"。致使"甲长有代赔之苦，差役有需索之弊，豪强有包揽并吞之奸"。③ 在设立保甲组织之后，茶陵也出现了同样的情况，许多乡村公务派办给保甲组织，"事无大小，物无巨细，具向取办"。宜允肃不得不以告示明文规定，后甲长"照旧专管巡逻、稽查奸宄，不得以他事干累。监仓则有捕役、禁子；告示则发铺司张贴，不得问甲长……"此外凡需买物件、宴会等皆不许派办给甲长。④ 这反映了一个事实，即保甲组织设立以后，多里甲事务，催征钱粮、编审户口等也随之成为保甲组织的职责。据孙海泉研究认为，清代在赋役制度变革以前，地方基层组织这种混行的情况非常普遍，这一方面说明，里、甲组织弊端良多，积重难返，难以正常发挥基层组织的管理作用，容易被

---

① 宜允肃：《石阳政略》卷一，《详文》，"条陈利弊六款"。
② 宜允肃：《石阳政略》卷一，《详文》，"条陈利弊六款"。
③ 宜允肃：《云阳政略》卷一，《详文》，"详覆催科大略"。
④ 宜允肃：《云阳政略》卷五，《告示》，"为严禁甲长之累以杜陋弊事"。

新的基层组织取代；另一方面说明，在一个地方上，设立两种并行的且都能发挥作用的基层组织，其实是很难做到的。在清代农村，州县所需办理的公务并不十分复杂，主要是赋税征收，以及与此相关的土地与人户的管理，社会治安大多依靠这类组织。因此，能够管理农村土地与人户、负责征收赋役的组织，就自然成为基本的农村基层组织。其他的社会职能也大多由这个组织来承担。由于具有能够真实掌握驻地居民情况，编查登记详细人口数目，以及居住相近，便于督察等优势，保甲组织在地方上一经出现，便常被用来执行地方公务。因此，清前期里甲与保甲的并行，趋势是里甲渐趋废除，保甲屡受"重用"。① 其实，保甲制度在晚清越来越受到清政府的重视，还与乾隆末期日益激烈的社会矛盾和会党、农民起义有关。

由于会党和太平天国的兴起，乡村保甲组织广泛建立，其权力得以强化，并相应建立起团练武装，在某些地方，成为乡村政权的主体。而在湖南，光绪年间（1875—1908年），湖南部分州、县的基层政权组织已有乡、村（团）的划分。桃源全县划为6乡、2坊、下辖34村；南洲厅（今南县）划分为5乡，下辖109团。② 类于北方、特别是华北地区之所谓乡地组织。

二 晚清湖南乡村治理

中国传统乡村治理，正如研究者指出的，在唐代中叶以前是纳入国家科层性官僚体系的，"以士大夫治其乡之事"，乡里组织首领人员（如汉之三老、啬夫，北魏之三长）的性质是乡官，唐中叶以后，乡里组织的首领人员（如宋之里正、户长，元之里正、主首，明之粮长、里长）系"以民供事于官"，属于"役"，社会地位卑贱，职责主要是应付官差。清代里甲长、保甲长和乡地等均属"民役"而非"乡官"，仅仅在催缴赋税、征发徭役、查报案件等方面支应官差，而地方公益、自卫、教化、教育、民事调解等乡里公共事务，则由士绅、宗族等私人

---

① 孙海泉：《清代地方基层组织研究》，博士学位论文，中国社会科学院，2002年。
② 《湖南省志》编纂委员会：《湖南省志》，中国文史出版社1993年版。

势力以及某些临时性、自发性会社承担。因此，清代的乡里公共职能系统，就分裂成各具利弊的两种机制：一方面是乡地、保甲等，它们由政府统一督建，近似现代行政那种普遍化、科层化特征，然而其首领人员却属于"贱役"，流品在平民之下，"不足为治"。另一方面是士绅和宗族领袖，他们因其"乡望"而具有现代行政人员那种受到社会尊重的地位，但却属于没有公职身份的私人势力，没有被纳入（或联为）普遍性的组织机构。[①] 这种乡村组织结构，必然造成乡村治理的二元结构。

晚清乡村治理，从结构上来说，是一种所谓"二元治理结构"：官治与绅治。就治理主体而言，存在着三个平行的治理系统：一是职役组织（乡地、里甲、都甲等），主要职能是征收赋税以及应付各种官差；二是士绅、宗族、各种民间团会等，主要从事地方教育、教化、公益事业等社会职能；三是保甲和团练，承担人口管理、缉盗防匪等地方治安职能。团练在嘉庆年间举办，太平天国运动进入鼎盛时期，是所谓官倡绅办。后两种系统是由绅士主导的，故谓之"绅治"。

里甲组织在清代赋役征收制度设计中，只是催科的角色，无论是在早期还是晚清时期。正如杨国安先生指出的那样："在里甲制下，地亩和人户既是赋役征派的依据，又是里甲组织本身存在的基础。地亩和人户的变动既影响到赋税的完纳，同时又对里甲组织的基础形成冲击，里甲组织与赋役征收是相互依存的关系。随着均徭法，赋役折银化、定额化，以及一条鞭法，摊丁入亩等赋役政策的出台，里甲赋役职能被削弱，故而其被保甲所替代是一种必然的趋势。我们同时必须看到，保甲组织尽管在清代逐渐取代里甲而演化为乡村社会的基层组织，但与里甲制不同，在钱粮征收上，在保甲制下一切赋税出自田亩，保甲组织自身又不似里甲是一种役制单位，它重在'督催'而不在'征收'，所以我们发现，里甲制度虽在名义上被废除，里甲长亦不复存在，但里甲组织中掌管赋役事务的里书、粮书却依然保留下来，并且在清中后期地方基层赋税征收

[①] 魏光奇、丁海秀：《清末至北洋政府时期区乡行政制度考略》，《北京师范大学学报》（社会科学版）2004年第2期。

中扮演着不可或缺的重要角色。"①

清代赋役制度设计,是所谓"自封投柜",所谓自封投柜,是指每届钱粮开征,州县于衙署设置银柜,粮户亲身赴县,将其应纳之银包封投柜。这种粮户直接输纳、官民相接的征收制度源自明代后期的"一条鞭法"改革,它替代的是里甲制下里长、粮长等解运税粮的间接征收制度。与自封投柜相匹配的催科制度另有"滚单"与"三联串票",所谓滚单,即州县催征钱粮,各里粮户以五户或十户为一单,每户名下注明田亩、钱粮若干以及每限应完数额(钱粮分十限完纳),该单给予甲内首名,令其挨次滚催,听民自封投柜,一限若完,二限接催,如有一户沉单,不完不缴,即查出究处。滚单制下,各粮户须依次按限纳粮,一户不缴,即影响他户完纳;三联串票,即为钱粮征纳之依据,其内开列地丁钱粮数目,用印铃盖,粮户完纳后,就印字中截票为三,一存州县,一存差役应比,一付花户。串票为花户完粮凭证,亦属州县催征之依据。②

但这种粮户(花户)自封投柜的方式,于粮户或官府来说,都有些成本过高。虽有"数在一两以下,住址去县较远"之小户,其钱粮可"交与数多之户附带投纳",不必亲身赴县的规定,仍然是不方便的方法。特别是晚清以降,里甲废弛,粮册散佚,县以下基层组织混乱无统一规则,因此,实际的征收方式各省不尽相同。湖南的方式,据清末的调查,大约有三种方式:③

> 书征书解,官只望得平余,亏欠皆书包缴。此等州县大都年清年款,毫无蒂欠。然所有飞洒之来历、隐匿之处所及逃亡、故绝之不尽无著该书,均有密籍而为之。州县者转莫得而考察,只知年得

---

① 陈锋主编,杨国安著:《15—20世纪长江流域经济、社会与文化变迁书系》之《明清两湖地区基层组织与乡村社会研究》,武汉大学出版社2004年版,第184—185页。
② 周健:《清代中后期田赋征收中的书差包征》,《中国社会历史评论》第十三卷,2012年,第387—388页。
③ 《关于晚清湖南乡村钱粮征收研究》,陈锋主编,杨国安著:《15—20世纪长江流域经济、社会与文化变迁书系》之《明清两湖地区基层组织与乡村社会研究》(武汉大学出版社2004年版)和周健《清代中后期田赋征收中的书差包征》(《中国社会历史评论》第十三卷,2012年)均有精到的论述。本处材料均引自陈书。

平余若干，不知平余之何以有若干也。

书征官解与书征书解大略相同，不过既征之后，胥缴于官，听官之自行批解而已。

官征官解则征收用款一切皆取之官，书受工食、分串票之利。所有亏欠，书无责成。此等处往往民欠甚多。

故论征收之法，官征官解便于民而不便于官，盖民不畏官之催科而畏书之勒索，且书之从中隐匿包庇亦有焉；书征书解便于官而不便于民，官倚书为包纳，书即视花户为产业，官坐享成功，而书之侵渔含混厚利加收流有不可胜言者。①

从目前的材料来看，湖南各州县的钱粮，基本上是由书包缴的。所谓书，最早是里甲组织中负责催缴钱粮的职役，又称里书、甲书、册书、庄书、图书、社书、经造、粮书等，"凡承充粮册、分掌各甲粮户谓之册书。"② 具体方法大致是，州县户房（户科）将全境赋役分为数目不一的区域（或称"柜"），交由里书负责向粮户征收，亏欠由里书包赔。如同光年间，湖南桃源征收钱粮共分8柜，每柜设一"书总"，各乡则有"散书"数百人，分管粮册，又称"粮书"，协助总书催缴。③ 所以湖南的钱粮乃是"册书赴乡催取汇缴"，所以晚清各州县里书、甲书、粮书、粮差之类人数众多，道光二十年（1840）前后，湖南安化有甲书200余人；咸同年间，湖南零陵有粮书400余人；光绪初年，湖南衡阳、清泉有粮差1000人左右；光绪二十五年（1899），湖南桃源有粮书数百人。④

里书、粮书依靠什么来征实赋役呢？理论上是以县署之实征册为依据，但实际上经过太平天国战争之后，图籍损毁严重，各州县依据不一，

---

① 《宣统湖南财政说明书》，"湖南丁漕总说"，陈锋主编：《晚清财政说明书》，湖北人民出版社2015年版。

② 民国《蓝山县图志·财赋》。

③ 冯锡仁奏，光绪二十五年，录副03/6265/043。转引周健《清代中后期田赋征收中的书差包征》，《中国社会历史评论》第十三卷，2012年，第395页。

④ 周健：《清代中后期田赋征收中的书差包征》，《中国社会历史评论》第十三卷，2012年，第397页。

如长沙府各县则是：

  查（长沙）各县田赋征收处，原用之征收册籍大抵为前清康熙五十三年（1714）编纂之蓝花册籍。印刷之格式用蓝色，详载花户姓名，故曰蓝花册籍。每本共有二百五十项。每页载一户地名、按亩科银、旧管、新收、开除、实在等条目。但因兵灾迭经，蓝花册籍散佚殆尽，偶有收藏至今者，亦受虫蚁之剥蚀，毁坏不全，遂致征收田赋无所凭借。各县有以旧时粮书所藏之秘本为根据者，有参考历年券票存根办理者。在当时固属权宜之计，厥后历年编造征册皆以此为根据。此项征册只载花户姓名，正银若干两，小数至厘位为止。及花户、地名，其用堂名别号者甚多，而真实姓名者实属寥寥之无几也。①

  由里书之类人员承包的钱粮交纳方式，的确存在里书中饱私囊、勒索粮户的弊端，但在晚清国家权力尚未完全进入乡村的时代，钱粮中介人制度，确实是保证钱粮如期如数征收的唯一办法，赋役，不仅是国家治理乡村的权力象征，尤其关系州县官员们治理乡村的政绩。
  社会公共事务包括教育、社会救济、道德教化，也是乡村治理的重要内容，而这些事务，则是由乡绅们来主持的。晚清湖南乡绅是一个特殊的阶层，因其在镇压太平天国起义的过程中发展和膨胀起来，成为地方不可小觑的势力，他们从事救灾捐赈、兴办学务，设馆授徒，修建社学、义学、维修官学校舍、水利、桥梁、津渡等公共工程等职责，参与管理、组织育婴堂、恤悝局、粥厂、义仓、社仓等地方公益事业。
  义学是古代乡村教育的重要部分，"义学者，即以补官学之所不及。"② 清代义学之设，系根据康熙四十一年（1702），"定义学小学之制"，及康熙五十一年（1713），"令各省府州县多立义学，聚集孤寒，延

---

① 李之屏：《湖南田赋之研究》，载萧铮主编《民国二十年代中国大陆土地问题资料》第11辑。

② 王韬：《征设香乡南屏乡义学序》，《弢园文录外编》，上海书店2002年版，第185页。

师教读"之规定而办理。① 学生多为贫寒子弟，免费上学。一般来说，义学或由宗族举办，或由官绅共同捐资举办，或由乡绅独立捐资办理。清代湖南义学始于顺治年间，盛于康熙时期，至嘉庆、道光年间，已经遍及各州县。② 据统计，嘉庆时期湖南官、私义学总数已经超过530所。③ 以郴州府为例，"清初，各县遵照朝廷旨意，由地方官府拨款或由地方士绅募捐，在城乡创办义学，招收贫寒子弟免费入学，乾隆四年（1739）起，永兴县由士绅先后设立金陵义学13所"④。永兴为了方便本地或本族子弟入学，县内不少地方办有义学。学生免费入学，办学经费以田地租收入为主，油麻、高亭一带多按地域创设。最早的义学为乾隆四年（1739）由高亭绅士李如壁等倡导建立的金陵义学，其次有金陵文塔书院（实为义学）、濂溪义学等。在义学创办过程中，乡绅的捐助是重要的资金来源。如清泉县的西湖书院，即是"知县傅学灏率绅士刘梭等重建以为义学，捐俸为修金。乾隆十七年，知县德贵率邑绅士增修，视旧加扩，焕然一新"⑤。"乾隆十六年，知县德贵劝绅士捐置北乡段汉冲田种四十二亩，粮二石六斗八升。在北四区，各县义学，每年纳租五十六石，内除下河上仓脚钱。"⑥ 武冈州的江口义塾"在小坪十二团村，建萧先熄妻刘氏遵夫遗命捐六百石谷田为之，倡庠萧麟瑞、萧容甲、萧光楚、萧从良、谢连珠、谢辅南等分捐集事禀官立案"⑦。邵阳县的申氏义学则是"监生申锦、申及甫、耆民申望重等建，捐田近三百亩，以为修脯膏火之费"⑧。

---

① 李鸿章等撰：《钦定大清会典事例》，卷三九五，"学校·各省义学"，光绪二十五年京师官书局石印本。
② 关于清代湖南义学的研究，郭晓灵的硕士论文《清代湖南义学研究》（湖南师范大学，2014年），对清代湖南义学的发展状况作了较为全面的研究，李红婷的《依附与控制：族塾义学时代的乡村学校与社区关系》，则对清末民初的湖南郴州永兴县大金村的李氏宗族祠堂创办的族塾义学做了很好的个案研究（见《湖南师范大学教育科学学报》2011年第4期）。
③ 郭晓灵《清代湖南义学研究》（硕士学位论文，湖南师范大学，2014年）认为清代湖南各府、州、县先后设立义学共计463所。
④ 郴州地区地方志编纂委员：《郴州地区志》，中国社会出版社1996年版。
⑤ 张修府等纂：《清泉县志》，"学校志·书院"，同治八年刻本。
⑥ 张修府等纂：《清泉县志》，"学校志·书院"，同治八年刻本。
⑦ 潘清等纂：《武冈州志》，卷二七，学校志，光绪元年刻本。
⑧ 张镇南等纂：《宝庆府志》，卷九三，礼书七，道光二十五年刻本。

其他各州县情况大同小异，乡绅是义学资金的主要来源。

　　仓储是乡村社会救灾赈灾的主要手段，一般分常平仓、社仓和义仓三种形式。常平仓为官方所办，且一般在州县城市附近，"乡民不便"，故有义仓之设，义仓一般"于各都适中之地"建之。① 湖南社仓、义仓自顺治年间即已经开始设立，如长沙县"自雍正元年起至乾隆四十五年止，共存贮十都百甲本息社谷一万二千一百二十七石五斗二升二合七勺"。② 太平天国被镇压下去以后，作为善后措施之一，湖南重建社仓、义仓成为热潮。据1863年湖南各府县禀报，各地民仓积谷610282石，未缴者89134石。光绪年间，全省社仓积谷为735629石。③ 晚清湖南社仓、义仓之完备充实，乡绅所起作用是很大的。一般来说，社仓、义仓之设，或为官倡，而乡绅实主其事，不仅绅士捐输义谷，管理也是乡绅为主。最初社仓义仓的管理，是由地方官"择举殷实地方绅士充任社总"，"社总会同都甲牌保分别丰歉照例倡放，造册报官查案办理，以防影射侵渔之弊"。④ 但同治、光绪年间，湖南绅权膨胀，官与绅为了争夺包括仓储在内的地方公共事务的控制权引发矛盾，湘潭县积谷局就是一个显著的案例。⑤ 同治二年（1863），湘潭县士绅倡议成立积谷局，作为社仓、义仓的管理机构，乡绅们自称"潭邑积谷总局为四乡积谷之总机关，盘查仓谷之盈虚，稽核仓长之侵蚀，追偿借户之拖欠，调停积谷之诉讼"。并开始排斥地方保甲参与义仓管理，"典守义谷，贵在仓长。乃查向来乡间竟有收放概听保甲，仓长漠不置问者，以致日久弊生，藉滋朦混。不思保甲只供驱使，积谷重务岂可任其一手操纵？嗣后轮择仓长必须自为经理，

---

① 同治《长沙县志》，卷一〇，积贮，《中国地方志集成》，"湖南府州县志辑"，江苏古籍出版社、上海书店、巴蜀书社2002年版，第144页。

② 同治《长沙县志》，卷一〇，积贮，《中国地方志集成》，"湖南府州县志辑"，江苏古籍出版社、上海书店、巴蜀书社2002年版，第144页。

③ 张人价：《湖南之谷米》，《湖南民国经济史料选刊》第二册，湖湘文库本，湖南人民出版社2009年版，第400页。

④ 同治《长沙县志》，卷一〇，积贮，《中国地方志集成》，"湖南府州县志辑"，江苏古籍出版社、上海书店、巴蜀书社2002年版，第144页。

⑤ 参见王日根、陈瑶《晚清湘潭民仓与地方政治的变迁——基于〈湘潭积谷局志〉的分析》，《社会学研究》2009年第5期。

以专责成。"①

除义学、义仓等公共事业外，乡绅们或协助官府，或独立主持诸如修缮道路、救济孤鳏、妇幼等社会事务。仅以湘潭县的情况即可见一斑。湘潭县的公共事务机构著名的有所谓"四堂三所"，即丽泽堂、育婴堂、皆不忍堂、保节堂四堂和斋宿所、习乐所、礼器所三所，主要涉及科举教育、道德教化与社会救济等公共事务。②丽泽堂等机构以募捐之资金置田，以田租和息银资助穷困士子参加科举考试；育婴堂、皆不忍堂和保节堂先是设立于城中的社会救济机构，到光绪年间，乡村和市镇中也出现很多由士绅捐资设立的类似组织，育婴堂收养被遗弃之婴儿，尤其是女婴；皆不忍堂是收埋遗尸的机构；保节堂则收纳青年寡妇参与生产劳动以养家糊口。据陈瑶研究，"同治中期，凡节妇贞女贫乏者，人月助给钱一千，共节妇名额百三十四、贞女一，公田二百六十余亩，屋地园塘二百三十一所。"③

宣讲圣谕、嘉奖善行，对乡民进行道德教化，是清政府进行乡村社会治理的重要方面，也是乡绅的重要任务。清政府采取的方式，与明朝在形式上具有相同之处，即普遍推行的乡约，不过清政府更注重讲解圣谕的宣讲制度，主要做法是宣讲谕旨，意在教化乡民。"先是顺治九年颁行《六谕碑文》曰：孝顺父母，恭敬长上，和睦乡里，教训子孙，各安生理，无作非为。"④方法是："凡直省州县乡村巨堡及番寨土司地方，设立讲约处所，拣选老成者一人，以为约正，再择朴实谨守者三四人，以为值月，每月朔望，齐集耆老人等，宣读圣谕广训，钦定律条，务令明白讲解，家喻户晓。"⑤或"令五城设立公所讲解开谕以广教化，直省府州县亦皆举行乡约，各地方官责成乡约人等每月朔望聚集公所宣讲"⑥。且"其乡约正副不应以仆隶、奸胥蠹设充数，应会合乡人，公举六十岁

---

① 《湘潭县积谷局志》，卷四，1926年刊，湘潭县档案馆藏，第62、12页。
② 陈瑶：《晚清湘潭公共事务与地方政治》，硕士学位论文，厦门大学，2008年。
③ 陈瑶：《晚清湘潭公共事务与地方政治》，硕士学位论文，厦门大学，2008年。
④ 《景印文渊阁四库全书》第632册，上海古籍出版社1988年版，第451页。
⑤ 《钦定大清会典事例》，卷三百十八，《礼部·风教·讲约一》。
⑥ 《景印文渊阁四库全书》第632册，上海古籍出版社1988年版，第451—452页。

以上，业经告给衣领、行履无过、德业素著之生员统摄。若无生员，即以素有德望六七十岁以上之平民统摄。每遇朔望，申明诫谕，并旌别善恶实行，登记簿册，使之共相鼓舞"①。这也就是说，宣讲必须是乡绅主持，而不是地方里甲职役为之。康熙九年（1670）十月，发布诏令，提出了所谓"圣谕十六条"："朕惟至治之世不以法令为亟，而以教化为先，其时人心醇良，风俗朴厚，刑措不用，比户可封，长治久安，茂登上理，盖法令禁于一时而教化维于可久，若徒恃法令而教化不先，是舍本而务末也。近见风俗日敝，人心不古，嚣凌成习，僭滥多端，狙诈之术日工，狱讼之兴靡已，或豪富凌轹孤寒，或劣绅武断乡曲，或恶衿出入衙署，或蠹棍诈害善良，萑苻之劫掠，时闻仇忿之杀伤……朕今欲法古帝王尚德缓刑，化民成俗，举凡敦孝弟以重人伦，笃宗族以昭雍睦，和乡党以息争讼，重农桑以足衣食，尚节俭以惜财用，隆学校以端士习，黜异端以崇正学，讲法律以儆愚顽，明礼让以厚风俗，务本业以定民志，训子弟以禁非为，息诬告以全良善，诫窝逃以免株连，完钱粮以省催科，联保甲以弭盗贼，解仇忿以重身命，以上诸条著通过晓谕八旗并直隶各省府州县乡村人等切实遵行。"②成为乡约宣讲圣谕的主要内容。雍正二年（1724），朝廷颁布《圣谕广训》，"令各州县于大乡大村人口稠密之处，俱设乡约之所，于举贡生员内拣选老成有学行者一人，以为约正；再选朴实谨守者三四人，以为直月，每月朔望，齐集乡之耆老，里长及读书之人，宣读《圣谕广训》，阐明大义，详示开导，务使乡曲愚民咸生孝友敦睦之思"③。乾隆皇帝同样"严饬各地方官于各乡里居民中，择其素行醇谨通晓文义者，举为约正，不拘名数，令各就所近村镇，恭将《圣谕广训》勤为宣讲，诚心开导，并摘所犯律条，刊布晓谕"④。光绪二年

---

① 《钦定大清会典事例》卷三九七《礼部·风教·讲约一》，《续修四库全书》第804册，上海古籍出版社2002年版，第314页。

② 《圣祖仁皇帝圣训》卷六《圣治一》，《景印文渊阁四库全书》第411册，上海古籍出版社1988年版，第215页。

③ 《世宗宪皇帝朱批谕旨》卷一二六之20《朱批田文镜奏折》，《景印文渊阁四库全书》第424册，上海古籍出版社1988年版，第619页。

④ 《钦定大清会典事例》卷三九八《礼部·风教·讲约二》，《续修四库全书》第804册，上海古籍出版社2002年版，第331页。

(1876)，朝廷仍然要求各地行乡约之法："宣讲《圣谕广训》，巨典昭重，自应认真举办，乃近来各地方官往往视为具文，实属不成事体！著顺天府、五城，实力奉行，并著各直省督抚学政，督饬地方暨教职各官，随时宣讲，毋得有名无实。"[1] 湘乡绅士王鑫曾作《洙津区乡约》，将宣讲作为乡约的第一条："《圣谕十六条》尽善尽美，普天之下，共凛然于大哉王言矣。……约正之设，遍及山陬海澨，诚欲其代宣圣化，变浇风为纯俗。"[2]

宣讲的方式，一是在乡村社学、义学等各种学校中，主要针对各类学子；二是定期在乡约所（清代的乡约所普遍设在地方上的祠宇、寺庙、庵观中）。或在人口稠密处对乡民进行宣讲，为了吸引更多人听讲，强化教育的效果，对宣讲有不少鼓励办法，如讲生每人每月有薪水五千文等，为了宣讲的实用性，增添了律例中涉及命盗、抢劫、抗官、夺犯诸款的解释。

地方大臣也撰写相关材料，颁发州县进行宣讲。湖南巡抚卞颂臣还写了《圣谕广训直解》一书，令各府州县宣讲，还规定所属九府四州六厅学官选择地方绅士，每月定期某日在城乡市镇人烟稠密处认真宣讲。为便于监督，他又令州县官会同学官按月将某人在某地宣讲几次，逐一开报。[3] 通过各种形式的宣讲，政府在思想、意识形态方面对乡村精神层面进行有效的治理。

但是，在晚清这样一个转型的社会，乡村教化也随着晚清社会的变迁，特别是西学的传播和新思潮的激荡，乡民接受教化的渠道和内容多元化了，新式报刊出现，基督教、天主教也深入乡村，这种宣讲的效果逐步消解，有地方官员奏称"每见一州一邑之内，不过一二乡约遇朔望之日，循讲约之故事，徒饰虚文。及见听之者寡，而讲之者亦怠"[4]。因

---

[1] 《钦定大清会典事例》卷三九八《礼部·风教》，《续修四库全书》第804册，上海古籍出版社2002年版，第340页。
[2] 王鑫：《洙津区乡约》，《江忠源集·王鑫集》，岳麓书社2013年版。
[3] 卞颂臣：《（光绪）抚湘公牍》，卷一，"札九府四州六厅"。
[4] 中国第一历史档案馆藏档案《军机处录副奏折（内政类·道光朝）》，054号。

而,"朔望宣讲圣谕,久已视为具文,今并无圜听之人矣"①。

乡村治理的另一方面,是加强乡村的社会治安,确保乡村社会秩序的稳定,这是通过保甲和团练来进行的。保甲在清初即开始实行,团练则是随着嘉庆年间白莲教起义、特别是太平天国起义之后而建立的。雍正四年(1726)七月,吏部遵旨议行保甲法,"保甲之法,十户立一排头,十牌立一甲长,十甲立一保正。其村落畸零及熟苗熟僮,亦一体编排"。保甲之制最初是为了户口稽查、预防盗匪。但随着清代赋役制度的变革,保甲的功能逐步扩大。康熙五十一年(1712)规定"盛世滋丁,永不加税",雍正二年(1724)开始实行摊丁入亩,使得里甲制度逐步失去作用,里甲虽未被废止但是已形同虚设,逐渐为保甲制度所代替,保甲承担着由单一的乡村治安组织逐步取代为乡村基层政权的角色。一般认为保甲是乡村治安组织,但王先明先生认为,它亦承担着劝善惩恶的教化作用。② 例如保甲长有宣喻教化本地乡民的责任,负有向知县"举善恶"(如"读书苦斗之士""耐贫守节之妇""乐善好施之人""孝顺之子孙"等善迹,保长要向知县公举)③、"惩劣迹"(对违背乡约,素行不俭者,保长需向官府检举);更重要的是平时保甲长还要负责执行官府的禁令,向百姓宣讲法律,俾其遵守。因此,保甲制的一个重要内容就是株连互保,一家有犯,周家同坐,"保甲之法,一家有犯,连坐十家"。④

湖南在乾隆三十七年(1772)推行保甲制。稽查户口,以保甲册为据。"保甲者为防奸设也。"⑤ 编排保甲,户给门牌,书其家长之名与丁男之数,出则注所往,入则注所来。以10户为牌,牌有头;10牌为甲,甲有长;10甲为保,保有正。门牌每年更换一次。户口迁移随时换发。牌头、甲长三年一更代,保正一年一更代。各府、州、厅、县所辖城厢、

---

① 汤成烈:《风俗篇四》,《皇朝经世文续编》,卷七四,《近代中国史料丛刊》本。
② 参见王先明、尤永斌《略论晚清乡村社会教化体系的历史变迁》,《史学月刊》1999年第3期。
③ 徐栋编:《保甲书·成规上·保甲事宜稿》。
④ 继昌:《行素斋杂记》卷上,上海书店1984年版,第34页。
⑤ 同治《浏阳县志》,"食货一·户口",《中国地方志集成》,"湖南府州县志",江苏古籍出版社、上海书店、巴蜀书社2009年版。

市镇、村屯居民，从缙绅至商贾、农工、吏役、兵丁皆挨户编审。寺观亦发门牌，以查僧道之出入。客店则立一簿，书寓客姓名、行李，以便稽查。保正、甲长、牌头须以"诚实、识字、勤慎练达有身家之人充任"，限年更换。"查访盗贼，据实举报，按名给赏；徇情隐匿，即予警惩"①。由于承平日久，保甲松弛，道光十二年（1832）和同治四年（1865），又两次整顿保甲。湖南全省审编保甲的总况，已无从查考，部分州县确已按例编定，里甲逐渐改名都甲、都团。醴陵县于嘉庆十八年（1813）编查烟户人丁，门牌邑令，共编24都、103境；有保正103名，甲长456名，牌头4188名。② 同治七年（1868），浏阳县册载牌长9235名，甲长2940名，保正121名。③

咸丰年间，太平天国兴起，清政府在八旗、绿营望风披靡的情况下，要求各地创办团练，曾国藩命为湖南团练大臣。在他的倡导下，湖南团练还是办的很有起色。省城长沙设团防总局，巡抚主其事，府、州、县设分局，知府、知州、知县主其事，以下设大团、团，各保设团数目不一，分设团长（保）、团正、团佐（团）主其事。其他各州县亦办理有成：

> 道州："城乡有团各有练长，练长由百姓报充，由来旧矣。一姓举报一人，或数人，多寡视族之大小，故一乡有多至十数人，少则六七人不等。察其行事之公私与稽查之勤堕分别奖惩。设立总簿，于每月朔赴州应点。所发门牌各注年貌户口及作何生理，每户悬牌一面，十家设一牌长，严连坐之法，互相稽查，十乡之内联之如一家，仍令练长按户查验，遇有停留面生之人许即送州究办。"④

---

① 《清史稿》，"食货志·食货一·户口"。
② 嘉庆《醴陵县志》，卷六，《中国地方志集成》，"湖南府州县志"，江苏古籍出版社、上海书店、巴蜀书社2009年版。
③ 同治《浏阳县志》，卷五，"食货一·户口"，《中国地方志集成》，"湖南府州县志"，江苏古籍出版社、上海书店、巴蜀书社2009年版。
④ 光绪《道州志》，卷六，兵防，《中国地方志集成》，"湖南府州县志"，江苏古籍出版社、上海书店、巴蜀书社2009年版。

长沙:"乡团皆遵示办理,或一甲一团,或数甲一团,各地相地势适中之处设立总局,自团总以下次有团长、团佐、什长诸名目……六十以下十五以上,无论贫富贵贱,一律出丁,不得推诿。"①

湘乡:"团练之法,无论地之广狭,人之多寡,或十余家一团,或数十家一团,或百余家数百家一团,又合一族一团,合数族一团,小团、大团总相联属……十五岁以上五十岁以下者为壮丁。……团练之法与保甲之法相辅而行。"②

善化:"善化乡分十都,都分一百二十一团,或数甲一团,或一甲一团,各因地制宜,就团内适中之处设立总局,竖立高杆旗号。自团总以至团佐什长类择勤慎廉明之士充之。"③

安化:"十六岁以上五十岁以下,无论绅士之家,有无田卒,均列名充当,外来留棍及素不认识者,不得冒充。"④

蓝山:"邑四境俱以立团,大姓自为一团,零户数村一团,山民僻远数十家一团,俱以营伍部署之。城内商民别为一团,凡丁壮年十八岁以上五十以下者,家各一人或数人。分南团、西团、东一团、东二团、北一团、北二团,是名六团……无事则各安生业,有事则互卫身家。"⑤

新化:"清同治元年,以练团御匪,分全县为十六团,九都八村,外加十五都五村、八都一村及石马三斗一村,共十五村,为大同团。大同团居县治之东岸,广六七十里,长一百二十里。"⑥

---

① 同治《长沙县志》,卷一五,《中国地方志集成》,"湖南府州县志",江苏古籍出版社、上海书店、巴蜀书社2009年版。
② 同治《湘乡县志》,卷一五,《中国地方志集成》,"湖南府州县志",江苏古籍出版社、上海书店、巴蜀书社2009年版。
③ 光绪《善化县志》,卷一五,兵防,《中国地方志集成》,"湖南府州县志",江苏古籍出版社、上海书店、巴蜀书社2009年版。
④ 同治《安化县志》,卷一六,《中国地方志集成》,"湖南府州县志",江苏古籍出版社、上海书店、巴蜀书社2009年版。
⑤ 民国《蓝山县志》,卷五,《中国地方志集成》,"湖南府州县志",江苏古籍出版社、上海书店、巴蜀书社2009年版。
⑥ 新化《长塘李氏家史》,卷二《地理志·方域》,《中国地方志集成》,"湖南府州县志",江苏古籍出版社、上海书店、巴蜀书社2009年版。

巴陵：团分合团、附团，"团有合团、有附团。附团者独立不能成团，附就近之大团以资捍卫"①。

团练一般是官倡绅办，故湖南团练一开始就掌握在乡绅手中。湘军的诸多将领如江忠源、刘长佑、罗泽南、王鑫等，也都有在乡村办团练的经历。因此，成为咸同时期湖南乡村治理的重要主体和资源。在相当大的程度上取代了保甲，成为咸丰、同治年间湖南乡村社会控制的力量，尤其是湖南乡绅势力依靠镇压太平天国的军功即捐输之功，成为乡村社会巨大的势力，绅权极度膨胀，甚至导致官绅之间矛盾冲突，构成咸、同时期湖南乡村治理特有的现象。②

太平天国运动结束后，湘军大部分裁撤，省内团练也逐渐废弛，而随着湘军与其他民间武装的裁撤或解散，散兵游勇与会党活动骤兴，对乡村造成威胁。作为善后措施之一，清理、重建保甲成为重要的任务。同治十年（1871），时任湖广总督的李翰章与湖南巡抚王文韶拟清查保甲，获得清廷批准。王文韶在省城长沙设立保甲总局，各州县亦设分局，仿照十家联牌法，由地方廉正绅士挨户稽查。如善化县就制定了《善后保甲简明章程》，在全县实行。该章程规定：

在城外分铺分坊，在乡分里分甲，即于每段地境之内，择公正廉明绅耆数人举为总首，优以礼貌，专以责成，所举得人，自然指臂有助；

地段既分定，以十户为一牌，立一牌首，择明白晓事有家计者充之；

分牌既定，每户填门牌一张，首载家长姓名、年岁、籍贯所在、里铺作何生理，户内丁口，分别男女，载明大小若干；

门牌填定，即著十家联保，如有一家为匪，准九家首告，徇隐

---

① 光绪《巴陵县志》，卷一五，《中国地方志集成》，"湖南府州县志"，江苏古籍出版社、上海书店、巴蜀书社2009年版。

② 参见本书第四章第三节。

连坐；

  牌既分填，备循环正册各一本，又备循环另册各一本，所填各户门牌即照填于正册，惟待查自新等户汇载另册，亦照所给门牌填明庶便稽查。①

  此外，章程还规定了各户联保的方法和责任，并规定各户需出壮丁一名，定期训练，充作团丁，都有都团，甲设甲团，数团设局，由此构成了乡镇严密的保甲网络。同治年间湖南的保甲整理旨在恢复自咸丰年间以来被太平天国革命运动所破坏的乡村秩序，即所谓"善后"，省城长沙成立了善后总局，各州县亦成立了善后局。因此，作为善后的保甲整理对于恢复太平天国运动之后的湖南乡村秩序还是起到了一定的作用，对咸同时期湖南保甲废弛、团练独大的局面的改观有一定的意义。

  晚清湖南乡村治理与其他直省一样，是一种官府主导、乡绅力为的官绅结合的二元结构。就钱粮征收来说，虽为里书、粮书等职役把持，职役上下其手、中饱私囊的现象十分严重，但州县官府始终是控制其结果的；在乡村教化、公共事业建设，以致地方治安的维护方面，虽然处处都有着乡绅及其乡绅组织（保甲、团练、社学、社仓、义仓）甚至乡绅的联合组织（如湘潭县的民间仓储联合组织——积谷局）的身影，但作为国家权力代表的州县官府，始终是一种主导的地位。当然，自咸同以来，湖南乡村士绅的势力膨胀，官绅之间矛盾的激化是一种基本的趋势，这也说明了晚清乡村治理二元结构面临的挑战，亦揭示了清末湖南乡村基层组织建立的趋势及清末乡村自治的必然趋势。

三　清末湖南乡村行政组织及其乡村自治

  晚清县以下具有国家公权力的行政区划的划分及其行政组织（机构）的设定，有一个从都甲（保甲）等准官治和绅治结合的结构到具有"普

---

① 光绪《善化县志》，卷一五，兵防，《中国地方志集成》，"湖南府州县志"，江苏古籍出版社、上海书店、巴蜀书社2009年版。

遍性的组织机构"的过渡时期。① 魏光奇先生对这一过渡的组织机构有详细的论述：

  19世纪中叶以后，这样一种具有现代性质的区乡行政，在一些地区萌芽。其途径大致有二：其一，士绅介入各种旧乡地组织，使得后者在本来具有的普遍化特征之外取得了郑重性，从而在无形之中演变为现代区乡行政机构的雏形。清末民政部的一项调查指出："自咸丰、同治以来，地方多事，举凡办防集捐、供支兵差、清理奸宄诸事"，地方官"无不借乡社之力"，于是一些地方的乡地在职能和人员构成方面均发生了显著变化。在职能方面，这些旧乡地组织不再局限于"细故之裁判，公用之科摊，案证之传质，护田防盗之计划"等卑微琐碎的官差应付，而是开始履行较郑重的地方行政职能，主管"新政旧章之颁布"、"且有牧令依以收赋税、集团练者"。在人员构成方面，这些乡地组织的首领除"平人"外，开始有"生贡"和"职衔军功人员"；地方官对乡地首领的待遇，虽然有些仍"贱之如皂隶"，但也有些则"贵之如缙绅"。其二，太平天国战争爆发后，一些地方由士绅主持的团练机构具有普设性；并广泛履行地方保卫之外的其他职能，因而开始兼有地方行政机构的性质。对此美国学者孔飞力指出，咸同年间一些地方的团练"与其说是作战单位，不如说是行政单位"因为它"是与设防据点相联系的地方管理编制"，有时甚至被赋予征收赋税等非军事职能。据此他认为，19世纪后期出现了"绅士领导的团转变为地方政府的正式机构的过程"，这符合事实。19世纪中叶后各地以士绅为首领的团练，往往具有在州县全境分区普设的系统化特征，从而成为一种准区乡行政，并在

---

① 这一提法是魏光奇先生提出的，他认为所谓"普遍性的组织结构"具有两层含义：一方面应像保甲、乡地那样具有普遍化、科层化特征；另一方面其首领人员又应像士绅那样具有较高的声望地位。这种乡村公共职能系统就是现代意义上的区乡行政。参见魏光奇、丁海秀《清末至北洋政府时期区乡行政制度考略》，《北京师范大学学报》（社会科学版）2004年第2期。

以后沿袭下来。①

由于曾国藩的倡导，湖南团练组织非常发达。士绅主持的团练确如魏光奇先生所指出的那样，"具有普设性"，"并广泛履行地方保卫之外的其他职能"。这些组织或仍旧称为"团"，或如上海和广东某些地区一样，称之为"公所""公局"。据民国《醴陵县志》载，该县自咸丰年间即在乡村建立了公所、公局之类的组织。兹据县志所载列表如下：②

表5-3　　　　　　　　　咸丰年间的醴陵县乡村组织表

名称	所在地	事业	创办年月
九都公所	县城东门丁家巷	自治	清
吴觉公所	治南碧山镇泉塘	自治	清光绪
月旦公所	治东丁家坊	自治	清咸丰间
大林境九团公所	治东	自治	清光绪间
崇仁公局	治东水口	自治	清光绪间
企石公所	治东企石社	自治	清
芷泉祀所	治南三都里	自治	清咸丰
务本堂	治西湖下	自治	清咸丰五年
乐丰公局	治西攸坞总桥	自治	清光绪二十年
六合公局	治西庙山嘴	自治	清光绪初
三都公所	治北关王庙	自治	清
十四都同乐公所	治北檀木桥	自治	清同治间
官庄三合公所	治北官庄	自治	清光绪
豫思公所	治北潭塘	自治	清光绪二十年
亲睦公所	治北大口坪	自治	清光绪十八年
善宜公所	治北小桃花	自治	清同治十年

---

① 魏光奇、丁海秀：《清末至北洋政府时期区乡行政制度考略》，《北京师范大学学报》（社会科学版）2004年第2期。

② 民国《醴陵县志》，"建置志"，"公所"，《中国地方志集成》，"湖南府州县志"，江苏古籍出版社、上海书店、巴蜀书社2002年版，第168—173页。

上表系采自《醴陵县志》"建置志","公所","公益机关表"。原表所列自清至民国时期,包括会馆、药局等,"事业"分为三类:"教育""集谋公益""自治"。虽然没有文字说明,但从"事业"分类为"自治"来说,当是士绅主持的"具有普设性,并广泛履行地方保卫之外的其他职能,因而开始兼有地方行政机构的性质",无疑是向现代乡村行政组织过渡的机构。①

进入20世纪,伴随着清末乡村行政组织的建立,其最初形式并非县以下一级正式的、职能全面的行政区划,而是为履行某种单一行政职能而划定的区域,即学区和警区。地方自治兴起后,才出现了职能全面的城、镇、乡自治区划。

学区的划分乃是清末新式教育兴起的结果。1901年9月,清政府下令将各州县书院改为小学堂,开启了晚清教育和学制的改革。为了统一规制,光绪三十二年(1906)清政府颁布了《劝学所章程缮具清单》,其中规定"各府厅州县应就所辖境内划分学区,以本治城关附近为中区,以次推至所属村、坊、市、镇,约三四千家以上即划为一区,少则两、三村,多则十余村,均无不可。在本治东即名东几区,在本治西即名西几区,推之南北皆然。由第一区至数十区,可因所辖地之广袤酌定"②。湖南在清廷颁布劝学所章程之后,即开始在各府州县设立劝学所。劝学所及学区首先在长沙、善化、湘潭、醴陵等发达州县成立,次第推广。1906年,长沙、善化、湘潭、醴陵等县成立劝学所,醴陵劝学所设总董1人,劝学员4人。③溆浦县在1909年成立,设总董1人,劝学员6人(6

---

① 晚清湖南团练与保甲发达,绅权膨胀,乡绅左右乡村政权和公益事业的情况较为普遍。由于民国时期湖南地方志修撰极少,相关档案整理开放程度有限。从目前的资料来看,如醴陵县这种以公所、公局形式存在的过渡性乡村行政组织是否具有普遍性,笔者尚不能贸然作出整体性判断。但团练特别是乡村总团逐步取代地方都甲组织,成为实际上的地方行政组织则是普遍存在的。

② 沈云龙主编:《学部奏咨辑要》,《近代中国史料汇刊》三编,第十辑,台北:文海出版社印1968年版,第63页。

③ 民国《醴陵县志》,《中国地方志集成》,"湖南府县志辑",江苏古籍出版社、上海书店、巴蜀书社2002年版,第44—45页。

都各 1 人)。①

与劝学所成立同时,各县也相应划分学区。② 慈利县的学区划分如表 5－4 所示:③

表 5－4　　　　　　　　慈利县学区划分

学区	所领地名
第一区	上二都、三都、五都、二十四都、下六都
第二区	一都、中二都、下二都
第三区	中六都、上六都、七都
第四区	四都、下九都、填补二十四都
第五区	八都、上九都
第六区	二十三都、二十五都、填补二十二都、十七都一区
第七区	二十一都、二十二都
第八区	十四都、十七都二区、前十九都、二十都
第九区	后十九都、中十九都
第十区	十七都三区、十五都

学区是清末县以下第一次划分的单一职能行政区划。④ 但这种行政职能的授权,并不是学区一成立就具备的,最初的劝学员,是由士绅担任,虽然需禀县委派。1909 年,府厅州县自治章程颁布以后,劝学所的地位和职权在法律上发生问题。1910 年,资政院议决地方学务章程,规定府厅州县自治职成立之前,由劝学所代行府厅州县自治职对于地方学务应有之职权,"府厅州县及城镇乡之分三区以上者,得设学务员长一人,于

---

① 民国《溆浦县志》,《中国地方志集成》,"湖南府县志辑",江苏古籍出版社、上海书店、巴蜀书社 2002 年版,第 135 页。

② 由于民国时期湖南仅有几个县撰修并出版过地方志,关于学区划分的资料非常少见,从为数几个县的县志来看,有的县并没有划分,如溆浦县是按都设置,每都设 1 位劝学员,共 6 位。醴陵则按 4 乡设置,每乡 1 人。

③ 民国《慈利县志》,"学区表",《中国地方志集成》,"湖南府县志辑",江苏古籍出版社、上海书店、巴蜀书社 2002 年版,第 296—297 页。

④ 魏光奇、丁海秀:《清末至北洋政府时期区乡行政制度考略》,《北京师范大学学报》(社会科学版) 2004 年第 2 期。

其分区得设劝学员若干人",①确定了劝学所为府厅州县官教育行政辅助机关,同时,劝学所长及劝学员由地方长官申请提学使派定,劝学所应办事务须经该管长官核定,所有文件,亦以长官名义行之,经费由该管长官筹定,并须造具预算决算,呈请审核。因此,劝学所及学区即成为清政府行政结构内具有教育职能的区划。

除学区之外,清末筹备立宪时期,还成立了另一个单一职能的区划——警区。1907年,清政府颁布《各省官制通则》,规定各州县"应将所管地方酌分若干区,各置区官一员","掌理本区巡警事务"。②次年4月,清政府民政部拟定《各省巡警道官制》,重申了这一规定。③1909年以后各省巡警道陆续设立,各州县警务机构一般称警务公所,由巡警道委派区官,作为区乡一级警务行政首领;委派巡官、巡长作为区警首领。一些地方还保留地方推举产生的警董,负责筹集警款。1908年,湖南在省会设立巡警道署,巡警道为正四品官。各府(除省城长沙府外)警务局和州、县警务分局相继改为巡警局,巡警局按区域划分警区。警务公所作为巡警道的办事机构,设总监1人,归巡警道直接管辖。公所外设东、南、西、北、外南、外北及水陆洲7个警务区,每区设区长1人,区巡官1人,书记1人,守卫兵6名,设27个警务段,共有警务人员1071人。④其他府厅州县也相继设立了警务公所,划立警区,也有的与地方自治筹备机构合署办公,如湘乡县按《城镇乡自治章程》,分别在上、中、下三里设立公务总局,各都、市设立公务分局。总局设局绅(亦称总干事员)、警务长、会计员、书记员各1人,各都、市分局设议绅1人、干事员(都总)若干,组成总局会议。⑤作为较为单一的基层区划,警务公所和警区的主要职能是卫生管理、交通管理以及公共场所管

---

① 《地方学务章程实施细则》,《学部奏咨辑要》,《近代中国史料汇刊》三编,第十辑,台北:文海出版社1968年版。

② 故宫博物院明清档案部:《清末筹备立宪档案史料》(上册),中华书局1979年版,第510页。

③ 《大清法规大全》,台北:考正出版社1972年版,第833页。

④ 长沙市地方志编纂委员会:《长沙市志》第四卷,湖南人民出版社1999年版;湖南警务公所编:《湖南警务文件杂存》,湖南省图书馆藏。

⑤ 《湘乡县志》编纂委员会:《湘乡县志》,湖南出版社1993年版,第609页。

理，主要包括戏园、妓院、茶楼酒肆、客栈等。据宣统二年（1910）《湖南各府厅州县现办警务事实统计表》记载：全省13个府、州除长沙府设置警务公所外，其余12个府、州均设巡警局。全省75个厅、州、县亦设立巡警局，共划分警区152个。①

具有全面行政职能的县以下行政区划的设立始于清末筹备立宪时期，即所谓自治区划。

清末，清政府迫于内外压力，更重要的是为了"消弭革命"，先是派大臣出国考察宪政，遂决定实行预备立宪，地方自治成为筹备立宪的重要内容。

光绪三十四年十二月二十七日（1909年1月18日），《城镇乡地方自治章程》颁布，计9章共112条。根据章程的规定，清政府推行的地方自治并非真正的宪政意义上的自治，按照章程规定"自治之事渊源于国权，国权所许而自治之基乃立，由是而自治规约不得抵牾国家之法律，由是而自治事宜不得抗违官府之监督，故自治者乃与官治并行不悖之事，绝非离官治而孤行不顾之词"，② 因此《城镇乡地方自治章程》开宗明义即规定了自治定义："地方自治以专办地方公益事宜辅佐官治为主，按照定章，由地方公选合格绅民，受地方官监督办理。"③ 将自治限定于专办公益、辅佐官治，可见其自治是极为有限的。

按照清政府的制度设计，城、镇、乡皆为自治之初级，将县之下级地方分为城镇乡，城为府、厅、州、县治之城厢地方。镇为人口满五万以上之市镇村庄屯集等各地方。乡之地方与镇同，唯人口不满五万。其区域皆以各民国取利史地方固有之境界为准。至此，具有全面行政职能的县以下行政区划成立。

根据章程规定，城镇乡自治的要点如下：④

---

① 湖南省地方志编纂委员会：《湖南省志》，公安志。
② 宪政编查馆：《奏核议城镇乡地方章程折》，《大清法规大全》，"宪政部"，卷三，第1页。
③ 《城镇乡地方自治章程》，第102条。《大清法规大全》，"宪政部"，卷三，第2页。
④ 钱端升等：《民国政制史》，（下），上海人民出版社2011年版，第621—622页。

城镇乡自治之事权为办理本地方之教育、卫生、道路、工程、农工、商务、慈善、公共营业,因办理以上诸事项之筹集款项,以及因本地方习惯向归绅董办理,素无弊端等事项。

城镇乡自治组织,以县知事为监督,县知事对之有纠正检查等权,并有呈请省行政长官、解散城镇乡议事会董事会及撤销自治职员之权。乡之组织如下:

乡之自治组织其自治议决机关为议事会,其组织及职权与城镇议事会同,惟议员之名额按照人口之数为比例。乡之人口不满二千五百者,议员六名,人口至四万以上者,议员十八名。

其执行之机关则为乡董、乡佐。各乡设乡董一名,乡佐一名,由乡议事会从本乡选民选举,呈请县知事核准任用,乡董、乡佐任期二年,为有给职。乡董、乡佐职权与城镇董事会同……乡董对于应办各事可定执行方法,乡佐则为乡董之辅佐,此外可设文牍庶务等职。

《城镇乡地方自治章程》第二条,明定城镇乡成立之条件,"凡府、厅、州、县治城厢地方为城,其余市镇村庄屯集等地方人口满五万以上者为镇,人口不满五万者为乡。城固为市,而镇亦与市同"[1]。

城镇自治之范围,规定如下[2]:

(一)学务,

(二)卫生,

(三)道路工程,

(四)农工商务,

(五)善举,

(六)公共营业,

---

[1] 《城镇乡地方自治章程》,第102条。《大清法规大全》,"宪政部",卷三,第3页。
[2] 钱端升等:《民国政制史》,(下),上海人民出版社2011年版,第621—622页。

（七）因办理自治事宜筹集款项等事，及

（八）其他因本地方习惯向归绅董办理素无弊端之各事。

地方自治已应受地方官监督办理，监督之权亦有规定。监督之方法，计有："查明并纠正自治机关有无违背章程之处，令其报告办事成绩，征其预算决算表册，地方官随时亲往检查，将办理情形按期申报督抚，由督抚汇咨民政部"，最后，地方官有申请督抚解散议事会，董事会，及撤销自治职员之权。解散或撤销后，应分别按章改选，议事会应与解散后两个月以内，董事会应于解散后十五日以内，重行成立。若议事会及董事会同时解散撤销者，应于两个月以内先行召集议事会，所有选举、开会事宜，由府厅州董事会代办，新董事会应于议事会成立后十五日以内重行成立。监督权之严厉可以见之。

城镇之组织包括：①

董事会。城镇之组织有行政机关与立法机关，行政机关称为董事会。推事会设总董一名，董事一名至三名，名誉董事四名至十二名，董事以各该城镇议事会议员二十分之一为额，名誉董事以其十分之二为额。总董、董事及名誉董事均须为本城镇选民。总董由本城镇议事会选举正陪各一名，呈由地方官申请督抚遴委；董事由议事会选举，呈请地方官核准任用；名誉董事由议事会选任，无须呈请上级机关加委或核准。

总董、董事任期两年，期满改选；名誉董事任期亦为两年，每年改选半数。总董及董事为有给职，名誉董事为无给职。

总董职权相当于市长，综理董事会一切事件，而为董事会之代表；凡董事会公文函件，均用总董名义，董事会会议时，以总董为议长。董事则辅佐总董分任董事会事件，名誉董事则参议董事会应行议决之事。

董事会之职权列举如下：

（一）议事会议员选举及其议事之准备。

（二）议事会议决各事之执行。

---

① 钱端升等：《民国政制史》，（下），上海人民出版社2011年版，第686页。

（三）以律例章程或地方官示谕委任办理各事之执行。

（四）执行方法之议决。

议事会。城镇之立法机关称为议事会，议员以二十名为定额，城镇人口满五万五千者，得于定额外增设议员一名，自此以上每加人口五千得增议员一名，但至多以六十名为限。

议员全由选民选举，凡居民具备下列资格者即为选民。（一）有本国国籍者。（二）男子年满二十五岁者。（三）居本城镇接续至三年以上者。（四）年纳正税或本地方公益捐二元以上者。

居民"素行公正众望允孚"者，虽不备上述第三、第四款之资格，亦得以议事会之议决作为选民，若纳正税或公益捐较本地选民内纳捐最多之人所纳尤多者，虽不备第二、第三款之资格，亦得作为选民。凡有下列情事之一者，不得为选民，（一）品行悖谬营私武断确有实据者；（二）曾处监禁以上之刑者；（三）营业不正者；（四）失财产上之信用被人控实尚未清决者；（五）吸食鸦片者；（六）有心疾者，及（七）不识文字者。

此外，凡为（一）现在本地方官吏者；（二）现充军人者；（三）现充本地方巡警者；（四）现为僧道及其他宗教师者，均不得有选举及被选举权。

议员以两年为任期，每年改选半数。议事会设议长及副议长各一名，主持会务。议员，议长及副议长，均为无给职，惟正副议长得支公费。

议事会之职权如下：

（一）本城镇自治范围内应行兴革整理事宜。

（二）本城镇自治规约。

（三）本城镇自治经费岁出入预算及预算正额外预备费之支出。

（四）本城镇自治经费岁出入决算报告。

（五）本城镇自治经费筹集方法。

（六）本城镇自治经费处理方法。

（七）本城镇选举上之争议。

（八）本城镇自治职员办事过失之惩戒。

（九）关涉城镇全体赴官诉讼及其和解之事。

为了协调议事会与董事会之间权限，章程规定：

议事会于董事会所定执行方法，视为逾越权限，或违背律例章程，或妨碍公益者，得声明缘由止其执行。若董事会坚持不改，得移送府、厅、州议事会公断，若议事会不服公断时，得呈由地方官核断；若再不服时，由地方官申请督抚交该省咨议局公断。

在其他方面，董事会对议事会亦有相似权力：董事会于议事会议决事件，视为逾越权限，或违背律例章程，或妨碍公益者，得交议事会复议。若议事会坚持不改，得移交府厅州议事会公断。董事会不服公断时，得呈请核断及公断，其程序与上段所述者同。

由此可知，议事会与董事会权力相互平行，但议事会有选举董事会职员及监察其执行事务之权，并得检阅其各项文牍及收支账目，而且总董、董事及名誉董事都须经由议事会选举，盖因议事会为民选机关。①

根据清政府预备立宪办理事项的规定以及城镇乡地方自治选举章程，地方自治应在七年内完成。1908年，政编查馆拟定预备立宪《逐年筹备事宜清单》，对地方自治的实施步骤作了统筹规划。规定：第一年（1908年），颁布城镇乡地方自治章程；第二年（1909年），筹办城镇乡地方自治，设立自治研究所，颁布州县地方自治章程；第三年至第五年，筹办、续办城镇乡地方自治和厅州县地方自治；第六年城镇乡地方自治一律成立；第七年厅州县地方自治一律成立。② 地方自治筹备主要包括设立筹备机关，造就自治人才，筹定应用经费，调查户口区域，清厘公款公产，改良固有团体，以及举办宣讲所白话报等事项。据有关资料统计，各省筹办城镇乡下级地方自治，成立城镇乡议事、董事两会，选举乡董乡佐情况，城会成立1000余属，占当时府厅州县城厢数的6%。许多地方同时成立了镇乡议事会、董事会并选举乡董。③

---

① 钱端升等：《民国政制史》（下），上海人民出版社2011年版，第685—689页。
② 《清末筹备立宪档案史料》上册，中华书局1979年版，第61、67页。
③ 根据宣统三年各期《政治官报》《内阁官报》所载各省督抚及宪政编查馆奏折统计。

湖南于1908年12月设地方自治筹办处,①初由咨议局筹办处兼理,咨议局选举结束后,即完全掌理地方自治之事;②各县均设地方自治筹备公所,以将各该县"一切事件,组织完善,以植自治初基"。③各厅、州、县成立地方自治筹办所,详定《全省地方自治研究所章程》《各厅、州、县筹办地方自治公所章程》《各厅、州、县筹办地方自治公所附设宣讲所章程》《各厅、州、县筹办地方自治公所办理白话报章程》,并确定城的区域:除长沙、衡阳等9府无本管地方,株洲厅甫经移设暂归湘潭办理外,其余6厅、4直隶州、67州、县均经核定,各以城厢地方及附城街市划为城之区域,指定省会首县长沙、善化及湘潭、洪江等处繁盛地方,先行筹设议事会、董事会。从宣统二年(1910)五月一日起,以60天时间,调查各县城户口,审查选民资格。符合下列3条方为选民:

(1) 本国国籍,年满25岁以上之男子;
(2) 居住本城镇乡连续3年以上;
(3) 年纳正税或本地方公益捐2元洋钱以上。

有下列情事之人,不得当选民:

(1) 品行悖谬,营私武断确有实据者;
(2) 曾处监禁以上之刑者;
(3) 营业不正者(其范围以自治规约确定);
(4) 失财产上之信用,被人控实,尚未清结者;
(5) 吸食鸦片者;
(6) 有心疾者(包括疯癫、痴呆,不知世故的人);

---

① 《湖南巡抚岑春煊奏筹办咨议局选举事宜第一届办理情形折》,《政治官报》,宣统元年闰二月十九日,第五百十八号。
② 《东方杂志》,第六年(1910)第五期,第244页。
③ 《详报第一次备核各属筹办地方自治成绩文》,《湖南地方自治筹备处第二次报告书》,复印本,藏湖南省图书馆。

(7) 不识文字者。①

镇乡区域，均以人口多少为标准，但因人口不实，镇、乡区域无从划分。当时四乡基层政权多沿旧制，名称很不统一，称都、团、区、里的都有，实际上还是保甲制。湖南省地方自治筹办处当时通饬各州、县地方官会同地方绅董，认真清理旧有保甲团体，巩固原有组织，以立自治初基。② 醴陵县在宣统二年（1910）析全县为 15 个自治区划，设立自治公所，但未完成城镇乡的自治组织的选举。③

为培养自治人才，自治筹办处设立自治研究所，招收学生研习自治理论与实践："定明研习八个月为毕业之期，檄饬各厅州县，遴选品学较优，富于经验，素有乡望之士绅，申送考选，其名额视各该属区域之广狭，人口之多寡，别为上中下三类，分定数目，条列资格，令其依限选送。"④ 该所先后举办两期，毕业学员 417 人。除省城外，各厅州县亦设有自治研究所，学员人数共 2000 人以上。⑤ 在湖南地方自治筹办处的统一督促下，各属均"类能按照定章，次第兴办"⑥。筹备完成之后，即行选举城镇议事会和董事会、乡议事会和乡董乡佐、厅州县议事会和参事会。湖南各属情况不一，办理有先有后，按湖南地方自治筹备处的规定："繁盛城镇各自治会，限于宣统三年五月成立，中等城镇及各城自治会限于宣统三年闰六月成立，其余各镇乡自治会，限于宣统三年十一月一律成立。至于厅州县地方自治事宜……限于宣统四年五月，厅州县各自治会一律成立。"⑦ 由于 1910 年 4 月长沙发生规模较大的抢米风潮，巡抚岑

---

① 宣统二年八月《宁乡县地方自治白话报》。
② 宣统二年湖南省地方自治筹办处第二次报告。
③ 民国《醴陵县志》，《中国地方志集成》，"湖南府县志辑"，江苏古籍出版社、上海书店、巴蜀书社 2002 年版，第 133—134 页。
④ 《抚部院奏报筹办地方自治设立自治研究所办理情形折》，《湖南地方自治筹办处第一次报告书》，宣统年间排印本，藏湖南省图书馆。
⑤ 《清末筹备立宪档案史料》，下册，中华书局 1979 年版，第 749 页。
⑥ 《详请两院奏咨各核各属本年正月起至六月止筹办自治成绩由》，《湖南地方自治筹备处第三次报告书》，宣统年间排印本，藏湖南省社会科学院图书馆。
⑦ 《湖南地方自治筹办处第三次报告书》，宣统年间排印本，湖南省社会科学院图书馆。

春葇因办事失当，激成民变，革职查办，由杨文鼎署理湖南巡抚。故自治事项有所延误。到辛亥武昌首义时，湖南还没有全部完成城镇乡自治的工作，主要是长沙、湘潭等所谓"繁盛"之区得以完成，至于其他府厅州县的城镇乡自治，到民国元年才得以初步完成。

从目前的材料来看，长沙、善化、湘潭等所谓繁盛之区的城镇乡自治组织成立以后，尚未来得及开展活动武昌起义和长沙响应即已发生，而已成立之长沙、善化、湘潭等县的城镇乡董事会、议事会存在至民国建元后继续履行城镇乡自治的职能，直到"二次革命"发生，湖南宣布独立后，袁世凯政府宣告解散才停止活动。[①]

议事会成员，大部分是具有传统功名或创办实业的地方知名人士。如湘潭城厢议事会中，就包括的十三总"徐钰昌"号的徐运锦、锦湾"瑞丰昌"号的何邦达、锦湾"万和祥"号的萧远耀、十一总河街"文乾盛"号的文思安，十五总正街"怡义和"号的王洪信等数名工商界人士。[②]

从已成立的城镇乡议事会的规则来看，规定还是很细致的。此据《长善城议事会议事细则》（以下简称《细则》）略加分析。该细则8章74条，分总纲、会议时期、整理会场、议事日表、议事、读会、讨论、表决、请愿、速记录及议事录、附则。详细规定了会议的类别（常会、临时会议）、会场纪律（会前请假规定、签到、着装等）、议事规则、讨论问题方式、表决程序等，比较严谨和细致，例如议案的提出，《细则》规定：

> 董事会提出之议案，照章应距开会10日以前用印刷或缮写，通知议事会，由议长分给各议员。
>
> 议员有五分之一以上署名，得提出议案，并述其理由，先交议长，由议长分给各议员。

---

① 如湘潭城议事会（按《城镇乡地方自治章程》规定，湘潭城是与湘潭县所属镇乡同级但只包括城厢地方的自治区域），在宣统三年（1911）8月17日成立，但在1912年4月8日才召开第一次常会，并获湖南都督府民政司核准。参见周磊《湘潭城厢议事会试析》，载《湘潭老城故事》，湖南大学出版社2008年版。

② 周磊：《湘潭老城故事》，湖南大学出版社2008年版，第225页。

既经讨论之议案,非经议会承诺,不得随意撤回,但议案在未经讨论之前提出者,得自行撤回修正之。议员撤回之议案,其他议员及赞成该案者,均得更新提出之。

凡议案已经否决者,本会期内不得再行提出。①

关于表决,亦有详细规定:

表决时,除议长外,副议长与议员同为表决,但非在场之议员,概不得加入表决之数。

表决之方法,或用起立,或用签字,或用举手,或投票,或呼名,由议长随时择用,均以到会议员过半数所决为准,若可否数同,则取决于议长。

议员不得请更正自己之所表决。

凡表决于讨论后,即日行之,但事关重大,必须详细讨论者,议长欲行表决时,有议员三分之一申述异议,得犹豫至次日,以过半数表决之。

凡表决后之议案,无论何人,不得再申异议。但发现议案中有相互窒碍,或与现行法则有抵牾者,不在此限。②

由上可知,晚清湖南乡村自治的推动还是比较着力的,至少在制度层面的展开,与设计者的初衷吻合,它使得乡村一部分乡绅,特别是年轻而又具备新的观念那一部分开始通过自治的方式,参与乡村的政治生活,开启了乡村政治的现代进程。以湖南地方自治筹办处附属自治研究所第二届180名学生的结构来考察,其中出身师范学堂、中学堂等新式学堂的共11名,其余均为附生、廪生、增生、监生、候补官员等传统出身的,为169人,占93.88%;以年龄论,最大的64岁,最小的25岁;其中,60岁以上的1名,50—59岁的1名,40—49岁的32名;其余146名

---

① 李铁明:《湖南自治运动史料选编》,湖南师范大学出版社2012年版,第252—253页。
② 李铁明:《湖南自治运动史料选编》,湖南师范大学出版社2012年版,第255页。

均为30岁以下的，占81%。① 这些学员结业后回乡后，成为地方自治的骨干力量，不仅促使乡绅群体的转换，也推动了地方政治参与的转型。

第二节　民国前期湖南乡村自治与治理

民国前期（1912—1927年），政治上处于混乱与割据的状态，政令难以统一，南北政争，军阀混战，各省自行其是。湖南乡村自治以《湖南省宪法》公布为界，分为旧省议会和"新"省议会（湖南省宪）两个时期。民元颁布了《中华民国湖南镇乡地方自治暂行章程》，各州县及镇乡也先后成立了自治机构。不久因二次革命的原因，袁世凯政府取消自治，镇乡自治机构停止活动。随之省长、督军走马灯似地轮转，陷于混乱。至民国九年（1920）11月赵恒惕宣言自治，民国十一年（1922）1月1日颁布湖南省宪法，实施自治，进入所谓"省宪时期"，直到1928年南京国民政府成立。

一　民国初年的乡村自治与治理

1912年1月1日，孙中山在南京就任中华民国临时大总统，宣告中华民国临时政府成立。随后，成立临时参议院和省临时议会，作为临时政府的立法机关和地方"民意机关"。1911年10月22日，焦达峰等人在长沙响应武昌起义，湖南宣告独立。并成立军政府与临时省议会。1912年2月15日，袁世凯窃取临时大总统职位。袁为早日当上国会选出的正式大总统，于8月11日公布《中华民国组织法》及参、众两院选举法，于9月5日公布省议会议员选举法。各省据此举行选举。湖南省议会于1913年2月正式成立。二次革命时，省议会通电誓师讨袁，宣布独立，于1913年8月被迫解散，存在时间不过三个月。

随着湖南军政府和临时省议会的建立，清末推行的地方自治继续进

---

① 据《湖南地方自治筹办处附属自治研究所第二届学员成绩表》统计，表载李铁明《湖南自治运动史料选编》，湖南师范大学出版社2012年版，第31—39页。

行。就全省的情形而言，镇乡自治组织的成立，大抵按两种途径进行。①一是在清末完成了城镇乡地方自治组织的所谓"繁盛"区域，依旧在清末成立的城镇乡董事会、议事会的基础上推进；二是按照新的《中华民国湖南镇乡地方自治暂行章程》开始进行镇乡自治组织的建设，当然后者的推进，也是建立在清末户口清查、自治区域划分的基础之上的。

长沙、善化、湘潭是所谓繁盛之区，按湖南地方自治筹备处的规定，"限于宣统三年五月成立"，②湖南省垣城自治会于宣统三年（1911）5月20日至23日分级投票，选出甲级议员胡棣华等19人，乙级议员曾广江等41人，成立了长善城议事会。③湘潭城厢议事会则于宣统三年（1911）8月17日选举24名议员并宣告成立。④

其他"中等城镇及各城自治会限于宣统三年闰六月成立，其余各镇乡自治会，限于宣统三年十一月一律成立"⑤。但是，这一进程被辛亥武昌首义和长沙光复独立所打断，其他州县所属镇乡自治组织是在民国初年按照《中华民国湖南镇乡地方自治暂行章程》建立起来的。

《中华民国湖南镇乡地方自治暂行章程》乃本于清光绪三十四年（1908）十二月二十七日颁布的《城镇乡地方自治章程》，也是9章112条。只是自治区划设置上废除了城这一与镇乡同级的城厢（县治所在）自治区域，同时也相应废除了城一级机构、职能等方面的规定。此外，还有些官职、机构的称谓的差异。试比较如下：

1. 自治名义

《中华民国湖南镇乡地方自治暂行章程》：地方自治以专办地方公

---

① 清末颁布的《城镇乡地方自治章程》与民初颁布的《中华民国湖南镇乡地方自治章程》在自治区划上略有不同，前者划分为城、镇、乡，城所指为县治所在城厢；后者没有区分城厢与镇，直接划分为镇、乡。
② 《湖南地方自治筹办处第三次报告书》，宣统年间排印本，湖南省社会科学院图书馆。
③ 刘国习：《辛亥前后湖南地方自治运动探略（1908—1914）》，《重庆师范大学学报》（哲学社会科学版）2014年第1期。
④ 目前尚无资料说明长沙、善化、湘潭所属镇乡议事会成立的具体时间，按湖南自治筹办处的规定，当在宣统三年（1911）内完成。
⑤ 《湖南地方自治筹办处第三次报告书》，宣统年间排印本，湖南省社会科学院图书馆。

益事宜、辅佐官治为主，由地方公选合格绅民办理地方公共之事务

清末《城镇乡地方自治章程》：地方自治以专办地方公益事宜，辅佐官治为主。按照定章，由地方公选合格绅民，受地方官监督办理。[①]

2. 自治区域

民国章程：凡市镇、村、屯、集等各地方，人口满 5 万以上者为镇，人口不满 5 万者为乡；

清章程：凡府、厅、州、县治城厢地方为城，其余市镇、村、庄、屯、集等各地方，人口满五万以上者为镇，人口不满五万者为乡；（撤销了"县治城厢地方为城"的区划。）

3. 自治范围

两个章程均列学务、卫生、道路工程、农工商务、善举、公共营业等 7 条，只第 1 条"中小学堂"改为"高、初等小学堂"；

4. 职任权限
所列 9 款完全相同，只是民国章程改"城镇乡"为"镇乡"：

城镇乡议事会应行议决事件如左：
一、本镇乡自治范围内应行兴革整理事宜；
二、本镇乡自治规约；
三、本镇乡自治经费岁出入预算，及预算正额外预备费之支出；
四、本镇乡自治经费岁出入决算报告；
五、本镇乡自治经费筹集方法；

[①] 《中华民国湖南镇乡地方自治章程》，载李铁明《湖南自治运动史料选编》，湖南师范大学出版社 2012 年版，第 68—84 页。以下简称"民国章程"，不再注明。《城镇乡地方自治章程》以下简称"清章程"。

六、本镇乡自治经费处理方法；

七、本镇乡选举上之争议；

八、本镇乡自治职员办事过失之惩戒，惩戒细则，以规约定之；

九、关涉镇乡全体赴官诉讼，及其和解之事。①

其他如选民资格、镇乡议事会员额及任期职任权限等，均基本相同，只是删除了"城"这一级区划的相应规定。当然，最大的变化是对于议事会议决事项的执行程序：清末章程规定，"议事会议决事件，由议长、副议长呈报该管地方官查核后，移交城镇董事会或乡董，按章执行"；而民国章程则直接规定为"议事会议决事件，由议长、副议长交由董事会执行"。因此，较清末城镇乡自治权限来说，民国的镇乡自治权限大了一些，不需要经过地方官的审核就可以直接由董事会执行了。这是民国初年镇乡自治的显著进步。

根据民国镇乡自治章程可以知道，民初镇乡自治的运作程序是，镇乡议事会是自治区域内最高的权力机构，议决该管地方官交办、镇乡董、议员提出的议案，通过者交由董事会执行。董事会设乡、镇董1名，董事若干名，可设文牍、庶务等员若干人。这些人实际上组成了自治镇、乡政府，在议事会闭会期间行使自治权限，乡民一般俗称为镇公所、乡公所。

根据《中华民国湖南镇乡地方自治暂行章程》，湖南各州县在民元逐步展开了镇乡自治组织的选举和成立工作。据刘国习先生的研究，在有材料可考的州县，其情况排列如下：

汝城县：宣统元年，奉令申送自治人员赴省立筹备地方自治研究所练习；宣统二年自治研究员毕业回县，奉令设立筹备自治公所附设地方自治研究所，依筹备地方自治简章先

行调查户口，划分全县为十五自治区；宣统三年，颁发城镇乡筹备自治事务所简章并复查城镇乡户口区域及选民资格细则，进行

---

① 《中华民国湖南镇乡地方自治暂行章程》，李铁明：《湖南自治运动史料选编》，湖南师范大学出版社2012年版，第74—75页。

选举事宜，未几民国反正，遂中止。民国二年，恢复地方自治，颁发各项章程，设立自治事务所，筹办一切，未几复停。

安乡县：癸丑二年（1913）县议（事）会参事会及城乡自治会成立。冬十一月，洪宪祸延，通令解散。

慈利县：中华民国二年，县议事会参事会及城乡各自治会成立，至十一月通令解散。

宁乡县：宣统元年诏预备立宪，县设自治筹备办公所，并设统计处于县署。宣统二年改钱漕局为自治筹备处设自治研究所。民国纪元，促进地方自治，依清末析定自治区，以……为城区，各都分为五镇七乡……其年冬各成立自治公所，设总董及董事并议事会。明年赣皖二次独立，湖南响应，事定，中央令停自治公所，设保卫团防局。

蓝山县：宣统三年设自治公所附设自治讲习所。民国元年设县议会参事会乡议会……蓝山在清季预备立宪，稍有自治规划，民国元年，划为十区，旋以国是纷争，仅存其迹……清际民国初元之际，地方自治分城镇乡，其规制仍由官府订定，此次自治分区，非官厅干涉，亦非公议区划，乃纯系地方住户自度财力与便宜，自为风气，事求可行，乃报政府立案，可谓能采自治之本源，惜因时会而事旋中辍耳。

祁阳县：宣统二年始立自治会所于南司公馆。

醴陵县：宣统二年设自治筹备处，析县境为十五区，开办自治研究所。

湘乡县：1911年春，湘乡所辖1县城9镇14乡全部设立自治公所。[①]

[①] 据《湘乡县志》载：民国元年4月，湘乡各镇乡相继成立自治筹办公所，6月24日由筹办员主持，在各镇乡自治公所投票选举产生议事会。7月5日，召开各镇乡议事会，产生董事会。镇议事会设议长、副议长及预算、决算、庶政、资格四股股长各1人，选董事会总董1人、董事2人及名誉董事若干人。乡议事会、董事会大体相同。所有议事会、董事会人选均呈县行政厅委任。民国二年（1913）11月23日湖南都督兼民政厅厅长汤芗铭电令解散。（《湘乡县志》编纂委员会：《湘乡县志》，湖南出版社1993年版，第619页）

永定县：1912年4月，县绅侯昌铭筹办自治，十三个乡设议董会。

龙山县：1912年该原"十六里"的行政区划为16乡，乡设立自治公所。

溆浦县：1912年筹办选举，改都为区。不久改一区为城区，二区至七区为一至六区。1913年因办理自治六区皆改镇。不久，自治解散，镇名随废。

沅陵县：1912年，全县划24乡镇，后废县存辰州府，设府议会。

华容县：1912年10月，华容县议会在县城召开首次会议。议决筹划各区自治等18件提案。[①]

以上大致反映了民元以后湖南各州县镇乡自治组织成立的情况。[②] 各镇、乡议事会、董事会成立以后，即按自治章程对乡村社会行使自治权利。从现有的材料来看，湖南自治各镇乡在存在的不到两年的时间里，

---

① 刘国习：《辛亥前后湖南地方自治运动探略（1908—1914）》，《重庆师范大学学报》（哲学社会科学版）2014年第1期。

② 清末民初湖南关于自治的史料，特别是县以下乡村自治的案例材料目前发掘还很不够。民国时期湖南撰修的县志不到10种，即使已修县志的分类体例、记载详略不尽相同，能反映的情况有限。值得一提的是，湖南省档案馆、湖南省图书馆、湖南省社会科学院图书馆保存了一批清末民初县乡自治组织编制的议事会、议会报告书，如：《湘潭城议事会议案》《湘潭县议事会第一次报告书》《湘乡县议事会第一次报告书》《湘乡县参事会第一次报告书》《湘乡县参事会第二次报告书》《湘乡县参事会第四次报告书》《湘乡县常安镇议事会第一二次报告书》《湘乡县嘉谟镇议事会第一次报告书》《安化县议会第一次报告书》《华容县临时会议案》《浏阳县议事会报告书》《宁乡县议会第一届正式会报告书》《益阳县议事会第一次报告书》《益阳县议事会第二次报告书》《宝庆府议会第一次报告书》《长善城议事会第一次报告书》《醴陵县议会第一次报告书》《攸县议事会第一次报告书》《宝庆城议事会第一次报告书》等。这些报告书记录了各该府州县及镇乡议事会、议会开会及决议案的情况，对研究清末民初的县、镇、乡议会的运作情况具有重要的价值。目前学术界对此的利用还非常有限，湖南科技大学中国近现代史专业的老师们指导其硕士研究生对这些材料所涉及的经济、社会风俗、教育议案及县乡议会运作的状况进行了初步研究，撰写了4篇硕士论文，是很有开创意义的成果，值得在此列举：《1912—1913年湖南之县及镇乡议会经济相关议案研究》《1912—1913年湖南县乡议会之社会风俗议案研究》《1912—1913年湖南县乡议会之教育议案研究》《民国初年（1912—1913年）湖南湘乡县议会研究》。

还是做了不少事情的，对地方兴革、乡村建设具有积极的意义。

根据现存的《湘潭城议事会议案》《湘乡县常安镇议事会第一二次报告书》《湘乡县嘉谟镇第一次报告书》《长善城议事会第一次报告书》四个城、镇、乡的自治议案，可以大致了解这一时期镇、乡自治的日常运作情况，即议事流程。

议事流程分为三步：提出议案、讨论议案、表决议案。

提案。议案之提出，一是董事会职员提出之议案，二是议员有五分之一以上署名得可以提出议案。"董事会提出之议案，照章应距开会10日以前用印刷或缮写，通知议事会，由议长分给各议员。……议员有五分之一以上署名，得提出议案，并述其理由，先交议长，由议长分给各议员。"[1]

讨论。开议之前，由文牍员朗读议案，一般（紧要情况除外）议案需经过三读，议员在一读、二读、三读间均可发言讨论。议案提议者可在一读后加以说明，一读后一般闭会，由议员准备复会时发言讨论。发言者需事先将姓名、座号通告议长，文牍员调制发言表，发言需表明反对、赞成之理由。三读后不得就同一议题发言两次，但质疑答问除外。讨论终结由议长宣告。

表决。表决时，除议长外，副议长与议员同为表决，但非在场之议员，概不得加入表决之数。表决之方法，或用起立，或用签字，或用举手，或投票，或呼名，由议长随时择用，均以到会议员过半数所决为准，若可否数同，则取决于议长。议员不得请更正自己之所表决。

凡表决于讨论后，即日行之，但事关重大，必须详细讨论者，议长欲行表决时，有议员三分之一申述异议，得犹豫至次日，以过半数表决之。凡表决后之议案，无论何人，不得再申异议。但发现议案中有相互窒碍，或与现行法则有抵牾者，不在此限。[2]

根据上述规则，民初、乡自治在存在的一年多时间里，维系着乡村

---

[1] 《长善城议事会第一次报告书》，载李铁明《湖南自治运动史料选编》，湖南师范大学出版社2012年版，第252页。

[2] 《长善城议事会第一次报告书》，载李铁明《湖南自治运动史料选编》，湖南师范大学出版社2012年版，第255页。

政权的运行。如湘乡县各镇乡议事会一般每年开会2—4次,有紧要事宜则召开临时会议。除贯彻县议事会决议及行政厅政令外,还决议由董事会交议及议员提议的议案。主要议案有成立镇乡警察所、团练所,推广小学教育,实行强迫教育,禁止妇女缠足,禁鸦片烟,禁牌赌,禁绝淫祀(打醮、唱戏、耍灯、念经、巫祝),筹办社积谷,禁止谷米出境等。①湘乡中里(今双峰县)的各镇乡的自治也办的卓有成效:

> 是年6到8月,中里各镇乡陆续成立议事会、董事会、宣告各镇乡正式成立。青树镇于9月份经各都选出议员40名,组成议事会,推选王馄(质先)为议长,郭昌甲(厚卿)为副议长。8月27日,镇议事会投票选举总董(镇长),以谭权(秉礼)得票最多当选。学务是该县各镇、乡地方自治的重要内容,包括兴办中小学堂、蒙养院、教育会、劝学会、宣讲会、图书馆、阅报社。如是年7月,青树镇医院曾勋(良生)提议推广小学教育,议员朱炳勋提议组织教育讨论会,经议事会议决,合并为推广教育案,地方自治经费的十分之六、七,拨充小学经费;并议决成立儿童图书馆,附属于董事会。中里三镇两乡自治活动还包括禁妇女缠足、禁烟、禁牌赌,崇尚节约,禁绝瑶祀、社谷等项。②

根据现有材料。民初镇乡议事会主要讨论的问题集中在经济、教育、社会风俗三个方面:

1. 经济

发展农业。设立农会,改良农事,引进、实验先进的农业技术,推广经济作物的种植,提倡"博选种子",推广"谷、蔬、红薯、荞麦、油菜、豆料、油茶之属"的种植。③此外,还提倡改良农业,推广新式农具。提倡农户"养蚕、养鸡、养鱼、养蜂","以图农事之改良发达",促

---

① 《湘乡县志》编纂委员会:《湘乡县志》,湖南出版社1993年版,第619页。
② 政协湖南省双峰县委员会文史资料研究委员会编:《双峰文史资料》第3辑,第131、135、136页。
③ 湘潭县议事会编:《湘潭城议事会议案》,1913年铅印本,湖南省图书馆藏。

进农业生产。①

保护林业。针对山林界限不清，盗伐现象严重的情况，湘潭、湘乡等镇乡议事会要求农会牵头，查明山界，保护森林。湘乡各镇乡将保护山林的责任落实到各乡董、区董或段长，嘉谟镇议事会还通过"防护农林十条"，禁刈割他人谷实，禁强毁青苗，不得放纵畜牧等，违者一律送法院治罪。②常安镇则由各区区董视各区实情，制定农林保护细则，如规定"不论天然物、人为物概行严禁偷窃及牲畜践食，其牲畜令主人四季看管"，违者由区董、段长酌量议罚。③湘潭县规定"伐树一株者，罚种十株；伐树十株者，罚种百株"。"随手伤折者，亦应议罚。"同时还奖励"植树五千株以上、购远方新种二千株以上、开荒百亩以上、开塘堰二十口以上、畜牛三十头以上、畜羊豕各百头以上、缫丝百两以上者"。④

奖励工业制造的新发明。如湘潭城区由于洋货充斥市场，阻碍本地工业的发展，湘潭城议事会提出："嗣后，城区制造品，有能力发明、改良，不拘特色，俾得社会利用者，准其报明。""准其专利，以资提倡振兴国货。""以资工业发达，声振全球。"⑤

2. 教育

湘潭城议事会第一次正式会议就指出："百废待举，然下手方法，不外以教育为先。""国势之文明，全恃教育之普及。"因此，主张设立贫民小学，设立蒙学，设立女学，以便做到"比户无失学之儿童，人人具普遍之智识，为民国造就国民，即为民国巩固基础"。其中特别提出兴办蒙学的重要性，指出："蒙学者，为输入普通知识之初阶，造就完全人格之基础，是欲造就国民，非急设蒙学不可。"还规定"每百五十户，需设小学一校"。⑥民国初建，百废待举，教育经费十分困难，县议事会和城议

---

① 湘潭县议事会编：《湘潭城议事会议案》，1913 年铅印本，湖南省图书馆藏。

② 湘乡县嘉谟镇议事会编：《湘乡县嘉谟镇议事会第一次报告书》，1912 年铅印本，湖南省图书馆藏。

③ 湘乡县常安镇议事会编：《湘乡县常安镇议事会第一二次报告书》，1912 年铅印本，湖南省图书馆藏。

④ 湘潭县议事会编：《湘潭城议事会议案》，1913 年铅印本，湖南省图书馆藏。

⑤ 湘潭县议事会编：《湘潭城议事会议案》，1913 年铅印本，湖南省图书馆藏。

⑥ 湘潭县议事会编：《湘潭城议事会议案》，1913 年铅印本，湖南省图书馆藏。

事会采取了许多具体措施广筹经费，比如，收回救生局炭捐以充学款；收回屠捐以充学款；收回鱼苗捐以充学款；增加盐捐、酌提庙捐以充学款等，并提取经费补助陶祠县中学和昭潭高等小学校中学部经费。常安镇议事会为解决各小学津贴问题，建议采取筹集"房、铺、屠、船及出口之粮、炭、瓜果、土货等税捐"①。

宝庆城议事会决议，"破除迷信，各保所储迎神赛会、建醮酬神诸费一律提归各区办理学校之费"②。

发展社会教育。湘潭城议事会提出设立图书馆、阅报室，以启迪民智。议事会建议，"除县城图书馆已设外，拟于各区自治公所分设。经费无多，影响实大。民权日行发达，民国益日巩固，其人民不待督促，自日进于共和，有可翘足以待者"③。他们还认为，"国势之文明，视报纸之销行为进化"，城议事会针对革命以后，广大人民群众"质以共和之名词，民国之主义，则未有不瞠目而视者。民智未开，何以促共和，巩固民国？主张设立阅报社"。认为这件事，"经费无多，影响实大，民智日开，民权日形发达，民国亦日巩固"。提出，除城镇区乡各小市及通衢之茶亭、旅馆特设之阅报室外，各区在适当地点设阅报栏十处，公开张贴《湖南演说报》供人阅读。至于经费，"每区每月派报十份，每份每年约需费一串八百文，合计一百七十份，全年约需费三百零六串文。其费概列预算，由公家正式支给"④。

3. 风俗改良

清末新政以来，改良社会风俗逐渐为人们所重视。民初镇乡议事会成立以后，革除陋习，变革风俗成为重要的议案。以湘潭城议事会为例，在其存在的一年多时间里，就进行了多方面的尝试：⑤

---

① 湘乡县常安镇议事会编：《湘乡县常安镇议事会第一二次报告书》，1912年铅印本，湖南省图书馆藏。
② 宝庆县议会编：《宝庆城议事会第一次报告书》，1912年铅印本，湖南省图书馆藏。
③ 湘潭县议事会编：《湘潭城议事会议案》，1913年铅印本，湖南省图书馆藏。
④ 湘潭县议事会编：《湘潭城议事会议案》，1913年铅印本，湖南省图书馆藏。
⑤ 参阅周磊《湘潭城厢议事会试析》，周磊《湘潭老城故事》，湖南大学出版社2008年版。

设置路灯。鉴于湘潭城"人烟稠密","一旦昏暮,行者摩肩,暗中摸索,不独宵小易于溷迹,扒窃堪虞;即迷失路途,不辨高低,尤虞倾跌。且遇灾异,仓皇失措,莫辨东西,诚为商埠之缺点"。[1] 议事会决议在全城大街小巷、店铺门首设玻璃四方煤油灯照明,以方便行人。

加强卫生管理。湘潭原有主敬堂等慈善机构对贫苦群众施药医治,民国建立后,湘潭城议事会决定,增加主敬堂经费,使其逐步"改为医院,设立医学堂",以"全活无数生民之命"。对于公共卫生,议事会也多次立案,提出"沟渠每岁清修一次",并"仿日本制,各家门首,自制木桶倾倒灰屑。灰屑不准于转僻地堆集,如违处罚"。禁止"强倒灰屑及抛弃死鼠、鳝骨"于当街,"设清道夫每日打扫街道以保卫生"。对于环境保护,议事会也十分重视,时有人在城区燃烧盛盐蒲包熬卤,产生"蓝色之臭气,障碍通衢",污染空气,城议事会决议"一体从严禁革,勒令改业营生","以全民命,而重卫生"。还规定"一切有碍卫生事宜,则值日巡警严行禁止之"。[2]

惩罚女子缠足。"女子缠足,为害无穷"。议事会决定对拒不放脚、仍行缠足者实行惩罚。每"两个月为一期,贫者每人罚钱贰百文,富者罚钱壹千文。再过两月,为第二期,加一倍处罚,分期累进"。同时,议事会还明文规定,"不准制作,不准发卖木质圆底及弓底鞋"等缠足器械,违者"从重处罚"。[3]

设立流民习艺所。城议事会把乞丐分为两类,即贫民乞丐与流民乞丐。前者"有居所、有廉耻,非藉乞食无以谋生",后者"无定所、无廉耻,体躯壮旺,性情强暴,不甘力作……横索强取,夯诈闾里,日食肥甘,夜行窃盗……发生种种不法行为,扰害地方,莫此为甚"。对这种人实行强制习艺,"惩劝交至","教养兼施",使其"自新而改悔"。[4]

其他镇乡议事会也提出了不少改良社会风俗的议案。长善城议事会通过了《议决节俭会规》案,该会宗旨即是"改良社会奢侈习惯,增进

---

[1] 湘潭县议事会编:《湘潭城议事会议案》,1913年铅印本,湖南省图书馆藏。
[2] 湘潭县议事会编:《湘潭城议事会议案》,1913年铅印本,湖南省图书馆藏。
[3] 湘潭县议事会编:《湘潭城议事会议案》,1913年铅印本,湖南省图书馆藏。
[4] 湘潭县议事会编:《湘潭城议事会议案》,1913年铅印本,湖南省图书馆藏。

地方幸福",凡入会者,必须遵守会规,同时也必须劝告家人节俭,反对奢侈浪费,鼓励会员将节俭的钱物捐为公益和慈善。①长善城议事会对婚丧礼俗也提出议案,"嫁妆虽无定限,亦不得夸多阙靡,致贫者强争颜面,富者过事奢华";"丧葬用费称家之有无,虽难限制亦不得过奢,致富贫双方共受损失负累之患"。②

此外,长善城议事会还先后通过了《议决禁烟规约》《议决赌博规约》,严禁鸦片和赌博。禁烟规约规定:自规约发布之日起,所有商铺60日之内必须停止贩运烟土,10个月内必须歇业。超出60日内继续贩运烟土至长善城境内的,所有烟土一律充公。超出10个月期限继续营业的,封闭店铺之外,所存烟土全部充公。同时设立戒烟局和公烟局,戒烟局为稽查戒烟机构,而公烟局则是为了在鸦片烟馆全部关闭后为烟瘾严重的人准备的过渡烟馆,以5个月为期限,"逐日减给",达到戒烟目的。③

《议决赌博规约》则详细规定了禁赌的办法:整治赌博场所,凡聚赌之所,一经查实,由警察局或自治分区予以查禁和惩罚;对赌徒和窝家同时处罚,除现场赌金没收充公外,还有处以罚款,罚金较董事会充作自治经费;收毁赌具,对纸牌、骨牌、雀牌等赌具一律收缴销毁,凡销售赌具的,一经查实,按原价的两倍处以罚金;奖励民众举报赌博行为。④

从以上的情况来看,民国初年湖南乡村的镇乡自治的推进还是卓有成效的,给乡村带来了一股清新之风,乡村社会面貌得以改善,地方的经济、政治、社会等各个方面开始向现代转型,特别是将乡治纳入了法治和宪政的轨道。

然而这种局面没有维持太久,二次革命爆发后,汤芗铭下令停止各

---

① 长善城议事会编:《长善城议事会第一次报告书》,1912年铅印本,湖南省社会科学院图书馆藏。
② 长善城议事会编:《长善城议事会第一次报告书》,1912年铅印本,湖南省社会科学院图书馆藏。
③ 长善城议事会编:《长善城议事会第一次报告书》,1912年铅印本,湖南省社会科学院图书馆藏。
④ 长善城议事会编:《长善城议事会第一次报告书》,1912年铅印本,湖南省社会科学院图书馆藏。

级自治机构活动。虽然袁世凯在镇压二次革命之后，试图按其意志推进乡村自治，并于1914年12月公布《地方自治试行条例》及其《施行规则》，规定区为县以下的自治单位。1915年8月又公布《县治户口编查规则》，以区取代城镇乡为地方自治团体，区内住户分编牌、甲，以10户为1牌，10牌为1甲；甲设甲长1人，牌设牌长1人，负责编查本牌甲内的户口。然而，袁世凯此时已志在称帝，并没有认真推行，直到洪宪帝制破产，袁世凯病逝，上述条例和规则未能推行开来。湖南和全国大部分省份一样，维持各自不同的乡村治理模式，直到20年代开始所谓省宪自治。

二　湖南"省宪"下的乡治

洪宪帝制破灭后，黎元洪继任总统，于1916年10月下令恢复省议会。彭兆璜被选为湖南省议会议长，李永翰、廖变被选为副议长。但随之的汤芗铭、张敬尧统治时期，湖南政局混乱，南北军阀争夺，自治陷于停顿。但在混乱的政局中，各派军阀和地方势力派为了稳固统治，也不断地提出自治或联省自治的主张。其中湖南首倡省宪，川、浙、粤、苏、鄂、滇、黔、桂等省也纷纷制定省宪，倡议联省自治，其实质乃为保存自己的割据局面，以图自保。但在自治的名义下，也希冀能够保境安民，有所建设。

1920年6月驱逐张敬尧后，谭延闿宣布废除北洋军阀所加于湖南地方之督军制，"实行地方自治"和"省长民选"，邀集在省官绅召开自治会议，决定由省政府、省议会各10人共同起草《湖南自治法》。省议会即以"民意机关"自居，组织了"自治研究会"，并着手拟订"宪法会议组织法。"1920年11月23日，制宪未果，湘军内讧，谭延闿被迫去职，赵恒惕继任湘军总司令。1920年底，赵将省政府拟订的"筹备自治大纲"14条，交省议会议决。1921年1月，经省议会议决，此大纲定名为《湖南制定省自治根本法筹备章程》，由省政府公布施行，同时成立"制宪"筹备处。1922年1月1日，赵恒惕公布了正式的《湖南省宪法》。以《湖南省宪法》公布为标志，旧省议会宣告结束，进入所谓"新"省议会时期。

《湖南省宪法》第 11 章"市乡自治大纲"规定：市为自治团体。省以内的都会、商埠、人口满 20 万者为一等市；人口满 5 万以上，不及 20 万者为二等市；人口满 5000 以上，不及 5 万人者，为三等市。一等市直接受省政府的监督，设市长 1 人，由全市公民直接选出，任期 2 年；设市议会，由全市公民直接选出的议员组织，市议员为无给职；设市委员会，以市长为委员会会长，委员会的半数由市议会选出，其他半数，由市长从各职业团体中择任。① 二等市受县长的监督，其组织适用一等市组织的规定。

1922 年湖南省颁布了《市、乡自治宪法规则》，规定在县以下划定乡或相当于乡一级的行政区划，其市、乡之划分：凡省以下之都会、商埠，人口 20 万以上者为一等市；人口满 5 万以上，不及 20 万人者为二等市；人口满 5000 以上，不及 5 万人者，为三等市；不及 5000 人者属于乡。② 但因倡议者无自治的诚意，地方自治机关多数被土豪劣绅把持。

民国十二年（1923）12 月，湘西地区永顺、保靖、龙山、桑植、凤凰、乾城、永绥（今花垣）、古丈、大庸、麻阳 10 县推行乡自治，颁发《湘西永保龙桑凤乾绥古庸麻十县制》，规定以乡民 10 户为 1 牌，设牌长 1 人，零散及编余之户，在 5 户以上者亦得设牌长 1 人，不满 5 户者，归并附近之牌编制；10 牌为 1 甲，设甲长 1 人；5 甲为 1 保，设保董 1 人，但因地势及习惯上之关系得酌量变通编制；合数保为 1 乡，设乡长 1 人。牌长由本牌过半数户联名公举；甲长由本甲过半数牌长联名公举，报告乡自治公所委任；保董由本保过半数之牌长公举，报告乡自治公所，转请监督机关委任；乡长由乡议员用无记名投票选举 3 人，呈请监督机关从中选择 1 人加以委任。乡长、保董、甲长、牌长任期 3 年。乡议会议员名额至少 8 人，最多不超过 16 人，设议长 1 人。乡议员由全乡乡民用单记名法投票选举，以得票多者当选，每保至少有 1 名乡议员。凡属中华民国国籍之人民，年满 20 岁，连续居住本乡 1 年以上，无下列情事之一

---

① 《湖南省宪法》，夏新华、胡旭晟等整理：《近代中国宪政历程：史料荟萃》，中国政法大学出版社 2004 年版，第 667 页。

② 民国二十三年《内政年鉴》，民政篇·地方自治，第 625 页。

者，有选举乡议员之权：(1) 患精神病者；(2) 被褫夺或停止公权尚未复权者；(3) 受破产宣告尚未撤销者；(4) 吸食鸦片者；(5) 营不正当业者；(6) 不识文字者。凡无以上6项情事之一，而有前项选举权之乡民，并连续居住本乡2年以上，合于下列各款之一者，有被选为乡议员及其他职员之权：(1) 年纳乡自治经费1元以上者；(2) 有动产或不动产500元以上者；(3) 曾任或现任公职、教员1年以上者；(4) 曾在小学校毕业或具有相当资格者。[①]乡议员为无给职，任期2年。

在实施"省宪"下的乡镇自治的同时，对清末以来的保甲或团防等乡村武装组织进行改造，成立挨户团。民国十二年（1923）3月，湖南省内务司颁布《各县挨户团编组条例》（以下简称《条例》）及其实施办法。《条例》规定："凡县属原有市区乡团保甲，应由知事切实整理，依照本《条例》改编挨户团。其编制：各县挨户团，须照地方习惯划分区团。各区挨户团，除编入另册者外，须按户派定1人编入团丁名册，依团属户数编列：10户为1排，置排长1人；5排为1甲，置甲长1人；5甲为1保，置保董1人。若不满5甲之保，亦置保董1人。县挨户团，以知事为总监督，遴委地方绅商协助办理；区挨户团，置团总1人，由总监督遴委，其他应置之保董、甲长、排长，按各区团户数支配名额，由各排互推，报请团总核定，呈总监督委充之。"[②]

《条例》规定挨户团的职责是："(1) 侦探匪踪,查有形迹可疑之人，或窝藏盗匪、寄囤赃物、禁品、聚赌及非法结合等事，应督率团丁随时查获，呈送知事公署分别惩办。知事公署惩办前项人犯，若处罚金，其罚金收入发还查获之挨户团，以作该团经费。(2) 如遇境内发生匪警，随即剿捕。(3) 如遇邻团匪警,经县公署或团防局、队调遣助剿时，各团总应即令知保董、甲长和排长，紧急集合赴援。(4) 各挨户团有清查户口之责,其清查办法：(甲) 发给门牌；(乙) 取具联环保结；(丙) 编造户口正册；(丁) 编造户口另册。"[③]

---

① 《湖南省志》，政务 (4)，民国十二年三月。
② 《湖南省志》，政务 (4)，民国十二年三月。
③ 《湖南省志》，政务 (4)，民国十二年三月。

民国十四年（1925）2月25日，湖南内务司在颁发的《零陵县挨户团统率处章程》中指出："查挨户团与团防局相辅为用，早经本司规定条例，通令颁行，并经省长元电督促在案。惟查各属，实行举办著有成效者，固不乏人；而奉行不力，或毫不遵办者亦复不少。"① 民国十七年（1928）十一月，省清乡督办署在《湖南全省清乡总报告》卷四中有如下记述："本署成立之初，知乱所在，乃颁发清查户口规则，附以结册表式，定编审之制，行联保之法，严隐匿之禁，重监视之责。会各县督察员、县长率挨户团切实稽查，判别良莠，详注于册。"② 在清查户口中，被各县挨户团编入另册的有："共党、暴徒、土匪、窃盗、流氓、土娼、烟犯、赌博"等，③ 据57县统计，编入另册者共有46263人。④

湖南地方当局倡导省宪自治的几年，是南北政争和混战频仍的时期，加之湖南内部政争也很激烈，湖南的自治在这种环境下推行的成效十分有限。1926年7月，唐生智宣布解散省议会，废除省宪。历时六年的湖南省宪自治运动至此正式宣告终结。

第三节　国民政府时期湖南乡村治理

南京国民政府成立以后，对于乡村治理，经历了《县组织法》和新县制两个时期，其间有一个废区并乡的改革。整体上来说，国民政府在大陆22年，一直处于战争的环境，包括国共战争、国民党各派混战和抗日战争，就其主观愿望来说，是在向现代民族国家治理体系发展，因此其乡治虽在制度设计、推进的层面比较全面，但因为环境诸因素，取得的实效也是有限的。

---

① 《湖南省志》，政务（4），民国十四年二月二十四日。
② 民国十七年十一月湖南省清乡督办署《湖南全省清乡总报告书》卷四，湖南省档案馆藏。
③ 民国十七年十一月湖南省清乡督办署《湖南全省清乡总报告书》卷四，湖南省档案馆藏。
④ 《湖南省志》编纂委员会：《湖南省志》，政务志，民政，中国文史出版社1993年版。

一 国民政府时期湖南乡村基层政权

1928年9月,国民政府公布《县组织法》,随后又颁布《县组织法施行法》《县自治法》和《修正县组织法》,接着,又先后颁布了《乡镇自治施行法》(1929年9月18日)、《乡镇公民宣誓登记规则》(1929年12月20日)、《乡镇闾邻选举暂行规则》(1930年2月25日)、《乡镇自治施行法》(1930年7月7日)、《乡镇坊自治职员选举及罢免法》(1930年7月19日)等自治法规,从而构筑了一个比较完整的乡村自治制度体系。其主要内容为:

1. 县以下的组织为区、乡、镇、闾、邻,乡、镇居民以5户为邻,设邻长1人;5邻为闾,设闾长1人。邻长、闾长由本邻闾居民会议选举,选定后由乡长、镇长报区公所转县政府备案。

2. 在乡镇编制上,"凡县内百户以上之村庄地方为乡,其不满百户者得联合各村庄编为一乡;百户以上之街市地方为镇,其不满百户者编入乡。但因地方习惯或受地势限制及有其他特殊情形之地方,虽不满百户,亦得成为乡镇。乡镇均不得超过千户"。"乡镇居民以二十五户为闾,五户为邻,但一地方因地势或其他情形而户数不足时,仍依县政府之划定成为闾邻。"[1]

3. 在乡村自治体的组织上,设有立法、执行、监督和调解四大机关。其立法机关为乡镇民大会,主要职权是:选举及罢免乡镇长及其他职员;制定或修正自治公约;审议单行规程;议决预算决算;议决乡公所镇公所交议事项;议决所属各闾邻或公民提议事项等。[2] 其执行机关为乡镇公所,主要职能是:于现行法令、区自治公约及乡民大会或镇民大会决议交办之范围内,由乡镇长执行办理如下事项:户口调查及人事登记;土地调查;道路桥梁公园及一切公共土木工程建筑修理;教育及其他文化;保卫;国民体育;卫生疗养;水利;森林培植及保护;农工商业改良及保护;粮食储备及调节;垦牧渔猎保护及取缔;合作社组织及指导;风

---

[1] 徐秀丽编:《中国近代乡村自治法规选编》,中华书局2004年版,第131—132页。

[2] 徐秀丽编:《中国近代乡村自治法规选编》,中华书局2004年版,第151页。

俗改良；育幼养老济贫救灾等设备；公营事业；自治公约拟定；财政收支及公款公产管理；预算决算编造；县政府及区公所委办事项；其他依法赋予该乡镇应办事项。① 其检察机关为乡镇监察委员会，该会由乡镇民大会在选举乡镇长副时，另选监察委员若干名组成，开会时由各委员依当选次序轮充主席；监察委员会得随时调查各该乡镇公所的账目及款产事宜；乡镇财政收支及事务之执行有不当时，监察委员会得随时呈请区公所纠正之；监察委员会纠举乡长或镇长违法失职情事，得自行召集乡民大会或镇民大会。② 其调解机关为调解委员会，此由乡镇民大会选举若干人组成，乡镇长及副乡镇长不得被选，调解委员会主要办理民事调解及依法撤诉的刑事调解等事项。③

4. 在自治职员资格及其产生办法方面，规定："乡镇公民，年满25岁，具有下列条件之一者得为正、副乡镇长和乡镇监察委员候选人：（1）候选公务员考试或普通考试、高等考试及格者；（2）曾在中国国民党服务者；（3）曾在国民政府统属机关任委任职以上者；（4）曾任小学以上教职员或中学以上毕业者；（5）经自治训练及格者；（6）曾办地方公益事务著有成绩经区公所呈请县政府核定者。"④ 其产生办法为：区长民选以前，乡镇长副由乡镇民大会加倍选举产生，报由区公所转请县长择任，闾邻长由闾邻居民会议推选。⑤

关于区的规定是：区以10—50乡镇组成，设区公所，区长由区选民选任，并经县政府呈报民政厅备案，区公民年满25岁，具有以下资格之一者得为区长及区监察委员候选人：（1）候选公务员考试或普通考试、高等考试及格者；（2）曾任中国国民党区党部执监委员或各上级党部重要职员满1年者；（3）曾在国民政府统属之机关任委任官1年或荐任官以上者；（4）曾任小学以上教职员或在中学以上毕业者；（5）经自治训练及格者；（6）曾办地方公益事务著有成绩，经县政府呈请省政府核定者；

---

① 徐秀丽编：《中国近代乡村自治法规选编》，中华书局2004年版，第152—153页。
② 徐秀丽编：《中国近代乡村自治法规选编》，中华书局2004年版，第155—156页。
③ 徐秀丽编：《中国近代乡村自治法规选编》，中华书局2004年版，第153页。
④ 徐秀丽编：《中国近代乡村自治法规选编》，中华书局2004年版，第149页。
⑤ 徐秀丽编：《中国近代乡村自治法规选编》，中华书局2004年版，第136页。

(7) 曾任乡长、副乡长或镇长、副镇长及乡镇监察委员 1 年以上者。①

区和乡镇公所办理事项的范围：（1）户口调查及人事登记事项；（2）土地调查事项；（3）道路、桥梁、公园及一切公共土木工程建筑修理事项；（4）教育及其他文化事项；（5）保卫事项；（6）国民体育事项；（7）卫生疗养事项；（8）水利事项；（9）森林培植及保护事项；（10）农工商业改良及保护事项；（11）粮食储备及调节事项；（12）垦牧渔猎保护及取缔事项；（13）合作社组织及指导事项；（14）风俗改良事项；（15）育幼养老济贫救灾等设备事项；（16）公营业事项；（17）自治公约拟定事项；（18）财政收支及公款公产管理事项；（19）预算决算编造事项；（20）县政府委办或其他依法赋予应办事项。②

国民政府希望在六年之内完成地方自治，但效果并不理想。1932 年 12 月，国民政府内政部召开了第二次全国内政会议，讨论县政与地方自治改革问题，会议通过了《地方行政改进方案》《地方自治改革方案》等议案，对现有自治法规进行了修改，并决定在苏、粤、冀、鲁、浙、豫、滇、桂、湘、绥远、黔 11 省设立县政实验区，对县级政府组织和乡村自治制度进行实验。1934 年 2 月，内政部又公布了《改进地方自治原则》；3 月，公布了《各省县市地方自治改进办法大纲》和《改进地方自治原则要点之解释》；5 月，又公布了《修正改进地方自治原则要点之解释》。

可见，在制度设计上，国民政府对于乡村自治还是费了不少心思。但是，由于国内政局的动荡和日本侵华战争脚步的加快，这套制度并没有得到完全的贯彻，各地实施情况不一，即使在江浙地区，到全面抗战爆发，也没有完成。1935 年冬天举行的国民党"五大"不得不承认其推行的地方自治乃"因循敷衍、奉行故事、徒有自治之名而无自治之实"，地方自治变成了"土劣自治"。③

在南京政府成立前的民国十六年（1927）二月，湖南省政府就公布《区乡自治条例》（以下简称《条例》），规定区乡自治区域，以国家行政

---

① 徐秀丽编：《中国近代乡村自治法规选编》，中华书局 2004 年版，第 138—139 页。
② 徐秀丽编：《中国近代乡村自治法规选编》，中华书局 2004 年版，第 141—142 页。
③ 徐矛：《中华民国政治制度史》，上海人民出版社 1992 年版，第 420 页。

区域之县划分区，区以下划分乡，由区乡自治筹备委员会按照各县之地形、习惯及便利条件划定。乡民会议由全体乡民组成，按《条例》规定，凡中华民国国民，居住本自治区域以内者，即为本自治区域之住民。住民不论男女，年满15岁以上，经自治机关决定，无下列各项之一者，有选举、罢免、创制、复决之权：（1）反对革命者；（2）土豪；（3）劣绅；（4）买办阶级；（5）盗匪；（6）曾任官吏有贪污实据者；（7）吸食鸦片者；（8）有精神病者；（9）受革命政府刑事上之宣告，剥夺公权尚未复权者。乡民会议选举乡务委员会委员5人，候补委员3人，任期6个月。分为常务、文书、财务、公断、公安各1人。区民会议由乡民代表组成，在区民会议闭会期间，以区民会议选举之区务委员会为执行机关。组成区民会议的乡民代表之产生，按区域选举：300人以下的乡，每乡选代表1人；300—500人的乡，每乡选代表2人；500人以上之乡，每增500人者则多选代表1人，但至多不得超过5人。团体选区，依下列分配数额选举代表：国民党区党部5人；区农民协会5人；商民协会2人；工会2人；学生会2人；教职员联络会2人；妇女联合会3人；经区民会议认可之其他团体，亦得派代表1—2人。区民会议选举区务委员会委员7—11人，任期1年。区务委员互选常务兼文书、财务、公安、公断、民政、学务、民食、建设各1人。①

《县组织法》颁布后，湖南省成立地方自治筹备处，各县成立自治分处，协助县政府筹备区乡自治。1931年，湖南省民政厅根据各县在划区中出现不顾地域、人口、财赋而多划区数的情况，制定限制办法：一等县限划4—10区；二等县限划4—8区；三等县限划4—6区。至年底，全省共划489区。②民国二十一年（1932），民政厅按照新划之区，组设区务公所，拟定区乡自治分期实施办法：第一期，委任区长、成立区公所、制定区临时公约、筹备调解委员会；第二期，编划乡镇、成立国民讲堂、制定区公约、成立区调解委员会，整理义勇队及教育、财政等项；第三期，委定乡镇长、成立乡镇公所、编划闾邻组织、完成户口调查、召集

---

① 《湖南省志》编纂委员会：《湖南省志·民政志》，中国文史出版社1994年版。
② 《湖南省志》编纂委员会：《湖南省志·民政志》，中国文史出版社1994年版。

临时乡镇民大会。因当时省、县财政支绌，多数县的区公所没有组建，乡镇区域没有划定。① 民国二十二年（1933）省政府决定，先以长沙、岳阳、邵阳、湘阴、湘潭、湘乡、醴陵、宁乡、益阳、浏阳、平江、衡阳、衡山、常德14县，提前举办地方自治。是年6月，各县区公所相继成立，先行试点的县则开始了乡镇的划分，正当全省编划乡镇区域，划定闾邻组织之时，国民政府行政院于民国二十三年（1934）十二月下令举办保甲，故此停编。

区公所的组建，从民国二十一至二十五年（1932—1936）历时4年，方告结束。区公所设区长1人，由县政府在训练合格人员中挑选，报省政府委任；每区还依据地方需要，事务繁简及财政状况，设指导员（助理员）2—5人，酌配雇员2—5人，区丁2—4人，其中：有设2股或3股的，有不设股的，有1人兼数职的。原区教育委员会及义勇支队部并入区公所合署办理。② 1937年，湖南省政府主席张治中认为，"区公所立于县与乡镇之间，适成一承转机关"，③ 并没有达到设置之初衷，乃实行废区并乡，相继颁布了《湖南各县区公所区署结束办法》《设置县政督导员办法》等条例，实行"将区一级机构废除，设置县政督导员，流动巡视，指导并监督乡镇保甲长"，"扩并乡镇区域，改委乡镇长"，④ 撤销区公所，由县政督导员流动巡视、指导、监督乡镇保甲长的工作。至民国二十八年（1939），区公所或区署已全部撤销。

与区乡（乡村）制同时推行的，还有保甲制。1929年7月，国民政府公布了《县保卫团法》，规定每闾为一牌，以闾长为牌长；每乡或镇为一甲；以乡长或镇长为甲长；每区为一区团，以区长为区团长；县为总团，以县长为总团长。⑤ 9月，国民政府公布了《清乡条例》，据此，内政部于10月颁布了《邻右连坐暂行办法》，11月颁布了《清查户口暂行办法》，完成了保甲制度的雏形。同年9月，国民政府主席蒋介石训令各

---

① 《湖南省志》编纂委员会：《湖南省志·民政志》，中国文史出版社1994年版。
② 民国三十七年《中华年鉴》，地方政制，第401页。
③ 湖南省醴陵市志编撰委员会重印：《醴陵县志》（民国版），1987年版，第209页。
④ 湖南《大公报》1938年5月30日。
⑤ 国民政府立法院秘书处：《立法专刊》第二辑，民智书局1930年版，第35页。

省政府，要求他们责成各县长，限3—6个月内，将全县保甲一律办理完成。① 保甲制的基本形式是10进位制，即10户为甲，10甲为保，10保以上为乡镇。在实行"新县制"时采取了有弹性的办法，规定：甲之编制，以十户为原则，不得少于六户，多于十五户，甲置甲长一人，由户长会议选举，保之编制，以十甲为原则，不得少于六甲，多于十五甲。② 保设保长办公处，置保长一人、副保长一人，由保民大会选举，并设干事四人，分掌民政、警卫、经济、文化诸事务。保长兼任保国民队队长及保国民学校校长。③

1929年，湖南省政府为"围剿"共产党创建的革命根据地而在平江、浏阳及湘东南等边区县内推行保甲制，称这些边区县为"绥靖县"，称共产党员、工农红军和一切革命者为"匪"。保甲制以5牌为甲，100户以上为保，保以上为团，据此清查户口，办理联保切结。声称："绥靖各县在办理保甲之中，仍寓提供自治之意，与自治法规定的5户为邻，5邻为闾，100户以上为乡镇者，实相吻合。"④

1932年，国民党豫鄂皖三省"剿匪总司令部"颁布《剿匪区内各省县编查保甲户口条例》⑤ 湖南省政府以本省毗连鄂赣，"适当残匪西窜之冲"，且"欲抚绥匪区善后，巩固地方治安，必须严密民众组织，而严密民众组织，则非举行清查户口，编组保甲不能奏效"，⑥ 制定《湖南省清查户口编组保甲规程》《湖南省各县清查户口编组保甲须知》和湖南省清查户口编组保甲限期表等，提交湖南省政府委员会第五二三次常会通过，民国二十四年（1935）一月一日在全省施行。规定：县以下设区，区以下设乡镇，乡镇以下为保，保以下为甲；如各县团地方情形特殊，需划编直属于县的乡镇者，得由县长呈经省政府核准。直属乡镇的地位相当于区，但编制仍为保甲。乡镇坊长和保甲长资格主要是："（1）年龄须在

---

① 胡次威：《民国县制史》，大东书局1948年版，第108页。
② 徐秀丽编：《中国近代乡村自治法规选编》，中华书局2004年版，第220—221页。
③ 徐秀丽编：《中国近代乡村自治法规选编》，中华书局2004年版，第221页。
④ 《湖南省志》编纂委员会：《湖南省志·民政志》，中国文史出版社1994年版。
⑤ 《中国保甲制度》，第五节，国民政府的保甲制度，第34页。
⑥ 民国二十四年《内政年鉴》，警政篇，第五章，保甲，第383页。

25岁以上、45岁以下；（2）身体强健,能耐劳苦；（3）品行端正,无不良嗜好；（4）在当地居住满2年以上。有下列情形之一者,不能充任乡镇坊保甲长：（1）有危害民国行为,曾受徒刑之宣告者；（2）褫夺公权,尚未复权者；（3）曾为"赤匪"胁从,虽准悔过自新,尚在察看管束期内者。"① 甲长由本甲内户长过半数同意推定,区公所加委,报县政府备案；保长由本保的甲长过半数同意推定,县政府加委；乡镇坊长在保甲未编以前,由县长临时委定,保甲编组后,由本乡镇坊内的保长过半数同意推选,县政府加委,报省府备案。后又规定乡镇坊保长由推选制改为委派制,并须经过登记和训练方能委任。此次编组保甲工作,原定民国二十四年（1935）完成,实际至民国二十五年（1936）结束。在编组保甲的同时,以户为单位,编订门牌,以甲为单位,办理联保连坐切结,制定保甲公约,汇造户口另册。编入户口另册者：（1）"匪共"之"自首""自新"分子尚未监视期满者；（2）吸食鸦片虽已领照尚未戒绝者；（3）恃牌赌为生者；（4）其他行为不法者。②

为了贯彻1938年3月国民党全国临时代表大会制定的《抗战建国纲领》,完成地方自治,准备实施宪政,国民政府于1939年9月颁布《县各级组织纲要》,在国统区实施新县制建设。

《县各级组织纲要》规定："县以下为乡镇,乡镇内之编制为保甲。县之而积过大或有特殊情形者得分区设署。""区之划分,以十五乡（镇）至三十乡（镇）为原则。区署为县政府辅助机关,代表县政府督导各乡（镇）办理各项行政及自治事务。在未设区署之区,由县政府派员指导。区署设区长一人,指导员二人至五人,分掌民政、财政、建设、教育、军事等事项,均为有给职。非甄选训练合格人员,不得委用。"③

"乡镇为法人",是县以下的行政组织。乡镇内之编制为保甲,"乡（镇）之划分,以十保为原则,不得少于六保,多于十五保。乡（镇）之划分,及保甲之编制,由县政府拟定,呈请省政府核准施行,汇报内政

---

① 《自治保甲讲授纲要》,第25页。
② 《湖南省志》编纂委员会：《湖南省志·民政志》,中国文史出版社1994年版。
③ 徐秀丽编：《中国近代乡村自治法规选编》,中华书局2004年版,第228页。

部备案。乡（镇）设乡（镇）公所，置乡（镇）长一人，副乡（镇）长一人至二也［人］"，① 由乡（镇）民代表会选举，被选举者须具备下列条件之一：

1. 经自治训练及格者；
2. 普通考试及格者；
3. 曾任委任职以上者；
4. 师范学校或初中以上学校毕业者；
5. 曾办地方公益事务著有成绩者。②

湖南为新县制试点省，作为当时的后方基地，湖南对抗战有着极为重要的作用。时任省主席为张治中对新县制试点非常重视，在其任内，主要做了新县制实行的准备工作：

一、提高县长职权，充实县政府的组织，使县一级能成为三级政府制度中坚强之一级。

二、废止区公所，使县组织愈益简单灵活，并实施督导员制，巡回督导各乡镇保甲人员推行政令办理自治，"一面为政府公务人员，负推行政令之责；一面为人民代表者，有生聚教训疏通民意之权"。

三、扩并乡镇区域，规定保甲户编组以十进，十保至五十保为乡镇，斟酌山川形势、经济状况、交通情形及人民习惯等，加以扩并，使直隶于县。扩并后之乡镇，设乡镇长一人或二人，办理规定之职责。

四、在县府设置技术辅导团，包括教育、农林、工矿、卫生等类性质之辅导员，深入乡村，计划并辅导乡镇保甲，办理及改良各种生产技术事业。同时，更设置政训员、军训人员、妇女训练员等，

---

① 徐秀丽编：《中国近代乡村自治法规选编》，中华书局2004年版，第218页。
② 徐秀丽编：《中国近代乡村自治法规选编》，中华书局2004年版，第219页。

负各种训练之责，使乡村得以接受科学与近代政治精神之洗礼。

五、将乡镇保甲实务加以扩充，除一般执行政令推进自治之事项外，确定以"办理民众组训""组织抗日自卫队""辅助军警搜捕盗匪"等为中心任务。以军事、政治、教育之连锁实施，树立管教养卫合一的基础。

六、在基层组织中，高度的发展民主性，以树立全民政治基础。规定乡镇民大会，每半年举行一次，保民大会每月举行一次。同时制定乡保民众集体组织实施办法，除规定各乡镇公所应延致本乡公正士绅及其有专长之人士组设评议会，计划并策动各乡镇内一切地方事业外；并规定应就本乡镇内人名之年龄、性别、职业及各种社会活动、娱乐，分别组织各种团体。如属于年龄、性别者，有耆老会，壮丁团，少年团，儿童团，妇女会等；如属于职业者，有农会、工会、商会、教育研究会及其他自由职业团体；如属于社会事业者，有林业公会、保路工会、修筑堤委员会、慈善会等；如属于娱乐者，有国术、戏剧、音乐等组织。使每一人都有参加一种或多种组织的机会，加强其团结，形成一种新气象。①

在张治中的主持下，湖南省府"以行政干部学校为保姆，分批造就试行新县制所需要的干部人员"②。地方行政干部学校在半年时间内，以青年知识分子为基础，先后培训3000余人充任各县市干部人员。第一期结业后分派各地，更换县长33名和大批乡镇长；第二期结业后派赴各地，又更换了25县县长和乡镇长。至此，全省75县从县城到乡镇，均进行了人事调整，除更换县长外，全省3000多个乡镇，35000余保，30%为原任乡、保长，30%为地方绅士，40%为青年学生。随后，张治中接着进行了撤区并乡的基层组织建设，加强基层政权。同时，组织儿童团、妇女会、农会、商会、工会、教育会等群众组织，在全省呈现出活跃的

---

① 张治中：《张治中回忆录》，文史资料出版社1985年版，第186—187页。
② 张治中：《张治中回忆录》，文史资料出版社1985年版，第167页。

社会气象。①

民国二十八年（1939）十二月，湖南省政府召开全省扩大行政会议，决定实施《县各级组织纲要》，推行新县制。民国二十九年（1940）五月，召集省府所属各机关主管人员，及第一期实施新县制各县长参加的实施新县制筹划会议，成立县各级组织纲要研究会，审查各项规章，制订县各级组织纲要实施计划。六月，湖南省政府委员会第117次常会，通过有关办事细则和组织规程。"新县制"的主要内容规定：县为地方自治单位，县以下为乡（镇），乡（镇）内的编制为保甲，各乡（镇）及保均按人口、经济、文化、交通等状况分为甲、乙、丙三等；县设县政府，置县长1人，县政府废局设科，乡镇设乡镇公所，置乡（镇）长1人，副职1—2人；县设县参议会，保设保民大会，由每户出席1人组成；乡（镇）长兼国民兵团乡（镇）队长和乡（镇）中心学校校长，等等。湖南实施新县制分三期进行，第一期为长沙等21县，自1940年7月1日起实施；第二期为浏阳等25县，自1941年1月1日起实施；其余岳阳等29县，自1942年1月1日起实施，怀化县自1943年1月成立之日起实施。②

省政府在部署实施新县制的同时，整编保甲，清查户口，以利新县制的推行。按照"《湖南省各县政府办事细则》、《湖南省各县乡镇自治实施方案》、《湖南省实施新县制各县乡镇公所组织规程》、《湖南省各县乡镇公所办事通则》、《湖南省实施新县制各县保办公处组织规程》、《湖南省各县设置县政府县政指导员暂行办法草案》等方案"③。明确乡镇的划分按照各乡镇人口、经济、文化、交通等状况及其所辖保数的多少，划分为甲、乙、丙三等，所辖各保中，甲等保超过半数的乡镇为甲等乡镇；所辖各保中，甲、乙等保数量合计超过半数或者有三分之二为乙等保的乡镇为乙等乡镇；不符合甲、乙等乡镇规定的为丙等乡镇，各乡镇公所按规定分为民政、警卫、经济、文化等项，分别设置四股。至民国三十

---

① 宋斐夫等：《湖南通史》（现代卷），湖南出版社1994年版，第377页。
② 《湖南省志》编纂委员会：《湖南省志》，政府志，中国文史出版社1993年版。
③ 湖南省地方志编纂委员会编：《湖南通鉴》，湖南人民出版社2008年版，第620—621页。

年（1941）三月止，全省共编为1609乡镇，2.01万余保，18.93万余甲，有531.8万余户，2803.14万余人。①

到1941年底，全省乡（镇）保甲调整为：甲等乡（镇）数550个，占总数的34.2%；乙等乡（镇）数788个，占49%；丙等乡（镇）数271个，占16.8%。甲等保有7649个，占总数的37.9%；乙等保有9341个，占46.25%；丙等保2506个，占总数的12.4%；未列等的640个，占总数的3.45%。②

1943年，湖南省政府重新颁布《湖南省乡（镇）公所组织规程》《湖南省乡（镇）公所办事规则》和《湖南省乡（镇）务会议规则》，对乡（镇）划分作进一步调整，并按各乡（镇）人口、经济、文化、交通状况及其所辖保数之多寡制订出标准，乡镇重新划分后，湖南全省共计乡镇数1609个，比1941年增加了11个；保有20407个，比1941年减少了11个；甲301149个，比1941年增加了12159个；户有5452611户，比1941年增加了193774户；人口数28156923人，比1941年增加了63948人。③

乡镇公所建制，每乡镇设乡镇长1人，副乡镇长1—2人，其余工作员役依乡镇等级配备：甲等乡镇设事务员2人，户籍员1人，户籍警2人，公丁2人；乙等乡镇设事务员2人，户籍员1人，户籍警2人，公丁1人；丙等乡镇设事务员1人，户籍员1人，户籍警2人，公丁1人。④嗣后，根据《湖南省各县调整乡镇组织法》规定，甲等乡镇，设乡镇长1人，副乡镇长1人，干事4人，事务员兼书记1人，乡（镇）丁3人；乙、丙等乡镇，设乡镇长1人，副乡镇长1人，干事3人，乡（镇）丁2人。各乡镇均指定干事1人专办户籍，其他干事的具体业务，由乡镇长斟酌调度。⑤

至此，湖南省完成了新县制下的乡镇体制调整。

---

① 《湖南省志》编纂委员会：《湖南省志》，政务志，民政，中国文史出版社1993年版。
② 湖南省地方志编纂委员会编：《湖南通鉴》，湖南人民出版社2008年版，第1239页。
③ 《湖南省志》编纂委员会：《湖南省志》，政府志，中国文史出版社1993年版。
④ 《自治保甲讲授纲要》，第37—38页。
⑤ 《湖南省志》编纂委员会：《湖南省志》，政务志，民政，中国文史出版社1993年版。

抗战胜利后，1945年10月，湖南省政府令饬抗日作战区域的乡镇，归复原有建制。如因推行政令有所不便，需扩并改等的，分别予以调整。并对地区辽阔、县治偏于一隅之县，酌设区署，每县以两区为限，以收指挥监督之效。是年12月7日，省政府委员会第十四次常会通过《湖南省各县调整乡镇组织法》《湖南省各县市整编保甲实施办法》和《湖南省各县市推行保甲规约办法》。各县乡镇区域原辖1000—2000户者较为普遍，其人力财力都较薄弱，实难推进乡镇自治事业的发展。乡镇单位太多，则维护机构的费用较大，以各县当时的微薄财力，不但不能办成事业，就是维护机构的经费也不足。因此，各县乡保非法摊派之风盛行，控告贪污的案件迭出。为节省经费开支，充实县库财力，各县再次扩并乡镇、减少乡保单位。① 据民国三十五年（1946）十月统计，扩并后的乡镇保甲户口数为：乡镇1558个，保20515个，甲264540个，户4778559，口28171117人。②

二　国民政府时期湖南乡村社会治理

南京国民政府时期，在乡村治理方面，应当说是从现代民族国家治理结构的方向迈进，效果也确实有所改善。然而，战争的频仍，内政的纷争，尤其是国民政府在地权变更问题的停滞不为，使其乡村治理步履艰难。

（一）乡村自治

在政治上，国民政府乡治的目标是将乡村纳入现代国家治理体系，建立乡村政权体系，实现乡村自治，最终达至孙中山《建国大纲》所要求的实现宪政。但国共间的内战、国民党各派系的内斗，尤其是长达十四年的抗日战争，使得国民党政权一直处在紧张的战争状态，因此，强化对地方的控制，成为国民政府的首要任务，这就使得其乡村自治不得不服务于甚至让位于保境安民、稳固统治，故国民政府推行的乡村自治

---

① 《湖南省志》编纂委员会：《湖南省志》，政务志，民政，中国文史出版社1993年版。
② 内政部统计处编：《各省市乡镇保甲户口统计》，《民国史料丛刊》第684册，大象出版社2010年版，第111页。

成为并没有达到其预期的目标。

孙中山先生主张实行县自治，以县为单位逐步实现直接民治，由人民直接行使选举权、罢免权、创制权和复决权。他认为"自治团体愈多而愈佳，自治区愈小而愈妙，莫若以城镇乡为下级自治团体"①。即将城镇乡自治作为国家自治的根基和国家脉络的末梢。南京政府甫经成立，即开始着手推进地方自治，特别是县以下的乡镇自治。主要是通过《县组织法》和《县各级组织纲要》两个时期来进行。

1928年9月，国民政府颁布了《县组织法》，确定在全国县、区、乡（镇）推行地方自治。随后又颁布了《区自治施行法》《乡镇自治施行法》《限期实行乡村自治案》《乡镇闾邻选举暂行规则》《乡镇坊自治职员选举及罢免法》等关于区乡（镇）自治的法规。强调："地方自治，为训政实施之基础，而乡村自治，又为地方自治之造端，乡村自治不良，则县自治无由美备。"②《县组织法》实行的是县以下区、乡（镇）两级自治：

关于区自治：

（1）区为自治单位，可以在不抵触中央和省、县法令规则的前提下，制定自治公约，对区内经济、文教、体育、卫生、财务等事务实行自治。

（2）每年召集一次区民大会，区民可通过区民大会直接行使对于区公约和自治事项的创制和复决权，对于区长的选举权和罢免权。

（3）区设区公所；区公所设区长一人，管理全区自治事务；设助理员辅助区长办理区务，可以分股办事；设区丁执行区务。

（4）区设监察委员会，负责监察区财政和"向区民纠举区长违法失职等事"。

---

① 陈旭麓、郝盛朝主编：《孙中山集外集》，上海人民出版社1990年版，第37页。
② 内政部第一期民政会议秘书处编：《内政部第一期民政会议纪要（1929年）》，沈云龙主编：《近代中国史料丛刊》第三编，台北：文海出版社1986年版，第525页。

(5) 区公所附设区调解委员会,负责调解民事事项和撤回起诉的刑事事项。

(6) 区有自己的自治财政。①

关于乡镇自治:

(1) 乡、镇为自治单位,可以在不抵触中央和省、县法令规则的前提下,制定自治公约;自治事务与区相同。

(2) 乡镇自治机关为乡镇民大会,乡镇民大会每年召集二次,权责为:选举及罢免乡镇长及其他职员。

(3) 乡镇行政组织为乡镇公所,设乡镇长一人,副乡镇长一人,乡镇公所可设事务员和乡镇丁。

(4) 乡镇设监查委员会,负责监察乡镇财政,向乡镇民纠举乡镇长、副乡镇长违法失职等事,得自行召集乡民大会或镇民大会。

(5) 乡镇有自己的财政。②

根据上述规定,自治区、乡各级行政组织具有现代行政组织的意义,改变了千百年来"皇权不下县"的行政权力结构。按照国民政府的规定,各省应于1930年12月底之前完成划分县的自治区域,但据内政部《地方自治改革方案》报告,至1931年底,全国已划定自治区、委任区长者,只有很少的几个省份。就湖南而言,据1931年出版的《湖南省政治年鉴》记载:1930年3月开始划分自治区域,至7月各县呈报"自治区划均系依照内政部颁发各县区划办法编划完竣",但在接下来的编订自治乡镇、筹措自治经费的工作中,则"因匪共批猖、库帑奇绌","区公所

---

① 《区自治施行法》,参阅徐秀丽主编《中国近代乡村自治法规选编》,中华书局2004年版,第110—118页。

② 《乡镇自治施行法》,参阅徐秀丽主编《中国近代乡村自治法规选编》,中华书局2004年版,第110—118页。

仍在规划组织中"。① 至于自治经费的筹措，"湘省于十七年（1928）设立全省地方自治筹备处，并于各县设立分处，其经费系就各县田赋附加，至十八年（1929）各县自治筹备分处结束后，其附加之经费多未停征"，"各县奉到筹备自治经费明令后，多以此项继续征收之附加，移作将来区公所经费者"。1931年2月，按照全国内政会议的要求，湖南省民政厅、财政厅在1931年预算15万元作为各县区公所补助费。关于自治人员的训练，湖南省地方自治筹备处附设自治训练所，分自治、警卫、测量、统计各班进行培训，其中警卫、自治两班于1928年上期毕业，分配到各县协助县政府办理自治。因地方自治筹备处经费困难停办，未结业之测量、统计两班并入湖南大学继续训练；同时，区长训练所、行政人员训练所，则经费列入1931年预算，"均在筹划开办中"。②

各省筹办地方自治延缓的具体原因不尽相同，湖南省停顿的原因有二：一是"灾祸频仍"；二是"匪共批狙"。"边远县份共匪猖獗，近省县份亦时遭散匪窜扰，社会秩序大受影响，以致自治要政，不易依法循序推进"，所以"未能如限完成"。③ 就全国而言，国民政府虽然推进地方自治的决心似乎很大，但实际推行还是困难重重。首先，就当时国情而言，乡村地区文化落后，人民文盲众多，直接的选举的确难以实施；而国民政府的制度设计又过于整齐划一，并未考虑各地区经济、政治、文化的差异，故当时就有人评论说，这种地方自治设计，"竟欲以严密统一之程序与方式施与各种情形不同之地域与人民，方枘圆凿，岂能相容？削足适履，顾此失彼……绝无实效之可言"④。从根本原因来看，乃在于国民党特别是蒋介石独裁统治的目的，对于异己包括共产党和国民党内部派系的排斥，希图通过对权力体系的安排实现自己的目的。从实际运

---

① 《湖南省政治年鉴》（1930），"十九年民政概况"，《民国史料丛刊》，第982册，大象出版社，第79—80页。
② 《湖南省政治年鉴》（1930），"十九年民政概况"，《民国史料丛刊》，第982册，大象出版社，第80页。
③ 《湖南省政治年鉴》（1930），"十九年民政概况"，《民国史料丛刊》，第982册，大象出版社，第80页。
④ 陈之迈：《中国政府》，上海书店1991年版，第74页。

作情况看,各地方派系对此也以消极的态度对抗,据统计,至1931年底,全国已划定自治区、委任区长者,只有苏、浙、皖、冀、黔、察等七省;赣、湘、豫、鲁、辽、闽、热、青八省"部分尚未完成";鄂、甘、吉、黑四省"已经办理尚未报核";而滇、桂、蜀、宁四省为"未能举办者";粤、晋、新三省则"根本不上报"。① 这种情况真实反映了20世纪30年代中国的实际政治版图。即使办理的,其效果也差强人意,自治机关或变为官方机构,"纯变为下级行政机关,负传达公文及征发之任,于本身之责任,几于渺不相涉,故有时观其步骤虽甚合,考其实质则全非,驯至人民因办理自治而负担日重,怨望日增";② 或为地方劣绅所把握,推行"新县制"之前,湖南省政府主席张治中就对当时湖南的乡治发表看法说,"今日乡村之空虚凋敝,基层政治之黑暗腐败,殆已登峰造极",致使"正义不能存于天壤之间","小人弹冠相庆",③ 必须加以改造。

或许由于办理的不畅,或者是国民党为了强化其统治,1932年内政部会议提出了《重新制定县区镇自治法规,区或乡镇以下实行保甲制度案》,倡导以保甲制度取代区乡(镇)自治制度。1934年国民政府又先后公布了《各省县市和地方自治改进办法大纲》《改进地方自治原则要点之解释》和《改进地方自治原则》等法规,至此,国民政府《县组织法》框架下的地方自治日趋官治化,逐渐偏离地方自治之旨趣。④ 但在推行新县制后就任的乡镇人员,并非完全由选举产生,即使如此,"所谓'新政'人员,仍不过是一些在野的旧官吏、绅士及大部现职的乡保长",⑤ 全省3000多个乡镇,3.8万多保中,60%为原任乡、保长、当地士绅,⑥ 抗战爆发后,鉴于战时体制改革的需要,也由于《县组织法》实

---

① 《全国内政会议特刊》,第一号,载《中央日报》1932年12月10日,第二张,第四版,上海书店、江苏古籍出版社1994年版,第20册。
② 秦谈:《地方自治》,中央陆军军官学校,1935年版,第24—25页。
③ 湖南《大公报》1938年5月30日。
④ 参见魏光奇《官治与自治》,"20世纪上半期的中国县制",商务印书馆2004年版,第210—211页。
⑤ 《湖南近百年大事纪述》,《湖南省志》(第1卷),湖南人民出版社1979年版,第754页。
⑥ 宋斐夫主编:《湖南通史》(现代卷),湖南出版社1994年版,第377页。

施以来乡村政治的弊端丛生，为人诟病，国民政府决定实施"新县制"。1939年1月，国民党五届五中全会通过《改进县以下党政机构之实施案》，4月初，《县各级组织纲要》《县各级组织纲要实施办法》经国防最高委员会常务委员会第14次会议议决通过、送国民政府公布，规定："本纲要施行后，各项法令与本纲要抵触之部分，暂行停止适用。"1939年6月，国民政府行政院设立了宪政计划委员会。同年9月19日，国民政府颁布了《县各级组织纲要》，内政部又先后拟定和颁行了《县保甲户口编查办法》《乡镇造产办法》《乡镇民代表会议事规则》《乡镇保应办事项》《乡镇财产保管委员会章程》《乡镇民代表选举条例》《县参议员及乡镇民代表候选人考试暂行条例》等与乡镇自治相关的法规。"新县制"下的又一轮地方自治开始推行。

根据"新县制"，区成为县的派出机构，"县以下为乡镇，乡镇内之编制为保甲。县之而积过大或有特殊情形者得分区设置"，"县为法人，乡镇为法人"。"乡镇内之编制为保甲，每乡镇以十保为原则，不得少于六保，多于十五保。"① 按照相关法规，乡镇及以下民意机关为：

  乡镇民代表会。乡镇设乡镇民代表会，由本乡镇之保民大会各选举二人组织之，任期二年，连选得连任。凡县公民年满二十五岁经乡镇民代表候选人试验或检覆及格者得被选为乡镇民代表会代表。如有违法或失职，由保民大会罢免之。置主席一人，由乡镇民代表互选之。每三个月开会一次，由主席召集之。如遇特别事故，或乡镇民代表三分之一以上请求时，得举行临时会议。会期均不得逾三日。非有本乡镇全体乡镇民代表过半数之出席，不得开议。议案之表决，以出席代表过半数之同意行之。可否同数，取决于主席。

  乡镇民代表会之职权有九：（1）议决乡镇概算审核乡镇决算事项；（2）议决乡镇公有财产及公营事业之经营与处分事项；（3）议决乡镇自治规约；（4）议决本乡镇与他乡镇间相互之公约；（5）议决乡镇长交议及本乡镇内公民建议事项；（6）选举或罢免乡镇长；

---

① 钱端升等：《民国政制史》下，上海人民出版社2011年版，第633页。

(7) 选举或罢免本乡镇之县参议员；(8) 听取乡镇公所提出询问事项；(9) 其他有关乡镇重要兴革事项。

保民大会。保民大会甲本保每户推出一人组织之，每月开会一次，由保长召集之，遇有特别事故，由保长或本保二十户以上之请求。召集临时会议。保民大会非有本保各户出席人过半数之到会，不得开议。议案之表决，以出席人过数之同意行之，可否同数，取决于主席。罢免案之成立，应有出席人三分之二以上之同意，开会时由保长主席。保长有事故时，副保长主席，保长副保长均有事故时，由大会推举一人主席。

保民大会之职权有八：(1) 议决本保保甲规约；(2) 议决本保与他保间相互之公约；(3) 议决本保人工征募事项；(4) 议决保长交议及本保内公民五人以上提议事项；(5) 选举或罢免保长副保长；(6) 选举或罢免乡镇民代表会代表；(7) 听取保办公处工作报告及向保办公处提出询问事项及(8) 其他有关本保重要兴革事项。

户长会议。甲设户长会议，由本甲各户之户长组织之。户长有事故，不能出席时，应委一人代表出席。户长会议由甲辰召集，每月开会一次，必要时经甲长或三户以上之请求，举行临时会议。开会时甲长主席。甲长有事故或所设事项与甲长本身有利害关系时，由出席人推举一人主席，非有本甲户长过半数之出席，不得开议。议案之表决，以出席人过半数之同意行之；可否同数时，取决于主席，其决议案由甲长执行之。户长会议之职权有五：(1) 选举或罢免甲长；(2) 政令之执行事项；(3) 本甲内户口之稽查填报事项；(4) 本甲内之清洁卫生事项及(5) 本甲内兴应革事项。[①]

1940 年 6 月，湖南省政府第 117 次常会决议实施新县制，并通过相关乡镇自治的实施细则，但主要的工作在乡镇的划分，而乡镇自治进展缓慢。到 1940 年底，保甲户口调查工作"或因逼近战区，或因抗战影响"，衡阳、湘潭、邵阳、武冈、长沙、晃县、芷江七县尚未办理完善，

---

① 钱端升等：《民国政制史》下，上海人民出版社 2011 年版，第 633—637 页。

而岳阳、临湘两县则因长沙会战的原因，延缓实施。① 在乡镇保长的选任方面，依照湖南全省第一次行政会议决议，各县县长必要时可以遴选委派乡镇长，主要是选用1938年以来经过登记训练的乡镇长合格者2266人、保长训练合格者30603人。② 由于民众对于乡镇长与保长的诉控较多，1943年，湖南省政府又办法规定，要求各县任用乡镇长和保长时，应以本乡镇人为原则。③ 尽管如此，乡村自治的效果还是差强人意。1944年11月，内政部发函，要求各省报送乡镇民意机关设立及选举情况，从各省回报的情况来看，无论是乡镇代表会，还是保民大会，在各省办理时间和程度不一样。只有浙江省在1943年经行政院核查已基本完成，河南省只在内乡、邓县试办乡镇长选举。其他各省因为没有成立代表会，无法进行乡镇长选举，基本上仍然采取遴选的办法，由县政府任命乡镇长，或由训练合格者中派充。至于保民大会，也只有浙江省、陕西省等基本完成，并由保民大会选举保甲长，其他省份或只在试点县完成，或尚未召开。④ 湖南乡（镇）民代表会大部分是在抗战胜利以后才召开的，例如湘乡县于1945年12月至1946年2月奉命成立各级民意机构，办理区域和职业团体选举。保由保民大会选出正副保长、乡民代表，乡镇由乡民代表选出正副乡长和县参议员。全县50个乡镇798个保，每保安4倍以上选拟乡民代表8人，正副保长8人，每乡按4倍选拟县参议员8人，正副乡长8人，然后再册报县政府，经组织资格审查委员会确定并公布候选人，交由各乡保选举。共选举出正副保长798人，乡民代表及候补代表1596人，各乡镇选出正副乡镇长、乡民代表会主席各50人，同时选出了县参议员和候补参议员，各乡镇民代表会议也相继制定了保甲公

---

① 《湖南省政府工作实施报告（1940年）》，《民国史料丛刊》第126册，大象出版社2009年版，第121页。
② 《湖南省政府工作实施报告（1940年）》，《民国史料丛刊》第126册，大象出版社2009年版，第122页。
③ 《湖南省政府三十二年七至九月份工作报告》，《民国史料丛刊》第126册，大象出版社2009年版，第330页。
④ 朱汉国、杨群主编：《中华民国史》第2册，四川人民出版社2006年版，第246—248页。

约。但到1948年9月，乡镇长停止民选。① 湖南各县市也仅召开了一次保民大会和乡镇代表会。

按照制度设计，乡镇民代表会和保民大会有选举和罢免乡镇长和保长以及决定乡镇和保内重要事情的职权，但实际上远非如此。第一，新县制在对基层的法理规定上，明确乡既是法人又是自治团体，新县制在扩大县政府机构的同时，却"给予乡镇小编制，并将后者列入县财政预算，取消了它的独立财政地位"。这直接造成了"国家基层政权机构和自治机构合为一体"②；而1941年10月国民政府颁布的《加强新县制之推行以完成地方"自治"议案》，对乡镇组织更是规定它为"执行政令之最小单位，保甲为组成乡镇之细胞，保长甲长负协助乡镇长推行政令之责，乡镇公所为执行政令之最后机关，而非承转机关"③。这就严重地削弱了它的自治功能，强化了它的行政执行职能。

第二，战争的环境，使得召开基础民意机关会议十分困难。1939年9月到1944年8月期间，湖南成为抗日战争正面战场的主战场，日寇先后发动了4次大规模进攻长沙和衡阳的战役，湖南处于严峻的战争环境中，以各县参议会成立来看，1938年省临时参议会建立后，省政府1941年8月颁布《县参议会组织暂行条例》《县参议员选举条例》，要求各县酝酿、筹备各县市临时参议会，经积极筹备，各县、市临时参议会于民国三十三年（1944）分两批成立。第一批（6月以前成立的），计有长沙市、衡阳市、衡阳、湘潭、醴陵、衡山、耒阳、郴县、常德、澧县、益阳、安化、邵阳、武冈、零陵、祁阳、沅陵、溆浦、会同、洪江、浏阳、茶陵、乾城（今吉首）等23个县市；第二批限于12月底成立，因受战事影响，仅城步、桂东、资兴、辰溪、大庸、通道、岳阳、临澧、凤凰、汝城、靖县、石门、道县、蓝山、嘉禾、永明（今江永）、江华、临武、晃县（今新晃）19个县按时成立。到抗战胜利后的1945年底全省各县市才建

---

① 《湘乡县志》编纂委员会：《湘乡县志》，湖南出版社1993年版，第620页。
② 阮毅成：《地方自治与新县制》，台湾联经出版社1978年版，第10—13页。
③ 中国第二历史档案馆：《中华民国史档案资料汇编》第5辑，第2编《政治（一）》，江苏古籍出版社1994年版，第133页。

立了临时参议会。① 因此，基层乡镇代表会议或保民大会，也不能够完全地召开，在大多数乡村，基本上是由官方指定的人员担任乡镇、保长，特别是1939年，薛岳主政湖南后以军队中的中、下层军官充任乡、保长，使得湖南乡镇、保甲基层政权具有"准军事"的色彩。②

（二）乡村建设

国民政府建立以来，面临农村凋敝的严重情况，就主观意愿来看，国民政府对于复兴农村是非常重视的。1933年5月行政院成立了农村复兴委员会，成为农村复兴工作的重要指导机构，对农村经济的复兴有一定的推动作用。在其推动下，国民政府颁布了一系列关于农村的法令、政策，相关机构和学者也对农村现状进行了深入和广泛的调查，各地也加强了对农村的指导，因而国民政府时期的乡村建设也取得了一定的成效。

土地问题是农村的根本问题。民国时期，封建土地关系继续存在，地权向少数地主集中的趋势进一步发展。据统计，20世纪30年代，占人口3.5%—4%的地主占有土地的32%—50%；6%—7%的富农占有18%—25%；19.6%—22%的中农占有15%—23%；68%—70.5%的贫雇农仅占17%—20%。③而且这种趋势不断地在加剧，自1927年到1937年，全国自耕农比例下降了3%，佃农上升了2%，半自耕农上升了1%；到1947年，佃农占到全部农户的33%。④湖南的情况也与全国相同，甚至在南方地区更为突出。在湖南，仅长沙、湘潭、宁乡、益阳、湘乡、安化、湘阴7县的调查，占农村总户数11%的大地主，占有农村耕地的

---

① 湖南省地方志编纂委员会：《湖南省志》，"党派群团志"，湖南出版社1994年版。
② 也有不同意见认为，新县制时期湖南民众参与政治，有以下几个特点：其一，战时湖南民意机关主要是省临时参议会和乡镇民会议、保民大会和户长会议发挥较大作用，县参议会大多成立于1944年以后，正常开展活动在战后，所以时发挥的作用不大；其二，参政层次从形式上讲已延伸至每家每户；其三，为实行地方自治，基层政权已经有了初步的民主政治气氛，湖南民众的民主意识有所增强。但还需发掘史料来进一步了解湖南乡镇民众参与乡镇、保甲的选举的状况。参见梅美《抗日时期湖南新县制研究》（硕士学位论文，湘潭大学，2014年）。
③ 朱汉国、杨群主编：《中华民国史》第3册，四川人民出版社2006年版，第126页。
④ 朱汉国、杨群主编：《中华民国史》第3册，四川人民出版社2006年版，第127页。

51%，加上有耕地20亩以上的小地主，总共占有耕地的65%以上。①"据长沙的调查，乡村人口中，贫农占70%，中农占20%，地主和富农占10%。10%的贫农又分赤贫、次贫二类。全然无业，即既无土地，又无资金，完全失去生活依据，不得不外出当兵，或出去做工，或打流当乞丐的，都是赤贫，占20%。半无业，即略有土地，或略有资金，但吃的多，收的少，终年在劳碌愁苦中生活的，如手工工人、佃农（富佃除外）、半自耕农等，都是次贫，占50%。"②

地权的高度集中严重阻碍了农村的发展。国民政府和各地方政府为了缓解农村日益严重的土地问题，也曾经颁布了《佃农保护法》《土地法》《租佃暂行条例》等一系列土地法规，试图缓和乡村租佃矛盾，促进农村的复兴。1927年5月公布的《佃农保护法》规定，地主向佃农收租的租额不得超过收获量的40%，1930年6月颁布的《土地法》将地租率降到37.5%，并对土地税的征收办法及土地改良等作了规定。这一法令对于减轻佃农负担、促进农业生产有一定的作用，但是其《土地法实施细则》直到1936年才颁布，第二年又因全面抗战而搁置，其作用并不明显。此外，国民政府有鉴于农村高利贷严重和小农户经营的分散，还先后颁布了《农业金融制度实施计划》《修正农业金融制度及实施方案》和《合作法》，以加强农村金融组织和农贷工作，促进农村合作事业的发展。

湖南省依据国民政府的法令，也颁布了相应的实施规定，如《湖南省限制私有耕地面积最高额实施办法》《湖南省限制私有耕地面积最高额实施办法草案补充说明》《湖南省农业生产合作社组设办法草案》等一系列办法、规定，试图振兴农村经济。例如《湖南省限制私有耕地面积最高额实施办法》规定：③

  本省私有耕地面积每户以上等30市亩或中等50市亩或下等77

---

① 黄星辂：《旧长沙府属之佃租关系》引国民政府内政部调查统计，台北：成文出版社1977年版。

② 《毛泽东选集》第一卷，人民出版社1967年版，第20—21页。

③ 《湖南省限制私有耕地面积最高额实施办法》，《民国史料丛刊》第126册，大象出版社2009年版，第330页。

市亩为最高额,其兼有各等耕地者比例折算之;

每户人口超过10人者按前项标准增加十分之一,但以共同生活者为限,雇工不得计算在内;

寺庙祠堂所有耕地面积最高之限额同每一祠堂以一户论其人口,不得按其族聚合并计算;

每户保有之耕地得自由选择之。

私有耕地面积超过本办法第二条之规定者其超过部分应于本办法公布之日起三个月内出卖与现耕佃农或雇农,但以自耕为限。

出卖超额耕地之地价最高不得超过现租额之7倍,承买人得分年平均交付,最长不逾10年。

作为《土地法》的实施办法,《湖南省限制私有耕地面积最高额实施办法》不为不是通过非暴力手段实现"耕者有其田"的途径,但其实施细则《湖南省限制私有耕地面积最高额实施办法草案补充说明》直到1949年才颁布。因此,无论是国民政府还是地方政府,终整个民国时期,都没有解决农村地区集中,实现"耕者有其田"的国民革命的目标。

在推进农业生产、发展农村合作事业、加强农村信贷以及兴修水利、发展农村教育等方面,国民政府还是推进了一些工作。[①]

农业方面,注意推广农业新技术、新品种,民国二十九年(1940)6月以前,湖南县级农业技术机构仅有农业、林业专员办事处。从6月开始,湖南省政府根据国民政府公布的县级组织纲要及县政府各级组织关系图,规定各县分三期设立农林场,业务上受省农业改进所指导。县农林场主要办理农村科技事宜,注重推广及示范工作。每场设农务、林务两科。场长由县政府遴选,省建设厅委任。民国三十年(1941),湖南省成立农林场的县有43个,即醴陵、益阳、邵阳、衡山、衡阳、澧县、会同、耒阳、安化、常德、湘潭、芷江、祁阳、永顺、武冈、湘乡、零陵、溆浦、郴县、平江、龙山、桂阳、沅江、茶陵、新化、攸县、资兴、大庸、长沙、靖县、乾城、桃源、晃县、临澧、黔阳、东安、南县、道县、

---

① 详见本书第二章第二节。

嘉禾、浏阳、汉寿、沅陵、辰溪。① 未设农林场的县，一律设农业指导员，负责推进督导工作。1942年7月，湖南省政府根据国民政府行政院颁布的《县农业推广所组织大纲》令各县成立农业推广所，全省75县，除岳阳、临湘、怀化三县外，其余72县市都设立了农业推广所。② 同时广泛建立农会，由农业推广所辅导农民建立乡农会，据统计，到1943年9月，包括湖南在内的16个省份，共建立了乡镇农会9198处，基层会员2206443人。③ 农会在推广农业新品种、新技术方面发挥了推动作用。

加强农业合作社建设，推动农贷事业的发展。由于农村地租和高利贷的盘剥，农民用于发展农业的资金困难，基于此，国民政府倡导发展农业合作社。湖南省自1935年在建设厅设立合作事业委员会，指导农村合作社的发展。据1942年底统计，全省共有合作社15869个，预备社及互助社1108个，联合社27个，共计17004个，社员1104930人，已缴股金9439612元。④ 其中信用合作社在1940年8月达到8848个。⑤ 信用合作社较之于传统贷款中间商有服务优、利息低的特点，深受农民欢迎，到1942年6月底，湖南各合作社的贷款总数为55793943元，⑥ 有力地支持了农业的发展。

加强农业基础建设，提倡垦荒，兴修水利。1938年张治中主湘以后，颁布了《湖南省强制垦殖荒地办法》及其实施细则，对无地的农民获得土地所有权有很大的刺激，故湖南垦荒成绩。据统计，1938—1944年，湖南全省垦荒145.15万亩，增产稻谷223.48万担。⑦ 与此同时，大力加强农田水利建设，湖南省政府颁布了《修建塘坝暂行规定》和《整理塘

---

① 湖南省地方志编纂委员会：《湖南省志》，农业志，湖南出版社1992年版。
② 民国三十五年（1946）六月，因人力、财力困难，湖南省政府决定，各县农业推广所撤销。
③ 王国宇等：《湖南经济通史》（现代卷），湖南人民出版社2013年版，第376页。
④ 陈岩松：《中华合作事业发展史》，台湾商务印书馆1972年版，第288—289页。
⑤ 湖南省建设厅1939年10月编印：《建设统计》，第49页。中国历史第二档案馆馆藏，六/272。
⑥ 《中华民国史档案资料汇编》，第5辑，第2编，"财政经济"，（八），江苏古籍出版社1997年版，第130页。
⑦ 肖栋梁等：《湖南抗日战争史》，湖南教育出版社1995年版，第152页。

坝实施办法》，推动全省的水利建设。仅 1939 年春，"全省各地修筑塘 667 个，面积 76742 方丈，灌溉农田 122767 亩；修筑坝 590 个，面积 10476 方丈，灌溉面积 1306409 亩。"①

大力提倡种植经济作物。桐油、棉花和茶叶历来是湖南重要的经济作物，为改善农业结构，增加农民收入，湖南省鼓励和推广经济作物的种植，仅 1940 年 3—10 月，全省 72 个县植桐面积为 1805519834 亩，共植桐树 6279839 株。② 棉花种植，到 1944 年，全省种植面积突破 130 万亩。③ 自 1938 年国民政府实施茶叶统制政策以后，湖南茶叶产量大幅度增加，仅安化县在 1939 年，产量达到 34474 市担，价值 194 万元。④

在乡村国民教育方面，也获得了发展。湖南省政府于 1940 年 6 月颁布了《湖南实施国民教育五年计划纲要》《湖南省各县保国民学校及乡镇中心学校实施办法》等法规，要求各县在 5 年内完成设校规划和实施国民教育的计划。"据 1941 年上半年统计，全省 1609 个乡镇，只有 18 个乡镇未设立中心学校，已完成 90.3%；全省 20318 保，除 1050 保未设国民学校外，已完成 95%。"⑤ 至 1945 年，"全省有小学 32089 所，在校学生为 2167961 人，教职工人数达 78895 人。"⑥

国民政府统治时期大部分时间处于战争和动乱状态，因此其乡村治理和建设的环境是比较艰难的。在湖南，20 世纪 20 年代末到 30 年代初苏维埃运动的勃兴，30 年代末开始的湖南成为抗战正面战场以及连续不断的自然灾害，⑦ 也对民国时期湖南乡村的治理造成外部的压力。但总的

---

① 湖南省建设厅 1939 年 10 月编印：《建设统计》。中国历史第二档案馆馆藏，六/272，第 44 页。
② 《湖南省建设厅工作报告》，湖南省建设厅 1940 年 11 月编印。中国第二历史档案馆藏：四/15574，第 11 页。
③ 王国宇等：《湖南经济通史》（现代卷），湖南人民出版社 2013 年版，第 386 页。
④ 湖南省档案馆藏 97 - 1 - 1 档案，第 20 页。
⑤ 刘寿祺：《朱经农与湖南教育》，《湖南文史》第 34 辑，中国人民政治协商会议湖南省委员会文史研究委员会，第 162 页。
⑥ 《湖南省志》第 17 卷 "教育志"，湖南出版社 1995 年版，第 142 页。
⑦ 据统计，1928 年至 1949 年，湖南大约每两年一次旱灾，其中 1928 年至 1946 年共有 296 个县受灾，最严重的是 1928 年、1929 年、1934 年和 1945 年，受灾县数分别为 48 个、52 个、69 个、54 个。至于水灾，几乎每年都有发生，只是受灾的面积有大小之分。参见本书第一章第三节。

来说，民国时期湖南乡村社会治理还是取得了一定的进展，并具有其比较明显的特点。

民国时期湖南的乡治与其他省份一样，处在由传统的"绅治"向现代乡村治理的过渡阶段。因此，民国时期湖南乡村治理的最显著的特点是将乡村纳入了现代国家的权力结构体系之中，在乡镇普遍建立了行政机构，不论其自治程度如何，或者带有浓厚的官治色彩，都是具有重要意义的转变，它改变了几千年来传统乡村社会的"绅治"结构，为乡村社会的现代发展提供了政治的支撑。其次，民国时期湖南乡村社会的治理，开启了乡村公共事业的现代转型。传统社会中，乡村教育、道路修建、水利建设，乃至社会赡养、救济等，一般都由乡绅倡议，宗族、祠堂、乡社承担，民国时期则由国家权力机构组织，通过行政层级实施，乡民参与是以获得经济利益为前提的（包括以工代赈或充作工役），这就能够在更大的范围内推动乡村的公共事业。更为重要的是，国家权力结构向乡村的延伸，对乡村公共事业的投入，对乡民从"皇民"到公民的身份转变具有深刻的意义，此乃现代民族国家意识的体现。

第六章

乡村革命根据地的治理与建设

土地革命时期（1927—1937年），中国共产党领导工农革命军（工农红军），开展武装斗争，在湖南省与江西、湖北、贵州、四川四省交界地区，先后创建湘赣、湘鄂赣、湘鄂西、湘鄂川黔革命根据地，建立了苏维埃政权，形成湖南苏维埃边区的行政区划。这些地区全部处于多省交界的偏僻乡村，中国共产党在这些地区进行了土地革命和乡村建设，尝试了一种不同于国民政府统治区域的乡村治理模式，即新民主主义的乡村治理与建设。虽然时间不长，且在战争的环境中进行，但它对于抗日根据地和解放区乃至中华人民共和国成立后的乡村治理与建设也有一定的影响。

第一节 革命根据地的乡村政权建设

革命的根本问题是政权问题，中国共产党领导的土地革命，是以武装的形式夺取政权。革命的首要问题是反帝反封建，获得民族独立和人民民主。因为中国社会经济、政治发展的不平衡，中国革命是以农村包围城市、武装夺取政权的形式实现，因此，农村革命根据地的重要问题是根据地建设，而政权建设是根据地建设的首要任务。湖南革命根据地在存在的时期里，进行了一系列政权建设的尝试。

一 乡村革命根据地工农兵代表大会制度

土地革命时期湖南的根据地包括湘赣、湘鄂赣、湘鄂西、湘鄂川黔四个区域。

湘赣边区于1927年10月开始创建，到1935年3月结束。它包括湖南省的茶陵、酃县、攸县、耒阳、安仁、郴县、宜章、汝城、永兴、桂东、资兴等县的大部或部分地区。

湘鄂赣边区于1928年7月开始创建，到1937年9月退出。它包括湖南省的平江、浏阳、岳阳、醴陵、临湘、湘阴（含今汨罗）、长沙等县的大部分地区。1934年，中共湘鄂赣省委根据当时游击战争的形势，撤销平江县，在汨罗江以西地区设立咏生县，以纪念红十六师师长高咏生烈士。划平江、浏阳、长沙三县的一部分设平浏长县。划平江与江西省修水、铜鼓各一部分设平修铜县。

湘鄂西边区于1928年1月，石门年关暴动时创建，1933年12月撤出。它包括湖南的桑植、大庸、石门、慈利、华容等县的大部或部分地区。

湘鄂川黔边区于1933年12月创建，1936年春退出。它包括湖南省的大庸、永顺、龙山、桑植等县的大部或部分地区。1934年12月，中共湘鄂川黔省委决定调整行政区划，从永顺、保靖2县划出部分地区设永保县；在永顺县的其余地区设郭亮县，以纪念中共湘鄂赣特委书记郭亮烈士。1935年6月，从慈利、桑植两县划出部分地区建立慈桑县。①

革命根据地的最高权力机关是工农兵代表大会。工农兵代表大会制度是一种以无产阶级为领导、工农联盟为基础的工农民主专政的新型政权形式，它是仿效列宁领导俄国创造的民主政权形式——苏维埃建立的，因而亦称苏维埃。工农兵代表大会制度是土地革命战争时期中国共

---

① 《湖南省志》编纂委员会：《湖南省志》，政务志，民政，中国文史出版社1993年版。根据地的区域划分，是随着革命战争的发展而不断变化的，且变动比较大。上述根据地区域划分是指在这一时期先后建立起政权或者属于根据地的活动范围，并非长期占据的地区，尤其是县城及其附近地区。

产党建立起来的以代表会议为组织形式的工农民主政权,1931年11月7日至20日,中华苏维埃第一次全国代表大会在瑞金叶坪隆重开幕。毛泽东当选为中央执行委员会和人民委员会主席,中华苏维埃共和国成立。

根据中共中央的指示,湖南境内各边区也先后召开苏维埃工农兵代表大会,建立了各边区的苏维埃政权。下面以湘赣苏区为例,对湖南乡村县及县以下各级苏维埃代表大会组织系统做一分析:

《湘赣苏区各级苏维埃政府暂行组织法》规定:"全省工农兵代表大会与省苏维埃政府之最高权力机关及其职权如下:(1)接受上级机关的一切决议;(2)批准及改正省范围内各级苏维埃政府的一切法令和决议;(3)议决省范围内一切地方问题;(4)接受和批准执行委员会的报告和决议;(5)划分行政区域并裁判各级苏维埃政府间的争执;(6)确定财政经济计划,统一财政,审查决算;(7)确定行政方针及编练红军、赤卫军的计划;(8)议决及改订一切法令及政纲;(9)确定与邻区苏维埃的关系,并对外解决与邻区发生的一切重大问题;(10)选举及撤换省苏维埃政府执行委员会委员及出席上级工农兵代表大会的代表。"[①]

省工农兵代表大会之组织,"以各县总工会工人每1000人选举代表1名,不满3000人之县,至少须选代表3名;红军及常备赤卫军每500人选举代表1名,不满500人之部队的红军各纵队与各县总队,至少选举代表1名;各县苏维埃政权之下的选民,每10000人选举代表1名"。"代表任期为1年,可以连选连任。"[②] "省苏维埃政府执行委员会之组织,由全省工农兵代表大会选举执行委员十七人至二十五人,候补委员四人至六人组织之。执行委员会由常务委员会每四月召集一次,临时会议得由执行委员过半数之提议,或常务委员会于必要时得自动召集之。执行委员会每年改选一次,执行委员会每任期为一年,但得连选连任。""省苏

[①] 《湘赣苏区各级苏维埃政府暂行组织法》,江西省档案馆选编:《湘赣革命根据地史料选编》,江西人民出版社1984年版,第236页。

[②] 江西省档案馆选编:《湘赣革命根据地史料选编》,江西人民出版社1984年版,第236页。

维埃政府常务委员会之组织，由执行委员会当选。常务委员七人至十一人组织之。"①

省以下为县苏维埃代表大会。"县工农兵代表大会为县苏维埃政府之最高权力机关，其职权如下：（1）接受上级机关的一切决议；（2）议决本县内一切行政方针；（3）接受和批准县执行委员会的报告和提议；（4）解决本县范围内之一切争执及特殊的地方问题；（5）选举并更换县执行委员会及出席上级代表大会之代表。"②

"县工农兵代表大会之组织，由区工会工人每100人选举代表1名，不满100人之区，至少须选代表1名；红军及常备赤卫军每100人选举代表1名，不满300人之县，至少选举代表1名；各区苏维埃政权之下的选民，每1000人选举代表1名组织之。""代表任期为1年，可以连选连任。"③

县以下为区工农兵代表大会。"区工农兵代表大会为区苏维埃政府之最高权力机关，其职权如下：（1）接受上级机关的一切决议；（2）议决本区范围内一切行政方针；（3）接受和批准区执行委员会的报告和提议；（4）解决本区范围内之一切争执及特殊的地方问题；（5）选举及撤换区执行委员会及出席上级代表大会之代表。"④

"区工农兵代表大会之组织，由各乡工会工人每10人选举代表1名，常备赤卫军每30人选举代表1名；各乡选民，每300人选举代表1名组织之。""代表任期为6个月，可以连选连任。"⑤

区以下为乡代表大会。"乡代表大会或群众大会为乡苏维埃之最高权

---

① 江西省档案馆选编：《湘赣革命根据地史料选编》，江西人民出版社1984年版，第237—238页。

② 江西省档案馆选编：《湘赣革命根据地史料选编》，江西人民出版社1984年版，第238页。

③ 江西省档案馆选编：《湘赣革命根据地史料选编》，江西人民出版社1984年版，第238—239页。

④ 江西省档案馆选编：《湘赣革命根据地史料选编》，江西人民出版社1984年版，第240页。

⑤ 江西省档案馆选编：《湘赣革命根据地史料选编》，江西人民出版社1984年版，第240—241页。

力机关，其职权如下：(1) 接受上级机关的一切决议；(2) 议决本乡范围内一切行政方针；(3) 接受和批准乡执行委员会的报告和提议；(4) 解决本乡范围内之一切争执及特殊的地方问题；(5) 选举及撤换乡执行委员会及出席上级代表大会之代表。"[1]

"乡代表大会之组织，由各村选民每30人选举代表1名，工人每3人选举代表1名组织之。""代表任期为6个月，可以连选连任。"[2]

乡以下为村。"全村群众大会为村苏维埃之最高权力机关，其职权如下：(1) 接受上级机关的一切决议；(2) 议决本村范围内一切行政方针及一切日常问题；(3) 接受和批准村苏维埃执行委员会的报告和提议，并得审查其财政；(4) 解决本村范围内之一切争执及特殊的地方问题；(5) 选举及撤换村苏维埃执行委员会及出席上级代表大会之代表；(6) 汇集革命群众的要求和调查群众的痛苦，写成意见书提交上级苏维埃政府或代表大会。"[3]

"全村群众大会之组织，凡苏维埃政权下的人民，不分种族、国家、地方、宗教、性别的界限，年纪在16岁以上者均得享受发言权、表决权、选举权及被选举权等权利。"[4] 但豪绅、地主、富农及其家属、基督教、耶稣教、佛教等一切以宗教维持生活者、流氓、地痞、精神病患者、嗜好鸦片者、一切持租税、利息、企业的盈利为生的剥削分子以及被乡苏维埃政府宣布剥夺公权与在红军中洗刷出来者不准到会。[5]

由上述规定可知，湘赣边区工农兵代表大会是实行省、县、区、乡、村五级制，县以下分区、乡、村三级。在这一制度下，湘赣边区普遍召

---

[1] 江西省档案馆选编：《湘赣革命根据地史料选编》，江西人民出版社1984年版，第242页。

[2] 江西省档案馆选编：《湘赣革命根据地史料选编》，江西人民出版社1984年版，第242页。

[3] 江西省档案馆选编：《湘赣革命根据地史料选编》，江西人民出版社1984年版，第243页。

[4] 江西省档案馆选编：《湘赣革命根据地史料选编》，江西人民出版社1984年版，第244页。

[5] 江西省档案馆选编：《湘赣革命根据地史料选编》，江西人民出版社1984年版，第236—237页。

开了工农兵代表大会,建立了各级苏维埃政府。1931年11月,中华苏维埃共和国临时政府成立,先后颁布了《地方苏维埃政府的暂行组织条例》和《中华苏维埃共和国地方苏维埃暂行组织法(草案)》(以下简称《草案》),对地方各级苏维埃政府的组织进行了规定,与《湘赣苏区各级苏维埃政府暂行组织法》比较,其区别在:一是《草案》在县以下设置了与乡苏维埃同级别的市苏维埃,主要是对工商业较为发达的集镇而设;二是对各级苏维埃政府的下设机构进行了规范,但有过于烦琐和细密之嫌。同时,这一《草案》是1933年12月制定的,湘赣省苏维埃政府和湘鄂川黔省革命委员会于1934年12月翻印。[①] 因此,战争的环境使得中华苏维埃共和国的地方苏维埃组织法规并没有在各边区完全实行。湘鄂赣、湘鄂西、湘鄂川黔等边区则按照各自的规定,也相继召开了各级工农兵代表大会,选举了各级苏维埃政府。

1. 湘赣省工农兵代表大会

1927年9月,毛泽东在秋收起义后,创建了井冈山革命根据地。在根据地建设中,毛泽东领导的共产党人把民主政权建设同武装斗争、土地革命融为一体,探索出了中国革命的新道路。1927年11月下旬,工农革命军攻占茶陵县城后,正式成立了湘赣边界第一个红色政权——茶陵县工农兵政府,选举谭震林为政府主席。随后,宁冈、宜章、永兴等湘赣边界各县工农兵政府相继成立。为了加强对湘赣边界各县苏维埃政权建设的统一领导,1928年5月20日,中共湘赣边界第一次党代会决定,成立湘赣边界工农兵政府。湘赣边界工农兵政府成立后,边界各级苏维埃政权建设蓬勃发展。到1930年,湘赣革命根据地苏维埃政权管辖的范围扩大到了35个县。为了适应革命形势发展的需要,统一领导根据地人民的革命斗争,1931年7月,中共苏区中央局决定,以湘东、赣西革命根据地为基础,将湘东、湘南两特委以及赣西南特委的西路、南路、北路三个行委所辖的赣西地区合并为湘赣省。同年8月,在永新成立了中共湘赣临时省委和湘赣省临时苏维埃政府。湘赣省设立后,共召开过3

---

① 复旦大学法律系、福建省档案馆编:《中华苏维埃共和国法律文件选编》,江西人民出版社1984年版,第37—77页。

次全省工农兵代表大会。[1]

湘赣省苏维埃第一次代表大会。湘赣省苏维埃第一次代表大会，于1931年10月在莲花县举行。大会正式成立湘赣省苏维埃政府，选举袁德生等21人为省苏维埃政府执行委员会委员，袁德生任省苏维埃政府主席，张启龙、彭德怀任副主席。大会通过《湘赣苏区各级苏维埃政府暂行组织法》《对全苏大会劳动法草案的决议》《土地问题决议案》《红军与地方武装工作计划》《经济问题决议案》《文化问题决议案》《婚姻条例》。

湘赣省苏维埃第二次代表大会。大会于1932年8月1日召开，讨论通过《土地法执行条例》《劳动法执行条例》《经济政策执行条例》《文化教育问题决议案》《扩大红军与健全地方武装决议案》及《湘赣省劳动妇女要求纲领》。大会选举谭余保为湘赣省苏维埃政府主席，李端娥、陈珠妹为副主席。

湘赣省苏维埃第三次代表大会。大会原定于1933年11月7日（十月革命节）举行，后因故推迟到同年12月11日（广州暴动纪念日）在永新县举行，会期约四天。为开好这次代表大会，中共湘赣省委于同年7月24日作出《关于准备第二次全苏大会和湘赣省苏大会的决定》。要求各级中共党部、工会、青年团、政府和群众团体，利用各种刊物、宣传品、群众会议、俱乐部、晚会和"八一"示威运动，在群众中广泛宣传湘赣省苏维埃第三次代表大会的意义；特别强调指出，各县要切实搞好这次苏维埃选举活动，"用一切方法发动选民的大多数参加苏维埃选举"。大会讨论通过了关于经济建设问题、文化教育问题等方面的决议。大会选举产生了湘赣省第三届苏维埃政府，谭余保任省苏维埃政府主席，刘燕玉、肖行麟任副主席。

2. 湘鄂赣省工农兵代表大会

第二次国内革命战争时期，中国共产党创建的湘鄂赣革命根据地，包括湖南的平江、浏阳及湘阴、岳阳一部分，湖北的阳新、大冶、通城、通山、崇阳及蒲圻、咸宁、鄂城一部分，江西的修水、铜鼓、万载及武

---

[1] 《湖南省志》编纂委员会：《湖南省志》，民政志，中国文史出版社1993年版。

宁、宜丰、宜春、奉新、高安、萍乡、瑞昌一部分，共计 20 余县。一个时期还曾伸展到湖南的醴陵、长沙、临湘、湖北的嘉鱼和江西的上高、靖安、安义、永修等一部分地区。①平江起义爆发后，红五军先后在湘鄂赣边界地区进行革命斗争，建立了中共湘鄂赣边特委和各地革命政权——革命委员会。1930 年 3 月，中共湘鄂赣边特委要求以边境革命委员会名义召集各县民众团体联席会议，进行建立苏维埃的准备工作。根据特委的通知精神，湘鄂赣边境革命委员会于同年 4 月 10 日召开湘鄂赣边境各县民众团体联席会议，筹备边境各县苏维埃政权的建设工作。到 1931 年上半年，已有平江、浏阳、修水、铜鼓、万载、阳新、通山、大冶等 20 余县先后召开工农兵代表大会，建立了工农兵苏维埃政府。湘鄂赣省建立以后，共召开过 3 次湘鄂赣省工农兵代表大会。②

　　湘鄂赣省第一次工农兵代表大会。湘鄂赣省第一次工农兵代表大会，于 1931 年 9 月在平江县召开，参加会议的有 20 多个县的 130 多名代表。会议期间，遵照中央训令，撤销湖南省苏维埃政府，成立湘鄂赣省苏维埃政府，管辖湘东北、鄂东南及赣西北地区，选举赖汝樵、李宗白等 23 人为省苏维埃政府执行委员会委员，廖畅一、廖鸿禄、辛克明等 6 人为候补执行委员。执行委员会推定赖汝樵、刘建中、杨琦、刘彦、杨幼麟、张怀一、涂正坤、李楚屏、曹玉阶等人为常务委员，赖汝樵为省苏维埃政府主席，刘建中为副主席。湘鄂赣省第一次工农兵代表大会的召开和湘鄂赣省苏维埃政府的成立，标志着湘鄂赣革命根据地的苏维埃政权进一步巩固和发展。省苏维埃政府成立以后，颁布了《土地法》《劳动法》《婚姻法》等重要法令，领导根据地人民开展政治、经济、军事、文化教育等各方面的斗争。③

　　湘鄂赣省第二次工农兵代表大会。湘鄂赣省第二次工农兵代表大会于 1932 年 8 月在万载县小源举行，参加会议的代表 100 余人。大会讨论通过关于土地问题、红军问题等 11 个决议案。同时成立了新的湘鄂

---

① 《湖南省志》编纂委员会：《湖南省志》，民政志，中国文史出版社 1993 年版。
② 《湖南省志》编纂委员会：《湖南省志》，民政志，中国文史出版社 1993 年版。
③ 《湖南省志》编纂委员会：《湖南省志》，民政志，中国文史出版社 1993 年版。

赣省苏维埃政府，选举王显德等27人为第二届省苏维埃政府执行委员会委员，推选王显德为省苏维埃政府主席，彭德怀、刘建中为副主席。①

湘鄂赣省第三次工农兵代表大会。湘鄂赣省第三次工农兵代表大会，于1933年10月在万载县小源召开。大会检查了省苏维埃政府一年来的工作，讨论了中央政府关于粉碎敌人第五次"围剿"的紧急动员令，作出了关于苏维埃建设、红军建设、经济建设、肃反工作等方面的决议选举产生湘鄂赣省苏维埃政府第三届执行委员会和出席中华苏维埃共和国全国工农兵代表大会的代表。②

3. 湘鄂西工农兵代表大会

湘鄂西革命根据地，是在1927年第一次国内革命战争失败后，由以周逸群、贺龙、万涛、段德昌等为代表的湘鄂西中共党组织，在中国共产党的领导下，通过武装斗争创建起来的。它以湖北省的洪湖地区为中心，包括洪湖、监利、沔阳、江陵、石首、公安、潜江、天门、京山、汉川、华容、汉阳、应城、云梦、孝感、南县、安乡等县大部分或一部分地区在内的洪湖革命根据地；鹤峰、桑植、石门、慈利、五峰、长阳、恩施、宣恩、建始、巴东、大庸、龙山等县大部或一部分地区在内的湘鄂边根据地；巴东、秭归、兴山县部分地区在内的巴归兴根据地；房县、均县、竹山、谷城、保康等县大部或一部分在内的鄂西北根据地；襄阳、枣阳、宜城、钟祥等县部分地区在内的鄂北根据地；荆门、当阳、远安、宜昌、南漳等县部分地区在内的荆当远根据地；松滋、枝江、宜都等县部分地区在内的枝宜根据地；华容、南县、安乡、常德、汉寿、岳阳、湘阴、益阳、沅江等县部分地区在内的洞庭湖特区。湘鄂西革命根据地的苏维埃政权，经历了一个由鄂西五县工农兵贫民苏维埃到湘鄂西联县工农兵贫民苏维埃、最后到湘鄂西省工农兵苏维埃的发展过程。③

---

① 《湖南省志》编纂委员会：《湖南省志》，民政志，中国文史出版社1993年版。
② 《湖南省志》编纂委员会：《湖南省志》，民政志，中国文史出版社1993年版。
③ 《湖南省志》编纂委员会：《湖南省志》，民政志，中国文史出版社1993年版。

湘鄂西五县工农兵贫民代表大会。1930年4月，江陵、石首、监利、沔阳、潜江等鄂西五县工农兵贫民代表大会，在石首县调弦口皇陵庙召开，出席大会代表50余人。大会由周逸群等人主持，讨论了巩固、扩大革命根据地，建立和健全工农兵苏维埃政权，深入开展土地革命等问题。宣告成立鄂西苏维埃五县联县政府，选举周逸群、万涛、彭之玉、屈阳春、戴补天等人组成五县联县苏维埃政府主席团，周逸群为主席。①

湘鄂西第二次工农兵贫民代表大会。1930年10月16日，湘鄂西第二次工农兵贫民代表大会在监利县城茶庵庙召开。周逸群主持大会，邓中夏、贺龙等负责人出席了开幕式。会议讨论通过《政治任务决议案》《军事问题决议案》《经济政策决议案》和《文化教育决议案》。大会发布了宣言，制定了《湘鄂西苏维埃法令》。大会正式把鄂西五县联县政府改为湘鄂西联县政府，选举产生了湘鄂西苏维埃联县政府执行委员会，组成主席团，设立秘书处和土地、财经、水利、军事、文化教育等委员会。执行委员会由贺龙、恽代英、周逸群、邓中夏等100名委员组成，主席团由周逸群、贺龙等17人组成，周逸群当选为联县政府主席。②

湘鄂西第三次工农兵代表大会。1931年12月11—13日，湘鄂西第三次工农兵代表大会在洪湖苏区召开，到会代表500多人，中央苏区和鄂豫皖、湘鄂赣苏区及上海、武汉等地的中共党组织派代表前来祝贺。大会选举崔琪为湘鄂西省苏维埃政府主席，马武等为副主席。

省苏维埃政府下设经济、土地、财政、行政、劳动、文化、社会保养、工农监察、军事、裁判10个委员会。③

土地革命战争时期革命根据地的苏维埃政权建设，是中国共产党第一次领导的正规的政权建设。位于湖南境内的湘赣、湘鄂赣、湘鄂西革命根据地的苏维埃政权建设，主要有以下特点：第一，它是中国共产党

---

① 《湖南省志》编纂委员会：《湖南省志》，民政志，中国文史出版社1993年版。
② 《湖南省志》编纂委员会：《湖南省志》，民政志，中国文史出版社1993年版。
③ 《湖南省志》编纂委员会：《湖南省志》，民政志，中国文史出版社1993年版。

进行政权建设的最早的系统的尝试。革命的根本问题是政权问题，中国共产党从大革命中汲取了教训，在土地革命中首先注意到了建立政权的重要意义。因此，革命武装取得一地，即建立自己的政权，同时，《湘赣苏区各级苏维埃政府暂行组织法》比1933年11月由中华苏维埃共和国中央执行委员会第一次全体会议通过的《地方苏维埃政府的暂行组织条例》颁布更早，它第一次系统地设计和规定了地方苏维埃政府结构体系，具有开创性的意义；第二，它是党领导的以工人、农民、革命士兵为主体的政权。它通过各级工农兵代表大会或群众大会保证了工农兵大众的选举权和被选举权，有对不称职的政权机关工作人员有"直接撤回权"；[1]第三，规定政府工作人员是人民公仆，必须廉洁奉公，密切联系群众，厉行节约，严禁贪污腐化；第四，既确保党对政府的领导，也保障政府独立行使行政权，规定"党是苏维埃思想上的领导者"，党"应该经过党团的形式在苏维埃中起领导作用"，而"不能直接命令苏维埃或代替苏维埃"。[2]这些规定和实践，为抗战时期、解放战争时期乃至中华人民共和国成立后的民主政权建设提供了宝贵经验。但由于根据地范围和人员变动很大（根据地丧失或人员牺牲），仅被当作一种临时选举机制，选举完毕，权力即集中于执行委员会，很难再召集代表大会。过于强调阶级路线，尤其片面强调政权中的工人成分，忽视了农村根据地的阶级状况；对待地主、富农分子的家属等非劳动人民出身的社会成员的问题上，大多没有采取广泛争取、团结和区别对待的政策，不利于团结一切可以团结的力量和扩大苏维埃政权的社会基础。例如，《湘赣苏区各级苏维埃政府暂行组织法》关于村群众大会就规定了包括"豪绅、地主、富农及其家属""一切持租税、利息、企业的盈利而生活的剥削分子不""基督教、耶稣教、佛教等一切以宗教维持生活者"等社会阶层不得参加村群众大

---

[1] 《湘赣苏区各级苏维埃政府暂行组织法》就规定了各级苏维埃政权有权力撤销或更换代表和政府工作人员的职权。

[2] 中共鄂西第二次代表大会《关于苏维埃组织问题决议案》，中央档案馆、湖北省档案馆、湖南省档案馆编：《湘鄂西苏区革命历史文件汇编（1928—1932）》，湖北省新华印刷厂印刷，1987年，第230页。

会，这就极大地削弱了苏维埃政权的群众基础。[①] 尽管如此，湘赣、湘鄂赣、湘鄂西、湘鄂川黔根据地苏维埃政权依然是中国共产党政权建设的措施和创新，具有重要的意义。

二　苏维埃乡村政权

边区基层政权分区、乡、村三级，相应建立区、乡、村苏维埃执行委员会作为基层政权。根据《湘赣苏区各级苏维埃政府暂行组织法》规定，县以下苏维埃政权下设区苏维埃政府、乡苏维埃政府和村苏维埃政府，其组织架构如下：[②]

区苏维埃政府执行委员会是区工农兵代表大会的常设机构，"区苏维埃政府执行委员会对区工农兵代表大会直接负责，在区代表大会闭会期间为全区的最高立法行政管辖机关。其职权如下：（1）接受并执行上级苏维埃政府的命令及决议；（2）接受并执行全区代表大会一切决议；（3）接受并批准各乡苏维埃政府之报告及提议；（4）选举及撤换常务委员和出席上级或下级各种行政会议之代表；（5）根据实际情形，决定全区代表大会之人数并召集代表大会准备对大会之一切报告，编定议事日程"[③]。

区苏维埃政府执行委员会下设常务委员会，"区苏维埃政府常务委员会对区执行委员会直接负责，在区执行委员会闭幕期间，为执行区苏维埃政府全部事务的管理机关，其职权如下：（1）接受并执行区执行委员会的一切决议，经常管理日常事务；（2）常务委员会为执行全部事务，保障行政的迅速和系统得发布命令及采取各种必要的行政方针；（3）常务委员会遇有紧急事项，得单独处理，但事后仍需报告执行委员会得其追认；（4）管理各部日常工作"[④]。

---

① 江西省档案馆选编：《湘赣革命根据地史料选编》，江西人民出版社1984年版，第244页。

② 江西省档案馆选编：《湘赣革命根据地史料选编》，江西人民出版社1984年版，第236—245页。

③ 《湘赣苏区各级苏维埃政府暂行组织法》，《湘赣革命根据地》党史资料征集协作小组编：《湘赣革命根据地》上，中共党史资料出版社1990年版，第187页。

④ 《湘赣苏区各级苏维埃政府暂行组织法》，《湘赣革命根据地》党史资料征集协作小组编：《湘赣革命根据地》上，中共党史资料出版社1990年版，第187页。

第六章　乡村革命根据地的治理与建设　❖　335

"区苏维埃政府常务委员会为管理日常事务,实行集体的分工,须于常务委员（会）之下设秘二晤处及以下各种职务"：主席、赤卫委员、经济财政委员、裁判肃反委员、粮食委员和文化委员。①

乡苏维埃政府执行委员会是乡工农兵代表大会或群众大会的常设机构,"乡苏维埃政府执行委员会对乡代表大会或群众大会直接负责,在乡代表大会闭会期间为全区的最高立法、行政、管辖机关。其职权如下：（1）接受并执行上级苏维埃之命令及决议；（2）接受并执行乡代表大会或群众大会之一切决议；（3）接受并批准村苏维埃政府或人民之报告及提议；（4）选举及撤换和出席上级或下级各种行政会议之代表；（5）根据实际情形,决定全乡代表大会代表人数并按期召开代表大会或群众大会,对大会报告一切工作与财政,提出各种议案交大会讨论"②。

乡苏维埃政府执行委员会由乡代表大会选举5人至7人、候补1人组织之。关于日常事务,由主席管理。为管理日常事务,实行集体的分工,设秘书处及赤卫委员、经济粮食委员、裁判肃反委员、文化委员、土地委员（主任由党员兼任）。

村苏维埃政府执行委员会,对全村群众大会直接负责,但在村群众大会闭会期间内,为全村最高立法与（行）政管辖机关。其职权如下：（1）接受并执行上级苏维埃之命令及决议；（2）接受并执行群众大会之一切决议；（3）接受并答复人民之报告和要求；（4）根据实际情形,决定全村群众大会,会议期间对大会工作报告与财政提出各种议案,交大会讨论。③

村苏维埃政府由全村群众大会,选举三人至五人为执行委员,

---

① 《湘赣苏区各级苏维埃政府暂行组织法》,《湘赣革命根据地》党史资料征集协作小组编：《湘赣革命根据地》上,中共党史资料出版社1990年版,第188页。
② 《湘赣苏区各级苏维埃政府暂行组织法》,《湘赣革命根据地》党史资料征集协作小组编：《湘赣革命根据地》上,中共党史资料出版社1990年版,第189页。
③ 《湘赣苏区各级苏维埃政府暂行组织法》,《湘赣革命根据地》党史资料征集协作小组编：《湘赣革命根据地》上,中共党史资料出版社1990年版,第190页。

组织执行委员会。不组织常务委员会,由执行委员会互选主席一人处理日常事务,负责召集执行委员会议解决重大事项。如遇紧急事项确实不能召集会议时,主席得从权处理,但事后仍须报告执行委员会得其追认。村苏维埃政府执行委员会不必分工,并不须经常驻会办公。①

其他边区也有相应的各级政权的法律和规定,中华苏维埃共和国临时政府成立后,也颁布了地方苏维埃政府组织法规,但是由于严酷的战争环境,根据地范围并非完全固定,因此地方基层政权的变化也是经常性的。

1. 湘赣边区基层政权

1927年9月,毛泽东领导的秋收起义部队到达井冈山,创建了革命根据地。10—11月,工农革命军两次攻进茶陵县城,通过基层产生工农兵代表,于11月28日建立茶陵县工农兵政府,这是中共建立的第一个县级工农兵政权。12月中旬,由于国民党部队的进攻,茶陵县工农兵政府随工农革命军撤出县城,转移到潭湾。1928年2月,茶陵县游击队从井冈山回到茶陵梅林坑、飞盐坪一带发动群众,建立了第一个区苏维埃政府。8月在距茶陵边界不远的江西倒坪,建立茶陵县革命委员会。1930年3月中旬,茶陵县太湖乡苏维埃政府成立。4月中旬,在司公井成立山边一区苏维埃政府,设主席、秘书、青年部长、经济委员、少先队长、赤卫队长、肃反委员、妇女主任等职。然后,在其他区、乡广泛发动群众,普遍建立苏维埃政权。至7月,全县已建立8个区、136个乡苏维埃政府。后因国民党部队进攻寨下坪,县苏维埃政府几度转移,1932年下半年一度被破坏,8月在马首重建。由于工农革命军新独立师建立和红八军进驻茶陵,并在高垅沙子岭重创敌军,区乡苏维埃政府纷纷恢复。据1932年12月底省《苏维埃建设运动统计表》载:茶陵县有8个区、69个乡苏维埃政府。1934年初,茶陵苏区全部失陷,区、乡苏维埃政府遭

---

① 《湘赣苏区各级苏维埃政府暂行组织法》,《湘赣革命根据地》党史资料征集协作小组编:《湘赣革命根据地》上,中共党史资料出版社1990年版,第191页。

到破坏。①

酃县苏维埃政府是 1928 年 3 月工农革命军第二次攻占酃县县城后成立的。当时全县革命中心在中村，中共酃县委员会和中村区委员会、区工农兵政府同时成立。之后以各乡秘密农民协会为基础，公开提出乡苏维埃主席、副主席、执行委员候选人，召开群众大会，选举成立乡苏维埃政府，下设文化、宣传、肃反、土地、粮食、财政、妇女等委员，并组织互济会、担架队、慰劳队、歌舞队、儿童队、少先队、反帝大同盟等群众团体。然后，由各乡苏维埃政府成员中提出候选人，召开全区群众大会，选举区苏维埃政府主席、副主席和执委。下设宣传、军事、粮食、肃反、财政、文化、工作检查、土地、妇女、青年、儿童等十余部，并组成区的武装力量——区赤卫队。从 1930 年 1 月至 1933 年 10 月，共建 4 个区、23 个乡的苏维埃政权。②

1928 年 1 月，湘南起义爆发。1 月中旬，资兴县三都地区发动农民暴动，召开工农兵会议，正式成立三都区苏维埃政府。蓼市、七里两个区也相继建立区苏维埃政权。参加南昌起义后辗转回到家乡安仁县华王乡的唐天际与当地共产党员取得联系，建立起中共华王支部和一支 40 余人的游击武装。湘南起义的消息传到华王后，唐天际带领游击队四处出击，没收土豪劣绅财产、捣毁龙海粤盐分局。1928 年 2 月 26 日，安仁县第三区苏维埃政府在华王成立，华王游击武装力量正式组成第三区农民自卫队。3 月上旬，龙海区 10 个乡普遍发动农民暴动，成立区苏维埃政权和 1000 余人的农民武装。郴县、耒阳、桂东、宜章等县的部分区乡，也都先后建立苏维埃政府。③

2. 湘鄂赣边区基层政权

1928 年秋，中共湘鄂赣边特委令由红五军的第五大队和平江、浏阳等地的游击队统编成的红二纵队，于 10 月上旬越过平浏边界天子岗，进入浏阳县仁和洞一带，打垮了当地反动团防武装，镇压了一批罪大恶极

---

① 《湖南省志》编纂委员会：《湖南省志》，民政志，中国文史出版社 1993 年版。
② 《湖南省志》编纂委员会：《湖南省志》，民政志，中国文史出版社 1993 年版。
③ 《湖南省志》编纂委员会：《湖南省志》，民政志，中国文史出版社 1993 年版。

的贪官污吏和土豪劣绅，建立革命根据地。11月20日，在仁和洞赖世安家召开浏阳县第一区（新划区）第一次工农兵代表大会，到会代表50余人，正式成立第一区苏维埃政府，下辖12个乡。划仁和洞为第一乡，白水洞为第二乡，上泥湖为第三乡，大光洞为第四乡，黄昙为第五乡，金坑为第六、七乡，大观园为第八乡，张盘坳为第九乡，栗田为第十乡，小金冲为第十一乡，大金冲为第十二乡。在第五区成立之前，山口乡暂归第一区管辖。选举区苏维埃政府委员13人，推刘建中任区苏维埃政府主席，下设粮食、土地、财政、文化、裁判、赤卫等部。李贞、王绍坤负责妇女工作。① 区苏维埃政府成立后领导全区人民查田、分田土，没收地主富农土地，按人口实行统一分配。区苏维埃政府还组织专门班子，清理地方公产积谷，焚毁地主的契据、借约、借券，取缔一切苛捐杂税，以统一累进税作为政府开支。至1930年春，浏阳县有24个区、312个乡成立苏维埃政府。②

1928年7月，平江县成立工农兵政府。1929年4月29日，平江县工农兵苏维埃政府颁布《行政组织大纲草案》，规定县以下划区，区以下设乡，乡以下编组。以10—15户为1组，设组长1人。5组以上或人口在1000人以上、2000人以下者，编为1乡。乡苏维埃的执行委员会以文化委员、财政委员、裁判委员、粮食委员、赤卫委员组成。常驻苏维埃政府机关的限于3人。乡苏维埃土地委员会由各组组长、富有农事经验的人员5—7人组成，主要负责调查所辖地域之田亩、土地，统计呈报区、县；土地分配，暂以乡为单位，在实行分耕制的区域，由当地乡苏维埃土地委员会按全乡人口及土地数平均分配，或按劳动单位分配。两乡以上，得成立区。区苏维埃执行委员5人（分工与乡苏维埃委员相同），以3人常驻苏维埃机关，2人分赴各乡巡视检查工作。如乡苏维埃尚未成立，或虽已成立，因白色恐怖已停止活动的，得由该员督促成立或恢复组织活动。各级苏维埃执行委员的任期以6个月为限。平江县工农兵苏维埃政府按照《行政组织大纲草案》，以东、南、西、北四乡的编排次

---

① 《湖南省志》编纂委员会：《湖南省志》，民政志，中国文史出版社1993年版。
② 《湖南省志》编纂委员会：《湖南省志》，民政志，中国文史出版社1993年版。

序，将全县划为32个区，129个乡。东乡编为1区至10区，辖55乡；南乡编为11区至16区，辖23乡；西乡编为17区至22区，辖13个乡；北乡编为23区至32区、辖38个乡。部分地区由于敌我力量悬殊，区乡苏维埃政府未能组织起来。至1930年7月，县苏维埃政府成立后，对区、乡行政区划进行调整，全县划20个区，普遍召开工农兵代表大会，选举产生区苏维埃政府主席、秘书和赤卫、财政、肃反、文化、土地、粮食委员，组成经常的或临时的委员会，成立区苏维埃政府。240个乡苏维埃政府均于同年8月先后建立。①

醴陵县从1927—1928年春，在农村发动群众，开展武装斗争，先后建立工农革命军第一团和4个区游击营，乡成立赤卫队，扩大区、乡武装组织、建立苏维埃政权。中共湖南省委先后派陈恭、陈觉、赵云霄等到醴陵领导建政工作。1928年1—3月，醴陵南二、南三、南四、西一、北二5个区及西乡的栗山坝、罗家岭、茶坑、均楚桥、南岸，南乡的西林、东富、观田、涧塘、龙山铺、三星里、沈潭、夏阁坊、新田、庞田、清水江、船湾、市上坪、美田桥、泗汾、嘉树、茂田、符田、盐山、大障、贺家桥、水口山、马恋段、汪家坳、杨家咀，北乡的关王庙、枫树塘、五石、官庄、张家岭等，共35个乡建立苏维埃政权。区、乡苏维埃政府设执行委员会，分为农委、财委、妇委、武装、民食、耕作等委员，下辖自卫队、儿童团等组织，开展打土豪、分田地等活动。②

1931—1934年，临湘县先在壁山、云山两个区建立苏维埃政府。壁山区苏维埃政府下辖壁山、苏仙、红四、箩筐洞4个乡苏维埃政府。后在龙源、梅山、壁山、大云山建立4个区苏维埃政府。湘阴（含今汨罗市）、岳阳等县的部分地区，也曾建立区、乡苏维埃政权。

3. 湘鄂西苏区基层政权

1927年南昌起义失败之后，贺龙回到湖南桑植县，组建工农革命军，开创了湘鄂西革命根据地。1928年3月，工农革命军攻克桑植县城，成立桑植县苏维埃政府并在万家坪、岩垭、小河口、洪家关、樵子弯、白

---

① 《湖南省志》编纂委员会：《湖南省志》，民政志，中国文史出版社1993年版。
② 《湖南省志》编纂委员会：《湖南省志》，民政志，中国文史出版社1993年版。

竹坪、芭茅溪、五道水等地组建8个区苏维埃政府。1930年3月，在区以下划乡，将白竹坪区划为毛垭、白竹坪、龙潭坪、李家弯、苦竹坪、鹿耳口6个乡；将芭茅溪区划为苦竹坝、甘溪、沙地坪3个乡。

1929年8月，在石门县磨岗隘成立石门县苏维埃政府，继之开始组建乡苏维埃政府。至1931年春，先后建立白竹垭、泥沙、古罗、磨岗隘、苏家铺、溧阳、所市、一区（县城、易家渡、二都坪）8个区，以及清官、高水田、枫相坡、南镇、杨家坪、板桥、泥沙、宋垭、水田、芭茅等30个乡苏维埃政府。1931年1月后，国民党军队进犯苏区，石门县的区苏维埃政府遭到破坏，1932年春停止活动。[1]

华容县的游击武装于1930年1月攻克塔市驿，成立华容县第一区苏维埃政府。接着，在穆山龙季家祠堂成立第二区，范家岭成立第三区，石华堰成立第四区苏维埃政府，隶属于湖北石首县苏维埃政府。同年10月22日，工农革命军攻克华容县城，当即成立华容县苏维埃政府。原隶属石首县的塔市驿等4个区苏维埃划归华容县。并在花子坟、万庾、大乘寺、注滋口、北景港、沙口、鲇鱼须、岳城寺等地建立8个区苏维埃。由于国民党当局调集大批兵力对华容县苏区进行"围剿"，区苏维埃政权几次变更组织形式，在1932年10月洪湖根据地丧失后，华容县区乡苏维埃活动停止。[2]

4. 湘鄂川黔苏区基层政权

1934年11月，红二、红六军团进入湘西，建立了湘鄂川黔革命根据地，进行发动群众、建立苏维埃政权的尝试。根据《中华苏维埃共和国地方苏维埃暂行组织法》的规定，建政工作采取自下而上的办法，从乡开始，而后到区，再后建立县政权。"第一步，建立乡、区、县的临时政权革命委员会；第二步，进行群众民主选举，建立苏维埃政府。"[3] 湘鄂川黔革命根据地包括湖南境内的桑植、大庸、永顺、龙山、慈利5县。据这5县的不完全统计，从1934年11月至1935年11月，共建49个区，

---

[1] 《湖南省志》编纂委员会：《湖南省志》，民政志，中国文史出版社1993年版。
[2] 《湖南省志》编纂委员会：《湖南省志》，民政志，中国文史出版社1993年版。
[3] 刘建国主编：《鄂豫皖革命根据地人民检察制度的发展》，中国质检出版社2014年版，第155页。

243 个乡苏维埃政府或革命委员会。①

边区乡村苏维埃政府建立以后,在乡村开展了各项工作,发动群众,进行武装斗争,并在艰苦的环境中推动经济、文化和教育建设。1929 年中共湘鄂赣边特委在向中央的报告中,报告了边区苏维埃政府进行的工作,可以看出边区苏维埃政府的工作情形:

(1) 赤卫方面——由赤卫委员组织训练赤卫队,并指挥作战、放哨及关于军事方面工作。

(2) 财政方面——由财政委员管理苏维埃政府收支、出纳,并向不反动的地主资产阶级筹款。向农民征收农业税,过去平江征收百分之二十五,铜鼓征收百分之十五,铜三区有征收百分之四十的。浏阳此次秋收斗争胜利后,贫农免收。对中农抗租所得利益征收百分之十五,对富农征收百分之二十五。

(3) 食粮方面——由苏维埃统一支配。没收豪绅的谷米,分给贫农及因粮米缺少的农民。食粮没收买卖交换。

(4) 教育方面——由文化委员注意民众的革命教育,并尽可能的创办农民学校,但因敌军骚扰,学校教育几乎完全停顿。

(5) 裁判与肃反工作——苏维埃政府经常进行肃反工作,反革命嫌疑犯由裁判委员审判。

(6) 土地方面——由土地委员会调查土地人口,按人口分配土地,并管理森林、田园,指导农民耕作方法,但因环境变化与缺乏经验,对于土地人口调查的工作,至今没有完成。②

但是由于战争的拉锯状态,革命根据地的得而复失以及几经交手,对乡村苏维埃政权建设造成极大的不便。表现在:第一,"边境苏维埃政府不是由群众暴动,自下而上建立起来的,而是多半依靠军事势力从上

---

① 《湖南省志》编纂委员会:《湖南省志》,民政志,中国文史出版社 1993 年版。
② 《中共湘鄂赣边特委工作报告》(第 4 号),本书编写组:《湘鄂赣革命根据地》,中共党史资料出版社 1991 年版,第 57 页。

而下建立起来的"，以湘鄂赣边区情形而论，"平（江）、修（水）、铜（鼓）的苏维埃政府都没有强固的群众组织基础。现在存在的苏维埃区域只有铜鼓一部分和浏阳一区尚保持着半公开政权的形式工会与雇农工会。赤卫队等群众组织，只有浏阳一区较好，铜鼓县区乡各级苏维埃多半是没有群众的空心机关，所以经此次敌人严重的进攻，表现非常动摇的现象"。第二，由于环境严酷，苏维埃政权组织不够完善，骨干力量短缺，"平、浏苏维埃负责人多半是工、农同志，铜鼓苏维埃负责人多半是平江逃亡同志，本地的人才甚少。边境各县苏维埃政府组织法多半是依照过去中央的苏维埃攻府组织法制定的。但因为适应斗争的环境和严密组织起见，在基本组织乡苏维埃政府之下，每乡划为若干组，设组长一人，受乡苏维埃指挥，现改为村，每村设村长一人"①。

虽然如此，土地革命时期乡村苏维埃政权的建立，还是具有重要的意义的。它改变了中国传统乡村社会行政组织混乱和缺失的现象，把乡村社会纳入苏维埃国家政权体系之中，是从新的角度推动乡村治理的现代转型的尝试；它也改变了乡村社会"绅治"的传统，打破了"绅权"支配乡村政治生活的格局，普通的农民，特别是贫苦农民、手工业者等在传统社会没有地位的社会阶级或阶层，开始参与乡村的管理，成为乡村中重要的社会力量。同时，它的尝试，也积累了经验，为中国共产党在以后的斗争中积累了政权建设的宝贵经验。

第二节 革命根据地的乡村社会革命与社会建设

在建立苏维埃乡村政权的同时，中国共产党也在苏维埃区域进行社会革命和社会建设，通过一系列法令和政策，在乡村进行社会改革，推动农村教育和文化事业，改良农村社会风俗，使乡村苏维埃区域呈现出

---

① 《中共湘鄂赣边特委工作报告》（第4号），本书编写组：《湘鄂赣革命根据地》，中共党史资料出版社1991年版，第57页。

迥异于国民党统治区域的新的面貌。

一 乡村苏维埃区域的社会革命

中国共产党在乡村建立革命根据地，进行武装斗争、建立苏维埃政权的政治革命之后，在乡村开展了轰轰烈烈的社会革命。中共中央、中华苏维埃共和国政府以及各革命根据地党和政府通过一系列法律法令，推动乡村社会革命。在湖南革命根据地，比较系统的法令是《湘鄂西苏维埃法令》。

《湘鄂西苏维埃法令》于1930年11月1日湘鄂西第二次工农兵贫民代表大会通过，是湘鄂西革命根据地第一部完整的法令，它包括土地革命法令、保护工农法令、保护人权法令、婚姻法令、武装工农法令、肃清反革命法令，共6章92条。在土地革命方面，法令规定："没收一切地主阶级的土地和财产"，"没收富农所余出佃的一部分土地"，"不动中农的土地，没收教堂庙宇祠堂会馆占有的土地及一切带有公共性质的土地"，"没收的土地由政府召集群众大会讨论平均分配。无地和少地的农民及失业贫民男女老幼均可分得土地"。[1] 在保护工农方面，法令规定："承认一切工人有组织工会之自由权"，"承认工人有罢工的自由权"，"政府帮助鄂西总工会在中华全国总工会指挥之下，行使种（种）权限，不受任何机种＜关＞或团体的牵制和限制"，"政府帮助鄂西总工会指挥各级工会或各种同业工会、产业工会，以保证其组织系统之（上）独立和统一"。[2] "苏维埃政府承认非赤色区域之农民有组织农民协会之权利"，"如有农民协会被富农豪绅所把持教府得解散或改组之，并承认贫农雇农群众有自行改组农民协会或农民代表会议之权"，"承认农民有土地使用权，无地和地少的农民得向各级苏维埃和农民协会登记以便领取土地耕种"。[3] 在保护人权方面，法令规定："劳苦工农群众有集会，结论、言论、出版、居住，营业、行动之自由权"，"劳苦工农群众有参加

---

[1] 湖南省总工会编：《湖南工运史料选编》第三册，1986年印行（内部资料），第727页。
[2] 湖南省总工会编：《湖南工运史料选编》第三册，1986年印行（内部资料），第728—729页。
[3] 湖南省总工会编：《湖南工运史料选编》第三册，1986年印行（内部资料），第730页。

管理和监督政府之权利","政府特别保护童工、女工,抚饿死伤的士兵及革命群众的家属,优待老、弱、残、疾","废除一切肉体体罚","禁止蓄婢纳妾","禁止残害女孩及私生子,承认并保护私生子和产妇"。①在婚姻方面规定:婚姻须双方的同意,由双方填写志愿书,交政府登记,发给结婚证书,印为有效,结婚年龄,男子要满二十,女子要满十八岁,禁止买卖婚姻和变相买卖婚姻,禁止包办婚姻,废除童养媳制度。禁止逼婚、逼嫁、早婚、早嫁,解放寡妇、尼姑、和尚,承认其婚姻上的自由,其家属不得干涉,男女都有提出离婚之权,但应经政府登记审查批准,即为有效,如男子提出离婚,女子生活不能解放时,须对女子负相当的责任。②

《湘鄂西苏维埃法令》涉及土地、人权、社会阶层、婚姻等各个方面,比较全面地反映了中国共产党关于乡村社会革命的纲领和政策,虽然在某些方面还只是一种尝试和探索,不够完善,却是革命根据地进行社会革命的体现。

土地问题是中国乡村社会革命的根本问题。孙中山先生在进行争取民族独立和建立共和的辛亥革命中,为了"毕其功于一役",避免未来可能的社会革命,提出了解决社会问题的民生主义纲领,其中最主要的内容是"平均地权",实现"耕者有其田"的理想。但在国共合作前,国民党只有"平均地权"的土地纲领,没有提出具体土地政策。1924年1月,国民党在广州召开第一次全国代表大会。在中国共产党人的推动下,大会发表的宣言提出了解决农民土地问题的办法,主要内容是:"严定田赋地税之法定额,禁止一切额外征收,如厘金等类,当一切废绝之";"清查户口,整理耕地,调整粮食之产销,以谋民食之均足";"改良农村组织,增进农人生活";"由国家规定土地法、土地使用法、土地征收法及地价税法";"私人所有土地,由地主估价呈报政府,国家就价征税,并于必要时依报价收买之"。至此,国民党才有了比较系统的关于农民土地问题的方针和政策。据此,广州政府发布了一系列有利于农民的法令和

---

① 湖南省总工会编:《湖南工运史料选编》第三册,1986年印行(内部资料),第732页。
② 湖南省总工会编:《湖南工运史料选编》第三册,1986年印行(内部资料),第733页。

指令，保护了农民利益。1926年1月召开的国民党第二次全国代表大会通过的《农民运动议决案》提出了包括"严禁对于农民之高利贷，规定最高租额及最低谷价"等十一项具体政策。1926年9月，《国民政府对农民运动第三次宣言》中规定："迨国民革命成功，国民政府势力扩张之后，国民政府当竭力为农民改良其经济状况，当遵守先总理之遗嘱，设法解决土地问题，务使农民能自由使用土地，同时政府当援助农民奋斗，使其能减低借贷之利率"，"以免除不合法之盘剥。"[1] 1926年10月，国民党中央召开各省党部及海外总支部代表联席会议通过的决议案中，制定了关于农民问题的最近政纲二十一条，包括减轻佃农田租25％，统一土地税则，废除苛例等。可见，在共产党的帮助下，国民党还是逐步认识到土地问题对国民革命的重要性，也颁布了一些具体的土地政策。因此，对当时的农民运动起到了积极的促进作用。但是，随着农民运动的迅速发展以及国民党右派的逐步控制政权，特别是"四一二"反革命政变以后，国民党的土地政策日趋保守，加之随之而来的抗日战争，国民政府对于乡村土地问题始终没有一个根本的解决办法。

中国共产党对土地革命问题的探索，是伴随着农民阶级在民主革命中的地位的思想的确立而展开的。中国共产党一大通过的党纲就提到农民的土地问题。1922年6月发表的《中国共产党第二次对于时局的主张》，提出要"没收军阀官僚财产，将他们的田地分给贫苦农民"的政策。同年7月党的二大宣言把农民划分为：（一）富足的农民地主；（二）独立耕种的农民；（三）佃农和农业雇工。这是中国共产党对中国农民阶级的初步分析，对农民在中国革命中作用进行了基本估计，同时提出了保障农民利益的"废除丁漕等重税，规定全国城市及乡村土地税则"，"规定限制田租率的法律"等具体政策。1922年12月，中共中央《对于目前实际问题之计划》中分析了农民的现状以及解除农民问题的六条办法：限田、限制私人地权在若干亩以内、地主超过限田的部分应归耕种该地的佃农所有、组织消费协会、组织农民借贷机关、限

---

[1] 《国民政府对农民运动第三次宣言农民运动决议案》，于峥嵘编：《中国农民问题研究资料汇编（1912—1949）》第1卷，中国农业出版社2007年版。

定地租额、开垦荒地、改良水利等。1923年党的三大通过的党纲中，对于农民在中国革命中的地位以及关于农民利益的政策作了具体规定，提出了包括划一并减轻田赋、革除陋规、规定限制田租的法律，承认佃农协会有议租权等在内的保障农民利益和要求的政策措施。大会通过的《农民问题决议案》强调了发动农民参加反帝反封建斗争，保护农民利益，以及促进"国民革命"的必要性和重要性。① 显然，在四大之前，中国共产党还没有涉及改变乡村地主土地所有制的根本问题上来。

1925年1月召开的中共四大，通过了关于农民问题的决议案，提出了农民问题在民主革命运动中的重要性。1925年10月中共中央第二次扩大会议作出了与农民结成同盟的决定。会议决议指出："我们现在所提出的过渡时期般农民要求，如减租、整顿水利、减税，废除陋规，收回盐税管理权、减少盐税、农民的乡村自治、农民协会的组织及农民自卫军等等，可以使农民革命化，可以组织农民起来，然而如果农民不得着他们最主要的要求——耕地农有，他们还是不能成为革命的拥护者。"② 提出了农民的土地所有权问题。1927年3月，湖北省第一次农民代表大会作出决议，提出了把土地革命作为行动纲领，它提出："充分发挥农民协会作为乡村政权的职能，没收分配地主的土地给农民；大力武装农民。"③ 蒋介石发动"四一二"反革命政变后，中国共产党召开了五大，制定了土地革命的行动纲领。指出：现阶段革命的主要任务，是土地问题解决。土地问题是巩固工农小资产阶级革命联盟所必需的。五大还通过了以解决农民土地问题为核心的"农民政纲"七条，提出："没收一切所谓公有的田地以及祠堂、学校、寺庙、外国教堂及农业公司的土地，交诸耕种的农民"，"无代价的没收地主租与农民的土地，经过土地委员会，将此等土地交诸耕种的农民"。同时还规定，"属于小地主的土地不没收"，"革命军人现时已有的土地可不没收"，"革命军兵士中没有土地者，于革

---

① 刘宗让、郝琦：《大革命时期国共土地政策及其比较》，《延安大学学报》（社会科学版）2000年第2期。

② 《中国现时的政局与共产党的职任议决案》，《六大以前》。

③ 《党史研究资料》总第52期，第18页。

命战役完终后,可领得土地耕种"。① 五大提出了没收地主土地的主张,是对封建地主土地所有制的否定。

中共五大制定的土地革命的行动纲领,是我党第一次把实行土地革命作为党的行动纲领,具有很重要的意义。但是,由于陈独秀的妥协,这一决议没有产生实际的作用。直到国民党叛变革命,大革命失败的危急关头,中共中央的八七会议才纠正了陈独秀的错误路线,确立了土地革命与武装反抗国民党的方针。八七会议比较彻底地确立了土地革命在中国革命中的地位和作用,提出了进行土地革命的总方针。并在土地革命问题上确立以下主要思想:第一,认识了土地革命的重要性:"土地革命问题是中国的资产阶级民权革命中的中心问题","是中国革命新阶段的主要的社会经济之内容"②;第二,规定了土地革命的初步政策,即"没收大地主及中地主的土地,分这些土地给佃农及无地的农民","对于小田主则减租,租金率由农民协会规定之","没收一切所谓公产的族祠庙宇等土地,分给无地的农民"。③ 但是在1927年11月,由瞿秋白主持的中央政治局仍然通过了土地国有的主张。1928年12月,毛泽东总结井冈山土地改革的经验,制定了《井冈山土地法》。《井冈山土地法》也是主张土地国有,提出"没收一切土地归苏维埃政府所有",分配给农民耕种,农民只有使用权,"禁止土地卖买"。④ 1928年党的六大也没有改变土地国有的政策。1929年4月,毛泽东同志主持制定的《兴国土地法》虽然改正了《井冈山土地法》中的若干错误,但对于土地所有权问题仍然没有明确的界定。⑤

八七会议以后,毛泽东同志为了解决土地所有权问题,在革命根据

---

① 《中国共产党第五次全国代表大会土地问题议决案》,载《中国共产党第二次至第六次全国代表大会文件汇编》。

② 《中共八七会议告全党党员书》,1927年8月7日,载《中国共产党第二次至第六次全国代表大会文件汇编》。

③ 《最近农民斗争的决议案》,1927年8月7日,载《中国共产党第二次至第六次全国代表大会文件汇编》。

④ 《井冈山土地法》,俞祖华主编:《中国通史教程教学参考》(现代卷),山东大学出版社2005年版,第134页。

⑤ 王继平:《中国社会主义思想发展史纲》,广西人民出版社1991年版。

地进行了大量的社会调查，在深入了解了农民的实际的基础上，正确地解决了八七会议以来一直没有解决的土地所有权问题。1931年2月，毛泽东以中央军委政治部主任的名义，致信江西省苏维埃政府，指示省政府发布布告，规定："过去分好的田……即算分定得田的人……这田由他私有，别人不得侵犯"，"租借买卖，由他自由；田中出产，除交土地税于政府外，均归农民所有。吃不完的，任凭自己出卖，得了钱来供零用，用不完的，由他储蓄起来，或改良土地，或经营商业，政府不得借词罚款，民众团体不得勒捐"，"农民一家缺少劳力，田耕不完，或全无劳力，一点不能自耕的；准许出租"。[①] 毛泽东的论述，基本上解决了土地所有权的问题，确定了适合中国民主革命的土地私有政策。在分配土地的具体方针和原则上，以毛泽东为代表的中国共产党人在实践中也逐步摸索出一些切合实际的办法。《井冈山土地法》规定"以人口为标准，男女老幼平均分配"，[②] 也可以以劳力为标准进行分配；分配土地的时候"以乡为单位分配"，在特殊的地方也可以以区为单位进行分配。在其他地区，也提出了自耕农的土地不进不出和"谁种谁收、抽多补少、抽肥补瘦、好坏均匀"的办法。经过一段时间的实践，《兴国土地法》等一系列土地问题的决议逐步确定了按人口平分土地、以乡为单位、以原耕地为基础，抽多补少、抽肥补瘦的分配土地的具体方针。

大革命时期和土地革命时期，中国共产党在革命根据地进行了改变土地所有权的实际斗争。湖南农村革命根据地最早开始没收和分配土地的是醴陵。1927年12月至次年初，醴陵进行了土地改革，即将地主土地没收，采取分耕和共同耕作的方式。[③] 湘南暴动期间，湘南特委召开了工农兵代表会议，制定了《土地分配法》，没收地主豪绅的土地，分配给无地或少地的农民，以乡为单位，以原耕地为基础，抽多补少。"据宜章、

---

① 转引郑德荣等编《毛泽东思想史稿》，甘肃人民出版社1983年版，第97页。
② 《井冈山土地法》，俞祖华主编：《中国通史教程教学参考》（现代卷），山东大学出版社2005年版，第134页。
③ 分耕即分配给农民耕种，共同耕作即在乡苏维埃耕作委员会的统一领导下，十人一组，集体作息，共同劳动。参见王国宇主编《湖南经济通史》（现代卷），湖南人民出版社2013年版，第273页。

郴县、耒阳、永兴、资兴、桂阳、汝城、桂东等8县统计,这次土地革命共分田69万亩,约占总耕地面积的20%,其中郴州【县】分田最多,全县32万亩,被分18万亩,将近60%。"①

随着秋收起义以后湖南境内各根据地的建立,土地革命在根据地广泛展开。

在湘赣革命根据地,毛泽东创建井冈山革命根据地以后,即进行了土地革命的尝试,先后制定了《井冈山土地法》和《兴国土地法》,在鄘县、茶陵进行了分配土地的工作,1929年5月,中共湘赣边界特委给江西省的报告中说:

> 土地的分配:边界过去对土地问题的解决都是在没收一切土地的口号之下分配,边界分了田有如下几种:永新莲花宁冈遂川鄘县五县,但有的割到禾,有的没有割到禾,现在得到中央的指示,对于土地问题有如下的改变,宁冈在公开割据的地方,为该地自耕农居多,改正去年没收一切土地的办法,为没收地主豪绅反【动】派的土地,分给无田或田少的农民,永新有的地方没收一切土地的口号为群众所拥护(小江区、鄘梅五区,以及西北特区所管辖之六区等)照去年所分的耕种,有的地方则照从前(未分田以前)乘租的办法去耕种,有的地方(我们并没有秘密割据的,因豪绅地主完全跑了)亦照去年分田的办法耕种,莲花三七八三区(占莲花半壁河山)亦是照去年所分的耕种。②

1931年11月,中华苏维埃共和国临时政府颁布了《中华苏维埃共和国土地法》,中共湘赣省委据此颁布了《重新彻底平均分配条例》《土地法执行条例》等法令,在茶陵、鄘县、攸县等区域开展了土地改革。

在湘鄂赣根据地内的平江、浏阳,也开展了土地改革。平江起义以

---

① 宋斐夫主编:《湖南通史》(现代卷),湖南出版社1994年版,第216页。
② 《中共湘赣边界特委报告(一九二九年五月二十日)》,江西省档案馆:《湘赣革命根据地史料选编》(上册),江西人民出版社1984年版,第13页。

后建立的工农兵苏维埃政府，在其政纲中就明确提出了土地改革的主张，并于1928年冬进行了土地改革，没收了地主、富农、中农的土地，然后不分男女老少，平均分配，并实行分耕或共耕制。浏阳最初实行的是减租减息、驳佃退押的斗争，平江起义后，随着根据地的扩大，开展了土地改革运动，县苏维埃政府还颁发了"土地使用证"。

在湘鄂西根据地的桑植、大庸、石门等地，从1929年开始试点分田，1931年开始全面铺开，1935年完成。

各革命根据地的土地改革在政策方面虽然经历过反复，[①] 实行的区域有限，时间也不是太长，但其意义却是深远的。土地是封建社会最主要的生产资料，土地问题是中国农村根本的问题，封建地主土地所有制是构成封建社会的基础，中共领导的土地改革对封建的社会制度、社会秩序、社会观念予以极大的冲击，解放了农村生产力，使农村社会发生了深刻的变化。

与土地改革相关联的是对农村社会阶级和阶层的划分。农村阶级和阶层的划分不仅是中国新民主主义革命的基本问题，而且也是农村社会革命的重要组成部分。正确地划分农村阶级则是土地革命的重要步骤和制定方针政策的理论依据，也是乡村社会动员的重要方法。中国共产党对农村阶级的分析，从建党前后就开始了探索。[②] 党的二大在对中国社会各阶级进行了初步分析之后，就对中国农民的成分进行了大体划分，指出"近来农民更可分为三种界限：（一）富足的农民地主；（二）独立耕种的小农；（三）佃户和农业雇工。第一种占最少数，第二第三两种的贫苦农民至少也占95%"[③]。陈独秀于1923年7月写的《中国农民问题》一文，曾把农民根据经济地位分为十等五个阶级：（一）大地主；（二）中地主；（三）小地主，这三等称为"自己不耕种之地主"；（四）自耕

[①] 在根据地创立初期，各根据地实行的土地政策虽不尽相同，但基本上符合实际情况。比如没收地主及一切公有土地，分配给无地少地的农民。但30年代初期，王明路线统治中央以后，开始出现"左"的倾向，如地主不分田，富农分坏田等，各根据地执行情况不一样。

[②] 刘培平《论中国共产党关于划分农村阶级标准的形成》[《山东大学学报》（哲学社会科学版）1992年第3期] 对此做了比较系统的历史回顾。

[③] 《中共中央文件选集》第1册，中共中央党校出版社1989年版，第113页。

农民兼地主;(五)自耕农民兼雇主,这二等称为农村中的"中产阶级";(六)自耕农民;(七)自耕农兼佃农,这二等称为"小有产阶级";"中产阶级"和"小有产阶级"统称为"自耕农";(八)佃农兼雇主;(九)佃农,这二等称为"半益农",是"半无产阶级";(十)雇工,称为"农业的无产阶级"。[①] 1925年12月,李大钊发表了《土地与农民》,在陈独秀的认识上前进了一步。李大钊根据河南几个县的调查统计资料,不仅从耕种方式上肯定了自耕农、佃农、自耕农兼佃农等概念,而且初步提出了阶级划分的概念,如地主、富农、中农等。1926—1927年,毛泽东同志撰写了著名的《中国社会各阶级分析》和《湖南农民运动考察报告》,强调了阶级分析的极端重要性:"我们要分辨真正的敌友,不可不将中国社会各阶级的经济地位及其对于革命的态度,作一个大概的分析。"[②] 其中重要的是提出了要从经济的、主要是生产资料的占有与使用关系上把握阶级的实质,据此明确地提出农村大两大阶级,即地主阶级和农民阶级,地主阶级"代表中国最落后的和最反动的生产关系,阻碍中国生产力的发展"[③],"其利益建筑于对自耕农、半自耕农、半益农、贫农、雇农五种农民的严重剥削之上"[④]。农民阶级就是受地主剥削的五种农民,包括自耕农、半自耕农、半益农、贫农、雇农。并且明确指出农村中除地主而外,"农民中有富农、中农、贫农三种"[⑤]。这些论述对于以后的农村阶级分析起了重要的指导和推动作用。

中国共产党在土地革命时期,对于农村阶级划分的政策,是处在探

[①] 《陈独秀文章选编》中册,生活·读书·新知三联书店1984年版,第312页。
[②] 《毛泽东选集》第一卷,人民出版社1991年版,第3页。
[③] 《毛泽东选集》第一卷,人民出版社1991年版,第4页。
[④] 毛泽东:《中国农民中各阶级的分析及其对于革命的态度》,原载《中国农民》1926年第1期。关于"半益农",文章中如此表述:"半益农与贫农都是乡村的佃农,同受地主的剥削,然经济地位颇有分别。半益农无土地,然有比较充足的农具及相当数目之流动资本。此种农人,每年劳动结果自己可以得到一半。不足部分,种杂粮,捞鱼虾,饲家畜,勉强维持其生活。于艰难竭蹶之中,存聊以卒岁之想。故其生活苦于半自耕农,然较贫农为优。其革命性则优于半自耕农而不及贫农。"中华人民共和国成立后收入《毛泽东选集》,改名为《中国社会各阶级的分析》,取掉了"半益农"的提法,将"半益农"并入贫农,作为贫农中的一部分。见《毛泽东选集》第一卷,人民出版社1991年版,第7页。
[⑤] 《毛泽东选集》第一卷,人民出版社1991年版,第19页。

索阶段的。1927年11月28日《中国共产党土地问题党纲草案》中说："农民分做三种：一、佃农，二、自耕农，三、半佃农。三种农民之中，都有贫农、小农、中农与富裕农民的区别"；"分辨农民中的这些种类，在农业生产方法的条件上，必须不仅以生产范围（耕地亩数之多寡）为标准。水田旱田，田地之肥膺，每年收获次数等都要估计到。"① 这里大致是以土地占有，收益多少、生活状况和剥削关系几个方面为标准。因此，在此后相当长的时期中，各根据地的阶级划分往往是多种划法、多种标准并存，并缺乏具体的政策界限。如1929年12月红七军政治部编的《土地革命》一书认为，农民，"就经济的贫苦来分：有富农（除自己消费外，还有剩余资本剥削人的），中农（自给自足的），贫农（不能自给的）。就耕作形式来分：有自耕农（耕自己的田）、佃农（租田种的）、雇农（农业工人）"，这里将两种不同的方法相提并论。1930年6月前委、闽西特委联席会议的决议《富农问题》中即认为富农又分半地主性的富农、资本主义性的富农、初期的富农三种。这里又将富农分为几个层次，混淆了富农与中农的界限。1933年10月中华苏维埃共和国中央政府作出《关于土地斗争中一些问题的决定》，并批准毛泽东同志写的《怎样分析农村阶级》一文，作为划分农村阶级的依据。这两个文件以经济剥削和被剥削关系作为划分阶级的标准，并对划富农的剥削时间和剥削分量作了具体规定："以连续三年的剥削作为构成富农成分的标准时间"，"剥削的分量必须是超过了全家一年总收入的百分之十五才能构成富农成分"，并对何为"有劳动"，何为"附带劳动"等问题作了具体说明。这些规定虽然有待于进一步完善，百分之十五的比例也失之过低，但是两个文件的基本思想是以剥削和被剥削关系作为划分阶级的标准，并对中国农村的阶级划分制定了具体政策，标志着党的农村阶级划分政策已基本确立。②

中共在探索农村阶级划分的理论与政策的同时，在根据地进行土地

---

① 《中国共产党土地问题党纲草案》，《布尔塞维克》（第1卷），第6期，1927年11月28日出版。

② 参见董志凯《关于我国土地斗争中的划阶级问题》，《近代史研究》1984年第3期。

革命的实践中,对农村阶级进行了划分。阶级划分是土地改革的前提和依据,因此在土地分配之前完成阶级划分。各根据地的具体方法不一,湘赣、湘鄂赣和湘鄂西根据地的通行做法是在各区乡苏维埃政府中成立土地委员会,负责阶级成分的划分。对阶级成分的划分,各根据地掌握的标准不一,同时由于"左"的倾向的影响,对地主和富农的政策曾经存在较为严重的偏差。在井冈山根据地和湘赣根据地,毛泽东对农村阶级划分很早就进行了探索。毛泽东同志通过土地革命的初步实践,把农村阶级大略分为三种,即大中地主阶级,小地主、富农的中间阶级,中农贫农阶级。[①] 至于具体的划分办法,开始是很简单的:"够吃够穿的是中农,不够吃不够穿的是贫农。"[②] 随着根据地的发展和土地革命经验的积累,逐步提出了具体的标准。1930年,毛泽东在《寻乌调查》中提出:农村阶级划分的标准是:大地主收租五百石以上;中地主收租五百石以下二百石以上;小地主收租二百石以下;富农是有余钱剩米放债的;中农是够食不欠债的;贫农是无地或少地,租种地主富农土地,终年不够食又欠债;雇农是长工及专门做零工的;无业的为游民;各种工匠、船夫及专门脚夫为手工业工人。[③] 这个标准虽易掌握,但所体现的主要不是剥削与被剥削的关系,而是财富的多寡,这样就把自己劳动或主要自己劳动,同时又放点小债的富裕农民划入富农的圈子,而且还把根本不剥削别人,只因家中劳力强,吃穿略有节余的中农划成富农,把富裕中农和部分中农划入富农,扩大了打击面。嗣后,在地主与富农、富农与富裕中农、中农的问题上,经历了多次的曲折反复,到1933年下半年,毛泽东经过大量调查,撰写了《怎样分析阶级》,并主持制定了《关于土地斗争中一些问题的决定》,就如何划分地主与富农、富农与富裕中农以及富农与中农作出了新的规定,这些新的规定,就使阶级的划分标准,不仅有了质的分析,而且有了量的规定,从而使阶级的划分有了明确的界限。这样,就使阶级划分标准更易掌握,使阶级划分更为科学,已标志

---

① 《毛泽东选集》第一卷,人民出版社1991年版。
② 张鼎丞:《中国共产党创建闽西革命根据地》,人民出版社1979年版。
③ 《寻乌调查》,《毛泽东农村调查文集》,人民出版社1982年版,第105、132页。

了中央苏区划分阶级的标准已基本完善。①

革命根据地的阶级划分经历了比较曲折的实践过程，由于经验的缺乏和"左"倾错误的影响以及残酷的斗争环境，各根据地在对待地主、富农的政策上，采取了一些过"左"的做法，比如地主、富农不分田或者分坏田，一度成为政策，甚至有将地主驱逐出根据地的做法，严重影响了根据地的发展。但从总的情况来看，根据地以土地改革和阶级划分为内容的社会革命，对于近代乡村社会的影响还是非常深刻的。首先，它对于调动农村广大贫农的革命积极性，壮大红军队伍、巩固革命根据地具有实际的作用。其次，在一定程度上解放了农村生产力，调动了农民的生产积极性，在一些根据地，亩产量得以提高。② 最后，它也是几千年来乡村社会自主的社会阶层的划分，对于下层民众的阶级意识的启发具有积极的意义，有利于其自身解放的进程。

二 乡村苏维埃区域的社会建设

在进行社会革命的同时，乡村苏维埃区域也进行了社会建设的尝试。土地革命时期，中国共产党是在开展的社会建设，是服务于革命，围绕政权的建立和巩固来开展，是特殊条件下的社会建设，关系根据地人民群众利益的各项民生建设，主要包括乡村教育、妇女解放、移风易俗、医疗卫生、社会救济救助和社会管理等各个方面。《湘鄂西苏维埃法令》就布告了社会建设的内容：男女均有参加管理和监督政府的权利；政府特别保护童工、女工，特别优待红军家属和老弱病残，抚恤死亡的士兵和革命烈士的家属；禁止买卖婚姻和包办婚姻，废除童养媳制度，解放寡妇、尼姑、和尚，等等。③

革命根据地大多建立在两省或数省交界的偏僻山区，这些地区本身经济贫困，教育也非常落后，不利于民众觉悟的提高和根据地的建设。因此，加强根据地的教育建设，是社会建设的重要任务。各根据地都普

---

① 温锐：《试论党在中央苏区土地革命中划分阶级的标准》，《江西师范大学学报》（哲学社会科学版）1987年第1期。
② 参见本书第二章第三节。
③ 《湖南工运史料选编》第三册，湖南省总工会编，1986年印行（内部资料），第727页。

遍重视教育，将其与获得革命成功、建立无产阶级政权的目标联系在一起。如湘鄂赣苏维埃政府就发表"训令"，指出："以教育为阶级斗争为武器，造就无产阶级所需的政治、经济、技术等专门人才，培养儿童有集体的思想，革命的热情，科学的头脑，艺术的兴趣，健康的体魄，劳动的身手，投身阶级斗争，以推翻反动统治，巩固苏维埃政权。"① 为实现这样的目的，湘鄂赣苏区要求"普遍建立各种赤色学校"，"每乡至少须开办三个以上的赤色初级小学校，每区须开办一个高级小学校，省区须开办初级中学一所"。② 此外，还规定"暂定从初小学校至高级小学校卒业为义务教学期间，凡苏区儿童必须受完此种教育"③。湘鄂赣苏区提出的这一要求由于战争环境的影响，是难以实现的，但是表达了中国共产党领导的红色政权对于教育的重视，而且在可能的条件下，积极发展根据地的教育事业。据浏阳县苏维埃文化委员会1931年5月统计，"一九三一年上期，该县计有列宁学校四所，学生二百一十一名，其中男一百四十四名，女六十七名。赤色小学校一百一十六所，学生四千二百三十七名，其中男二千九百八十三名，女一千二百五十四名。赤色女子职业学校一所，学生六十名。特别赤色小学校（专教育孤儿及避匪民众子弟的）一所，学生三十名，其中男二十七名，女三名。妇女半日学校十二所，学生二百五十六名。工农夜校十五所，学生二百八十四名，其中男二百一十名，女七十四名。共计男女学生五千余名"。④ 湘鄂西苏区的基础教育，在省文委会的领导下发展较快。1931年仅江陵、石首、华容、沔阳、监利和鹤峰6县，就有列宁小学530多所，学生达20263人。⑤ 在湘鄂川黔苏区，省、县革委会设有教育部，区革委会内设有文化教育委员会，直接领导基础教育。苏区先后办起许多所列宁小学和红军小学，

---

① 张叔复：《湘鄂赣革命根据地文献资料》第2辑，人民出版社1985年版，第86页。
② 张叔复：《湘鄂赣革命根据地文献资料》第2辑，人民出版社1985年版，第16页。
③ 张叔复：《湘鄂赣革命根据地文献资料》第2辑，人民出版社1985年版，第16页。
④ 湖南省社会科学院、武汉师范学院历史系、宜春地区史料征集办：《湘鄂赣苏区史稿》，湖南人民出版社1982年版，第189页。
⑤ 湘鄂西湖南苏区革命文化史料编委会：《湘鄂西湖南苏区革命文化史料选编》，湖南省常德市石门县印刷厂印制1992年版，第15页。

实行免费入学，如永保、郭亮、桑植、龙山县在 1934 年至 1935 年就办了列宁小学和红军小学 13 所，有教师 19 人，学生 830 多人。其中贫雇农子弟占 70%，中农子弟和工商子弟占 15%。①

根据地在财政非常困难的情况下，注意保障教育经费，湘鄂赣苏区党和政府从非常紧张的财政中拨出专项经费为苏区学校教育。湘鄂赣省苏区政府"确定教育经费实行免费教育"，同时"苏维埃对教育经费必有一个确定，在全县财政统筹支配之下具办各种教育事业"。②"凡工农劳苦群众的子弟读书一律免费。"③ "每个学生……油、盐、菜、柴、灯油等费，均由本校供给。"学生学费"按照家庭生活状况，酌量征收最小限度的学费，极贫者免之。"④ 苏区党和政府还在部分地区采取向学校拨让公田的方法支持教育的发展，要求"每堂红色学校应留田一石"。⑤ 通过出租或教工自己耕种等方式，获得收入和资金，或多或少解决了办学经费的问题。

根据地教育实行改革，注重与实践的结合，在学制上，1932 年 1 月《湘鄂赣省工农兵苏维埃第一次代表大会通过的文化问题决议案》中规定："学校的编制……一律采用四二制，暂时规定初小四年卒业，高小两年，初中三年。"并要求学生的年龄标准："从 7 岁起入初级小学校，11 岁入高级小学，13 岁入初级中学校。"⑥ 在《湘鄂赣省苏维埃政府训令》（文字第二号）又对学制进行了调整："列宁小学校分为二阶段：前期四年，后期三年。"⑦ 在课程方面，按照省苏维埃文化部规定，学校被要求"规定课程标准和受［授］课时间"，"初小课程暂定列宁读本常识、体

---

① 湖南省财政厅：《湘鄂西湘鄂川黔革命根据地财政经济史料摘编》，湖南人民出版社 1998 年版，第 833 页。
② 张叔复：《湘鄂赣革命根据地文献资料》第 1 辑，人民出版社 1985 年版，第 16 页。
③ 刘仁荣：《湘鄂赣革命根据地财政经济史料摘编》，湖南人民出版社 1989 年版，第 861 页。
④ 张叔复：《湘鄂赣革命根据地文献资料》第 1 辑，人民出版社 1985 年版，第 16 页。
⑤ 刘仁荣：《湘鄂赣革命根据地财政经济史料摘编》，湖南人民出版社 1989 年版，第 404 页。
⑥ 张叔复：《湘鄂赣革命根据地文献资料》第 1 辑，人民出版社 1985 年版，第 16 页。
⑦ 张叔复：《湘鄂赣革命根据地文献资料》第 1 辑，人民出版社 1985 年版，第 90 页。

操、唱歌、图画、劳动实习、笔算、珠算、作文习字等十项,按照年龄编入功课表里"。① 在教材和教学内容方面,湘鄂赣苏区,学校,要求禁止用基督教书籍、国民党党化书籍和"四书""五经"等作教材,② 且需要"统一教材……由各县文化部搜集教材,归省苏文化部审定印发"③。

湘鄂西省苏维埃政府文化教育部根据普通教育的培养目标、教育任务及少年儿童的特殊利益和要求规定列宁学校开设如下课程:

高年级(五、六年级):国语、算术、自然、地理、历史、军体、音乐、艺术、共产主义、劳动。

中年级(三、四年级):国语、算术、常识、军体、音乐、艺术、共产主义、劳动。

低年级(一、二年级):国语、算术、音乐、艺术、游戏。

高年级每星期授课36小时,中年级32小时,低年级30小时。整个小学的课程设置,贯串着政治教育、文化科学知识教育和军事教育相结合的原则。④

根据地还注重对贫民的社会教育。湘鄂西、湘鄂川黔根据地各地还办有工农夜校、冬学,吸收青年男女入学,灯油、课本、文具、纸张等一概由当地政府津贴,课程设常识、苏维埃法令、共产主义、习字等门。为了扫除文盲,在苏区还开展了识字运动。乡办识字班,村口、交通要道设识字牌、监督岗,要求学员每天认识个字,用竞赛的方式开展识字运动。⑤ 在湘鄂赣根据地,还设有专门学校,如工场学校、农场学校和教员养成学校等。如浏阳女子职业学校,每周按文科十八小时,职业科目有缝纫、染织、编物等。这种学校实行半耕半读,学习与实践相结合,

---

① 张叔复:《湘鄂赣革命根据地文献资料》第1辑,人民出版社1985年版,第14页。
② 张叔复:《湘鄂赣革命根据地文献资料》第1辑,人民出版社1985年版,第16页。
③ 张叔复:《湘鄂赣革命根据地文献资料》第1辑,人民出版社1985年版,第17页。
④ 霍文达:《湘鄂西苏区普通教育的改革》,《纪念〈教育史研究〉创刊二十周年论文集(11)——中国革命根据地教育史研究》,2009年。
⑤ 《湘鄂西革命根据地史》,湖南人民出版社1988年版,第352页。

学习期满后，即具有一定的专业知识或技能。研究院则是根据各种需要设立的，"凡专门学校毕业生具有必要的资格和志愿，都可适应其能力而分别入院"。湘鄂赣苏区普遍设立了工农夜校，参加夜校的多为成年男女。夜校除了组织群众学习文化，提高群众的文化水平外，学习革命理论是重要内容之一。通过学习，向群众灌输打倒帝国主义、打倒土豪劣绅的思想。各地设立识字运动委员会，计划扫盲和指导识字工作。凡是不识字的男女，愿意学习者，都可参加。推选稍具一定文化程度的人担任义务教员。课本是《工农读本》，由苏维埃政府发给。学习时间一般在晚上。为了方便群众，平江黄金洞、辜家洞等地，还采用识字牌的办法：在十字路口或行人往来经过的地方，竖立一块黑板，用粉笔写上一些有关生产和生活的字，如马、羊、柴、米、油、盐等。有的还在字旁配上图画，便于农民群众识别、记忆。①

妇女问题是中国几千年来封建社会产生的社会问题。妇女不仅受封建剥削，而且也受封建纲常伦理的压迫，包括族权、夫权等束缚。解放妇女，实现男女平等，是苏维埃政权的重要任务。《中华苏维埃共和国宪法大纲》明确规定："不分男女、种族、宗族，在苏维埃法律面前一律平等，皆为苏维埃共和国的公民。"② 以宪法的形式确立了男女平等的地位，为妇女政治上的平等确立了原则。1932年，湘赣省苏维埃第二次代表大会通过《湘赣省劳动妇女要求纲领》，提出：③

> 1. 妇女在经济上、政治上、教育上应与男子一律平等。
> 2. 凡十六岁以上的劳动妇女均有选举权和被选举权，劳动妇女得参加苏维埃办事。
> 3. 一切劳动妇女的言论、集会、结社完全自由，反对禁止妇女到会及参加革命运动（如慰劳红军及参加工作等）的封建家庭的束

---

① 孙伟、张庆杭：《试论湘鄂赣苏区的教育工作》，《井冈山大学学报》（社会科学版）2012年第4期。
② 计荣主编：《中国妇女运动史》，湖南出版社1992年版，第88页。
③ 江西省档案馆：《湘赣革命根据地史料选编》（上册），江西人民出版社1984年版，第563页。

缚妇女。

4. 以村或乡为单位开办妇女半日学校，晚上读书班、补习班等，童年妇女要一律到小学读书。

5. 大的县份最低限度应开办一个女子职业学校及一个女工厂，同时妇女有参加合作社运动的权利。

6. 县区苏维埃的改良妇女生活委员会，应经常计划和建议苏维埃政府改良妇女生活，与实现妇女要求和一切有利于妇女的事业和法令。

7. 实现全苏大会婚姻条例，保障妇女婚姻的完全自由，反对对婚姻条例的【歪】曲怀疑曲解和怕公布婚姻条例的封建怪物。

8. 禁止童养媳制度，反对重婚、蓄婢纳妾、买卖婚姻和强迫婚姻。

9. 反对打骂虐待和压迫妇女的宗法封建制发，废除一切束缚妇女的风俗习惯迷信等。

10. 为实现妇女利益与领导妇女斗争，劳动妇女得在共产党领导之下组织经常城乡劳妇代表会。

此外，还提出乡村妇女"得与男于同样朗分得土地"；"凡妇女分得的土地应归妇女享受□□和□□由妇女独立经营与支配"；"妇女与男子同样参加农业生产得同样享受劳动的报酬，但凡有害妇女身体健康的劳动应由男子担任"。关于女工，"实行增加工资，男女同样工作须得同样工资"；"实行男女八小时工作制，青工六小时，童工四小时"；"女工产前产后休息八星期，工资照发并另发医药费"；"不做一切有害于女工身体强健的危险工作"；"女工除享受一般劳动法的利益外，更应享受劳动法保护女工条例"。①

在这些法律法令规定下，各根据地对妇女政治、经济、教育等各方面的工作十分重视。

---

① 江西省档案馆：《湘赣革命根据地史料选编》（上册），江西人民出版社1984年版，第564页。

首先，确立了妇女的选举权和被选举权的。1930年5月湘鄂赣边境暴动委员会颁布的《暂行湘鄂赣边境工农兵苏维埃政府组织法》规定："凡苏维埃政权下的劳动群众年满十六岁之男女，均得享受选举权、被选举权及一切建议复决的自由权利。"① 《中华苏维埃共和国选举细则》第二章第五条规定："居住在中华苏维埃共和国领土内的人民，凡年满十六岁的无论男女，宗教民族的区别，对苏维埃有选举权和被选举权。"② 为了真正落实妇女的参政权，各级苏维埃政权在选举过程中规定了妇女的比例，1933年苏区选举中，中共中央组织局要求"经过女工农妇代表来切实动员，必须达到妇女代表占人数25％的任务"。因此，在根据地各级政权中，妇女参政的积极性很高，据统计，"多数的市、乡苏维埃、妇女当选代表的点25％以上，部分地主如上杭县的上才溪乡，75个代表中妇女43个，下才溪乡91个代表中妇女59个，占66％。"③

其次，根据地的妇女经济地位进一步独立。本来在乡村社会，贫穷家庭的妇女一直是家庭经济的重要角色，正如毛泽东在《湖南农民运动考察报告》中指出的那样："因为经济上贫农妇女不能不较富有阶级的女子多参加劳动，所以她们取得对于家事的发言权以至决定权的是比较多些。至近年，农村经济益发破产，男子控制女子的基本条件，业已破坏了。最近农民运动一起，许多地方，妇女跟着组织了乡村女界联合会，妇女抬头的机会已到，夫权便一天一天地动摇起来。"为保证妇女平等的经济地位，苏维埃政府土地法就规定了男女一律享有平分土地的权利。《中共湘赣省委关于重新彻底土地条例》和《土地问题决案》规定："以乡为单位，或根据实际情况几个乡或几个村联合，进行分配土地，根据土地的好差远近分成一至三等，不论男女老少，各分一份。"④ 在实践中，各地土地改革中，也保障了妇女平分土地的权利，早在1928年，湘赣边界各县、区、乡土地委员会分配土地时，实行"以乡为基本单位，以原

---

① 《湘鄂赣革命根据地文献资料》第1辑，人民出版社1985年版，第339页。
② 《中央革命根据地史料选编》下册，江西人民出版社1982年版，第178页。
③ 《中央革命根据地史料选编》下册，江西人民出版社1982年版，第307页。
④ 江西省档案馆选编：《湘赣革命根据地史料选编》下册，江西人民出版社1984年版，第254页。

耕地为基础……依人口数目，男女大小老幼，平均分配土地"①。在分配土地的同时，苏维埃政府鼓励妇女参加劳动，《湘赣全省劳动妇女要求纲领》关于农妇的土地使用权利明确规定，"凡妇女分得的土地即归妇女完全享受全部权利，妇女独立管理和支配；妇女与男子同样参加农业生产，同样享受劳动报酬，但凡有害妇女身体的劳动需要男子担任"②。妇女经济上的独立，使得她们的社会地位进一步提高，经济自主权增强，"过去，妇女只有劳动的份，没有说话的份。老公掌握经济权，一分钱都不给女的过手，买个针线都是左讨右讨。革命后，妇女砍柴、捡花生脚子等卖得的钱归自己，她们用这些钱打个银簪子、手镯、耳环或戒指，快活得很"③。

苏维埃政府也强调妇女的教育。1931年，湘赣边苏区有关教育方面的决议指出："农村中的妇女文化程度较男子落后，因此加紧妇女群众的教育训练，提高妇女的政治水平，是非常迫切的。不但施以政治教育，还应教她们学习口算、识字、卫生、家庭、革命常识等。各地列宁学校要领导女子去读书，并在各地组织识字班，设立妇女补习学校和女子职业学校等"④《湘赣全省劳动妇女要求纲领》明确规定："举行妇女识字运动，奖励幼年女子普遍到小学读书，设立妇女补习学校，训练妇女参加政权及群众团体的工作能力。"⑤ 根据地结合妇女的特点，举办各种夜校、半日学校、识字班、俱乐部，来帮助妇女脱盲。据1932年10月统计，湘赣全省（除上崇区外）共开办204所妇女半日制学校，800余所工农夜校。⑥ 此外，还开办了妇女职业学校，1931年3月，湘赣省苏维埃文

---

① 江西省档案馆选编：《湘赣革命根据地史料选编》（上册），江西人民出版社1984年版，第105页。
② 江西妇女联合会、江西省档案馆选编：《江西苏区妇女运动史料选编》，江西人民出版社1982年版，第312页。
③ 江西省妇女联合会编：《女英自述》，江西人民出版社1988年版，第256页。
④ 中华妇女联合会妇女运动历史研究室：《中国妇女运动历史资料（1927—1937）》，中国妇女出版社1991年版，第60页。
⑤ 江西妇女联合会、江西省档案馆选编：《江西苏区妇女运动史料选编》，江西人民出版社1982年版，第311页。
⑥ 陈钢、黄惠运、欧阳小华：《湘赣革命根据地全史》，江西人民出版社2007年版，第210页。

化部颁布《关于女子职业学校暂行简章的决议》,决定成立女子职业学校,"以造就女子职业的专门人才,发展苏维埃经济,使每个女子都有一种职业,达到女子的经济与职业独立"①。

通过这一系列措施,根据地妇女不但在政治、经济、文化诸方面获得与男子一样的权益,实现了男女平等,获得了解放,而且由于根据地的战争环境,男子大多数参军参战,妇女成为根据地生产和建设的主力军,为根据地的巩固作出了贡献。

在根据地社会建设方面,还对封建的恶习陋俗进行了改革。其中最显著的是对封建婚姻习惯进行改革。苏维埃政府颁布法令,废止买卖婚姻和包办婚姻,实行婚姻自主。1931年11月,湘赣省苏维埃第一次代表大会颁布《婚姻条例》,宣布:

1. 婚姻以自由为原则。
2. 废除一切包办买卖欺骗式的婚姻制。
3. 禁止多妻制,实行一夫一妻制。
4. 禁止纳婢蓄妾。
5. 打破守节制度。
6. 因血统关系戚族结婚须在五代以外。
7. 禁止童养媳。②

同时规定,"结婚须得双方同意不准有丝毫强迫行为","禁止聘礼送肉等不好习惯",还规定了离婚的条件、离婚后财产的处理等问题。1933年5月,发布《实行婚姻登记与正确执行婚姻条例》,从法律上保障婚姻自由。通过这些法律法令,根据地的婚姻陋习得以扫除,婚姻自主得以实现。据记载,根据地妇女"从前的婚姻,均由父母媒人为之包办,要到结婚那晚,才知道她的丈夫是长子或矮子。在变乱期后,她们已知道

---

① 江西档案馆选编:《湘赣革命根据地史料选编》(上册),江西人民出版社1984年版,第215页。

② 江西省档案馆:《湘赣革命根据地史料选编》(上册),江西人民出版社1984年版,第233页。

要自己选择他们的丈夫，就是有父母之命，她们至少亦须自己看过，和她的对象先坦白的谈话，有时还须谈论一些正常的条件，才许婚姻。至于她们选择婚姻的对象和眼光，那看各耕户的妇女而定"①。

此外，根据地还实行破除迷信、禁止赌博、禁止吸食鸦片、禁止卖淫嫖娼，提倡讲究卫生、开展健康业余生活等社会改良措施。在破除迷信方面，苏维埃政府通过各种方式，宣传、教育人民，使他们认识到"各种宗教完全是束缚工农劳苦群众的枷锁，是压迫阶级利用他来欺骗麻醉被压迫阶级模糊阶级意志的工具"②，菩萨也是"压迫阶级用来欺骗被压迫阶级的工具，菩萨不能免除劳苦群众的任何痛苦，只有从斗争中才可以得到自己的解放"③。在禁止赌博和吸食鸦片方面，湘赣省苏维埃政府内务部于1932年9月颁布了《禁烟禁赌条例》。规定："凡吸食鸦片或专事赌博不遵令戒绝者，依照本条例处罚之。……吃食鸦片者自禁令之日起，一月后就应立即自动戒绝，如还是继续吃鸦片者实行扣留戒脱。"④有的苏区提出要"消灭盗贼、吃大烟、赌博、嫖娼等恶劣现象"⑤。

禁止不良习俗之外，苏区还倡导积极健康向上的生活。颁布了《苏维埃区暂行防疫条例》《卫生运动纲要》《关于预防传染病问题》《一般的卫生常识》《卫生常识》等文件，号召革除不良卫生习惯，如禁喝冷水和食用病猪、牛、鸡、鸭肉；不准随地吐痰和大小便；不准在居处养猪，要建立专门猪栏；不能在公共地方乱堆垃圾和放养猪牛；死物秽物不准抛入河中、塘中；不饮塘水；水井附近不准堆放腐烂物质和建筑厕所，等等。⑥

---

① 张明：《最近永新之妇女——一切风俗习惯已发生很大的转变》，《申报月刊》1935年第4卷第7期，第209页。
② 江西省档案馆：《湘赣革命根据地史料选编》（上册），江西人民出版社1984年版，第544页。
③ 《湘鄂赣革命根据地文献资料》第2辑，人民出版社1985年版，第19页。
④ 江西省档案馆：《湘赣革命根据地史料选编》（上册），江西人民出版社1984年版，第589页。
⑤ 江西妇女联合会、江西省档案馆选编：《江西苏区妇女运动史料选编》，江西人民出版社1982年版，第146页。
⑥ 谢开贤：《中华苏维埃共和国的社会建设研究》，博士学位论文，湖南师范大学，2012年。

在社会保障方面，苏区政府也进行了一些尝试。政府相继制定了《中华苏维埃共和国劳动法》《关于中国工农红军优待条例决议》《临时中央政府训令第九号——执行红军优待条例的各种办法》《人民委员会对于赤卫军及政府工作人员勇敢参战而受伤残废及死亡的抚恤问题的决议案》《关于城市红军家属优待办法》《中国共产党中央委员会中华苏维埃共和国人民委员会关于优待红军家属的决定》以及《优待红军家属礼拜六条例》等一系列法令，力图保障苏区人民的各项权益和享有社会保障。其中最普遍的是建立革命互济会（其前身是济难会，1930年改为互济会）。从1931年11月中共湘赣省第一次代表大会审查通过的《革命互济会章程》可以看出互济会的任务是：

（一）救济被难的革命战士及其家属，鼓励群众提高革命的情绪和斗争的勇气。

（二）组织广大的革命群众和同情于革命的群众，在革命斗争中互相鼓励和救济。

（三）领导广大的群众，反对反革命的国民党军阀和帝国主义凶恶的白色恐怖、屠杀和压迫革命群众，引导广泛的群众到同情工农革命的战线。

（四）苏区革命互济会要注意把苏区群众的同情和救济，尽可能的传达到反动区域中去。【由】这个工作建立起赤区与白区的群众在精神上的交通桥梁，扩大革命的影响到全国范围。①

革命互济会的主要工作是经济上帮助因革命而处于困难之中的同志及其被难的烈士家属。根据规定，"救济应先及［给］予被难者本身，次及［给］其家属，再次及［给］于死难的人"，"对于在革命战争中牺牲的红军的家属，应特别注意救济（对赤卫队、游击队等也是一样）"，"特别注意救济赤白交界的被难群众。救济白区区域的被难群众

---

① 江西省档案馆：《湘赣革命根据地史料选编》（上册），江西人民出版社1985年版，第217页。

与在狱的革命战士及其家属","救济工作应发动群众,经过群众去执行。由群众募来的款项和衣物,仍由群众散发出去(组织募捐队、慰劳队等)","派人或寄款到反动区域去,经过中国革命互济会省总会作救济工作,并取得被救济人的回答"。[1] 虽然革命互济会并非一般意义上的社会保障,但对于处在战争环境中的革命战士和群众来说,是非常重要的保障。

革命根据地的社会建设,是在艰苦的战争环境中进行的。因此,它的推进是不完善的,其区域也是非常有限的,有相当的部分还是停留在文件层面,同时由于"左"的倾向错误的干扰,在某些方面还存在一些错误。但是,它表达了中国共产党对于人民大众的深切关怀和切实希望加以改变的意愿,同时,乡村根据地的社会建设,也使乡村发生了深刻的变化。中共湘鄂赣边特委在向中央的报告中描述了苏区的社会变化:

> 苏维埃区域的社会制度和社会状况,可说是旧的一切完全破坏了,处处表现新的现象,如迷信观念、男女界限无形打破,即农民的私有观念、家族主义亦能渐次减少。说到一般的文化教育,则封建教育完全消减,渐次创办农村补习学校,农村中普遍的用白话文,民众喜唱革命的歌,无产阶级的革命文艺渐次出现。说到旧的婚姻制度,丧葬礼节完全打破,婚姻可以自由离婚、结婚,丧葬礼节可以完全废除。[2]

第三节 革命根据地的社会动员与社会参与

中国共产党在革命根据地的乡村社会动员,是非常成功的。大革

---

[1] 江西省档案馆:《湘赣革命根据地史料选编》(上册),江西人民出版社1985年版,第220页。
[2] 《中共湘鄂赣边特委工作报告》(第4号),本书编写组:《湘鄂赣革命根据地》,中共党史资料出版社1991年版,第57页。

命时期，中国共产党通过建立农民协会，开展农民运动，进行了广泛的社会动员，而农民协会同时又是农民社会参与的重要形式。建立革命根据地以后，根据地的党组织、共青团、农民协会（贫农团）、妇女组织、儿童团普遍建立，它们既是社会动员的力量，也是社会参与的体现，并且通过工农兵代表大会和苏维埃政权形式，实现了较为广泛的参与。

一　乡村苏维埃区域的社会组织与社会动员

中国共产党的社会动员，在不同革命时期，有不同的革命目标，采取的方法是不同的，但其组织形式是具有共性的，那就是在党的领导下，最广泛地组织群众，建立起各种社会组织，实行最普遍的社会动员。在土地革命战争时期，中国共产党的根本任务是在无产阶级的领导下，联合一切革命的阶级特别是无产阶级最广泛而可靠的同盟军——农民阶级，建立农村根据地，以农村包围城市的道路，完成反帝反封建的民主革命。因此，进行广泛的乡村动员，是革命的重要内容。这一时期，中国共产党的乡村动员是以土地改革、阶级划分为方法，以组织群众为形式，实行了对乡村社会的广泛深入的动员。

中国共产党组织乡村群众的动员形式，可以追溯到大革命时期的农民运动及其农民协会。农民协会的产生是伴随着中国共产党的产生而存在并成长起来的。中国共产党自成立起，就提出了明确的斗争纲领是"要把工人、农民和士兵组织起来，并以社会革命为自己政策的主要目的"，"消灭资本家私有制，没收机器、土地、厂房和半成品等生产资料"，"直至阶级斗争结束为止，即直到社会的阶级区分消灭为止，承认无产阶级专政"，[①]提出了土地和农民的问题。1922年6月，在《中国共产党第一次对于时局的主张》中又提出了"肃清军阀，没收军阀官僚的财产，将他们的田地分给农民"，"制定限制租课率的法律"的主张。[②]

[①]《中国共产党的第一个纲领》，《中共中央文件集》第1册，中共中央党校出版社1983年版。

[②]《中国共产党第一次对于时局的主张》，《中共中央文件集》第1册，中共中央党校出版社1983年版。

同年7月,《中国共产党第二次全国代表大会宣言》指出:"中国三万万的农民乃是革命运动中的最大要素。农民因为土地缺乏,人口稠密,天灾流行,战争和土匪的扰乱,军阀的额外征税和剥削,外国商品的压迫,生活程度的增高等原因,以致日趋穷困和痛苦。""大量的贫苦农民能和工人握手革命,那时可以保证中国革命的成功。"[1] 1923年,中国共产党第三次全国代表大会通过了《农民问题决议案》,这是中国共产党关于农民问题的第一个决议。决议指出,工人阶级"有结合小农佃户及雇工以反抗牵制中国的帝国主义者,打倒军阀及贪官污吏,反抗地痞劣绅,以保护农民之利益而促进国民革命运动之必要"[2]。1925年的《中国共产党第四次全国代表大会"对于农民运动之议决案"》进一步强调了农民在革命中的作用,提出了"宣传组织农民的方法自当从实践问题入手。应当在农民群众中宣传选举代表农民机关的主张,随时随地注意启发农民群众的觉悟"等主张,[3] "代表农民机关"可以说就是农民协会。

最早的农民协会在三个地方建立:浙江萧山衙前、广东海丰县和湖南衡山。一是浙江萧山衙前。衙前农民协会由中国共产党人沈玄庐发起,于1921年9月27日成立,通过了《衙前农民协会宣言》和《衙前农民协会章程》,提出了土地归农民的要求,规定了农民协会的宗旨、性质和机构。衙前农民协会成立后,领导农民进行了减租斗争并提出了"二五减租"的要求,还领导农民进行了反对封建礼教的斗争。在衙前农民协会的影响下,萧山、绍兴地区有80多个村组织了农民协会。

二是彭湃组织发起的海丰农民运动和农民协会,先后成立了六人农会、赤山约农会,并于1923年元旦成立了海丰总农会,由彭湃任总会长。这是中国现代史上第一个县级农民协会。海丰总农会成立后,紫金、五华、惠阳、陆丰等县的农民加入者逐日增多,于是,海丰总农会改组为

---

[1]《中国共产党第二次全国代表大会宣言》,《中共中央文件集》第1册,中共中央党校出版社1983年版。

[2]《农民问题决议案》,《中共中央文件集》第1册,中共中央党校出版社1983年版。

[3]《第一次国内革命战争时期的农民运动资料》,人民出版社1983年版,第18页。

惠州农民联合会，各县分设县联合会。不到两个月，农会组织又发展到潮州、普宁惠来等地，惠州农民联合会又改组为广东省农会，彭湃担任省农会的执行委员长，各县均设县农会。

三是在毛泽东领导下由中共湘区委指导发动的湖南衡山岳北的农民协会。由刘东轩、谢怀德发动，并于1923年10月15日成立了湖南第一个农民自己的组织——岳北农工会。

农民协会获得大发展是在国共合作之后。在中国共产党的帮助下，国民党一届一中全会上，成立了由中国共产党人林祖涵、彭湃、阮啸仙、罗绮园等人参加的国民党中央农民部，林祖涵任部长，彭湃任秘书。国民党二大通过的《农民运动决议案》，要求各省党部都要成立农民部，指出："党之政策，首须着眼于农民本身之利益，政府之行动，亦须根据于农民利益而谋求解放。本党为解除农民痛苦，使其成为有组织之民众，以促革命之成功，故对于内部之组织尤须有严谨缜密之。兹规定，各省均应成立农民部，并与中央农民发生密切关系，实行中央农民部之统一行动计划。确定并扩大农民运动经费。"[①] 1924年6月，中国国民党中央执行委员会批准了《农民协会章程》（简称《章程》），《章程》共15章83条，确定了农民协会的性质、宗旨、任务、会员的权利和义务，以及各级农民协会的组织办法和职能。同时，成立了农民运动讲习所。从1924年至1926年，由中国共产党人主持，以国民党农民部的名义，在广州开办了六届农民运动讲习所，共培养了800多名农运干部，[②] 为全国农民运动的高潮到来和农民协会的发展准备了干部。从此，农民运动在南方几省迅猛发展，农民协会也普遍建立起来。据统计，湖南省在北伐军进入前，有农民协会会员20多万人，而北伐军仅入湘半年，全省农民协会会员就骤增至200万人。到1927年3月底，农民协会的组织已经遍及湖南、湖北、江西、河南、陕西等18个省区，形成了以湖南为中心的农

---

① 《农民运动决议案（1926年1月19日第二次全国代表大会通过）》，荣孟源主编：《中国国民党历次代表大会及中央全会资料》（上册），光明日报出版社1985年版，第133—155页。

② 高世琦编著：《中国共产党干部教育世纪历程》，党建读物出版社2013年版。

民运动的高潮，沉重地打击了封建势力。① 农民运动和农民协会的开展，可以说是在极为广泛的层面和深度进行了乡村动员，激发了乡村各阶层极大的热情，尤其是下层农民的参与积极性。据统计，农协会员中，贫农、雇农、半自耕农占80.6%，自耕农占9.2%，手工业者占8.2%，小学教师和商人占2%。乡一级农民协会绝大部分掌握在贫雇农里，如衡山县，乡农民协会的干部中贫农占90%，贫苦知识分子占10%。②

大革命时期中国共产党通过农民协会组织，最大限度地进行了乡村社会动员，保证了北伐战争的胜利，也为中国共产党的乡村社会动员积累了宝贵的经验。在建立了自己的根据地以后，其社会动员的组织形式更加多样化。即在党组织和苏维埃政权的领导下，建立各行各业的社会组织，展开对各个社会阶层的深入动员。苏区的群众组织主要可以分为两大类：一是革命群众团体，包括工会、贫农团、共青团、妇女会、反帝大联盟、互济会等；二是革命群众武装组织，包括赤卫队、暴动队、少年先锋队、儿童团等。③

土地革命时期，农民群众组织有一个从农民协会（农会）到贫农团的转变过程。在大革命时期，农民协会获得大规模的发展，在"一切权

---

① 王永乐、刘妮妮、宣跃文：《试论大革命时期农民协会的发展状况》，《党史文苑·学术版》2007年第4期。关于会员人数，有不同的统计数据。李永芳著《近代中国农会研究》（社会科学文献出版社2008年版）认为：在北伐军出师以前，湖南农民协会组织就已遍及湘潭、长沙、衡山、醴陵、湘乡、益阳、浏阳、平江、衡阳、耒阳、永兴、宜春、郴县、安化、宁乡、湘阴、临湘、岳阳、华容、南县、常德、麻阳、常宁、祁阳、嘉禾、大庸、茶陵27个县，农民协会会员达40余万人。随着北伐战争的胜利进军，结束了北洋政府在湖南的反动统治，各地工农运动得以迅猛发展，农民协会像雨后春笋般普遍成立，截至1926年11月底，据1927年1月6日出版的《向导》周报第118期史料记载，全省有"正式成立县农民协会者三十六县"，"已有县农民协会筹备处者一十八县"，"共计五十四县，计一百零七万一千一百三十七人"。另据1927年3月27日出版的《战士周报》史料记载，全省正式成立县农民协会的有湘乡、浏阳、湘潭、衡阳、长沙、醴陵、宁乡、衡山、益阳、茶陵、南县、洋县、汉寿、祁县、蓝山、慈利、平江、宝庆、临湘、耒阳、郴县、宜春、岳阳、常德、新宁、华容、绥宁、临武28个；成立县农民协会筹备处的有武冈、沅江、新化、永兴、汝城、嘉禾、溆浦、泸溪、临湘、桃源、芷江、麻阳、安乡、城步、攸县、新田、常宁、安化、酃县19个，特别区有长沙近郊和株萍路2处，通讯处有零陵、道县、安仁、桂东、资兴、安东、宁远7处。共计有区农民协会462个，乡农民协会6867个，会员人数136.7万多人。

② 李永芳：《近代中国农会研究》，社会科学文献出版社2008年版，第210页。

③ 张庆杭：《中央苏区时期群众组织研究》，《鸡西大学学报》2012年第11期。

力归农会"的口号下,农会实际上成了乡村的权力机构,成为乡村政权。大革命失败后,农会遭到国民党反动派的残酷镇压,被迫解散或转入秘密状态。八七会议确立了武装反抗国民党反动派的方针,各地党组织着手恢复农会。1927年8月,中共中央制定的《关于湘鄂粤赣四省发动农民秋收暴动大纲》提出:"以农会为中心,联合一切接近农民的社会力量,实行暴动;夺取乡村政权,以至县政权,组织革命委员会,歼灭土豪劣绅及一切反革命派,实行抗租、抗税、抗捐、抗粮;组织土地委员会,决定土地之分配。"① 同时,中共中央通过了《两湖暴动计划决议案》,决议案指出:"暴动的口号:暴动打倒武汉政府……暴动抗租抗税抗粮抗捐,暴动恢复一切革命民众团体,暴动实行一切政权归农民协会……"② 于是各地开始恢复农会。在经过武装暴动建立了根据地的地区,农会得以公开建立。在湘鄂赣苏区,"农会虽未普遍组织起来,但在浏阳一县,半年来很有迅速的发展,计全县农会会员一万,平江现正恢复农会。"③ 在白色区域,农会或秘密组织,或以兄弟会等名目出现。随着武装起义的胜利和革命根据地的建立,中国共产党提出了建立革命政权——苏维埃的口号,因此,作为乡村政权的农会就自然被苏维埃所取代并为贫农团所代替。1927年11月,中共中央临时政治局扩大会议通过的《中国现状与共产党的任务决议案》明确提出:"现时就应当宣传苏维埃的口号及农民协会的过渡作用。所以苏维埃口号并不与组织农民协会相冲突,可是'乡村政权归农民协会'的口号,应当取消。"④ "在暴动中农民协会既已成为领导广大群众暴动的执行机关,在暴动胜利后自然要成为农民代表会议(苏维埃)新政权的中心骨干。一切政治的经济的

---

① 《中国共产党编年史》编委会:《中国共产党编年史(1927—1936)》,山西人民出版社2002年版,第476页。

② 《两湖暴动计划决议案》,中央档案馆编:《中国中央文件选集》(三),中共中央党校出版社1992年版。

③ 《湘鄂赣革命根据地文献资料》编写组:《湘鄂赣革命根据地文献资料》第1辑,人民出版社1985年版,第274页。

④ 《中国现状与共产党的任务决议案》,中央档案馆编:《中国中央文件选集》(三),中共中央党校出版社1992年版。

处置都应集中于苏维埃,而使农民协会自然消灭。"① "苏维埃成立后,即取消农协、农委等的农民组织,一切权力属苏维埃。"② 可见,是革命的任务发生变化使得农会结束其使命。

1930年6月,共产国际执委会政治秘书处作出关于中国问题发表的决议,提出"与苏维埃区域里的土地革命任务有密切联系的一个任务,是要组织雇农和乡村无产者工会,是要组织贫农团,而这些组织的目的,应当是把中农团结在自己的周围,并且使苏维埃机关的一切设施都有利于贫农和中农"③。同年8月,共产国际东方部关于中国苏区土地农民问题的决议指出"贫农会应当在共产党的领导下发起,雇农苦力以及其他乡村的工人都应当参加贫农会。"④ 根据共产国际的指示,1931年3月中共中央提出"各苏区在红五月中必须在每个乡村将贫农团与雇农工会小组(包括苦力在内)……成立起来"⑤。按照中共中央的指示,各苏区的贫农团纷纷建立起来,据湘赣省委1933年6月统计,该省11县"共发展贫农团87个,共发展会员25783名",其中湖南区域的茶陵县"贫农团323个,会员6102名",酃县"贫农团4个,会员389名",攸县"贫农团7个,会员178名"⑥。

根据《湘赣边区贫农团暂行组织法》的规定,贫农团的会员由4种人组成:"1. 过去农村中的耕种田地不够养活家庭还须出买[卖]劳动力的贫农及其家属。2. 专门出买[卖]劳动力做长工或短工的雇农苦力及其家属。3. 直接对老板或对包工头出买[卖]劳动力的手工工人,如

---

① 《农民问题决议案》,《中共党史参考资料》第五册,中国人民解放军政治学院党史教研室编,第331页。
② 《中共关于接受国际对于农民问题之指示的决议》,中国社会科学院经济研究所中国现代经济史组编:《第一、二次国内革命战争时期土地斗争史料选编》,人民出版社1981年版,第313页。
③ 《共产国际执委会政治秘书处关于中国问题决议案》,《中共党史教学参考资料》(三),人民出版社1979年版,第214页。
④ 《共产国际东方部关于中国苏区土地农民问题决议》,《中共党史参考资料》(二),人民出版社1979年版,第335页。
⑤ 何友良:《中国苏维埃区域社会变动史》,当代中国出版社1996年版,第136页。
⑥ 湘鄂赣党史资料征集协作小组编:《湘赣革命根据地》(上),中共党史资料出版社1990年版,第442页。

纸坊的做纸工人、大木店的木匠工人及各种手工业工人。4. 最积极勇敢的游击战士。"① 贫农团的组织，"贫农团组织在乡村苏维埃之下，在贫农团内雇农苦力可组织自己的小组"；"在宽广区域的乡村贫农团为便利开会起见可以分设小组"；"贫农团应设干事会，讨论并执行一切事务。干事会分总干事、组织干事、宣传干事，各干事都应直接参加生产，办公地方可设在乡苏机关内，应力求简单，小组组长也不要住常办公"。② 贫农团与苏维埃政府的关系是："1. 贫农团有经常讨论苏维埃工作意见提交苏维埃讨论执行之；2. 贫农团应受乡村苏维埃政府的指导；3. 贫农团有经常监督苏维埃工作和经济收支之权；4. 贫农团应号召全体会员执行苏维埃一切法令；5. 贫农团有提出自己的后［候］补名单参加苏维埃政府之权。"③ 贫农团的主要工作是：④

  1. 拥护苏维埃，在苏维埃指导之下参加巩固并发展苏维埃政权［的］一切斗争。

  2. 切实执行苏维埃政府一切法令和讨论对苏维埃工作的意见，提交苏维埃政府以及监督苏维埃政府的一切工作和经济收支。

  3. 彻底深入土地革命，团结贫农群众，联合中农，坚决反对富农。

  4. 经常介绍最坚决积极的会员到红军中去充实红军队伍。

  5. 加紧肃清 AB 团、改组派及一切反动政治派别的工作。

  6. 组织各种合作社，实现贫苦劳动群众的利益。

  7. 发展并巩固贫农团的组织，培养并训练干部参加苏维埃政权工作。

---

① 江西省档案馆：《湘赣革命根据地史料选编》（上册），江西人民出版社1984年版，第176页。

② 江西省档案馆：《湘赣革命根据地史料选编》（上册），江西人民出版社1984年版，第176页。

③ 江西省档案馆：《湘赣革命根据地史料选编》（上册），江西人民出版社1984年版，第178页。

④ 江西省档案馆：《湘赣革命根据地史料选编》（上册），江西人民出版社1984年版，第177—178页。

8. 宣传工作编印画报、壁报、传单、小册子，组织宣传队并指导会员作宣传工作。

9. 领导青年群众参加革命斗争并注意其特殊利益与教育。

10. 发动并领导劳苦妇女在苏维埃法令之下参加各种斗争和工作，实现妇女本身的解放。

从以上贫农团的成员、组织和工作任务来看，虽然与农民协会相比，它不具备乡村政权的性质，但它是乡村党组织、苏维埃政权之外的最大和最普遍的组织，在乡村中发挥着重要的作用，是乡村社会动员的主要的组织形式和渠道。

妇女会也是苏区社会动员的重要组织形式。苏区妇女会没有统一的名称，例如湘赣苏区的妇女组织就有妇女运动委员会、妇女生活改良委员会、劳动妇女会（劳妇会）等团体。① 苏区各级党委十分重视妇女工作，中共湘赣省委通过的妇女工作决议案要求，"健全党团各级妇运委员会的组织，从县以上的党团组织妇运委员会，妇委须经常收集妇女生活要求材料计划妇运工作，实行经常巡视检阅各级党团部，及群众团体的妇女工作。各级党团的指导机关，经常派人出席妇委会议，帮助和监促妇委计划工作，但是须要将妇运工作，建筑在总的工作之下一致行动"。"在苏维埃政府指导之下，组织劳动妇女代表大会（组织法另颁布）。这一代表会议，是发动劳妇群众斗争的性质，并且带一种教育性的，是讨论妇女的特殊要求，与劳动妇女的阶级教育问题，以及帮助政府实现政

---

① 苏区各级党委设有妇女运动委员会，负责指导妇女运动，但没有作为群众组织的统一的妇女组织。1931年9月，中共湘赣省委通过《湘赣边苏区妇女工作决议案》指出："取消苏维埃政权下各种单纯的妇女组织（如劳妇会工读社等），因为政权组织是代表整个工农阶级（包含男女）利益的。在法令上、政纲上、行动上应保障妇女利益，绝对不能把整个利益从阶级利益中分开，因此这些妇女组织无单独存在的必要。妇女可以分别其职业加入雇农工会，手工业工会，贫农团，赤卫队、少先队及各种革命群众团体组织，参加实际斗争经常实现他们的要求，尤其要注意团结积极的女工，在赤色工会周围，帮助苏维埃实现劳动法，保障女工在苏维埃政权之下，得到切身的利益。但在各级苏维埃政府之下，为要调查研究社会上的妇女实际生活状况，可以组织改良妇女生活委员会，专门讨论改良妇女生活与妇女要求的问题，交苏维埃政府执行。"[江西省档案馆：《湘赣革命根据地史料选编》（上册），江西人民出版社1984年版，第171页]

策,讨论参加革命工作,反富农斗争等,交苏维埃政府批准执行。代表会可以经常召集开会,要多吸收雇农妇,贫农妇,女工红军妻女,中农妇亦可参加,绝对不许富农豪绅地主的妇女参加,共产党青年团员,应在大会中有计划的起领导作用。"① 因此,苏区虽然没有统一的妇女组织,但在各级党的妇女运动委员会(又称妇女部)的领导下,妇女在苏区的社会动员中发挥了重要的作用。

首先,建立妇女的基层组织——妇女生活改善委员会和妇女代表大会。"妇女生活改善委员会,是湘赣省苏维埃各级政府专门设置的妇女调查咨询机构,后改为妇女生活改良委员会。主要由各级妇女委员会书记和各群众团体的妇女部主任组成,县委员会五至七人组成,区三至五人组成,乡三人。委员会派人到下层召集妇女代表会议,调查并了解下层妇女的一般生活状况和实际需要,收集妇女的一切实际材料和意见,提交妇女生活改善委员会做成具体决议,并交由苏维埃执行。"② 妇女代表大会,简称妇代会,是广大妇女的群众性组织,"实行严格的组织法,召集妇女群众大会,满18—20人者选代表一人,组织乡妇女代表会;区代表会则由各乡代表会在妇女总数当中,50人以上至100人以下者举一个代表组织之;县代表会由各区代表会按全区总计每200人到500人举一个代表之"③。1933年5月,根据中央的指示,改称"女工农妇代表大会"。"劳动妇女代表大会在传达上级的有关决议和宣传动员的政治工作取得较好的效果,尤其在劳动妇女反对封建束缚等斗争方面,成绩卓越。"④

其次,各级妇委会积极组织妇女参军参战,保卫革命根据地。1932年7月至9月,湘赣全省妇女做布鞋11万余双,还组织歌舞队、洗衣队、补衣队、烧茶队慰劳红军。在湘赣根据地第一次革命竞赛中,有1000多

---

① 江西省档案馆:《湘赣革命根据地史料选编》(上册),江西人民出版社1984年版,第171页。

② 陈钢:《湘赣革命根据地全史》,江西人民出版社2007年版,第239—240页。

③ 《湘赣边苏区劳动妇女的英勇斗争》,湘赣苏区《妇女生活》1932年5月23日,第1号。

④ 《中共江西苏区省委四个月(一至四月)工作总报告》,中央档案馆、江西档案馆编:《江西革命历史文件汇集(1932年)》,1992年,第168页。

名妇女报名参加红军,[1]"青妇参加一般的斗争上非常勇敢。如参加地方武装背枪,如萍乡的独立营,省、县一级的警队都有不少的女子充当。送郎当红军、拥护红军、参加放哨、检查参队等工作,青年妇女都积极参加"[2]。同时,发动妇女进行"扩红"宣传,动员男子参加红军,送丈夫、儿子、哥哥、弟弟、叔叔、伯伯去当红军。在1932年4、5月的湘赣省委妇女部的工作计划中,提出妇女动员男子参军的具体人数,永新400名、茶陵100名、吉安90名、分宜90名、安福95名、新峡95名、莲花80名、萍乡30名、遂川30名、万安30名、泰和30名,获得了完全的成功。[3]对开小差的士兵"请红军家属和回家的士兵开茶话会,从政治上鼓励开小差的士兵回队,鼓励其家属送郎送子归队、并提出'红军家属是异常光荣的,留恋丈夫是可耻'的等口号,用种种的方法去鼓动。如有坚决不归队的则发动群众耻辱他们,向他们索回慰劳品等。"[4]

最后,组织根据地妇女参加生产。由于残酷的战争环境,根据地的青年男子大多参军参战,劳动力缺乏,妇女就成为根据地的主要劳动力。根据地的劳动妇女,由于家庭贫困的原因,在革命前本来就是农村重要的劳动力。革命后,更成为主要的劳动力量,犁田、耙田、莳田、打禾等农田生产的大部分重活累活,成为她们的日常劳作。同时还帮助红军家属耘田、耕种、收割,耕种红军公田。按照上级的要求,"每个妇女每月需帮助红军家属做二天工,耕种、挑水、砍柴、洗衣、补衣等,送蔬菜等食品去慰问红军家属,解决红军家属的一切困难"[5]。

总之,根据地的妇女在各级党组织的领导下,广泛组织起来,参与

---

[1] 陈栩、黄惠运、欧阳小华:《湘革命根据地全史》,江西人民出版社2007年版,第239页。

[2] 江西省档案馆选编:《湘赣革命根据地史料选编》,江西人民出版社1984年版,第570页。

[3] 江西妇女联合会、江西省档案馆选编:《江西苏区妇女运动史料选编》,江西人民出版社1982年版,第296页。

[4] 江西省档案馆选编:《湘赣革命根据地史料选编》,江西人民出版社1984年版,第570页。

[5] 《湘赣革命根据地》党史资料征集写作小组编:《湘赣革命根据地》,(上),中共党史资料出版社1991年版,第165页。

政治、经济、军事和文化活动，不仅实现了妇女本身的动员和参与，而且通过她们的活动，成为社会动员和社会参与的渠道和推动力量。

工人阶级是中国新民主主义革命革命的领导阶级，苏维埃区域虽然基本上建立在乡村，这些地区几乎没有现代工业，只有为数不多的矿山、手工作坊以及数量比较多的农业雇工（农业工人），但苏区十分重视工人组织和工人运动，工人成为苏区社会动员的重要力量。以湘赣边区为例，1932年7月，中共湘赣省委给中央局的报告对"湘赣苏区工人的性质和种类数量"分类如下：

（1）农业工人（雇农）——经常替富农地主种田的长工（农村无产阶级）或附带耕种小块的田地以半数时间做短工的雇农（半无产阶级）……

（2）各种职业手工业工人，如萍乡攸县安福的纸业工人，莲花的瓷业工人都是。……

（3）职员和雇员——如现在政府机关被雇佣的职员……

（4）各种手工业工人，即指"只有自己的工具，天天到人家做工的手艺工人"——如裁缝、木匠、泥水匠……①

据统计，湘赣边产业工人主要分布在安源煤矿、株萍铁路、醴陵瓷业及湘东南、赣西南等地的一些小型厂矿中。安源煤矿20年代初，全矿共有工人1.2万余人。1906年为将安源生产煤炭经株洲转运汉阳铁厂而建成的株萍铁路，有工人4500余人，从事转运的工人600余人。号称瓷都的醴陵土、细瓷职工总数共有6000多人。宜章的瑶岗仙钨矿和杨梅山煤矿最盛时期各有工人2000余人。茶陵邓阜山钨矿有工人1500余人。另外，在茶陵的龙头、贝水、芙江、锡家山4个铁厂有工人约500人。资兴的煤矿、中柴山磺矾矿、大脚岭铅矿和郴县保湘铅锌公司有工人700余

---

① 江西省档案馆：《湘赣革命根据地史料选编》（上册），江西人民出版社1984年版，第456页。

人，还有吉安市政工人200余人。湘赣边产业工人总数在3万人左右。①20年代末，攸县已有中小型工场392个，从业人员2159人，拥有资本91860元（银圆）。②此外，工人队伍中的另一组成部分是农村中丧失了土地，长年累月靠给地主做长工、打短工为生的雇农工人他们是乡村中的无产阶级，在农村极为普遍，仅吉安就有雇农2500余人。除此以外，构成湘赣边工人队伍的还有一批伐木、放排、挑脚、码头、搬运等苦力工人和相当数量的店员工人。③

中国工人有光荣的革命传统，安源路矿的大罢工是中共领导的湘赣地区的革命先锋。在大革命时期，湘赣边区工人运动出现了前所未有的高潮。当北伐军在湘赣边境作战时，得到了边区各地工人的大力支援。北伐先遣队叶挺独立团于5月下旬挺进湘南，宜章、郴县、耒阳、永兴、安仁等县工人就组织了支前纵队为北伐军运送军用物资。在北伐军先后经过的攸县、醴陵、萍乡、吉安、遂川等地，各业工人纷纷成立宣传队、募捐队、慰劳队、运输队、担架队、向导队、救护队、侦探队、破坏队等各种组织，积极开展各种支前服务活动，支援和配合北伐军作战。攸县篾业工会和伞业工会曾组织工人在三日内赶制军用斗笠2000多个。④醴陵工人和学生组成平民救国团直接参加泗汾桥战役。在中国共产党领导的秋收起义、平江起义、湘南暴动等武装起义中，各地工人也纷纷加入，成为武装斗争中的重要力量。

革命根据地建立以后，中共加强了对工人运动的指导。在湘赣边区，中共湘赣省委为了加强对工人运动的领导，特设职工运动委员会，省委书记王首道兼任职工会书记，省苏维埃政府主席袁德生，省委常委甘泗淇、刘其凡也是职工会的委员，其他成员有刘亚球、王炳生、张子意、

---

① 《湘赣革命根据地工人运动史》编写组：《湘赣革命根据地工人运动史》，江西人民出版社1991年版，第7页。

② 《湘赣革命根据地工人运动史》编写组：《湘赣革命根据地工人运动史》，江西人民出版社1991年版，第6页。

③ 《湘赣革命根据地工人运动史》编写组：《湘赣革命根据地工人运动史》，江西人民出版社1991年版，第7—8页。

④ 《湘赣革命根据地工人运动史》编写组：《湘赣革命根据地工人运动史》，江西人民出版社1991年版，第18页。

刘士杰、邱炳炎等。不久职工会改称职工部，常委刘其凡任部长，成员有王首道、袁德生、王炳生、刘士杰、刘燕玉、杨西林、肖石坚、王国朝等。1931年10月，中共湘赣临时省委制定出《湘赣边苏区赤色工会暂行组织法》。该组织法规定了工会会员成分、组织工会的步骤、工会组合的分别、各级工会的组织系统、工会内部组织和分工、青工女工的组织、工人武装组织、工会应该做的实际工作、工会与苏维埃的关系、工会与共产党的关系、工会的经费、雇农工会的组织。①

组织法还确定了工会的组织系统：湘赣边苏区工会的最高机关，是在全国总工会苏区执行局直接指导下的湘赣边苏区全省工人代表大会—湘赣边苏区全省总工会执行委员会—全省总工会常务委员会—各县总工会—各区工会—支部—小组。此外，还有行业工会：雇农工会、产业工会、码头工会、店员工会、苦力工会、篷船工会、篾匠工会、缝衣工会、泥木工会、理发工会、车夫工会等。可以说，通过各行各业的工会组织，中共将乡村工人在最广泛的层面上动员起来了。

此后，中共湘赣省委又对工人运动和工会工作作出了一系列的决议案，如1932年3月11日，中共湘赣省委第一次执委扩大会作出《关于苏区工会运动决议案》，1932年11月13日中共湘赣省第二次代表大会通过了《湘赣省职工运动决议案》；1933年11月20日，中共湘赣省第三次代表大会通过了《经济斗争与工会工作决议草案》，1934年3月24日中共湘赣省委作出《关于工会工作检查的决定》。在这些决议或决定中明确指出："工会工作是党的最中心工作，是巩固与扩大苏维埃根据地的一个最基本的战斗任务一。""党对职工运动的领导再也不能一刻迟缓。"要求"职工会应领导工人群众成为巩固与拥护苏维埃的主要柱石力"，"职工会应积极领导工人群众参加苏维埃政府所领导的各种斗争——革命战争、土地斗争、肃反等"；"选举工人中最积极最坚决的分子，到苏维埃政权中指导工作"。与此同时，工会组织也迅速建立起来，据1913年10月上半月的统计，有县工会11个，县筹备处3个，区工会100多个，分会20

---

① 江西省档案馆：《湘赣革命根据地史料选编》（上册），江西人民出版社1984年版，第179页。

多个，支部200多个，乡工会110多个，有会员1万余名。①

组织起来的根据地工人群众，在保卫和建设苏区的斗争中，作出了很大的贡献。首先是恢复和加紧苏区的工业与手工业生产以及农业生产。在军工生产方面，1932年，湘赣军区兵工厂，由50多名工人，逐步扩大到240多人，生产能力由只能修理枪支到能大量制造步枪、驳壳枪及子弹、手榴弹、小型迫击炮及其他炮弹。产量最高时每月能生产子弹12万发，炮弹3万—5万发，小炮6门。茶陵马首兵正厂有58名工人，从1931年1月开办到1932年3月就造了雷火枪2500余枝，单筒湘造马枪1800余枝，还有土炮与马尾炸弹。②此外，民用工业也获得发展，1932年10月，永新、莲花、安福、攸县、茶陵、萍乡、吉安等县统计，一年来共开办炼铁厂7个，樟脑厂37个，石灰厂59个。并利用本地资源办了硝盐、纺级土瓷、石膏、造纸等工厂。工人的劳动热情很高，永新硝盐厂食盐日产量达到3万斤，解决了苏区吃盐的大问题。③

雇农工会则在农业生产方面发挥重要作用。1932年5月，湘赣省雇农工会第一次执委会决议案强调指出："各级雇农工会应动员所有雇农领导贫农、中农积极参加苏维埃的一切建设事业，如修整水利，建筑道路，培植森林，开垦荒田等。特别要要发动农民生产竞赛，提高农业生产，发展农村经济。"④各级雇农工会和农民一起，投入垦地、开荒、兴修水利、积肥造肥、改造土壤等农田基本建设之中，取得了粮食连年大丰收，蔬菜、棉花、竹木、油料和其他杂粮作物也都取得了好收成。

此外，在工会的领导下，工人积极参政参战。1932年3月18日，湘赣省职工联合会通过的《职工会任务的决议》中，对工人参政问题，旗帜鲜明，要求"动员工人群众积极参加苏维埃的建设运动，提拔优秀的

---

① 江西省档案馆：《湘赣革命根据地史料选编》（上册），江西人民出版社1984年版，第139页。

② 《湘赣革命根据地工人运动史》编写组：《湘赣革命根据地工人运动史》，江西人民出版社1991年版，第61页。

③ 《湘赣革命根据地工人运动史》编写组：《湘赣革命根据地工人运动史》，江西人民出版社1991年版，第62页。

④ 江西省总工会、江西省档案馆：《江西工人运动史料选编》，江西人民出版社1986年版，第357页。

积极的工人参加政府领导工作,使苏维埃真正成为无产阶级的工农民主政权"①。据1932年5月湘赣省委组织部统计,输送到全省各级苏维埃政府工作的工人有232人,占干部总数的30%以上。各级苏维埃大会代表,工人、雇农占有1/4,各级苏维埃执委同样有1/3以上的工人成分。②为了加强红军建设,湘赣省委《关于湘赣省工会运动决议案》中指出:"必须加强工人在红军中的领导,发动工人自动地到红军中去,加强红军的无产阶级基础。"湘赣省总工会也号召"各级工会要发动工人扩大红军,加强工人在红军及工农赤卫队中无产阶级领导"。各级工会响应党的号召,踊跃参加红军。1932年3月到10月,苏区掀起了扩大红军的热潮。4月,湘赣全省第一次工人代表大会通过了《扩大红军与工人武装决议》,省职工联合会、省雇农工人工会召开各种会议进行动员。要求县与县、区与区、乡与乡进行比赛。5月,省职工联合会第一次执委会通过了《两个月工作竞赛条约》,规定各县在5月、6月两个月内动员650—800名工人去当红军。茶陵、永新两县在"红五月"的竞赛中并列第一名,各有1400名工人报名参军。③据统计,1932年3月到6月,有2000多名工人参加红军,1933年1月到5月,有4400多名工人加入红军。苏区16岁以上45岁以下的工会会员加入地方武装的达80%以上。④

工会会员在各个方面的广泛参与,使得苏维埃区域的工人群众广泛地动员起来,成为苏区一种巨大的力量,推动了苏区的经济建设和革命战争的发展。

作为青年人的组织共青团(少共),在苏区的社会动员中也发挥了很大的作用。以湘赣革命根据地为例,该省共青团(少共)省委是在原赣西南、湘东南团组织的基础上于1931年10月正式成立的。成立之后发展

---

① 《湖南工运史料选编》第2卷第3册,第542页。
② 江西省档案馆:《湘赣革命根据地史料选编》下册,江西人民出版社1984年版,第110页。
③ 《湘赣革命根据地工人运动史》编写组:《湘赣革命根据地工人运动史》,江西人民出版社1991年版,第70页。
④ 中共江西省委党史资料征集委员会、中共吉安地委党史工作办公室等编:《湘赣革命根据地史研究》,(内部资料),1991年8月,第286页。

很快，据1932年10月统计：全省共青团员人数22668名，其中男团员16943人，女团员5725人，全省团区委63个，支部563个，小组1958个。干部情况：全省团县委干部104人，区委干部321人，支部干部3401人，团员任苏维埃政府干部253人，革命团体干部370人，青年群众团体干部707人。①

共青团组织在革命根据地的社会动员中发挥了非常重要的作用。据共青团湘赣省委1933年1月给团中央的报告总结，主要进行了四个方面的工作。② 主要有：1.动员参军参战方面，在冲锋季动员了4964名团员与青年群众参加红军（其中团员2044名，青年群众2920名），成分有产业工人、手工业工人、苦力工人、青工、学徒，以及农村贫农、雇农、独立劳动者等。开展慰问军属，为红军耕种公田等活动；2.在青年工作方面，青工组织数量增加，在冲锋季中，发展了青工会员588人，全省普遍成立了青工部和青工小组，青工部的组织和青工部的日常工作，进一步建立和健全起来了。加强了对青工的教育，建立了工人夜校、读书班、读报班，进一步提高了青工的文化水平。加强了对少年先锋队和儿童团的工作，少队各级指导机关的负责人、青工、雇农占了半数，武装更加整齐，每个队员都制了一种武器，加强了政治及军事训练，提高了政治及军事水平，各地普遍建立了模范少队，能经常参加红军作战，加强了团对少队的领导，团区委以上县委以下设立专门机构，专门负责少队工作；3.领导青年参战参政、为实现苏维埃各种法令而斗争，劳动法、土地法的贯彻在团员和青年的参与下取得很好成绩。团组织提拔青年领袖担任苏维埃委员（全省冲锋季有410名青年任苏维埃政府委员，260名青年当苏维埃代表），青年参加苏维埃政府工作的有325名；4.文化教育方面，从村到县普遍建立了列宁学校，冲锋季中新建立了626所初小学校，12所高小学校，有60%的苏区儿童已入学读书。

此外，苏区还通过革命互济会、反帝大同盟、儿童团等各类组织进

---

① 中共江西省委党史资料征集委员会、中共吉安地委党史工作办公室等编：《湘赣革命根据地史研究》，（内部资料），1991年8月，第272页。
② 江西省档案馆：《湘赣革命根据地史料选编》下册，江西人民出版社1984年版，第231—245页。

行社会动员。总之，在乡村革命根据地，中国共产党以党组织为核心，以苏维埃政权为依托，通过贫农团、工会、共青团、妇女会等群众组织，进行广泛的社会动员。通过土地改革、经济建设、对敌斗争，以宣传鼓动、群众运动等各种方法，整合了苏区各个阶级、阶层的力量，为实现新民主主义革命的目标而奋斗。中国共产党在这一时期的社会动员，是卓有成效的，可以说是中国乡村社会几千年来所没有达至目标，它将一盘散沙似的小农社会，团结起来，改变了中国社会的结构，唤醒了乡村社会的自觉意识，为现代民族国家的社会治理提供了新的模式和价值选择。

二 乡村苏维埃区域的社会参与

社会参与是指社会成员以某种方式参与、干预、介入国家政治生活、经济生活、社会生活、文化生活和社区的公共事务从而影响社会发展，是指在政府决策过程及决策执行落实过程中社会公众的参与程序、方式、内容、程度及各种矛盾冲突的调处方式方法。在中国传统政治结构中，乡村社会是处于权力结构末端的，皇权不下县，乡民是通过士绅或职役与权力相联系的。在这种结构中，乡民只能听命于官府，不能对政治、经济、文化、社会以及公共事务有任何参与权。

苏维埃乡村社会参与是非常广泛的。为了实现广大民众的参与权，苏维埃政府在政治、经济、文化教育诸方面，采取各种措施、运用各种方法，确保民众参与的制度基础。首先，在政治上，苏维埃政府的法律法令规定了包括参与权在内的人民平等的权利。《中华苏维埃共和国宪法大纲》规定："中华苏维埃政权所建设的是工人和农民的民主专政的国家。苏维埃政权是属于工人、农民、红军兵士及一切劳苦民众的。在苏维埃政权下，所有工人、农民、红色战士及一切劳苦民众都有权选派代表掌握政权的官吏，只有军阀、官僚、地主、豪绅、资本家、富农、僧侣及一切剥削人的人和反革命的分子，是没有选举代表参加政权和政治上自由的权利的。""在苏维埃政权领域内，工人、农民、红色战士及一切劳苦民众和他们的家属，不分男女、种族（汉、满、蒙、回、藏、苗、黎和在中国的台湾、高丽、安南人等）、宗教，在苏维埃法律面前一律平等，皆为苏维埃共和国的公民。为使工、农、兵、劳苦民众真正掌握着自己的政权，苏维埃选举法特规定，凡上述苏维埃公民在十六岁以上皆有苏维埃选举和被选举权，直接派代表参加各级工农兵苏维埃的大会，讨论和决定一切国家的地方的政治事务。代表产生方法是以产业工人的工厂和手业工人、农民、城市贫民所居住的区域为选举单位，这种基本单位选出的地方苏维埃代表有一定的任期，参加城市或乡村苏维埃各种组织和委员会中的工作。这种代表须按期向其选举人做报告。选举人无论何时皆有撤回被选举人及重新选举代表的权利。"① 这就从宪法的层面保证了工农群众的政治权利。

在政治体制方面，中国共产党确立了苏维埃政治体制，苏维埃政权属于工农兵，人民通过它参与国家事务的管理，行使当家做主的权利。在乡村，乡苏维埃"是苏维埃的基本组织，是苏维埃最接近群众的一级，是直接领导群众执行苏维埃各种革命任务的机关"②，乡苏维埃由工农兵代表大会选举产生，其代表由各村选民按一定比例直接选举产生，行使代表大会赋予的权力，因此，作为选民的工农群众就直接参与到乡村政权建设当中，"使全村民众像网一样组织于苏维埃之下"，"使苏维埃密切接近民众，使苏维埃因管辖不大得以周知民众的要求，使民众的意见迅速反映到苏维埃来，迅速得到讨论与解决"。③

苏维埃政府还通过法律保证工农群众在苏维埃代表大会中的比例，以确保工农群众的参与政治的权利得到落实。《中国工农兵会议（苏维埃）第一次全国代表大会苏维埃选举暂行条例》规定："乡苏维埃代表大会，由所属各村苏维埃于住民每百人中选举代表一人组织之，代表总数至多五十人，其社会成份，须工人占百分之十五，农民占百分之八十五。"④ "村苏维埃

---

① 《中华苏维埃共和国宪法大纲》，厦门大学法律系、福建省档案馆选编：《中华苏维埃共和国法律文件选编》，江西人民出版社1984年版，第10—11页。
② 《毛泽东文集》第一卷，人民出版社1993年版，第343页。
③ 《毛泽东文集》第一卷，人民出版社1993年版，第325页。
④ 《中国工农兵会议（苏维埃）第一次全国代表大会苏维埃选举暂行条例》，厦门大学法律系、福建省档案馆选编：《中华苏维埃共和国法律文件选编》，江西人民出版社1984年版，第100页。

工农兵会议，由村民众大会直接选举九人至二十一人代表组织之，农村工人（雇农、劳动者等）代表须占总数百分之十，由村工农兵会议选出书记一人或常务委员三人，经常处理全村政务，每星期开村苏维埃代表大会一次，每六（个）月开村民代表大会一次，并改选村苏维埃。"①

为提高工农群众的参与意识，苏维埃政府在文化教育方面创造条件，1931年11月在第一次全国工农兵代表大会通过的《中华苏维埃共和国第一次全国工农兵代表大会宣言》中，明确提出了苏维埃政权的教育方针："在苏维埃政权下，教育事业归苏维埃掌管。工农劳苦群众，不论男子和女子，在社会、经济、政治和教育上，完全享有同等的权利和义务。"②《中华苏维埃共和国宪法大纲》中也规定："中华苏维埃政权以保证工农劳苦民众有受教育的权利为目的。在进行国内革命战争所能做到的范围内，应开始施行完全免费的普及教育，首先应在青年劳动群众中施行并保障青年劳动群众的一切权利，积极地引导他们参加政治和文化的革命生活，以发展新的社会力量。"③苏维埃政府除创办学校提供普通教育外，还针对苏区民众文化水平普遍较低的情况，创办了许多业余学习组织，如识字班、夜校、露天学校、半日学校、俱乐部等，以及宣传栏、识字牌、板报、剧团等形式，将群众性识字学文化运动与马克思列宁主义的宣传结合起来，以此提高苏区民众的文化水平，理解党和苏维埃政府的方针政策，增强政治参与的能力。"当时苏区成年人中，特别是妇女中文盲很多，为了扫除文盲，各级苏维埃政府文化部门专门设立社会教育科"，④加强对民众的教育。有的地方，夜校和识字班开办比较成功，"夜校学生15740人，女子10752人"，"识字组成员

---

① 《中国工农兵会议（苏维埃）第一次全国代表大会苏维埃选举暂行条例》，厦门大学法律系、福建省档案馆选编：《中华苏维埃共和国法律文件选编》，江西人民出版社1984年版，第100页。
② 陈元晖：《老解放区教育资料》（一），教育科学出版社1981年版。
③ 《中华苏维埃共和国宪法大纲》，厦门大学法律系、福建省档案馆选编：《中华苏维埃共和国法律文件选编》，江西人民出版社1984年版，第8页。
④ 郑长裕主编：《闽北革命史》，人民出版社1992年版，第139页。

22519人，女子13519人"，① 经过学习，使苏区民众获得了一定的读和写的能力，有助于苏区民众的政治参与。在识字运动中，用通俗易懂的文字，编写适合工农群众的教材，如《工农兵三字经》《成人课本》《群众课本》《平民课本》等，以"天地间，人最灵，创造者，工农兵"之类的文字，使苏区群众仅识了字，又了解了党和政府的各项政策。

除了在制度上确保广大工农群众的参与权利外，中国共产党领导的苏维埃政府还通过各种渠道以确保工农群众的选举权和被选举权。为保障工农群众的选举权与被选举权，中华苏维埃共和国政府颁布了《中国工农兵会议（苏维埃）第一次全国代表大会选举条例》《中国工农兵会议（苏维埃）第一次全国代表大会苏维埃选举暂行条例》《中国工农兵会议（苏维埃）第一次全国代表大会苏维埃区域选举暂行条例》《中华苏维埃共和国的选举细则》《中华苏维埃共和国选举委员会的工作细则》《苏维埃暂行选举法》等一系列选举法及其细则，详细地规定了选举工作的各个方面，特别强调选举的普遍性和确保工农代表的绝对多数。《中华苏维埃共和国中央执行委员会训令第八号》规定，乡苏维埃"贫农中农独立劳动者等每五十人得选举正式代表一人，工人苦力雇农每十三人得选举正式代表一人，不足所规定的人数者也可以选举正式代表一人"②。

党和苏维埃政府还特别注意总结选举的经验，对选举中的问题予以及时的改正。1933年8月，为了做好第二次全国苏维埃代表大会的选举工作，中华苏维埃共和国中央执行委员会特别颁布训令，认为颁布选举法和选举细则以后，"选民与非选民开始严格的分开，开始用选民大会方式在选举委员会的领导下进行选举。选民对于选举意义的认识提高，因此参加选举的人数增加了。……部分地方竟达到了选民的百分之九十以上（兴国与赣东北）。许多地方的选举大会上（尤其是第二次选举），发动了选民对候选名单的热烈的批评，收集了许多选民关于自己实际生活问题的提案。在这个基础上，苏维埃的成份比前有了很大的变化。如果

---

① 赣南师范学院、江西教育科学研究所编：《江西苏区教育资料汇编》第6册，1985年，第97页。

② 《中华苏维埃共和国中央执行委员会训令第八号》，厦门大学法律系、福建省档案馆选编：《中华苏维埃共和国法律文件选编》，江西人民出版社1984年版，第122页。

说过去有不少的阶级异己分子与投机分子混入苏维埃中来,经过一苏大会后的两次改选,这些成分大批的被淘汰了。相反的方面,大批工农先进分子被选举到了苏维埃,建筑了苏维埃大厦的强固的基础。这里特别值得指出的,是工人成分的加多与加强,形成了苏维埃中无产阶级的骨干,建立了乡苏与市苏的经常代表会议制度"[1]。因此,必须努力做好第二次全国苏维埃代表大会的选举工作,指出"这次选举是从乡苏市苏,一直到中央执行委员会,完全实行改选。这是一个伟大的工作,是工农劳苦群众自己参加政权,巩固政权的伟大的运动"[2]。训令要求加强选举的宣传,"不但要组织选举宣传队,而且要使一切农村中与城市中的俱乐部、识字班、夜学校、小学校,列宁室与墙壁报,都为此次选举活动起来"[3]。训令特别强调乡村苏维埃代表的选举,主要是"在区乡两级召集各群众团体的联席会议,个别群众团体的会议,以讨论选举法韵内容与选举工作的布置","最主要的是动员工会、贫农团与女工农妇代表会"[4]。要特别注意工农成分的比例,同时"劳动妇女的成分,至少要使有占百分之二十五的劳动妇女当选"[5]。由于中央的重视,各地对选举响应热烈,选举宣传热火朝天,"普遍以乡为单位,组织了三人至七人的宣传队,比较先进的地方组织了化装讲演,演新戏,俱乐部开晚会,各学校上

---

[1] 《中华苏维埃共和国中央执行委员会训令第二十二号——关于此次选举运动的指示》,厦门大学法律系、福建省档案馆选编:《中华苏维埃共和国法律文件选编》,江西人民出版社1984年版,第125—126页。

[2] 《中华苏维埃共和国中央执行委员会训令第二十二号——关于此次选举运动的指示》,厦门大学法律系、福建省档案馆选编:《中华苏维埃共和国法律文件选编》,江西人民出版社1984年版,第124页。

[3] 《中华苏维埃共和国中央执行委员会训令第二十二号——关于此次选举运动的指示》,厦门大学法律系、福建省档案馆选编:《中华苏维埃共和国法律文件选编》,江西人民出版社1984年版,第128页。

[4] 《中华苏维埃共和国中央执行委员会训令第二十二号——关于此次选举运动的指示》,厦门大学法律系、福建省档案馆选编:《中华苏维埃共和国法律文件选编》,江西人民出版社1984年版,第128页。

[5] 《中华苏维埃共和国中央执行委员会训令第二十二号——关于此次选举运动的指示》,厦门大学法律系、福建省档案馆选编:《中华苏维埃共和国法律文件选编》,江西人民出版社1984年版,第129页。

选举课等"①。各地还开办了选举运动的训练班,"讨论关于选举运动的各项问题,对于选举运动的重大意义和重要方法,宣传鼓动工作,选举手续及选举的条文,都有了相当的了解,才回到各乡去工作"。②选举获得成功,参选率普遍提高,最高达到90%以上,中等的达到71%以上,比较落后的在62%左右。③因此,通过选举,实行了乡村较为普遍的社会参与。

参与渠道之二,是落实工农群众的参政权,选拔优秀的工农参与各级政权,直接管理党和政府事务。1931年10月,中共湘赣边省第一次全体代表大会关于组织问题的决议案提出,在"提拔新干部的原则上,坚决的从下而上的引进许多工农同志到领导机关工作"。"尽量的勇敢的发展党的组织,吸收忠实勇敢积极的工人雇农贫农分子进党,尤其要广泛的介绍雇农手工业工人苦力贫农进党。"④《苏维埃临时组织法》也明确规定,"苏维埃不仅仅本身是接近劳苦群众的,而且不断的吸引工农分子来学习管理政府机关,进而把一切政府机关完全交与工农群众来直接管理","在苏维埃政权下,所有的工人农民红军兵士及一切劳苦民众都有权选派代表掌握政权的管理"。⑤据统计,湘赣省当时"县委一级的干部总数七百九十九人,其成分产业工人占九名,手工业工人二十九名,劳力工人四名,店员工人三名,雇农十一名,贫农五十八名,其余中农十七名,兵士二名,知识分子二十五名。……一般的贫苦工农出身的总是占绝对大多数"⑥。

参与渠道之三,是规定苏维埃代表联系选民制度和实行工农群众对

---

① 柏台:《今年选举的初步总结》,《红色中华》第139期,《红藏》,湘潭大学出版社2014年版。
② 卓夫、博生:《梅江区的选举运动》,《红色中华》第122期,《红藏》,湘潭大学出版社2014年版。
③ 柏台:《今年选举的初步总结》,《红色中华》第139期,《红藏》,湘潭大学出版社2014年版。
④ 江西省档案馆:《湘赣革命根据地史料选编》(上册),江西人民出版社1984年版,第210页。
⑤ 江西省档案馆、中共江西省委党校党史教研室:《中央革命根据地史料选编》(下),江西人民出版社1982年版,第4—5页。
⑥ 江西省档案馆:《湘赣革命根据地史料选编》(上册),江西人民出版社1984年版,第209页。

政府工作的监督。《中华苏维埃共和国地方苏维埃暂行组织法》第三十九条规定："在乡苏维埃管辖的全境之内，为着代表与居民的密切联系，便于吸收居民的意见，并领导工作起见，应依照代表与居民住所的接近，将全体居民适当分配于各个代表的领导之下（通常以居民三十人至七十人置于一个代表的领导下）；使各个代表对于其领导下一定范围内的居民发生固定的关系。"① 同时，实行工农群众对政府工作的监督。各级苏维埃政府设立了工农检察部或工农检察科，对政府工作进行监督。检察机关设立控告局，接受工农群众对政府工作的举报。《工农检察部的组织条例》第十条规定："工农检察部之下须设立控告局，以接受工农对于政府机关或国家企业的缺点和错误的控告事件，在工农集中的地方，得指定可靠的工农分子代收工农的控告书，并须在工农集中的地方，悬挂控告箱，以便工农投递具名意见书。"② "控告局日常的工作，是接受工农劳苦群众对苏维埃机关，或国家经济机关的控告，及调查控告的事实"，"苏维埃的政府机关和经济机关，有违反苏维埃政纲政策及目前任务，离开工农利益，发生贪污浪费、官僚腐化、或消极怠工的现象，苏维埃公民无论何人都有权向控告局控告"，"人民向控告局控告，可用控告书，投入控告箱内，或由邮件都可，不识字的，可以到控告局用口头控告，有电话的地方，也可以用电话报告控告局"。③ 同时，检察机关也吸收工农群众的代表参加监察和巡视工作，以监督政府工作。1831年4月，《湘赣省苏维埃工农检察委员会第一次全省区以上主席联席会议决议》提出："各乡工农检举委员会应依照中央政府颁布的苏维埃组织暂行条例，以工会、贫农团、女工、农妇代表、共产青年团的代表及其他积极分子以七人至九人迅速组织起来，担任全乡的检举工作。"④

---

① 《中华苏维埃共和国地方苏维埃暂行组织法》，厦门大学法律系、福建省档案馆选编：《中华苏维埃共和国法律文件选编》，江西人民出版社1984年版，第47页。

② 《工农检察部的组织条例》，厦门大学法律系、福建省档案馆选编：《中华苏维埃共和国法律文件选编》，江西人民出版社1984年版，第413页。

③ 《工农检察部控告局的组织纲要》，厦门大学法律系、福建省档案馆选编：《中华苏维埃共和国法律文件选编》，江西人民出版社1984年版，第416—417页。

④ 江西省档案馆：《湘赣革命根据地史料选编》（上册），江西人民出版社1984年版，第158页。

参与渠道之四,是通过各种社会组织实行参与的多样化,确保社会各阶层都能参与政治、经济和各种社会事务。苏区社会组织相当普遍,覆盖到社会领域的各个方面,社会成员的各个阶层,所有的人,无论工人、农民、妇女、老年、青年、儿童,都分别参加到相应的组织中,或一人同时参加到几个社团中,成为苏区社会的一个突出特征。① 在每个县、乡苏维埃政府中,各种固定或临时的委员会,如教育委员会、粮食委员会、卫生委员会、山林委员会、水利委员会、春耕委员会、备荒委员会、优待红军委员会、桥梁道路茶亭管理委员会、妇女委员会等,"吸收群众中大批的积极分子参加这些委员会的工作……这样便把苏维埃工作组成了网,使广大民众直接参加了苏维埃的工作",② 使苏维埃能够更好地代表、反映、维护工农群众的利益。此外,更多的是"在市乡苏维埃下面的公民又有各种政治的、军事的、经济的、文化的组织,如贫农团、妇女代表会、赤卫军、少年先锋队、合作社、劳动互助社、互济会、反帝大同盟、拥护苏联总同盟等等。这样一来,使每个公民都成为有组织的一份子。苏维埃经过这些组织可以使一切建设工作、动员工作,深入公民中去,公民对苏维埃的意见也容易反映到苏维埃来"③。广泛的社会组织是中国共产党联系和动员社会各阶层的最有效的手段,也是党和苏维埃政府坚持群众路线的体现。

革命根据地工农群众的参与渠道是非常广泛的,通过这些渠道,乡村工农群众以极大的热情投身于根据地的政治、经济和社会事务的管理之中,构建了根据地乡村社会和谐与民主的气氛,使根据地成为当时中国最有生气的区域。清末以来,乡村社会面临中国现代民族国家构建进程中的诸多问题,尤其是要将几千年"皇权不下县"乡村治理纳入现代民族国家的治理体系,乡村民众的参与是根本的问题。从清末开始的乡

---

① 何友良:《苏区社会格局中的社团组织》,《地方文化研究》2013年第1期。
② 《毛泽东在中华苏维埃共和国中央执行委员会与人民委员会对第二次苏维埃代表大会的报告》,《红色中华》1934年1月25日。
③ 周和生:《七年来的中国苏维埃》,1935年8月,中共中央党史研究室第一研究部编:《共产国际、联共(布)与中国革命档案资料丛书》,第16卷,中共中央文献出版社2002年版,第459页。

村自治，实际是开启了这一进程。然而，无论是清末朝廷还是民初北洋政府或者南京政府，抑或各省的自治或联省自治，都没有达到根据地这样的广泛的社会动员程度，因而也就没有达至像苏维埃这样一种社会参与的广泛和有效性，根本的原因在于工农群众的参与本身就是中国共产党为实现整个革命战略进行广泛社会动员的重要方式，中国共产党领导的新民主主义革命本质上是一场社会革命，因此工农群众的动员与参与与党的历史任务高度契合，与党的群众路线高度契合，必然获得乡村社会欢迎。

第七章

近代湖南乡村社会组织与社会动员

社会组织具有广义和狭义之分。"广义的社会组织是指社会上存在的一切人类活动的共同体,包括家庭、家族、秘密团体、兴趣团体、工厂、机关、学校、军队等。狭义的社会组织是指执行一定的社会职能,完成特定的社会目标,有计划地组合起来的社会群体。它不包括初级社会群体,是比初级社会群体更复杂、更高级的社会组合方式。"[1] 农村社会组织是整个社会组织的一个分支,关于它的定义学术界有不同的看法。[2] 近代中国乡村社会组织的发展,是与近代社会形态转变紧密相连的,是处在一个转型的时期,即由血缘关系为基础的、以官方为主导类型的社会组织向以地域、行业乃至社会职能为基础的社会组织转变的时期。其社

---

[1] 韩明谟:《社会学概论》,中央广播电视大学出版社1998年版,第139页。
[2] 程贵铭认为,它是"农村中为完成特定的社会目标,执行特定的社会职能,并根据一定的规章、程序而进行活动的人群共同体;是农村社会从无序到有序发展的一种状态和过程;是一定的农村社会成员所采取的某种社会活动方式"(程贵铭:《农村社会学》,中国农业大学出版社1998年版,第103页)。杨开道认为:农村的社会组织可分为普通和特殊组织。普通组织包括农村家庭、农村部落、农村社会;特殊组织包括阶级组织和事业组织。其中,事业组织指教育、政治、经济、宗教、卫生、娱乐等组织(杨开道:《农村组织》,世界书局1929年版,第17—22页)。朱启臻认为:"农村社会组织是指在农村社区中为完成特定的社会目标,执行特定的社会职能,依据一定组织原则、形式组成,并根据制定的规章制度、契约和程序进行活动的人群共同体。它是相对静态的组织实体和动态的组织活动过程的统一,是一种比农村初级社会群体更复杂、更高级的社会组合形式。"(朱启臻主编:《农村社会学》,中国农业出版社2002年版,第122页)笔者认为,所有社会组织都是为了完成一定的社会目标、执行一定的社会职能而形成和建立起来的;从社会历史发展的过程考察,社会组织经历了由以血缘关系为基础的自然形态社会组织到以区域、行业、职能为基础的复杂社会组织的转变过程;从其隶属关系来说,又区分为民间、官方和半官方等社会组织。

会动员也是以行政的、垂直的为主的动员方式向多样化的社会动员转变的时期，表现为一种较为复杂的状态。

第一节　晚清湖南乡村社会组织与社会动员

晚清社会处在从传统到现代的转变过程，与城市社会相比，乡村社会相对稳定，但并非一成不变，因此晚清湖南乡村社会组织与其他区域一样，以血缘为基础的家庭、家族、宗族、村落等社会组织处于分化与瓦解之中；都甲、保甲、义学、义仓等亦官亦绅或官方倡办的社会组织也产生了危机感。至清末，资本主义经济的发展和现代国家、社会观念的传播，特别是清末宪政运动的开展，乡村社会组织开始转型，出现了具有自治性质的民间社会组织，开启近代乡村社会组织的现代转型。

一　晚清湖南乡村社会民间组织与秘密社会

传统中国乡村社会组织大致分为三类，一是以血缘、地缘为基础的家庭、家族（宗族）组织；二是具有管理职能的里甲（都甲、乡地、村落）以及教育、教化作用的私塾（族学、义学）、乡约（社）和具有救济职能的义仓、公所、公局等组织。后者不以血缘关系为基础，也不隶属政府的行政体系，并且以乡村士绅为主体，但它们是为官方倡导甚至为官方控制的组织，因此，可以称之为亦官亦绅的社会组织；三是秘密社会组织。[①]

以血缘为基础的社会组织是人类最早的社会组织，即使在群婚时代，氏族公社和部落就是人类最早的血缘组织。一夫一妻制的家庭是最基本的血缘社会组织。但是，"在社会经济的发展过程中，单靠血缘来组织集体生活越来越捉襟见肘，不够应付日益复杂的社会生活上的需要，于是构成共同生活的集体成员不一定限于有亲属关系的人了。凡是住在同一

[①] 关于湖南乡村里甲、保甲组织，本书第五章第一节有详细的叙述，为避免重复，本章只叙述民间社会组织和秘密社会。

个地方的人必须结合起来经营共同生活，于是地缘的结合逐渐突出……"① 因此，地缘与血缘共同构成了人类最初的社会组织的基础。在中国古代，农业是主要的生产方式，这种以土地和灌溉为生产条件的经济形态，强化了中国几千年来乡村社会组织的血缘和地缘特征，所以，自秦代至清代，中国乡村社会的基本的社会组织是家庭和宗族。儒家伦理对于大家庭的推崇，又使得中国乡村的家庭往往是数代同堂，家口众多。

晚清湖南乡村家庭作为基本的社会组织，仍然维持着庞大的规模，同时也是基本的生产和消费单位。据统计，醴陵县康熙五十五年（1717）至年同治二年（1863）五代以上大家庭132户，② 受表彰的五世同堂大家庭共44户，百人以上达10户，③ 零陵县五星岭续家村续三雄兄弟四代一起共72人，④ 衡南县小江口贺绍立年百岁时，五世同堂，全家达72口人。⑤ 据光绪《湖南通志》记载，清代湖南经过旌表的五世同堂的大家庭共有1339户，另有百岁以上老人386人。⑥ 据清末调查，"平江五世同居者，国初至今约一百六七十人。益阳向炘荣八世同居，盖鲜见矣，其五世同居者五十六人。近日尚有邓代陞六世同居，刘安琛、傅秀茂均五世同居。桂阳州、道州之数世同居者不可胜记，其余各州邑大都三四世而止"⑦。庞大的家庭不仅仅是自然关系的结构，更重要的是社会关系的结构，它构成生产和消费的基本单位。一方面是由于男耕女织的自然经济决定了男女在家庭中的各自经济角色，是一种互补型的经济关系；另一方面，以小农业为主体的个体农业经济结构，经济基础薄弱，难以抵御不可预测的天灾人祸，大家庭便成为"抱团取暖"的避风港。在儒家伦理来看，家、国是一体的，国是"家"的合理倍增与延伸。皇帝是全国

---

① 费孝通：《美国与美国人》，生活·读书·新知三联书店1985年版，第271页。
② 《醴陵市志》，湖南出版社1995年版，第128页。
③ 《攸县志》，中国文史出版社1990年版，第655页。
④ 《零陵县志》，中国社会出版社1992年版。第70页。
⑤ 《衡南县志》，中国社会出版社1992年版，第119页。
⑥ 《光绪湖南通志》卷二〇一，"人物志"42，"耆寿"。光绪十一年刊本。
⑦ 《湖南民情风俗报告书》，湖南教育出版社2010年版，第19页。

大家庭的大家长，故称"君父"，因此，中国古代家庭的这种特征不仅对于倡导孝道，保持家庭的稳定具有积极的意义，对于维系农业社会的伦常秩序起到过一定的积极作用，在一定程度上保证了社会的稳定和凝聚力，这正是封建专制主义政治在农业社会中牢不可破的基础。

宗族是家庭的扩大，是以一个男性家中为中心的血缘集团，包含数十个乃至上百个家庭。① 湖南是典型的农业社会，地处开发较晚的南方，因此不仅聚族而居形成强大的宗族势力，而且"楚俗尚鬼，重祖先，故家族之念甚深"，② 且"湘人习守故常，安土重迁，聚族居者什之六七，众姓杂姓者什之三四"。③ "人民聚族而居者，动历数十世至数千户"，如长沙之郑、李、周、曹四大姓，善化之皮、黄、张、郭四大姓，皆有丁数千至万余不等；安化丰乐龙氏自宋时徙居，今历二十六代，丁三万余；邵阳之太平曾氏、尹氏，三溪之周氏，聚族于斯，绵亘二三十里无杂姓，他邑类此者甚繁，不胜枚举。④

在封建社会，宗族是普遍的社会组织，不仅具有血缘的关系，而且因聚族而居形成区域，成为自然聚落，政府因赋役管理和治安而划定的行政区域，往往就不得不以此为基础，由此而形成具有浓厚血缘关系的农业社区。因此，宗族成为既具血缘关系，又具地缘关系的社会组织，

---

① 家庭、家族、宗族是互相联系的血缘组织。家族或宗族是同一祖宗的子孙家庭以血缘关系为纽带而结合成的社会组织，是由许多同血缘的家庭组织的家庭群体。学界有的认为宗族、家族乃同一含义，宗族即家族，如徐扬杰认为，家族是以家庭为基础的，是指同一个男性祖先的子孙，虽然已经分居、异财、各爨，成了许多个体家庭，但是还世代相聚在一起（比如共住一个村落之中），按照一定的规范，以血缘关系为纽带结合成为一种特殊的社会组织形式。要构成家族，第一必须是一个男性祖先的子孙，从男系计算的血缘关系清楚；第二必须有一定的规范、办法，作为处理族众之间的关系的准则；第三必须有一定的组织系统，如族长之类，领导族众进行家族活动，管理族中的公共事务。不论哪个历史阶段、哪种具体形态的家族组织，这三个基本特点都是缺一不可的。家族又称宗族、户族、房头，古书中又常常直接称为族、宗，称家族成员为族人、宗人。家族又称宗族、户族、房头，古书中又常常直接称为族、宗，称家族成员为族人、宗人（徐扬杰：《中国家族制度史》，武汉大学出版社2012年版，第4页）。亦有加以区分的。如梁景和认为，"家族是指九族之内的血缘团体，上至高祖父母，下至玄孙及玄孙妇，右至族兄弟及兄弟妻，左至族姊妹宗族是超出九族之外的血缘团体"（梁景和：《中国近代陋俗文化嬗变研究》，第128页，油印本）。
② 《湖南民情风俗报告书》，湖南教育出版社2010年版，第19页。
③ 《湖南民情风俗报告书》，湖南教育出版社2010年版，第2页。
④ 《湖南民情风俗报告书》，湖南教育出版社2010年版，第22页。

第七章　近代湖南乡村社会组织与社会动员　❖　395

它比家庭具有更多的社会功能，主要体现在教化、教育、救济和维护社会治安方面，这些功能是通过族规、族法、族长来执行的，是政府治理乡村的重要辅佐，所以宗族在宗法社会，乃是乡村治理的基础。

族规是维系宗族内部关系的规范，也是协调族人与官府关系的准则，一般巨族大宗之族规均呈送地方官审核再予以刊行。在族规中，劝谕族人遵纪守法、完粮纳税是其首要。《湘阴狄氏家规》（咸丰九年，1859年）开篇第一条即是："钱粮为天庾正供，自应踊跃输将，年清年款。如有拖欠把持，除饬令完纳外，带祠重惩，以免效尤。"① 衡阳彭氏宗族规定："小民无所为忠，惟是急公奉上、乐于输将足以尽之矣"，"自今以后，皆以每年冬至入城祭祖完纳钱粮，以省平时往返路费。愿我同族早输国课，不以顽户遗讥，祖宗幸甚，子孙幸甚倘有不然，与其受比与公堂，不如重责以家法，族长毫不可拘纵也。"② 有的宗族直接把法律条文中有关条目摘入族规之中，如《中湘甘氏续修族谱》专设律例一目，将清律中有关宗族的律法摘抄汇编，以警族人。③ 湖南彭氏宗族"于大清律例中择其有关伦常或无知易犯者谨录之，以稗警觉，以著炯戒"④。有的宗族甚至将律法的主要内容都载入族谱中，例如衡阳彭氏宗族。武陵郭氏1947年续修族谱时经合族户主大会讨论通过的《公定规约》就明确申明，"本约以维持善良风俗，改善旧习，补足政府法令所不及为宗旨"，并在与政府法令相抵触时便会及时得到修改，显示出家法族规具有补充国法的作用，及其与国法大体接轨的特性。

此外，宗族对于乡村的治安、教育、赡养、救济、铺路架桥也极为热衷，具备公共事务管理的社会功能，使族权与政权相结合，成为政府对乡村管理的辅佐，与基层政权同时共存，互为补充。正如有学者指出的，中国在宋代以后，尤其是明清以来，封建的基层政权和封建的家族族权，在广大农村中并存且互为补充的两套权力系统。在一个村落中，这两套权力系统还往往是合二为一的，族长、房长就是里正、甲首。即

---

① 《湘阴狄氏家规》，咸丰九年刊本，湖南省图书馆藏。
② 《衡阳何隆彭氏族谱》卷三，家规，清光绪刻本。湖南省图书馆藏。
③ 《中湘甘氏续修族谱》卷三，家规。
④ 咸丰《彭氏三修族谱》卷一，《三修凡例》。

使那些族长、房长不兼里正、甲首的农村,它们对农民的控制也是紧密配合、互相支持的。冯桂芬说的"保甲为经,宗法为纬",就是说的这两套权力系统同时并存而且互为补充的情形。① 至于宗族对于教育及赡养、救济、铺路架桥,既是凝聚族人的方式,也是显宗于地方的善举。据《湖南民情风俗报告书》载:②

> 湘中巨族,多立义塾,如长沙李氏义学,黄氏义学,平江余氏义塾、罗氏义塾,石门严溪谭姓族学之类,不可胜纪。……衡阳某姓于义塾外,年集族党学童,由族长发问考课,本诸子进诣为定赏赉,略似官师考课之例。或于岁时聚会课诸子以孝悌之道,忠信之行。……子弟有读书成名者,更为之给资(公车费、宾兴费之类)树坊,以示宠异。……若石门南枫周、刘、陈三姓合设义塾一所,有教育组合之义。
>
> 湘中族姓富庶者,往往预筹多金为慈善事业。凡族人力不能营丧葬嫁娶,或嫠妇孤儿之无可存活,胥倚助有等。如益阳文承斋于孤寡之子,岁给谷七石,宁乡童族之捐置义田,湘阴之蒋氏义庄、罗氏义庄,湘潭之邓氏义庄,道州之祭祀会、清明会,永明之老人会、新人会,衡阳之预储财产为荒年赈济之备,湘阴蔡祠年于冬至日鸠集谷六十担,分赠族中鳏寡孤独、废疾无养者。

宗族还有族田,按用途分为祭田、学田、义田,亦有统称为族田者。族田之收益,除上述资助教育、慈善事业外,用于架桥修路、设置茶亭等公共事业。总之,宗族作为血缘组织,是晚清湖南乡村普遍的社会组织,也是乡村社会治理的重要辅助。

在封建专制制度下,民间的组织是被禁止的,尤其是政治性的结社集会,是不能够存在的。但具有救济、互助性质的民间组织还是存在的。例如孝义会、祭祀会、清明会、老人会等,是贫困乡民丧葬嫁娶等大事

---

① 徐扬杰:《中国家族制度史》,武汉大学出版社2012年版,第384页。
② 《湖南民情风俗报告书》,湖南教育出版社2010年版,第25、22页。

发生时，互济互助的一种组织，也是跨血缘关系的社会组织。① 如孝义会：

> （同治巴陵）贫户治丧多有会，曰"孝义会"。其法，先约家有老亲者十人，定醵钱若干，遇丧则开之，故变起仓卒，亦稍克成礼。无老亲亦有入会者，备嫁娶也。故遇嫁娶亦开，余不准，亦良法也。②
>
> （嘉庆常德）乡义约，乡以数十家为率，遇戚懿亲丧，人各出布为赙。城中以百人为率，凡明器所需，悉为依助，群执绋焉。③

浏阳、蓝山等地，也有以合会的形式共同轮充乡里职役的"保正会"和"牌甲会"，④ 据陈宝良研究，所谓保正会，乃基于保甲法行久，弊端丛生，保正不过供州县役使之皂隶，成为一种额外劳役。为解除这种役患，湖南浏阳县上东乡，出现了一种共同充任保正的合会。此会之法为："纠上四都廿四族金，入其息，凡保正期满。聚而谋其可任者，差愈于旧，而其息已赢。"按照清代惯例，保正就役时，须向县衙交钱申请委牌，保正大多持簿遍行乡村募钱。此会实行后，保正领委的费用，就由合会基金的利息支付，不用再募"销费"。同时，保正会成立后，保正由当地二十四姓轮充，费用共出，避免了旧时充保正者负担过重的弊端。蓝山的牌甲会，也是以合会的形式，轮流充任乡里职役：

> 牌甲一会，不惟供役，亦以均输；不惟赴功，亦以从序。如我西隅甲中，一甲律公、九甲稜公约其众，而六甲辅公操其赢。由是

---

① 周荣先生《中国传统社会晚期的"乡土互助圈"与农村社会保障——以两湖地区为中心》一文，从"乡土互助圈的"角度，对湖南乡村地区具有民间互助性质的社会组织有充分的研究，本节关于乡村民间互助组织的材料颇受益于此文（载《近代史学刊》，华中师范大学出版社 2007 年版）。

② 丁世良、赵放：《中国地方志民俗资料汇编·中南卷》上卷，北京图书馆出版社 1991 年版，第 483 页。

③ 嘉庆《常德府志》，卷十三，风俗考，岳麓书社 2008 年版，第 195 页。

④ 陈宝良：《中国的社与会》，浙江人民出版社 1996 年版，第 175 页。

十甲并举，而役以均。跃又更设簿册，交察互警。犹存守望之风，亦见修睦之意……合一甲而十甲谨严，举一隅而三善兼备，俗美风淳，庶几可取。①

此外，关于晚清湖南乡村的民间互助组织，《民国蓝山县图志》有比较系统的记载。②

义助会名甚夥，法亦不一。有名父母会，亦曰孝义会。凡父母丧葬乏资者，充首会，邀族邻中有年老父母者组合之。各具银若干助费。并派壮丁往丧家舁匶。继后会友逢父母丧，悉依助首会例行之。有初会时，即各派谷为公积者，盖以防将来义助不周，有所弥缝也。有名花筵会者，或因子女、或因本身婚嫁，邀集有同等需要者若干人，组会助赀。有婚嫁皆助者，有仅助娶亲者，一年限助两次或三次。倘每年超过会次，即顺挨次年照助。或亦采公积法，以谋救济。会毕，乃告结束。又有因消极之灾害，或积极之兴作，而求义助者。区分苏会与标会两种。苏会由某首会邀十人，十个月一会。初会时，即拈阄定会。轮至某会，即由拈定之某人备席接会，假如会金百元，计首会二会，均付出银十四元五角，三会付十三元五角，以次递减，至尾会付银五元五角，会金总额二百元，则付款倍之，以此类进。若标会，则人数不拘多寡，会金每人数元，或十元、二十元，高至三五十元为仅见。一年两会、三会、四会，乃至按月一会，皆首会备餐，会友酌予津贴，金少会密者，仅茶会而已。其法，如每人助首会银元，二会以后，当众开标，某标四元，会友各付六元。标五元，付五元，首会及已标入者，照原额付款，未标者，照标余之额付款。新法则每次拈定下次接会者，届期，备席集会，悉照款定标额十分之几领付，标其名而额其实，可免操纵。

---

① 《民国蓝山县图志》，卷一〇，户籍下，《中国地方志集成》，"湖南府县志辑（47）"，江苏古籍出版社、上海书店、巴蜀书社2002年版，第205页。
② 《民国蓝山县图志》，卷一三，礼俗三，《中国地方志集成》，"湖南府县志辑（47）"，江苏古籍出版社、上海书店、巴蜀书社2002年版，第246—249页。

又有以谷计者，无论苏会标会，均以秋收为期。谷苏会一班，大都连首会六人，分加五退二、加三退四两种，假如额谷千斤，前例由五会友各助首会二百，至二会则首会付五百，三四五六会友共付五百，三会则首二会各付一半，四五六会仿此。后例亦由五会友各助首会二百，至二会则首会付三百，余会友共付七百，三会则首二会各付三百，四五六会友共付四百。四五六会仿此。若谷标会，与银标会无甚出入。

……

塞坝，即引水灌田也。县少塘而多坝，坝为唯一之水利。择凡有溪水上流，钉椿垒石，横引入渠，经过几里，或十几里，被灌之田十数亩乃至千余亩不等。其坝权，或田主所有，或一姓一村所专，或数姓数村轮管，有坝会坝田。岁以谷若干雇人包筑，合则留，不力则去之，若无常款，而又向归某姓某村专管轮管之坝，自冬徂秋，鸣锣集众，大小毕至，抢工兴筑。其工赀于秋割时，按亩刈禾若干兜，或派谷数斤以偿之。此皆含有合作性，然劳获不易公平，坝制良否，影响田之收获不浅也。

社禁。俗称社会，实即农社。大概联络数村组织之。凡田禾蔬菜百物生理，皆禁偷窃及牛马鹅鸭之践踏，违者分别轻重，责令踏偿与罚金，报者给奖。若禁山会，专禁树木，赏罚轻重，各从其宜。有大书"禁山无义"四字标语者，盖以无义为义，亦可味也。其常会多在旧六月六日，碗酒块肉，欢宴一度。籍申禁约，盖俗称此日土地生辰，趁此荐新，所以酬神也。

……

斠工。农忙如分秧割禾时，甲农邀乙丙丁斠工，乙丙丁邀甲亦如之，但参差时日而已。以一人不便工作，合数人则工半事倍，且农器亦可互用，省费尤多。

……

牧牛团。农家一牛一夫耗工费时，于是一村或联合数村若干牛，公雇一枚童，清晨击梆放牛，傍晚击梆送归，无分晴雨也。牛闻梆声，亦即合群往返，不待鞭策，其牧童轮流供餐，其值每牛一头，岁出谷米若干，秋收计给。此与现代合作事业相类，他事可推仿也。

……

慈善修造。凡修路架桥，事属慈善。较大桥工，捐田组会，备有常款，以任岁修。修路多由临时募集。凉亭或个人独造，或数人合造，或募赀公造。费数百金或千金不惜。近则节妇家有移建坊赀为建亭费者，亦实利之道。又路亭多备茶水，以便行人。

从以上情况来看，晚清湖南乡村这种互助性质的传统"合会"属于经济型社会组织，对于缓解乡村社会小农生产经营的困难，具有一定的意义。

与民间社会组织发展相反，晚清湖南乡村具有管理功能的政治性组织即里甲与保甲组织，趋于瓦解的状态。晚清湖南乡村行政，沿袭皇权不下县的治理传统，主要有负责钱粮的职役系统和负责治安的保甲系统。钱粮征收依据的是清初划定的里（都）甲组织，但随着时间的推移，赋役制度的改革以及地权变动，里甲组织名存实废，仅仅成为书办之类职役办理钱粮的单位。保甲制度是为乡村稽查人口、防范盗匪的治安组织，也是从清初即开始建立。里甲与保甲组织虽然被赋予行政的职能，但并非清代政府权力体系之一部分，而只是官倡官督的职役性组织，实际上依托的是乡村固有的族权和绅权，与族权和绅权紧密结合，成为具有中国特色的乡村治理体系。进入晚清，这一治理体系受到挑战，与同一时期宗族组织一样，日趋瓦解，并由此导致秘密社会的兴起。

晚清湖南乡村行政组织的分崩离析，情况是十分严重的。与全国各地情况大致相同，原因在于赋役制度的改革和地权的集中。康熙末年实行的"滋生人丁，永不加赋"的废除新生人口的人头税的政策以及雍正年间实行摊丁入亩，以用田编役之法逐渐代替了里甲编审制度，因而具有行政组织功能的里甲制度逐渐废弛，保甲制也因承平日久而形同具文。地权的集中，使得失去土地的人流离失所，族人流散，宗族制度也受到挑战。鸦片战争后，五口通商，商道改变，湖南失去一口通商时独特的转运贸易的地位。以前地处广州与湘潭之间的南风岭"劳动工人肩货往来于南风岭者，不下十万人。……道旁居民，咸藉肩挑背负以为生"的情景不再,① 湘潭因"五口开,汉口、九江建夷馆,县市遂衰",② 郴州"今昔比较,十一悬殊,河街店栈,落落晨星,仅存数家,且有不能持久之势"。③ 加之,鸦片战争结束时,清政府将招募之兵勇就地遣散,使得湖南特别是湘南地区散兵游勇剧增,他们与因商道转移而失业的手工工人一起,构成湘南地区庞大的流民队伍,成为秘密会党滋生的土壤。

晚清湖南秘密会党肇始于清嘉庆年间,主要是天地会。天地会是在福建漳州由洪二和尚提喜首创。"闽省天地会,起于乾隆二十六年,漳浦县僧提喜首行倡立,暗中主使,谋为不轨。"④ 之后,向邻省传播,湖南天地会便是在这种情形下产生的。"窃湖南一省,北接川湖,南通岭峤,民风素称愿朴,从前教匪、会匪滋事时,虽壤地接连,从无传染习教之事。乃近闻广东、广西两省添弟会浸寻阑入,日罗日多。遂致诱众结拜,纷纷散布。而永州一府与两广切近,其所属之道州、宁远、江华等县为尤甚。"⑤ 到道光年间,湖南天地会势力逐渐发展起来,对宗族社会形成巨大的破坏。地方官吏和乡村社会也视为畏途。"查各州县查拿匪犯,购线踩缉,赏需不一。及获犯申报上司委员催促,每一犯用批差两人,自县至省,远者数百里、千余里不等,长途往返,候审需时,一切食用盘缠,皆由官给发,州县虑滋赔累,因而消弭了事。"⑥ "承缉之员相率观望。"⑦ 而地方"殷实之家畏其寻害,虽未入会而与之认识往来者,破案之后往往正犯未获,而此等已备尝罗织之苦。于是里长牌甲惧其未能戢暴,先已畏艮,遂亦相率客隐,不敢报官"⑧。天地会进入湖南以后,又与早已进入湖南的北方斋教结合起来,获得较快发展,咸丰元年礼科给事中黄兆麟报告说:"现闻衡、永、宝三府,郴、桂两州所属地方,以及长沙府之安化、湘潭、浏阳等县,到处教匪充斥。有红簿教、黑簿教、

---

① 容阂:《西学东渐记》,湖南人民出版社1981年版,第46页。
② 《湘潭县志》,卷一一,《货殖》,第3页,光绪十四年刊本。
③ 《郴州乡土志》,卷下,《贸易》,光绪三十二年抄本。
④ 贺长龄编:《皇朝经世文编》,卷三三。
⑤ 军录,嘉庆二十四年五月初九日,蒋云宽奏。
⑥ 《天地会》(七),中国人民大学出版社1988年版,第474页。
⑦ 《天地会》(七),中国人民大学出版社1988年版,第475页。
⑧ 《天地会》(七),中国人民大学出版社1988年版,第475页。

结草教、斩草教、捆草教等名目。各教中皆分温、良、恭、俭、让五字,让字总领数百人,至温字则总领数千人。又有斋匪,名曰青教,名目虽分,其教实合。皆以四川峨嵋会首万云龙为总头目,所居之处,有忠义常名号。其传徒皆有度牌牒,以布为之,上书'关口度牌牒'五字,盖印'保和堂'图记。湖南距四川数千里,而教匪声气联络,彼此号令,随时可通。各州、各县、各府、各乡皆有党羽散处。"①

晚清湖南秘密社会名目繁多,有添弟会、担子会、情义会、三合会、丫叉会、捆柴会、棒棒会、把子会、红黑会、串子会、红簿教、黑簿教、捆草教、斩草教、结草教、红教、黄教等。② 内部组织严密,有一套比较完备的结盟仪式、组织机构和隐语暗号。

湖南秘密社会的入会仪式,据彭先国先生研究,有如下步骤:③

先是设立神位,开写盟表,用箆插地作圈,用布扎成小神位,以五色布小旗插入其中,拜会之时用红纸写立"五祖之会"四字牌位。五色旗五面上写"彪寿合和同"五字。然后用尺剪、戥子各一把,插放米斗之内,令入会者向牌位跪拜。其次是开写会内姓名,并将各册焚化,盟誓宰鸡滴血入酒,结拜并传授会内口诀、盟词。盟词通过口传,各人熟记。这些盟词有"有忠有义刀下过,无忠无义刀下亡","传授开口不离本,出手不离三","五色果子在中央,有人看守有人尝,有忠有义吃天禄,无忠无义半路亡","自古留传一首,有人问我我不知,头发未于心未跷,专望大哥指教师","庙向高岗,一派溪山知古秀。门朝大海,三合河水万年流"等等。最后是不论年龄、姓氏,推举大哥,建立组织,并刊刻图记,印给绸布,以为凭验。

在组织上,这些会党组织大都采用天地会形式,各教都有堂号名目,

---

① 录付奏折,咸丰元年七月二十一日,礼科给事中黄兆麟奏。
② 彭先国:《湖南近代秘密社会研究》,岳麓书社2001年版,第27页。
③ 彭先国:《湖南近代秘密社会研究》,岳麓书社2001年版,第20—21页。

"教内编仁、义、礼、智、信五字号。每字号有正帅、副帅、四协官、四将军及哨长、百长等名目"①。"习教诸人两跪六叩,念一个团团六合青,三八二一紧随身,阴阳造得汉成事,三年会下三年春"等天地会暗语。②新教徒入会,"先搭高台,以一头目为首居其上,称曰大哥,令新入会者拜伏于下,给斋钱一百八十文,焚香歃血为誓"③。有的教门,还立有王、帅、军师、敬警司、敬良司诸制,刊刻印章、令牌等。④

鸦片战争后,随着广东、广西地区会党的活跃,湖南特别是湘南地区的秘密社会活动频繁。以会党为主力的起事、起义此起彼伏。太平天国运动的爆发,使得湖南的秘密社会活动进入了高潮。在太平天国进军湖南途中,湖南会党参加太平军不计其数,据清方的记载说:太平军入湘后"会匪之入党,日以千计","凡入添弟会者,大半附之而去","各处土匪响应者,较粤西为多"。⑤到同治年间,湖南天地会的分支——哥老会势力迅速发展,成为同治以后湖南的主要秘密社会组织,包括被遣散的湘军士兵,也成为哥老会的重要来源。其势力之大,在清末也为革命党所重视,湖南革命志士黄兴、谭人凤等人,也一度致力于在哥老会中发展力量。

晚清湖南秘密社会组织的发达,与晚清湖南土地高度集中,农民破产失业以及鸦片战争以来商贩、挑夫、水手、士卒等大量游移社会,从而形成流民阶层相联系。作为社会的底层,结社集会最初乃是为了互相帮助,是一种以义气为纽带的隐秘的社会组织。它可以为人所利用而成为政治组织,诸如反清复明之类,但随着秘密社会势力的不断壮大,大量无业游民纷纷加入秘密社会,带来更多游民的劣根性,改变了秘密社会活动的性质,使其更多的是游离于主流社会的破坏性。因此,它对于传统社会的统治,是具有很大威胁性的,也对乡村社会秩序造成影响。

---

① 《刘坤一遗集》第 1 册,中华书局 1959 年版,第 128—129 页。
② 《刘坤一遗集》第 1 册,中华书局 1959 年版,第 128—129 页。
③ 《新宁县志》卷一六,《兵事志》,岳麓书社 2011 年版。
④ 彭先国:《湖南近代秘密社会研究》,岳麓书社 2001 年版,第 25 页。
⑤ 江忠源:《江忠烈公遗集》,卷三。

二　晚清湖南乡村社会组织的重建与转型

经过太平天国农民运动的打击后，湖南乡村社会组织遭受严重损失。就宗族势力而言，太平军拜上帝，认为上帝是唯一真神，其他偶像均为"阎罗妖"，需一体捣毁，故太平军所到之处，"城则宜瘫、学宫、考棚，乡则祠堂、庵观皆被毁"，[①] 对于敢于抵抗的宗族武装，太平军予以坚决的消灭，故在太平军进军湖南过程中，宗族武装几被消灭殆尽，还有的或自愿或被胁迫跟随太平军而去，在郴州，太平军"盘踞四出，杀戮之惨，莫此为甚。掳去居民不少，生还者，村落尽成灰烬，几于十室九空"[②]。宗族势力受到毁灭性打击，于乡村统治秩序给予极大破坏。

针对太平天国对湖南乡村社会的打击，湖南地方开始对乡村社会进行重建。在恢复宗族权力和地方社会组织特别是保甲的过程中，团练势力崛起并得以发展，成为同治、光绪年间湖南乡村社会组织的一大特色。湖南巡抚骆秉章提出"并村结寨""以收团练实效"的办法，要求"府厅州县，督同地方公正绅耆，晓谕遵办"。[③] 督办湖南团练大臣曾国藩也谕令各地遵办。在各地方官和士绅的努力下，湖南团练成为地方重要的势力，而且团练与宗族相结合，族权与团练之权相结合，也成为湖南团练的鲜明特色。巡抚骆秉章在劝谕创办团练时即提出："湖南各州县多系聚族而居，办理并村结寨尤为易易"，"各族必有祠堂，必有老屋，各团必有公庙"，"即以祠堂老屋为一族公堡，庙宇为一团公堡"。[④] 湘乡知县朱孙诒提出，"团练无分大小，俱令先练族，后练团"，"仰各姓族首房长等速理练族，清查户丁，约束族众，守法认真，联团互相守助"。"各都保正速传各族，无论大族、小族，俱令先练族，后练团。各族户首俱宜

[①] 吴绂荣撰：《嘉禾县志》卷二一，祥异，纪事，同治二年刻本。
[②] 杨奕青、唐增烈：《湖南地方志中的太平军史料》，岳麓书社2010年版，第715页。
[③] 《光绪巴陵县志》，卷之十九，政典志七，团练，《中国地方志集成》，"湖南府县志辑（47）"，江苏古籍出版社、上海书店、巴蜀书社2002年版，第10页。
[④] 《光绪巴陵县志》，卷之十九，政典志七，团练，《中国地方志集成》，"湖南府县志辑（47）"，江苏古籍出版社、上海书店、巴蜀书社2002年版，第12—13页。

克期从事……如有不服团练，即着户首会同都团公同禀究。"① 刘典在宁乡办团练其实也是练族，"挨户练户，认真联结，每族谕二人为长"②。因此，各县或纷纷以宗族为中心，或以乡里为区域，编练团练，形成所谓族团、乡团。③ 新化县"知县赵宗仑谕邑人晏启球、刘宽耀、陈之弼、刘宽畴……设局办团，募勇防堵"④。巴陵县"咸丰二年，生员李春沂与生员李承蛇、文童李巨典等创行团练。岳州失守，土匪四起，焚署劫炯，合邑骚然。春沂等遇贼于河溪，擒贼赵捷权等，会官军至，土匪悉平"⑤。咸丰四年安化"知县谢廷荣遵札团练，编查保甲，厘定保甲章程六条、团练章程十八条，按九乡都保遴派团、团佐，遍饬举行，安化团练自此始"⑥。

在团练兴办的过程中，族权也得以重建。而清政府在乡村社会组织瓦解的情况下，也试图通过重建和强化族权来恢复乡村社会秩序，咸丰年间，清廷谕令："凡聚族而居丁口众多者，准择族中有品望者一人立为族正，该族良芳责令察举。"光绪年间，蒋德钧上书湖南巡抚，建议"查照道、咸之间湘乡练族旧规切实办理，以期力挽颓风"。办法也是加强族长职权："通饬各属，于各族内建立房长，官给札谕，凡族内游手无赖、会盟、劫夺、赌博、奸拐、窃盗一切不法之属，悉令稽察。"族人有犯，由房族长负责解往官府，重者按律治罪，轻者令房族"书立戒约"，由该房族"领回约束"。⑦ 巴陵县吴敏树甚至向地方官建议，给各姓族长颁发

---

① 黄楷盛撰：《湘乡县志》，卷五上，兵防志2，团练，同治十三年刻本。
② 童秀春撰：《续修宁乡县志》，卷二三，职官5，团练，同治六年刻本。
③ 团练大臣曾国藩就备有族团、乡团的执照，供团练申领，他在浏阳发布告示称："本部堂刻有乡团执照、族团执照，尔浏阳各乡选举廉明公正之人前来具领，清查户口，稽查匪类，细加剖别，大彰公道。"（曾国藩：《查拿征义堂余匪示》，《曾国藩全集》14，诗文，岳麓书社2011年版，第382页）
④ 刘洪泽撰：《新化县志》，卷一二，政典，同治十一年刻本。
⑤ 光绪《巴陵县乡土志》，上册，《兵事录》。
⑥ 何才焕撰：同治《安化县志》卷一六，经政，团练。
⑦ 蒋德钧：《求实斋类稿》，续编，卷一，《上湘抚陈中丞简明条约三则》。

"家法刑杖",① 令对族众实行严格控制和镇压。②

清政府利用宗族以恢复乡村社会的秩序,正说明晚清以来乡村社会日趋危机。自鸦片战争以来,西方列强加紧对中国的商品输出、原料掠夺和资本输出,自给自足的自然经济逐步瓦解,中国农业和农村、农民被卷入世界经济的旋涡,导致农村地权集中,农村手工业破产,农民离村率逐步上升,农业经济进一步凋敝。宗族因族人的离散而渐失其吸引力和凝聚力,乡村保甲亦因此失去效用。乡村社会原有的组织功能丧失,传统乡村社会组织开始转型。

传统社会组织的转型,体现在党(会)禁的开放和民间社会组织特别是政治性组织的自由组建。在晚清,这一进程是从戊戌维新时期开始的。不过应当明确,清政府鉴于明亡的教训,是严禁朝野结党营朋的。戊戌维新时期,知识分子受西方社会政治学说的影响,特别是所谓合群思想的影响,倡导合群集会,所谓"国群曰议院,商群曰公司,士群曰学会",③ "人不可以不学,学又不可无会。不学则孤陋寡闻,无会则团体涣散"。④ 因此倡导成立各种社会组织,特别是梁启超对学会的鼓吹不遗余力,他在上陈宝箴书《论湖南应办之事》中,极力倡导兴办学会:"今之策中国者,必曰兴民权……欲兴民权,宜先兴绅权,欲兴绅权,宜以学会为之起点",⑤ "欲用绅士,必先教绅士,教之惟何惟一归之于学会而已",⑥ "欲救今日之中国,舍学会末由哉",⑦ "今欲救中国在广人才,欲广人才在学会"。⑧ "一省有一省之会,一府有一府之会,一州县有一州县

---

① 光绪《巴陵县志》卷五二,《杂识》。
② 李文治、江太新:《中国宗法宗族制和族田义庄》,社会科学文献出版社2000年版,第163页。
③ 梁启超:《变法通议·论学会》,《饮冰室合集》文集之一,第33页。
④ 《上海指南》卷四,"公益团体·会馆公所",商务印书馆宣统元年版。
⑤ 中国史学会主编:《中国近代史资料丛刊·戊戌变法》二,上海人民出版社2000年版,第553页。
⑥ 中国史学会主编:《中国近代史资料丛刊·戊戌变法》二,上海人民出版社2000年版,第555页。
⑦ 中国史学会主编:《中国近代史资料丛刊·戊戌变法》二,上海人民出版社2000年版,第377页。
⑧ 梁启超:《学会论》,《梁启超全集》第一册,北京出版社1999年版,第28页。

之会，一乡有一乡之会"。① 在维新志士的倡导下，学会迅速发展。按闵杰的统计，戊戌维新时期大约有各种学会72家。② 其中以"学会"为多，就其性质而论，有政治性的、学术性的、公益性的等。上海则有200多家。③ 湖南第一家学会是谭嗣同倡导兴办的浏阳算学社，随后，长沙相继成立了南学会、湘学会、学战会、公法学会、法律学会、积益学会、公理学会、延年会，省城之外的地区则成立了任学会（衡阳）、舆算学会（郴州）、明达学会（常德）、群萌学会（浏阳）、致用学会（龙南）、三江学会（会同）。据不完全统计，这一时期湖南的学会有20余家。④

戊戌维新失败后，学会被查封，直到20世纪初年，清政府实行所谓"新政"，以至进一步的预备立宪，才逐步开放了集会结社。1908年，宪政编查馆与民政部奏请制颁《结社集会律》，主张除各省会党等秘密结社，因"于政治社会关系尤重"，需加以禁止外，其他"讨论政学、研究事理、联合群力以成一体者，虽其用意不同所务各异，而但令宗旨无悖于治安，即法令可不加以禁遏"。其余"自学术、艺事、宗教、实业、公益善举推而至于政治，无不可以稽合众长，研求至理"⑤。《钦定宪法大纲》也规定："臣民于法律范围以内，所有言论、著作、出版及集会、结社等事，均准其自由。"⑥ 但是这种宽松也是相对的，清政府对于民间会

---

① 梁启超：《学会论》，《梁启超全集》第一册，北京出版社1999年版，第28页。
② 闵杰：《戊戌学会考》，《近代史研究》1995年第3期。
③ 《晚清上海的公共领域（1895—1911）》，上海人民出版社2007年版，第161页。
④ 关于戊戌维新时期湖南学会数量，有不同的统计。据周秋光先生统计，维新时期湖南的学会共有15个（周秋光：《湖南维新运动期间南学会的创办与文明排外》，《湖南师范大学社会科学学报》1998年第5期）；据闵杰先生统计有18个（闵杰：《戊戌学会考》，《近代史研究》1995年第3期）；李文海先生统计有18个（李文海：《戊戌变法时期的学会组织》，胡绳：《戊戌维新运动史论集》，湖南人民出版社1983年版，第48页）；张玉法先生对各地的维新团体进行了列表统计，辑得湖南的维新团体共有16个（张玉法：《清季的立宪社团》，北京大学出版社2011年版）。许效正先生认为，维新时期湖南的学会团体恐怕要超过50个（《湖南近代社团研究》，湖南师范大学硕士论文，2006年）。但其将不缠足会分会各计算为1个单独的学会，尚值得讨论。
⑤ 《宪政编查馆拟订结社集会律折》，中国第二历史档案馆编：《中华民国史档案资料汇编》第一辑，江苏人民出版社1979年版，第104—105页。
⑥ 《宪政编查馆资政院会奏宪法大纲暨议院法选举法要领及逐年筹备事宜折（附清单二）》，"附宪法大纲暨议院法选举法要领清单"，《清末筹备立宪档案史料》（上册），中华书局1979年版，第59页。

社还是抱有戒心的，有这种限制。《结社集会律》规定：所有社团，"其关系政治者非呈报有案不得设立，关系公事者虽不必一一呈报，而官吏谕令呈报者亦当遵照办理"。若"其宗旨不正违犯规则，或有滋生事端妨害风俗之虞者，均责成该管衙门认真稽察，轻则解散，重则罚惩，庶于提倡舆论之中，不失纳民轨物之意"。① 公职人员、各学堂教习、学生、未满二十岁之男子、妇女以及"不识文义者"不得参加政治性的集会结社。

但清末特别是20世纪初年以来社会组织的勃兴，主要在城市，首先是北京、上海等通商口岸、政治中心；其次是省会城市，还有得风气之先的县城。在广大的乡村社会，新型的社会组织仅止于县城。但戊戌维新时期的不缠足会、20世纪初年官方主导的农会，在不同程度上进入了乡村社会，而清末预备立宪时期的乡村自治，则是具有现代意义的乡村社会治理的社会组织。

湖南最早的不缠足会出现在岳阳。1896年底，吴性刚（字温仲）在家乡成立岳州不缠足会，会员有"四五十人"。②

1897年5月，长沙清泰都妇女黄氏、陈氏、余氏、杨氏与尊阳都郑氏联合组织妇女不缠足会。她们编歌词，相互劝勉。在她们的发动下，入会的妇女共有几十人。凡入会的妇女，不论老、幼、弱、壮，一律放足。其具体办法是："初时履稍加长，宽其束缚，勤于洗濯，一月之间，趾肤如故矣"，经过一年，"居然健步，如释重囚"。③ 长沙清泰都妇女不缠足会开湖南妇女不缠足风气，此后湖南不缠足运动在维新人士的推动下轰轰烈烈地开展起来。

光绪二十四年（1898）四月，谭嗣同、熊希龄、唐才常等人在长沙《湘报》馆内创建湖南不缠足总会。由黄遵宪、徐仁铸、熊希龄、谭嗣同、樊锥、易鼐等12人担任董事。

---

① 《宪政编查馆拟订结社集会律折》，中国第二历史档案馆编：《中华民国史档案资料汇编》第一辑，江苏人民出版社1979年版，第105页。

② 闵杰：《戊戌维新时期不缠足运动的区域、组织和措施》，《贵州社会科学》1993年第6期。

③ 《卫足述闻》，《湘报》第43号。

湖南不缠足会的宗旨主要是：革除恶习，移风易俗，振兴国家。总会下设分会，分会下设小分会。各府、厅、州、县入会人数多的地方可以随时设立分会。各总会、分会设董事，不定员，不拿薪水；各总会、分会设主会、副主会，由有贡献于本会的人担任，或由董事公举，也不拿薪水；总会另设司事4人，分会设司事2人，小分会设司事1人；司事由主会、董事择人任用。

总会讨论制定了《湖南不缠足会简明章程》和《湖南不缠足会嫁娶章程十条》，并在《湘报》上发表劝戒缠足的文章。文章指出："夫四万万之众……然缠足之习惯不除，则女人二万万已去其半也，且不特去其半，减其数而已，坐以待食其弊……国其危矣。"[1] 署按察使黄遵宪发布严禁缠足令，列举缠足的种种害处，并通告各府、厅、州、县一体张贴告示，劝禁幼女缠足，警告各有因缠足而殴杀幼儿者，必加严惩，以"开一乡一邑之风气"[2]。

《湖南不缠足会简明章程》规定："凡入会人所生子女不得缠足，所生男子不娶缠足之女；凡入会人所生女子已缠足的，在8岁以下的必须一律解放。"[3] 为了防止妇女因放足受到守旧分子的歧视，湖南不缠足总会还在《湖南不缠足嫁娶章程十条》中规定：凡入会的都可以互通婚姻，"除会外人亦系不缠足者，仍通婚外，余不得通婚"；提倡婚姻不限远近，婚礼节约，婚仪简便。[4]

《湖南不缠足会简明章程》公布后，各地纷纷响应。宝庆府（今邵阳市）及新化、湘乡、武冈、衡山、浏阳等20多个县先后成立分会。据当时报刊记载，"湖南不缠足会风行之盛，甲于各省，刻下该会陆续报名，每日或十数人，或数十人，几乎无日无之"[5]。加上湖南不缠足总会成立前的两个团体，这一时期湖南共创办不缠足团体10个，为各省之冠。

湖南不缠足组织的特点，一是会员众多，仅湖南不缠足总会，有姓

---

[1] 《湖南不缠足会简明章程》，《湘报》，第15号。
[2] 《黄公度廉访批》，《湘报》，第53号。
[3] 《湖南不缠足会简明章程》，《湘报》，第15号。
[4] 《湖南不缠足嫁娶章程十条》，《湘报》，第15号。
[5] 《国闻报》1898年8月1日。

名可考的会员 928 人。一些分会也规模可观。湖南新化不缠足分会，有董事 260 人，动员群众"数千户"。① 二是在乡村比较活跃，城市反而相对消沉，缘于"湘城风气尚不流畅，省居世族犹怀旧染，反不若各乡各邑易著成效"②。如善化县东乡的不缠足会，有鉴于"乡间僻陋，限于见闻，故特鸿集同人获设会于十都仙庚岭"。③

农会也是清末官方倡导的组织。1907 年底，清政府颁布《奏定农会简明章程》二十三条，章程详细界定了农会的宗旨、组织、会员条件及任务。其宗旨为："农会之设，实为整理农业之枢纽。综厥要义，约有三端：曰开通智识，曰改良种植，曰联合社会。"④ 农会的任务是"开通农民知识，因地制宜，改良种植，一切冀农业之发达"。主要活动是办农报、设立农业学堂、开办农事试验场、改良农业品种、开办农产品展览会、开垦荒地、植树造林等。章程颁布后，各省先后设立农务总会（或称农桑总会），并于府厅州县设立分会，乡镇设立分所。据统计，到宣统二年（1910），全国"农务总、分各会，直省以次举办，总计总会奏准设立者十五处，分会一百三十六处"，⑤ 到宣统三年（1911）为止，全国成立农务总会 19 处，农务分会 276 处。⑥

湖南省农会于 1909 年 12 月成立，到辛亥革命前夕，建立分会的有浏阳、汉寿、武冈、湘乡、南县、宁乡、保靖、桃源、永州、江华、泸溪、溆浦、沅江、岳阳等州县。⑦ 据民国初年召开的全国农业联合会第一次会议湖南代表杜时化报告，湖南农务总会成立后，在益阳创办了蚕桑讲习所，拟办棉业讲习所、茶叶讲习所并农林讲习所各一所；常宁农务分会筹备一所蚕桑讲习所；关于农事试验场，农务总会在益阳创办一蚕事试

---

① 闵杰：《戊戌维新时期不缠足运动的区域、组织和措施》，《贵州社会科学》1993 年第 6 期。
② 《南学会问答》，《湘报》，第 27 号。
③ 《善化东乡不缠足会简明章程》，《湘报》，第 113 号。
④ 朱寿朋纂：《光绪朝东华录》第五册，中华书局 1958 年版，第 125—126 页，总第 5751—5752 页。
⑤ 刘锦藻撰：《清朝续文献通考》，卷三七八，实业考一。
⑥ 朱英：《辛亥革命前的农会》，《历史研究》1991 年第 5 期。
⑦ 张朋园：《湖南现代化的早期进展—》，岳麓书社 2002 年版，第 331 页。

验场，并筹备一模范森林。① 湖南乡镇农务分所设置情况，因史料有待进一步发掘，目前具体情况难以明了。

晚清特别是清末乡村社会组织的重建，主要是应对太平天国运动和晚清资本主义经济发展产生的农村组织瓦解的状况，总的来说，所谓重建，主要是宗族势力和保甲、团练之类的传统乡村组织，而且效果也并不显著。资本主义的发展所带来的乡村危机，必然需要与之相适应的社会变革。晚清乡村自治的展开，可以说是一种适应性的变革，是乡村社会组织转型的开始。本书第五章已经予以论述，兹不再述。

三 晚清湖南的乡村社会动员

所谓社会动员，是指人们在政府或社会组织持久的、主要的因素影响下，其态度、期望与价值取向等发生转换、并保持与政府或主流社会一致的过程。它表现为常态和非常态两种形式，所谓常态是指在社会稳定且和平发展的时期，政府通过各种方式使社会各阶层保持与主流社会一直的价值取向和行为模式，实现社会的稳定发展。所谓非常态，是指在社会发生重大事件（对外战争、内乱等）时，政府为了实现具体的目标而采取的各种动员方式。在传统社会，乡村是社会的主体，在人口、区域、资源和经济发展各方面是占有主要地位的，因此，它是政府社会动员的主体和重点。

晚清社会是一个转型的社会，是由单纯的封建社会向半殖民地半封建社会转变的社会，或者说所谓传统向现代转变的社会。乡村社会虽然较通商口岸和城市社会发展缓慢，但它也同样在发生着变化，自然经济逐步瓦解，开始卷入世界经济的旋涡。因此，晚清乡村社会动员实际上也经历了从传统到现代的过程。所以，晚清乡村社会动员有着多种形式：传统社会以教化为主要方式的社会动员继续存在并发生变化；应对太平天国运动和一系列反侵略战争的发生的非常态社会动员；适应近代社会变化的新的社会动员方式等。

---

① 杜时化：《湖南省农业情形》，《全国农业联合会第一次纪事》，近代中国史料丛刊，正编，第87辑，台北：文海出版社1987年版，第73—75页。

通过学校、官绅、宗族等渠道对乡民进行教化，是传统社会维持政治稳定、保证统治秩序而进行社会动员的主要方式，其主要内容是对儒家学说特别是纲常伦理的宣教。

儒学是中国封建社会官方意识形态，它倡导的纲常伦理适应以血缘为基础的农业宗法社会，也适应于封建的专制统治，西汉以来，历代统治者均大力倡导。清朝建立后，也奉儒学为圭臬，学校教育、开科取士、社会教化，一以儒学为依归。顺治初，湖南共重建、增修、新建了9所府学、11所州学、4所厅学和62所县学，① 并继承明制，府州县"儒学、食廪生员，仍准廪给，增、附生员仍准在学肄业，俱照例优免"。同时增加文武生员名额，使湖南各级官学廪、增生名额达到各1717人，岁科各入附生加新生1230人，武生1030人，文武生422人。② 对于乡村教育，清政府也非常重视，顺治九年（1652），诏令每乡置社学1所："凡府、州、县每乡置社学一，选择文艺通晓、行谊谨厚者报充社师，免其徭役，给饩廪优赡。"③ 要求"凡近乡子弟年十二以上二十以下有志文者，令入学肄业。至是复经审定，将学术姓名造册申报"④。

官学之外，私学如族学、家塾、村塾在湖南均比较普遍。湖南宗族势力强大，宗族创办私塾供本族子弟就读是比较普遍，有的宗族还办有多所族学；家塾则是大户人家聘请教师教授本家子弟，也有远亲附读其中的。当然也有课师在自家开馆招录学生就读的。据载，在19世纪40年代，仅常德一地，乡村私塾就达160余所，学生2000余人。⑤

无论是官学还是私学，其教学内容，是以儒家经典为主。府、州、县学按规定，课以"四子书""五经"等儒家经典；社学则习《诗》《书》《小学》《近思录》之类，在循序渐进至四书五经、诸子百家。毫无例外的是，官学和私学均需习《圣谕广训》《圣谕十六条》《御制训饬士子文》《大清律》等内容，以达教化之目的。

---

① 乾隆《湖南通志》，卷四二，学校一，引。
② 冯象钦等主编：《湖南教育史》（第1卷），岳麓书社2002年版，第514—517页。
③ 《清朝文献通考》，学校考，七。
④ 《清朝文献通考》，学校考，八。
⑤ 冯象钦等主编：《湖南教育史》（第1卷），岳麓书社2002年版，第491页。

鸦片战争以后，西学传入中国，对传统教育产生很大的冲击，改革科举制度，推行新式教育成为潮流。湘乡东山精舍是甲午战争前后湖南建立的第一所传统书院改革的学校，打破了传统书院不求实学的模式，设置算学、格致、方言、商务四科，又订购《万国公报》《格致汇编》《申报》等时务报刊，学生成为"通知时务与夷情夷形"之用之才。接着，岳麓书院、城南书院、求忠书院以及外州县书院也相继进行课程改革。进入20世纪初，随着清政府该书院为学堂，新式教育也逐步影响到乡村社会。据载，全省104所书院，大部分均在1902—1903年间改为中学堂、小学堂、师范馆、乡间小学堂等各种名目的新式学堂。这是清政府适应近代社会变化而进行的自我调适，但根据"癸卯学制"之《学务纲要》规定，以儒家经学仍然是指导教育的官方意识形态，是教化的人们的"圣教"："中小学堂，宜注重读经，以存圣教。外国学堂有宗教一门，中国之经书，即是中国之宗教。若学堂不读经书，则无尧舜禹汤文武周公孔子之道，所谓三纲五常者，尽行废绝，中国必不能立国矣。"[1]根据这一指导思想，钦定新式学堂的课程，经学课程占很大的比例。初等、高等小学堂每周读经6小时，挑背与浅解6小时，共12小时，占初等小学堂每周30课时的2/5，高等小学堂周课时的1/3。中学堂和师范学堂每周读经6小时，挑背和讲解3小时，共计9小时，各占其每周课时的1/4。此外，中小学堂学生每天尚需温习经书半小时，每周3小时。大学则设经学科，造就经学专门人才，所学规定为"四书"、《孝经》《礼记》之类。可见，即使是适宜性调整，其目的还是以封建的纲常伦理为根本，一如其他宣称的宗旨："无为何等学堂，均以忠孝为本，以中国经史之学为基，俾学生心术画归于纯正，而后以西学论其知识，练其技能，务期他日成德儒才，各适实用，以仰副国家造就通才，慎防流弊之意。"[2]

学校教育之外，社会宣讲活动是清政府整合人心、实行教化、进行社会动员的方式之一。这是一种面对面的传播方式，在古代大众传播手段缺失的情况下，也是最有效的方式。清代的宣讲活动沿袭明代的圣谕

---

[1] 舒新城：《中国近代教育史资料》（上册），人民教育出版社1981年版，第202—204页。
[2] 《中国近代学制史料》第2辑，上册，华东师范大学出版社1984年版，第78页。

宣讲，圣谕的内容，最初是顺治皇帝于顺治九年（1652）颁布的六条谕旨："孝顺父母、恭敬长上、和睦乡里、教训子孙、各安生理、无作非为。"到康熙九年（1670），康熙将其扩充为16条，即，

> 敦孝弟以重人伦；笃宗族以昭雍睦；和乡党以息争讼；重农桑以足衣食；尚节俭以惜财用；隆学校以端士习；黜异端以崇正学；讲法律以儆愚顽；明礼让以厚民俗；务本业以定民志；训子弟以禁非为；息诬告以全善良；诫匿逃以免株连；完钱粮以省催科；联保甲以弭盗贼；解仇忿以重身命。①

雍正二年（1724），雍正帝又将圣谕16条扩充为《圣谕广训》，至此清代圣谕宣讲内容基本完善。圣谕宣讲自顺治十六年（1659）设立乡约制度，规定每月朔望举行两次宣讲活动，自此开始，终清一代未尝废止，只是到清末有所改革。圣谕宣讲的形式主要有三种，一是官员宣讲，"省直各州县、大乡大村人居稠密之处俱设立讲约之所，于举贡生内拣选老成者一人以为约正，再选朴实谨守者三四人为值月。每月朔望齐集乡之耆老里长及读书之人，宣讲《圣谕广训》，详示开导，务实乡曲愚民共知鼓舞向善。至约正、值月果能化导督率，行至三年，卓有成效"②。据载，宣讲的仪式非常隆重：

> 每月朔望，预择宽洁公所设香案，届期文武官俱至，衣蟒衣，礼生唱："序班。"行三跪九叩头礼，兴，退班，齐至讲所，军民人等环列肃听，礼生唱："恭请开讲。"司讲生诣香案前跪，恭捧上谕登台，木铎老人跪，宣读毕，礼生唱："请宣讲上谕第一条。"司讲生按次讲"敦孝弟以重人伦"一条毕，退。③

---

① 张廷玉等：《清朝文献通考》卷六九，《学校考·七》。
② 《钦定大清会典事例》，京师官书局，光绪二十五年（1899），石印本，礼部，风教讲约一，卷397页。
③ 周振鹤撰集、顾美华点校：《圣谕广训：集解与研究》，上海书店2006年版，第591页。

官员宣讲，一般在府州县学宫、公所，在乡村，则由乡约宣讲。雍正七年（1729）规定：各省应于"大乡大村人居稠密之处设立讲约之所，于举贡生内拣选老成者一人以为约正，再选朴实谨守者三四人为值月。每月朔望齐集乡之耆老里长及读书之人，宣讲《圣谕广训》，详示开导，务实乡曲愚民共知鼓舞向善。至约正、值月果能化导督率，行至三年，卓有成效，督抚会同学臣择其学行最优者具题送部引见，其诚实无过者量加旌异以示鼓励，其不能董率、怠惰废弛者即加黜罚"[1]。这种面对乡村百姓的直接宣讲，对乡民的教化作用是产生了效果的。道光年间，湖南籍官员贺长龄指出，清朝两百余年"化行俗美，海内乂安，间有邪说诬民旋即歼灭"，"诚宣讲《圣谕广训》之明效也"[2]。虽不无溢美之词，但多少反映了其社会效果。尤其是不少地方为了使乡民能够接受宣讲内容，多自编通俗易懂、深入浅出的各种形式的唱词、话本进行宣讲。湖南地方志中有不少关于圣谕宣讲的记载。《江华县志》上载"省、府、州、县、乡村巨堡及番寨、土司地方设立讲约处所，择老成耆者一人为约正，再择朴实谨守者三四人为值日，每月朔望齐集耆老人等宣读"[3]；蓝山县"旧有宣讲圣谕礼常，以月朔望于明伦堂行之，中设圣谕牌，左右设讲席……清朝所颁行圣谕十六条也，民间村市亦间有耆老宣讲者"[4]。

宣讲的第三种形式是学校与科举考试宣讲。清代历朝都非常重视对各级学校学子的圣谕教育。道光十五年（1835），上谕更强调："学校为培养人材之地，士品克端，斯民风日茂。亦惟训迪有术，斯士习益淳。定例每于朔望敬谨宣讲《圣谕广训》，并分派教官，亲赴四乡宣讲，稗城乡士民共知遵守。"[5]"惟州县地方辽阔，宣讲仍虑未周，嗣后各省学政到

---

[1] 《钦定大清会典事例》，京师官书局，光绪二十五年（1899），石印本，礼部，风教讲约一，卷397页。
[2] 《皇朝道咸同光奏议》，卷四一，《礼政类·学校》。
[3] 《江华县志》，卷六，《典祀》，《乡约》。
[4] 《蓝山县图志》，同治十一年刊本，卷一一，《礼俗篇第五之一》。
[5] 《钦定大清会典事例》，京师官书局，光绪二十五年（1899），石印本，礼部，风教讲约一，卷397页。

任,即恭书《圣谕广训》,刊刻刷印,颁行各学,遍给生童,令人人得以诵习,并著翰林院敬谨推阐,圣谕内'黜异端以崇正学'一条,撰拟有韵之文,进呈候朕钦定,颁发各省,饬令各该学政,一并恭书遍颁乡塾,俾民间童年诵习,潜移默化,以敦风俗而正人心。"① 曾国藩在奏派幼童出国留学的奏折之中,也不忘要求每月朔望需组织留学生宣讲《圣谕广训》。至于科举考试,其内容也包含《圣谕广训》。

宣讲圣谕起到了教化民众的作用,但时间既久,难免流于形式,而时势变易,内容与形式也需要变革。因此到清末,旧有的乡约基本废弛,为了适应地方自治的需要,便有了宣讲所的诞生。1906年,《奏定劝学所章程》规定:"各属地方,一律设立宣讲所,遵照从前《宣讲圣谕广训章程》,延聘专员,随时宣讲。其村镇地方,亦应按集市日期,派员宣讲。一切章程规则统归劝学所总董经理而受地方官及巡警之监督。"② 随后,宣讲所在各省地方陆续开办,宣讲活动既是对以往圣谕宣讲的赓续,又是新形势下的发展。

宣讲所以官办为主,也有绅办或私人设立的。按照《劝学所章程》规定,官办宣讲所其一切规则,均统归劝学所总董经理。其经费纳入地方预算,且投入不少,如1910年的经费为:"各省学务款项岁入总数已载……所有全国用款分为二十三类……劝学所三十六万三千零七十两,教育会三万三千七百九十八两,宣讲所三万零零七十七两,图书馆三万三千七百一十七两。"③

各省根据章程,次第创办宣讲所,湖南的情况是,"据《湖南官报》光绪三十三年统计,全省有简易识字学塾200余所、半日学堂15所、宣讲所56所。……至宣统三年,全省城镇简易识字学塾和简易学堂共3所,学生260人;半日学堂17所,学生424人;夜校3所,学生62人;宣讲

---

① 《钦定大清会典事例》,京师官书局,光绪二十五年(1899),石印本,礼部,风教讲约一,卷397页。
② 《奏定劝学所章程》,《中国近代教育史资料——教育行政机构与教育团体》,上海教育出版社2007年版,第62—65页。
③ 《全国教育经费统计表》,《申报》1910年4月11日。

所4所，学生62人"①。1910年，"长沙县筹办自治，现在境内设宣讲所三处，一在小吴门判官庙，一在北门外关帝庙，一在贡院西街七团自治公所，又派员分往各处宣讲，都从二月起"②。常德府武陵县"拟定城厢内外，分做十六区，各区设一个宣讲所"③。

与圣谕宣讲不同的是，清末宣讲所宣讲的内容广泛，据《奏定劝学所章程》规定："宣讲应首重《圣谕广训》，凡遇宣讲《圣谕》之时，应肃立起敬，不得懈怠。"④"忠君、尊孔、尚公、尚武、尚实五条谕旨为教育宗旨所在，宣讲时应反复推阐，按条讲说，其学部颁行宣讲各书及国民教育、修身、历史、地理、格致等浅近事理以迄白话新闻，概在宣讲之列，惟不得涉及政治，演说一切偏激之谈。"⑤ 湖南巡抚赵尔巽在1903年就湖南的宣讲提出14条章程：⑥

1. 各属教官每月以二十日分赴城乡各处宣讲，以十日在署办公休息，遇有考事准其暂停，仍先期谕知城乡各处居民知晓。

2. 每年津贴各属教官每员银四十两，由善后局筹发，各该地方官按期代领转发。

3. 各教官须预将该处城乡里数各乡各镇各村地名、方向，绘具一图，编出路径，由近及远，圈绕一周，或以四乡分为两圈，如以东南为一圈，西北为一圈之类，十日一圈，回署休息五日，再赴彼一圈，再回署休息五日，如此周而复始，各按地势期于无遗无复。

4. 宣讲《圣谕广训》、《劝善要言》，次即讲各项饬行新政，《谕

---

① 湖南省地方志编纂委员会：《湖南省志》第17卷，教育志，湖南教育出版社1995年版，第911页。
② 《纪事·本省：长期宣讲》，《湖南地方自治白话报》1910年1月1日。
③ 《纪事·本省：武陵开办宣讲所》，《长沙日报》1910年5月1日。
④ 《奏定劝学所章程》，《中国近代教育史资料——教育行政机构与教育团体》，上海教育出版社2007年版，第62—65页。
⑤ 《奏定劝学所章程》，《中国近代教育史资料——教育行政机构与教育团体》，上海教育出版社2007年版，第62—65页。
⑥ 赵尔巽：《内政通纪》卷五，《湖南巡抚赵通饬宣讲章程公文》。

旨暨告示调和民教》、《谕旨暨告示并各种说帖》如福音教会送来伦敦会调和民教章程之类，又次即报纸如《北京京话报》、《杭州白话报》、《北京启蒙画报》、湘省通俗报白话报之类，其非俗话之报纸恐乡人不能明白，亦必须以白话演说之，又次则劝修水利，劝广种植，劝开蒙学、女学，劝讲蚕桑，并随时随地劝令禁止各项恶俗如争讼、斗殴、烟赌、花鼓戏以暨溺女虐媳各事。

5. 每月所讲可将各种预先编定每种择其于该处最切要者先行宣讲，不嫌重复亦不妨更易，而总须于编定之外随事指点，或反以诘问方能活泼精神易于感受。

6. 各属教官须将每月所编白话讲义开折送阅，以凭稽核，其随地随时即事点染者可叙入，可不叙，以免钞胥之烦。

7. 教官下乡时不许舆从纷烦，十里二十里之内大可步行，远者或乘一小轿，万不可多带仆从沾染官场习气，盖下乡宣讲本欲与田夫野老乡妪孺子相问答，舆从宣阗便多隔阂。

8. 宣讲时除朔望日应顶帽衣冠外，其余盖准其照常便衣以资简便。

9. 教官下乡不准有需索供应摊派车马等事，即一酒饭之征，亦不准稍滋扰累，如违准各乡控告究办，惟茶水可听各处代备。

10. 宣讲之时，不论民之听否，有人非议与否，总须逐篇详细讲说，化之以渐，持之以恒，自有效验。

11. 各教官如能于所指应行宣讲各种外，另以己意编成白话劝俗文，果能志趣正大发挥透辟，准其呈送来辕，以便选择刊刻，饬属传布通行。

12. 各教官到乡宣讲如查有老成硕望，学校名流堪任宣讲之责者，引为同志。劝其助讲，则该乡之事即可托之，以期渐推渐广，能引助一人者记大功一次。

13. 各教官如能勤慎任事，确有实效，准地方官查明胪举汇案详请保奖，怠惰不力或敷衍宪事者资明亦即□。

14. 宣讲须□力健壮，口才敏捷，各教官中有自揣年老多□□□，或有嗜好难胜劳苦者，准其自行请假，除有嗜好者不计外，余者当另筹安置以免尸位。

从赵尔巽上述规定来说，宣讲的内容非常广泛，不再如以前单纯以《圣谕广训》为中心，结合了清末新政，对新政的各项措施以及后来的地方自治，均加以宣讲。

光绪三十二年（1906），学部颁发了《学部采择宣讲所应用书目表》，共四十种，包括《圣谕广训》《宣示教育宗旨上谕》《宣示预备立宪上谕》《奏定各省劝学所章程》《奏定学堂章程》《奏定巡警官制章程》等圣谕、政府制度、政策特别是新政的各项内容。此外，据研究者研究，宣讲内容还包括了五个方面的内容：第一个方面是农业、工业、商业常识，发展经济的书籍，有《农话》《普通农学浅说》《稿者传》《蚕桑浅要》《蚕桑简明图说》《冶工轶事》《致富锦囊》《普通商业问答》八种。这类书籍是除政府的政策和规定之外比例最大的一类。第二个方面是日常生活规范与伦理道德的宣传，有《人谱类计》《养正遗规》《训俗遗规》《劝学篇》《国民必读》《劝不裹足浅说》共六种。第三个方面是西方传记和小说，有《鲁滨孙漂流记》《纳耳逊传》《克莱武传》《澳洲历险记》《万里寻亲记》《黑奴吁天录》六种。第四个方面是知识普及类的书籍，有《世界读本》《普通新知识读本》《普通理化问答》《富国学问答》《蒙学卫生实在易》《启蒙画报》六种。第五个方面是新的教育观念和方法的普及的书籍看，有《欧美教育观》《儿童教育鉴》《儿童修身之感情》《蒙师箴言》四种。[①]

清末宣讲所的宣讲活动，与清以来的圣谕宣讲一脉相承，是清政府以官方意识形态凝聚民众意识的社会动员形式，体现儒家纲常伦理的《圣谕广训》始终是其坚持的宣讲内容，同时适应新的目标如废科举、兴学堂、预备立宪等调整宣讲的内容，其目的是一致的，即动员民众围绕政府的长期或短期的政治要求，凝聚人心，达至共识，实现政府的治理目标。

[①] 苏全有、张超：《清末宣讲所探析》，《河南理工大学学报》（社会科学版）2014年第15卷第2期。

第二节　民国湖南乡村社会组织的转型与发展

民国时期，随着资本主义的发展和现代化事业的推进，乡村社会组织得以进一步发展。传统的家庭和宗族组织发生了变化，家庭结构由大变小，四世同堂的复合家庭逐步被夫妻、子女组成的核心家庭取代；民国政府为加强乡村的控制，其政治性党团组织也开始渗入乡村；为复兴日益凋敝的农村经济，乡村经济组织在政府的引导下逐步建立。民国时期的乡村社会组织得以转型和发展。

一　乡村的家庭与宗族的变迁

家庭是社会的基本组织，是以血缘关系为基础的组织。进入民国以后，由于自然经济基础的解体，资本主义工商业的发展和现代化事业的发展，特别是社会观念的变化，家庭结构、家庭关系、家庭功能也发生了巨大的变化。

湖南历来有聚族而居的习俗，数代同堂、人口达数十上百的家庭数量很多。1717年至1963年五代以上大家庭户132户，[①]受表彰的五世同堂大家庭共计44户，百人以上达10户；[②]零陵县五星岭续家村续三雄兄弟四代一起共72人；[③]衡南县小江口贺绍立，年百岁时，五世同堂，全家达口76人。[④]这种状况在晚清自然经济逐步解体、乡村资本主义经济开始成长后即逐步瓦解。进入民国以后，城镇资本主义经济获得进一步发展，家庭进一步发生变化，首先是家庭结构的变化，其趋势是小型化，即以夫妻和子女组成的核心家庭为主体，成为家庭的主要形式。这一变化首先是在城镇出现，即工人家庭的出现。工人家庭或者是夫妻双方均为工人，或者仅仅丈夫为工人，但无论何种情况，此种家庭一般晚婚、

---

① 《醴陵市志》，湖南出版社1995年版，第128页。
② 《攸县志》，中国文史出版社1990年版，第665页。
③ 《零陵县志》，中国社会出版社1992年版，第70页。
④ 《衡南县志》，中国社会出版社1992年版，第119页。

晚育，且限于经济的原因（工资低）难以养育过多的子女，或者无法接纳父母居住一处，因此其家庭人口少，是以夫妻和子女组成的核心家庭。工人家庭的出现同样给乡村家庭带来变化。首先，中国工人来自农村，并且始终与农村保持密切的联系。农民离村进入城镇成为工人，本身就使农村家庭人口减少，农村大家庭逐步消失。不仅如此，民国以来，大家庭就被视为束缚青年的枷锁被进步人士所诟病，新文化运动时期，家族制度受到猛烈的抨击，维系旧式大家庭的三纲五常也遭到强烈批判。妇女解放运动汹涌澎湃，特别是大革命时期，乡村妇女运动，极大地冲击了封建的婚姻家庭观念及制度。1927年4月，在激烈的湖南农民运动中，广大妇女踊跃参加，在600万名农民会员中，妇女就占40%，她们一边与男同胞一样，积极参加政治经济斗争，一边向封建的思想意识和伦理道德发起猛攻。她们在乡村女联和农协妇女部的支持下，对男尊女卑、"三从四德""三纲五常"的封建观念进行冲击，拆毁贞节牌坊、保节堂，打菩萨、闹祠堂，清查烟、赌、嫖，禁止缠足和蓄婢纳妾；实行男女平等，提倡婚姻自主，开展剪发放足，号召移风易俗等。毛泽东在《湖南农民运动考察报告》中写道："女子和穷人不能进祠堂吃酒的老例，也被打破。衡山白果地方的女子们，结队拥入祠堂，一屁股坐下便吃酒，族尊老爷们只好听她们的便。""最近农民运动一起，许多地方，妇女跟着组织了乡村女界联合会，妇女抬头的机会已到，夫权便一天一天地动摇起来。"[①] 更重要的是，大革命时期的妇女运动从观念上改变了人们对妇女的歧视。

此外，民国时期日益凋敝的乡村经济，使维持大家庭变得日益艰难。晚清以来，自然经济陷入解体，商业资本渗入乡村，地权高度集中，农民生活日益贫困。有调查者对长沙县崇礼堡乡298户农户1948年1月至5月五个月的收入、支出情况考察进行统计。在这298户中，85%以耕种为主业，其中占最大多数为佃农，平均每家佃地19.2亩，其次为半自耕农，每家耕种28.2亩，自耕农每家耕种35.5亩。自耕农平均每户岁入142万元，尚须除去25%的田赋、肥料、人工费；半自耕农岁入111万

---

① 《毛泽东选集》第一卷，人民出版社1991年版，第31—32页。

元，除去10%之田赋、地租及20%之肥料、人工费；佃户每户岁入76万元，其中半数归地主，再扣除肥料、人工，基本温饱不能满足。总的情况是，收支两抵，佃农家庭亏欠户数达74%以上，由此可见乡村的贫困化程度。衡山县师古乡的调查也同样印证了民国时期乡村农民生活的困顿。湖南省立衡山乡村师范学校的调查人员于1936年在衡山师古乡选择了304户农家进行收支调查，其中佃户142家，占46.7%；自耕农109家，占35.9%；地主13家，占4.3%；无地亦不种地38家，占12.5%；雇农及租入及租出各1家，各占0.3%。除地主外，64%的农户人均年收入仅30—50元之间。① 这种收入状态，当然无法支撑大家庭的生活。因此，民国时期湖南家庭结构是向小家庭发展。据统计，民国湖南家庭户均人口数如表7-1：②

表7-1　　　　　　　　　民国湖南家庭户均人口数

时间	户数（万户）	人数（万人）	人数（户）
1912	576.4467	2761.6708	4.79
1928	611.5693	3150.1212	5.15
1929	553.7738	2807.3922	5.06
1935	500.2125	2829.4735	5.65
1937	496.0151	2814.3064	6.67
1940	446.8593	2718.6730	6.08
1942	543.8064	2808.7467	5.16
1946	477.8559	2617.1117	5.47
1947	462.1058	2555.7926	5.53

从表7-1可知，民国时期湖南家庭户均人数平均在5.5人，与晚清时期6—8人相比，已经下降了不少。当然，中国传统的传宗接代、多子多福的观念的改变需要一个较长的过程，民国时期几代同堂的大家庭现象还是存在的。民国三十年（1941）新晃县茶坪乡马家村共69户，四代

---

① 参见本书第二章第一节。
② 宋斐夫：《湖南通史》（现代卷），湖南出版社1994年版，第569—570页。

大家庭4户；米贝苗族乡烂泥村84户，四代大家庭4户；①望城黄金乡桂芳村张小立一家，子孙发达，四代未分居，至年民国十七年（1928）已多达90多人；40年代，白马乡正桥村刘恒泰一家40多口人；②宁乡县年民国三十年（1941）统计五世同堂大家庭24户，最多一户多100人。③

家庭结构的变化的同时，家庭关系、家庭功能也发生了变化。传统家庭是以父系为中心的，父权制非常严重，子女，特别是妇女在家庭中处于服从和依附的地位。进入民国以后，一方面由于观念的变革；另一方面由于自然经济的解体，妇女、子女一样承担更多独立的劳动，经济上具有了自主的地位，因而使家庭成员之间的关系发生变化，家庭成员逐步具有了平等的权利，而国民政府颁布的《民法》从法律的角度规范了家庭关系，其"亲属编"规定："子女从父姓，另有约定者，从其约定。第1091条规定未成年人无父母，或父母均不能行使、负担对于其未成年子女之权利、义务时，应置监护人。第1123条、第1124条规定家是指永久共同生活为目的而共同居住一起的亲属团体，家置家长，之外均为家属。家长由亲属团体推定之，其重要职能是管理事务，保护家属全体的利益成年家属得自由脱离其家等"，④这些规定确定了家庭成员平等的地位。

在家庭功能方面，由于自然经济的解体，男耕女织的家庭生产形态逐步让位于高度分工的现代生产，而日益发达的商品经济和交易取代了众多原来由家庭提供的服务，因此，家庭的生产功能渐渐从家庭中分离，如地处湘西的新晃县，"家庭生产功能退到辅助地位或消失，民国二十三年（1934）统计全县13594个农业家庭，保持自给足生产功能的有818个，占6%，退到辅助地位的9036个，占66%，已趋消失的2264个，占17%"⑤。家庭更多地呈现原本的血缘组织形态。

与家庭密切相关的宗族组织，在民国时期也发生变化并逐步走向消

---

① 《新晃县志》，生活·读书·新知三联书店1993年版，第744页。
② 《望城县志》，生活·读书·新知三联书店1993年版，第119页。
③ 《宁乡县志》，中国大百科全书出版社1995年版，第100页。
④ 张晋藩：《中国民法通史》，福建人民出版社2003年版，第1261—1266页。
⑤ 《新晃县志》，生活·读书·新知三联书店1993年版，第744页。

亡。宗族赖以存在的是自给自足的自然经济和政治上的专制和宗法制度。近代以来资本主义经济的发展，冲破了自然经济的藩篱；民国的成立摧毁了专制的宗法制度，因此，民国时期的宗族从总的趋势来看是处于变化与衰落的状态，表现在族人的离散、族产的衰败、族权的削弱以及族规的变革。

晚清以来，资本主义工商业迅速发展，在现代企业发展缓慢的湖南，进入民国以后，现代化企业也开始获得快速发展，据北京政府农商部统计，1912年至1916年，湖南注册公司有32个，注册工厂有11个，工厂总数则为549个，男女职工17875人，其中女职工3612人[1]。南京国民政府成立后，湖南湘潭被资源委员会确定为工业基地，开工建设了一批工厂，特别在抗战初期，沿海地区的工业内迁，使湖南工业发展获得动力。工业的发展，使得湖南乡村青年离村进入工厂，导致乡村宗族族人的离散；此外，现代教育的发展，也吸引了众多的农村青年离开乡村前往城市求学或者到国外留学；民国时期频繁的战争，使得从军成为常态。特别是抗战时期，湖南从军人数众多，仅1937—1945年间，征募兵203.1357万人，占全国征募兵1392.2859万人的14.6%[2]。各种原因使得湖南民国时期离村率很高，关于地主离开乡村宗族，据1933年对长江中下游六省地主离村户数调查统计，湖南有39280户地主离村，仅次于湖北，居第二位[3]。关于农民离开乡村宗族，据1933年的调查统计，湖南全家离村之农家为147511户，占报告各县总农户8%，超过江西6%—7%的比例，比全国的平均比例高出近一倍。青年男女离村之农家为252521户，占报告各县总农户之10.8%，同样高出江西和全国的平均比例。离村最多的是耕地在5亩以下的农户，占离村总农户数的53.3%[4]。

族产是宗族赖以活动的基础，创办族学等族内事务、资助族内鳏寡孤独、举办公益事业的经济来源。据学术界研究，民国以来，特别是经

---

[1] 刘泱泱主编：《湖南通史》近代卷，湖南出版社1994年版，第789页。
[2] 《湖南省志·军事志》，中国文史出版社1994年版，第264页。
[3] 徐畅：《抗战前长江中下游地区地主城居述析》，载陈红民主编《中华民国史新论》，生活·读书·新知三联书店2003年版，第236页。
[4] 《农情报告》1936年第4卷第7期，第173页。

过 20 世纪 20 年代国民革命以来，作为族产重要组成部分的族田显示了下降的趋势，湖南尤其明显。① 根据前国民政府主计处统计局统计，民国二十三年（1934），湖南省每县平均有祠田 380341 公亩，义产 57786 公亩，② 全省共有 75 县，其祠田总数约为 28525575 公亩，义产 4333950 公亩，二者合计约为 32859525 公亩。同时期湖南省的耕地总面积约为 33471 平方公里，等于 334710000 公亩，③ 由此可得祠田占总耕地面积的 9.81%。另据国民政府土地调查委员会在 20 世纪 30 年代的数据，湖南祭田和义庄田之和平均每县为 71309.765 亩，④ 全省 75 个县总计 5348323.375 亩，由上面湖南全省耕地总面积换算后，为 50206500 亩，可得族田占全省耕地总面积的约 10.7%。据《新区土地改革前的农村》的统计，湖南在土改前的公田比例"一般估计在 10% 以上"，⑤ 族田占公田比例以 50%—60% 计算，⑥ 那么在土改前夕，族田只占全部耕地的 5%—6%，远远低于 1934 年的 10%，说明民国时期湖南的族田是呈下降趋势的。

在农民运动中，祠堂也受到冲击。1926 年 12 月，湖南全省第一次农民代表大会"禁止瓜分乡村公产决议案"提出"乡村公产如祠堂、庙产等项，应该要拿来做乡村公益事业……应由农民协会邀同地方革命民众团体公议保存及处置方法"。⑦ 长沙、醴陵、湘乡三个县有 8 个农民协会把会址放在宗祠。⑧ 衡山县白果区农民协会成立清账委员会，清查所有祠产、积谷及公产，经过清查，"区乡农会办合作社、办农民学校等事业所需经费，都获得了解决"，祁阳县各区各乡农民协会没收祠堂、庙宇的公

---

① 参见杨婉蓉《试论民国时期农村宗族的变迁》（《广东社会科学》2002 年第 2 期）及林源西《近代两湖族田研究》（南京师范大学大学硕士论文，2011 年），后者对湖南族田变迁研究尤为详尽，本节关于民国湖南族田变迁的材料均引自该文。
② 国民政府主计处统计局编：《中国土地问题之计量分析》，正中书局 1941 年版，第 61 页。
③ 国民政府主计处统计局编：《中国土地问题之计量分析》，正中书局 1941 年版，第 10 页。
④ 国民政府土地委员会编：《全国土地调查报告纲要》，1937 年版，第 39 页。
⑤ 人民出版社编辑部：《新区土地改革前的农村》，人民出版社 1951 年版，第 61 页。
⑥ 林源西：《近代两湖族田研究》，硕士学位论文，南京师范大学，2011 年。
⑦ 湖南省社会科学院历史研究所编：《湖南历史资料》1980 年第 2 辑，第 41—42 页。
⑧ 《湖南文史资料》第 16 辑，湖南人民出版社 1982 年版，第 19 页。

田公款并把它们收归自己管理。①

与族人的离散和族产的式微,以前被视为神圣的族权也受到挑战。一方面是由于国家权力渗入乡村的各个方面,乡村国民教育的发展以及诸如合作社之类的经济组织的发展,宗族的教育与互助功能得以削弱;另一方面,湖南农民运动对封建族权的冲击巨大,"政权、族权、神权、夫权,代表了全部封建宗法的思想和制度,是束缚中国人民特别是农民的四条极大的绳索"②。因此,在农民运动中族权理所当然地受到剧烈的冲击。毛泽东同志在《湖南农民运动考察报告》中生动地描述了族权受到冲击的情况:

> 农会势盛的地方,族长及祠款经管人不敢再压迫族下子孙,不敢再侵蚀祠款。坏的族长、经管,已被当作土豪劣绅打掉了。从前祠堂里"打屁股""沉潭""活埋"等残酷的肉刑和死刑,再也不敢拿出来了。女子和穷人不能进祠堂吃酒的老例,也被打破。衡山白果地方的女子们,结队拥入祠堂,一屁股坐下便吃酒,族尊老爷们只好听她们的便,又有一处地方,因禁止贫农进祠堂吃酒,一批贫农拥进去,大喝大嚼,土豪劣绅长褂先生吓得都跑了。③

> 在农会威力之下,土豪劣绅们头等的跑到上海,二等的跑到汉口,三等的跑到长沙,四等的跑到县城,五等以下的土豪劣绅崽子则在乡里向农会投降。④

在中国共产党领导的湘赣、湘鄂赣、湘鄂西等革命根据地,族产被视为"乡村中宗法社会政权之基础"也受到沉重的打击,没收宗族的财产是土地革命的政策;在革命实践中,宗族关系也被阶级关系所取代。"在不断的宣传和启发下,农民传统的对宗族的忠诚,开始让位于

---

① 衡阳县委党史办:《大革命时期祁阳农民运动始末》,《衡阳党史通讯》1984年第4期。
② 《毛泽东选集》第一卷,人民出版社1991年版,第31页。
③ 《毛泽东选集》第一卷,人民出版社1991年版,第31—32页。
④ 《毛泽东选集》第一卷,人民出版社1991年版,第14页。

阶级的团结。'亲不亲一家人'的口号，开始被'天下穷人是一家'的口号所取代。"①

族权的削弱也反映在宗族的领导机构的变化上。在一些宗族中出现了宗族议事会，这就削弱了族长的权力和宗族的宗法色彩，使宗族的管理有一些民主化倾向。武陵郭氏1947年续修族谱，就设立了族、房两级理事会外，该族还成立监事会，并组织评议会来裁断族内各种纠纷：②

> 本族设理事会，办理关于伦常、祠产、祭吊及约载之一切事项，有随时议处并代表对外参加一切公共组织，与署名、诉愿、送惩之权。理事会定额七名，其人选以品行端正、学识优长者为合格，但素无不正当行为之人亦为合格。
>
> 理事之产生由全族户主大会一票联选，得票多数者为当选。再就当选理事中票选一人，为理事长。理事会以每年清明、中元、冬至节前五日为例会期，如有事故发生，经宗人请求，得理事长之许可或理事二人以上之同意，得随时召开临时会议。
>
> 理事会开会，由理事长先期召集，应签订监事二人出席。
>
> 本族设监事会，办理补助理事会推行本约之一切事项，有考察理事会之办事及核算公用账目、随时提出质问及弹劾不良分子之权。
>
> 监事会暂定额三人，其人选以熟悉计算、明达事理者为合格，但素无不正当行为之人亦为及格。
>
> 监事之产生由户主大会一票联选。再就当选监事中票选一人为主席。监事会以每年清明、中元、冬至节后五日为例会期。如有事故认为须开会提出质问时，得随时召开临时会议。
>
> 监事会开会由主席先期召集，并应通知理事长出席。
>
> 理事、监事之任期定为三年。理事、监事之人数因时事之需要，

---

① 傅建成：《新民主主义革命时期中共宗族政策、行为分析》，《历史教学》2001年第1期。

② 费成康：《中国的家法族规》，上海社会科学院出版社1998年版，第404页。

得建议增减。

理事如有放弃职责及发现自行违反公约时，得由监事会之动议，召集户主大会，议决改选或予以警告。如属单独行为，则提出罢免，另推一人递补。监事会发现类似上项行为时，由理事长援例办理之。

每房设房理会，办理一房范围内之一切事项，以五人或三人成立之。其产生、职权、任期，皆准用族理事会之各条。

对于族内的纠纷，也不像以前由族长个人专断，而是采取评议会的形式来处理：[1]

凡族内遇有一切争执，该当事人应于衅起一日内，以口头详叙事实报明族理事长。如认为必要解决时，预签定洞达事理、负有族望之理事三人至五人为评议人，关系人为当然人。上项评议人，族、房理事及监事均得被签。

前项评议签定后，由族理事长确定日时，说明事由，先期通告之。评议人不得无故不到。

评议会以族理事长为评议长，如族理事长遇有应回避时，临时公推一人为本一案之评议长。

祠内设评议席（以长形方桌为宜），评议长首坐，各评议人分坐两旁，声请人、被声请人分东西坐于距议席五尺之下，关系人坐于距议席五尺之两旁。初由理事长指唤申请人陈叙事实，叙毕再唤被申请人陈叙事实。双方陈叙以简而明为宜。

评议人如听清双方陈叙后，开始讨论。讨论详明，随即提出主张，以备决定。

前项主张之意见，以取得各评议人三分之二以上之同意为决定。如同时有两主张时，则征求其他评议人，以得赞同多者为决定。声请人、被声请人除备评议之咨询外，对于讨论事实不得参言。如提出主张时，尤不得出首强争。但事实如有遗漏，得起立声明再补叙之。

关系人除备评议咨询外，对于赞同主张，无参加权。

---

[1] 费成康：《中国的家法族规》，上海社会科学院出版社1998年版，第410页。

决定主张后，由评议长对双方宣示理由，分别执行。

从上述族规可以看出，作为中国乡村传统社会组织的宗族在民国时期也为了适应变化的形势，逐步进行了变革，使之能够适应新的变化而继续发挥其作用。事实上，国民党政府为了稳定乡村社会秩序，对宗族也加以利用。国民党的意识形态并没有排斥宗族意识的思想，甚至还有以宗族为社会治理基础的观念。蒋介石在《中国之命运》中写道："……中国古来建筑国家的程序，由身而家而族，则系之于血统。由族而保甲而乡社，则合之以互助。由乡社以至县与省，以构成我们国家大一统的组织。故国家建设的基层，实在于乡社。"① "由个人日常生活的箴规，推而至于家，则有家礼、家训，推而至于族，则有族谱、族规。在保甲则有保约，在乡社则有乡约和社规，其自治的精神，可举修齐的实效，而不待法令之干涉。"② 因此，宗族在民国时期并没有完全消亡，虽然丧失了帝制时代无所不在巨大影响，但仍然构成乡村社会重要的力量。

二 乡村政治类组织的发展

与晚清社会不同的是，民国时期现代政党组织已经进入乡村，这就是国民党。③ 国民党改组前，基本上没有基层组织。1924年通过的《中国国民党总章》，规定设立中央党部、省党部、县党部到区党部和区分部五级组织，党的基层组织得以建立。但在接下来的国共合作时期，国民党专注于上层工作，共产党人则负责工农层民众工作。工农运动在共产党的领导下如火如荼地开展起来。国民党清党之后，共产党人和国民党左派遭到杀害、排挤，其基层组织或瓦解或被土豪劣绅把持，陷入了虚化状态。

国民党建立南京政府后，虽然提出要加强基层党组织建设，但对县特别是县以下的乡村地区建立组织，并不特别重视。1931年国民党"四

---

① 蒋介石：《中国之命运》，正中书局1943年版，第133页。
② 蒋介石：《中国之命运》，正中书局1943年版，第135页。
③ 三民主义青年团虽然也在县设立了分团、区队、分队，但主要在学校活动，故本节不涉及。

大"提出:"惟在不发达之县市,可斟酌情形,暂不设区党部;即县党部,亦不必每县设置,亦视发达情形定之。"① 所以到1933年,国民党大约只在17%的县市设立了党部,党务基层比较好的江苏、浙江、湖南、湖北四省正式建立县党部的比例为73%、69%、54%和42%。② 县以下的乡村地区鲜少有党的分部。

抗战爆发后,国民党的组织危机日益严重。为了动员民众投身抗战,针对战前党机器软弱无力、松弛涣散的状况,1938年国民党临时全国代表大会提出:"欲求抗战必胜,建国必成,固有赖于本党同志之努力……因此本党有请求全国人民捐弃成见,破除畛域,集中意志,统一行动之必要……使全国力量得以集中团结,而实现总动员之效能。"③ 决定今后要大力加强党的组织建设。蒋介石提出,各省各县党部必须普遍设置,县以下每一区须有一个区党部,每一乡镇(联保)须有一个区分部,每一保甲须成立一个党小组。1939年开始实行"新县制"后,要求乡镇一级设立区党部,保一级设立区分部,甲一级设立党小组。小组为训练党员的单位。要求每一个党员必须参加区分部或小组会议,小组会议和区分部党员大会规定每两周举行一次。这样,"新县制"下国民党基层政权系为:县政府、乡镇、保、甲;与其对应的基层党务系统为:县党部、区党部、区分部、小组。

蒋介石还要求在推行"新县制"的同时,县以下"党部机构与行政相辅为用",提出"若全国保甲内之小组能普遍成立,则中央一切政令,可以直达下层民众,党政关系自可收表里一致之效"。④ 蒋介石特别要求基层党部选拔和介绍保甲长入党。他说:"惟有保甲长都是本党忠实的党员,革命力量才有确实的基础;唯有本党党员踊跃参加保甲,我们才能

---

① 荣孟源:《中国国民党历次代表大会及中央全会资料》下册,光明日报出版社1985年版,第553页。

② 中国国民党中央委员会党史委员会:《中国国民党党务发展史料——组织工作》(上册),近代中国出版社1993年版,第608页,附表。

③ 荣孟源:《中国国民党历次代表大会及中央全会资料》下册,光明日报出版社1985年版,第485页。

④ 《小组训练纲领》(1939年3月通过),见《中国国民党法规辑要》,中央训练团1942年编印,第146页。

够真正实行三民主义。"① 为了改变"上层有党，下层无党；城市有党，乡村无党"的组织局面，蒋介石非常重视国民党组织向县以下基层社会渗透。"于乡村社会中深植党之势力，并于工作进程中吸收其踏实勇敢者为党员，以建立本党的农村干部。"② 据国民党中央调查统计局资料显示，与1939年相比，到1945年3月工农成分的党员由占总数的17.5%上升到47.3%，几近一半。③ 为了提高乡村组织的水平，国民党还加强对乡村干部的训练。1942年到1944年连续三年，乡保干部在训练中的比例从78.5%到88.6%直至94.4%。据1942年底统计，全国共训练各类干部1160724人，其中，乡镇保甲长792672人，占全国干部训练总数的68%。④ 另据国民党内政部民政司1947年12月全国地方干部训练人数统计数据显示，1940—1947年，全国县以下基层干部参训人数约占训练总人数的92.75%，其中乡、镇、保、甲干部占训练总数的81.05%。⑤ 湖南省党部按照中央组织部颁发基于训练实施纲要，结合实际情况，采取会议及讲习方式，每年分两期对基层组织进行训练整顿，民国三十三年（1944）并令饬各县采取集中方式召训基层干部。对基层干部的教育训练从民国二十八年（1939）至民国三十三年（1944）底止，受训人数共达1.1337万人。⑥

经过努力，国民党基层组织和党员，特别是县以下的组织和党员人数，有了大幅度增加。据1939年的统计数据，战前共有52万普通党员，因战争的原因，只余28万余人。而1939—1945年间，国民党普通党员平均以每年30万—40万人的速度增长，至1945年，已增至264万人。到

---

① 《中国国民党党务统计辑要》（民国三十四年度），中国国民党中央调查统计局编印，第3页。

② 荣孟源：《中国国民党历次代表大会及中央全会资料》下册，光明日报出版社1985年版，第553页。

③ 《中国国民党党务统计辑要》（民国三十一年度），中国国民党中央调查统计局编印，第7页。

④ 国民党中央训练委员会编印：《近年地方训练统计资料之研究》，中国第二历史档案馆，1943年，第2—6页。

⑤ 罗元铮：《中华民国实录·文献统计》，吉林人民出版社2005年版，第213—219页。

⑥ 《中国国民党湖南省党部民国30—34年工作纲领计划》，"省执委会主任委员薛任移交政绩比较表"，藏湖南省档案馆，1—1—43卷。

1945年底，全国29个省都建立了国民党的正式省党部，县级党部从1939年的1128个增长到1992个；区党部由1939年的546个增长到9397个；区分部由1939年的13188个增长到78681个。①

湖南的国民党组织基础比较好。1923年4月，覃振、夏曦、刘少奇等回湘，相继在长沙成立两个国民党分部：第一分部党员多为学界、新闻界；第二分部党员多为工界；还在宁乡成立第三分部，在江西萍乡成立第四分部。1924年1月临时省党部成立后，除巩固已有4个分部之外，在衡阳、常德、湘潭、湘乡、醴陵、衡山等地建立了组织。②经过1年努力，全省有17个县（市）建立国民党组织，共有正式县党部7处，临时县党部4处，县党部筹备处3处，省直辖区分部5处，县（市）辖区党部26处，区分部136处。③1926年北伐军进入湖南，党务活动公开进行，县（市）组织发展较快。在国共合作的形势下，全省县（市）党部组织普遍建立，到1927年3月底止，全省有县党部74处（仅有一个县未建立党部），市党部8处，特别区党部6处。同年5月马日事变，省党部被迫解散，县（市）党部机构、人员、资料，均遭毁弃。④

马日事变后，通过重新登记审查党员，1928年4月成立国民党湖南省党务指导委员会，先后向各县（市）派出党务指导委员，成立县（市）党务指导委员会（有的县份因条件不具备，则成立党员登记处），指导各县（市）恢复组建正式党部的工作。全省64个市、县、路、矿，原委派党务指导委员244人，续派或改派171名。各县（市）党务指导委员会成立后，通过"社会调查""共党调查""附逆调查"，进行党员总登记，对原有组织进行整理和改组，至1931年9月国民党湖南全省第三次代表大会时，各县（市）党部大部分恢复。⑤

---

① 《中国国民党党务统计辑要》（民国三十四年度），中国国民党中央调查统计局编印，第3页。
② 罗树文：《湖南党务述略》（上），湖南《国民日报》1946年9月9日。
③ 李维汉：《回忆与研究》（上册），中共党史出版社2013年版，第52页。
④ 《湖南省志》编纂委员会：《湖南省志·党派群团志国民党·湖南地方组织》，湖南出版社1997年版。
⑤ 《湖南省志》编纂委员会：《湖南省志·党派群团志国民党·湖南地方组织》，湖南出版社1997年版。

1934年，国民党湖南省第四次代表大会召开时，各县（市）党部始告建成，全省75县、1市，加上公路系统及水口山矿共有党务机关78个，其中正式县市党部43个，县党务指导委员会10个，省直辖分部3个，特别党部筹委会1个，县党员临时登记处1个，县党务宣传员办事处13个。[1]

县以下的区分部，为国民党的基本组织，湖南在党务创建时期，非常重视区分部的建设，基本组织发展很快，到1931年8月，全省已建立区分部1176个[2]。后因有些县份为红军占领，国民党组织瓦解，到1934年，有省直属区分部158个，县属区分部965个，合计1123个[3]。

抗战前，湖南基层区分部也同样存在涣散的情况，"该省区分部大部例会不开，干事书记日唯利禄是竞，支团部常以游艺为乐，青年习气日趋浮夸，党团基层已予社会一种不良印象"，"似此情形颇属事虑，嗣后应力谋改进，区分部会议应督令按期举行，务使基层组织日趋健全，党的基础日臻巩固，至基层干部人员，必须积极施以训练，提高其理论认识与行动能力，其有不堪胜任者，应设法予以调整，希查明办理，并将办理情形具报"。[4] 经过整顿，在抗战时期，湖南区分部获得发展，据1941年统计，共有区分部2857个。到1945年日本投降时，全省共有区分部6.4725万个，其中县属区分部6.4394万个，工厂矿区区分部28个，学校区分部303个。[5]

湖南是国民党组织基础比较好的地区，县及县以下组织比较完备。

以湘乡县为例，国民党湘乡县分支部成立于1912年9月，二次革命失败后，党务活动停止。1924年国共合作以后，同年6月在湘乡县立第一高等小学建立国民党湘乡区分部；1926年4月，召开湘乡县第一次党

---

[1] 《湖南省志》编纂委员会：《湖南省志·党派群团志国民党·湖南地方组织》，湖南出版社1997年版。

[2] 《中国国民党湖南省第三届执委会报告书》，藏湖南省档案馆，1—1—41卷。

[3] 《中国国民党湖南省第三届执委会报告书》，藏湖南省档案馆，1—1—41卷。

[4] 《湖南省志》编纂委员会：《湖南省志·党派群团志国民党·湖南地方组织》，湖南出版社1997年版。

[5] 《湖南省志》编纂委员会：《湖南省志·党派群团志国民党·湖南地方组织》，湖南出版社1997年版。

员代表大会，成立国民党湘乡县第一届执行委员会和监察委员会。马日事变以后，国民党开展清党活动，将全县划为4个区党部，5个直属区分部，26个区分部，其中首里（第一区）辖10个区分部，中里（第二区）辖4个区分部，谷水、酉阳（第三区）辖6个区分部，娄底、杨家滩（第四区）辖6个区分部。到1932年，全县有区党部6个，辖区分部29个，直属区分部2个。抗战时期，湘乡县加强了乡村党的组织工作，到1946年8月底，全县区党部6个，区分部163个，机关区分部4个，全县党员3081名（其中女党员110人）。① 区分部分别设在乡镇、保公所和中心国民学校和保国民学校，执行委员多系乡、镇、保和国民学校负责人兼任。

就党员发展而言，在第一次国共合作的大革命时期，在湖南首批加入国民党组织者多为共产党和社会主义青年团的负责人及其党、团员。因此，湖南国民党组织发展比较好，各县国民党组织多在共产党员手中。据45个县市统计，有31个县市党部掌握在共产党员手里。② 推动了湖南农民运动的蓬勃发展，国民党省党部建立后，注意吸收农民和乡村教员、知识分子入党。1925年5月，全省国民党员2700余人中，多为工人、学生和城市教员，农民仅数名。1926年12月，党员发展到8万余人，在31个县党部、2个市党部、1个特别：区党部的53030名党员中，有工人12383人，农民11727人，占21.1%；学生17311人，商人4539人，公职员2353人。女党员占5%。此后，国民党组织飞速发展。至1927年5月马日事变前夕，全省国民党员在16万人以上，以农民居多。③ 但是清党以后，基层特别是乡村农民党员大幅度减少，为此，湖南省党部于1932年7月第六次委员会决议，要求征收"信仰本党主义，决心为本党努力者，热爱社会事业有活动能力者，身心健全行为公正为社会所信仰

---

① 《湘乡县志》编纂委员会：《湘乡县志》，湖南出版社1993年版，第603—604页。
② 中共湖南省党史委：《湖南人民革命史——新民主主义革命时期》，湖南出版社1991年版，第116页。
③ 中共湖南省党史委：《湖南人民革命史——新民主主义革命时期》，湖南出版社1991年版，第115页。

者,勇于牺牲精神者,有确定职业者;并注意多征求农工及青年分子"。①省党部同时还规定全省各县共应征收预备党员 3 万人左右。成分比例为:农界60%;工界15%;学界13%;教育界5%;其他7%。另在长沙市区征求预备党员 1000 人,其成分比例为:工农30%;商界30%;学界20%;教育界10%;其他10%。② 到1939年12月,经审查合格颁发党证的新党员共有 1.56 万名。③ 连同原有正式党员 1.9153 万名,全省共有党员 3.4753 万名。1940 年省党部改组,薛岳接任主任委员,实行战时体制的党政军一元化领导,在人力、财力各个方面都得到充实,征收新党员工作较为顺利,到 1945 年共新增党员 17.1918 万名,连同原有老党员,共有党员 19.9907 万名。④

关于湖南省历年来党员的职业构成,见表 7-2:⑤

表 7-2　　　　　　国民党湖南省历年党员职业构成

时期		1931 年 9 月底	1934 年	1941 年
党员总人数(人)		20957	16742	133600
党务	人数(人)	810	1074	
	占党员总数(%)	3.86	6.42	
政界	人数(人)	4050	1176	37938
	占党员总数(%)	19.32	7.02	28.40
军界	人数(人)	1010	570	
	占党员总数(%)	4.82	3.41	
警界	人数(人)	150	1506	
	占党员总数(%)	0.74	9.19	

---

① 《湖南省志》编纂委员会:《湖南省志·党派群团志国民党·湖南地方组织》,湖南出版社 1997 年版。

② 《湖南省志》编纂委员会:《湖南省志·党派群团志国民党·湖南地方组织》,湖南出版社 1997 年版。

③ 《中国国民党湖南省党部民国二十七年七月—民国二十八年十二月工作报告书》"关于征求新党员",藏湖南省档案馆 1—1—42。

④ 《湖南省志》编纂委员会:《湖南省志·党派群团志国民党·湖南地方组织》,湖南出版社 1997 年版。

⑤ 《湖南省志》编纂委员会:《湖南省志·党派群团志国民党·湖南地方组织》,湖南出版社 1997 年版。

续表

时期		1931年9月底	1934年	1941年
农界	人数（人）	872	1350	32456
	占党员总数（%）	4.16	8.06	24.30
工界	人数（人）	680	534	6815
	占党员总数（%）	2.34	3.19	5.10
商界	人数（人）	752	912	16532
	占党员总数（%）	3.58	5.44	12.30
学界	人数（人）	3270	1256	
	占党员总数（%）	15.61	7.50	
教育界	人数（人）	7283	5941	
	占党员总数（%）	34.76	35.49	
自由职业	人数（人）		249	28370
	占党员总数（%）		1.48	21.20
社会服务或民众运动	人数（人）		454	208
	占党员总数（%）		2.71	0.20
其他或无业、失业	人数（人）	2073	1720	11281
	占党员总数（%）	9.91	10.27	8.50

从表7-2可以看出，湖南乡村国民党组织虽然比较完备，但农民党员在党员总数中，所占的比例并不算高。在大革命时期，湖南由于处于农民运动的中心区域，农民党员比例较大，1926年12月，占全省区党部5万多党员中的21.1%；马日事变前全省16万党员，农民居多；1931年下降至4.16%，1934年增长至8.06%，1941年更增长至24.2%。与全国相比，1927年1月，农民占国民党党员总数9%，1929年占10.4%，1939年为13.54%，1945年为22%。[①] 湖南的农民党员在大革命时期和抗战胜利后高于或接近全国的比例，在抗战中间则低于全国的比例。但总

[①] 关于国民党农民党员在党员总数中所占比例，学界有不同的估计。本书1927年、1929年、1945年的统计采用王奇生《论国民党改组后的社会构成与基层组织》（《近代史研究》2000年第2期）、《战时国民党党员与基层党组织》（《抗日战争研究》2003年第4期）两文中的数据，1939年的统计采用王颖《抗战时期国共两党基层党组织建设比较研究》（博士学位论文，东北师范大学，2015年）文中的数据。王颖统计的1945年的数据为40.17%。

的来说，湖南是国民党乡村基层组织比较完备的省份之一。当然也应当看到，国民党党务统计中所谓"农界""农业"，并非完全指的自耕农、佃农等基层农民，更多的是乡镇、保甲的负责人、乡村国民学校的负责人和教师。正如王奇生先生指出的："值得注意的是，战时国民党党员职业统计中，'农业'类党员的比例占居第2位。这些'农业'党员显然不能视作农民党员。因为战时国民党基层党部除了'拉伕'和假造了一批农民党员外，很少真正吸收佃农雇农和自耕农入党。战时国民党党员的教育程度也表明，那些'农业'党员主要是一些受过初等教育和私塾教育的乡镇保甲人员和地主乡绅。"①

尽管如此，民国时期国民党乡村基层党组织的建立，还是一定程度上改变了乡村社会的面貌，特别是在抗战时期，乡村国民党基层组织对于抗战的宣传、组织、动员工作，对于济难、救助、赈济等的开展，整合了乡村的力量，对动员民众投入抗日民族战争起到重要的作用。

三 乡村经济类组织的发展

民国时期的乡村经济组织，主要是官办的农会和合作社。②

农会兴起于清末，在民国时期获得迅速的发展。就民国时期而言，农会就经历了几个性质有所区别的发展阶段。③湖南农会起自清末，湖南省农会于1909年12月成立，到辛亥革命前夕，建立分会的有浏阳、汉寿、武冈、湘乡、南县、宁乡、保靖、桃源、永州、江华、泸溪、溆浦、沅江、岳阳等县市。在国民革命时期盛名鹊起，成为全国农民运动中的权力机关，造成湖南轰轰烈烈的农民运动高潮。马日事变后，湖南农民运动被镇压，农民协会被封闭或被迫转入地下。1928年2月，国民党湘

---

① 王奇生：《战时国民党党员与基层党组织》，《抗日战争研究》2003年第4期。
② 关于农会和合作社，本书在民国社会经济和革命根据地的社会组织与社会动员等章节中均有所论述，此处主要叙述国民政府时期的农会与农业合作社。
③ 李永芳先生的《近代中国农会研究》（社会科学文献出版社2008年版）一书中，明晰了近代中国农会发展的历史，他将近代中国农会划分为五个阶段，即官府监督下旨在农业改良的清末农会，民国早期作为政府咨询机构的农会，国民革命时期具有政权性质的内涵，国民党控制下作为基层政权补充形式的农会以及革命根据地作为政权执行机关的农会。

鄂政务委员会又发布命令称"湘省各地之工会、农会、商民协会、妇女协会、学生联合会等民众团体，向受共产党操纵利用，一律取消不准活动"。① 各地的团体包括农会全部被取消，只有商会"因特殊关系，恢复民国年以前原状，继续存在"。②

国民党在"四一二"政变后，对大革命时期成立的农民协会和农民运动采取了残酷的镇压态度。南京国民政府成立后，为了在乡村建立其统治并与共产党争夺农民群众，开始恢复农民组织。先后公布了《农民协会组织条例》《农民运动方案》《农会法》《农会法施行法》等相关法规。根据这些法规，各地农会纷纷建立。

湖南省县级农会于1930年开始建立。1930年3月，湘乡县农会在县党部的指导下成立。到1935年县市农会55个，区农会393个，乡农会2533个，共有会员468639人。③ 从全国的情况来看，湖南发展的还算比较好，会员数目居全国第二，但没有成立省级农会。抗战爆发后，国民政府为了动员民众抗战，于1938年10月颁布了《各级农会调整办法》，提出："我国农民运动，自民国十六年以来，渐趋消沉。各级农会虽多依法组织，而实质极为空虚，工作几近废弛。际此抗战建国时期，本党负有领导农运之责，亟应唤起占全国人口百分之八十以上农民之国家意识，使其组织臻于健全，积极从事抗战建国工作，实为当务之急。"④ 同时采取一系列的措施，促进农会的发展。1939年2月，国民党中央执行委员会社会部核准施行《农会组织须知》，规定"农会以发展农民经济，增进农民知识，改善农民生活而图农业之发达为宗旨"；1943年6月，国民政府修正公布《农会法》。通过这些措施，农会有了快速的发展。1943年

---

① 田伏隆主编：《湖南近150年史事日志》，中国文史出版社1993年版，第125页。
② 湖南省地方志编撰委员会编：《湖南省志》第三卷，湖南出版社1997年版，第112页。
③ 中国第二历史档案馆编：《中华民国史档案资料汇编》第五辑，第一编，政治，三，江苏古籍出版社1994年版，第496—498页。
④ 中国第二历史档案馆编：《中华民国史档案资料汇编》第五辑，第一编，政治，五，江苏古籍出版社1998年版，第135页。

底，湖南各级农会473个，会员总数202902人，[①] 并建立了省农会。到1945年底，各级农会728个，会员总数299498人。[②] 截至1947年12月底，全国共有农会会员15548315人，乡区农会17755处，县市农会1271处，省市农会34处。其中湖南乡区农会846处，县市农会68处，会员4968319人。[③]

南京国民政府时期的农会的性质和作用有一个逐步变化的过程。国民政府建立农会的初衷，是为了促进农业的进步，就如《农会法》所规定："农会以发展农民经济，增进农民智识，改善农民生活而图农业之发达为宗旨。"[④]《农人运动指导纲领》中也指出农会之设立，"一方面提高其社会道德，增进其智识技能，促进其生产与生产额，以达到改善生计之目的一方面健全其组织，对内则使其协助政府，实行本党之土地政策，以求社会安宁，而促进地方自治；对外则提高其民族意识，启发其自卫能力，共救国家民族之危亡"[⑤]。所以在抗战前，农会所从事的工作，主要是协助有关部门进行农业改良，包括农业技术推广、农业实验、农产品开发等工作。

抗战爆发后，为动员全国民众投入抗战之中，农会也开始发生变化，虽然农业改良仍然是其工作之一，但其主要工作则转移到协助政府进行抗战的乡村各项任务中。1938年4月，中国国民党临时全国代表大会，制定的《抗战建国纲领》中第五条规定："发动全国民众，组织农工商学各职业团体。"《各级农会调整办法》中指出："我国农民运动，自民国十六年以来，渐趋消沉。各级农会虽多依法组织，而实质极为空虚，工作几近废弛。际此抗战建国时期，本党负有领导农运之责，

[①] 秦孝仪主编：《抗战建国史料——社会建设（四）》，台北"中央文物供应社"1978年版，第308—316页。

[②] 秦孝仪主编：《抗战建国史料——社会建设（四）》，台北"中央文物供应社"1978年版，第388—444页。

[③] 《中华年鉴》，中华年鉴社1948年版，第1248页。

[④] 中国第二历史档案馆编：《中华民史国档案资料汇编》第五辑，江苏古籍出版社1994年版，第156页。

[⑤] 中国第二历史档案馆编：《中华民国史档案资料汇编》第五辑，江苏古籍出版社1994年版，第493页。

巫应唤起占全国人口百分之八十以上农民之国家意识，使其组织臻于健全，积极从事抗战建国工作，实为当务之急。"① 故抗战以后全国农会组织发展迅速，会员大增，但同时也成为政府组织抗战的乡村组织，故有的地方"各级农会纯粹成为县政府执行征兵、派夫、农林、水利、生产等政令的工具"②。其实，这也是战时体制的要求。③ 而且，抗战后农会在协助政府部门进行农业推广、改善农民状况方面还是继续做了不少工作。

农业推广方面，设立了农业推广实验县，由农会与农业改进机构合作，湖南衡山县就是其中一个。1938 年 7 月，湖南省政府为统一全省农林机构，加强农业改进力量，将民国二十五年（1936）设立的湘米改进委员会及第一、第二、第三农事试验场，第一、第二、第三林务局（原为常德旸山、岳麓、南岳三森林局）合组为湖南省农业改进所。该所共有职员 280 人，其中技术人员占 70%。1940 年，又增设安江园艺场、沅陵茶场、榆树湾血清厂，并将全省划分为 7 个督导区，辖 26 个工作站，人员增至 350 多人。1941 年，为了加强农业试验工作，省农业改进所增设了邵阳稻场；芷江、零陵、沅陵 3 个林场；邵阳棉场；衡阳、邵阳，益阳 3 个畜牧场；衡山实验榨油厂、衡山实验茶圃、邵阳县治虫委员会。全省划定湘西、湘中 20 个县为防治稻谷病虫害实验区。人员增至 470 多人。1942 年，省农业改进所业务扩大，增设农业经济系；推广系改名为推广委员会；畜牧兽医组分为畜牧组和兽医系；附属机构增设了湘乡稻场、长沙仔牛育成站、茶陵、沅陵、零陵 3 个测候所、浦市轧花厂，第一、第二、第三防疫队（分别负责湘西、湘中、湘南牛瘟防治工作）。督导区改名为督导办事处。至此，其附属机构共 79 个，人员增至 500 余人。

---

① 中国第二历史档案馆编：《中华民国史档案资料汇编》第五辑，江苏古籍出版社 1998 年版，第 135 页。
② 《湘乡县志》编纂委员会：《湘乡县志》，湖南出版社 1993 年版，第 649 页。
③ 对南京国民政府时期的农会持负面评价的观点，往往以大革命时期的农民协会为参照系统，其实，农民协会是革命时期动员群众的组织，而此时已经是执政党的国民党当然只能是把农会当成乡村控制的方式，抗战的爆发，又使其成为战时体制的一部分，围绕战争的需要进行工作。

在各级农会和推广机构的合作下，抗战时期湖南棉花、水稻的亩产和总产量均有提高。

改善农民状况方面，除了创办协助合作社外，就是倡办农民福利社。据1947年统计，全国共办有农民福利社591个，湖南有33个，居全国第4位。[①]

遍布乡村的农会组织为民国时期的农业发展和抗战作出了贡献，但也存在一些弊端，民国时期的学者乔启明曾经评价："综观全国农会组织的发展，以数量言，不可谓少，但其亟待改进之处尚多，要而言之，约有下列诸端：（1）一般农会仍多为上行下的被动组织；（2）农会会务每多操于地方土劣之手，或为鱼肉工具，或假团体名义，因此农会本旨尽失；（3）农会的指导主持者，非为政治人员，即系地方士绅，每每不谙农事，故不知如何实际改良农业的方法，结果仅有农会之名而无农会之实；（4）各地农会多无一经济自立计划，每月仰赖会费，及政府等机关津贴等，开支职员薪工及办事费用以后，已无余金，遑言其他建设工作。"[②] 有些地方情况甚至更为严重，"凡加入农会者，非属无赖之徒，即为好乱之辈，遑论发展农业，因此良善农人，退避三舍，不屑为伍，而若辈愈趋愈恶，份子愈杂，往往假借农会名义，从中渔利，恃众横行，小者阻碍行政，干涉司法，大者勾结叛逆，聚众谋乱，以此项农会遂一变而为藏垢纳污之渊薮，作奸犯科之集团也"[③]。

作为民国时期乡村重要的经济组织合作社，在湖南乡村也获得较为普遍的发展。[④] 根据中国合作事业协会编《抗战以来之合作运动》统计，湖南历年合作社数量和社员数如表7-3:[⑤]

---

① 《中华年鉴》，中华年鉴社1948年版，第1259页。
② 乔启明：《中国农村社会经济学》，商务印书馆1947年版，第44页。
③ 中国第二历史档案馆编：《中华民国史档案资料汇编》第五辑，江苏古籍出版社1994年版，第524—527页。
④ 关于民国时期乡村合作组织，本书第二章第二节已有论述，此处从简。
⑤ 《抗战以来之合作运动》，民国史料丛刊，第337册，大象出版社2009年版，第28—31页。

表7-3　　　　　1936—1945年湖南省合作社发展情况

年份	合作社数（个）	社员数（千人）	年份	合作社数（个）	社员数（千人）
1936	1985		1941	17755	834
1937	3674		1942	17510	888
1938	6111	152	1943	17809	904
1939	7077	178	1944	18119	1093
1940	14947	537	1945	18139	2378

从表7-3可以看出，抗战以后，合作组织发展很快，人数增长也非常快，同时每千人中社员数量也大幅提高：1938年湖南每千人中有社员6人，1941年提高到31人，1945年更提高到42人。[①] 合作社有信用、消费、生产、供给、运销等种类，以信用合作社为最多，反映了民国后期乡村金融的困顿情形。合作组织对改善乡村经济的发展起了一定的积极作用，如信用合作社提供的信贷资金，在一定程度上缓解了农村金融危机，农贷资金通过合作社流入农村，对高利贷也有一定的遏制作用。运销、消费、供给等合作设为农民提供集体贩卖和购买，化零星的少数贸易为大量的贸易，由间接贸易而为直接贸易，减少了中间商人的种种操纵和盘剥，农民的利益有所提高。

民国时期是一个由传统社会向现代社会的转型时期，由于中国传统政治文化的影响，国民政府对共产党的防范，家庭及宗族组织继续发挥作用，现代型乡村社会组织是不发达的，少数的现代型社会组织也是由政府主导和掌控的，其在乡村社会生活中的作用也非常有限。

第三节　民国湖南乡村的社会动员

民国时期是资本主义经济政治制度确立的时期，也是中国共产党领

[①]《抗战以来之合作运动》，民国史料丛刊，第337册，大象出版社2009年版，第33—34页。

导的新民主主义革命从发动到胜利的时期,同时又经历了十四年艰苦卓绝的抗日战争,因此,对于国民党政府来说,乡村的社会动员不仅要传播和确立资产阶级的价值观,同时要抵制和消弭无产阶级革命和共产主义的价值观,也面临着抗战的战时动员。所以,乡村教育、新生活运动成为民国政府确立资本主义价值观、抵制共产主义价值观的手段,而战时乡村动员则是确保抗战胜利的重要方法。

一 乡村教育与乡村社会动员

民国教育面临着双重的任务,一方面要逐步建立完整的现代教育体系,以取代绵延几千年的封建教育制度;另一方面要构建资本主义的价值观以取代儒学为中心的价值体系,而五四运动以后,它还需要承担抵御共产主义价值观念的任务,以构建其资产阶级的价值基石。

清末随着科举的废除和学制的改革,从教育制度来说,初步确立了各级学校教育体制,这就是"癸卯学制"所确立的教育体系。但是从教育思想或者说价值观念来说,它还是封建的,正如《学务纲要》所揭载的:"中小学堂,宜注重读经,以存圣教。外国学堂有宗教一门,中国之经书,即是中国之宗教。若学堂不读经书,则无尧舜禹汤文武周公孔子之道,所谓三纲五常者,尽行废绝,中国必不能立国矣。"[1]"无为何等学堂,均以忠孝为本,以中国经史之学为基,俾学生心术画归于纯正,而后以西学论其知识,练其技能,务期他日成德儒才,各适实用,以仰副国家造就通才,慎防流弊之意。"[2] 因此,民国伊始,在确立各级教育体系的同时,也开始确立资产阶级的教育价值体系。1912 年 1 月 29 日,南京临时政府教育总长蔡元培为改革旧制,维持学务,发布《普通教育暂行办法通令》。主要内容为:"从前各项学堂,均改称为学校。监督、堂长,应一律通称校长";"在新制未颁行以前,每年仍分三学期:阳历三月开学至暑假为第一学期,暑假后开学至来年二月底为第二学期";"初等小学,可以男女同校";"凡各种教科书,务合乎共和民国宗旨,清学

---

[1] 舒新城:《中国近代教育史资料》(上册),人民教育出版社 1981 年版,第 202—204 页。
[2] 《中国近代学制史料》第 2 辑,上册,华东师范大学出版社 1984 年版,第 78 页。

部颁行之教科书，一律禁用"；"小学读经科一律废止"；"中学堂为普通教育，文、实不必分科"；"中学校、初级师范学校，均改为四年毕业"；"废止旧的奖励出身。初、高等小学毕业者，称初、高等小学毕业生；中学校、师范学校毕业者，称中学校及师范学校毕业生"。[1] 1912年7月，教育部在北京召开中央临时教育会议，并于9月3日公布了中华民国第一个《学校系统令》，即"壬子学制"，规定初等教育七年（初小四年为义务教育、高小三年），中学四年，大学预科三年，本科三年至四年，共十八年，大学院年限不定。师范、实业教育年限另成系统。[2]

在教育方针方面，即以资产阶级价值体系取代封建儒学价值观方面，主要通过教科书和课程设计来体现。1912年1月19日，南京临时政府教育部颁布《普通教育暂行办法》，规定："各科教科书，务合乎共和民国宗旨，凡民间通行之教科书，其中如有尊崇满洲朝廷及旧时官制、军制等科，并'避讳''抬头'字样，应由各书局自行修改……小学读经科一律废止……中学校以普通教育，健全国民为宗旨。科目有修身、国文、外国语、历史、地理、数学、博物、物理、化学、法制、经济、图画、手工、乐歌、体操。"[3] 3月2日，教育部又电令，要求高等学校立即废止"《大清会典》、《大清律例》、《皇朝掌故》、《国朝事实》及其他有碍民国精神"的科目，禁止使用前清御批等书。[4]

南京国民政府成立后，于1929年4月26日颁布，首先指出教育宗旨为：根据三民主义，以充实人民生活，发展国民生计，延续民族生命为

---

[1] 舒新城编：《民国丛书》第二编，《近代中国教育史料》第二册，上海书店1989年版，第38页。

[2] 随着民国年间教育的发展，经过教育界的广泛讨论，又对壬子学制进行了修改。1922年11月1日，教育部公布新学制（壬戌学制），规定小学六年（其中初小四年为义务教育），初中三年，高中三年（实行普通、师范、职业分科制），大专四年，大学四至六年，大学院不定。大学只设一学科者称某科大学，设数个学科者称大学。此次学制改革采用了美国单轨制系统，缩短了小学年限，有利于小学的普及和中等教育水平的提高，选科、分科并行，重视职业训练，贯彻男女平等原则，师范教育公私兼办，加上若干地方不做硬性规定，适应了当时的教育需要。这一学制基本沿用到1949年。

[3] 《中华民国史档案资料汇编》第二辑，江苏人民出版社1985年版，第462—464页。

[4] 《教育部禁用前清各书通告各省电文》，《临时政府公报》，第32号，1912年3月8日。

目的，实现民族独立，民权普遍，民生发展，并促进世界大同。① 另外提出应遵循以下方针："各级学校之三民主义之教育，应与全体课程及课外作业相贯连，以史地教科阐明民族之真谛，以集团生活训练民权主义之运用，以各种生产劳动的实习，培养实行民生主义之基础，务使智识道德融会贯通于三民主义之下，以收笃信力行之效"；"普通教育，须根据孙总理遗教，以陶融儿童及青年'忠孝仁爱信义和平'之国民道德，并养成国民之生活技能，增进国民生产能力为主要目的"；"社会教育，必须使人民认识国际情况，了解民族意义，并具备近代都市及农村生活之常识，家庭经济改善之技能，公民自治必备之资格，保护公共事业及森林园地之习惯，养老、恤贫、防灾、互助之美德"；"大学及专门教育，必须注重实用科学，充实学科内容，养成专门知识技能，并切实陶融为国家社会服务之健全品格"；"师范教育为实现三民主义的国民教育之本源，必须以最适宜之科学教育及最严格之身心训练，养成一般国民道德、学术上最健全之师资为主要之任务。于可能范围内使其独立设置，并尽量发展乡村师范教育"；"男女教育机会平等。女子教育并须注重陶冶健全之德性，保持母性之特质，并建设良好之家庭生活及社会生活"；"各级学校及社会教育，应一体注重发展国民之体育，中等学校及大学专门，须受相当之军事训练。发展体育之目的，固在增进民族之体力。尤须以锻炼强健之精神，养成规律之习惯为主要任务"。②

可见，无论是北京政府时期还是南京政府时期，其教育宗旨首先是剔除封建专制主义的内容，确立民主共和的思想，以培养学生的民族、国家认同。而南京国民政府有所不同的是强调对学生的三民主义教育，实际上是一种意识形态的"党化教育"，③ 也包含防共、反共的教育，体现了在普通教育体系中的政治取向。国民党政府的党义教育是通过在各级学校设立党义教师、公民教员、训育主任、军训教官、童子军教练员

---

① 丁述胜：《中国教育制度通史》第7卷，山东教育出版社2000年版，第73页。
② 宋恩荣、章咸编：《中华民国教育法规选编（修订本）》，江苏教育出版社2005年版，第36页。
③ 关于国民党在普通教育中的党义教育，王彤宇的《1927—1937年南京国民政府"党化教育"研究》（硕士学位论文，河北师范大学，2006年）有比较系统的研究。

等来实现的。① 可见，民国时期的教育既体现了作为国民教育的一般功能，也结合了意识形态教育的社会动员与整合的功能。

现代乡村教育体系在晚清时期就具有雏形，民国成立后，经过北京政府和南京国民政府的逐步完善，形成了比较系统的乡村教育体系。1912年1月19日颁布了《普通教育暂行办法》14条和《普通教育暂行课程标准》11条，确定"各州、县小学校，应于元年三月初四日（阴历壬子年正月十六日）一律开学"、"在新制未颁行以前，每年仍分二学期：阳历三月开学至暑假，为第一学期；暑假后开学至来年二月底，为第二学期"、"初等小学校，可以男女同校"、"凡各种教科书，务合乎共和民国宗旨，清学部颁行之教科书一律禁用"、"凡民间通行之教科书，其中如有尊崇满清朝廷及旧时官制、军制等课，并避讳抬头字样，应由各该书局自行修改，呈送样本于本部及本省民政司教育总会存查。如学校教员遇有教科书中不合共和宗旨者，可随时删改，通知该书局改正"、"小学读经科一律废止"、"小学手工科应加注重"、"高等小学以上体操科应注重兵式"、"初等小学算术科，自第三学年起应兼课珠算"、"旧时奖励出身一律废止。初高等小学毕业者，称初高等小学毕业生"。②《普通教育暂行课程标准》则规定了初等小学校的课程。1912年9月，进一步公布"壬子学制"，确立了乡村教育的基本体制："在普通教育中，初等小学校学制四年，儿童六周岁入学，为国家义务教育，毕业后可升入高等小学校或事业学校；高等小学校学制三年，毕业后可升入中学、师范学校或实业学校"；③ "小学校教育以留意儿童身心之发育，培养国民道德之基础，并授以生活所必需之知识技能为宗旨"；④ "小学校分初等小学校与高

---

① 1933年后，由于普遍的反感，国民党政府取消中小学的党义课，并将其内容归入公民、历史、地理、国文等科目中。见《国民政府文官处与国民党中央秘书处等单位关于中小学党义课程归并各科改称"公民"课的往来文件》（1932年3月—1934年4月），《中华民国史档案资料汇编》第五辑，江苏古籍出版社1994年版，第1091—1096页。

② 中国第二历史档案馆：《中华民国史档案资料汇编》第三辑，江苏古籍出版社1991年版，第463—464页。

③ 李华兴：《民国教育史》，上海教育出版社1997年版，第99页。

④ 中国第二历史档案馆：《中华民国史档案资料汇编》第三辑，江苏古籍出版社1991年版，第441—443页。

等小学校。由城镇乡担任经费者，名某城镇乡立初等小学校或高等小学校；由县担任经费者，名某县立高等小学校"，"初等小学校由城镇乡设立之。前项设立初等小学经费之负担，依法律所规定，乡之财力不能设立初等小学校者，得以二乡以上之协议组织乡学校联合，以设立初等小学校"；"高等小学校由县设立之"，"城镇乡除设立初等小学校，足容本区域学龄儿童外，财力有余，亦得设立高等小学校，但须经县行政长官之许可"。① 这些法规的意义在于，确立了以初等小学教育为主体的乡村教育为国家义务教育，这是民族国家建立后首先确立的国民义务教育的原则；明确了乡村小学教育是健康儿童心理、培养国民道德基础、授予生活必需之知识、技能为宗旨；规定了乡村教育以小学特别是初等小学为主体的原则。1915年7月31日，教育部公布《国民学校令》，"民国元年教育部颁行之小学校令，关于初等小学校各条，自本令施行之日起，即行废止。从前设立之初等小学校，一律改称国民学校"。②

1932年12月24日，南京国民政府颁布《小学法》规定："小学应遵照中华民国教育宗旨及其实施方针，以发展儿童之身心，培养国民道德之基础，及生活所必须之基本知识技能"；"小学修业年限六年，前四年为初级小学，后两年为高级小学。初级小学得视地方情形单独设立"；"小学由市县或区坊乡镇设立之，其有特殊情形者，得由省设立之。私人或团体亦得设立小学"；"小学由市县设立者，为市立或县立小学；由区设立者，为区立小学；由坊或乡镇设立者，为坊立或乡镇立小学；由两区两坊或两乡镇以上设立者，为某某区某某坊或某某乡镇联立小学；由私人或团体设立者，为私立小学"；"小学不收学费，但得视地方情形酌量征收。在公立小学，每人每学期初级至多不得逾一元，高级至多不得逾二元；在私立小学，每人每学期至多不得逾三元，高级至多不得逾六

---

① 中国第二历史档案馆：《中华民国史档案资料汇编》第三辑，江苏古籍出版社1991年版，第441—443页。

② 中国第二历史档案馆：《中华民国史档案资料汇编》第三辑，江苏古籍出版社1991年版，第466页。

元。学生无力缴纳学费者，小学校长应酌量情形免除其学费之一部或全部"。① 随后，教育部又先后颁布了《小学规程》和《小学课程标准》，至此，南京国民政府时期的初等教育体系基本定型。国民政府实施"新县制"后，进行了一些修改，新县制以分级设校的原则规定，乡设中心学校（后改称中心国民学校），保设国民学校。1944 年 3 月，国民政府颁布《国民学校法》，其中对于乡村国民教育的义务教育实质，以及学校设置、布局做出了重新规范和更加细致的规定：设校方面，数保可联立一所国民学校，一保、一乡之内可增设国民学校和中心学校数量；除省县政府立和乡保公立外，私人或团体亦得设立小学，优良者得指定为代用国民学校；师范学校附属小学亦可充当国民学校。② 至 1945 年度，在实行了国民教育制度的 18 个省（不含重庆市）中，平均已经达到每乡镇 1 所中心国民学校，每 3 保 2 所国民学校，加上未纳入国民学校系统的省立、私立、公立各种小学，全国已达到每 5 保 4 校。③

与民国前期北京政府的乡村教育区别的是，南京政府成立后，注重在教育领域进行党化教育（后称三民主义教育）。国民政府颁布的《三民主义教育实施原则》关于初等教育规定，要"使儿童真个的身心融育于三民主义教育中"，"使儿童个性、群性在三民主义教育指导下，平均发展"，"使儿童于三民主义教导下，具有适合于地方生活之初步的知能"，④ 课程必须"以三民主义重要的观念，为编订全部课程之中心"。⑤

1930 年 3 月，中国国民党中央执行委员会议决《实施三民主义乡村教育案》，规定"本党今日实有开始实施三民主义的乡村教育之必要，举

---

① 中国第二历史档案馆编：《中华民国史档案资料汇编》第五辑，凤凰出版社 1994 年版，第 538—539 页。
② 中国第二历史档案馆编：《中华民国史档案资料汇编》第五辑，凤凰出版社 1997 年版，第 441—442 页。
③ 教育部教育年鉴编纂委员会：《第二次中国教育年鉴》，商务印书馆 1948 年版，第 240—338 页。
④ 中国第二历史档案馆编：《中华民国史档案资料汇编》第五辑，凤凰出版社 1994 年版，第 1032 页。
⑤ 中国第二历史档案馆编：《中华民国史档案资料汇编》第五辑，凤凰出版社 1994 年版，第 1032 页。

其理由，厥有四端：其一，三民主义必须赖乡村教育，树立深厚根基于民间，庶几三民主义的国家建设始能由开创而日进于完固。其二，三民主义之宣传，无论如何普遍，只能及于曾受教育之智识份子，惟有实施三民主义的乡村教育，则党之主义始能深入全国未受教育之乡村儿童。其三，中国人口乡村占百分之八十以上，而城市则不及百分之二十。十余年来，中国之政治大抵仅以城市为中心，故其力量浮动薄弱，而不足以舒展全民族应有之建国伟力。今后则必赖三民主义之乡村教育，近以开化乡村之人心，遂以培养全民族政治之能力。其四，依总理建国大纲之所垂训，县既为自治单位，而县自治基础则必在农村，故三民主义之乡村教育乃为地方自治能否推行尽利之主要关键。为此四种理由，本党之不能不决定实施乡村教育之办法与步骤，盖极显明也"[1]。可见国民政府对于乡村教育中三民主义教育的重视，为了搞好乡村学校的三民主义教育，国民党对师资培训也作了规定，"在中央政治学校增设乡村教育系，以考试方法征集身心健全及曾在高级中学以上学校毕业之党员入校训练，其期限为一年，佚大多数之省分皆已开办乡村学校时，其期限得延长为二年"；"乡村教育系采用军队编制式，以养成学生之勤苦耐劳、果敢敏确等精神为训练之标准"；"乡村教育系之课程，以养成能切实从事三民主义的乡村社会之需要而期实施实用"；"乡村教育系之详细实施办法，概由中央执行委员会常会定之"[2]。

湖南乡村教育在民国时期获得比较大的发展。1912年3月，湖南学务司颁发《湖南暂定学务大纲》，规定了保育（幼稚园）、普通教育、专门教育、实业教育、师范教育、女子教育六类教育的学制及教学内容，在教育部《学校系统令》颁布前的半年里，促进了新旧政权交替时期湖南的教育发展，特别是因为规定小学为义务教育，故小学数量增加迅速，学校由1911年的2085所增加到4001所，在校小学生由1911年的73577

---

[1] 中国第二历史档案馆编：《中华民国史档案资料汇编》第五辑，凤凰出版社1994年版，第1023页。

[2] 中国第二历史档案馆编：《中华民国史档案资料汇编》第五辑，凤凰出版社1994年版，第1025页。

人增加至 206625 人,增加了 1.8 倍,位居全国第五。① 到南京国民政府建立前的 1927 年,全省小学共有 17009 所,学生 299729 人。② 南京政府成立后,湖南的乡村教育获得进一步发展。根据教育部的规定,湖南省制定了《湖南省筹措普及教育规程》《湖南省义务教育委员会组织大纲》以及《遍设乡村小学,以求教育普及》的训令,各县市也相继成立了义务教育委员会,划分学区,通过征收田赋附加、税契附加、烟酒附加以及捐款等方式,广泛筹集教育经费,因此湖南的义务教育主要是乡村教育获得快速的发展,根据 1930 年湖南省教育厅的统计,当年在校小学生人数达 90.44 万人,较 1927 年增加了一倍多。入学率达到 30%,居全国第三位。③ 到 1937 年抗战前,湖南各类小学已达 23800 余所,学生 103.3407 万人,教职工达 48247 人。④

湖南初等教育在民国时期的快速发展,实际上反映了乡村教育的发展的状况,因为初等教育主要是乡村教育。以湘乡县为例,湘乡县在清末就开始创办小学堂,到 1912 年民国建立,有小学 89 所,在校小学生 2914 人;到 1914 年,达 570 余所;1924 年,达 1020 所,居全省第一。马日事变以后,教育界虽遭受摧残,但到 1929 年,恢复很快,小学达 1224 所,复列全省第一。适龄儿童入学率为 23.32%,虽低于全省 30% 的入学率,但考虑到主要是乡村地区,其入学率也是比较高的。1940 年,推行新县制下的国民教育,根据乡镇设中心国民学校,保设保国民学校的要求,全县 50 个乡(镇)共设中心国民学校 63 所(有 3 个乡各设 3 所,7 个乡各设 2 个),其中改设和创设的 49 所,由私立小学代用的 14 所;全县 769 保,共有保国民学校 1068 所;此外,还有私立高小、完小 67 所,私立初小 575 所。全县共有小学 1773 所,学生人数达 10 万。⑤

---

① 冯象钦等:《湖南教育史》第 2 卷,岳麓书社 2002 年版,第 289 页。
② 冯象钦等:《湖南教育史》第 2 卷,岳麓书社 2002 年版,第 601 页。
③ 冯象钦等:《湖南教育史》第 2 卷,岳麓书社 2002 年版,第 733 页。
④ 冯象钦等:《湖南教育史》第 2 卷,岳麓书社 2002 年版,第 734 页。各类小学主要包括私塾,在经过取缔、禁止、登记、改良等措施后,到 20 世纪 30 年代初,湖南全省仍有私塾 10536 所,占小学总数的 61.2%,私塾学生 13.2123 万人,占小学生人数的 20.7%。尤其在江华、沅陵、泸溪、会同、凤凰、耒阳、酃县等湘西南县域,私塾学生超过在校小学生人数。
⑤ 《湘乡县志》编纂委员会:《湘乡县志》,湖南出版社 1993 年版,第 761—762 页。

第七章　近代湖南乡村社会组织与社会动员　❖　451

从以上情况来看，民国时期湖南乡村教育是比较发达的，特别是国民政府将四年初等小学教育纳入国民义务教育，促进了包括湖南在内的乡村教育的发展，即使在抗战时期，因为湖南相当长的时间里处于后方的缘故，乡村教育还是在继续发展着。乡村教育的发展，对于摆脱长期以来的封建奴化教育的束缚，培养国民的民族、民主的现代国家意识，起到了一定的作用，这也是教育作为社会动员方式的积极意义。但是，民国时期特别是南京政府时期的乡村教育同样也是国民党及其政府进行价值体系灌输，并抵制异己价值观特别是共产党倡导的价值观的阵地、方式和手段。

湖南是大革命时期农民运动最为张扬的地区之一，因此在国民党清党时期，湖南乡村地区除了遭受军事镇压之外，在教育方面也饱受摧残，被认为是"游街以外无学术，宣传口号以外无研究"，[①] 指责共产党"把学校当做宣传机关，把学生充为政争的工具"。[②] 所以，马日事变后，湖南省政府严令学校停办一学期，进行清理整顿，鉴定教材，检定全省小学教师。清党以后，湖南省政府除了按照国民政府的要求在乡村学校进行党化教育以外，当时主政湖南的省主席何键，还采取了两种方法来加强对国民党意识形态的渗入。一是提倡所谓读经。何键极力推崇中国的旧道德，他在《整理教育与肃清共匪》和《改进教育之意见》等文章中说："中国固有的道德，对于修齐治平之学，讲得至精至微，而且至广至大。"[③] "中华民族固有的精神，是忠孝仁爱信义和平。"[④] 因此必须加以发扬光大，发扬的办法，就是读经，而在中国的典籍中，"最有益于世道人心最便利于修身治事而又易知易行为人生日用不可须臾离者"，"莫如孔子之经典"，孔子的经典，"包罗万象，无所不有"，"不仅是中国文化的重心，而实在又是中国文化的总和，所谓诸子百家，无一不包括在内"，"研究儒经应当重于其他国学，儒经明白，然后对于中国文化，始

[①] 《湖南教育》，第25卷，第2号。
[②] 《湖南省政府公报》，1927年，第47号。
[③] 何键：《整理教育与肃清共匪》，《何芸樵先生演讲集》（一），教育，第102页。
[④] 何键：《改进教育之意见》，《何芸樵先生演讲集》（一），教育，第9页。

有透明之认识与坚固之基础"。① 何键提出,"学校读经,并宜从小学始其次"。② 他认为,从小学开始读经才能普遍,"因为救人心、正风俗不是少数人所能做到的,非具有普遍性不可,而要做到普遍性,没有小学生参加读经是不行的","湖南只有一所大学,公私立中学也不多,而小学生则有数十万以上,而且小学生读经事半功倍,相对于大中学生来说更容易接受儒家思想的熏陶,因为儿童心理如素丝如白纸、染于苍则苍,染于黄则黄。只有从小学时代开始读经,以圣贤之道,涵养其心,幼而习之,壮而行焉,就可以使他们一遇邪说妄行,便避而远之,不再有寡廉鲜耻的言行,事半功倍,且稳固难移"。③

何键除了大力倡导从小学开始读经以外,还要求湖南省教育厅在制度上安排小学读经。1935年4月,何键正式通令全省各校实行读经,并派湖南省政府委员曹典球编纂读经教材,于是在湖南中小学兴起了尊孔读经的逆流,虽然从实际情况来看,读经的效果并不太好,造成湖南知识界、教育界不问政治、只谈古文经书的沉闷空气。

二是推行所谓"特种教育"。所谓特种教育,是国民党中央当时指定江西、福建、湖北、安徽、河南等五个共产党力量活跃的地区为"特种区域",各设特种教育委员会,实行反共的特种教育,直属蒋介石的南昌行营。湖南不属于这个范围,但何键认为湖南是共产党的策源地,湖南的农民运动对"中国固有的礼教,已打破无余",④ "固有道德,跌落在千万丈以下,一切伦理上的组织,弃若糟粕",⑤ 因此必须实施特种教育。何键首先在他认为受共产党毒害深厚的原湘鄂川黔革命根据地实施,在学校设立10所中山民众学校(大庸、桑植、龙山各3所,永顺1所),除开设成人班外,特别开设儿童班,招生7—16岁的少年儿童,每天上课两小时,每班40—60人,除进行反共宣传教育外,协助编组儿童反共义

---

① 何键:《我对于研究国学及缔造大同之意见》,《国专月刊》1937年第5卷第1期,第1页。
② 何键:《读经应从小学开始的理由》,《湖南国民日报》1935年1月15日。
③ 何键:《读经应从小学开始的理由》,《湖南国民日报》1935年1月15日。
④ 何键:《训民政厅职员》,《何芸樵先生演讲集》(一),吏治,第16页。
⑤ 何键:《完成国民革命与师范生责任》,《何芸樵先生演讲集》(一),教育,第65页。

勇队，以对抗革命根据地的少先队、儿童团组织。1938 年，何键更将这种教育推广到平江、浏阳、耒阳以及洞庭湖滨湖 18 县，一度成为规模，并产生了一定的效果。

由此可见，民国时期湖南乡村教育作为国民义务教育获得了较快的发展，但是国民党政府以教育为媒介，传播和灌输官方意识形态和价值观，以动员社会资源，整合社会力量，维护其政权稳固。

二 新生活运动与乡村社会动员

1934 年蒋介石发起的新生活运动是一次对国民精神与行为进行规范的社会动员。蒋介石发起新生活运动，主要有两个目的：一是为了"剿共"的需要，从精神上消弭共产主义价值观的影响。蒋介石认为，共产主义是与三民主义根本对立的，不适合中国国情，是对中国传统的破坏，要剿灭共产党，必须从精神上予以剿灭。"礼义廉耻，国之四维，四维不张，国乃灭亡。今日赤匪，邪说充塞，故人欲横流廉耻道丧，若不急起挽救，则国故不国，而人民且将沦为禽兽矣。吾辈军人，救国必先救民，救民则须先重礼义，知廉耻"，"赤匪不灭，军人之羞。故革命军人，欲消灭赤匪，完成主义，必须自重礼义、知廉耻始也"。[①] 他甚至认为："日本人侵略我们东四省，固然是我们最大的一个敌人；而破坏我们国家、民族，毁弃我们固有的德性、知能的共产党，也是我们最大而且最近的一个敌人！日本侵略东四省，是外来的压迫，只要我们自己有力量，当然可以抵抗，当然我们可以强起来。唯有赤匪，这几年来，把我们民族固有的伦理、道德、精神、文化，铲除唯恐不尽，使中国民族从精神上陷于绝境，乃为民族莫大之危机！因为我们要建设一个国家，就先要建设我们自己的文化；要建设自己的文化，在中国还不必一下子怎样建设，只要能真正恢复我们固有的民族文化，而以新时代之精神来运用就行。"[②] 基于这一想法，蒋介石决意发起新生活运动。二是为抵抗日本侵略做准

[①] 蒋介石：《剿匪手术》，张其昀编：《蒋总统集》第 1 册，台湾"国防研究院"，中华大典编印会，1968 年，第 186 页。

[②] 蒋介石：《合作人员的革命责任》，张其昀编：《蒋总统集》第 1 册，第 717 页，台湾"国防研究院"，中华大典编印会，1968 年。

备。1938年，蒋介石在《新生活运动四周年纪念告全国同胞书》说："老实说，我从前倡导新生活运动，提倡国民生活军事化，生产化，以及合理化（或是艺术化），希望一致做到整洁朴实、迅速确实的程度，就是因为鉴于国家的危险，要大家有应付非常事变，担当非常责任的准备。到今天，我们的同胞可一致明了我的意思了。这新生活运动的精神力量，就是我们民族抗战最大的武器。"① 这就提到了他发动新生活运动的目的。

1934年2月19日，蒋介石在南昌行营发表演讲《新生活运动之要义》，标志着新生活运动的开始。在随后的一个半月的时间内，蒋介石连续发表了《新生活运动之中心准则》《力行新生活运动》《新生活的意义和目的》《再论新生活运动》等演讲。2月21日，新生活运动促进会正式成立，蒋介石亲自任会长，邓文仪任主任干事，纯锦任副主任干事，李焕之任书记。同年5月25日，又制定了《新生活运动纲领》和《新生活运动须知》两个文件。这些演说和文件为新生活运动制定了一套理论和方针。确定：全部运动，由南昌新生活运动促进会主持。省、市、县由最高行政长官主持之。乡村农人由区保甲长，工厂由厂长或工会负责人，商人由各公会负责人，学生由校长教职员，军队由政训处长与主管长官或军队总部负责人，公务员由各机关主管，家庭妇女由妇女协会，负责提倡。全部由当地促进会派人指导之。② 1934年7月1日新生活运动会改组，成立新生活运动促进总会，主持全国新运动，蒋介石亲任新运总会的会长，负责新生活运动最高指导之责任，设立指导员若干人，分别是杨永泰、何应钦、邵元冲、吴铁城、陈果夫、张学良、阎锡山、陈公博、韩复榘、石瑛、熊式辉等共33人。

新生活运动的内容，依照《新生活运动纲要》，是以礼义廉耻为国民的价值标准，在日常生活（衣食住行）中规范国民的行为，达到国民生

---

① 蒋介石：《新生活运动四周年纪念告全国同胞书》，中国国民党中央委员会党史委员会（秦孝仪主编）：《总统蒋公思想言论总集》，第30卷，台湾"中央文物供应社"1984年版，第252页。

② 蒋介石：《新生活运动纲要》，张其昀主编：《蒋总统集》第2册，台湾"国防研究院"，中华大典编印会，1968年。

活的军事化、生产化、艺术化。

所谓礼义廉耻，按蒋介石的解释是："礼是规规矩矩的态度；义是正正当当的行为；廉是清清白白的辨别；耻是切切实实的觉悟。"[①] "礼者，理也：理之在自然界者，谓之定律；理之在社会中者，谓之规律；理之在国家者，谓之纪律；人之行为，能以此三律为准绳，谓之守规矩，凡守规矩之行为的表现，谓之规规矩矩的态度。""义者，宜也：宜即人之正当行为，依乎礼——合于自然定律，社会规律，与国家纪律者，谓之正当行为；行而不正当，或知其正当而不行，皆不得谓之义。""廉者，明也：能辨别是非之谓也，合乎礼义为是，反乎礼义为非；知其是而取之，知其非而舍之，此之谓清清白白的辨别。""耻者，知也：即知有羞恶之心也，己之行为，若不合礼义与廉，而觉其可耻者，谓之羞；人之行为，若不合礼义与廉，而觉其可耻者，谓之恶；惟羞恶之念，恒有过与不及之弊，故觉悟要在切实，有切实之羞，必力图上进；有切实之恶，必力行湔雪；此之谓切切实实的觉悟。"[②] 蒋介石认为，礼义廉耻是古今立国之常经，故必须成为国民之行为标准。

为了在日常生活中做到符合礼义廉耻，就必须在衣食住行的日常生活中加以规范。为此，蒋介石于1934年手订《新生活须知》（后又制定了《新生活须知第一次改正草案》），于国民的衣食住行诸多规范，如"新生活中之食"：

> 饮食养生，人之大欲，食贵定时，莫恣口腹，食具须净，食物须洁，要用土产，利勿外溢，遇酒毋酗，食量有节，饮嚼无声，坐必正席，饭屑骨刺，毋使狼藉，宴客聚餐，相让举筷，注意微菌，生冷宜戒，雅片屏绝，纸烟勿吃，耻养于人，自食其力。[③]

---

① 蒋介石：《新生活运动纲要》，张其昀主编：《蒋总统集》第2册，台湾"国防研究院"，中华大典编印会，1968年，第2099页。
② 蒋介石：《新生活运动纲要》，张其昀主编：《蒋总统集》第2册，台湾"国防研究院"，中华大典编印会，1968年，第2099页。
③ 秦孝仪主编：《中华民国重要史料初编——对日抗战时期》，绪编，（三），中国国民党中央委员会党史委员会1981年版，第67页。

又如"新生活中之衣":

> 衣服章身,礼貌所寄,莫趋时髦,朴素勿耻,式要简便,料选国货,注意经用,主妇自做,洗涤宜勤,缝补残破,拔上鞋跟,扣齐钮颗,穿戴莫歪,体勿赤裸,集会入室,冠帽即脱,被褥常晒,行李轻单,解衣赠友,应恤贫寒。[1]

诸如此类,规定细致且烦琐。通过这一系列的规范,目的是使国民生活实现军事化、生产化、艺术化。"所谓军事化者,并非欲全国同胞悉数武装皆赴疆场也。只期其重组织,尚团结,严纪律,知振奋,保严肃,一洗从前散乱、浪漫、推诿、因循、苟安之习性已耳";"所谓生活生产化者,亦非欲全国同胞胥作农工或尽事商贾也,只期我同胞人人能一洗从前豪奢、浪费、怠惰、游荡、贪黩之习性已耳";"所谓艺术化者,更非欲全国同胞均效骚人墨客画家乐师之所为,只期其持躬接物待人处事,能肃仪循礼、整齐清洁、活泼谦和、迅速确实,一洗从前之粗暴、鄙污、狭隘、昏愚、浮伪之习性也耳"。[2]

由此可见,所谓新生活运动,乃是以蒋介石为首的国民党以传统的礼义廉耻作为国民的道德标准,来规范国民行为,以抵御共产党的价值观,并为抗战作准备的一次精神动员。应当说,在帝制崩溃、共和甫立的转型时期,对于构建新的价值体系(勿论其价值体系的正确与否)、厘正国民风气与行为是有其现实意义的。

1934年4月8日,湖南省会长沙各界人士五六万人在长沙协操坪举行新生活运动大会。随后,成立了以省主席为理事长的湖南省新生活运动促进会,会址设湖南省民政厅内,理事单位包括省党部、驻军、高等法院、民政厅、财政厅、教育厅、建设厅、保安司令部、警备司令部、

---

[1] 秦孝仪主编:《中华民国重要史料初编——对日抗战时期》,绪编,(三),中国国民党中央委员会党史委员会1981年版,第67页。

[2] 蒋介石:《新生活运动周年纪念告全国同胞书》,张其昀编:《蒋总统集》第2册,第2115页。

长沙市、湖南大学、各人民团体负责人等。省促进会成立后，制定了各县市分会章程颁发各县市，至1934年底，共有35县先后成立分会，约占全省50%。① 各机关团体相继组织新生活促进会，开启了湖南新生活运动的帷幕。

湖南省新生活运动促进会成立以后，制定了《新生活运动初步实施事项》《省会新生活运动纠察方案》《长沙市妇女服务团组织简则》《湖南省新生活运动促进会第一期工作纲要》等10余项。按照蒋介石的要求，"先以规矩以清洁两项为第一期运动之中心工作"。② 推行之步骤，"由近及远，由浅入深"，先以长沙市为主要对象，先"将各项厉行新生活办法印刷分发，然后再加督促指导，如各机关新运，规定每星期由各该机关自行检查一次，每月由本会干事抽查一次，各行业新运，则由推行股会同公安局随时派员查察"。③ 经过一段时间的推行，取得了一定效果，"现在长沙市上如禁烟、禁牌赌、禁止行路吸烟、禁止空车在街上游行，取缔商店路招及不洁食物，整理墙壁广告，清洁街道，行路靠左走等均已见相当功效"。

新生活运动虽然在发起之时包含乡村在内，但主要是在城市。对于湖南来讲，至少在抗战前，其主要活动在城市，特别是省会长沙。至于县镇、乡村，在抗战前还只是处在发动阶段，一方面是按照新生活运动的要求，是先城市后乡村，即使是开展比较好的广东省，也是在抗战爆发后的1937年才有计划推进到乡村；另一方面，在新生活运动开始后的两三年内，湘赣、湘鄂赣、湘鄂川黔等边界各县或属共产党根据地范围，或是共产党游击区域。据《民国二十四年全国新生活运动报告》，到1935年底，湖南成立新生活运动县分会的有52个县（全省共75县），"其余各县，或则因匪患未平，地方糜烂，或则因地处边陲，交通阻滞，新生

---

① 《二十三年新生活运动总报告》，《近代中国史料丛刊》第三辑，第527册，台北：文海出版公司1987年版。
② 蒋介石：《新生活运动周年纪念告全国同胞书》，张其昀编：《蒋总统集》第2册，台湾"国防研究院"编印，1968年，第2114页。
③ 《二十三年新生活运动总报告》，《近代中国史料丛刊》第三辑，第527册，台北：文海出版公司1987年版。

活运动暂难推行"。① 已成立分会开始推行之县，其工作也还是浮在表面：②

道县"工作事项"：

（一）本年共举行干事会议12次，议决要案40余件；

（二）本年5月9日召开新运宣传大会，到会者300余人，并组织宣传队，分赴城厢内外宣传新运意义。

已完成之工作：

（一）印制新运标语张贴通衢；
（二）严禁烟、赌、娼，提倡正当娱乐；
（三）建立时钟楼与午炮；
（四）限令各机关团体人员练习国术；
（五）举办全县大扫除。

今后拟办之工作：

（一）拟组织区镇新运会，以求新运深入乡村；
（二）拟组织青年业余服务团，指导学生实习劳动服务；
（三）提倡节约运动，改良本县婚丧寿庆等俗。

《民国二十四年全国新生活运动报告》也列举了湘阴县、慈利县的新运工作：

---

① 《二十四年新生活运动总报告》，《近代中国史料丛刊》第三辑，第528册，台北：文海出版公司1987年版。

② 《二十四年新生活运动总报告》，《近代中国史料丛刊》第三辑，第528册，台北：文海出版公司1987年版。

湘阴县已完成之工作:①

（一）关于党政军警机关学校社会团体厉行新生活办法，已分别施行；

（二）关于公共场所之厉行新生活办法已施行；

（三）取缔沿河沿湖饮料；

（四）装置标准钟；

（五）张贴新运标语；

（六）举行大扫除及清洁检查。

慈利县已完成之工作:②

本年夏季遭空前水灾，街道污秽不堪，本会特召集县民举行清洁大扫除一次。

从以上情况来看，乡村新生活运动的推行，较城市滞后很多。一般县分会也大多局限于在城厢附近活动，即使下乡，也是偶尔进行宣传式的走马观花，没有与设想的与保甲组织结合起来推动乡村的新生活运动。沈从文曾经以小说的形式描写常德县的新生活运动情形:③

伙计说："你说到新生活吗？那是真事情。常德府专员已经接到了省里公事，要办新生活，街上到处贴红绿纸条子，一二三四写了好多条款，说是老总要办的。不照办，坐牢、打板子、罚款"。

常德府……每逢一定日子，街上各段都是荷枪的兵士，枪口上插一面小小红绿旗帜，写明"行人向左"，要大家向左走。一走错了

---

① 《二十四年新生活运动总报告》，《近代中国史料丛刊》第三辑，第528册，台北：文海出版公司1987年版。

② 《二十四年新生活运动总报告》，《近代中国史料丛刊》第三辑，第528册，台北：文海出版公司1987年版。

③ 沈从文：《长河》，《沈从文全集》第7卷，北岳文艺出版社2002年版。

就要受干涉。礼拜天各学校中的童子军也一齐出发，手持齐眉棍拦路，教育上街市民，取缔衣装不整齐的行路人。衙门机关学堂里的人要守规矩，划船的一上岸进城也要守规矩。

抗战开始后，国民政府开始了战时动员，开展了"国民精神总动员"，新生活运动与此相结合并成为其中一部分。

三　湖南战时乡村"国民精神总动员"

抗日战争进入相持阶段以后，蒋介石和国民政府于1939年3月发起国民精神总动员运动。3月11日，国民党中央决定在国防最高委员会之下，设立精神动员委员会，由蒋介石任会长。12日，国民政府公布《国民精神总动员纲领》《精神总动员实施办法》及《国民公约誓词》等法令，对国民精神总动员实施的目的、要求和办法进行了规范。关于国民精神总动员发起之缘由，《国民精神总动员纲领》指出：

> 抗战迄今，时逾年半，赖我全国团结之固，将士牺牲之勇，摧挫敌寇之势焰，消耗敌军之力量，国誉增高，世誉刮目。然二期抗战今已开始，来日方长，所需于吾国民之淬砺奋斗以期克服之艰难，较之前期亦日见其扩大，敌人今日，已知军事力量不足以屈服吾人而达其速决之目的，故其最近计划，乃欲以种种方法摇撼吾人之意志，威胁吾人之精神。吾人熟察吾国历史上外患之深，皆坐朝野士大夫精神上为敌人所慑服，致不能发挥吾民族雄厚之力量，如宋如明，皆为殷鉴。则今日之所宜致力者，尤当注重予精神之振作与集中。质言之，前期抗战，军事与精神并重；而第二期即后期之抗战，则精神尤重于军事。非提高吾全国国民坚强不屈之精神，不足以克服艰危而打破敌人精神制胜之毒计。[①]

所谓国民精神总动员的内涵，《国民精神总动员纲领》解释道：

---

① 孟广涵主编：《国民参政会纪实》上卷，重庆出版社1985年版，第445页。

自其字意言之，则在个人为集中一切意识、思维、智慧与精神力量于一个方面而提高使用之，在国民全体为集中一切年龄、职业、思想、生活各各不同之国民的精神力量于一个目标，而共同鼓舞以增进之，整齐调节以发挥之，确定组织之中心，以增强发挥其效率者也。①

国民精神总动员"其涵义应为集合全国国民之精神于简单共同之目标，使全国国民对自身皆确立同一救国道德，对国家皆坚定同一的建国信仰，而国民每一分子皆能根据同一的道德观念为同一的信仰而奋斗牺牲是也"②。

可见，精神总动员是要通过动员将国民思想纳入国民党所主张的信仰和道德范围。一方面，抗战进入相持阶段，中国在物质上的劣势已暴露无遗，亟须提振民族精神以坚持抗战；同时日本侵略者的速战速决的战略破产，对中国展开了政治诱降活动，因此中国必须坚定抗战的决心。另一方面，蒋介石也有利用精神动员运动来限制所谓"分歧错杂"之思想特别是共产党的思想意识的目的。所谓"分歧错杂"的思想，就是"违反国民革命最高原则之三民主义"；"鼓吹超越民族之理想与损害国家绝对性的言论"；"破坏军令政令及行政系统的统一"；"利用抗战形势达成国家民族利益以外之任何企图"，③ 其中隐含的限制共产党及其抗日军队的活动的目的昭然若揭。

国民精神总动员要达到的目的是："（一）国家至上民族至上；（二）军事第一胜利第一；（三）意志集中力量集中"。即"国家民族之利益高于一切，在国家民族之前，应牺牲一切私见，私心，私利，私益，乃至牺牲个人之自由与生命亦非所恤"；"国民之一切思想行动，均应绝对受国家民族军事利益之支配"；"国家民族得要求国民为一切之牺牲，而为

---

① 孟广涵主编：《国民参政会纪实》上卷，重庆出版社 1985 年版，第 446 页。
② 孟广涵主编：《国民参政会纪实》上卷，重庆出版社 1985 年版，第 446 页。
③ 孟广涵主编：《国民参政会纪实》上卷，重庆出版社 1985 年版，第 452—453 页。

国民者，而亦必自动踊跃而贡献一切之所有"；"除殚思竭力于如何巩护国家求取胜利之外，应无暇有其他思维，亦必不暇有其他行动"；"国民全体的思想，绝对统一集中于国家至上民族至上与军事第一胜利第一两义之下，不容其分歧及怀疑，不容作其他之空想空论"。①

《精神总动员实施办法》规定，省、市、县须组织各级国民精神总动员会，同业公会、学校、机关应组织所属人员，每月集会一次，宣讲总动员纲领，宣读《国民公约誓词》：

（一）不违背三民主义；

（二）不违背政府法令；

（三）不违背国家民族利益；

（四）不做汉奸和不做敌国的顺民；

（五）不参加汉奸组织；

（六）不做敌军和汉奸的官兵；

（七）不替敌人和汉奸带路；

（八）不替敌人和汉奸探听消息；

（九）不替敌人和汉奸做工；

（十）不用敌人和汉奸伪银行的钞票；

（十一）不买敌人的货物；

（十二）不卖粮食和一切物品给敌人和汉奸。

按照规定，"精神总动员之推行，其负责主干之人物，在政府与部队应为各级之长官，在家庭则为家长，在学校则为校长与教员，在团体则为会长，在报馆杂志则为主笔，在县区与乡村则为县长乡长与保甲长"②。

国民精神总动员的日常活动，主要在三个方面：一是每月一次的国民月会活动。《国民精神总动员纲领及实施办法》公布后，规定自5月1日起，全国各地都要按月举行国民月会。国民月会主要是讲解《国民精

---

① 孟广涵主编：《国民参政会纪实》上卷，重庆出版社1985年版，第447—448页。
② 孟广涵主编：《国民参政会纪实》上卷，重庆出版社1985年版，第457页。

神总动员纲领》，宣誓《国民公约》。国民党中央要求"尽量利用国民月会之机会，以训练民众。各级国民月会应积极推行，并须每会事先预备讲题，使人民洞悉法令，了解其应尽之义务"[1]。二是发起献金、禁烟、慰劳、肃奸等实际运动，利用各种集会随时参加宣传。三是大量翻印有关精神动员的书籍、出版刊物并编辑成册进行精神动员宣传。[2]

湖南省的国民精神总动员活动在省主席薛岳的主持下开展起来，主要是国民月会的举行和宣传工作的展开以及献金活动的开展。至于具体的实际活动，湖南以训练民众和征集兵员为最出色。

从目前的材料来看，国民月会的举行，城市、机关、学校做得比较好。一般是由政府要员或知名人士发表演讲，宣讲国民精神总动员纲要，或结合抗战形势发表演讲，然后宣读《国民公约誓词》，也有结合其他公众活动一并举行的。如1939年9月1日在长沙市区国民月会，薛岳出席并讲话："今天我们举行长沙市区扩大国民月会和讨汪大会，大家要知道，国民月会每月举行一次，目的是要我们在大会中，检查自己：对国民公约是否忠实遵守？有没有违反公约的行为？有没有什么过失？对于自己的过失，是否受到良心的责备而深切痛悔？我们必须利用这个机会，励行自我批判，时时刻刻奋发我们的革命精神，增加对敌战斗的情绪。"[3]

1940年9月，长沙市区国民月会是与讨汪锄奸运动大会联合举行的，临时参议会主席赵恒惕出席并讲话称："我们在这个联合大会当中，就要一致奋发起来，从事以恢复民族固有的道德，民族固有的精神，切实履行国民公约誓词，要坚定我们'富贵不能淫，贫贱不能移，威武不能屈'的志节，发挥我们坚强不拔的无畏精神，去打击敌人，就是兵法所谓'攻心''伐谋'的道理。我们利用这种无畏精神去和敌人作坚强的奋斗，一定可以糊碎敌人'以华制华''以战养战'的阴谋毒计的，因为这种从民族精神之高度发扬而发挥出来的无畏精神，是冲破难关，打倒敌人，

---

[1] 荣孟源：《中国国民党历次代表大会及中央全会资料》下，光明日报出版社1985年版，第817页。

[2] 谷小水：《抗战时期的国民精神总动员运动》，《抗日战争研究》2004年第1期。

[3] 罗玉明主编：《湖南抗日救亡运动史料》，湖南人民出版社2011年版，第288页。

完成抗战建国大业的唯一利器。"①

1940年5月12日,省动员委员会公布《改进国民月会试行办法》,规定参加国民月会之民众,应就本地方公益公务发表意见,每人发言以5分钟为限,每次月会以五人发言为限。②

1941年6月1日,长沙各界万余人在教育会坪举行讨逆锄奸、第二次国民月会、"六三"禁烟及"六一"惨案纪念大会。③

县一级的国民月会也举办得很有秩序。如1943年4月20日,平江县儿童健康比赛大会、春季体育运动大会、第二十军阵亡将士公墓落成典礼、平江民众体育场落成典礼、平江各界四月份国民月会,五个会同日在民众体育场(景福坪)举行,参加会议的儿童、学生、民众、军人、公务人员共万余人。④湘潭县则将国民月会纳入政府施政计划,如《湘潭县政府三十年度施政计划》就要求:"厉行新生活运动,改良风俗习惯,各乡镇应督促保甲单独或联合组织新运促进会。由保甲长或公正士绅普遍推行及于民户家庭,各种文化团体应随时对民众作新运之宣传,遇各种集会敦请当地党团政教人员讲述新生活要义,或定期举行集体或个人各种新生活比赛","发动精神总动员,督导乡镇保甲举行国民月会,实行国民公约"。⑤

学校一般也能够坚持国民月会活动,据欧阳国文《回忆母校——湖南私立协均中学》一文记载,在茶陵县的私立协均中学,学校的国民月会"按当时县政府的统一规定,在公共体育场每月要举行一次'国民月会'。协均中学的师生,从老虎山经坪子渡浮桥进城,队伍尽管拉得较长,但步伐是整齐划一的。远望很像一列火车,徐徐前进,十分壮观"⑥。

---

① 罗玉明主编:《湖南抗日救亡运动史料》,湖南人民出版社2011年版,第347页。
② 中国人民政治协商会议湖南省委员会文史委员会编:《湖南近150年史事日志》(1840—1990),中国文史出版社1993年版,第191页。
③ 谭仲池主编:《长沙通史》(现代卷),湖南教育出版社2013年版,第997页。
④ 湖南省平江县志编纂委员会编:《平江县志》,国防大学出版社1994年版,第27页。
⑤ 湘潭市地方志编纂办公室编:《湘潭修志有关史料汇编之八》,湘潭大学图书馆藏1987年铅印本,第146页。
⑥ 中国人民政治协商会议政协茶陵县委员会文史资料研究委员会编印:《茶陵文史》,第4辑,内部资料,1989年版,第175页。

但在乡村地区，国民月会的举办缺乏具体的记载，而在某些乡村，似乎由于担心被共产党利用而被当局禁止召开。据中共岳阳中心县委杨锐、许诺在1940年5月向上级报告说："在湘鄂赣边，国民党及其政府为防止异党活动，除其直接领导之各县国民兵团所进行之国民兵训外，禁止任何群众组织，虽上令全国一致推行国民月会，亦在被禁之列。在目前利用合法名义组织群众，甚为困难。"①

国民月会的效果，在最初应当说对于提振民众精神，鼓舞抗战信心，还是有一定作用的。但行之日久，难免流于形式而使人产生厌倦。汪曾祺曾回忆西南联大的国民月会情形时说：

> 每月一号，举行一次"国民月会"，全称应是"国民精神总动员月会"，可是从来没有人用全称，实在太麻烦了。国民月会有时请名人来演讲，一般都是梅贻琦校长讲讲话。梅先生很严肃，面无笑容，但说话很幽默。有一阵昆明闹霍乱，梅先生劝大家不要在外面乱吃东西，说："有一位同学说，'我吃了那么多次，也没有得过一次霍乱。'这种事情是不能有第二次的。"开国民月会时，没有人老实站着，都是东张西望，心不在焉。有一次，我发现青天白日满地红的国旗的太阳竟是十三只角（按规定应是十二只）！②

至于湖南国民月会的情形，时任中共湖南省工委宣传部长、统战部长兼长沙市委书记的任作民曾说：

> 国民党对于民运的态度是："民可使由之，不可使知之"命令群众、麻痹民众的老办法，例如：举行国民月会——用警察强迫参加，不参加就处罚。公民训练——强迫参加，不去的罚款。壮丁训练——一次不上操罚洋一元。募捐、募寒衣——按户、按机关、按

---

① 杨锐、许诺：《关于岳阳中心县委一般情形的报告（节选）》（1940年5月27日），罗玉明主编：《湖南抗日救亡运动史料》，湖南人民出版社2011年版，第106页。

② 汪曾祺：《忆昔》，江苏人民出版社2014年版，第268页。

学校分摊，强迫缴纳或是老实扣薪饷，扣津贴。《力报》义卖——强迫每商店一份，每份最少一角。①

在国民精神总动员的实际活动中，湖南做得非常有成效的是对乡村民众的组训以及兵员的募集。

关于组训民众，1937年，张治中任湖南省主席时，就制订了《湖南省组训民众改进政治加强抗日自卫力量方案》，省政府设立民众训练指导处，由张治中兼处长，实施民训。各县市设民众训练设计委员会，以县长兼主任委员。民众训练指导处首先创办民训干部训练班，召集高中以上男女学生4000人，施以短期训练，充任民训干部，至次年1月训练完毕，分往各县市从事民众训练，动员民众抗日。受训民众以区乡镇坊为单位，分期进行，每班名额30—50人，每期训练4星期，训练内容：一是军事训练，以"增加其抗日力量"；二是精神训练，以"启发其民族意识"；三是生产训练，以"提高其生产效率"；四是编组训练，以"坚强其团结精神，发挥民力统制之效用"。部分地方还编成社训课本，由青年干部在各城市和乡村中训练居民，以提高民众抗战知识和政治认识。对壮丁则普遍予以武装训练，凡18岁以上45岁以下一概强迫参加，每批训一个月。湘中、湘北、湘南一带还编组民众抗日自卫军，开展军训。据各师管区统计，第一届民训，从民国二十七年（1938）一月起至七月止共训壮丁63.31万人，第二届民训从民国二十七年十月起至次年二月止共训壮丁30.37万人。② 1939年，薛岳主湘以后，省政府相继进行编练国民兵，组织自卫队，开展战时募捐慰劳活动。民国二十九年（1940），省政府完成国民兵地区年次编组。次年三月，对全省国民兵进行复查，调整编组，共编为1608乡镇队，20136保队，289376甲班。全省各年次国民兵总数为3448186人，至民国三十一年（1942）度止，共训练280.2万人。是年，省政府又将所有19岁至35岁未受训的国民兵一律召集参加，

---

① 1940年2月21日任作民《关于湖南诸般情形与党的工作报告》，罗玉明主编：《湖南抗日救亡运动史料》，湖南人民出版社2011年版，第99页。

② 湖南省地方志编纂委员会：《湖南省志·政府志》，湖南出版社1994年版。

施以 180 小时的基本训练，每月举行会操比赛一次。①

湖南在抗战初中期为后方，承担重要的兵员征集任务。但初期的征兵乱象丛生，人民怨声载道，"视兵役为畏途，闻征兵而愁闷"。张治中统一征兵机构，额定每月征兵数量，并推广湘乡吴氏韬系支祠、湘潭天台乡邹氏近圣堂等拟具办法优待出征子弟的办法，宗祠抗敌委员会组织及工作大纲 22 条，要求"本省各县（市）各姓宗祠，均应根据本大纲之期定，组织某氏宗祠抗敌委员会"，"发扬三民主义抗战建国纲领精神，从事鼓励本族子弟奋勇从军"，发挥宗族在征兵中作用。大纲规定了对从军宗族子弟的表彰与抚恤办法，"（一）派代表向出征子弟或其家属口头慰劳；（二）用文字向出征子弟或其家属慰劳；（三）将出征子弟荣誉事迹，印发族众，以资宣扬；（四）赠送荣誉旗或银盾等纪念物品；（五）赠送匾额或彩帐等纪念物品；（六）刊碑纪念；（七）登谱流传；（八）清明冬至公祭，并由会派代表扫墓；（九）抗倭战争结束后，于本族聚居适当地点，建筑荣誉亭，分别将出征子弟，阵亡子弟，或阵伤子弟姓名汇镌，以作永久纪念"。②

由于利用乡村宗族组织发挥作用，湖南的募集兵员取得很大成绩。据 1947 年《湖南省军管区司令部成立十周年纪念专刊》统计，湖南 1937 年征集兵员 21.371 万人，招募 99450 人，共计 31.316 万人；1938 年征集 24.476 万人，招募 10 万人，共 34.476 万人；1939 年征集 27.2368 万人，招募 7674 人，共计 28.0042 万人；1940 年征集 29.727 万人，招募 24199 人，共计 32.1409 万人；1941 年征集 17.3827 万人，招募 89437 人，共计 26.3265 万人；1942 年征集 21.4941 万人，招募 22550 人，共计 23.7491 万人；1943 年征集 18.683 万人，招募 3268 人，共计 19.0098 万人；加上 1944 年的 10 万多人，1945 年的 67000 多人，全省十四年抗战征募兵员达 210 多万人，仅次于四川，居全国第二，③为抗日战争作出了巨大的贡献。

---

① 湖南省地方志编纂委员会：《湖南省志·政府志》，湖南出版社 1994 年版。
② 罗玉明主编：《湖南抗日救亡运动史料》，湖南出版社 2011 年版，第 258 页。
③ 萧栋梁、余应彬：《湖南抗日战争史》，湖南教育出版社 1995 年版，第 121 页。

第八章

近代湖南乡村社会冲突与社会控制

近代中国处于转型时期,封建经济走向瓦解,资本主义经济远未成熟。乡村社会由于自然经济的解体,资本主义农业未在乡村立足,地权集中,农村凋敝;农村社会组织——宗族在总体上趋于瓦解的状况,清末以来以乡村自治为取向的乡村基层政权一直处在完善的状态;而近代以来,西方列强的军事侵略,太平天国运动的兴起,国内军阀的混战以及日本帝国主义的侵华战争,造成近代社会的长期动荡,因此,近代社会问题丛生、社会矛盾剧烈,由此而导致社会控制理念和方式的逐步转型。

第一节 近代湖南乡村的社会问题与社会矛盾

近代湖南乡村社会由于处在整个中国社会的剧变阶段,社会问题丛生,社会矛盾激化。由于处于内地,资本主义经济尚不发达,晚清湖南的社会问题和社会矛盾仍具有传统社会的特征;进入民国以后,湖南乡村社会发生了新的变化,资本主义现代工业获得发展,乡村政治经济文化进入现代社会轨道,因此社会问题和社会矛盾有所变化,尤其是1937年以后,民族矛盾成为制约其他矛盾的主要因素,乡村社会矛盾也呈现新的特征。

一 近代湖南乡村社会问题

自鸦片战争以来，湖南乡村社会进入了艰难的转型时期。由于湖南是以农业为主的内陆省份，其自然经济结构非常牢固。自乾隆末期以来的土地兼并、地权集中的趋势日益强化，加之人口增长过快，导致无地、失地农民增加，形成巨大的流民群体。据载，康熙四十年（1701），湖广提督俞益谟说："湖南衡、永、宝三府百姓，数年来携男挈女，日不下数百名，纷纷尽赴四川垦荒。"① 康熙五十二年（1713），又有人奏说："楚南入川百姓，自康熙三十六年以迄今日，即就零陵一县而论，已不下十余万众。"② 道光年间，湖南大量民众流往贵州，"贵州兴义等府一带苗疆，俱有流民踪迹。此种流民闻系湖广土著，因近岁水患，觅食维艰，始不过数十人，散入苗疆租种山田，自成熟后获利颇丰，遂葺盖草房，搬运妻孥前往。上年秋冬，由湖南至贵州，一路扶老携幼，肩挑背负者，不绝于道，均往兴义等处"③。

因此，近代湖南乡村最严重的社会问题首先是流民问题。

鸦片战争以后，流民问题日趋严重。战后湖南流民问题的持续发酵，原因有三。一是鸦片战争后自然经济的解体，使得传统小农业与家庭手工业相结合的经营模式逐步分离，造成家庭手工业破产并加剧自耕农生活贫困化，从而导致自耕农破产失地，沦为佃户。《巴陵县志》记载该县佃农与非佃农为6：4，"十分其农，而佃种居其六；十分其力，而佣工居其五"④。《善化县志》有该县"乡民佃耕多于自耕"的记载。进入民国后，这一比例迅速上升，高达80%。⑤ 而佃农要承担的地租是十分高额的，"湖南大多为谷租，少数州县为钱租，有地主5.5、佃农4.5分成者，

---

① 《康熙朝汉文朱批奏折汇编》第1册，档案出版社1984年版，第923页。
② 《康熙朝汉文朱批奏折汇编》第5册，档案出版社1984年版，第336页。
③ 李文治：《中国近代农业史资料》第一辑，生活·读书·新知三联书店1957年版，第109页。
④ 《巴陵县志》卷六，同治十一年本。
⑤ 《善化县志》卷一六，光绪三年本。

亦有地主给种，7∶3 或 8∶2 分成者，地主取其大半"。① 造成农民生活非常贫困，"宁远、道州、零陵、永明、江华、桂阳、蓝山、临武各属所产稻米，悉以售人，而红薯包谷悉留自食，盖因生计艰难实非嗜好有所歧异"②。故而农民不堪生活，背井离乡，流离失所。有研究者称：

> 中国农民缺乏耕地，因此一家之生活实不容易维持，幸而中国的农民的生活程度低下，而农民兼有副业，如织布、纺纱与养蚕都可以增加农民之收入，使他们得以维持其生活，但自帝国主义资本主义侵入中国农村后，就把中国农民的原有副业掠夺了，于是农民就入不敷出，则农民不能不求副业——当苦工——于都市，而把土地的耕作委之妻子父母，弄到结果，副业的苦力变成正业，正业之农耕变成副业，于是从前农业原有的和平安定之空气，为之一变，农村就无形中被破坏了。那末，他们就不绝逃往都市，农民离村之现象就发生了。③

农村破产的农民，有的流往本省工商业城镇，有的远流至其他省份。安化刘氏宗族族谱对此记载说："我族孕育滋息，人非不众，而历稽谱牒，其中适粤闽、适滇蜀者代不绝书。考当日情形，既非愚迁，又非游宦，皆感于生计穷蹙，虽安土重迁亦不得不作离乡别井之计。族姓不克繁昌，未始不受其影响。"④ 在洞庭湖滨一带，"二十二年（1933）调查失业流亡者已占人口百分之二十四；本年民国二十五年（1936）津澧一带逃亡更形激增。据醴陵查放员刘光国查勘结果，醴陵一县徙户数即达二万以上，此其徙户虽有一部归耕，然大多数旧业已失，惟有度其流亡之生活"⑤。甚至出现了"十室九空，男女老幼漂泊他乡，乞食度日"的

---

① 张朋园：《湖南现代化的早期进展》，岳麓书社 2002 年版，第 87 页。
② 《湖南民情风俗报告书》，湖南教育出版社 2010 年版，第 96 页。
③ 翟克：《中国农村问题之研究》，中山大学出版部 1933 年版，第 119 页。
④ 民国《安化刘氏八修族谱》卷首一，"新增家约志十二条"。
⑤ 孟维宪：《洞庭湖滨之农民生活》，《东方杂志》第 33 卷 8 号，1936 年 4 月刊。

现象。①

其次，近代以来连绵不绝的战乱也是造成大量流民的原因。晚清时期，对湖南造成最大损害的战争当属太平天国农民战争。太平军进军湖南期间，一方面大批农民加入太平军队伍，据记载，太平军"招得道州、江华、永明之众，足有二万之数"②，太平军在道州休整期间，"部队人数由入湘时的5000人左右增至20000余人"③。攻克永兴、安仁、攸县、茶陵、醴陵等城，沿途人民积极参加，仅在茶陵就有2000余人参加义军④。有研究者认为，"太平军初入湖南时不足万人，至出境时已成为15万人的大军"⑤。另一方面也有众多民众逃亡流徙，在嘉禾县，"二族被掳者百余人，阖邑之被掳者以万计，今虽陆续逃归，而未归者尚有四分之一"⑥。东安城陷后，太平军"尽戮城中男女千余人"⑦。在郴州，太平军"盘踞四出，杀戮之惨，莫此为甚。掳去居民不少，生还者，村落尽成灰烬，几于十室九空"⑧。此外，太平军西征和石达开部也先后进入湖南，也造成民众的逃亡流离。

进入民国以后，战争频仍，先是军阀之间的混战，对湖南造成的损害巨大，时人描述说：

> 民国以来，恐怕只有革命军到了湖南之后，湘人才得享些安逸的福。历次北军在湖南和地方军队的冲突，翻来复去，战区总在岳州、长沙、湘潭一带。最远北军能达到衡州，相持不多久，又退回长沙，或是逐出湘境。本地军队，有时支持不住，最多也只退回衡山。两军所经过的地方，都是农产丰富的区域，当农忙需人的时候，军队随处拉夫，逼着挑这行李子弹。人被拿去了，农事暂时也只有

---

① 宋斐夫主编：《湖南通史》（现代卷），湖南出版社1994年版，第270页。
② 李秀成：《忠王李秀成自述》，广西人民出版社1961年版，第8页。
③ 林增平、范忠程：《湖南近现代史》，湖南师范大学出版社1991年版，第48页。
④ 林增平、范忠程：《湖南近现代史》，湖南师范大学出版社1991年版，第52页。
⑤ 田伏隆主编：《湖南近年史事日志1840—1990》，中国文史出版社1993年版，第2页。
⑥ 民国《嘉禾县志》卷六，《事纪篇第三上》。
⑦ 光绪《东安县志》卷二，《事纪》。
⑧ 光绪《郴州直隶乡土志》卷上，《兵事》。

弃置不顾。到后来战事结束，被拉去的夫子，能够回到家里，顶多不过一半，其余的就不知下落。所以到后来农夫只要听到一声军队拉夫，不管稻子干死也好，谷粒成熟脱落也好，统统都藏匿起来，不敢出外一步。好容易盼到战事停止，到稻田上去望望，只见干的干，掉的掉，可怜一年的辛勤劳苦，就此白白的牺牲，不能得到一些相当的酬报，忍痛含辛，自想望一场。有些农家一点资本，因此就耗费净尽。随后还要被地主逼缴租谷，及至逼得没法，只有出重利借钱之一法，以解追逼，甚至典妻鬻子，或投身自尽的也有。①

据研究者统计，从时间上看，自1914—1941年300多个月当中，几乎每年都有兵事，有兵事的月份达80个月以上，占到所有月数的25%。②自1941年后，日本侵略者攻占长沙以南地区，对湖南的破坏更是惨绝人寰。据统计，从1938年11月侵入湘北至1945年8月投降，6年9个月的时间，先后侵占了湖南78个县市中的55个县市，犯下的血腥罪行，罄竹难书。日军在湘杀害无辜的百姓92万人，重伤170万人，湖南百姓共计死伤262万人；日军还烧毁房屋94.5194万栋，抢掠粮食4068.9368万担，劫杀耕牛64.2788万头，劫掠衣物器具金银无法计算，共计造成损失价值11.3万多亿元。日军侵湘不仅造成空前浩劫，还严重摧毁了湖南的生产力。③特别是1943年制造了震惊世界的"厂窖惨案"，日军在厂窖烧杀淫掠，连续4昼夜，屠杀我同胞3万余人，其中厂窖乡居民7000人，七十三军等部官兵5000余人，厂窖附近武圣宫、三岔河、下柴市及安乡边境5000多人，武汉、岳阳、长沙等地难民1.2万多人，伤残3000多人，强奸妇女2000多人，烧毁房屋3000多间、船只2500多艘，被毁粮食牲畜无法计算。④

再次，严重的自然灾害对农村和农业的破坏，使人们流离失所，成

---

① 章有义：《中国近代农业史资料》第二辑，生活·读书·新知三联书店1957年版，第612页。
② 杨军民：《近代湖南社会问题及其治理》，硕士学位论文，湖南师范大学，2005年。
③ 萧栋梁、余应彬：《湖南抗日战争史》，湖南教育出版社1995年版，第327页。
④ 萧栋梁、余应彬：《湖南抗日战争史》，湖南教育出版社1995年版，第331页。

为流民。据杨鹏程先生研究，晚清 72 年（1840—1911），湖南几乎每年有水灾发生，且发生受灾面积达 30 个县以上的巨灾 5 次；受灾面积 20—29 个县的大灾 3 次；受灾面积 10—19 个县的中灾 34 次；受灾面积为 9 个县以下的微灾 30 次。平均每年均有水灾发生，平均 9 年发生一次巨灾、大灾，中灾几乎两年一次。其中，1870 年为千年一遇之特大洪水；1906 年为二百年一遇的特大水灾；1909 年又发生百年一遇的特大水灾。① 民国时期，湖南水灾更加严重，几乎年年发生，38 年间，有 35 年出现过不同程度的水灾，最严重的是 1921 年、1925 年、1928 年、1929 年、1934 年和 1945 年。② 关于水灾造成惨状，非常凄惨，且看光绪三十二年（1906）的洞庭湖区水灾情形：

> 长沙水势渐退，惟霪雨仍缠绵不绝，止时甚少。此次所受损害若干，因消息阻滞，一时未调查明确。该处宽三百里、长六百里一带之禾田中，水势高十五尺，淹毙人不下三万，情状惨酷，命人不堪寓目。③

> 客岁［光绪三十一年］秋收歉薄，人心日益动摇。今年正月以来，谷价昂贵，乡民携赀籴谷，常有沿门探问，或环行一二十里，终无谷可籴，而乃嗒然以归者。饥驱所迫，故于二三月间，长沙一带地方抢案迭出。富豪之主，劫掠一空，固无俟论，即小康之家，亦受波及，相率徙居城中，乱机决裂。而平江一带，暴动之风，遂勃发而不可挽救。省中当道，正当计穷力绌，彷徨无所之时，乃更值淫雨为灾，彻日连宵，几二十日而始歇。以致南路一带地方，积水横决，奔赴下河，破坏堤岸，泛滥于衡、永、长、常四府之交。沿岸纵横上下，各居民之生命财产，付之一洗。数百里间，汪洋一片，茫无迹涯。田墓庐舍，渺无痕迹，惟见积种种面目、种种装束、

---

① 杨鹏程：《湖南灾荒史（至 1912 年）》，中国文史出版社 2007 年版，第 229 页。
② 参见杨鹏程《湖南灾荒史（1911—1949）》，中国文史出版社 2007 年版，第 1—17、98—117 页。
③ 李文治：《中国近代农业史资料》第一辑，生活·读书·新知三联书店 1957 年版，第 109 页。

吞吐低昂于乱流激湍之涡中而已。死者三四万，浮尸蔽江。避乱者三四十万，泣声震地。窃按此种奇灾，为湘省二百余年所未有。论者谓今年世界之奇灾，以桑港为第一，而湖南即为第二之桑港，此言良非诬也。现在寡人之妻，孤人之子，无富贵贫贱，无士农工商，昔冻馁交侵。四乡乞食，联班结队，动以数百千人计。所过之地，骚扰万状。而各处居民，辄倾其仓箱釜甑之所有，不足以博难民之一餐。辗转颠连，虽未遭水灾之人民，其意外之受害，亦略相等。①

　　湘省此次水灾，以长沙府益阳县为最剧烈，全城无一完土，平地水深一丈有奇。虽极高之处，亦积水至五六七尺不等。……岳州则滨临洞庭湖一带，水势暴涨，平地深至丈余。西乡各处垸田，所种禾苗杂粮棉花等物，已悉数付诸泽国。农民痛哭失声，凄惨万状。②

此外，还有频繁的旱灾、虫灾以及瘟疫。据《湖南自然灾害年表》记载，仅1928年至1949年20年内，湖南旱灾达10次之多，平均2年1次，其中1934年和1945年为特大灾害，受灾范围分别达到69个县和54个县，而湖南民国时期建制县为75个。③严重的自然灾害，除了造成人口的大量非正常死亡以外，还造成重大的物质损失，如庐舍淹没、田苗漫绝、牛马倒毙等，幸存的耕牛也因为灾民迫于生计而被贱卖。有记载说，"湘省年来灾祸纷乘，农村枯竭，耕牛日渐减少，益以上年水灾奇重，灾区农民迫于生计，无力饲养，往往将耕牛贱价出售"，而"奸徒乘机牟利，辗转收卖，肆行贩运，宰杀损耗更甚，浸酿成牛荒，影响农业至大"。④从而严重影响农业生产的恢复和发展，迫使农民逃亡。

---

① 李文治：《中国近代农业史资料》第一辑，生活·读书·新知三联书店1957年版，第109页。
② 李文治：《中国近代农业史资料》第一辑，生活·读书·新知三联书店1957年版，第109页。
③ 杨鹏程：《湖南灾荒史（1911—1949）》，中国文史出版社2007年版，第119页。
④ 《近年来之湖南民政》，《湖南警察杂志》1933年创刊号。

在晚清由于近代工业的不发展，近代湖南乡村流民大多流向地多人少之区，如洞庭湖区的南洲厅，南洲设厅为光绪二十一年（1895）。由于长江和洞庭湖区的水灾，造成湖区泥沙沉淀，洲土日增，特别是咸丰、同治年间，长江湖北石首、太平、松滋等决口，使湖南华容、安乡一带淤积成洲，合龙阳（汉寿）、华容、安乡三县辖地新成洲土面积达200余里，百姓称之为"南洲"。由于淤积之地肥沃，成为晚清湖南流民向往之处。此外，湘西、贵州、四川等地，也是湖南流民流向之地。进入民国以后，乡村流民进入城市成为重要的选择。据1935年的调查，湖南全家离村去往城市的人当中，有14.4%为到城市逃难；18.2%为到城市打工；15.7%为到城市谋生；8.3%为到城市住家。离村的青年男女中，27.2%为到城市打工；18.8%为到城市谋事；20%为到城市求学。[1] 能进入城市工厂的毕竟是少数，大多数没有文化和技能的流民，只能从事苦力、人力车夫等工作，甚至沦为乞丐、娼妓。

民国时期，即使流落于乡村的流民，也开始以雇佣的方式从事佣工，有记载说：

> 湘中农民有时候，或是秋收时候，常常成群结队的到围子——就是洞庭湖旁水退后用泥筑一条堤、以防水再来开星的田——去做耕种的雇农。他们为什么不留在本地找工做，要老远的跑到别处呢？当地许多人考虑的结果是：地少人多。[2]

除此之外，清末以来在洞庭湖区开始出现的垦殖公司，也是湖南乡村流民的选择之一。

但是，也有相当部分的流民，流入江湖，沦为会党和土匪。有研究者指出："农村人口过剩，耕地不足分配，多量而继续增加之人口，求食于有限而固定之土地，其不能维持生计而流离者，乃自然之理也。近年

---

[1] 池子华：《中国流民史·近代卷》，安徽人民出版社2001年版，第87页。
[2] 章有义：《中国近代农业史资料》第二辑，生活·读书·新知三联书店1957年版，第261页。

来我国农村人口之离村向市者，日益增加，虽尚有其他原因之存在，然人口过剩，耕地不足分配，生计不能维持，实为其主要之原因也……而我国城市工商业又不发达，实不足以容纳此多数而源源不绝之农民也，终于铤而走险沦为流氓土匪，及为一切之罪恶行为矣。"① 近代湖南是会党、土匪活动猖獗的地区，尤以湘西、湘南为最：

> 湘西、湘南以连年兵灾，农民多半入伍为兵，或竟流而为匪。②
> （湘滇线云贵段附近各县）近年生活奇昂，农家多不雇用短工，长工更无论矣。以是昔之雇农，今多被迫为土匪。③

流民是严重的社会问题，而流民沦为会党和土匪，又酿成近代湖南乡村另一社会问题：会党与匪患。

毛泽东曾经指出："中国的殖民地和半殖民地的地位，造成了中国农村中和城市中的广大的失业人群。在这个人群中，有许多人被迫到没有任何谋生的正当途径，不得不找寻不正当的职业过活，这就是土匪、流氓、乞丐、娼妓和许多迷信职业家的来源。"④

在湖南，晚清流民转化为会党，民国则沦为土匪。故有研究者认为，民国土匪的前承是晚清会党。⑤ 晚清湖南会党活动频繁，本书在前面已有论述。晚清湖南会党早期为天地会，后期为哥老会。早期天地会成为湖南响应太平天国起义的劲旅，"道光中叶，楚粤边群蜞徒结党羽，歃血盟，号添弟会。椎击攻剽，官吏莫谁何"⑥。太平军起事金田后，湖南"永桂以上，会匪充斥，乘粤贼之变，聚众称兵"⑦。太平军入湘后，"湖

---

① 池子华：《中国流民史·近代卷》，安徽人民出版社2001年版，第218页。
② 章有义：《中国近代农业史资料》第二辑，生活·读书·新知三联书店1957年版，第612页。
③ 章有义：《中国近代农业史资料》第二辑，生活·读书·新知三联书店1957年版，第612页。
④ 《毛泽东选集》第二卷，人民出版社1991年版，第640页。
⑤ 参见彭先国《民国湖南土匪史探》，岳麓书社2002年版，第14页。
⑥ 王定安：《湘军记》，《粤湘战守篇》，岳麓书社1983年版。
⑦ 王定安：《湘军记》，《粤湘战守篇》，岳麓书社1983年版。

南会匪之多，人所共知……凡人添弟会者，大半附之去，然尚有余孽未尽，此外又有串子、红黑、半边钱、一股香等会，往往成群结党，啸聚山谷。如东南之衡、永、郴、桂，西南之宝庆、靖州，万山丛薄，尤为匪徒卵育之区"[1]。在宁远，会党"分两家，红家为兵，听淫掠自恣，佛家为文官，青巾帕头，焚香诵经筹军粮。凡人教敛赀视多少授职，有金花、银花等馆，数日一聚，谓之放台。初入教，出钱二百，鸡血和酒同饮，娇众生始至公平墟，从者甚众"[2]。在浏阳，咸丰以后，"土匪之变曰哥老会曰教匪，哥老会不知何始，教有黄、红、白三种，迹俱诡秘，二种皆不知何自，或曰哥匪倡自黔蜀，为天地会余孽，其党率盟约尚勇力，千里邂逅具以意语可默会，浏阳散归之兵多有之。其性淫悍，既不甘食力，又丰鲞侈俗，恃党乃得如所欲，莫之抗也"[3]。

在平江"方雪敖在金盆岭上草堂内自居中坐，称为坐堂，传授口号，有楚、平、全、活、水、雪、映、干、秋、乡十字。暗藏匪名在内。林积麈刻就木板上横刻九龙山三字，中刻钦命平邑巡查简放开花十字，旁刻中明山太平堂等字，印成红黄飘布散放。同会方惠映称为付堂，林积麈称为行堂，钟攀轩称为陪堂，冯翰周称为帅旗，林萼山、黄咸临称为红旗，其余各有幺满、底满名号，意欲纠众造反"[4]。在桃源，"桃源县著名会匪头目胡连屡次纠众放飘，谋为不轨……光绪六年在安化县与坐堂老冒魏茂昌分路纠人入会，开立将军山、兴隆堂朝阳水长远香。暗号有白纸一张，遇急事放落水中现出天地人和四字。此暗号上通云贵、下达南北两京"[5]。由此可见，晚清湖南会党自太平天国以后活动仍然非常活跃，直到辛亥革命以后，湖南会党逐步消散并以青红帮形式存在于城市、码头地方。而活跃于乡村社会的，则是日益繁盛的土匪，因此而形成匪患。

民国时期湖南乡村匪患严重，有亲历者描述说：

---

[1] 王定安：《湘军记》，《湖南防御篇》，岳麓书社1983年版。
[2] 同治《桂阳直隶州志》卷四，《事纪》。
[3] 同治《浏阳县志》卷三三，《兵防》。
[4] 《卞制军奏议》卷四。
[5] 《卞制军奏议》卷四。

离开土地的农民，除开当兵或作匪，别无出路。当兵因为出路有限，目前已经走不通了，作匪却是一个极自由的职业。从前溆浦虽然也是间或有土匪发生，但是其为量也微，而且还是躲藏在深山大泽之中。现在呢，平地高山，遍地皆匪了，他们行抢的区域，不仅限于乡村，而且远及于城市；他们所劫的人，不仅是拥资巨万的富户，就是肩负斗米携千文的妇孺，有时也逃不掉他们的光顾。笔者在农村里住了一月有余，几乎没有一天没有听见到土匪抢劫的事端。[1]

所谓"平地高山，遍地皆匪"，确实反映了民国时期湖南匪患的严重。当然，其中湘西土匪是最著盛名的，据记载，湘西永顺地区有土匪96股3万余众；沅陵地区42股2万余众；会同地区49股3万余众。[2] 湘西自民国以来，社会更是处于动荡之中，由于地处南北军阀争夺的焦点地区，战乱从未停止过。护国、护法运动，南军与北军对垒，这里都是主要战场。自此以后，湘西成为南北军阀、邻省军阀、省内大小军阀残杀的演练场。[3] 洪江市从民国元年（1912）到民国三十七年（1948）就有24支各派系军队进驻[4]，晃县从民国五年（1916）到民国二十二年（1933）就有9支各派系军队进驻。[5] 军阀之间的争斗，导致民众生活的贫困，也使民风强悍的山民起而武装反抗，这是湘西地区土匪猖獗的重要原因之一。

其实，除湘西地区外，湖南其他地区匪患普遍存在。在武冈，土匪"携洋枪，步枪，马刀等具，鸣枪破门，抄劫怡美堂、宝生隆兼贞吉乾兴四家，所失约六七千元……在龙匪身上搜出部据名片多张，上印杨吉

---

[1] 章有义：《中国近代农业史资料》第三辑，生活·读书·新知三联书店1957年版，第905页。

[2] 池子华：《中国近代流民》，浙江人民出版社1996年版，第161页。

[3] 彭先国：《民国湖南土匪史探》，岳麓书社2002年版，第28页。

[4] 《洪江市志》，生活·读书·新知三联书店1994年版，第498—500页。

[5] 《新晃县志》，生活·读书·新知三联书店1993年版，第203页。

卿、号青元、湖南祁阳等字样"①。在湘南东安县,"距东安县六十里许之石矶栈地方木乡村,一大市场地接粤西,山深树密,盗贼易于潜伏,居民常遭蹂躏,阴历正月二十四日夜竟来大股会匪蜂拥此间,炮声隆隆,火光闪闪,大号一鸣,四处火起,男女大小纷纷逃难,无人扑火,以至房屋被匪焚烧计达一万零二栋,银钱服物不可胜计"②。在平江县西南北三乡,"时有自称护国军啸聚,然究其实,不过洪灯会中之打家劫舍"。在湘南,"衡山发现一股土匪出没于该县凤凰山、小华山一带,号称梭标队,间有快枪,专以勒索劫掠为事,行旅视为畏途"。③ 在湘潭,土匪也公然行劫,"该邑十都山岭错杂,遂为土匪所盘踞。其据山北者约五六百人,自称护国军,专以敛取官绅银钱为事,美其名曰饷捐"④。有记载1919年10月27日,恒安号客船由株洲开往湘潭,在湘潭下湾遭遇土匪的情形说:

> 忽来灰衣客七人。荷枪立河畔,高声呼停轮,该船答以此处向不停轮。七人说,若不必停,将开枪轰击。该轮惧,遂停。七人登轮,恣意搜括。搭客有携洋圆铜圆数千数百者,女客有携首饰多件者,都被夺去……适来一舟,七人即携所劫登舟,忽哨一声,扬帆驶去。⑤

新化"自帝制取消以来忽有囚首丧面者流聚不逞之人,横行于县北各镇乡,蔓延于安化、溆浦各邑,有龚德誉者,率其党羽,号称金兰兄弟……致数千人,假演戏为名,朋集各村,白昼行劫,夜暮叩门,掳掠奸淫,无所不至,势将演成八卦教、白莲教之祸"⑥。武冈"桃花坪以上匪势仍炽,在桃市商民因前此被吊妇女多未放回,其匪勒索高价,时有

---

① 《大公报》1917年7月19日。
② 《大公报》1917年3月5日。
③ 《大公报》1917年7月12日。
④ 《大公报》1918年6月29日。
⑤ 《大公报》1919年10月27日。
⑥ 《大公报》1917年1月12日。

卷土重来之谣,市面商贾一夕数惊,学校教育恐连学生被吊,常率至白竹桥伙店过夜,情形狼狈,实在可怜。……邮差时被捆劫,即武冈县长欧阳钧赴任省视学时须咨请团枪节节护道,尚虞不安"①。耒阳"南乡公平墟一带山丛岭峻,歧道四杂,兼之该山产煤丰富,贫民营煤业生活者又多系三山五岳之人,以致该处横亘十余里,匪类时常暗聚"②。湖南土匪之所以有的打着"某某军"的名义,说明湖南土匪头子,有些就是军队退役或排挤回乡的军官,如张治中回忆所说:"湖南有一个特殊现象,当时在湘西、湘南领导土匪的人物,都是所谓在乡军人,是许多退伍的军人。时局每一次的变化,军队每一次的编遣,总有一些军官被编余了。有队伍的就拖着几杆枪上山去;没有队伍的或者没有路可走的,也可以去找绿林豪杰。野心小一点的相信时势可以造英雄,野心大一点的就相信英雄造时势;所以作匪不但成了一条退路,而且还成为一条出路。"③

在国内战争时期,湖南土匪发生分化,一部分被共产党教育、改造成为革命军队,一部分被国民党收编成为反共的工具。抗战时期,也有一些土匪部队投身抗日战场。解放战争时期,国民党收买、改编一些土匪队伍,成为所谓反共武装,最终被人民解放军所消灭。总之,湖南土匪在民国时期为害乡村,对乡村社会造成巨大危害,成为一个严重的社会问题。

除流民和匪患之外,影响近代湖南乡村社会的第三个问题是宗族械斗。

湖南宗族势力繁盛,已在本书第二章涉及。而对于每一个势大的宗族来说,要保持宗族的长盛不衰,重要的手段是要保持族内的团结和谐,齐心协力维护宗族利益,因此难免与其他宗族发生矛盾,甚至发生械斗。湖南乡村以聚族居住为常,"聚族居者十之六七,众姓杂居者十之三四"。而宗族为了自身利益,往往倚众凌寡,"永州府桂阳州各属大族每以人众挟制杂姓,偶起衅隙,动致杀伤。岳州之巴陵县各乡村团,凡牧场草地

---

① 《湖南省清乡公报》,民国十八年五月三十日,第三期,命令。
② 《湖南省清乡公报》,民国十八年十月三十一日,第六期,命令。
③ 《张治中回忆录》,中国文史出版社1993年版,第152页。

筑堤戽水及一切差费，杂姓担负较重，有起而反抗之者",① 由此导致宗族械斗，且"湖南民风强悍，乐于械斗，一语不谐，动起争执，争执不平，各纠其合族数十百人，结斗寻仇，累世不息"②。"楚之为俗，强凌弱，众欺寡。或因斗殴伤命未经告官，死亲统众先抄凶手之家，或小忿不忍因而溺水，亦率众扛尸抄其与口角之家。……其被抄之惨酷于贼劫，家囊牲畜棺椁房屋扫荡一空。"③ "大斗之案，连乡数百村，聚众数万人。"④ "若攻入彼村，即恣意焚杀搜抢。所烧房屋动以百间计，所杀人口动以数十命计。甚至掘毁坟墓，掠捉男女。斗胜之村，动辄毁田禾诸庶数万亩，砍伐树木果园数千株。故此数村经一次械斗即丧失一二年或十数年之资产。"⑤ 因此，宗族之间的械斗成为近代湖南乡村的严重社会问题。

据清末湖南调查局、民初湖南法制院调查刊印的《湖南民情风俗报告书》载，近代湖南乡村之宗族械斗，起因大多是宗族利益。"一起于利害之相持，一起于胜负之相竞"：⑥

> 其起于利害相持者，则以争水利、草地、牧山、坟墓为多，如巴陵众姓争湖东、湖西草地，杀毙十余人；欧张两姓争长岭牧山界成讼，各费千金；湘阴邓冯十七姓争山；伍彭宋三姓争割草；武冈许邓二姓争筑水圳；张方二姓葬坟茔；益阳邓姓与族人争水荫田；均互相纠众凶殴，伤毙多人，有官司案可稽。此其大较者。

> 其起于胜负相竞者，宁乡新春戏舞龙灯，船户与土工争雄，船户奉城南外之王爷庙，土工奉城北之紫金山，各集羽族，以械斗获胜为荣。武冈城西四郎庙与城南九江庙亦类此。自道光中肇衅凶伤无算，毙命数人，案控总督，至今尚积世相仇。……其他因健讼不

---

① 《湖南民情风俗报告书》，湖南教育出版社2010年版，第3页。
② 《湖南民情风俗报告书》，湖南教育出版社2010年版，第200页。
③ 同治《长沙县志》卷三九《政绩》。
④ 《皇朝经世文续编》卷二一，吏政6。
⑤ 《卞制军奏议》卷四。
⑥ 《湖南民情风俗报告书》，湖南教育出版社2010年版，第200页。

胜，激呈野蛮，睚眦积嫌，动肆杀机；或互分畛域，土籍与客籍相仇；（如湘潭昔年本帮人与江西人，因事格斗，积案五十年。）或势分强弱，此族与彼族争长；（安化、宁乡、武冈等县，强族欺凌弱族，动起械斗。）亦有同业相妒，启劳动之倾轧；……同室操戈，开萧墙之祸端（此类各属多有之。）诸如此类，以民不畏死为豪，以寻仇复怨为快。其出于强豪巨族，则横蛮更甚……①

在近代湖南乡村，械斗可以说是无时不有。宁远县"每因细故，聚众械斗，酿成惨祸"②；江华县"性好械，寻仇报复，累世不休，虽倾家荡产，亦所不惜"；蓝山县"族争械斗"③；新田县"民性甚强悍，且部落观念浓厚，甲姓与乙姓、甲村与乙村多购私枪常积仇械斗"④。江华县，"械斗之风以县西北区为最盛，两村间辄为争荒山不能解决即起械斗，杀人流血，积数十年而仇恨不消"⑤。道县"本县民性强悍，每因小事发生械斗"⑥。洞庭湖区"滨湖居民动因垦淤而兴讼，而巴陵杨陵所一案，杀伤二十余人，缠讼三四载，开垦者咸有戒心"⑦。

宗族械斗对乡村社会的破坏极大。首先是对生命财产的损失。宗族械斗是宗族组织的行为，族人按照族规是必须参加的，否则将遭到族人的唾弃和族规的惩罚。但械斗往往造成生命的丧失，对家庭和宗族来说都是痛苦的事情。虽然宗族械斗的费用由宗族承担，来源于族产或族人的摊派，但用于械斗必然使用于族内公益的资金减少，特别是旷日持久的族际矛盾和诉讼，耗费巨大，无疑也影响乡村的农业生产；其次，械斗造成乡村社会族群之间的矛盾激化和持久，有些甚至连绵数代人还不能和解，严重地影响了乡村社会的和谐，成为近代湖南乡村社会严重的

---

① 《湖南民情风俗报告书》，湖南教育出版社2010年版，第200—201页。
② 湖南省政府秘书处编印：《民国十九年度湖南省县政府报告》，1931年编印，第170页。
③ 湖南省政府秘书处编印：《民国十九年度湖南省县政府报告》，1931年编印，第165页。
④ 《湖南各县风俗实况调查》，第21页，湖南省档案馆档案，档号33—1—27。
⑤ 《湖南各县风俗实况调查》，第13、45页，湖南省档案馆档案，档号33—1—27。
⑥ 《湖南各县风俗实况调查》，第13、45页，湖南省档案馆档案，档号33—1—27。
⑦ 《湖南民情风俗报告书》，湖南教育出版社2010年版，第51页。

社会问题。

二 近代湖南乡村社会矛盾

近代湖南乡村社会矛盾，与近代中国其他乡村地区一样，既有传统的社会矛盾，也有因为时代的变化而出现的新的社会矛盾。就整体而言，近代湖南乡村存在着土客矛盾、宗族矛盾、民教矛盾、阶级矛盾以及民族矛盾。而在所有这些矛盾中，阶级矛盾和民族矛盾是乡村社会最主要的矛盾。

土客矛盾。湖南人口在明末清初有很大的损失，尤以三藩之乱时期的损失为最。故清顺治、康熙以至乾隆年间屡颁"召民开垦"的谕旨，于是，大量移民进入湖南。据林增平先生对湖南地方志的研究，到清代乾嘉之际，估计湖南全省移民占总数人口的九成以上，[1] 而其中大部分来自江西，所谓"湖广填四川，江西填湖广"。大庸县"清顺治初因遭大乱，以致户无遗种。及康熙时，又遭吴三桂兵蹂躏。其时土著老民，百不存一。其后迁徙新户，十常得九，稽其户籍，以江西为最多，湖北、四川次之"[2]。醴陵县因明末清初"重罹浩劫，土旷人稀，播迁来者十九为闽粤两省汀江、东江流域之人"[3]。蓝山县清初从外迁入者达163族之众，以江西、广东两省为多，约各占三分之一。[4] 沅陵县"郡中故族鲜明以前者，建宗祠修谱牒，今尚多未逮木本水源"[5]。邻近江西的浏阳县康熙年间所修县志载："浏县土著，比间以内，十室有九皆江西之客民也。"[6] 溆浦则全县移民占到92%。宝庆府、靖州、湘阴等府、州、县志所载《氏族志》统计，该七州、县的人口中，移民占到98.4%。[7] 移民为湖南发展带来动力，但土客之间因为文化、性格，更

---

[1] 林增平:《近代湖湘文化试探》,《历史研究》1988年第4期。
[2] 《永定乡土志》,《户口》。
[3] 《醴陵县志》,《氏族志》, 1948年8月刊。
[4] 《蓝山县图志》,《户籍》, 1933年刊。
[5] 《沅陵县志》卷三七,《风俗志》。
[6] 《浏阳县志》卷一四,《拾遗志》。
[7] 林增平:《近代湖湘文化试探》,《历史研究》1988年第4期。

因为现实的经济利益而产生矛盾。因此，土客矛盾一直以来是湖南乡村社会突出的矛盾之一。据载，"湘省土客之见甚深"①。一般来说，土籍占据强势地位，对客籍往往采取种种限制于歧视手段，例如在科举时代，学额的分配客籍获得条件极苛刻："长沙、善化、安福、石门、安化各属，客民须住居满六十年；道州四十年；衡阳、宜章、永明、临武、通道、泸溪、安仁、古丈坪均三十年；益阳不论住居年限，须购置田屋，经过二十年；其余虽无一定年限，然大率必居住年代稍久，或捐金钱田产始得入籍"，"永州府桂阳州各属大族每以人众挟制杂姓，偶起衅隙，动致杀伤。岳州之巴陵县各乡村团，凡牧场草地筑堤㟁水及一切差费，杂姓担负较重"②，凡此种种不均之事，客籍出于利益或公平起见，亦往往加以反抗，从而引发土客矛盾激化甚至引起械斗。土客械斗最著名之事为湘潭人与江西客商的械斗，虽发生在嘉庆年间，但彼此构隙近半个世纪，到咸丰年间才逐渐平息。械斗的起因看似甚微，"江西优人演戏火神祠，操土音，土人哗笑之，江西人以为大辱。甲子，演于万寿宫，江西会馆也。土人复聚哄之。丁卯，江西商复设剧诱观者，闭门，举械杀数十人"③，于是湘潭人"共毁江西人店肆，遇江西人即击杀之"④。这次械斗实质是土客之间的利益争斗，湘潭商业发达，但"湘潭县城外，向来江西客民在彼贸易者十居七八，本地居民不过十之二三，各马头挑夫，江西人尤多"⑤，湘潭沿江码头较多，各地客商货物到货物后，需要挑夫搬运，而江西籍挑夫"多于土人，争利者颇仇之"⑥。更为土籍不满的是，"东界最近江西，商贾至者有吉安、临江、抚州三大帮，余相牵引者不少胜数，牙侩担夫率多于土人，争利者颇仇之"⑦。演戏只不过是由头而已。这场大规模的械斗事件，对湘潭发达

---

① 《湖南民情风俗报告书》，湖南教育出版社2010年版，第3页。
② 《湖南民情风俗报告书》，湖南教育出版社2010年版，第3页。
③ 光绪《湘潭县志》卷一一，《食货》。
④ 朱克敬：《瞑庵杂识》，岳麓书社1983年版，第3页。
⑤ 《清仁宗实录》，嘉庆二十四年六月戊申。
⑥ 光绪《湘潭县志》卷一一，《食货》。
⑦ 光绪《湘潭县志》卷一一，《食货》。

的商业造成了伤害,"谨案邑为四达之衢,四方百货俱集,自昔有小南京之称。至嘉庆而臻极盛,江边货船鳞次林立。及江西会馆斗殴之后,贸易顿减,久之渐兴而难复旧"①。"土客相仇,江西客商亦谙不得意几五十年,军兴乃始和睦云。"②

1880年10月(九月),江华、蓝山瑶民聚居地区发生大规模土客械斗。江华北界麻江上游九冲六水,方圆百余里,毗连蓝山西南境荆竹源,原是瑶民聚居之地。但自明末清初以来,新田、桂阳等处汉族贫苦农民渐次客居于此,"专务种植,揽地利。岭土余荒,多属客民赁耕,瑶民生事日绌,积不相能"③。麻江冲瑶民葛成豪"借口争产",谋全逐客民;荆竹源瑶民阮石养,亦加支持怂恿。于是,10月13日(九月九日重阳日),葛成豪"煽动九冲六水,焚毁客民房屋,杀数人,劫畜物一空"④。

类似于湘潭、江华、蓝山这种大规模剧烈的土客械斗并不多见,但因为田界、灌溉等争执而发生的小规模的土客矛盾、械斗、诉讼,则是比较普遍的。"流民垦荒,必与土著之民错壤而处,土著者,挟有余之势、以虐使流民;流民怀攘利之心、以阴伺土著。其弊也,弱者屈服而受其害,强者忿起而与为难。流民不安,土著亦不安。"⑤故此,土客之间的矛盾是近代湖南乡村社会较为普遍的矛盾之一。

宗族矛盾。宗族矛盾是农业社会比较普遍的矛盾,农业生产要求人们稳定的居住环境,人们大多聚族而居,宗族内部以族规维系紧密联系,形成以血缘为基础的组织。湖南历来宗族发达,族群间矛盾尤其突出。太平天国运动期间,湖南宗族势力遭到沉重打击。湘军平定东南半壁河山后,湖南宗族得以恢复和发展,族权彰显。湘军将士纷纷向宗族捐钱置田,倡导或支持宗族活动,建宗祠,订族规,兴族学,修族谱。如彭玉麟"治军十余年未得归里与族中父老子弟相见,乃竭绵薄捐白

---

① 罗汝怀:《绿漪草堂文集》卷一〇《商贾论》。
② 光绪《湘潭县志》卷一一,《食货》。
③ 《蓝山县志》卷七,事纪,中,第22页。民国二十二年刊本。
④ 《蓝山县志》卷七,事纪,中,第22页。民国二十二年刊本。
⑤ (清)黄辅辰:《营田辑要校释》,农业出版社1984年版,第186页。

金八千两，以四千金修家庙，别捐田租为祭祀资以四千金置义田，共收额租每年四百余石归于家庙大公创设义塾"①。胡林翼"夫人陶氏以孵赠之入建胡氏家学，以教其族之子弟，而故旧亲戚仰给于公者岁常数十家，无遗惠焉"②。湖北提督郭松林亦遵从其母训示捐田赡族。这一时期，宗族祠堂也兴建不少，民国末年在蓝山县存在的29座宗祠中，明确标明光绪朝新建置的就有8座；③民国时期，醴陵共有祠堂569座，建于明代的有17座，建于清代的有469座，建于民国的有83座，绝大部分宗祠建于清代，特别是同光时期，更形成一个大修宗祠的高潮，建有宗祠达155座之多。④进入民国以后，宗族势力又遭到沉重的打击，特别是在轰轰烈烈的大革命时期，农民运动如火如荼，族权遭到农民协会的毁灭性打击；在1927年以后的10年内战期间，中国共产党在革命根据地的土地革命，亦扫荡了宗族势力。在这些区域，苏维埃政府建立了各级基层组织和群众组织，宗族和族权作为封建势力遭到了沉重的打击，族田被没收分配给无地农民，祠堂成为苏维埃政府或列宁学校的所在。在国民党统治区域，族产也被鼓励创办学校。但相对革命根据地来说，国民党统治区域的宗族势力还保留着比较完整的组织和一定的势力，国民政府曾一度希望借宗族组织来强化其统治基础。1932年，国民政府推行保甲制的同时，蒋介石就希望能依靠宗族组织来推行保甲："我国农村家族制度本极发达，今犹牢守，犹谋地方安定，只有沿用家族制度中之家长以为严密民众组织之基础，乃可抓简而驭繁。否则事事均须直接个人，一切付诸全民公决，匪特一盘散沙，无从掌握，且恐绝对无法应付目前严重纷乱之环境。"⑤湖南乡村宗族也因应时代变化，进行了一些改革，在宗族管理、族规内容、族产管理和支配，都有一些

---

① 衡阳何隆：《彭氏族谱》卷四，《新立家塾义田记》，清光绪刻本。
② 湖南名人家谱丛刊：《麦田胡氏族谱》卷二，《祠堂志》，第105页，全国图书馆文献缩微复制中心。
③ 《蓝山县氏族祠祀调查表》，湖南省图书馆藏。
④ 谭件国：《湘军与湖南宗族变迁》，《郑州航空工业管理学院学报》（社会科学版）2008年第4期。
⑤ 闻钧天：《中国保甲制度》，民国丛书，第4编，第23册，上海书店1992年版。

变化。但宗族作为血缘基础的组织，本身具有强烈的排他性，因此宗族间的矛盾始终存在，主要是因为经济利益如田界、山界、灌溉、公益摊派等等，矛盾剧烈则引起宗族械斗（已如上述）。总的情况是，晚清宗族矛盾比较凸显，宗族械斗频发；民国时期则矛盾较为缓和，就地区而言，湘西、湘南、湘东等山区因资源紧张而矛盾较突出，其他中心区域则相对缓和。

民教矛盾。民教矛盾是近代以来乡村社会出现的新的矛盾类型。就湖南而言，外国教会来湘虽在明清时期已有发生，但因其没有在湖南深入传教，故并未引起民教之间的矛盾。天主教大规模进入湖南是在19世纪60年代，天主教传教士凭借不平等条约的特权，开始进入湖南，罗马教廷也在中国划定教区，1856年，湖南从湖广教区独立传来成为一个教区，1879年则划分为湘北、湘南两个教区，湘南教区属方济各会各派，总堂驻衡州；湘北教区属奥古斯汀会，总堂设在澧州。从此以后，湖南天主教势力迅速发展，截至1899年，共有长沙府属的茶陵、岳州府属的巴陵、临湘、常德府的武陵、沅江、辰州府属的沅陵、衡阳府属的衡阳、清泉、衡山、耒阳、常宁、澧州属的澧州、石门、安福、桂阳州属的嘉禾等5府2直隶州的15县，有天主教教会势力活动。[1] 到1900年，湖南共有大小教堂60所，外国传教士22人，华籍传教士20人，教徒总数达6600人。其中湘南教区发展较快，教徒有5700余人。[2] 相对于天主教，基督教进入湖南已经很迟。1863年，中华循道会创始人郭修礼牧师由岳阳旅行至湘潭，是为基督教传教士第一次进入湖南。到1900年止，基督教各差会先后从北（湖北）或南（广东）向湖南派遣传教士，先后深入到长沙、常德、岳阳、辰州、临武、茶陵、衡阳、湘潭等地进行传教，并于1894年在临武建立了湖南省第一座基督教教堂，隶属于督会。[3] 但是，直到《辛丑条约》签订，湖南各地对基

---

[1] 据《教务教案档》第六辑（二），台北"中央研究院"近代史研究所1980年版，第1171—1178页。

[2] 李杕：《拳祸记》，土山湾印书馆1905年版，第389、396页。

[3] 中华续行委办会调查特委会编：《中华归主：中国基督教事业统计》，中国社会科学院世界宗教研究所印行，1985年，第206—207页。

督教的态度，不论官方还是民间都是非常不欢迎的，传教士常常遭遇民间驱逐出境或官方押解出境的尴尬局面。到 1899 年止，在湖南设有教堂 9 座，教徒最多的清泉县也只有 39 人。① 义和团被镇压以后，《辛丑条约》签订，基督教在湖南才获得较为稳定的发展环境。基督教各差会在湖南除布道外，还从事教育和医疗等其他事业。据 1916 年的统计，全体外国传教士中，11% 从事医药工作，17% 从事教育工作，72% 则从事布道工作。可见基督教在湖南，是以传教为主体的。②

随着外国传教士大量进入湖南，传教士、教民与乡村民众的矛盾凸显，时有所谓教案发生，轻者发生诉讼，严重者演变为反洋教武装行动。从 19 世纪 50 年代的衡州教案开始，至 20 世纪初长沙、宁乡等地的反洋教斗争为止，湖南民教矛盾引发的民教冲突经历了半个世纪之久，大大小小发生了 30 余次。在南方地区，是仅次于四川的最激烈和频繁的省份之一。民教矛盾的原因，是多方面的。③ 首先，无疑是传教士特别是不法教民的恶行引起当地民众不满而发生的。来湘的教士大多数是单纯从事宗教活动的，但也有少部分进行与中国法律相悖的活动，在社会上引起极大的反感。例如，传教士特别是天主教传教士无视地方当局和群众的反对，进行土地房产的盗买盗卖，甚至强占。最使群众反感的是传教士纵容不法教民为害地方。正如当时有人指出的，有的教民，"一人入教，一家都可犯法；朋辈吃教，党羽均可作奸"④。传教士对违法教民，"不问是非，曲庇教民"，干涉地方诉讼，而地方官"一奉教士之函，即已张皇失措，无论有理无理，莫不敬谨依遵，枉法悖理，欺压良善，破国家之法律，损国家之大权，以求媚外了事"⑤。民教纠纷的不公正处理，必然导致民教间的矛盾恶化，从而酿成教案或引

---

① 《湖南省志》，第 27 卷，宗教志，湖南出版社 1999 年版，第 428 页。
② 中华续行委办会调查特委会编：《中华归主：中国基督教事业统计》，中国社会科学院世界宗教研究所印行，1985 年，第 207 页。
③ 关于教案和民教冲突的原因，见王继平《多维视野下的中国近代教案与传教士》，载《湘潭大学学报》（社会科学版）1994 年第 1 期。
④ 贺金声：《庚子五上俞中丞书》，《意诚公遗集》。
⑤ 朱克敬：《瞑庵二识》，第 92 页。

发群众的反洋教斗争。其次，也由于文化的冲突。基督教是一种与中国传统文化不同的价值体系，在其形成与发展过程中，又融会了西方国家的某些习俗与文化、社会心理意识。特别是进入资本主义时代以后，它又不可避免地吸取了某些资本主义色彩的文化因素。而中国的传统文化，乃是以儒家思想为核心的具有封建社会特质的文化系统，与封建社会的漫长发展过程相适应，形成了一整套封闭的价值观念和独特的风俗礼仪。毫无疑义，作为与这种文化传统根本不同的基督教，特别是作为或多或少地带有征服中国色彩并与西方各国的经济、军事侵略结伴而来的一种"文明"，它必然与传统文化孕育出来的中国社会心理和群众的行为准则发生冲突。因此，从一定意义上来说，教案和反洋教斗争，也就是中西两种不同性质、不同传统的文化之间在交融过程中一种冲突。作为一种文化的人格化代表的官吏、士绅的参与，反洋教斗争所反映的这两种文化的冲突就更加明显和突出。再次，关于教会与传教士的种种讹传及谣言，也是不明真相的民众抵制传教士的重要原因。晚清乡村社会流传着传教士"挖心剖腹"、害人淫妇之类的讹传，往往成为乡村社会骚动的成因。连绵十数年的周汉反洋教各种小册子和传单（揭帖），就充斥着大量的这类讹传与谣言，在闭塞的乡村社会，讹传与谣言是具有很大的社会动员力的。由于上述原因，近代湖南乡村民教之间的矛盾一度表现得十分剧烈，湖南也因此以保守排外而著称。进入20世纪以后，特别是民国建立以后，民教矛盾趋于缓和。一方面传教士逐步改变了传教策略，注重于在思想、文化上影响中国，放弃了那种直接的、赤裸裸的干涉中国内政的方法；另一方面，经过长期的中西文化的交流，民众对于西方基督教开始采取宽容的态度。因此，民国时期湖南乡村社会的民教矛盾得以缓和。

阶级矛盾。阶级矛盾乃是贯穿于阶级社会最主要的矛盾。在乡村社会，它首先表现为农民阶级与地主阶级之间的矛盾，在某些时候，则表现为农民群众与封建政权的矛盾。农民阶级与地主阶级的矛盾根源在于土地集中造成农民生活的日益贫困化，使得其生活难以为继。农业的主要生产资料是土地，土地关系的张弛是乡村阶级关系的晴雨表。在王朝建立之初，政府往往实行均田制等政策，民众取得土地所有权，自耕农成为统治的基础。随着土地兼并的发展，地权集中转移到少数地主手中，自耕农破产而成为佃户，而高昂的地租使得佃农生活日益贫困，由此导致乡村农民阶级与地主阶级矛盾的加剧。清代在经历康乾盛世之后，到乾隆末年，乡村土地高度集中，农村经济凋敝，农民生活困苦，社会矛盾加剧，导致连绵不断的会党和农民起义。

湖南乡村自乾隆末期以来，土地兼并严重，加之生殖日繁，人口增长很快，人口与土地的矛盾日益突出，且地租也居高不下，乡村经济凋敝，民不聊生。因此自乾隆末年起，乡村社会阶级矛盾日益激化，出现了此起彼伏的抗租乃至农民起义事件。乾隆六十年（1795），永绥苗民石三保起义。后攻陷乾州、永绥等，杀同知宋如椿、巡检江瑶、镇篁镇总兵明安图、永绥协副将伊萨纳等。道光十二年（1832），江华县瑶民赵金龙起事反清。道光十六年（1836）武冈州蓝正樽立龙华会，起事反清，称"卫王"，改元刚建。鸦片战争以后，五口通商的开放，使传统经湖南中转广州与内地进出口货物的商路改道，造成湘南、湘中以转口贸易为生的大量船夫、挑夫乃至中小商人破产、失业，加剧了乡村地区社会治安的恶化，会党蜂起。随着西方列强的商品与资本的输出，自然经济逐步解体，乡村陷入破产、凋敝的状态。农民阶级与地主阶级的矛盾一直处于激化的状态，这种状态一直持续到辛亥革命前夕。民国建立后，农村凋敝的状况一直没有得到根本的改变，只是由于抗日战争的爆发，民族矛盾上升为主要矛盾，乡村阶级矛盾才有所缓和。

近代湖南乡村阶级矛盾的发展，表现有三个相对激化的时期。一是太平天国运动前后。太平天国前夕，湖南乡村特别是湘南地区的阶级矛盾十分突出，一方面由于湘南地区正处于湘粤贸易商路关键地区，商路的衰败，失业工人剧增，于是成为游民、会党的温床；另一方面湘南地区山多地少，人口增长也快，且民风强悍，历来农民与地主的矛盾剧烈之处。因此，太平军一进入湖南，即点燃了早已积聚的怒火，形成了晚清湖南乡村第一次农民、会党起义的高潮，并推动了太平天国运动向前发展。二是辛亥革命前十年的湖南乡村社会，阶级矛盾也处于激化的状态。土地兼并继续加剧，到了20世纪初，因土地兼并严重而致使湖南农村中约有百分之七十以上的农户沦为无地或少地的佃农和半佃农。① 如长沙，"农家有恒产者，不过百之一，余皆租种"②。其次，内河通商口岸的开放，尤其是湖南岳阳、长沙、湘潭的陆续开放为商埠或寄港地，湖南直接感受到自然经济解体的加剧，1908年，长沙海关税务分局曾这样写道："常德和岳州以他们的手工艺织品而驰名，但是近来外国棉纱排挤了土产，纯粹的本国产品很少见了。"③ "城陵埠——岳州一小市镇耳，以前异常寂寞，自近年设立洋船税关，生意顿盛，洋纱一宗，尤为畅销，业此者现有四十五家，而每日所获各不下三、四百金。惟本地所产之棉花，其价日贱，且无人问津……洋纱价廉省工，织出之布，匀净光洁，四乡贫家妇女必借此谋生云。"④ 同时，这一时期也是清政府实行各种新政的时期，新政不能说不好，但清政府囊中羞涩，财政困窘，一切开支均从民出，加之吏胥上下其手，农民负担加重，捐上加捐，税外增税。据"湖南财政说明书"的记载，1901年以后新增的捐税就有：盐斤加价、田房契税加捐、火车捐、筹防捐、加抽煤油捐、两湖赈巢捐等，名目繁多，不胜枚举，致使农民"啼饥号寒，卖妻鬻子"，甚至一部分小地主也不得不"拆屋荡产，弃家逃亡"。加之这一时期自然灾害频仍，据统计，从1900—1912年的12年中，湖南有11年发生大水灾，受灾面积达137个县，期间又有4年发生程度不等的旱灾，受灾面积有23个县。⑤ 因此，阶级矛盾十分突出，各种反抗斗争风起云涌，史学界一般称之为"民变"。据统计，湖南在这一时期发生的"民变"达50余次。⑥

近代湖南乡村社会阶级矛盾激化的第三个时期是1924年到1927年的大革命时期。辛亥革命推翻了帝制，但并没有带来农村的变化，特别是土地所有制的变化，反而地主、军阀、资本家也纷纷大肆兼并土地，使

---

① 湖南史学会：《辛亥革命在湖南》，湖南人民出版社1984年版，第154页。
② 《湖南肇乱之由》，《时报》庚戌三月。
③ 湖南史学会：《辛亥革命在湖南》，湖南人民出版社1984年版，第152页。
④ 湖南省政协文史资料委员会：《湖南历史资料》，湖南人民出版社1979年版，第192页。
⑤ 李文治：《中国近代农业史资料》（一），生活·读书·新知三联书店1957年版，第722页。
⑥ 张振鹤、丁原英：《清末民变年表》（上、下），《近代史资料》（总第49、50号），中国社会科学出版社1982年版。

乡村自耕农进一步破产，农村经济极度困窘。政治上，军阀混战，给农村带来巨大灾难。湖南是南北军阀的争斗交界区，南北军阀走马灯似地在湖南你争我夺，给湖南农民造成严重的损失。1918年3月至5月，北洋军阀军安武军进驻醴陵，在醴陵纵兵大掠，城中财货被劫一空，劫掠之后，使用煤油放火烧街，"繁盛之区，一烧而尽"，又肆意杀戮乡民，奸淫妇女，烧毁房屋，强取豪夺。据不完全统计，在这次南北混战中，醴陵受灾47901户，被杀21542人，焚烧房屋14752栋，荒田10490亩，损失财产19410281元。① 南北军阀在宝庆"烧杀之惨，莫甚醴陵，蹂躏之苦，无过宝庆"②。所谓"南北如出一辙，而奸淫烧杀，北军甚于南军"③。军阀混战给人民生命财产造成重大损失，也严重破坏了农业生产，造成农业萧条。民初南京临时政府和各省实施的改良农村的措施也得不到贯彻，农村阶级矛盾高度激化，最终在1924年开始的国民大革命中爆发出来。湖南农民运动之激烈和普遍，正如毛泽东同志描述的，"其势如暴风骤雨，迅猛异常，无论什么大的力量都将压抑不住。他们将冲决一切束缚他们的罗网，朝着解放的路上迅跑。一切帝国主义、军阀、贪官污吏、土豪劣绅，都将被他们葬入坟墓"，到1926年底，"农会会员激增到二百万，能直接领导的群众增加到一千万。因为农民入农会大多数每家只写一个人的名字，故会员二百万，群众便有约一千万。在湖南农民全数中，差不多组织了一半。如湘潭、湘乡、浏阳、长沙、醴陵、宁乡、平江、湘阴、衡山、衡阳、耒阳、郴县、安化等县，差不多全体农民都集合在农会的组织中，都立在农会领导之下。农民既已有了广大的组织，便开始行动起来，于是在四个月中造成一个空前的农村大革命"④。正是民初以来的阶级矛盾的激化才导致了湖南农民运动的迅猛发展，导致了农民运动中所谓种种"过火"的行为。

南京国民政府成立后，对农民运动采取镇压的措施，对革命根据地实施围剿，在国统区实施白色恐怖政策，农民反抗斗争处于沉寂阶段。

---

① 《醴陵灾户调查总表》（1918年12月），《湖南历史资料》1959年第3期。
② 《宝庆兵灾纪实》，《湖南历史资料》1959年第3期。
③ 《宝庆兵灾纪实》，《湖南历史资料》1959年第3期。
④ 《毛泽东选集》第一卷，人民出版社1991年版，第13—14页。

国民政府建政后虽然采取了一些复兴农村的措施，如建立合作社、推广农业技术等，但是由于没有变更封建地主土地所有制，没有实行孙中山先生的"耕者有其田"的政策，乡村阶级矛盾依旧存在，不过，日本帝国主义的侵略在不断扩大，到1937年，随着日本帝国主义全面侵华战争的爆发，民族矛盾成为中国社会最主要的矛盾。

民族矛盾。帝国主义与中华民族的矛盾，是近代中国最主要的矛盾，在一定的时期制约着其他矛盾的发展。毛泽东同志在论述近代中国社会矛盾时指出："半殖民地的国家如中国，其主要矛盾和非主要矛盾的关系呈现着复杂的情况。当着帝国主义向这种国家举行侵略战争的时候，这种国家的内部各阶级，除开一些叛国分子以外，能够暂时地团结起来举行民族战争去反对帝国主义。这时，帝国主义和这种国家之间的矛盾成为主要的矛盾，而这种国家内部各阶级的一切矛盾（包括封建制度和人民大众之间这个主要矛盾在内），便都暂时地降到次要和服从的地位。中国一八四零年的鸦片战争，一八九四年的中日战争，一九零零年的义和团战争和目前的中日战争，都有这种情形。"① 湖南处于内陆，除日本全面侵华战争以外，近代以来对外战争的主要战场在沿海地区以及北方地区，因此，近代湖南乡村民众与资本帝国主义的矛盾，主要是由于资本帝国主义的商品与资本输出对于乡村经济的破坏，造成乡村农民生活贫困而产生的矛盾，以及外国宗教势力的传教活动对乡村造成的困扰而引起的矛盾。在抗日战争时期，由于日本帝国主义对湖南乡村的直接暴行，则激发了全民对日本侵略者的矛盾。

在19世纪末20世纪初年，湖南开放通商口岸以前，外国对湖南的商品输出主要是通过广州、上海、汉口等通商口岸，尤以汉口到湖南水路通畅快捷，入湘商品便利。因此，湖南原来的商业重镇衰落，如湘潭："五口开，汉口、九江建夷馆，（湘潭）县市遂衰。"② 郴州也同样遭此厄运，"郴地南通交广，北达湖湘，为往来经商拨运之所。道咸之世，海舶未通，南货运北，北货运南，悉由此过。故沿河街一带，大店、栈房数

---

① 《毛泽东选集》第二卷，人民出版社1991年版。
② 《湘潭县志》卷一一，《货殖》，第3页，光绪十四年刊本。

十家。客货至，为拨夫，为雇骡，为写船只，络绎不绝。诚南楚一大要冲也。及东南氛靖，海运既通，百货遂徙而之他。加以陆运濡迟，夫骡偷损，富商大贾视榔道为畏途。今昔比较，十一悬殊，河街店栈，落落晨星，仅存数家，且有不能持久之势。"① 同时，外国对华商品的输出，也瓦解了湖南传统的家庭手工业和城镇小手工业，如岳阳，"巴陵之产，有名者布。……男妇童稚皆纺之，布少粗而多。吴客在长沙、益阳、湘潭者，来鹿角市之。鹿角、童桥、孙坞皆有庄，庄皆吴客。蚤起收之，饭而止。岁会钱可二十万缗。……"② "自外洋贸内地，彼布盛行，都布亦因之滞销。庄客来收，抑其价钱，复多杂以滥恶，巴陵之利源日就涸矣！"③ 煤、铁等行业也日益衰落，"自与洋人互市，洋煤、洋铁阑入内地，洋铁、洋煤之销路占进一步，则湘铁、湘煤之销路退缩一步。以致湖南之煤、铁不能销出境外，其利为洋人所占。……"

"盖湘省煤、铁不敌外洋者，正坐外国煤、铁大半借用机器之力，以省人工，中国则全用人力。终岁所获，不敌彼一日之工；百夫所营，不敌彼一机之力。较其出产，则又洋铁精而华铁粗，洋煤贱而华煤贵。相形见绌，何能与之争衡？华人终日胼胝，终不足以糊口，劳不偿费，是以日见其衰。"④ 湖南乡村自然经济的解体，导致农民生活贫困，由此导致民族矛盾的加深。岳州、湘潭、长沙、常德开埠以后，湖南更直接受到外国商品和资本输出的影响，乡村进一步破产，经济凋敝。1899年，岳州开埠，开关第二年，岳州贸易总额14余万关平两，其进口商品7.8万关平两中，鸦片占6万余两，其余1万余两几乎全是日本棉纱。1901年岳州海关贸易达40万余两。⑤ 1904年，长沙开埠，第二年，岳、长两关贸易总额达640万关平两，为光绪二十六年（1900）的40倍。光绪三

---

① 《郴州乡土志》卷下，《贸易》，抄本。
② 实业部国际贸易局：《中国实业志·湖南省》第七编，湖南省国际贸易局1935年版，第46页。
③ 《巴陵县志》卷七，《舆地志》，七，第4页，光绪十七年刊本。
④ 彭泽益：《中国近代手工业史资料》第2卷，生活·读书·新知三联书店1957年版，第173、303页。
⑤ 刘世超：《湖南海关之贸易》，《湖南经济调查所丛刊》1934年8月出版。

十四年（1908）即达 1200 万关平两，较三年前更增加一倍。到民国元年（1912），达到 2830 万余两，民国二年（1913），更超过 3100 万关平两，为光绪三十年（1904）总额的 10 倍，为光绪二十六年（1900）的 290 倍。[①] 与贸易额的大幅度上升相反，是湖南乡村的日益凋敝，乡村民众对西方列强的矛盾进一步加深。

抗日战争时期，由于日寇在湖南的直接暴行，激起了湖南乡村社会的抗日斗志，民族矛盾成为主要矛盾。日军于 1938 年 10 月 25 日占领武汉后，继续挥兵南犯，进逼湘北，11 月 9 日攻陷临湘，10 日攻陷城陵矶，12 日攻陷岳阳，打开了湖南的北大门。1939 年 9 月，日军乘欧洲战争爆发之机，从多路进攻湖南。从此以后，湖南成为抗日正面战场的主战场，历经三次长沙会战、常德会战、长衡会战和湘西会战。在中国军队坚决抵抗日军进攻的同时，日军在湖南犯下了累累罪行，不仅摧毁城市，对乡村地区的破坏更为严重。总计全省伤亡 262 万多人，其中死亡 92 万多人，重伤 170 万人，毁房 94 万多栋，毁粮 4000 多万担，损失耕牛 64 万多头，加上器具衣物金银损失，总价值 121922 亿元，其中直接损失 115044 亿元。[②] 其中大部分是乡村的损失。日寇的暴行激起了各地乡村人民的仇恨，除中国军队的正面抵抗外，各地乡村的抗日游击战对日寇也造成沉重的打击。

近代湖南乡村社会矛盾是复杂的和多样的，既有传统社会固有的宗族、土客、官民和阶级矛盾，也有随着时代发展和社会转型而出现的民教矛盾和民族矛盾，构成近代社会的复杂矛盾体系。正是这些矛盾的发展变化，决定了近代湖南乡村社会冲突的类型、程度及范围。

第二节 近代湖南的乡村社会冲突

社会冲突是社会群体之间、社会群体与社会组织之间因价值观、信

[①] 刘世超：《湖南海关之贸易》，《湖南经济调查所丛刊》1934 年 8 月出版。
[②] 萧栋梁、余应彬：《湖南抗日战争史》，湖南教育出版社 1995 年版，第 424 页。

仰以及对于稀缺的地位、权利和资源的分配上的争斗。在阶级社会中，社会冲突大多是以对抗性的暴力冲突形式出现，它是推动社会发展及其根本性转型的动力。① 近代中国处于一个社会转型的时期，价值观多元且处于此消彼长的状态，新的社会群体形成并与体制或其他社会群体相冲突；同时旧有的社会机制仍然运行并发生作用，故此近代中国的社会冲突以多样性存在为特征。

近代湖南乡村社会因为社会矛盾的激化，社会冲突不断。就其类型来看，可以分为农民起义与农民运动、会党起事、抗租抗捐抗税和反洋教斗争四种类型。

一 农民起义与农民运动

农民起义是指以政治诉求为目标的农民反抗斗争，而以具体利益诉

---

① 近年来学界多以"民变"来表达暴力形式的社会冲突，以回避使用"阶级""农民起义"之类的表达。其实，民变最初的意义就是指民众暴动，指下层群众主要是农民进行的具有某种正义性、以暴力聚众反抗朝廷的行为。历史上记载最早的民变是西周时的"国人暴动"，"九传厉王，暴虐无道，为国人所杀，此千古民变之始"。明唐顺之《条陈海防经略事疏》："〔苏城人〕游冶子弟，怀毒蓄机，日伺倭来，里外合应，幸早发之，犹尚烧官寺，劫狱囚，哄然一逞，则民变之渐矣。"章炳麟《驳康有为论革命书》："然则立宪可不以兵刃得之耶？既知英、奥、德、意诸国，数经民变，始得自由议政之权。"近代学者对民变也有不同的释义，《晚明民变》一书作者李文治认为民变是以大规模的农民起义（如李自成起义）为主，同时包括兵变、"匪寇"活动及少数民族的斗争，包括饥民军卒土贼流寇及回贼等。吴雁南认为民变是"以农民为主体的各阶层劳动群众的反抗斗争"。章开沅、林增平在《辛亥革命史》中将民变分为抗捐抗税抗租斗争、反洋教斗争、工人罢工和起义、秘密会社起事、少数民族的反帝反封建斗争等几种主要形式。而张振鹤、丁原英等在《清末民变年表》中整理的民变类型十分广泛，包括抗租抢米、抗捐抗税、抗官抗暴、反饥饿、反新政、反洋教、抵制美货和日货运动、保路运动、罢工罢市、学潮、兵变、农民起义、少数民族起义、秘密会党起事、革命党活动、盐枭、马贼和土匪活动等。陈旭麓认为应将民变与革命区分开来，提出"民变是下层群众用直接诉诸行动的方式以表达自己对现存社会的不满和反抗，是中国社会内在矛盾激化的产物。与革命相比，民变具有自发性、分散性和落后性，因此二者并不相同"。由此，他将民变大体概括为抗捐抗税、抢米风潮、为求食而导致的城乡骚乱、会党和农民起义、罢工斗争、兵变、学潮、反对教会与外国侵略者的斗争、反对"新政"以及其他反对压迫的斗争共十类。（曾维君：《清末十年湖南民变论略》，《历史教学问题》2009 年第 2 期）笔者认为，从社会冲突的角度考察，以暴力推翻一个政权，以求建立新的王朝或新的政治制度，相对于封建社会的农民阶级来说，谓之起义；相对于建立新的政治制度来说，谓之革命，且具有政治性、组织性。就实现某一具体目标、诉求的行为，不论其是暴力或非暴力，谓之民变，且具有自发性和盲目性。

求如抗租、抗税、抗暴、抗捐为目的的农民反抗斗争则不能称之为农民起义；农民运动则是专指大革命时期有领导、有组织的、自上而下的农民运动。湖南近代农民起义主要集中在太平天国运动前后，其原因主要是土地兼并造成农村社会动荡，农民破产而形成巨大的游民群体，加之在太平天国起义的催化下，形成湖南乡村此起彼伏的农民起义浪潮。这一时期的农民起义多有天地会等会党组织的组织或参与，呈现出特点。比较大的起义有：

1832年1月，江华瑶民赵金龙发动的湘南瑶民起义。起义军队伍一度发展到3000余人。赵金龙起义震动了全国，清廷先后令湖广总督卢坤、湖南提督罗思举督兵镇压，并令广西、广东两省官兵严守边界。清军先后出动兵力达万余人，围追堵截，直到1832年5月下旬，才将起义镇压下去。

1846—1854年宁远胡有禄发动的连续的武装起义。1846年9月，胡有禄与其兄胡有福、罗大纲在湖南宁远柏家坪聚众数千人起义，遭清军镇压失败。退回广西，又进攻阳朔失败，胡有福牺牲。1852年又与朱洪音在广西南宁起义，规模一度达三四万人。1854年8月，与朱洪音、何贱苟在广西恭城会合。9月10日，占据灌阳，建立"升平天国"，年号为"太平天德"，自称"定南王"。起义军曾进攻湖南道州、嘉禾、江华等地，并占领广西恭城、富川。

1847年新宁县瑶民雷再浩等结成"棒棒会"，组织反清起义，会众按5营5旗编制，多次击败广西绿营兵。10月20日，折回湖南，26日，雷再浩被江忠源拿获，起义失败。

1847年，李沅发参加雷再浩起义，任专事宣传、联络的"铁板"，失败后潜伏乡间，以靶子会秘密组织群众。1849年，新宁发生饥荒。李沅发聚众300余人于10月攻破新宁城，杀知县万鼎恩，开监释囚，发谷济饥。1850年春，率众进入广西，转战于兴安、灵川、永福、金秀以及湘桂黔边各地。6月3日在转战途中落崖受伤被俘，押解北京凌迟枭首示众。

1851年1月，新宁的天地会首领洪大全即率众前往参加太平军，并一度进入了太平天国的领导集团，主持策划军事。

1851年9月，宜章丐女王肖氏发动起义。先是，她与广东人杨得魁、刘上元等创立沙钵会，发展会众百余人，进行过一些反抗地主豪绅的斗争。到太平天国起义爆发时，王肖氏即集合会众，在宜章发动起义，攻打清兵关卡，后在清军的围攻下，王肖氏被捕牺牲，余部仍在湖南一带坚持斗争。

　　同年，桂阳县斋教徒朱幅隆等，也与广东会党首领李哑子等联络，密谋起事，聚众达七百余人，但谋事不秘，被清兵捕杀。

　　衡州天地会首领朱九涛，以在江湖上卖药为名，广泛联系会众，准备起义，并自称"太平王"，设立秘密机关和旗帜、印信等，也因组织不严，被清军发现，起义流产，朱九涛潜逃。

　　郴州矿工刘代伟在太平天国起义后，即广泛发展天地会，准备起义响应，被清廷查获抓捕多人。1852年4月初，刘代伟发动会众劫狱，救出被捕人员，宣布起义，并与清军展开搏斗，未料遭到前来防堵太平军的湖广总督裔采的镇压，起义也告失败。

　　其中，规模较大的有浏阳周国虞的"征义堂"起义和道州何贱苟的起义。

　　周国虞系天地会首领，早在1834年，他就组织了"征义堂"，广泛组织贫困农民，会众达两万之多。太平军进军湖南后，他曾与之相通消息，密报有关军情给萧朝贵，为太平军攻长沙提供了不少情况。当时，浏阳乡团尚未编齐，而清军正与太平军相持在长沙，故浏阳当局虽获知周国虞的动向也没有贸然行动。1852年10月，乡团编定以后，即开始围捕。周国虞率众反击，未能得手，曾准备全部投奔太平军，又担心其家被害，故退守家天坪、宝盖洞一带恃险守备。此时，太平军已出岳州赴武汉，湖南巡抚张亮基乃令江忠源回师浏阳，开始对付出周国虞。

　　次年1月26日，周国虞在清军的攻势下，被迫宣布正式起义，宣称"官逼民反"。并出兵三千，兵分三路，直捣清营，杀毙不少清兵，但起义会众多当地农民，战阵不精，小胜后转至大败，退回古港一带。江忠源采取分化政策，颁发所谓良民免死牌，使周国虞起义军散去不少。接着，浏阳、平江团勇及千总李辅朝部也与江忠源部一道，围困起义军。义军在周国虞的率领下，虽进行反击，但最终被清军歼灭，周国虞本人也远逃他乡。

1853年春季，道州何贱苟组织起义。何贱苟系天地会首领，他以常宁的五洞、桂阳的白水洞、道州的岩头村、宁远的癞子山为据点，自称普南王，响应太平军起义，在同年4月宣布起义，并派出部队进攻道州城，击毙清军把总许德禄和典史吴世昌，后在曾国藩所派兵勇的镇压下，退走道州、宁远一带，坚持与清军作战。同年底，何贱苟督师攻克常宁县城。嗣后，起义军又转战于蓝山、嘉禾、道州一带，并与广西天地会首领胡有禄军联合，进攻前来围剿的清军。次年1月初，双方激战于道州教头坪，何贱苟损失较大，以后退入广西境内，并继续活动于湘桂边境。

太平军北上以后，湖南乡村的农民起义持续发展，一直到太平天国失败仍然时有发生。

1854年，朱洪英与胡有禄在广西灌阳建立了农民政权——昇平天国，朱洪英称镇南王，胡有禄称定南王，与太平军建立了联系。是年11月，朱、胡出兵攻入湘南，进占道州，先后打败游击骆元太，苏元林的部队，后在王鑫部的反攻下，转战永明、零陵、江华、守远，最后退入广东境内。

1855年5月，朱洪英、胡有禄、何贱苟再次攻入湖南。他们兵分两路，一路由道州，零陵攻东安，一路则入道州境内。是月31日，义军攻克东安县城，据城抗击王鑫部，并分兵进攻新宁。在东安，义军坚守了三个多月，多次打败攻城敌人，直到9月中旬，义军在敌人越来越多的增援的情况下，才突围走全州。不久又折回东安，与王鑫部发生激战，义军损失严重，胡有禄被捕，何贱苟殉难，朱洪英率余部退回广西灌阳。

1855年11月，朱洪英联合孔亚福等义军，再次攻入湖南，占领永明，与清军苦战两月，最后退走江华，与焦三、许月桂部义军会合后，又继续与清军转战，不幸兵败，焦三、许月桂被捕杀，朱洪英即率余部走广东连州坚持斗争。至此，两广天地会与湖南天地会的共同反清起义，复陷沉寂。

在湘南天地会起义失败不久，澧州农民陈正卯、陈庭杰也发动了"穷团"（忠义团）起义，在湘鄂边区的澧州、公安、石门等地与清军作战。

自太平军西征部队离湘以后，湖南的反清斗争处于相对的平静时期。但在19世纪60年代伴随着贵州少数民族的大起义，湖南的反清斗争又有所复燃。

1866年6月，贵州苗军打破湘军李元度对义军的围攻，由天柱向湘西进军，先后转战麻阳、沅州、晃州、黔阳、会同、靖州、镇筸（凤凰）等地，与清军展开游击战。

1868年2月，贵州苗民义军在湘军席宝田、李元度的围剿下，损失惨重。为打开局面，张秀眉率领部分苗军再次进入湘西，先后在沅州、麻阳等地与清军作战，前后达三个月。

湖南农民起义主要集中在太平天国时期，与太平天国运动作为中国旧式农民运动的高峰一样，太平天国运动前后湖南农民起义也是湖南旧式农民起义的尾声。作为传统农业社会中土地关系紧张与松弛体现的农民起义，反映了农民追求平等平均的理想，也是对基本生活尊严的诉求。

与太平天国时期的农民起义不同，1924年至1927年的湖南农民运动作为国民革命的一部分，是在国共两党合作期间，共同组织的乡村革命运动。"国民革命需要一个大的农村变动。辛亥革命没有这个变动，所以失败了。"[①] 在中国共产党的帮助下，国民党中央通过了一系列开展农民运动的决议案，对推动大革命时期的农民运动起到了积极作用。但由于国民党注重于军事斗争和高层运动，也由于国民党右派及军队与乡村封建势力千丝万缕的联系，对于农民运动并不重视甚至是反对的。中国共产党则承担着领导、组织农民运动的任务，由于湖南邻近国民革命策源地广东，也由于以毛泽东为首的湖南共产党人对农民运动的投入，湖南农民运动是当时全国农民运动的中心。湖南农民运动自1923年岳北农民协会成立即告兴起。1923年4月，以毛泽东为书记的中共湘区委员会，领导了岳北农民运动。他们仿效安源工人俱乐部的各级代表制和水口山工人罢工的十人团的组织方式，来筹备和建立农工会组织。即以村庄为单位，成立农民组织，十户为一小组，公举一人为"十代表"，百户公举

---

① 《毛泽东选集》第一卷，人民出版社1991年版。

一"百代表",全区各"十代表"公举一"总代表"。由总代表联席大会选举人组成委员会。通过这种三级代表制,把分散的农民团结在一个较为严密的组织之内。并规定"该会会员限于雇农、佃农、自耕农三种但无上三项资格而得农民多人之介绍,认为确可为农民谋利益者,亦得酌量准其入会"[①]。经过筹备,于1923年9月宣告湖南省第一个农民协会成立,由此开启了轰轰烈烈的湖南农民运动。

国共合作以后,湖南农民运动进入了大发展的时期。毛泽东亲自到韶山组织和领导农民运动,到1926年11月,湘潭县共成立区农民协会14个,区农民协会筹备处4个,乡农民协会450个,乡农民协会筹备处20个,会员达12万人之多。[②]长沙县共建区农民协会12个,基层农民协会640个,会员发展到66425人。到1927年4月,全县区、乡农民协会全部建立,共计区农协18个,基层农协多1200个,会员20多万人。[③]到1927年3月,湖南农民运动如火如荼,农民协会发展迅猛,全省正式成立县农民协会的有湘乡、浏阳、湘潭、衡阳、长沙、醴陵、宁乡、衡山、益阳、茶陵、南县、澧县、汉寿、祁县、蓝山、慈利、平江、宝庆、临湘、耒阳、郴县、宜春、岳阳、常德、新宁、华容、绥宁、临武28个县;成立县农民协会筹备处的有武冈、沅江、新化、永兴、汝城、嘉禾、溆浦、泸溪、临澧、桃源、芷江、麻阳、安乡、城步、攸县、新田、常宁、安化、酃县19个;特别区有长沙近郊和株萍路处;通讯处有零陵、道县、安仁、桂东、资兴、安东、宁远7处,共计有区农民协会462个,乡农民协会6867个,会员人数136.7万多人。[④]

与此同时,农民在乡村反对土豪劣绅和封建势力的群众斗争。毛泽东同志在《湖南农民运动考察报告》中列举了农民群众在乡村进行的14

[①] 中夏:《中国农民状况及我们运动的方针》(一九二四年一月五日),《邓中文集》,人民出版社1982年版,第55页。
[②] 于建嵘:《岳村政治——转型期中国乡村政治结构的变迁》,商务印书馆2001年版,第146页。
[③] 《长沙县志》编纂委员会:《长沙县志》,生活·读书·新知三联书店1995年版,第192页。
[④] 《湖南历史资料》第1辑,湖南人民出版社1980年版,第109—112页。

件大事：①

第一件　将农民组织在农会里。

第二件　政治上打击地主：通过清算、罚款、小质问、大示威、戴高帽子游乡、关进县监狱、驱逐、枪毙等方法，在政治上予地主以沉重打击。

第三件　经济上打击地主：不准谷米出境，不准高抬谷价，不准囤积居奇。不准加租加押，宣传减租减押。不准退佃。减息。

第四件　推翻土豪劣绅的封建统治——打倒都团。

第五件　推翻地主武装，建立农民武装。

第六件　推翻县官老爷衙门差役的政权。

第七件　推翻祠堂族长的族权和城隍土地菩萨的神权以至丈夫的男权。

第八件　普及政治宣传。

第九件　农民诸禁。

第十件　清匪。

第十一件　废苛捐。

第十二件　文化运动。（办农民夜校）

第十三件　合作社运动。

第十四件　修道路，修塘坝。

从上述 14 件大事来看，湖南乡村农民运动的确是非常深入和广泛的，荡涤了封建的政治、经济、文化、社会和宗法制度等各个方面，是近代以来的农民运动中最为彻底的大革命，是一个巨大的乡村社会变革。

二　会党起事

会党起事是近代湖南，特别是晚清湖南经常的社会冲突形式。近代湖南会党活动频繁，已见于前述。会党作为下层社会秘密的结社，具有

---

①　《毛泽东选集》第一卷，人民出版社 1991 年版，第 22—42 页。

天然的反政府和反社会的倾向。活跃于湖南的会党,道咸时期主要是天地会,同光时期则以哥老会为主体。会党以反清复明为号召,但其政治感召力早已丧失,除了与各种政治力量的联合之外,其政治诉求缺乏吸引力。湖南会党,在前期受太平天国的影响较大,成为太平军的重要来源,汇入了太平天国农民战争的洪流之中;后期成为资产阶级革命党人联合的对象,具有现代民族意识的资产阶级性质派在反清的层面视会党为盟友,故会党成为资产阶级革命派武装起义的重要力量,但毕竟会党是流民组织,不加以彻底改造难以成事,因此革命党人在后期选择以学生为主体的新军作主要力量,是明智的选择。

  鸦片战争前夕,湖南会党就非常活跃,"广东、广西两省添地会渗寻阑入,日聚日多,遂致诱众结拜,纷纷散布。而永州一府与两广切近,其所属之道州、宁远、江华等县为尤甚",[①] 嘉道年间,会门与教门的互渗比较热烈,青莲教、洪教、黄教、大乘、金丹、红簿教、黑簿教、结草教、斩草教、捆草教、天地会、红黑会、串子会、棒棒会、把子会、南北会等在湖南分布很广。[②] 这些会党,最初也只是下层社会互助的一种组织,间或从事杀富济贫的反社会活动,如宝庆(邵阳),道光年间,"宝庆所属地方盗贼丛集,分上、中、下三房,党羽甚众。上房盗首张十五等常据武冈之洪崖牛栏山、石羊江、高沙市、黄板桥、黄家亭等处。中房盗首廖老大常据桃花坪、下塘、石塘、硝药崖、火峒崖、全塘、肖家等处……下房盗首范良大常据邵江以下。声息相通,称名不一。曰捆柴会,曰丫叉会、半边钱。其等级以老帽为最尊,次三、次六、次九、次大五。其窃劫曰做买卖,杀人曰倒柴,挖人眼曰吹灯,拜师曰拜晚晚,以钱四百文为执。收罗无赖之徒,肆行元忌,扰害地方,为日已久",[③] 这些"教、会各匪扰害数十里外之村庄,而于附近则阴以恩惠结死心,结纳绅士为其护符,勾串书差为其耳目,以故地方寡识之人不以为痞匪而以为豪杰。痞匪虽有不入会之人,而会匪中若无痞匪断不敢扰害闾

---

  ① 中国第一历史档案馆藏军机处录副奏折,嘉庆二十四年五月初九日蒋云宽奏。
  ② 彭先国:《民国湖南会党散论》,《民国档案》2002年第4期。
  ③ 魁联《前后守宝录》,《武邵会扎》,咸丰本。

阎"①。"宝属匪徒结会视为故常，无岁无之，武冈一带岂止千计。"② 其"结盟拜会，阻米抢盐，强牵耕牛，挟仇抄毁，种种积习已数十年。动则十百成群，明火执仗，视为泛常。且毗连黔阳、溆浦、绥宁、湘乡及粤西各地面，无非会匪盗贼渊薮"③。此外，"辰、沅、永、宝各属匪徒纠众会萃，已成积习，每在交界深山动称千人"，④ 衡阳、郴州、桂阳"向为会、教各匪丛集之区"。⑤ 因此，到鸦片战争前后，乡村贫困，民不聊生之时，会党就作为乡村抗粮、抗租和农民起义的组织者和发动者，在湘南和湘西地区起事，掀起了近代湖南会党起事的浪潮。

首先是1836年武冈瑶民蓝正樽发动的起义。1834年，蓝正樽与童生陈仲潮、雷克绍等向地方政府提出"改庵为祠，以族化乡；鼓励勤耕，发展生产；广兴义塾，崇尚礼让"等建议。结果官府不但未予采纳，反而加以迫害，在这种情况下，蓝正樽便利用"斋教"作掩护，以斋教徒为基础，组织"龙华会"，向瑶民进行反清宣传，瑶民纷纷响应，入会者近4000人。1836年3月正式宣誓起义。蓝正樽自称"卫王"，建元"刚建"，颁布《王政十三条》，然后兵分三路，进攻武冈州城。知州诈降，义军直入时，伏兵四起，猝不及防，伤亡惨重，后又遭地方团练围攻，起义失败。蓝正樽父子逃往广西后继续从事天地会的反清斗争，其子后来加入了太平军。这是近代湖南会党的首次起事。

1847年，新宁雷再浩组织棒棒会，吸引大批天地会、斋教会众参加。雷再浩将吃斋者组为青教，吃荤者组为红教，统名棒棒会。每人分给白布一小方，"上写'关口渡牌牒'五字，盖用'保和堂'记，作为暗号，以为日后相见之据"⑥。雷再浩的活动为清廷侦知，开始捕杀会众，雷再浩提前起事，队伍转战湖南、广西一带，多次打退清军围剿。最后在江

---

① 魁联《前后守宝录》，《武邵会扎》，咸丰本。
② 魁联《前后守宝录》，《武邵会扎》，咸丰本。
③ 魁联《前后守宝录》，《武邵会扎》，咸丰本。
④ 魁联《前后守宝录》，《武邵会扎》，咸丰本。
⑤ 参阅同治《常宁县志》，同治《桂阳直隶州志》。
⑥ 《太平天国学刊》（二），《赵金陇·蓝正樽·雷再浩·李源发等起义资料》，中华书局1985年版。

忠源率领的新宁团练的围捕下失败。

雷再浩部下李沅发在起义失败后，继续召集余部，于1849年再次发动棒棒会起义。此次义军攻占了新宁县城，释放囚犯，开仓济贫，并转战湘、桂粤边地区，附近会党纷纷来附，湖南的新宁、城步，广西的兴宁、永福、阳朔、融县均在李沅发起义军的势力下，"楚粤之交，所在响应"，①造成巨大声势。清政府调集湘、桂、黔、鄂四省兵力前来镇压。在清军的围剿下，义军失败。

太平天国起义爆发后，湘南一带会党群思发动，有千里迢迢赶去投奔的，更多的则集聚会党，殚壶以迎。"各土匪现在纷纷薙发，或三五人一队，或七八人一队，假冒回家，楚勇潜逃。惟内有等甘心从逆，怙恶不悛之土匪，意在为贼窥探各处情形，勾结五排一带匪类。其人多肩高脚担子，行李中藏有小红绣鞋，发际眉丛每有火印，并暗藏太平圣兵腰牌于夹衣裤内等语本。"② 太平军一入湖南，"即有衡、永、郴、桂各处土匪潜赶贼营为之道引。故数千里之外，山岗之寇入内地毫无疑沮，歧途僻径恍若熟游。而贼每次被剿，窜出所胜。长发真贼无多，旬日之间，啸聚又以逾万，此等奸民无事则拜会结盟，伙众纠抢，扰害地方，有事则勾引逆贼，号召匪徒乘机响应"，③ 各地会党亦纷纷响应"贴粤匪之伪示，张太平之逆旗，甚至乞儿偷盗三五成群，亦敢倡言谋乱，毫无忌惮"：④

道州俗朴而悍，地界粤西，多会匪，贼据月余，各处贼均响应，势高涨。⑤（道州）

李观龙于白水洞聚众千余，陷永、桂厅城，进攻新田，奸民习知官兵怯懦状，皆轻作乱。⑥（桂阳）

---

① 嘉庆《湖南通志》，"兵事志"。
② 魁联《前后守宝录》卷一六，咸丰本。
③ 《左宗棠全集》第17册，岳麓书社1987年版，第14949页。
④ 同治《浏阳县志》卷一三，《兵防》。
⑤ 左宗棠：《江忠烈公行状》。
⑥ 同治《桂阳直隶州志·事纪》。

时，永、桂以上，会匪充斥，乘粤贼之变，聚众称兵。①（永州、桂阳）

邑有奸民，阴与贼约为内应。②（衡山）

斋匪何奇七、客匪黄极高接踵作乱。③（攸县）

土匪之起，大都藉粤贼声援。④（清泉）

正因为各地会党的响应，经历蓑衣渡惨败的太平军获得极大发展，先是"招得湖南道州、江华、永明之众，足有两万之数"，"后移师郴州，入郴州亦招二三万众，茶陵州亦得数千"。⑤ 在长沙，"教匪持香纷纷加入"⑥。"会匪之入党，日以千计"，⑦"湖南会匪之多，人所共知。去年粤逆入楚，凡天添弟会者大半附之而去"。⑧

太平军离湘之后，一方面由于会党附庸太平军而去；另一方面由于曾国藩及其团练的残酷镇压，湖南乡村会党斗争进入低潮。但随着湘军的兴起，哥老会势力突起，成为同光年间湖南社会冲突的重要表现形式。"哥老会者，本起四川，游民相结为兄弟，以缓急必相助。军兴，而鲍超营中多四川人，相效为之，湘军亦多有"，⑨"湖南二十余年以来，支持东南大局……兵勇之情，多未安贴，哥匪名目因之乘之以兴"，⑩"战阵之余，辄以拜盟结党为事。迨承平遣撤后，剽悍成性，又无恒产，复勾结各处土棍，连成死党，因有哥弟会名色，散则混作良民，聚则仍成股匪"。⑪"湖南兵勇遍布各省，其在营者往往与同营同哨之人结为弟兄，誓同生死，当时颇资其力。浸淫既久，一、二狡黠之徒因而煽结。于是哥

---

① 王定安：《湘军记·湖南防守篇》卷二，岳麓书社1983年版。
② 光绪《衡山县志》卷三〇，《人物》。
③ 同治《攸县志》卷二五，《武功》。
④ 同治《清泉县志》卷末，《事纪》。
⑤ 《李秀成自述》，上海古籍出版社1996年版。
⑥ 参见罗尔纲《太平天国史事考》，生活·读书·新知三联书店1979年版。第60页。
⑦ 中国近代史资料丛刊，《太平天国》（四），神州国光社1957年版，第457页。
⑧ 《曾国藩全集》一，奏稿之一，岳麓书社2012年版，第72页。
⑨ 王闿运：《湘军志》，岳麓书社1983年版。
⑩ 刘昆：《刘中丞奏稿》卷七。
⑪ 庄吉发：《清代天地会源流考》，台北"故宫博物院"1981年版，第139页。

老会之党以众，而其势亦愈张。"① 随着湘军被裁撤，湘军士兵回乡，哥老会开始在湖南发展，导致湘军的老家湘乡及其附近的湘中地区，不断发生哥老会的起事。1867 年 5 月，原为湘军士兵的会党首领曾广八与童级高、贺新惠等人在湘乡发动会党五六百人起事，他们头裹红巾、手执白旗，与前来镇压的绅团展开战斗。1870 年 3 月，湘乡哥老会首领赖荣甫等聚集会党数百人，再次发动起义，先后多次与地方绅团接战，转战湘乡、湘潭一带。同年 9 月，湘潭朱亭地方哥老会发动起义，转战于株洲、攸县、衡山及湘乡，造成一定的声势；1871 年 5 月，在其他地区，也有哥老会众发动的起义。1867 年 6 月浏阳会党起义，1870 年 9 月湘潭会党起义；1871 年 5 月，龙阳（今汉寿）、益阳会党首领刘道美组织哥老会发动起义，先后攻克龙阳、益阳二县城，震动朝野。

进入 19 世纪 80 年代，湖南会党日趋活跃。1880 年（光绪六年）3 月，凤凰厅苗民石老华等聚众起事。石老华曾在贵州军营当勇，1879 年被官方以"传习邪术"的罪名裁撤。他回到凤凰后，自称"简王"，联络贵州松桃已革苗弁龙有发等，聚集多人，3 月 14 日（二月初四），石老华、吴老朋等率领二三百人，前往新寨及苟若寨地方，"欲劫洋土客为起事资本"。土客得讯避匿，遂焚掠五六十家。旋返回董倒寨，"计议先取盘坨（松桃属）扎营，再夺松桃、铜仁"。

地方政府侦知后，派兵围剿，3 月 19 日，各路官军大举围攻董倒寨，焚寨搜洞，石老华、石老保先后力战阵亡，龙有发不知下落，苗众死难者数十人。②

1881 年（光绪七年）夏，华容哥老会首领易龙泉图谋起事。易龙泉即易开轩，早在 1879 年（光绪五年），即与湘潭人张先春等在石首、监利、华容放飘纠众，发展会众达 3000 余人。本年 4 月（三月），他与丁谷臣、蔡长儿、陈角儿、唐六喜等同谋，定于 8 月 20 日（七月二十六日）攻打华容县城。不料走漏风声，蔡长儿等被官兵缉拿，易龙泉、丁谷臣等逃逸。

---

① 刘昆：《刘中丞奏稿》卷二。
② 刘泱泱等：《湖南通史》近代卷，湖南出版社 1994 年版，第 265 页。

1883年（光绪九年）2月，平江会党方惠映聚众起事。先是，1882年12月，以方雪敖为首，与方惠映、林积麈等相约在金盆坂岭上草堂内开山堂。方雪敖居中称坐堂，传授口号，曰："楚平全活水，雪映千秋乡"，暗藏方雪敖、方惠映名字在内。方惠映为副堂，林积麈为行堂，另有陪堂、帅旗、红旗及么满、底满等名目。共议"纠众造反"。林积麈刻就木板，横为"九龙山"，中刻"钦命平邑巡查简放开花"，旁曰"中明山太平堂"。共约本年2月20日（正月十三日）"以耍龙灯为名，先抢长寿街起事"。不料事被官方察觉，于起事前将方雪敖设计诱捕。方惠映等见事已败露，纠集100余人，于2月22日（正月十五日）在白马庙杀猪祭旗起事，随即向渔潭进发。沿途扩充队伍，焚毁团绅房屋。正行进间，管带亲军防营提督谢晋钧率大军赶到，起事会众见势不敌，各自逃散。方惠映等被先后拿获杀害。①

同年，还有岳阳会党刘幅元、龙阳会党曹小湖、华容会党易小泉、黄卓儿等图谋起事，均因事泄失败。②

1885年秋冬间，攸县、浏阳、益阳等地，哥老会活动频繁。初，攸县人刘凤阁，与衡州童荣孔、衡山侯兰生共立"忠义堂"，在凤凰山、小集、道坑及浏阳等地放飘纠众，计谋占据南岳山，夺城起事。被官府访闻。秋末，刘凤阁、周汶十九被攸县知县张大煦派兵缉捕。12月上旬（十一月初），会众数百人前往劫狱，意欲将刘凤阁救出后，立即宣布起事。官军、团勇早有防备。会众不敌，刘茂松等12人被捕，余众逃散。浏阳会党潘长龄等亦被浏阳知县王必名派勇拿获。刘凤阁、周汶十九被杀害。③

1886年（光绪十二年），道州、永州等地破获哥老会孟景明等图谋起事案。孟景明系道州人，1884年在州属月岩洞明观为首结拜哥老会，称大哥，次年11月（十月），又在北乡西岳庙、龙村、田龙庙等处聚会，到者300余人。计划发展会员，准备起事。1886年2月（正月），开始刻

---

① 《卞制军奏议》卷四，《奏拿获会匪就地正法折》，光绪九年。
② 刘泱泱等：《湖南通史》近代卷，湖南出版社1994年版，第266—267页。
③ 《卞制军奏议》卷七，《拿获会匪多名正法折》，光绪十一年。

就印信，刊布告示，印信上刻"总制天国军略两湖元帅"等字。被官府发觉，会众中有人相继被捕，并被搜获飘布、名册等件，事机尽泄。7月（六月），孟景明、孟景漳兄弟逃避永州，至9月（八月）初被兵勇擒获杀害。①

1890年澧州哥老会起义。澧州人廖星阶早于1887年即参加哥老会，充当老五。1889年自开山堂，并与龙老九余党徐树堂等结合，放飘纠人。本年9月11日（七月二十八日），因闻团总监生杜彩珍访知结合情事，声言报官拿办，立即与马万伏、徐树堂、陶文表、陈启元、杨恩元等在朝天湖会商，计议将杜彩珍杀死，即便起事，先抢新州、津市，进城劫狱，再攻常德。约期9月17日（八月初四）发动。先派徐树堂赴石公桥约集四五百人前来会合接应。届期徐树堂等人未至，廖星阶、马万伏等即率200余人，携带刀枪，乘船至梁家坪杜彩珍家，将杜彩珍砍毙，并放火将杜家及附近房屋烧毁。然后向鲁家湾、栗家坪一带进发。9月19日，与陶文表等会合，队伍发展到四五百人。复经孟姜垸、甘家湾等处，驾船赴新州。遇官军前来围捕，廖星阶、杨恩元率众抗击，杀伤兵勇多人，因实力悬殊，队伍溃散，廖星阶等驾船逃亡，杨恩元、陈启元被捕。9月23日，廖星阶又邀集会众至澧州城外放火，图谋进城劫狱，将陈启元等救出。不幸被官兵击败，会众逃散。廖星阶不久被巡缉营拿获，先后被捕者尚有徐树堂、鲁祥美、石铜匠等，均被杀害。其他遭发配极边或在籍监禁者尚有数十人。②

1891年7月，溆浦会党首领舒海棠、杨之上及萧成成、史锡林等，纠集会众，约期于7月30日（六月二十五日）起事。后以狱中会友求救甚急，遂提前发动。7月22日（六月十七日），舒海棠等率众自铁牛山乘夜入城，焚署劫狱，击毙吏卒数人，知县文光宸仓皇逃匿，千总田兴元受刀伤。会众旋撤退出城。舒海棠、宋连成、萧成成、史锡林等至桥江市后，复往攻黄家垴，受乡团阻击。不久，各都团勇齐至，会众被捕杀

---

① 刘泱泱等：《湖南通史》近代卷，湖南出版社1994年版，第269页。
② 刘泱泱等：《湖南通史》近代卷，湖南出版社1994年版，第273页。

100 余人,起事失败。①

在整个 90 年代,会党的起事接连不断,除上述起事以外,临湘、醴陵、酃县等地也相继发生了会党起事。据不完全统计,太平天国运动之后至 20 世纪前,湖南共发生各种起义、饥民暴动、市民风潮"民变"等共达 70 余起,其中由哥老会等会党发动的 40 余起。② 就其原因来看,乃是湘军裁撤以后出现的会党潮。征战多年的湘军其实在军营时就已经出现了哥老会组织,而裁撤实际上将会党散布到湖南乃至全国各地,19 世纪下半期长江流域风起云涌的会党活动,也是与这相关的。进入 20 世纪以后,资产阶级革命党人开始注意会党,希图把会党作为其同盟军和起义的力量,但成效并不明显。

辛亥革命改变了中国的政治制度,也给予会党这一中国传统社会组织以深刻的改变。进入民国以后,会党发生了很大的变化。彭先国先生认为:"从会党发展的广度、深度以及它形成的层面来说,民国湖南会党似乎发展到了它的鼎盛时期。它的成员遍及村村寨寨,三湘四水,'十人九帮',从水上到山上,从乡下到城市,从民众到官府,组帮入帮无处不在。"③ 同时会党本身也发生了变革,不再仅仅是乡村游民的组织,也不局限于山野乡村,它开始向其他行业、向城市渗透。农、工、商、学、党、政均有其网络,尤其是水运航道、码头,是会党的一统天下,"根据统计,民国湖南水上帮会有湘阴林子江红幅山、湘潭桃源山、长沙河西乡太行山、南门柴金山,另有大汉、福寿、乾坤、九华、福进、双龙、罗阳、中华大汉、民政梭同等山堂",④ "有湘乡帮、沅帮、辰帮、九澧帮、衡山帮、常桃帮、祁水帮、五邑帮、宝、安、益帮、道州帮等,他们分布在湖南的所有水系"⑤。同时,会党出现了向上流动的趋势,"政府官员、乡绅、部队军官等纷纷加入帮会",⑥ 民国初年因为湖南光复与会

---

① 刘泱泱等:《湖南通史》近代卷,湖南出版社 1994 年版,第 272 页。
② 刘泱泱等:《湖南通史》近代卷,湖南出版社 1994 年版,第 275 页。
③ 彭先国:《民国湖南会党散论》,《历史档案》2002 年第 4 期。
④ 彭先国:《民国湖南会党散论》,《历史档案》2002 年第 4 期。
⑤ 彭先国:《民国湖南会党散论》,《历史档案》2002 年第 4 期。
⑥ 彭先国:《民国湖南会党散论》,《历史档案》2002 年第 4 期。

党的关系，政界人士多与会党联系密切，谭延闿虽有取缔会党之示谕，但民初政局混乱，取缔之令也难实行。国民政府和湖南省政府亦多次发布训令，要求"本省各军警政机关部队官员，如有加入帮会，一律于三十七年十一月十五日以前，向各该主管具呈声明脱离，层转上级备案，嗣后仍有参加者，即予撤查严拿，依刑法第一百五十四条从重治罪"，[①]并规定"各军警政机关部队员兵伕（主席保安司令含内），一律出具五人联结，对所主管官员声明，均未加入任何帮会组织，层转备查，限于三十七年十一月十五日以前办竣"。[②] 但是，一直到中华人民共和国成立，帮会组织并未从社会上根除。当然，就乡村社会而言，自国民政府成立以来，除了转型失败，落草为匪的帮会团伙外，会党与乡村社会的距离较晚清已经渐行渐远了。

三 抗租、抗粮、抗税斗争

抗租、抗粮、抗税是传统农业社会乡村农民反抗地主及官府的经常性斗争，也就是所谓狭义的"民变"。抗租是相对于地主而言，是以佃农为主体的农民对于高额地租的抗拒；抗粮、抗税则是民众（有时包括自耕农和地主或所谓"花户"即纳粮户）对于封建政府的高额或不合理的钱粮、税费行为的反抗。在清末，它有时演化为暴力的抢米风潮。

鸦片战争后，农村土地兼并严重，且在外力的作用下自然经济逐步解体，农村贫困化现象日趋严重，加之时有水旱灾害，农民无法生活，故抗租、抗粮、抗税的斗争时有发生。一般来说，乡村农民反抗斗争起因大多与钱粮、地租、捐税以及暴力相关，严格区分它们和政治性的农民起义的不同，也是困难的。普通的抗粮、抗租、抗税的行为，也可能在政治组织、政治势力的引导下而演化为大规模的农民起义。特别是太平天国运动期间，众多的乡村自发抗争卷入农民起义的浪潮之中，汇聚成巨大的乡村社会冲突洪流。

鸦片战争以后，湖南就开始出现了连绵的抗租、抗粮、抗税的斗争。

---

① 衡阳《力报》1948年10月17日。
② 衡阳《力报》1948年10月17日。

其中在太平天国运动前夕较大的几次是：

1843年武冈曾如柱领导的抗粮斗争。1843年，湖南武冈发生自然灾害，境内粮食紧张，而当地地主杨居南等乘灾荒运米出境。曾如柱领导武冈聚集当地农民阻止，遭到知州徐光弼率兵镇压，于是曾如柱组织农民武装，于6月包围州衙，击毙徐光弼。7月，遭湖南巡抚、永州镇总兵英俊镇压，战败后牺牲。

1844年耒阳杨大鹏发动的武装抗粮斗争。清道光年间，耒阳县官吏征收钱粮，以钱折银，肆意勒索。段拔萃代表农民抗议，被拘下狱，激起民愤，民众破狱将段救出。杨大鹏再次抗议，继任知县拒不受理，且将其弟扣押。于是他在1844年5月17日率农民千余人发动起义，围攻县城。后在清军的反扑下，杨大鹏战败被俘，在北京遇害。

1847年，乾州苗民石观保发动的抗租斗争。1844年，湘西连遭水、旱、虫灾，田地损毁，禾谷歉收。但地方官府依然催交屯租，乾州苗民石观保、杨正富等在无可奈何之中，只好诉之于官，要求减租。地方官员依旧不闻不问。1847年，湘西再度发生严重虫灾和水灾，毁田无数，收成锐减。秋收之后，官府再度追缴屯租。在这种情况下，石观保等决定发动武装起义。他们以乾州厅阳孟寨为中心，聚众数千，筑城建堡，积蓄弹药，制造刀矛，建立起义指挥部，一时从者如云。义军攻寨略地，斗争一直坚持到1849年初。

太平天国运动前后，湖南乡村的社会冲突主要会党、农民响应太平天国的起义为主体，各地会党和义军追随太平军、参加太平军，为太平军进军南京提供了巨大的兵源。太平天国失败以后，湘军裁撤回乡，造成湖南哥老会势力强大，因此从19世纪70年代开始，湖南的乡村社会冲突则是以会党起事为主，同时出现较为频繁的教案和反洋教斗争，而乡村的抗粮、抗租、抗税斗争较为少见。

1876年（光绪二年），湘潭商民以榷税苛刻，发生抗争风潮。经委员劝解，逐渐散去，是近代湖南较早的市民斗争。

1888年（光绪十四年）5月，巴陵（岳阳）发生阻米风潮。首领王联露，曾从军赴台湾，后遣散回籍。1888年春，巴陵饥荒严重。他见家乡附近姜而庵各户枭卖谷米出境，亟思阻禁谷米下河。于是商同熊必有、

第八章　近代湖南乡村社会冲突与社会控制　513

陈题柱等，书写传单多张，分途张贴，制备布旗，上书"劝富安贫"字样。5月20日（四月初十），聚集本地及外来饥民，开展打富济贫斗争。先至周谦吾家，打毁房屋，强挑仓谷。旋分赴彭名沆姜而庵庄屋，抢谷1000余担，焚毁姜而庵房屋，并将富户陈云三斩首祭旗。不久，官军大至，王联露、熊必有等率众竖旗持械抵敌，失败，分逃四散。5月28日（四月十八日），王、熊同在湖北监利县境被捕，不久遇害。①

湖南抗粮、抗捐、抗税的斗争比较激烈的时期是辛亥革命前十年，形成了一个所谓"民变"的高潮。据《清末民变年表》的统计，1902—1911年的十年间，全国下层群众自发性的反抗斗争多达1300余次，② 并呈现出逐年递增的趋势。而其中发生在湖南的民变多达30余次，是发生次数比较频繁的省份之一。③

这一时期发生众多的民变，除传统乡村社会矛盾激化之外，主要有三个新的因素：自然灾害、兵勇的裁撤和政府的苛捐杂税增加。据湖南巡抚俞廉三奏报："窃照湖南地方，风俗强悍，伏莽素多。自光绪二十一年大旱成灾以后，频岁未获丰稔，小民生计日见困穷。二十七年长沙、常德等府所属，水灾尤重。加以浙、闽、两粤、蜀、皖、江、鄂、豫、晋、江西各省所募湘勇，纷纷撤遣回籍，率皆轮送岳州，分途四散，流民愈多，匪类混杂，民气更加浮动。"④ 据统计，从1901年到1911年，湖南每年都遭遇程度不一的水灾，其中1906年遭遇二百年一遇的特大水灾，1909年为百年一遇的水灾。⑤ 水灾给乡村造成极大损失，房屋倒塌，庄家颗粒无收，灾民"扶老携幼，男号女啼，遍野沿门，鸠形鹄面，食树皮、草根、观音土及糟糠而毙者，所在皆是。大都身无完肤，一息尚

---

① 刘泱泱等：《湖南通史》近代卷，湖南出版社1994年版，第271页。
② 张振鹤、丁原英：《清末民变年表》（上、下），《近代史资料》（总第49、50号），中国社会科学出版社1982年版。
③ 张振鹤、丁原英：《清末民变年表》（上、下），《近代史资料》（总第49、50号），中国社会科学出版社1982年版。
④ 中国第一历史档案馆：《辛亥革命前十年间民变档案史料》上，中华书局1985年版，第392页。
⑤ 杨鹏程：《湖南灾荒史》，中国文史出版社2007年版，第229页。

存者割以充饥"①。而兵勇裁撤回乡，更是社会治安一大困扰，兵勇"其初无非军营散勇沾染习气已深。不能复安耕凿，勾结无业游民立会放票，小而索诈，大而劫掠，苟图得财而已。乃自庚子岁。富有票匪蔓延入湘，而后内地匪徒群相效尤，包藏祸心，潜谋不轨，历经严加搜捕，根株尚未尽绝。近因桂氛不靖，湘防戒严，匪徒乘机思逞，到处煽诱。教堂林立，边地绵长，保护防范甚重且难，间有啸聚滋事之案……"②裁撤的兵勇最大的危险是纠集为会党。此外，清末对外战争的赔款以及开办各种新政的费用，均转嫁到百姓身上，如《辛丑条约》签订后，清政府分摊给湖南的庚子赔款每年总额达70万两，规定应按年分作12期，提前1个月由湖南官钱局直接汇报上海江海关划付。湖南巡抚部院经由"整理税契"和"盐斤加价"两项收入之内调拨，并且息借高款汇解，仍不足数。于是巡抚俞廉三又在田赋项下增加了一项所谓"口捐"，把负担转嫁给百姓。至于各种新政，实际上等于收费，"赎路费""解京练兵银"、新军薪饷、出洋游学、盐斤加价、田房契税加捐、火车捐等，名目繁多，不胜枚举。各种情况交加，社会矛盾尖锐，大有一触即发之势。福建道监察御史杜本崇《奏湖南祸乱堪虞请旨严密访拿片》中说："湘省被灾，抢风日炽，平江、湘阴、长沙、浏阳一带尤甚。平江林姓方储米减粜，抢掠一空；湘阴易姓连日被掠二次；其长乐地方抢案已数十起，无一拿获；长沙、浏阳乡中稍有积储之家，匪徒十百成群，持械勒粜，杂投瓦砾，不敢计较。且会匪出没无常，历年拿办开堂放飘之案前后不绝。其中骁桀之徒视海外为逋逃薮，来往江湖，潜行勾煽，造为悖逆不轨文字刊布学塾。愚民习闻其语，几若斩木揭竿为寻常事。"③事实也确如此，据《清末民变年表》载，除会党起事、教案外，20世纪初年湖南爆发了系列

---

① 杨世骥：《辛亥革命前后湖南史事》，湖南人民出版社1982年版，第131页。
② 中国第一历史档案馆：《辛亥革命前十年间民变档案史料》上，中华书局1985年版，第397页。
③ 中国第一历史档案馆：《辛亥革命前十年间民变档案史料》上，中华书局1985年版，第402页。

抗粮、抗捐、抗税和抢米风潮：[①]

光绪三十年（1904）九月二十七日，永州商人抗议捐税苛重，举行罢市。

光绪三十二年（1906）六月初，衡州、永州灾民涌入湖北通城县署求赈。

光绪三十三年（1907）三月，益阳千余群众抗议官商勾结、禁止平民开采锑矿，捣毁杨某所开锑矿。

光绪三十四年（1908）三月，东安农民捣毁花峙小学堂。

光绪三十四年六月，新宁县盐商垄断盐利并纵勇杀人，激起商店罢市。

光绪三十四年六月，湘乡官吏勾结钱庄、米店偷运谷米出境，致米价大涨，群众聚集将米店、钱庄捣毁。

光绪三十四年十月，武冈县设局对纸、竹、木、靛、谷、米、铁、煤等八项货物征收货捐，激起商人及群众数百人捣毁捐局。

宣统二年（1910）三月，宁乡农民聚众捣毁警局、教堂、学堂多处。

宣统二年五月，益阳县农民聚抢官钱局。

宣统二年五月，湘潭县花石乡农民四五千人以"吃食排饭"为名，要求团总平粜，并抢地主米店多家。

宣统三年（1911）二月，湘潭县征收槟榔捐以充自治经费，激情商人罢市。

宣统三年三月，南洲厅农民阻米出境，数百人围攻并火烧署衙。

宣统三年五月，浏阳农民聚众进城抢米。

宣统三年六月，衡州农民数千人先后捣毁太平圩、弥勒等食盐官运分局及税局。

同月，江华县商人罢市，抗议抽税委员伙同警务局长敲诈勒索。

如果加上会党起事和教案、反洋教斗争，20世纪初的湖南乡村，确实是遍地烽烟、星火燎原。而影响最大的当属长沙抢米风潮，持续时间虽然不长，但造成的影响巨大。风潮从饥民要求官府减价平粜开始，逐

[①] 张振鹤、丁原英：《清末民变年表》（上、下），《近代史资料》（总第49、50号），中国社会科学出版社1982年版。

步深入扩大,以至殴辱政府大员,焚烧衙署;进而发展到焚毁教堂、洋行等列强在华机构,形成声势浩大的群众斗争浪潮。参加这场斗争的群众十分广泛,有四乡的饥民,也有城市市民,反映了辛亥革命前夕动荡不安的社会状况。

四 反洋教斗争

反洋教斗争是晚清湖南经常性的社会冲突,是民教矛盾发展的结果。一般表现为民教纠纷而引起的诉讼,激烈时爆发为武力冲突。[①]

在湖南的反洋教斗争中活跃的力量主要是一般农民、手工业者和其他劳动群众,以及官绅这两大部分力量。

一般农民、手工业者和其他劳动群众是反洋教斗争的主力。他们反洋教斗争的主要原因是一些传教士和教民的非法活动直接损害了他们的生命财产,使他们无法忍受下去。部分原因也是官绅宣传的影响产生的对传统文化的认同心理。官绅参加反洋教斗争的现象在湖南是相当突出的,贯穿了晚清湖南历史的始终。虽然他们的人数不多,但其社会影响和号召力量相当大,一般说来,他们在这种斗争中充当了倡导、组织的角色,是湖南反洋教斗争的一大特点。湖南官绅参加反洋教的原因很复杂,有的是激于民族大义,对传教士和教民的胡作非为、肆意干涉地方行政和司法极为不满;有的出于对群众不堪教士教民的迫害而同情。但更多的官绅是出于维护传统的文化道德而产生的一种排外心理。基督教文化与中国传统的儒家文化是属于两种不同体系的文化,它们在许多观念形态上是相异的或矛盾的,尤其是太平天国革命曾经以基督教为思想宣传武器,更引起了官绅强烈的忧惧,他们害怕基督教的传入将使中国传统的、赖以维系世道人心的儒家文化受到冲击,从而动摇其统治基础。故此,他们怀着强烈的排外心理,进行阻教、反教的种种宣传、组织活动,而这种活动又给群众的反洋斗争以重大的影响。

---

① 近代教案与湖南反洋教斗争曾经是作者20世纪80年代研究的领域,先后发表过《清季湖南教案论略》《贺金声起义述论》《近代衡州人民反洋教斗争述论》《近代湘鄂西人民反洋教斗争论述》《湖南官绅与反洋教斗争》《多维视野下的近代中国教案与传教士》《鸦片战争后传教士在华文化活动评价》等论文,本节系根据这些论文写成的。

湖南人民的反洋教斗争波澜壮阔。从19世纪50年代至80年代，不下十数次，这一时期的斗争形式大多数是倡导反教，如刊布揭帖，散发传单等，也有捣毁教堂、驱逐教士的行为。参加斗争的群众主要是官绅、士子，群众则是斗争附会者。

1855年衡州教案。衡州是湖南反洋教活动十分频繁的地方，这也是因为传教士在此活动猖獗所致，1855年的衡州教案规模很小，但它是近代湖南反洋教斗争的开端。这次教案的直接原因是教士无视当地群众的风俗习惯，企图以天主教仪式强加于教民而引起的。当时一位教民娶亲，传教士即要求他按天主教的结婚仪式在教堂举行婚礼，遭到女方家长及亲戚的强烈反对，而主持衡阳道友堂的西班牙籍传教士陆怀仁却不顾当事人的反对和舆论压力，仍然坚持须按教会仪式举行婚礼，并以种种手段相要挟和威胁，由此引起民愤。于是以女方亲戚朋友为主，与乡里邻居联合，将陆怀仁驱逐出境，将道友堂彻底捣毁。

1861—1862年湖南人民的反洋教斗争。这次斗争的规模较大，所刊刻的反洋教的揭帖、传单流传很广，在其他省区，产生了广泛的影响。第二次鸦片战争后，外国取得内地传教权，各国教士涌入内地设堂传教。湖南也有不少传教士进来，外国传教士为了抑制各地的仇教情绪，通过总理衙门将《北京条约》关于准许内地传教的条款刊刻分发各省张贴。这一行为遭到湖南官绅的抵制，并诱发了一场反洋斗争。首先行动的是衡州。1855年衡州道友堂被毁之后，传教士对衡州的企图并未放弃，第二年陆怀仁又回到衡州，重建道友堂，对地方的危害有增无减，因而引起衡州人民的愤慨，起而反教。1861年3月，衡永郴桂道冯崶和清泉县知县刘凤仪在当地人民的要求下，将为非作歹的教民张道荣逮捕归案，由此而揭开了1861—1862年湖南人民反洋教斗争的序幕。

接着长沙士绅激于义愤，相率至明伦堂集议，不期而会者数千人，并且"刊刻檄文，到处张帖"[①]。这就是流传相当广泛的《湖南合省公檄》。除湖南以外，江西南昌、赣州、直隶广平府、河南南阳府、江苏常

[①] 《教务教案档》第三辑，第二册，台北"中央研究院"近代史研究所编印，1975年，第891页。

州府等地都有这种公檄流传。《湖南合省公檄》基本上反映了初期反洋教队伍中士绅的思想状况和仇教的动机。他们以儒家思想为武器,反驳基督教的"上帝"学说,认为基督教"无君无义""无廉耻",列举了基督教的"最恶而毒者"之危害十条,其大端都是"不敬祖父"之类的孔孟所视为逆端者,或者是道听途说的所谓教门剖腹、挖心之类的谣传,檄文号召"凡我士农工商,拔剑同仇";否则"数千年衣冠礼义之邦,一旦易为獉獉狉狉之域,大可恨也"。同时还约禁各地不得容留和加入教会,"有畀屋居住者,合之,有容留诡寄者,执之;有习其教者,宗族不齿,子弟永远不准应试"①。在士绅公檄的鼓励下,湘潭、衡州、宁乡等地也相继发现公檄传单之类。宁乡人崔暕以"天下第一伤心人"为名,刊布了《辟邪歌》一文,流传极广,该歌用通俗的语言揭露了传教士在湖南的恶行,号召人民"贫家出力富家出资""杀了鬼子发洋财""绅民合志共承担,大家指日庆中兴"。②

继士绅的宣传倡导之后,湖南地方当局于1862年3月"在往来通衢之地张贴告示,内云凡属中外传教士宜拟死罪,并罚习教人等永远禁监牢"。接着,湘潭县知县罗才衔、清泉县知县刘凤仪也在所属张贴告示,声言"中国人若有习天主教,应置重典"③。

官绅的倡导,立即使群众的情绪激昂起来。4月中旬,湘潭县文童考试,他们"时作喧哗,攻击天主堂屋宇",并于4月13日用县署铜锣鸣集百姓,焚毁天主堂房屋,"又有长沙来兵施放火箭焚烧","地方官不但不行阻拦,更于中极力挑唆"。可见在湘潭的反洋斗争中,官、民、兵、绅都投入其中,涉及的社会阶级、阶层相当广泛。④

5月1日,衡阳、清泉两县童生县试,童生们也与当地群众一道,一举捣毁了道友堂,并四布乡下,折毁教堂,折毁教民房屋,人数逾万,势甚汹汹,几至甚酿成大祸。⑤可见衡、清两县的斗争规模之大。

---

① 王明伦:《反洋教书文揭帖选》,第1—8、11—16 页。
② 王明伦:《反洋教书文揭帖选》,第1—8、11—16 页。
③ 《教务教案档》第一辑,第二册,第1055 页。
④ 《教务教案档》第一辑,第二册,第1055 页。
⑤ 朱克敏:《瞑庵二识》。

湘潭、衡阳、清泉等地的反洋斗争引起法国的强烈恐惧和不满。法国驻华公使哥士耆哀叹"似此情形，若不及早设法遏禁，数月后该处教众必致被杀无遗"[①]。并多次要挟总理衙门惩治参加斗争的官民，赔偿教堂损失。清政府在法国的压力下，先后处分了该三县的知县和衡永郴桂道冯崑，并令该地赔修捣毁的教堂。

1876年中英《烟台条约》签订，湖南各地流传"湘省已许通商，西人将到"之类的消息，引起民间议论纷然，群情激昂，于是由官绅倡导，湖南长沙、常德、岳州、衡阳等地出现了反洋教的宣传活动，并有"荡洋局"之类的组织出现。

1876年7、8月间，各县士子来长沙省试，《烟台条约》的消息通过湘籍京官的家书传来，引起士子的义愤。长沙街上"人心惶惑，聚谈偶语，百十为群"，议论纷然。8月初，出现了反洋教的揭帖，士绅开始公议阻教。8月14日，千余名考生集于抚衙公堂，向巡抚王文韶具禀帖，要求禁阻"洋教"入湘，"情词迫切，大都皆激愤之辞，甚至有痛哭流涕者"[②]。请愿之后，士绅又刊刻了《湖南士民公传》，广为散之，历数传教士的罪恶，并议定"阻夷"措施三条："洋夷入境不问有无情弊，立即格杀"；天主教设教堂，立即"约众拆毁"；"湖南各处码头，不准售与洋夷修占，如有勿通情弊，一并格杀"[③]。接着，又以"合省防夷大局"的名义，发布《防夷六条约》，号召各州县立即按团练章程，练勇以待，还约定各州县防夷六条，要求各州县一见洋人入境，"随时随地集勇剿杀"[④]。

省城的行动，在各州县立即引起反响。衡阳士子试毕回家，"有拆毁衡州教堂之举，传条相约，势甚汹汹"。岳州士绅也刊布揭帖，建议在城内设一"荡夷局"，"一俟夷船来汉，即当整队相迎，同心荡夷。倘有卖地于夷人，受教于天主者，立置之死"[⑤]。

这次声势浩大的反洋教活动受到湖南各地当局支持的。巡抚王文韶

---

① 《教务教档案》第二辑，第二册，第1069页。
② 《教务教档案》第三辑，第三册，第892页。
③ 王明伦：《反洋教书文揭帖选》，第104页。
④ 王明伦：《反洋教书文揭帖选》，第106页。
⑤ 《教务教档案》第三辑，第896页。

对此也流露出同情和欣赏的态度,认为从此事中"亦具见我国家二百年来厚泽涤仁,论夷已久,是以人心固结,有感发流露于不自知者"①。

　　从全国的情况来看,自 19 世纪 80 年代以后,地主阶级,无论其上层或下层,都已退出了反洋教斗争的行列。但是在湖南,从 19 世纪 80 年代至 20 世纪初年,湖南官绅始终是充当了倡导、发起或者支持、推动的角色。② 这是近代湖南人民反洋教斗争的重要特色。特别是 1892—1897 年周汉大规模的反洋教宣传活动,乃是湖南官绅反洋教活动最持久的一次。周汉,湖南宁乡人,在籍候补道。他在 1891—1892 年间刊刻了大量的反洋教小册子和揭帖,播散于全国各地,从而促使各地反洋教斗争的兴起和发展。但周汉的行动并不是他个人的孤立行动,是得到湖南官绅支持的。当时美国驻华公使田贝在给总理衙门的照会中就说:"中国士大夫阶级中的反外人和反基督教分子,正在系统地煽惑仇恨,这些分子的大本营和中心,是湖南,他们的宣传品传播到整个帝国之内。"③ 湖广总督张之洞曾责令湘省官吏查办,但"旧本甫毁,新本旋出",查不胜查。他认为这是因为周汉"在湘省颇有名,长沙三书院亦多推重,故代为传播之人甚多",且"湘省无识士绅多有称赞其歌谣各种者","以故劝禁俱穷"。在处理周汉的问题上,湘鄂官吏也颇偏袒周汉。张之洞认为,周汉是"以崇正黜邪为名",如果照列强旨意参办,"于政体有妨",因而建议将周汉调甘肃委差,再发往新疆军营。至于湖南官吏本为周汉奥援,自然不肯参办。后来在列强和总理衙门的恫吓和催促下,他们才对此进行调查。但最后的结论居然认为周汉本人并无刊刻传播反洋教宣传品之事,而是别人假托其名刊播的,显然是有意掩饰。但为了应付列强和总理衙门,只好以周汉平日好发议论,致使有人假托其名,与道员的身份不合为由,将周汉革职,交籍管束。④ 到了 1897 年,周汉再度刊刻大量的揭

---

① 《教务教档案》第三辑,第 297 页。
② 关于周汉反洋教宣传和衡州教案、辰州教案及贺金声起义,采取笔者《贺金声起义述论》《近代衡州人民反洋教斗争论述》《近代湘鄂西人民反洋教斗争论述》《湖南官绅与反洋教斗争》等论文的叙述撰写而成。
③ 卿汝楫:《美国侵华史》第 2 卷,生活·读书·新知三联书店 1953 年版,第 601 页。
④ 《光绪朝东华录》(三),中华书局 1958 年版。

帖、传单，又一次发起了反洋教的宣传活动。此次虽然巡抚陈宝箴在英国领事的要挟下逮捕了周汉，但如何处置，却使湘鄂督抚大伤脑筋，陈宝箴想推给总督张之洞，但张表示不能接受，彼此推托了几次。究其原因，在于湖南官绅的舆论压力。据记载，当周汉被捕之后，宁乡县试的数千童生哗聚公堂，以罢考相要挟，要求释放周汉。最后陈宝箴在压力下虽然不得不监禁周汉，但事后他在表白苦衷时说："非然，无以全大局，亦无以曲全周汉。"① 对周汉事件的处理和透视，可以窥见湖南官绅对外国教会势力是何等顽强的抵拒！正如当时在湖南的日本人安井正太郎在一本书中所写的那样："各国教会的传教士侵入湖南的越多，湖南人的排斥也愈厉害，有名的排斥派首领周汉，使得各国牧师为之胆寒！"②

进入20世纪以后，湖南依然教案及反洋教斗争频发，最有影响的是1900年的衡州教案、1902年的辰州教案及同年的贺金声起义。

1900年衡州教案的直接导火线是衡州的外国传教士企图霸占衡阳县江东岸一带淤地事件。对这块淤地，传教士早存吞并之心，在1889年侵占黄沙湾附近十多亩土地时即已存此意图，但在人民的抵制下未能如愿。这时他们以为时机已到，遂大肆活动，以实现其夙愿。1900年6月，法国教士董哲西指使彭兰生等教民贿赂地方官员，以扩充教堂和建立果园为借口，试图霸占江东岸一带淤地，并勒令居住在该处的农民、船户数百人迁徙，由此引起群众的强烈义愤。但传教士无视群众的要求，反而将前往教堂交涉的居民代表捆送官衙惩治。于是，群众的怒火立即喷发出来，开始了捣毁教堂，驱逐教士的行动。

7月3日，愤怒的群众首先捣毁了南门外的英国福音堂，在械殴中两名德籍教士被击毙。第二天午刻，群众又涌向黄沙湾，包围了法国天主教总堂。当时在教堂的有意大利籍传教士任德高和法国传教士董哲西，他们见状不妙，企图伺机逃跑，但在门口为群众所阻。任德高被击倒，被几个教民拉起逃往北乡，后又远避汉口。董哲西因民愤极大，受殴最重，最后又被群众拖至码头附近处死。接着，群众又将毗邻的育婴堂中

---

① 陈三立：《散原精舍文集》卷五，"先府君行状"。
② ［日］安井正太郎：《湖南》，《湖南历史资料》1958年第4期。

的 200 多名女婴救出来。最后放火焚毁了总堂及育婴堂。

上述事情发生之时，衡州教区主教范怀德与教士安守仁正在耒阳监修杉木桥教堂，闻讯后即乘船返回衡阳。7 月 7 日，船至东岸杨林庙前，为群众发现，将其拽至岸上，痛殴至死。与此同时，衡州各乡群众也纷纷行动起来，捣毁了塘湾、将军庙、占兵町、铁关铺、柴冲等处教堂以及四所育婴堂和一处教会学校（圣心书院）。衡州府所属各县及附近各地，在衡阳人民斗争的鼓舞下，也进行了捣毁教堂、驱逐教士的斗争。仅就捣毁教堂而言，衡山县捣毁一处，常宁县捣毁一处和一育婴堂，耒阳县捣毁五处，永州捣毁三处。此外，一些平时仗势欺良的教民的房屋、财产也受到不同程度的毁劫。①

衡州人民反洋教斗争的发展，引起了帝国主义的恐惧。他们纷纷向清政府抗议，施加压力，要挟清政府惩治与教案有关的地方官吏和所谓"凶手"，赔偿教堂损失。湖广总督张之洞在英国驻汉口领事的恫吓下，电令俞廉三严惩肇事者，并派蔡乃煌前来湖南，督办洋务局，专门办理与英法的赔款、划地等交涉事宜。英法领事也乘坐兵舰赴岳阳坐镇，施加压力。经过近四个月的反复交涉，湖南地方当局屈辱地接受了帝国主义的要求，订立了《湖南衡州议结天主教案合同》。该合同总计十条，其主要内容是：惩办"凶手"十人；赔偿英法教堂损失（其中法国天主堂 37 万两，英国福音堂 1600 两）；在衡州黄沙湾建碑"纪念"亡命教士；在长沙拨出若干地方，给英国建福音堂；衡州府所属各县科举考试，五年内不得在府城开考，只得借邻近如衡山、永州、长沙等地考棚考试，以示惩戒。② 此外，对地方官的惩处也同时进行。衡永郴桂道隆文、衡州知府裕庆因"保护不力"被革职，永不叙用。③

辰州教案发生在 1902 年 8 月，传教士进入辰州较晚，是在 1900 年。是年英国驻汉口领事派传教士管耀清来到辰州府治沅陵，企图在此设堂传教。他在沅陵县下南门府仓巷租佃一间民房作为福音堂，然后四处搜

---

① 李杕：《拳祸记》下册，土山湾印书馆 1900 年版。
② 蔡乃煌：《约章成案汇览》卷三五。
③ 《义和团档案史料》下册，中华书局 1959 年版。

罗信徒。管氏能讲一口流利的湘西土话，又着中国服饰，有颇为便利的"布道"条件。但是，他的努力并未获大的成功。当地人民用消极的办法抵制，故半年之内，入教者不过二人。不久，英国传教士胡绍祖和罗国俞，带着中国翻译薛亨，又来到沅陵。这一次他们将原教堂扩大，但收效甚微。到1902年春，胡绍祖等人将教堂的一部分改为医院，企图以此来收买群众，达到广招信徒的目的。但是当地群众"既不乐信教，复惮于就医"①，传教士的目的也落了空。

1900年夏、秋之间，沅陵突发瘟疫，来势凶猛，时值天气炎热，瘟疫蔓延很快，死者日众。8月30日，有人发现平日与英国教士关系密切的当地寡妇肖张氏在城外上西关施家巷公井旁徘徊，群众顿生疑窦，乃上前查看，发现井内有些漂浮粉末，当即盘诘肖张氏，肖张氏支吾不答，企图脱身，为群众所阻。有人在她身上搜出一包药粉，群众立即怀疑此事与瘟疫有关，追问究竟。肖张氏无奈，承认是传教士唆使她做的。在场群众听罢，认定瘟疫之发定为教士所为。于是群情激昂，2000余名群众立即分路寻觅教士。一路拥向翻译薛亨寓所，将薛殴伤。另一路则直冲福音堂，胡、罗二教士见状不妙，赶紧翻后墙逃走，群众当即将福音堂拆毁，胡、罗二人奔至辰州司衙门，企图寻求保护，但被胥役拒绝。两人只得分头再逃。群众紧追不舍。罗国俞逃至下南门正街时被群众殴毙，胡绍祖逃到伍家坪时因惊厥倒地死亡。这就是辰州教案的经过。②

辰州瘟疫的起因，目前尚无确凿的材料证明是因传教士投毒而起，但是传教士在辰州的所作所为，早已引起群众的不满，肖张氏的可疑行为激发了这种不满情绪。故此，辰州教案仍是外国传教士的恶行所致。但是，卖国的清政府为了博取帝国主义的"谅解"，屈服于帝国主义的压力，对群众采取镇压的手段。英国更是大肆要挟，并派驻汉口副总领事耀思兰至沅陵会同湖南地方官吏处理此事。最后达成了屈辱的妥协，议定了善后的协议四条，内容是：（一）惩办"凶手"，杀戮张永太、贾三

---

① 张浑：《壬寅述事》，此处据杨世骥《辛亥革命前后湖南史事》，湖南人民出版社1958年版。

② 据《光绪朝东华录》（五）和杨世骥《辛亥革命前后湖南史事》。

等十名无辜群众；（二）赔款 1 万英镑，折合白银 8 万多两；（三）在辰州街府衙大堂前坪立碑建亭，"纪念"亡命教士；（四）惩办地方官吏，凡未能尽力保护的地方官吏都给予严厉的处分。① 这样，在外国侵略者的胁迫下，清政府又一次以镇压人民而屈膝投降，辰州人民正义的反侵略斗争反而遭到无辜的镇压。

1902 年 9 月的贺金声起义是 20 世纪初年湖南形成起义的一次反洋教斗争。贺金声为附贡生，曾任翼字右营管带，起义时正在营务处当差，可以说是清政府的下级官吏。他一向对传教士的活动不满，在衡州教案发生时，就利用担任邵阳东乡团总的机会，推动和支持衡州人民的斗争，1900 年 5 月被俞廉三任为管带之后，更多次上书给俞廉三，倡言驱教自守，主张"凡遇一切教案，必须凭理以断，百姓无理，则惩百姓，教民无理，则惩教民，而又必执我中国律例平情定夺"。同时，他还要求俞廉三"照会各国领事，使转会在湘教士，遍饬湘中教民，俾各安本分，无生衅端"，且"湘省素无教堂之处，无得再行添立"。② 1902 年 3 月，俞廉三下令解除贺金声翼字右营管带的职务，调他到营务处当差，同时将其所部兵丁分散到缉私营中。贺金声到营务处后，仍几次要求晋见俞廉三，但都遭到了拒绝。于是，他于 6 月中旬托辞省亲回邵阳，开始组军起义。

贺金声回邵阳之时，辰州、平江、祁阳、醴陵及他的桑梓之地邵阳等处相继爆发了不同形式的反教会侵略的斗争，形成了一次全省范围内的爱国斗争浪潮。而湖南地方当局，却颁布了《保护洋人札文》，饬令各地采取各种办法，严厉防止和镇压各类反教会侵略的活动，这就更激起了人民的反抗情绪。贺金声利用这个有利时机，经过积极筹备，于 1902 年 9 月 18 日在邵东佘田桥宣布起义，打起"尊内攘外"的旗帜，号称"灭洋军"。

宣布起义后，贺金声把矛头指向当时危害地方最深的教会侵略势力。一方面，他刊刻大量揭帖、传单，散布各处，号召人民，还刊刻《劝各

---

① 《光绪朝东华录》（五），总第 4946 页。
② 贺金声：《辛丑上俞中丞书》。

国教士文》《拿教犯书》等文告,分投各衙门。在这些文告中,贺金声揭露了外国传教士在湖南的罪行,要求各国"将所立教堂,速日收除,用快人心"。并明白宣布起义的目的:"我等此举,为身家起见,实为大局起见。"① 另一方面,贺金声还惩处那些民愤极大的教民,如为传教士作侦探的朱二,就是被义军抓获,游示邵阳五十六乡后,按乡规处死的。

贺金声的爱国行动,极受广大群众的欢迎,参加义军的人数不断增加,据俞廉三的奏报投军之人如"蚁附麋集,一二日间,即得数千人"②。义军的成分,主要是农民,其中大多数是哥老会分子,此外是手工业者、游民、下层官吏和乡村知识分子。势力发展极快,旬日之间,队伍发展到数万人。贺金声也乘势把义军带驻邵阳县城。但是,贺金声此时还未放弃对俞廉三的幻想,仍然希望由俞廉三"倡定霸业",派人送信给他,要他"当机立断""协力同心""图济于事",结果错过了向前发展的大好时机。而俞廉三在接到贺金声的信以后,却以"叛逆"罪名奏报朝廷,同时调兵遣将,围剿义军,并设计诱捕了贺金声,接着又加以杀害。这样,方兴未艾的起义,就这样失败了。

晚清湖南发生的教案和反洋教斗争,首先应当肯定的是一种反抗外来侵略特别是传教士的直接为害地方的正义斗争,它与全国其他地区的类似斗争一样,是中国人民爱国运动的一部分,具有积极的意义。但是,这些教案与反洋教斗争反映了作为与中国文化传统根本不同的基督教文化之间的文化冲突。基督教特别是作为或多或少地带有征服中国色彩并与西方各国的经济、军事侵略结伴而来的一种文化,它必然与传统文化孕育出来的中国社会心理和群众的行为准则发生冲突。因此,从一定意义上来说,教案和反洋教斗争,也就是中西两种不同性质、不同传统的文化之间在交融过程中一种冲突。进入民国以后,一方面西方传教士改变了传教策略;另一方面中西文化开始逐步走向融合,人们对基督教的宽容度提高,因此教案鲜少发生了。

宗族械斗、农民起义、会党起事、教案与反洋教斗争以及抗租、抗

---

① 贺金声:《劝各国教士文》。
② 俞廉三:《奏惩办贺金声保奖各员折》,《湖南历史资料》1958 年第 3 期。

粮、抗税，是晚清湖南乡村社会冲突的基本形式，因为各种社会矛盾在不同时期的发展程度不一，因而在不同的时期社会冲突的表现形式不一。大致说来，鸦片战争前后，是以天地会起事和农民自发的起义为主体，并融入太平天国农民战争的浪潮之中；19世纪70年代以后，哥老会兴起，同时外国传教士加紧对湖南的渗透，因此这一时期是哥老会风起云涌的时期，也是教案和反洋教运动频发的时期。到辛亥革命前夕，由于农村的进一步凋敝和清政府加捐加税的所谓新政，乡村的社会冲突以"民变"的形式表现，而且狼烟四起，烽火遍地，预示着社会变革即将发生。

第三节 近代湖南的乡村社会控制

广义来说，"社会控制通常是指人们依靠社会的力量，以一定的方式对社会生活的各方面进行约束，确立与维护社会秩序，使其符合社会稳定和发展需要的过程"①。实际上就是通过各种方法或手段对社会成员的价值观念和行为模式进行影响、规范、约束的过程。"社会控制的基本手段是社会规范。没有社会规范，社会就缺乏约束人们行为的依据和标准，社会控制也就无从谈起。由于社会的复杂性，每一个社会都存在着不同的价值观与社会规范，这里的社会规范主要是指在社会中占主导地位的价值观和规范。社会规范依次分为习俗、道德、宗教、纪律、法律、政权等不同的层次，处于最高层次的社会规范控制力最强，例如政权与法律。社会规范预先决定了社会行为的产生和定向，使社会行为符合社会稳定与发展的要求，从而达到社会控制的目的。"② 从历史时期来考察，晚清是乡村社会从传统社会控制到现代社会控制的转变时期，民国是现代社会控制的建立时期。

---

① 吴增基、吴鹏森、苏振芳主编：《现代社会学》第5版，上海人民出版社2014年版，第328页。

② 吴增基、吴鹏森、苏振芳主编：《现代社会学》第5版，上海人民出版社2014年版，第330页。

一 晚清湖南乡村社会控制

晚清湖南乡村社会控制在鸦片战争后的相当长的一段时期仍然保持着清以来的格局，即强制性的权力控制和相对软性的规范控制。权力控制主要是政权、军队和法律体系。

中国传统的乡村治理结构是所谓"皇权不下县"，即县以下并不设立职官来管理乡村。虽然晚清政府一直致力于建立乡村的行政治理结构，但终清一代，它并没有完成这一进程，只是向这一目标推进，建立了一些基础。

清政府虽然在乡村没有设立职官，但它利用宗族、里甲、保甲、乡约、乡绅等社会组织及成员加强对乡村社会的控制。宗族是乡村普遍存在的血缘组织，湖南尤甚。宗族通过族谱、祠堂、族产等凝聚宗族人心，在社会控制上发挥着重要的作用，是封建专制政治的基础。清政府也赋予宗族管理宗族社会的权力，"地方有堡子大村，聚族满百人以上，保甲不能编查，选族中有品望者立为族正，若有匪类令其举报，倘拘情容隐，照保甲一体治罪"[1]，"凡聚族而居，丁口众多者，准择族中有品望者一人立为族正，该族良莠，责令察举"[2]，赋予了"宗族族长包括处理族中承嗣权、教化权、经济裁处权、治安查举权等在内的各项权力。以法律的形式明确规定宗族作为辅助地方政权、维持地方秩序的一级组织，与保甲并行，这在中国历史上尚属首次，一定程度上反映了清代统治者对于宗族地位和影响的认同与依赖"[3]。

宗族主要是通过族规家法以及创办族学、兴办公共事务来实现其社会控制的目标。族规是对族人的道德规范，一般首先是要求族人遵守国法、完纳钱粮，承担对朝廷的义务，其次规定族人应当遵守的道德规范，特别是儒家的纲常伦理。同时也规定了违反族规所要承担的家法惩处，一般宗族对族人的过错，首先是在宗族内家法处置，并不先行报官。在

---

[1] 《大清律例·刑律·贼盗》。
[2] 咸丰《户部则例》卷三，保甲。
[3] 沈大明：《〈大清律例〉与清代的社会控制》，博士学位论文，南开大学，2004年。

某些乡村，一保一甲实际上就是一个宗族，或者为大姓巨族所把持，或者乡保甲长多为族长、房长，在族内是有名望之人，乡间的民事调解，等同于宗族处理，因此地方官也往往把有关诉讼调解交予宗族处置，这对于维护地方治安，稳定乡村秩序是有益的。宗族还兴办族塾族学，义务提供给本族子弟，奖励获得科举功名的族人，目的也是倡导教化，弘扬儒学，引导社会风气。地方修路架桥、救济贫寒、赈济施粥，宗族也乐意捐输，这些也从正面引导社会，从而起到社会稳定的作用。

里甲（都甲）是乡村社会控制的基本单位。清承明制，清初沿明制，在全国推行里、甲制，"计丁授役，三年一编审，嗣改为五年。凡里百有十户，推丁多者十人为长，余百户为十甲，甲十人。岁除里长一，管摄一里事。城中曰坊，近城曰厢，乡里曰里。里长十人，轮流应征，催办钱粮，勾摄公事，十年一周，以丁数多寡为次，令催纳各户钱粮，不以差徭累之。"[1] 里甲制的主要功能是将粮户按区域编制起来，由里甲长负责调查田粮丁数、编造赋役册籍、催办钱粮，在最初有所谓"勾摄公事"的职责，即负责本里本甲买办、词讼、拘传民事案件当事人及罪犯等。随着保甲制的推行，所谓"勾摄公事"逐渐转移到保甲，而里甲的主要职责则为钱粮了。

保甲制度的具体规定是："户给印信纸牌一张，书写姓名、丁男口数于上。出则注明所往，入则稽其所来，面生可疑之人非盘诘的确，不许容留。十户立一牌头，十牌立一甲头，十甲立一保长。若村庄人数少不及数，即就其少数编之。无事递相稽查，有事互相救应"，[2] 因此，保甲制度实际上是一种治安组织，负责乡村人口清查、弥盗防匪、维持治安，是清政府对乡村社会控制的最基层的组织。随着雍乾时期赋役制度的改革，摊丁入亩和永不加赋政策的实施，里甲的功能逐渐衰退，而保甲制的作用日渐凸显，故保甲成为清咸丰以前乡村社会最有作用的社会组织（咸同以后团练逐步成为乡村社会控制的组织形式）。

湖南乡村里（都）甲制和保甲制的推行与全国其他地区一样（已在

---

[1] 《清史稿》卷一二一，"食货二·役法"。
[2] 《清朝文献通考》卷二二，《职役》，二。

本书第五章第一节论及），乾隆三十七年（1772），湖南废除编户与审定新生人口，推行保甲制。稽查户口，以保甲册为据。"保甲者为防奸设也。"① 编排保甲，户给门牌，书其家长之名与丁男之数，出则注所往，入则注所来。以10户为牌，牌有头；10牌为甲，甲有长；10甲为保，保有正。门牌每年更换一次。户口迁移随时换发。牌头、甲长三年一更代，保正一年一更代。各府、州、厅、县所辖城厢、市镇、村屯居民，从缙绅至商贾、农工、吏役、兵丁皆挨户编审。寺观亦发门牌，以查僧道之出入。客店则立一簿，书寓客姓名、行李，以便稽查。保正、甲长、牌头须以"诚实、识字、勤慎练达有身家之人充任"，限年更换。"查访盗贼，据实举报，按名给赏；徇情隐匿，即予警惩"。② 湖南全省审编保甲的总况，已无从查考，部分州县确已按例编定，里甲逐渐改名都甲、都团。醴陵县于嘉庆十八年（1813）编查烟户人丁，门牌邑令，共编24都、103境；有保正103名，甲长456名，牌头4188名。③ 善化县在嘉庆十九年（1814），家给门牌，每10家为1甲有甲长统于保正，城乡一律，"奸人无所容"④。太平天国运动前后，湘南地区会党活动日趋频繁，永州、郴州、桂阳州等地议定团练章程，严行保甲制度。郴州、宜章二州县，为广东客商往来要道，脚夫肩挑贩运经过的甚多，地方官置循环簿，令各夫行将往来人夫进行登记稽查，随时盘诘。⑤ 同治七年（1868），浏阳县册载牌长9235名，甲长2940名，保正121名。⑥

遍布于湖南乡村各地的保甲组织，成为晚清湖南乡村社会控制的官方主流渠道。

军队是社会控制最强力的手段。鸦片战争以前，清朝实行的是八旗常备兵制与绿营兵制相结合的军事制度。湖南不驻扎八旗兵，绿营负责当地的防卫及协助地方行政官员进行捕盗、缉私、消防等治安行动，类

---

① 同治《浏阳县志》，"食货一·户口"。
② 《清史稿》，"食货志·食货一·户口"。
③ 《醴陵县志》，嘉庆，卷六。
④ 《善化县志》卷三，"疆域·乡里都甲"。
⑤ 《清宣宗实录》卷三四九，"道光二十一年甲寅谕"。
⑥ 同治《浏阳县志》，"食货一·户口"。

似警察。清朝在湖南设督标、抚标、提督各一名，掌管全省绿营。驻防情况如下：

表 8-1　　　　　　　　　清代湖南绿营驻防表

镇	镇筸镇、永州镇、绥靖镇
协	长沙协、衡州协、宝庆协、沅州协、靖州协、永顺协、乾州协、常德协、永绥协
营	岳州营、道州营、临武营、宜章营、桂阳营、保靖营、九黪营、武冈营、绥宁营、长安营、镇溪营、永定营、辰州营、古丈坪营、河溪营、岭东营、龙阳营
卫	岳州卫

此外，在苗族、瑶族等少数民族集聚地，屯集丁勇，在凤凰厅、乾州厅、永绥厅、永顺县、保靖县共驻兵 8000 名，由辰沅道统辖。同时，在凤凰厅、乾州厅、永绥厅、永顺县、保靖县分设苗兵 2000 名、800 名、1800 名、100 名和 300 名。①

绿营不仅是清代的国防力量，也是对内镇压任何反抗政府的武装力量，更重要的是，在清末新式警察建立之前，它实际上承担了维护社会治安的作用。在乡村地区，它是社会控制的重要的手段。绿营的乡村社会控制作用是通过塘汛体系来实现的。一般来说，绿营在府城所在设营，也有在州县设营的情况，如从上述湖南绿营设营情况来看，17 个营并非都在府州县城，也有设在重要的乡镇所在，特别是在湘南、湘西等少数民族居住的地区，所设镇、协、营是非常密集的。遍布乡村的塘汛，则是清政府对乡村社会进行控制的体系。湖南塘、汛基本上设在县以下的乡村，而且并非每个县都设营或汛，一般是一协或营下辖多县的塘汛。如长沙协就下辖长沙县、善化县、湘阴县、浏阳县、湘潭县、醴陵县、宁乡县、益阳县、湘乡县、茶陵县 10 个县的塘汛，衡州协则下辖衡阳县、清泉县、衡山县、耒阳县、常宁县、酃县 6 个县的塘汛。

---

① 卞宝弟、李瀚章修，曾国荃、郭嵩焘等纂：《湖南通志》光绪十一年本，卷七十九《武备志二》《兵制二》，台北：华文书局 1967 年版，第 1767—1778 页。

各州县的塘汛数量不一，视其区域大小和域内山川形势而定，此将长沙协所辖塘汛列表如下：

长沙协下辖塘汛表①

州县	塘汛
长沙县	总铺塘、王家铺塘、平头铺塘、清水铺塘、桥头铺塘、任家铺塘、穀潭铺塘、新河塘、下泥港塘、金子湾塘、新康塘、靖港塘
善化县	总铺塘、新开铺塘、黑石铺塘、大托铺塘、廻龙铺塘、暮云铺塘、瓦店铺塘、赤竹铺塘、白箬铺塘、南湖港塘、枯石望塘、廻龙港塘、汤家港塘
磊湘阴县	总铺塘、袁家铺塘、界头铺塘、五崙铺塘、杨梅铺塘、归义驿塘、黄穀铺塘、关山铺塘、大荆驿塘、杨汉湖塘、湾河口塘、樟树港塘、青泥望塘、桥口塘、白鸟潭塘、林子口塘、塞梓庙塘、八字脑塘、乌龙嘴塘、芦陵潭塘、黄陵庙塘、土星港塘、白鱼岐塘、沈沙港塘、琴棋望塘、帚竹口塘
浏阳县	上洪塘
醴陵县	双江口塘、金华观塘、铁河口塘、神福港塘、石亭塘、山口塘、渌口塘、昭陵滩塘
湘潭县	板塘铺塘、团山铺塘、嵩塘铺塘、昭霞铺塘、新造铺塘、飞羊铺塘、冷水铺塘、穀塘铺塘、茶园铺塘、长岭铺塘、述塘铺塘、中路铺塘、黄茅驿塘、白石铺塘、西冲铺塘、青石铺塘、南冲铺塘、总铺塘、鸭头铺塘、戚里铺塘、拓木铺塘、文星阁塘、张公石塘、湘河口塘、下摄司塘、向家港塘、古磊洲塘、下湾塘、株洲塘、小麦港塘、山门滩塘、滏田塘、龙船港塘、朱亭塘、晚洲塘、都石驿塘
宁乡县	历经铺塘、油草铺塘、河斗铺塘
益阳县	宁家铺塘、沧水铺塘、衡龙铺塘、总铺塘、白鹿铺塘、迎风铺塘、八字哨塘、将军庙塘、龙打窖塘、蓝溪塘、桃花江塘、舒堂塘、三ална街塘、马家塘
湘乡县	总铺塘、新研塘、株津铺塘、石子铺塘、搭泥铺塘、牌头铺塘、青石铺塘、永丰塘、吴湾铺塘、武障铺塘、界头铺塘
茶陵州	溅里塘、鼋王庙塘

长沙协所辖都是塘，也有的镇、协既辖塘，亦辖汛。如永州镇下辖

---

① 卞宝弟、李瀚章修，曾国荃、郭嵩焘等纂：《湖南通志》光绪十一年本，卷七十九《武备志二》《兵制二》，台北：华文书局1967年版，第1778—1779页。

的江华县，就辖有闹塘汛、香山营汛、青丝井汛、欧阳山汛、白芒营汛、涛墟汛、漕滩汛、大桥汛、白石山汛、高村汛、娘娘庙汛、背江汛 12 汛和斜路塘、水泉铺塘、黄泥渡塘、冷饭滩塘、白石关塘、清塘坳塘、李荡坪塘、梅子沟塘、官渡塘、黄沙河塘、蒋家河塘 11 塘及锦田所。①

但是，无论设塘设汛，绿营塘汛系统确实遍布于乡、镇，重要的地理险要和通道、桥梁、隘口。

各塘汛视其重要性所驻兵丁不一。如长沙协所辖各塘驻兵，最少 3 名，最多 4 名，大概是所辖州县均省城附近，本身就是重兵把守之地；而永州镇所辖江华县，则驻兵较多，最多为大桥汛，驻兵 45 名以上，最少为梅子沟塘、官渡塘、黄沙河塘、蒋家河塘，各 5 名，其次为闹塘汛，驻兵 6 名。其他塘汛均在 13—20 名之内。② 这是因为江华地处湘南，与广东、广西交界，也是少数民族聚集的地方，清朝政府必须严加防范。

塘汛是清代乡村社会控制的重要力量，承担着弹压民变、治安巡查、缉捕盗贼、查拿违禁、解送粮饷、犯人，守护衙门、监狱以及临时差遣等事务，是维护乡村社会秩序的主力。对民变等突发事件，驻防营汛系统协同州县官吏及时处置，"地方刁民强行勒逼平民约会抗粮，聚众联谋，敛钱扰讼，抗官塞署及有罢市、罢考、殴官等事，该管武职既经闻信，无论是非曲直，实力擒拿，倘未能实力擒拿，以致当场脱逃者，限满不获，同城武职及不同城兼辖、统辖并总兵、提督均照例分别议处"③。属于地方治安的"当街搭台酬神止许白昼，演戏如夜深悬灯唱戏，男女拥挤混杂喧哗，恐滋生斗殴、赌博、奸窃等事，武职该管官严行禁止"，甚至"地方有私宰耕牛、马匹"，"地方奸民私铸钱文"，"地方有奸民将制钱剪边、毁化至十千以上或不及十千者"，"地方有奸民倡设邪教，附和邪术，煽惑愚民以致酿成逆叛不法，及自称为神、为佛传布符水、经板，煽惑愚民，集众多人，结会敛钱、张旗鸣锣"，"西洋人潜在内地传

---

① 卞宝弟、李瀚章修，曾国荃、郭嵩焘等纂：《湖南通志》光绪十一年本，卷七十九《武备志二》《兵制二》，台北：华文书局 1967 年版，第 1781 页。
② 卞宝弟、李瀚章修，曾国荃、郭嵩焘等纂：《湖南通志》光绪十一年本，卷七十九《武备志二》《兵制二》，台北：华文书局 1967 年版，第 1781 页。
③ 《钦定中枢政考》，绿营卷二五《杂犯》，上海古籍出版社 2002 年版，第 337 页。

教，并民人传习西洋教者"，"凡地方不轨之徒歃血订盟，结连兵役为害良民"，"遇有聚众械斗案件"，"恶棍在街，借端挟诈，勒骗钱财，搅扰市肆行凶者"，"匪徒诡立花会名色，编号制筹，邀集多人，播骰聚赌"，等等，均是塘汛官兵必须管理之事，否则将受到惩处。①

可见，绿营塘汛实际上承担了现代社会警察的职能，也与当时的地方吏胥、捕役的职责相重叠，在某种程度上也使得绿营平日忙于治安事务，缺少训练，因而在太平天国运动时期望风披靡，不堪一击，最终被营勇和团练所淘汰。

太平天国运动失败以后，随着清政府对绿营军队的裁汰，乡村社会控制的武装力量逐步转移到团练手中，至少在湖南相当一些乡村地区，团练成为镇压地方民变、维持地方治安的主要力量。实际上，在太平军进军湖南以后，在曾国藩的指挥下，团练就充当了镇压农民起义的主力。太平天国起义后，清政府命各地举办团练，曾国藩督办湖南团练，湖南各地纷纷举办团练，成为这一时期镇压农民起义和会党起事的主力。据载，湖南团练这一时期镇压农民起义和会党起事较大的有：

> 咸丰二年（1852）冬，江忠源镇压浏阳周国虞征义堂起义；
> 咸丰三年（1853）正月，骆秉章、曾国藩派张荣祖镇压攸县洪利父子的暴动；
> 二月，派刘长佑、王鑫等镇压常宁农民反抗；
> 派张荣祖至宜章、桂东、临武镇压会党；
> 派刘长佑、王鑫镇压衡山农民反抗；
> 三月，派张荣祖等镇压永兴、安仁等地的反抗斗争；
> 四月，派朱孙诒镇压安化串子会起事；
> 四月至六月，派张荣祖、王鑫等镇压进入桂东、永兴的江西义军；
> 四月至六月，派兵至永明、江华、蓝山、临武、零陵镇压进入湖南的广西义军；派罗泽南等镇压鄱县、衡山的农民暴动；

---

① 《钦定中枢政考》绿营卷二五，《杂犯》，上海古籍出版社2002年版，第311—355页。

七月，派王鑫等镇压进入兴宁的广东义军；

九月，派塔齐布等镇压由江西进入茶陵、安仁的义军；

十月至十一月，镇压道州何贱苟领导的天地会起义。①

团练对湖南农民起义和会党起事的镇压，强化了这一时期湖南乡村社会的控制，也使得团练成为湖南乡村社会控制的主要力量。其中最有名的为"湘乡新宁外，宁乡之五福团、湘阴之长乐团、浏阳之东南乡团、平江之东北乡团以及永明之桃川、宜章之三堡、桂东之龟头勇"②。至于各州县所办团练，遍布城镇乡村：

长沙县城内上铺分二十九团，中铺东段十八团，西段二十二团，下铺十八团；东西北三乡共十都，每都十甲，或一甲为一团，或数甲为一团，择甲内适中公庙或社仓公所为团局。乡团属之绅士，城团则委员领之，遴派团总团佐什长稽查保甲。

善化县城内分铺设团，乡间设局，遴派团总团佐。

湘阴县就地势分段立团，团有总，合数团或十数团立一总局，为局二十有八，局有总；城内不设局，有事则秉命于官。

浏阳县县城有大团一，辖小团十有二，县东有大团六，辖小团八十有三；县南大团三，辖小团九十；县西大团三，辖小团四十有二；县北大团七，辖小团六十有七。

湘乡县城内设总团局，四乡分上中下三里，各立总局，按粮集费，制旗帜器械甚备，俱存各里总局，有警则募勇立营守界，而附近团勇佐之。

常宁县设团局县城，分四乡为三十二团，有警则每团以十人入城守，急则倍之。

酃县城中设总局，按都立团，计为团十有四。

---

① 王继平：《太平天国时期的湖南社会》，《求索》2016 年第 3 期。

② 卞宝弟、李瀚章修，曾国荃、郭嵩焘等纂：《湖南通志》光绪十一年本，卷七九《武备志二》《兵制二》，台北：华文书局 1967 年版，第 1794 页。

邵阳县城中设总团局,四乡设团局,皆择正绅主之。

平江县凡百四十六团。①

遍布城镇乡村的团练在太平天国时期承担着防备和剿灭各种农民起义和会党起事的任务,成为咸同时期乡村社会控制的武装。太平天国失败后,团练虽没有战时的活跃,但仍然保留作为民兵组织,特别是团练的总局、团局,在一段时期内俨然是湖南乡村治安管理乃至行政管理的政权机构,这一状态直到清末试办警察才改变。

湖南最早具有警察职能的是戊戌维新时期的保卫局,但保卫局局限长沙一地,基本是城市警察和城管的混合,戊戌政变后裁撤并归属保甲局(后改成保甲团练总局)。湖南警政的开办,特别是延伸到乡村的警区设置,是 20 世纪头 10 年的事情。在正式警察成立前,1906 年,湖南巡抚庞鸿书成立了具有巡警的性质的巡防营,分中、东、西、南 4 路,路下分队,每队 3 哨,每哨 10 棚,每棚士兵 10 名,以后叠有增加。巡防营主要职责"遇有巡警缉捕盗贼逃犯,协同缉拿;遇有地方人民作奸犯禁、妨害治安或聚众械斗暨盗贼滋扰、土匪潜伏,随地分别弹压、解散、捕剿、拘拿",② 实际承担巡警的职责。

1905 年 10 月,清政府下令设立巡警部,掌管全国警务。同年,巡抚赵尔巽改保甲团练总局为湖南警务总局,是为湖南创办新式警察之始。1907 年,清政府下令在各省设巡警道,湖南于 1908 年在省会设立巡警道署,主官为巡警道,改警务总局为湖南警务公所,警务公所作为巡警道的办事机构,设总监 1 人,警务公所外设东、南、西、北、外南、外北及水陆洲等 7 个警务区,每区设区长 1 人,区巡官 1 人,书记 1 人,守卫兵 6 名,设 27 个警务段,共有警务人员 1071 人,③ 实际上在省会出现了乡村警察。

省会设置警察以后,各州县亦陆续设立警察。

---

① 卞宝弟、李瀚章修,曾国荃、郭嵩焘等纂:《湖南通志》光绪十一年本,卷七九《武备志二》《兵制二》,台北:华文书局 1967 年版,第 1795—1796 页。

② 刘锦藻撰:《清朝续文献通考》卷二〇四,浙江古籍出版社 2000 年版,第 9526 页。

③ 湖南警务公所编:《湖南警务文件杂存》,湖南省图书馆藏。

真正在乡村履行社会控制职责的警察始于警区的设立。1907年，清政府颁布《各省官制通则》，规定各州县"应将所管地方酌分若干区，各置区官一员"，"掌理本区巡警事务"。[①] 次年4月，清政府民政部拟定《各省巡警道官制》，重申了这一规定。[②] 1909年以后各省巡警道陆续设立，各州县警务机构一般称警务公所，由巡警道委派区官，作为区乡一级警务行政首领；委派巡官、巡长作为警区首领。一些地方还保留地方推举产生的警董，负责筹集警款。省会长沙设7个警区，各府厅州县也相继设立了警务公所，划立警区，也有的与地方自治筹备机构合署办公，如湘乡县按《城镇乡自治章程》，分别在上、中、下三里设立公务总局，各都、市设立公务分局。总局设局绅（亦称总干事员）、警务长、会计员、书记员各1人，各都、市分局设议绅1人、干事员（都总）若干，组成总局会议。[③] 作为较为单一的基层区划，警务公所和警区的主要职能是卫生管理、交通管理以及公共场所管理，主要包括戏园、妓院、茶楼酒肆、客栈等。据宣统二年（1910）《湖南各府厅州县现办警务事实统计表》记载：全省13个府、州除长沙府设置警务公所外，其余12个府、州均设巡警局。全省75个厅、州、县亦设立巡警局，共划分警区152个。[④]

因此，从清朝开国以来，先后由绿营塘汛、地方团练、新式警察组成的武力社会控制手段，对广大乡村社会构成严密的控制网络，随时消弭乡村农民起义、会党活动以及一切危害清朝统治的任何反抗和敌对行为，当然也履行缉盗、剿匪、看守、押解等国家的公共管理职能。

法律也是晚清社会进行社会控制的重要手段和方法。清入关之初便依明律量刑治罪。1646年颁布了清代第一部法典《大清律集解附例》，此后经过几次修订，于1725年正式颁布《大清律例集解》《大清律例增修统纂集成》。1727年修成《大清律例》。至此，大清法典最终定型。《大

[①] 故宫博物院明清档案部：《清末筹备立宪档案史料》上册，中华书局1979年版，第510页。
[②] 《大清法规大全》，台北：考正出版社1972年版，第833页。
[③] 湘乡县志编纂委员会：《湘乡县志》，湖南出版社1993年版，第609页。
[④] 湖南省地方志编纂委员会：《湖南省志》，公安志。

清律例》通过维护地主土地所有制、维护封建宗法等级社会，镇压各种反抗封建秩序等规定，加强乡村社会的控制。

对非法侵占土地，《大清律例·户律·盗卖田宅》条规定：

> 凡盗他人田宅卖、换易及冒认，若虚起钱实契典买及侵占他人田宅者，田一亩、屋一间以下笞五十，每田五亩、屋三间加一等，罪止杖八十、徒二年。系官者，各加二等。若强占官民山场、湖泊、茶园、芦荡及金、银、铜、锡、铁冶者，杖一百、流三千里。若将互争及他人田产妄作己业，朦胧投献官豪势要之人，与者、受者各杖一百、徒三年。等项田产及盗卖过田价，并递年所得花利，各还官，给主。若功臣有犯，照律拟罪，奏请定夺。①

对非法获取土地使用权的行为也实行严厉的制裁，《盗耕种官民田》条规定：

> 凡盗耕种他人田者，一亩以下笞三十，每五亩加一等，罪止杖八十。荒田，减一等。强者，各加一等系官者，各又加二等。花利，归官、主。②

对于土地买卖，律例也有规定：土地买卖的契约必须经官府同意，履行税契的法律程序，违反者要受到制裁：

> 凡典买田宅，不税契者，笞五十，仍追契内田宅价钱一半入官。不过割者，一亩至五亩笞四十，每五亩加一等，罪止杖一百，其不过割之田入官。若将已典卖与人田宅朦胧重复典卖者，以所得重复典卖之价钱计赃，准窃盗论，免刺，追价还后典买之主，田宅从原典买主为业。若重复典买之人及牙保知其重典卖之情者，与犯人同

---

① 《大清律例·户律·田宅》。
② 《大清律例·户律·田宅》。

罪，追价入官。不知者，不坐。其所典田宅、园林、碾磨等物，年限已满，业主备价取赎。若典主托故不肯放赎者，笞四十，限外递年所得多余花利追征给主，仍听依原价取赎。其年限虽满，业主无力取赎者，不拘此律。①

对封建的政治秩序的维护，《大清律例》有严厉的细则规定。对组织秘密会党，清律以"谋叛"罪惩治，规定："结会树党，阴作记认，鱼肉乡民，凌弱暴寡者，亦不论人数多寡，审实将为首者照凶恶棍徒例发云贵、两广极边烟瘴充军，为从减一等，被诱入伙者杖一百枷号两个月，各衙门兵丁青役入伙者，照为首例问拟。"②

对民间秘密宗教予以严格取缔和镇压，规定："凡师巫假降邪神、书符咒水、扶鸾祷圣，自号端公、太保、师婆名色及妄称弥勒佛白莲社、明尊教、白云宗等会，一应左道异端之术，或隐藏图像、烧香集众，夜聚晓散、佯修善事，煽惑人民，为首者绞（监候），为从者各杖一百、流三千里。"③

此外，大清律例在维护公共秩序、强化等级制度、规范经济秩序等方面做了烦琐、细致的规定，对强化乡村社会控制编织了细密的网络。虽然到清末，随着资本主义的发展和西方法律观念的传播，清政府开始启动了对于法律的修订进程，但终清一代，清律作为乡村社会控制的主要强制性手段，一直是不断强化的。

清政府也利用文化的措施来强化对乡村社会的控制。一方面是通过宗族、乡约、乡绅等中介从教化的角度进行规范和约束，以使乡村民众认同与接受政府的价值观和意识形态；另一方面，则是以法律的形式规定乡村的礼俗、习惯以及乡村日常的文化娱乐活动，以达到所谓和睦敦厚乡风民俗的目的。

宗族的教化作用主要是通过族规来实现的。族规除了规范族人在宗

---

① 《大清律例·户律·田宅》。
② 《大清律例通考校注》卷二三。
③ 《大清律例通考校注》卷一六，"禁止师巫邪术"。

族内部的行为之外,在规范族人遵守国家法律、完纳钱粮、惩处伤风败俗行为、引导社会风俗方面,也有各种规定。如湖南《湘阴狄氏家规》规定:

> 钱粮为天庚正供,自应踊跃输将,年清年款。如有拖欠把持,除饬令完纳外,带祠重惩,以免效尤。
>
> 窝窃分赃,显干国法。犯此者除将屋宇拆毁外,带祠重惩。子弟犯盗者同。
>
> 博弈、饮酒,不务正业,败家之道,恒必由之。犯此者带祠重责。
>
> 入孝出弟,弟子宜然,属在梓桑,尤当恭敬。倘不肖子弟出言无状、冒渎尊长者,带祠扑责。
>
> 榆社梓乡,无非亲友。凡遇事端,自应从中解释,不得播弄是非。倘有不肖子弟,惯唆惯怂,滋扰乡邻,一经家长闻知,带祠立予重惩。
>
> 百善先孝,万恶首淫。如有灭纪乱伦、行同禽兽者,送官严惩不贷。
>
> 日出而作,日入而息,农家恒情也。倘不肖子弟无故黑夜游行,大恐别生事故,犯此者带祠扑责。
>
> 夫妇为人伦之首,婚嫁尤必以时。如有嫌贫爱富,勒女旷夫;借故生端,逼子退媳,虽村妇之无知,为人伦之大变。犯此者,用家法惩其夫主家不正。
>
> 强掘强牵,不守本分,恃强凌弱,饰智欺愚,一味横行,扰害乡里,犯此者带祠立予重惩。①

可见族规对族人的价值引导是与朝廷保持一致并将对朝廷的义务置之首位的,因此清政府对于宗族是视为其社会控制的重要途径的,授予

---

① 《湘阴狄氏家规》,费成康:《中国的家法族规》,上海社会科学出版社1988年版,附录。

族长包括处理族中承嗣权、教化权、经济裁处权、治安查举权等在内的各项权力，"凡聚族而居，丁口众多者，准择族中有品望者一人立为族正，该族良莠，责令察举"①。尤其是认可宗族一定的司法权力，"凡同族之中有凶悍不法、偷窃奸宄、怙恶不悛，许族人呈明地方官，照所犯本罪依律科断，详记档案。若经官惩治后，尚复怙恶不悛，准族人公同鸣官，查明从前过犯实绩，将该犯流三千里安置，不许潜回原籍生事为匪，倘族人不法，事起一时，合族公愤，不及鸣官，以致身死，随即报官者，该地方官审明死者所犯劣迹，确有实据，取具里保甲长公结。若实有应死之罪，将为首者照罪人应死擅杀律，杖一百。若罪不至死，但素行为通族之所共恶，将为首者照应得之罪减一等，免其以抵"②。

乡约也是清代乡村社会控制的重要组织。"乡约者，一乡之人共同订立，以劝善惩恶为目的，而资信守之一种具文规约也。"③ 乡约以区域或宗族为范围，"或一图、或一族为一约。其村小人少附大村，族小人少附大族，合为一约。各类编一册，听约正约束"④。乡约主要通过圣谕宣讲等活动，在协助朝廷保持意识形态方面的控制起到了极为重要的作用。顺治时期设立乡约制度，讲解顺治六条谕旨原文。雍正七年（1729）规定：各省应于"大乡大村人居稠密之处设立讲约之所，于举贡生内拣选老成者一人以为约正，再选朴实谨守者三四人为值月。每月朔望齐集乡之耆老里长及读书之人，宣讲《圣谕广训》，详示开导，务实乡曲愚民共知鼓舞向善。至约正、值月果能化导督率，行至三年，卓有成效，督抚会同学臣择其学行最优者具题送部引见，其诚实无过者量加旌异以示鼓励，其不能董率、怠惰废弛者即加黜罚"⑤。

乡绅是中国封建社会特有的社会阶层，清代县以下没有设立职官，乡绅实际上充当了官府与百姓沟通的中介，在乡村社会控制中扮演着极

---

① 咸丰《户部则例》卷三，保甲。
② 《清会典事例》卷八一一。
③ 黄强：《中国保甲实验新编》，正中书局1936年版，第21页。
④ 嘉靖《徽州府志》卷二，《风俗志》。
⑤ 《钦定大清会典事例》，京师官书局光绪二十五年（1899）石印本，礼部，风教讲约一，卷397页。

第八章　近代湖南乡村社会冲突与社会控制　❖　541

为重要的角色。晚清湖南是绅权极度膨胀的时期，湘军的崛起，造就了庞大的乡绅群体。湘军的崛起使湖南人获得了除科举之外的另一条进阶之路，这就是军功和捐输。有记载说："湘、淮、楚营士卒，徒步起家，多擢提、镇、参、游以下官，益累累然。"① 据光绪十一年（1885）刻《湖南通志》统计，全省因军功保举武职游击以上人员即达6319人之多，其中提督478人，总兵1077人，副将1534人，参将1464人，游击1766人。② 武功保举并非人人能够补缺，这就使得湖南乡村有大批候补的官员，成为乡绅。加上有科举功名而未入仕、因捐输获得功名或候补官职的群体，太平天国运动之后湖南乡绅成为乡村社会庞大的群体，也成为乡村社会控制的重要力量。"凡地方之公事，大都由绅士处理，地方官有所兴举，必与绅士协议，绅士之可否，即为地方事业的兴废。"③ 例如，湖南团练基本上是由乡绅组织的，57位团练领袖中，乡绅有32位，其中进士4人，举人6人，生员13人，监生1人，捐生4人。此外25人为平民。④ 此外，湖南乡绅还通过兴办学校、修路架桥获取地方声望，并干涉地方事务，引导社会价值观念。

以法律的形式规定乡村的礼俗、习惯以及乡村日常的文化娱乐活动，以达到控制乡村社会风俗人心的目的。据沈大明研究，清代对乡村礼俗习惯及文娱活动的控制达到了非常细密的程度，《大清律例》中有许多详细的规定。⑤ 例如对于坊间流行的文艺作品，清律也有限制："凡坊肆市买一应淫词小说，在内交与八旗都统、都察院、顺天府，在外交督抚等，转行所属官弁严禁，务搜板书，尽行销毁。有仍行造作刻印者，系官革职，军民杖一百，流三千里市卖者杖一百，徒三年买看者，杖一百。该管官弁不行查出者，交与该部按次数分别议处。仍不准借端出首讹诈。"⑥

---

① 罗尔纲：《湘军兵志》，中华书局1984年版，第161页。
② 李翰章等修，曾国荃等撰：《湖南通志》卷一四一，第2794页。
③ 攻法子：《警告我乡人》，《浙江潮》第2期。
④ 郑亦芳：《清代团练的组织与功能》，《中国近现代史论集》第33辑，台湾商务印书馆1986年版，第657—658页。
⑤ 沈大明：《〈大清律例〉与清代的社会控制》，博士学位论文，南开大学，2004年。
⑥ 《大清律例·刑律·贼盗》。

对民间戏曲演出，不仅有内容的限制，演出时间也有限制，"凡乐人扮做杂剧戏文，不许装扮历代帝王后妃及先圣先贤、忠臣烈士神像，违者杖一百，官民之家，容令装扮者，与同罪"，"必按照史传实事，择其中忠孝节义，足以劝善惩恶者，方准扮演"，①"城市乡村，如有当街搭台悬灯唱演夜戏者，将为首之人，照违制律，杖一百，枷号一月，不行查拿之地方保甲，照不应重律，杖八十，不实力奉行之文武各官，交部议处"。②对一些民间信仰，朝廷认为有危害其统治，或蛊惑人心、有害风俗的，均加以禁止："凡师巫假降邪神，书符咒水，扶鸾祷圣，自号端公、太保、师婆，及妄称弥勒佛、白莲社、明尊教、白云宗等会，一应左道异端，或隐藏图象，烧香集众，夜聚晓散，佯修衫事，煽惑人民，为首者绞监候，为从者各杖一百，流三千里。""若军民装扮神像，明锣击鼓，迎神赛会者，杖一百。罪坐为首之人。"③

总之，清政府为了维护其专制统治，采取各种手段和方法，通过各种渠道对乡村社会进行控制，作为以少数民族入主中原而建立的政权，虽经数百年的融合，其防范民族反抗和维持社会稳定的焦虑交织在一起，使之进行社会控制的细密也是超过历代封建王朝的。

二 民国湖南乡村社会控制

民国时期是社会矛盾比较激烈的时期，乡村经济凋敝，初期军阀混战，民不聊生，南京国民政府成立后，形式上获得统一，实际上仍然各派势力互相争夺。中国共产党领导的土地革命也在广大的乡村进行，成为国民党统治的最大威胁。1937年全面抗战开始，国民党在抵抗日军的同时，也在极力防范和限制共产党。因此，民国时期北京政府和南京国民政府对于乡村的控制是非常强力的，包括政治控制、军警控制、法律控制、文化控制等各方面的控制。

政治控制。所谓政治控制主要是通过政权进行控制。清末开始的城

---

① 《大清律例·刑律·杂犯》。
② 《大清律例·刑律·杂犯》。
③ 《大清律例·礼律·祭祀》。

第八章　近代湖南乡村社会冲突与社会控制　❖　543

镇乡自治使几千年来"皇权不下县"的状况开始改变，虽然在国民政府成立前县以下乡镇政权一直变动不居，但毕竟建立了乡镇政权机构，实行了国家权力的向下延伸。国民政府成立以后，先后通过了《县组织法》和《县各级组织纲要》，建立了比较完整和系统的县以下的行政结构。《县组织法》规定：

> 各县按户口及地方情形，分划为若干区，除因地方习惯或地势限制，及有其他特殊情形者外，每区以十乡镇至五十乡镇组成之。
>
> 凡县内百户以上之村庄地方为乡，其不满百户者得联合各村庄编为一乡，百户以上之街市地方为镇，其不满百户者编入乡。但因地方习惯或受地势限制及其他特殊情形之地方，虽不满百户，亦得成为乡镇。乡镇均不得超过千户。
>
> 乡镇居民以二十五户为闾，五户为邻，但一地方因地势或其他情形而户数不足时，仍得依县政府之划定，成为闾邻。[①]

《县各级组织纲要》规定：

> 县以下为乡镇，乡镇内之编制为保甲。县之面积过大或有特殊情形者得分区设署。
>
> 各县政府因县之面积过大或有特殊情形者，得依县政府分区设署规程之规定，分区设署。区之划设以十五乡镇至三十乡镇为原则。
>
> 乡镇内之编制为保甲，每乡镇以十保为原则，不得少于六保，多于十五保。
>
> 保之编制以十甲为原则，不得少于六甲，多于十五甲。
>
> 每甲以十户为原则，不得少于六户多于十五户。
>
> 甲设户长会议，由本甲各户之户长组织之。[②]

---

① 《县组织法》，商务印书馆1931年版。
② 钱端升等：《民国政制史》下，上海人民出版社2011年版，第632—637页。

上述两个制度设计，都是以县以下的自治为基础的。但是，由于各方面的原因，乡镇自治之成效差强人意，梁漱溟在1931年就乡镇自治评论说：

> 从17年（1928年）起，地方自治运动又起，有好些省设立自治筹备处。湖南就是这样，曾设立自治人员训练所，大规模地训练人才，举曾任湖南省长的曾继吾为自治筹备处长，从17年至18、19年（1928至1930年），约数年之久。又江苏江宁县亦进行地方自治，设立村治育才馆。浙江则设立地方自治专修学校。凡此皆是从民国17年（1928年）开办，不过有的由省来作，有的由县来作。由县来作的除江宁县外，还有孙中山的家乡——孙中山县亦办地方自治，定为全国模范县，有大批的款项，派好多党国要员筹备办理。到了今日，无论由县作的，由省作的，所有地方自治统统失败，所有地方自治机关统统取消了。只听见取消，没听见有人反对取消；取消之后亦无人可惜。如湖南花费200万款项，经历数年之久的工夫，毫无成绩，只有取消完事。①

即使国民党和国民政府对自治的推行也深感难以为继：

> （第）三次代表大会政治决议案定（地方自治）为最重要的实际工作。中央秉斯决议，既竭全力以推行，然军兴之际，反动势力控制的省份，既苦于不能奉行中央之教令，其他各省又大半受"匪共"横行之影响，自治组织之能如期完成者，犹在少数……②

1935年11月22日，国民党第五次全国代表大会通过的议案更是作了总结："回顾过去成绩，全国1900县中，在训政将告结束之际，欲求

---

① 梁漱溟：《中国之地方自治问题》，山东乡村建设研究院1935年版，第34页。
② 《国民党第三届中央执行委员会第四次全体会议宣言》，《县政资料汇编》（上册），中央政治学校研究部编，1939年版。

一达到建国大纲之自治程度,能成为一完全自治之县者,犹杳不可得,更遑言完成整个地方自治工作。"①

《县各级组织纲要》对乡镇组织设计更为细密,自治程序安排也十分周全,但由于是抗战时期,推行效果也十分有限。湖南只有少数县召开了乡(镇)民代表会议和保民大会,选举了乡镇长和保长,大多数是在1945年之后完成的。

虽然从自治的角度来考察,民国前期和国民政府时期的乡治是不成功的,但从乡村治理特别是乡村政权建设的角度来看,还是取得了很大的成效。这就是建立了完整和系统的乡村组织结构:乡(镇)、闾、邻(《县组织法》)——乡(镇)、保、甲(《县各级组织纲要》)。同时设置了乡镇和保的办公机构,有比较稳定的行政经费,职能也相对完备。在部分县乡,还建立国民党的区党部、区分部。因此,就乡村社会控制来说,在通过政权进行控制方面来说,民国时期比晚清更为细密和完整,因而也更富效率。

与乡村政权建设同时,民国时期还大力推进保甲制度,以加强对乡村社会的控制。1929年,湖南省政府为"围剿"共产党创建的革命根据地而在平江、浏阳及湘东南等边区县内推行保甲制,称这些边区县为"绥靖县",称共产党员、工农红军和一切革命者为"匪"。保甲制以5牌为甲,100户以上为保,保以上为团,据此清查户口,办理联保切结。声称:"绥靖各县在办理保甲之中,仍寓提供自治之意,与自治法规定的5户为邻,5邻为闾,100户以上为乡镇者,实相吻合。"②

1934年底,国民党政府饬令各县举办保甲制度。1935年1月31日,湖南省政府制定《湖南省清查户口编组保甲规程》《湖南省各县清查户口编组保甲须知》和湖南省清查户口编组保甲限期表等,提交湖南省政府委员会第五二三次常会通过,于1935年1月1日在全省施行,规定县以下为区,区以下为乡、镇,乡镇内之编制为保,保辖十甲,甲辖十户。

---

① 中国国民党第五次全国代表大会:《切实推行地方自治以完成训政工作案》,《县政资料汇编》(上册),中央政治学校研究部编,1939年版,第173页。

② 民国二十一年《湖南政治年鉴》,调查户口·举办联结。

推行保甲制度的同时，清查户口。① 据1936年统计，全省76县市，计454区，19直属乡，20直属镇，3111乡镇，38020保，420034甲，5081547户，30103436人，3031605壮丁。② 新县制实行后，保和甲成为乡镇下的行政组织，使行政制度与治安制度合二为一，更具有控制的严密性。据1946年10月统计，湖南全省乡镇保甲户口数为：乡镇1558个，保20515个，甲264540个，户4778559，口28171117人。③

保甲制度既是国民政府统治区域的乡村政权组织，又具有防控乡村社会的治安职能，从本质上来看，其实是防范由共产党领导的人民革命斗争，特别是抗战前湖南曾经存在湘赣、湘鄂赣、湘鄂川黔等红色革命根据地。即使在抗战时期，利用保甲组织防控共产党可能活跃的乡村地区，仍然是重要的手段。国民政府陆续发布如《防制异党活动办法》《共党问题处置办法》《运用保甲组织防止异党活动办法》等，旨在运用保甲制度对中国共产党进行防范、限制乃至打击，实现其乡村控制的目的。

军警控制。军队和警察是社会控制的重要手段。民国初年，湖南处于南北军阀混战的交界区，政局也十分混乱。但是在镇压乡村民间反抗方面，各派军阀是非常一致的。谭延闿任都督后，即解散新军，建立团防，并组织所谓"清乡"，镇压所谓"乱党"。虽然此后省政主持当局几易其人，但团防组织和清乡一直活跃，至1917年，全省共有38个县团防。④ 汤芗铭督湘时。在军署设置军法科，并在全省密布密探打手4000余人，以剿捕"乱党"名义，大肆镇压民众。

国共分裂后，湖南地方当局对乡村农民运动进行血腥的镇压。1928年，鲁涤平任湖南省主席后，成立全省清乡督办署，各县设清乡委员会，组织清乡队，大力举办挨户团，镇压共产党和革命群众。尤其是所谓"挨户团"，对乡村的控制非常严密。同年12月，省清乡督办署改各县团防局为挨户团总局。在乡镇基层以挨户团为"清乡剿共"武装。县设挨

---

① 田伏隆主编：《湖南近150年史事日志》，中国文史出版社1993年版，第161页。
② 林增平、范忠程：《湖南近现代史》，湖南师范大学出版社1991年版，第504页。
③ 内政部统计处编：《各省市乡镇保甲户口统计》，民国史料丛刊，第684册，大象出版社2010年版，第111页。
④ 湖南省地方志编纂委员会编：《湖南省志·军事志》，中国文史出版社1994年版。

户团总局，乡镇设分局，由县、乡镇长兼任挨户团主任。按照湖南各县挨户团章程的规定，将挨户团分为两种：一种是守望队。凡18—40岁之壮丁，每户3人抽1，5人抽2，无一定的编制定额。按牌、甲、保编组，由牌长、甲长、保董率领。守望队不脱产，不支薪，负责查"匪情"，瞭望放哨，维持治安。据民国十九年（1930）不完全统计，全省有守望队兵23.4万多人。另一种是从守望队中挑选出来编组的常备队，为正式的清乡保安部队。守望队主要装备梭镖、鸟铳、刀等武器，由各甲置备。其训练一般在农闲时进行，政治教育主要是进行"清乡"，"反共"的宣传；军事训练，主要进行单兵教练，学会使用梭镖、棍、刀、击技与拳术。每月由甲长调齐会操1次，每3个月各甲联合会操1次，检阅1次。守望队兵遇会操及"御匪"时，酌发伙食、赏金。[①] 1930年秋，湖南省清乡司令部为了防止红军的进攻，大肆扩充"铲共"力量，决定将各县挨户团的守望队，一律改为"铲共"义勇队，并颁布了《湖南铲共义勇队暂行章程》，扩大了组织，强迫民众参加。各县设"铲共"义勇总队，由县长和挨户团副主任分别兼任总队长和副总队长；乡镇设支队，乡镇长兼任支队长；保甲设分队，由保甲长兼任分队长；牌设组，由牌长兼任组长。健壮的壮丁自13岁至40岁，均为义勇队兵。据民国二十年（1931）不完全统计。全省有县"铲共"义勇总队77个，支队488个，分队4440个，义勇队兵共88.2万多人。义勇队每月集合训练3次，每次1天，农忙时酌减次数。训练主要是学会使用梭镖、马刀、鸟枪、竹矛等武器，并灌输"铲共"思想。义勇队主要任务是侦察"匪踪"、捕杀"匪徒"、稽查"异歹"。紧急时由各支、分队以鸣锣或击梆为号，召集队兵，巡逻放哨，协助"防剿"。队兵平时均无饷给，但"防剿"1日以上者酌给伙食费。民国十九年至二十年（1930—1931），"铲共"义勇队先后在耒阳、安仁、茶陵一带疯狂"清乡铲共"，中共湘南特委机关和各县、区党组织被破坏。中共衡阳地下党负责人杨福涛被杀害。[②]

在乡村建立各种名目的反共民间武装的同时，国民政府还加强正式

[①] 湖南省地方志编纂委员会编：《湖南省志·军事志》，中国文史出版社1994年版。
[②] 湖南省地方志编纂委员会编：《湖南省志·军事志》，中国文史出版社1994年版。

的警察建设，以强化其社会控制。1928年10月，湖南省政府根据国民政府内政部颁布的《各级公安局编制大纲》，制订了《湖南各县县政府公安局规程》，规定各县警察所改称县公安局，直隶于县政府，并接受省民政厅领导。据1936年5月统计，湖南75个县中有47县设立警察机构，其中设公安局的22所，设公安科的25所，在基层设有分局11所，分驻所35所，派出所5所。全省共有员警3378人，其中警官485人，长警2893人。另有雇员100人，夫役1180人。① 1937年1月，湖南依照国民政府行政院发布的《各级警察机关编制纲要》的规定，裁撤县公安局、公安科，设置县警察局。县以下的区、乡、镇设置警察所、警察分驻所或警察派出所，所长、警长直接由县警察局指挥监督。据1940年《湖南省各县警察机关比较表》统计，全省县警察局列一等的9个，二等15个，三等40个，设警佐室9个；下设警察所79个，直辖警察分驻所103个，警察派出所71个；设警察队66个，其中甲种32个，乙种30个，丙种4个。②

遍布全省乡村的民间反共武装和警察机构，构成对广大乡村社会严密的控制网络。

与此同时，军队也是国民政府加强社会控制的手段。1936年，国民政府开始实行年颁布的《兵役法》在全国实行义务兵制，并设立师管区作为最初的兵役机构。1937年4月，湖南省设立衡郴、宝永两师管区，6月，又增设长岳、辰沅师管区筹备处。1937年全面抗战爆发后，同年10月，设立湖南省兵役管区司令部，次年1月，长岳、辰沅两师管区筹备处正式成立为师管区，并将省兵役管区司令部改组为湖南省军管区司令部，驻长沙，以省政府主席张治中兼任司令（同年12月，第九战区代理司令长官薛岳继任湖南省政府主席与军管区司令），掌理本省的兵役事务。随之成立了相应的师管区、团管区、县兵役科（后改为军事科）。1941年，撤销团管区，实行军师两级管区制。湖南共设长潭（长沙、湘潭），岳浏（岳阳、浏阳），湘宁（湘乡、宁乡），常益（常德、益阳）、

---

① 湖南省地方志编纂委员会编：《湖南省志·公安志》，中国文史出版社1994年版。
② 湖南省地方志编纂委员会编：《湖南省志·公安志》，中国文史出版社1994年版。

第八章　近代湖南乡村社会冲突与社会控制　❖　549

澧慈（澧县、慈利），邵新（邵阳、新宁），茶醴（茶陵、醴陵），衡耒（衡阳、耒阳），零道（零陵、道县），桂郴（桂阳、郴县），芷绥（芷江、绥宁），沅永（沅陵、永绥）12个师管区，另设永顺征兵事务所。1944年，湖南部分地区沦陷，乃撤销邵新、长潭、岳浏、衡耒、茶醴5个师管区，保留湘宁、常益、澧慈、桂郴、芷绥、零道、沅永7个师管区，直到抗战结束。①

1939年，国民政府明令实施国民兵制度。国民兵既是一种预备役，平时受规定的军事训练，战时征集入营；又是一种不脱产的自卫武装组织，担负辅助作战勤务，维持地方治安和当地防空勤务等任务。湖南省各县于民国二十九年（1940）二月成立国民兵团，县长兼任团长；乡（镇）保为队，乡（镇）保长兼任队长，并设队附；甲编为班，甲长兼任班长。县国民兵团下设有自卫队，以备地方警卫之用。据民国三十年（1941）统计，全省国民兵编有1598个乡（镇）队，20418个保队，288990个甲班，共有各年次国民兵278万多人。国民兵经过射击、刺枪术、勤务等训练，掌握了一定的军事技能。1945年抗战胜利后，国民兵团撤销。②

与国民兵团同时成立的还有民众抗日自卫团。1938年，第九战区制定了《各县国民抗敌自卫团整编办法》及其实施细则，在战区内普遍组建民众抗日自卫团，与正规军配合作战，保卫乡土，捍御外侮。各县自卫团编组，除将原有县警察编成一个大队外，依战时地理位置及可能集中的公枪民枪数量，按"野战区""常备区""预备区"的区分，各县分别编有1—3个自卫大队，下设中队、分队。县政府为自卫团司令部，县长兼自卫团司令，设副司令1人、参谋长1人、参谋2人。县以下，各乡（镇）编成自卫中队，每中队辖3个分队，每分队辖3个班，每班以各保甲国民兵15人组成，中队长、分队长分别由乡（镇）长、保长兼任。每4乡（镇）编1个大队，大队长从4乡中选1乡长兼任。据1945年底全省不完全统计，县大队有408个，乡（镇）中队1680个，分队5040个，

---

① 隆鸿昊：《抗战时期湖南兵役初探》，《抗日战争研究》2013年第3期。
② 湖南省地方志编纂委员会编：《湖南省志·军事志》，中国文史出版社1994年版。

自卫队兵288万多人。①

抗战结束后，国民党为了抗拒人民解放战争的推进，在乡村普遍建立民众自卫队组织。1947年10月，国民政府行政院为适应发动内战，"戡乱剿匪"之需要，颁发了《民众自卫队组训规程》，国防部九江指挥部同时颁发《豫、鄂、皖、赣、湘五省民众组训纲领》。湖南据此制定了实施办法，在各县（市）普遍建立民众自卫队。民众自卫队编组分为常备、预备、普通3种。

常备自卫队。根据"匪情"、护路任务和财力情况不同，各县分别编组1—2个常备自卫大队或中队。由县发给粮饷装备，担负"剿匪"、护路及维护地方治安的任务。至民国三十七年（1948）7月，湖南全省编有常备自卫队177个中队，服役受训队员22709人。普通自卫队按照不脱离生产，不消耗经费，配合基层政治组织发挥民众"自强自卫"精神的原则，凡年满18岁至45岁的男子一律编为普通自卫队，妇女编为妇女队；13岁至18岁编少年义勇队。普通自卫队每乡（镇）编一个大队，每保编一个中队，每甲编一个班，根据实际需要，联合3甲或4甲编1个分队。乡（镇）、保甲长分别担任大、中、分队、班长。机关、厂矿员工，在30人以下者参加住地保中队，超过30人者编为分队，60人以上者编为大队，由县（市）总队直辖指挥。据1948年7月统计，全省编有1210个大队，14830个中队，共有队员43.9661万人。普通自卫队中，分为有枪队员和徒手队员。普通自卫队主要任务是协助保甲长清查户口，检查国民身份证，办理"连保连坐"（五户连坐）。"不靖"之县还负责地方情报、向导、联防"清剿"及盘查的任务。有枪自卫队担任守碉堡、放哨、维护地方交通治安的任务，战时协助部队作战；徒手自卫队分别组成给养队、侦察队、"肃奸队"、宣传队、传令队、救护队、运输队，执行战时勤务。普通自卫队主要进行精神训练、任务训练、作战训练。精神训练主要是灌输"反共""戡乱"的思想。受常备自卫队训练完毕的自卫队员，由乡（镇）编为预备自卫队，受乡（镇）大队管理、调遣，并分派各保兼任普通自卫队的干部。有事时乡（镇）保集中使用，并由自卫总

---

① 湖南省地方志编纂委员会编：《湖南省志·军事志》，中国文史出版社1994年版。

队命令召集补充常备自卫队。在乡的退伍士兵和退休警察,也由县政府核准发给合格证书,由乡(镇)编入预备自卫队,受其管理调遣,但免受训练。预备自卫队平时从事原业,不脱离生产,概无饷给。每月以保为单位定期集合校点一次,半年以乡(镇)为单位校点一次。队兵离境外出半月以上者,按请假手续,呈报队部备查。①

除了人民解放战争时期的民众自卫队是赤裸裸的反共武装外,抗战时期的国民兵团和民众抗日自卫队,在组织民众抗日方面,发挥了社会动员的作用,而且对于国民党正面战场的支援也起到了一定的作用。在三次长沙会战、长衡会战、常德会战和湘西会战中,湖南民间抗日武装发挥了后勤支援、战地救护、侦查、带路等方面的作用。当然,通过这些组织,也确实加强了战时乡村社会控制。

法律控制。法律控制是社会控制最强力的手段。民国前期,先是袁世凯的帝制复辟,后又陷于军阀混战,政局紊乱,各省自行其是,或倡言自治,或联省自治,法制建设趋于停顿,虽出台了若干法律,但因为各省各为政,法律形同虚设。南京国民政府成立以后,开始系统地进行立法。由于当时国民党面临的最大隐患是共产党领导的革命运动,因此,南京政府立法除了履行国家一般公共职能外,其立法原则之一是对付共产党及其人民革命运动。

对乡村地区的立法,主要是关于农民团体的《农民协会组织条例》《省党部特别市党部及县市党部指导农会组织办法》《农会法》《农会法施行法》《农村合作社暂行规程》等。虽然是社会组织类的立法,但其中却充分体现了国民党对于乡村社会控制的细密。以农会法规为例,农会虽属民间社团,却在组织的筹备建立、设置规模、职员资格、组织活动、机构权限等诸方面受到官府的严格限制和监督。② 关于农会的设立,规定"农会于设立前,应拟具章程,呈请该管理监督机关核准"。"省农会之监督机关为省政府","县市农会及其以下各级农会之监督机关为县政府或

---

① 湖南省地方志编纂委员会编:《湖南省志·军事志》,中国文史出版社1994年版。
② 关于民国时期农会组织研究,李永芳先生的《近代中国农会研究》(社会科学文献出版社2008年版)进行了深入研究,本书关于农会的叙述多得益于该书。

市政府",①关于农会职员的选举,规定需"于五日前呈报当地高级党部暨主管官署或监督机关"。关于农会的工作,规定"各级农会应于每年度开始前拟具工作计划,呈送该管理监督机关备案,其年度终了后之工作报告亦同"。②农会组织完成,还需详细报备,"农会组织完成时,应于十日内造具会员名册、职员略历册,连同章程各一份,呈报当地主管官署立案,该主管官署应将组织总报告表转报社会部备案,经核准后,并应由省级主管官署及社会部造具简表,分别转送同级目的事业主管官署备查"。各级农会经费的"筹集办法及其用途,应经当地主管官署及目的事业主管官署之核准","同时应将年度收支报告分呈主管官署及目的事业主管管束逐级转呈社会农林两部备查"。对农会违反法令等所给予的各种处分,"目的事业主管官署亦得为之"。农会的"解散"及财产的"清算"等,均"须经监督机关之核准","其财产应由当地直观官署指派人员清算,其清算人有代表农会执行清算上一切事务之权",③各级地方党部及政府还经常派员下乡督查,以加强对农会组织的管理与控制。农会组织成为国民党对于乡村社会的一种控制手段。

文化控制。所谓文化控制是指运用包括教育、习俗、娱乐等各种方式引导和规范社会成员的思想和行为,使之合符官方和主流意识形态的要求。

教育是整合价值观的重要方式之一。清末新式教育兴起后,到民国时期,教育事业获得迅速发展,乡村教育也同样获得发展。1912年3月,湖南学务司颁发《湖南暂定学务大纲》,规定了保育(幼稚园)、普通教育、专门教育、实业教育、师范教育、女子教育6类教育的学制及教学内容,在教育部《学校系统令》颁布前的半年里,促进了新旧政权交替时期湖南的教育发展,特别是因为规定小学为义务教育,故小学数量增加迅速,学校由1911年的2085所增加到4001所,在校小学生由1911年

---

① 《农会法》,陆费执编:《农业法规汇编》,中华书局1937年版,第2页。
② 《农会组织须知》,国民政府社会部组织训练司编印,1942年。
③ 《农会法》,中国第二历史档案馆编:《中华民国史档案资料汇编》第五辑,第二编,政治,三五,江苏古籍出版社1994年版,第156、159—160页。

的73577人增加至206625人，增加了1.8倍，位居全国第五。① 到南京国民政府建立前的1927年，全省小学共有17009所，学生299729人。②

南京政府成立后，湖南的乡村教育获得进一步发展。根据教育部的规定，湖南省制定了《湖南省筹措普及教育规程》《湖南省义务教育委员会组织大纲》以及《遍设乡村小学，以求教育普及》的训令，各县市也相继成立了义务教育委员会，划分学区，通过征收田赋附加、税契附加、烟酒附加以及捐款等方式，广泛筹集教育经费，因此湖南的义务教育主要是乡村教育获得快速的发展，根据1930年湖南省教育厅的统计，当年在校小学生人数达90.44万人，较1927年增加了一倍多。入学率达到30%，居全国第三位。③ 到1937年抗战前，湖南各类小学已达23800余所，学生103.3407万人，教职工达48247人。④

在乡村教育中，国民党竭力加强在学校进行党化教育。主要是进行所谓"三民主义"教育（已经不是孙中山倡导的三民主义），国民政府的教育宗旨规定："各级学校之三民主义之教育，应与全体课程及课外作业相贯连，以史地教科阐明民族之真谛，以集团生活训练民权主义之运用，以各种生产劳动的实习，培养实行民生主义之基础，务使智识道德融会贯通于三民主义之下，以收笃信力行之效"；"普通教育，须根据孙总理遗教，以陶融儿童及青年'忠孝仁爱信义和平'之国民道德，并养成国民之生活技能，增进国民生产能力为主要目的"。⑤ 其中也包含防共、反共的教育，体现了在普通教育体系中的政治取向。1930年，国民政府通过《实施三民主义乡村教育案》，"本党今日实有开始实施三民主义的乡村教育之必要，举其理由，厥有四端：其一，三民主义必须赖乡村教育，

---

① 冯象钦等：《湖南教育史》第2卷，岳麓书社2002年版，第289页。
② 冯象钦等：《湖南教育史》第2卷，岳麓书社2002年版，第601页。
③ 冯象钦等：《湖南教育史》第2卷，岳麓书社2002年版，第733页。
④ 冯象钦等：《湖南教育史》第2卷，岳麓书社2002年版，第734页。各类小学主要包括私塾，在经过取缔、禁止、登记、改良等措施后，到20世纪30年代初，湖南全省仍有私塾10536所，占小学总数的61.2%，私塾学生13.2123人，占小学生人数的20.7%。尤其在江华、沅陵、泸溪、会同、凤凰、耒阳、酃县等湘西南县域，私塾学生超过在校小学生人数。
⑤ 宋恩荣、章咸编：《中华民国教育法规选编（修订本）》，江苏教育出版社2005年版，第36页。

树立深厚根基于民间,庶几三民主义的国家建设始能由开创而日进于完固。其二,三民主义之宣传,无论如何普遍,只能及于曾受教育之智识份子,惟有实施三民主义的乡村教育,则党之主义始能深入全国未受教育之乡村儿童。其三,中国人口乡村占百分之八十以上,而城市则不及百分之二十。十余年来,中国之政治大抵仅以城市为中心,故其力量浮动薄弱,而不足以舒展全民族应有之建国伟力。今后则必赖三民主义之乡村教育,近以开化乡村之人心,遂以培养全民族政治之能力。其四,依总理建国大纲之所垂训,县既为自治单位,而县自治基础则必在农村,故三民主义之乡村教育乃为地方自治能否推行尽利之主要关键。为此四种理由,本党之不能不决定实施乡村教育之办法与步骤,盖极显明也"①。国民党政府的党义教育是通过在各级学校设立党义教师、公民教员、训育主任、军训教官、童子军教练员等来实现的。各类各级学校规定了三民主义的课程。训育主任则主要负责学生日常的思想政治倾向,随时加以训导或者惩处。

除学校教育之外,国民政府和湖南地方当局还通过倡导读经、新生活运动、国民精神总动员等方式对乡村进行思想控制。

1929年,何键任湖南省主席,为了消弭大革命时期湖南工农运动的影响,他提出"读经"的主张。他在《整理教育与肃清共匪》和《改进教育之意见》等文章中说:"中国固有的道德,对于修齐治平之学,讲得至精至微,而且至广至大。"② 因此要求湖南省教育厅在制度上安排小学读经。1935年4月,何键正式通令全省各校实行读经,并派湖南省政府委员曹典球编纂读经教材,于是在湖南中小学兴起了尊孔读经的逆流。何键倡导读经的目的,是以倡导所谓传统、固有道德为名,实际上是为了抵制共产主义思想的影响,消弭共产党的活动。虽然实际效果有限,却是控制思想的重要措施。

此外,国民政府先后发起所谓新生活运动和国民精神总动员活动,

---

① 中国第二历史档案馆:《中华民国史档案资料汇编》第五辑,第一编,凤凰出版社1994年版,第1023页。

② 何键:《整理教育与肃清共匪》,《何芸樵先生演讲集》,第102页。

通过各种方法强化对社会成员价值观和思想意识的引导和控制，虽然有提升国民素质和动员国民投入抗战的意义，但也包含抵制共产党影响的因素。

对舆论进行控制是国民党社会控制的新方式。新闻、出版事业在晚清中国出现以后，在民国时期获得大的发展。各种报刊、出版物如雨后春笋般出现，对社会成员有着越来越大的影响。据统计，"民国十五、十六到二十五、二十六年的十年间，我国报纸总数增加了百分之七。南方的增加较北方为多。报纸的总数的增多，和报业中心的南移，是此期报业发展的重要趋势"①。通讯社事业也有所发展，据统计，1926年全国有通讯社155家。② 1926年广播电台在哈尔滨出现，不久北京、上海、沈阳等地也开办了广播电台。媒体的多样化和日益扩大的影响，使得国民政府不得不加以控制。首先是通过立法的形式加以控制。1930年12月16日，南京国民政府公布《出版法》，规定出版物不得刊载以下内容："一、意图破坏中国国民党或三民主义者；二、意图颠覆国民政府或损害中华民国利益者；三、意图破坏公共秩序者；四、妨害善良风俗者。"③ 此外，还颁布了《取缔销售共产书籍办法令》《查禁伪装封面的书刊令》《取缔各种匿名出版物令》等法规，本质上是禁止共产党的思想、主张和进步报刊的传播。其次是直接对共产党的出版物进行封杀。《暂行反革命治罪法》中规定："宣传与三民主义不相容之主义及不利于国民革命之主张者，处二等至四等有期徒刑。"《中华民国刑法》第一章第一条就规定，意图破坏国体、变更国宪、颠覆政府者为内乱罪，还规定有妨害国交罪、妨害秩序罪以及思想罪、意图罪等。1931年9月，据国民党长沙市党务整理委员会本日编印的《工作报告》统计，国民党当局以"宣传共产主义""言论反动"为名查禁书刊达228种。④ 最后是实行新闻检查制度，"九一八"事变后，国民党加强了对新闻的检查，1934年颁布《检查新闻办法大纲》，成立了中央检查新闻处及首都南京及省市的新闻检查所和

---

① 曾虚白：《中国新闻史》，台北：三民书局1966年版，第358页。
② 丁淦林：《中国新闻事业史》，高等教育出版社2002年版，第242页。
③ 刘哲民：《近现代出版新闻法规汇编》，学林出版社1992年版，第107页。
④ 方汉奇：《中国新闻事业编年史》，福建人民出版社2000年版，第1190页。

各县市新闻检查室,"掌理全国各大都市新闻检查事宜""对各地电报检查机关应取严密之联络""对各地新闻检查所有所指示,应随时抄送中宣会参考""处理所有关于各地报社违犯检查办法之处分及纠正"。[①] 通过这些法律和制度,国民政府建立了严格的舆论控制体系。虽然新闻出版发达的地区主要是城市,但对舆论的控制,其影响也必然波及乡村地区,限制和危害了进步思想的传播,造成舆论一律的沉闷局面。

民国时期也是社会转型时期,因此国民政府也利用一些还具有影响的传统社会组织进行社会控制,例如宗族及其族规。国民党对宗族有限制的一面,也有利用的一面,宗族在民国时期也有些适应形势的变革。因此,在民国时期,宗族还在一定的范围内起到乡村社会控制的作用。如1947年武陵郭氏《公定规约》开宗明义就规定:"本约以维持善良风俗,改善旧习,补足政府法令所不及为宗旨",并列出具体条文:

本约为补足政府法令所不及,特规定罚则如下:
关于伦纪之紊乱部分。
甲、子对亲生父母有语言忤逆、使其父母不能容忍而投诉到族者,责其子跪求宽有,誓不再犯。
乙、因语言过激,其父母将欲杖之,其子抗拒不逃而反肆口谩骂者,处体刑五十。
丙、抗拒其父母而演成对斗之形势者,处体刑一百。
丁、对嫡母、继母而演出上项行为,处减一等。对伯叔及庶母减二等。
戊、媳对翁姑之泼形,发现与乙项、丙项相类似,处荆刑五十。其夫闻知而不立加制止者,并罪其夫。发现与甲项、丁项相类似,责令跪求宽有,誓不再犯。
己、弟对兄因口角相争演成对斗,致其兄鳞伤血浃者,处依丙

---

① 中国第二历史档案馆:《中华民国史档案资料汇编》第五辑,第一编,江苏古籍出版社1998年版,第91页。

项减三等。

……

第七章重教育

教育原分三个阶段：第一段是家庭教育；第二段是学校教育；第三段是社会教育。

幼孩自七岁达十二岁为学龄时期，此时唯一之义务即是求学。国民小学遍立，专为便利此种儿童。尝见有一班家长，几乎不知有此，族、房理事长应随时予以警告。

政府为求义务教育之普及，施行强迫，曾颁明令罪其家长。今后如有无因而容留小孩在家厮混，自将学龄糊涂度过，岂不可恨。族理事长应援引政府罚例，实行罚处。

我国实业落后，进步较迟，由于全国文盲太多。今后如有借口牧牛、砍柴需人，年复一年使小儿学龄虚度，是不但贻误其子一生，抑且影响国家进步。族理事长应援引政府罚例，处加一等。

本约为爱惜幼孩学龄起见，规定理事会每年清明例会，应调阅本保户口册，检举本宗失学儿童计有若干，以便分别警告。

私塾为旧时代之文化，于现时代不切用。且其规程深于体育有妨。如有住近学校而偏遣子入塾，族理事长仍应援例议处。

家庭环境无论顺逆如何，高小是人生必要之学籍。现各乡中心高小相继成立，所费亦非过钜，安得以无力谢之。族理事长得按其环境议处。

祠产之蓄积，如力能创办族学，更为美满。否则亦应提出一部分设立半日夜课学校，使失学之少壮子女，得有识字之门径。是亦急要事件，也愿我宗人共勉之。①

从郭氏《公定规约》可以看出，民国时期的宗族在适应社会变化的同时，希图通过规约来扮演对族人、对社会教化的角色，起到社会控制的拾遗补阙的作用。

---

① 费成康主编：《中国的家法族规》，上海社会科学院出版社2002年版，第419页。

总之，民国时期国民政府通过政治的、法律的、军事的以及文化、社会的各种方式、组织，利用传统的、现代的各种媒介，对社会成员进行控制，以达到引导社会成员价值选择和行为取向的效果，进而稳固其统治。

第九章

近代湖南乡村社会生活变迁

近代湖南乡村处在由传统到现代的转变过程,在这一过程中,乡村社会生活也在发生变化,体现在生产方式、生活方式以及风俗习惯诸方面。由于这些方面在乡村社会结构中的性质不同,其变化的程度不尽一致。有些发生了快速的变化,有的则缓慢地推移。但正是这种或快或慢的推进,使近代湖南乡村社会迈进了现代的门槛。

第一节　近代湖南乡村生产方式的进步

进入近代社会后,以农业经济为主体的湖南乡村,伴随着中国经济、政治的发展和现代化进程,农业生产条件获得改善,农业技术也在不断地进步,农业经营模式逐渐发生变化,这些构成了近代湖南乡村生产方式的进步。

一　农业发展的制度与政策保障

晚清湖南乡村遭遇政治上的动荡,表现为太平天国农民战争的兴起和会党活动的频繁;经济上经历了自然经济的解体和逐步地卷入世界市场所引起的结构变迁,造成晚清湖南乡村经济凋敝,乡村萧条,传统农业已陷入严重的危机之中。与此同时,西方的科学技术包括农业方面的知识也传入中国,有识之士提出改良农业的主张,出现了一股重农思潮。

梁启超认为，"农者，地面之物也；矿者，地中之物也；工者，取地面地中之物，而制成致用也，商者，以制成致用之物，流通于天下也，四者相需，缺一不可"①。关于四者的关系。康有为也有类似的表述："人生之所赖，农出之，工作之，商运之，资生之学日精，择实业之依倍切。"②一些封疆大吏也提出了重视农业的主张，如直隶总督荣禄提出，"农工商三事，为民间衣食之源，国家富强之本，现今惟有农务讲求，种植得宜，地利克尽，则间阎渐臻殷富，工作必自繁兴。艺事既精益求精，商贾资以获利，转运负贩必日益辐按，分之各有专属，合之事实相因"③。因此，自清末以来，清政府也实行了一些改良农业的新政。

首先是设立专门的农业行政机构，戊戌维新时期设立了农工商总局，但随着维新失败而撤销。1903年设立商部，内设平均司负责"开垦、农务、蚕桑、山利、水利、树艺、畜牧一切生殖之事"。1906年清政府拟订内阁官制，改商部为农工商部，内设农务司，掌管"农田、屯垦、树艺、蚕桑、纺织、四邻、水产、海界、畜牧、狩猎暨一切整理农政、开拓农业、增殖农产、调查农品、组合农会、改良农具鱼具、刊布农务报告、整顿土货丝茶，并各省河湖江海堤防工程、培修堤岸、建设闸坝、疏浚河道海港各处沟洫、岁修款项核销事宜，统辖京外各农务学堂公司局厂、各省船政及办理农政河工水利人员，兼管农工商部农事试验场"④。

其次，实施了一系列新的措施，以振兴农业。农工商部成立后，颁布了一系列的章程，如《农会简明章程》，在各省设立农务总会，府厅州县酌设分会，乡镇、村落、市集等处酌设农务分所，以为地方改良农业的机构。1909年4月，农工商部又发布了《推广农林简明章程》，要求各地进行调查、劝导、兴办等各项农业改良工作。

---

① 梁启超：《史记·货殖列传》，陈绍闻主编：《中国近代经济文选》，上海人民出版社1984年版，第476—477页。

② 康有为：《大同书》，赵靖、易梦虹主编：《中国近代经济思想资料选辑》中，中华书局1982年版，第139页。

③ 朱有瓛：《中国近代学制史料》第1辑，下册，华东师范大学出版社1986年版，第924页。

④ 《大清光绪新法令》第16册，商务印书馆1909年版，第83—84页。

各直省也相继建立了农业专门行政机关。1901年，按清政府上谕，湖南省设农务局。从1901年到1911年10年间，全省共设立了6个专门农业机构，即湖南省农务局、湖南省农务试验场、湖南省劝业道、湖南省农会、湖南省农产陈列所、湖南农业学堂。其中，湖南劝业道是主管农工商的专门机构，其职责是专管全省农工商业及各项交通驿传事宜。劝业道公署内设置总务、农务、工艺、商务、矿务5科。每科设科长1人，正六品；副科长1人，正七品；科员4—5人，正八品。各厅、州、县设劝业员1人。① 时任湖南巡抚的赵尔巽对农业实行改良，政府设农务科，成立湖南农务工艺学堂，并支持醴陵地方绅士筹设树艺公司、湘潭县令筹设工艺厂等。黔阳、常德等地亦相继开办了农务学堂。1903年，还在长沙开办农务试验场，以注重农桑，考求新法，改良湖南农业为宗旨。为兴蚕桑之利，他要求候补各员入农务试验场，亲身体验新的农业技术。

民国时期，政府对农业改良工作继续进行。北京政府时期，成立农林部，下设总务厅、农务司、垦牧司、山林司、水产司，"农林总长管理农务、水利、山林、畜牧、蚕业、水产、垦殖事务，监督所辖各官署"，②负责农业及相关行业。同年8月农林部和工商部合并成立农商部，其中农林和渔牧两个司负责农业。1927年8月，改为农工部，其中农林司、渔牧司、水利司分管与农业有关的事情。与此相适应，各省也相继设立了新的农业行政机构。北京政府的农业行政机构的变化，反映了民国前期政局变幻的情况。但农业的改良推广还是在继续进行。北京政府在10余年的时间里先后颁布40余项农业法规（不包括各种法规的实施细则），于农业多有支持。

湖南省于1912年设立实业司，管理农、工、商、矿事业（期间有改实业厅、科的情况）。1922年为加强湖田管理，在湖南省建设厅实业司内增设湖田清理处。与此同时，还先后设立了一些农业事业机构，但因军阀混战，政局动荡，机构变动较大。

---

① 湖南省地方志编纂委员会：《湖南省志·政府志》，湖南出版社1994年版。
② 《政府公报》1912年8月9日，第101号。

南京国民政府成立后，在行政院内设主管农业的农矿部。1928年，成立中央农业推广委员会；1931年农矿部和工商部合并成立实业部，设执行农业行政工作的农林司。1933年，国民政府为"计划复兴农村方法，筹集复兴款项并补助复兴事业"，[①] 又成立了农村复兴委员会。1939年，又设立了行政院农产促进委员会。1940年1月国民政府行政院第449次会议决定，在行政院下设农林部，管理全国农林行政事务，并公布了农林部组织法。至此，国民政府的农业行政部门终其从大陆败退一直未再变动。

从1926年湖南省政府成立后，一直由省建设厅内设农林畜牧科（1940年改为农林股）主管。同时，成立了湘米改进委员会、湖南省农林委员会（1936年7月在湖南省建设厅内增设湖南农林委员会，统一管理全省农业行政事宜）等农业行政机构。农业事业机构也进一步健全。相继建立了湖南第一农事试验场、常德农事试验分场、湖南棉业试验场、湖南省农业改进所、湖南省茶叶管理处、安化砖茶厂、湖南省粮食生产总督导处、湖南省渔业公司筹备处、湖南省农村重建服务处、湖南省农业建设公司等农业科研、实验和推广机构，其中以湖南省农业改进所、湖南省农业建设公司对民国时期湖南农业发展促进较大。

湖南省省政府为统一全省农林机构，加强农业改进力量，将民国二十五年（1936）设立的湘米改进委员会及第一、第二、第三农事试验场，第一、第二、第三林务局（原为常德旸山、岳麓、南岳三森林局）合组为湖南省农业改进所。所址设在长沙东塘，直属湖南省建设厅。同时接受中央实验所指导。所本部下设稻作、棉作、森林、茶作、园艺、畜牧兽医6组以及植物病虫害、农业推广、农业工程、农业化学4系，附设"东塘农场和长益、衡郴零、常德、芷沅、永（顺）、邵阳等5区农林场；设长沙、衡阳、常德、芷江4个稻场；常德、澧县、华容3个棉场；安化、高桥2个茶场；长沙、常德、衡阳3个林场和长沙大山冲分场；长沙、常德、衡阳、邵阳、郴县、南县、芷江7个测候分所；滨湖、零陵2

[①] 《农村复兴委员会章程》，《国民党政府政治制度档案史料选编》（上册），安徽教育出版社1994年版，第189页。

个区指导所、津市轧花厂、长沙兽医防疫实验区,共23个直属单位"[1]。

湖南省农业建设公司于1947年8月成立,外设农具制造厂、杀虫药械厂、血清制造厂、化学肥料厂。公司主要业务是:创办农、牧、渔、林等新型农场;兴办农产品加工厂;加强组织农产品包装、运销、调剂盈虚,开展对外贸易;代办农林货款及农产品储运销购等业务;建设水利工程,奖励垦荒,提倡品种改良。除给生产者以经济上的援助外,并予以技术上的辅导。[2]

各县除县政府建设科主管农业外,也设置了农业推广机构,主要是县农场和县农业推广所。1940年6月,湖南省政府根据国民政府公布的县级组织纲要及县政府各级组织关系图,规定各县分3期设立农林场,业务上受省农业改进所指导。县农林场主要办理农村科技事宜,注重推广及示范工作。每场设农务、林务两科。场长由县政府遴选,省建设厅委任。到1941年,湖南省成立农林场的县有43个,即醴陵、益阳、邵阳、衡山、衡阳、澧县、会同、耒阳、安化、常德、湘潭、芷江、祁阳、永顺、武冈、湘乡、零陵、溆浦、郴县、平江、龙山、桂阳、沅江、茶陵、新化、攸县、资兴、大庸、长沙、靖县、乾城、桃源、晃县、临澧、黔阳、东安、南县、道县、嘉禾、浏阳、汉寿、沅陵、辰溪。未设农林场的县,一律设农业指导员,负责推进督导工作。1942年7月,湖南省政府又根据国民政府公布的县农业推广所组织大纲,决定各县一律设立农业推广所,定为各县常设的专门机构,直属县政府领导(农林场直属县农业推广所领导)。当时全省共76个县,除岳阳、临湘、怀化3县外,均设立了农业推广所。直到1946年6月裁撤。[3]

自清末以来,各级农业行政和事业机构的建立以及农业发展方针政策的确立,为农业发展提供了制度和政策的保障,具有重大的意义。中国几千年来是以农立国的大国,但长期以来国家对于农业基本上是常年征收钱粮或荒年减免钱粮的管理模式,乡村社会维持着靠天吃饭的简单

---

[1] 《湖南省志》编纂委员会:《湖南省志·农业志》,湖南出版社1994年版。
[2] 《湖南省志》编纂委员会:《湖南省志·农业志》,湖南出版社1994年版。
[3] 《湖南省志》编纂委员会:《湖南省志·农业志》,湖南出版社1994年版。

再生产模式。充其量也只是采取一些垦荒之类的措施。随着清末以来现代民族国家形成与建设进程的推进，国家职能的建立对经济发展具有重要的意义，对于改变自晚清以来的农村经济凋敝的状况，具有积极的意义。只是国民政府统治时期没有根本上改变地权状况，加之民国时期频繁的战争环境，国民政府种种复兴农村的措施，其效果是有限的。

二 农业生产条件的改善与农业技术的进步

湖南是农业省份，但水系发达又带来频繁的水灾，于农业生产极为不利。因此，兴修水利、改善农业生产条件是非常迫切的，晚清在这一方面是基本上无所作为。民国肇始，兴修水利成为当务之急。1912年湖南大水灾，谭延闿设立督办滨湖堤工水利总局。1915年北京政府建立全国水利局，湖南设分局。1922年将水利行政并入实业司第二科；1926年实业司改为建设厅，水利归第二科负责。1931年又设水利委员会，各县设分会。至此，湖南开始有计划的政府治理水利的工作。

首先是查清水情。1929年建立水道测量队，测量洞庭湖和湘、资、沅、澧四大流域。

其次是颁布相关法规政策，确定堤工办法。1931年水灾之后，湖南省政府颁布了《整顿堤工办法》《湖南省保障垸堤规则》《洞庭湖滨各县堤垸修防章程》《各县垸堤修防处规则》《各垸堤务局整理规则》等一系列关于整治水患的法规和政策。这些法规侧重于防治洞庭湖区的水灾，规定了防治责任和工程标准，确定了堤顶超历年最高洪水位1米，堤面宽4—8米；堤上不得种菜植树等标准。[①] 最后是进行整治各县水利设施。据姚顺东研究，截至1936年底，湖南30个县，共整修水塘311709个，水坝45656个。[②]

民国时期湖南水利建设虽然有进步，但只是在局部地区缓解了水患，有利于农业生产。由于战争和资金的匮乏，除了1938年春完成的华容县

---

① 湖南省政府秘书处：《1935年湖南年鉴》，1935年，第73—74页。
② 姚顺东：《地方政府与近代湖南农业转型——以1926—1937年湖南农业政策为研究中心》，《武陵学刊》2012年第2期。

境内的注滋口引河工程和安乡县的鸡公嘴引河工程等大型水利工程的建设项目,主要是各县修建大量的塘坝,没有从根本上解决洞庭湖区和其他地区水灾工程。因此,国民政府时期湖南水灾仍然很频繁。

建立乡村金融与合作体系。国民时期乡村经济凋敝,农民缺乏资金保持和扩大生产,资金匮乏和家庭生产的狭小是严重的问题。为了解决这些困难,国民政府建立起农村贷款和合作体系。1934 年,中国银行、交通银行、上海银行、中国农民银行等 9 家银行在湖南设立了分行或支行。农贷的对象,最初为灾民互助组织、合作社,后来逐步向各种机构和农户个人贷款。贷款用途抗战前主要为生产、供销、储押及农田水利四项,抗战爆发后扩大到各种中长期贷款项目:运输工具贷款、佃农购置耕地贷款、农村副业贷款、农事改进机关或农业教育机构所经营之事业贷款,包括农业生产贷款、农村副业贷款、农产储押贷款、运输工具贷款、农田水利贷款、佃农购置耕地贷款等。[1] 农贷的规模,全省缺乏统一的精确统计,仅以中国农民银行个别年份的数据,还是不小的。截至 1936 年 6 月,中国农民银行长沙分行向长沙、湘潭、醴陵等 8 县市 92 个合作社发放贷款 43596 元;[2] 1940 年累计农贷总额达 3319 万余元,至 1942 年则增到 16426 万余元。三年间增长了近五倍。贷款区域已遍及全省 78 个县市。[3] 农贷期限因贷款种类不同而各异,一般为 1 年,最长达 10 年。相对于农村高利贷来说,农贷利息低,使农户减少损失,因而对乡村灾后重建、促进农村经济的发展有积极的意义。

1932 年 3 月,湖南省建设厅成立合作事业设计委员会,专门负责合作事业。1933 年 2 月,建设厅第二科改组为合作课,主管合作事务。1935 年随着合作事业的发展,湖南省成立合作事业委员会,负责全省合作事业推进、调整及建议事务,行政指导仍由建设厅主管。1932 年湖南省只有 2 个县成立了合作社,1934 年发展至 24 个县,1937 年则增至 48

---

[1] 姚顺东:《近代湖南农贷事业发展研究》,《求索》2011 年第 11 期。
[2] 秦孝仪:《十年来之中国经济建设》,台北"中央文物供应社"1976 年版,第 2—3 页。
[3] 姚溥荪:《湖南之合作金融》,《湖南省银行经济季刊》1944 年第 1 卷第 7 期,第 94—95 页。

个县。合作社数目也从 1932 年的 8 个发展到 1937 年的 3414 个。① 到 1942 年，合作事业遍及全省 75 个县，合作社数目最高达 17728 个，参与合作户数也达到了 865076 户。② 在这些合作社中，有生产、供销、消费类合作社，但信用合作社所占比重最大，如 1940 年，浏阳县全县 512 个合作社中，有纺织生产社 4 个、水利工程灌溉社 62 个、造纸社 9 个、森林园艺社 4 个、制伞社 1 个。③ 在 1939 年前，政府或银行向农户贷款，主要通过信合社进行。

农村贷款和合作事业的发展，也为农业生产发展提供了资金保障和产、供、销的畅通渠道，促进了湖南乡村农业生产的发展。

与此同时，民国时期湖南还努力在乡村地区推广先进农业技术。农业技术的推广主要依靠省政府主办的农业改进所和各县的农业推广所等农业改进和推广机构。1912—1929 年，湖南开始创建了一些农事机构，如农事试验场、茶事试验场、棉业试验场等，断续进行少量种子、种苗的引进，蜜橘、梨、桃的试验，蚕桑的改进等，为后来技术推广的发展打下了一定的基础。1929—1937 年，推广设施在前段基础上有了新的发展，推广内容和方法也有较全面的安排。省农事试验场自 1929 年建立，设有作物、园艺、蚕丝、化验、畜产、病虫害 6 股，后又增设推广部和常德分场。省棉业试验场增设了推广股，成立了常德、澧县、华容、衡阳等棉场。茶事试验场除加强场内的茶树栽培和制茶试验外，并招生培训技术人才，推广改良制茶技术及手摇揉茶机。④

1936 年春，湖南省建设厅组建了湘米改进委员会，统一稻作试验、推广工作。同年 7 月，为统一全省农林行政事宜，又增设湖南省农林委员会，将省属各农林场（局）都划归该会管辖。

随着推广工作的逐渐扩展，推广范围从只在省属场所附近地方，逐步扩大到了一些重点县份，推广内容由蚕桑、茶叶、棉花等逐步发展到

---

① 丁鹏耋：《湖南之合作事业》，《经济季刊》1942 年第 1 卷第 1 期，第 171—176 页。
② 丁鹏耋：《湖南之合作事业》，《经济季刊》1942 年第 1 卷第 1 期，第 171、171—172 页。
③ 《浏阳经济概况》，《湖南省银行经济季刊》1944 年第 1 卷第 6 期，第 232 页。
④ 湖南省地方志编纂委员会：《湖南省志·农业志》，湖南出版社 1994 年版。

以粮棉为重点，兼及畜牧、水产等多方面的改进。

据湖南省农业改进所调查统计，1936年各项推广工作概况如下：[①]

改良稻种 贷放早晚稻种17.73万担，换种17万担，收购种子14.18万担，但实际推广农户只有77501户，种植面积只有31926亩。

防治虫害 在常德、益阳、安化防治竹蝗，共掘卵105斤，烧杀跳蝻238处，计40亩，捕捉跳蝻35240斤，捕杀成蝗18.26万斤。

推广植棉 在滨湖地区，贷放棉种16.78万担，发放棉贷12705元，推广农户30103户，推广面积18711亩，每亩增产皮棉20斤左右。

改良蚕种 11352张，推广农户6609户，增产12%—16%。

改良茶叶 推广农户3412户，面积2922亩。

在经济作物方面也广泛推广新品种、新技术。湖南的经济作物以棉花、麻类、茶叶、桐油、油菜为大宗。1938年，湖南省农业改进所成立，所内设棉作组，负责办理棉花改进事宜。以常德、澧县、芷江、衡阳、邵阳5个棉场为试验场地。[②] 1931年，全省共开办了20个合作棉场，合作植棉面积9万余亩。1934年，合作棉田面积扩大到12.3万亩，计澧县8.01万亩，安乡2.03万亩，汉寿1.58万亩，华容5530亩，南县1283亩。依照地势、交通情况划分为44个合作棉场，每场约3000亩，各合作场派指导员1人或2人。5县合作棉田面积占全省总棉田面积的21.7%，皮棉产量占全省总产量的26%，起了生产示范作用。[③] 在棉花推广方面，选择了较抗虫、抗旱的"常紫1号"和"美棉72号"两个品种，在芷江、沅陵、邵阳、武冈、衡阳等19个县推广。[④]

此外还对茶叶、桑蚕、果树等进行改良与推广。总之，自清末以来的湖南农业，经过民国时期的生产条件的改善和科学技术的引进，正在由传统农业向现代农业转化，虽然这种转变是缓慢的，但毕竟开启了这一进程。

---

① 湖南省地方志编纂委员会：《湖南省志·农业志》，湖南出版社1994年版。
② 湖南省政府秘书处：《湖南省经济年鉴》，1942年。
③ 1932年《湖南棉业试验场民国二十年业务概况》（湖南棉业试验场内部统计资料）。此据湖南省地方志编纂委员会：《湖南省志·农业志》，湖南出版社1994年版。
④ 湖南省地方志编纂委员会：《湖南省志·农业志》，湖南出版社1994年版。

三 农业经营方式的变化

随着政府对农业的重视和投入,农业不仅获得了发展,而且随着资本主义经济的发展,乡村农业经营方式也发生了变化,这就是富农经济的发展和经营性地主的出现、公司制度的出现和家庭手工业向作坊与工场的发展。

富农经济的发展和经营性地主的出现。据记载,富农约占全国土地总数的16%,人均占有量为中农的两倍多。富农的生产方式较为先进,但由于其经营的规模不大,因而扩大再生产的能力也有限。富农所经营的土地大多在数十亩之间,常年雇工一般是1—2人;有些则是农忙季节再雇些临时工。从全国情况来看,有较多雇工的,大多是从事经济作物生产或兼顾其他副业的富农。不过,民国时期的富农,完全采用资本主义方式经营土地的很少。比较多的还是出租一部分土地,采用租佃方式耕种。[①] 根据土地改革时期湖南省人民政府土地改革委员会的调查,全省富农数占农村人口的5%,占农村土地的13%;其中滨湖区占人口的4%,占土地的7%;丘陵区占人口的7%,占土地的20%;山区占人口的5%,占土地的14%。湖南由于乡村人多地少,一般富农占有的土地并不多,加之乡村资本主义生产关系不发达,富农一般雇工人数少,主要也是采取租佃方式,只是季节性地雇佣比较多的人抢季节生产。或者也会雇佣个把人从事贩运之类的贸易或其他手工业作坊工作。

湖南经营性地主主要在晚清时期开始出现。资本主义经济的发展和现代化的推进,开始将乡村卷入世界市场之中,资本主义的经营方式在一些交通发达、耕地资源相对丰富的地区出现,地主阶级也发生了某些变化,出现了具有资本主义性质的经营地主。经营性地主与一般地主的不同之处是:不采用租佃制,而使用雇工制,由地主本人或管事指挥、组织雇工耕作,多数情况下,耕地面积较大,土地质量较好,所用农具

---

① 龚书铎、史革新:《中国社会通史》民国卷,山西教育出版社1996年版,第288页。

先进，农产品部分或大部分出卖。① 中日甲午战争后，清政府对荒地全面放垦，鼓励地主、官僚、商人进行大面积的承垦、开发，进一步刺激了经营地主的发展，"湖南等地的放垦过程中，都产生了一批经营地主"②。清末时期，湖南还出现了一些农睦公司，带有较多的资本主义性质。其经营者主要有军阀官僚地主、商人、资本家等，成分较为复杂。"经营地主具有封建的和资本主义的两重性，经营地主出租部分土地，仍然过着地主式的剥削生活，本质上属于地主阶级，但它又是雇工经营、集体劳动，部分地为市场生产而获取利润，比租佃地主有较高的劳动生产率和商品率，具有一定程度的资本主义性质。可以说经营地主是一种由封建地主经济向资本主义农业经济过渡的一种形式。"③ 因湖南地主租佃制根深蒂固，经营性地主始终占很小的比重，只能充当地主租佃制的附庸或补充。

据民国时期日本学者长野郎《中国土地制度的研究》称："在粤汉路沿线的湘潭、长沙一带，地主和佃农之间滋长起来一批小资本家，他们向地主租得数亩乃至二三百亩土地，雇工耕种，牟取利润，据说这种人占农户总数的十分之三。"④ 民国学者任忠道对安乡一个垸子的调查显示，该垸 175 家农户中，经营面积 100 亩以上的农户有 8 户，70 亩以上的有 6 户，50 亩以上的有 36 户，他们大多使用雇佣劳动。⑤ 这种情况实际上反映了农村中农业资本主义的发展，但这种状况并不普遍。

公司制度的出现。传统农业向近代农业转变的关键在于生产中经营方式的变革，即改变传统的以家庭为单位的小农生产，通过开垦荒地增加种植面积，以垦殖公司形式组织起来，向规模化垦殖的经营方式过渡。湖南农业的公司制经营出现在戊戌维新时期。清末新政时期，湖南公司制的经营方式获得进一步发展。如湖南垦牧公司、醴陵县树艺公司、湘

---

① 周秋光、张少利、许德雅、王猛：《湖南社会史》（一），湖南人民出版社 2013 年版，第 656 页。
② 龚书铎、史革新：《中国社会通史》晚清卷，山西教育出版社 1996 年版，第 230 页。
③ 凌耀伦、熊甫：《中国近代经济简史》，四川大学出版社 1988 年版，第 211 页。
④ ［日］长野郎：《中国土地制度的研究》，强我译，神州国光社 1932 年版，第 431 页。
⑤ 任忠道：《湖南省安乡县湖田区域中的农田经营》，《中国农村》1935 年第 1 卷第 5 期。

潭县种植公社、湖南黔阳农务公司、慈利垦务公司、长沙北关外蚕桑公社等。"湖南农垦局开办时由湖南善后局拨银 2 万两，发官局生息，以每月息银 100 两作为常年经费，另提拨官银 2 千两作为开办经费。可见规模之大。"①"长沙北关外蚕桑公社开办时资本银 3 万两，相继种植桑树、桑叶、桑秧、蚕种、丝棉，并取得了很好的成效"，②"有浙桑十万余株，饲蚕缫丝器具值银三千余两。现在各府州县来省购办桑秧者络绎于途，将见数年之后，种植蕃新，子妇丁男各勤耕织"。③这些以种植经济作物或进行农产品加工的经济组织，以公司的形式经营，无疑是农业资本主义经济形式。

进入民国以后，农业资本主义经济获得进一步发展。除了私营或股份制企业，官办公司占据优势，特别是抗战爆发后的统制政策实行之后。主要农业企业有：④

湖南砖茶厂。该厂由湖南省茶叶管理处于 1939 年 5 月将安化黑茶仿湖北羊楼司方式，以手工压制砖茶数方，送经财政部贸易委员会暨中国茶叶公司检验，认为堪合俄销。乃由茶叶管理处出具计划及各项费用预算，于该年 8 月呈由建设厅，提请省政府委员会议决，在本省产茶中心区域筹设砖茶厂。1940 年 2 月，砖茶厂依照样砖正式开工压制，砖茶厂正式投产。1941 年 1 月，省政府议决砖茶厂独立设置，直隶建设厅，专司砖茶制造与运销之责。到 1942 年底，共产砖茶 507700 余斤。至 1942年 6 月以后，为进一步扩大经营业务，与中国茶叶公司订约合办。1944 年后，由于湘北、湘中沦陷，业务受到影响。

蒸制骨粉厂。是一家化肥企业，创办于 1942 年 6 月，是湖南省与农林部订约合作创办，进行批量生产蒸制骨粉肥料以助提高农业产量。

---

① 《节录湖南商务议员王忠铭报告》，载《湖南农工商情形记略》第十六册（调查报告），《商务官报》1906 年 9 月 22 日。
② 《节录湖南商务议员王忠铭报告》，载《湖南农工商情形记略》第十六册（调查报告），《商务官报》1906 年 9 月 22 日。
③ 《节录湖南商务议员王忠铭报告》，载《湖南农工商情形记略》第十六册（调查报告），《商务官报》1906 年 9 月 22 日。
④ 符少辉、刘纯阳主编：《湖南农业史》，湖南人民出版社 2012 年版，第 647—649 页。

1944年正打算扩充业务时却因战争而停产。

湖南农业建设股份有限公司。该公司成立于1948年2月，系将国民政府发还湖南省老百姓到期的粮食库券，依据省县各半、集中使用的原则，把留省半数之粮款充作启动资金而成立的公司。公司由各县代表组成董事会，董事会再聘请总经理主持公司事务，公司设秘书、会计、技术三室及业务部，并视业务需要于省内各地及围内外设立各项与农业建设有密切关系的厂、站、场、所或办事处等、其直辖机构有常德分公司、沅江制麻厂、浏阳造纸厂等单位。该公司主要以建立农业建设之基本工作为宗旨。开展的业务包括设立为农业服务的各种工厂、开辟各种新型农场、创造各种农产品加工厂、组设农产包装检定及运销机构、代办农村贷放及农产储运销购等业务、兴办水利工程等。

湖南省渔业公司。该公司成立于1942年2月，由农林部及湖南省建设厅双重领导。

湖南农村重建服务处。1944年3月成立于益阳，处本部设总务、贷放、会计三股。下设南县、常德、长沙、邵阳等站，系湖南私立修业高级农业职业学校接受美国援华救济联合会之委托，为主办湖南农村重修事宜而设立的。其职能范围主要是：房屋之修建；堤垸之修复；耕牛农具之补充；种子肥料之贷给；生产货款之贷放；生产技术及合作组织之指导等。

湖南地处内陆，资本主义经济发展缓慢，现代工业企业不发达，因此农业资本主义经济发展也非常薄弱，公司经营方式的农业远远落后于江浙地区，甚至比北方一些省份还要落后。但这些微薄的经济因素，表明农业资本主义经营形式也在湖南出现了。

手工业的作坊、工场化趋势和资本主义经营形式的发展。民国时期，资本主义生产方式进一步向农村家庭手工业渗透。据张绪先生研究，随着外资企业和民族工业的竞争，家庭手工业在经营形式上出现了新的变化，一部分仍属业主制下独立的自主经营，但另一部分则变成了在包买主控制下的依附经营。在民国时期湖南的家庭手工业当中，这两种经营方式也都是存在着的。其中，业主制下自主经营的家庭手工业更为常见。①既有旧式的一家一户的手工业经营形式，也有前店铺后作坊式的手工作坊，也有与人合伙经营的手工作坊。但民国时期的自主经营的手工业，其规模逐步扩大，有的发展到手工工场的程度了。如战时纺织品需量大增，刺激了农村家庭手工业的发展。据湖南省银行经济研究室1943年调查，安化蓝田有织布（织染）厂商220家，工人约4500人，各家多染织兼营，资本在100万元以上者10家，40万元以上者15家，10万元以上者75家，5万元以上者120家。②祁阳织布业中"较大机坊，雇工织布，多系包工制，照布给工资"③。洪江的桐油油号"多附有榨坊，规模大者，一家有榨十余万具，油仓十数座，工人千余人，名义上虽属商业，而实行则官村中之大规模工场也"④。醴陵瓷器生产，"从事土瓷生产的窑户，因为产品种类不多，品质不精，大多以小作坊的形式进行生产，一般雇用二三十人，最多四五十人，共同操作，很少分工。而制作细瓷则相对规模较大，每家窑户有工场四至六个，雇用工作人员常自七八十至百余人不等，分工也较细"⑤。这种手工工场以雇佣关系为主，不论是自主经营还是合伙经营，已经具备资本主义经济的性质。

至于包买商控制下的手工业，其资本主义经济性质则更为明显。包买商或提供资金，或提供原料，或负责产品销售给生产者，也有既包料又包销，生产者只负责生产等各种形式。民国时期湖南手工业，上述几种包买商控制的形式都存在。桃源县的南路纸产区，"各产户，皆限于资力，多仰赖纸商垫资（俗称垫山）"⑥；洪江纸产区，"亦有预先由商家贷

---

① 张绪：《民国时期湖南手工业研究》，博士学位论文，武汉大学，2010年。
② 《湖南省志》第9卷，《工矿业志·轻工业、纺织工业》，湖南人民出版社1989年版，第518页。
③ 《祁阳文明市土布调查》，《湖南省银行月刊》1942年第2卷第4期。
④ 《洪江经济概况调查》，《湖南省银行月刊》1941年第1卷第3期。
⑤ 刘泱泱：《近代湖南社会变迁》，湖南人民出版社1998年版，第175页。
⑥ 曾赛丰、曹有鹏编：《湖南民国经济史料选刊》第3册，湖南人民出版社2009年版，第713页。

款于产户，再由产户将货陆续送交，以求抵偿"[1]。常宁县的上五洞纸产区，"槽户多资本短少，如欲开槽造纸，先年八月批山包购竹料，须与洋泉市纸店约定，向其挪借资本，所需山租材料以及工人食米油盐等项，概归订约纸商代垫，槽户造出纸品，则陆续尽数运送垫款之商店，由垫款纸商照价收售，结账时期为中秋节、废历年关，及次年春季收槽三期"[2]。这是由包买商提供资金，提供原料和包销售的形式，也在各种行业中存在："长沙湘绣制造，分湘绣户与湘绣庄二种。湘绣户专任刺绣工作，绣成出品，出售于湘绣庄，或代湘绣庄担任刺绣工作，其所用原料，前者系绣户自备，后者系湘绣庄发给，绣户但取工资。工资以件计，每件工资之多寡，则视作品之大小及粗细而定。"[3] "浏阳布庄收布，多以洋纱换来，亦有布庄放纱指定布样织成者"[4]；"袜厂织袜有设立工场招工织造者，亦有自备工场并将袜机放与乡间妇女发纱令令其在家织造者，大致备机较多之袜厂类多二法并用，如益阳、长沙之大厂有手摇机百架以上者是，至较小之袜厂，备机不过十余架，类多在铺面招工织造"[5]。

手工业行业的作坊、工场化趋势和资本主义经营方式的发展，使传统的家庭手工业逐步退居到家庭副业的地位，而满足市场需要的手工业生产逐步为资本主义生产方式所占据。因此，近代湖南乡村农业资本主义的发展，在手工业行业中获得长足进步。

综上所述，清末以来的湖南农业生产方式，发生了很大的变化，这种变化实际上表明湖南传统的农业生产方式正在向现代农业的转变。刘国武先生在《抗战时期湖南农业述论》一文中认为抗战时期的湖南农业发展使湖南农业实现了传统农业与近代科技的初步结合。他认为现代农业与传统农业一个最明显的区别就是农业科学技术应用于农业生产中，

---

[1] 曾赛丰、曹有鹏编：《湖南民国经济史料选刊》第3册，湖南人民出版社2009年版，第723页。
[2] 曾赛丰、曹有鹏编：《湖南民国经济史料选刊》第3册，湖南人民出版社2009年版，第751页。
[3] 朱羲农、朱保训编纂：《湖南实业志》，湖南人民出版社2008年版，第1030页。
[4] 朱羲农、朱保训编纂：《湖南实业志》，湖南人民出版社2008年版，第845页。
[5] 朱羲农、朱保训编纂：《湖南实业志》，湖南人民出版社2008年版，第859页。

如农民教育程度的提高，以机器耕作代替人力和畜力耕种，改良品种，兴修水利，防治病虫害，使用化学肥料，利用天气预报来指导农业，提高土地的利用率等。从这几个方面来看，抗战时期，除机器耕作代替人力和畜力耕种这方面没有多少改变外，在其他几方面都有不同程度的提高。[①] 从以上的叙述来看，这个论点是正确的，但传统农业与近代科技的结合以实现向现代农业的转变是一个漫长的过程。应当说，这一过程开启于清末，经过民国时期特别是国民政府时期的发展，获得了较为显著成效，而抗日战争时期则是其成效彰显的时期。但是整个近代，湖南乡村农业资本主义生产方式的转变，其程度是不高的，发展也极为有限。

第二节　近代湖南乡村生活方式的变迁

近代湖南乡村生产方式的变化，也带来了生活方式的变化。乡村集市贸易的发展，使得集镇快速地成长并成为区域人口居住和商业的新的聚落；铁路和公路的开通缩短了乡村与城市、乡村与乡村之间的距离；外国商品的输入和现代工业品的流入，改变了千百年来乡村社会固有的衣食住行的生活方式。乡村社会生活也开始了迈入现代社会的进程，尽管这一过程十分缓慢。

一　乡村生活环境的改善

鸦片战争以后，随着自然经济的逐步瓦解，乡村农产品的商品化程度提高，经济作物面积扩大，外国商品和中国工业品的进入乡村市场，这些都促进了湖南集镇市场的发展。据1933—1934年国民政府内政部《内政调查统计》，在已调查统计的湖南71个县中，有镇308个，集1876个，共有集镇2184个。[②] 例如醴陵从1915年至1937年先后设立清水江、美田桥、双傍、唐家湾、筱溪、麻石、茶岭、符田、神福港、下岭湾、

[①] 刘国武：《抗战时期湖南农业述论》，《抗日战争研究》2009年第4期。
[②] 丁长清、慈鸿飞：《中国农业现代化之路》，商务印书馆2000年版，第40页。

柞树下、鳖塘、浦口等集镇。战时醴陵集镇进一步发展，增设了白兔潭（1938年）、富里（1940年）、高桥（1941年）、王仙（1941年）、莫家嘴（1942年）、枫树坪（1944年）6家集镇市场。到湖南解放前夕，全省有集市2627个，即每1000平方千米有12个集市。[1] 邵阳的五峰镇也是十分繁华的，据载，在1944年，全镇有染坊11家，从业者74人，染布10564匹。1949年全镇有染坊12家，从业者81人，每一染坊常雇工3—5人不等，大部分兼染色布（全蓝，或全青，或全灰，或全紫）和蓝印花布。是年染布157000匹，其中以张步高、吕光坤染坊印染的蓝印花布最为著名。商业也十分发达，1938年镇街区有纱庄23家，棉花店4家，杂货60家，牛厂18家，猪仔行4家，日销仔猪500头，油盐行13家，米行19家，日销米2.5万斤，南货斋铺14家，屠业24家，中药铺19家，西药铺1家，百货4家，针织品1家，卖酒16家。民国末年街区有商铺牙行45家，乡村有店铺19家。"太康和""明彰武""吉森盛"等商家共有流动资金51000块光洋，固定资产10700块光洋。[2]

集市贸易的繁荣和集市规模的扩大导致由集市向集镇方向发展。集镇是永久性的商业居民区，是异于乡村的新的聚落形式，也是传统乡村向城镇化转变的体现。集镇的发展，改变了乡村社会的居住和生活环境与方式。在传统自然经济条件下，乡村集市贸易虽然是其重要补充，但大部分集市贸易并不发达，集市数量少，一般是定期贸易（10天或7天一次），大部分是乡民自产直接的交易。近代资本主义经济在乡村的发展，改变了这一现象。集市成为舶来品和国产工业品流入乡村的主要渠道，乡村在商品经济的带动下，提供了品种更多、数量更大的农产品及经济作物交易，活跃了乡村经济，也逐步改变着乡村生活各个方面。此外，集镇的发展成为乡村新的居民聚落，使部分土地所有者变为工商业者，也使部分失地农民获得谋生的去处。近代中国乡村的离村率是比较高的，湖南乡村尤其是南方各省之最。据1933年的调查，湖南乡村离村

---

[1] 钟永兴：《近代湖南集市贸易的发展》，《求索》1998年第1期。
[2] 李小凤：《民国时期湖南宝庆五峰铺市镇经济研究》，硕士学位论文，吉首大学，2013年。

家数为 147511 户，占报告各县总农户的 8%；有青年男女离村之农家家数为 252521 户，占报告各县总农户的 10.8%。① 离村的去向，集镇是一个重要所在。除了去城市求学和进工厂做工，大多数没有文化、没有手艺的离村之人，选择距故乡不远的集镇谋生。因此，集镇的发展也改变了乡村人口的地理结构，也就改变了乡村生活的地理环境。但是，总的来说，近代湖南城镇发展进程缓慢，到1949年，湖南共有建制镇104个，乡镇1681个，总人口2986.8万，其中市镇人口235.9万，城市化水平仅为7.9%，比全国平均水平低3.3%个百分点。②

除了集镇的发展，交通的发展也改变了乡村的生活环境。传统交通工具主要依靠自然力、人力或畜力为动力，陆路的骡道交通和水路的木船舢板是人们出行和交通运输主要工具。近代以来，商品经济的发展，使得原料和产品的运输、人们的出行需要更快捷、满足大批量货物需要的交通，铁路、公路和轮船便成为新的交通形式。

近代以来，湖南新式交通获得较大的发展，大多在清末起步，而在民国时期获得较大发展。首先铁路，近代湖南铁路修筑是在清末的株洲至萍乡线，与湘粤铁路连接，1903年开工，1905年竣工，"株萍路全线长91.8公里，（湖南）省境内56.1公里"③。杭州至株洲间一线贯通。粤汉铁路湖南境内最早开工是长沙至株洲段，1909年开工，1911年竣工。武昌至长沙段1914年开工，至1918年竣工。国民政府成立后，于1933年开始修建株洲至广东乐昌段，于1936年修通。此外，1937年9月，湘桂铁路衡阳至桂林段首先开工，至1938年9月竣工。近代湖南铁路系统由粤汉线、湘桂线、株萍线组成，不是很发达。

其次是航运，湖南轮船航线"在民国成立前计有6条，930公里；1918年即发展为16条，2334公里。至1937年发展到26条3576公里"④。由于日本侵略的影响，"至1947年内河轮船航线共14条，2921公里"⑤。

---

① 池子华：《中国近代流民》，浙江人民出版社1996年版，第13页。
② 朱翔、周国华、贺清云：《推进湖南城市化进程研究》，湖南大学出版社2002年版。
③ 《湖南省志·交通志·铁路》，中国铁道出版社1995年版，第16页。
④ 《湖南航道史志稿》（上册），湖南省航务管理局办公室印，1986年10月，第6页。
⑤ 《湖南航道史志稿》（上册），湖南省航务管理局办公室印，1986年10月，第6页。

"湖南内河航运，以长沙为枢纽，沿湘江而下岳阳、汉口者谓之外江航线；由长沙至本省各市县者，谓之内河航线。民营轮船行驶的内河航线，主要有长沙至湘潭、长沙至常德、长沙至湘阴、长沙至益阳、长沙至津市、长沙至南县等十九条。"① "行驶外江航线（长汉、长申等线）的轮船，主要是英商太古、怡和公司、日商日清公司、戴生昌轮船局和官僚资本招商局、三北鸿安等公司的轮船。"②

卓有成绩的是湖南的公路建设。长沙至湘潭的长潭路是湖南、也是中国第一条公路，1913年湖南都督谭延闿计划修建，由于政局变幻，迟至1916年开工，中间几经曲折，于1921年建成，长潭路自长沙经易家湾达湘潭，全程50.11公里。③ 其次是潭宝路（湘潭至邵阳）的修建，1921年开工，至1928年完成，自湘潭经湘乡达宝庆（邵阳），全长172.83公里。④ 1926年，湖南境内先后建立了三个汽车路局，承担公路运输和公路修建，至1929年，先后建成醴陵至攸县、长沙至宁乡、宝庆至桃花坪（今隆回）、常德至桃源、衡阳至郴县等公路，至此，湖南共修建公路578.63公里。⑤ 1929年，何键主湘，成立湖南全省公路局，解散原有三个公路局，开始湖南公路修建的新时期。1933年，国民党为了围剿革命根据地的红军，召开豫、鄂、皖、苏、浙、湘、赣七省公路会议，希望建设公路网以便利于军事围剿。到全面抗战爆发前夕，湖南修筑了公路1694.86公里，⑥ 形成了"东、南、西、北四方各有两条省际干线通向赣、粤、桂、黔、川、鄂6邻省，形同'四通八达'的格局"⑦。抗战初期，还继续修建了一些公路，如浏阳到邵阳、洞口至榆树湾、烟溪至大江口三条战时公路。到1949年中华人民共和国成立时，全部公路里程数字实际为3994.71公里。⑧

---

① 彭六安：《湖南民营航业五十年》，《湖南文史资料选辑》第九辑，1965年9月。
② 彭六安：《湖南民营航业五十年》，《湖南文史资料选辑》第九辑，1965年9月。
③ 史鹏主编：《湖南公路史》，人民交通出版社1988年版，第44页。
④ 史鹏主编：《湖南公路史》，人民交通出版社1988年版，第52页。
⑤ 史鹏主编：《湖南公路史》，人民交通出版社1988年版，第77页。
⑥ 史鹏主编：《湖南公路史》，人民交通出版社1988年版，第93页。
⑦ 《湖南省志·交通志·铁路》，中国铁道出版社1995年版，第82页。
⑧ 史鹏主编：《湖南公路史》，人民交通出版社1988年版，第159页。

现代交通的建设，改变了乡村生活的环境。一是便利于货物的流通速度和范围。以前靠陆路人工、航运的乡村土产品和手工业制品和输入乡村的工业品，不仅运输范围有限，而且运输量也有限，不利于商品流通，也就不利于乡村经济发展。现在通过现代交通工具，商品运输不仅量大，而且范围也更为广泛。当时就有人就粤汉铁路对湖南、广东两省的经济促进作用给予高度评价：

> 汉路价值，最为伟大。湖南米产极丰，而广东则嫌过少，年需外来以补不足者，在一千万石以上。湖南与广东，虽属邻省，以交通不便，无法通其有无。其在湖南贩米者，则由长沙沿湘江，泛洞庭，再入长江，过崇明而海运广州，所费极多，成本自高。故湖南屡闹熟荒，经济感觉走投无路。株韶段若告完成，则湖南过剩米粮可以得其出路。一万六千万元（每石十六无计）之漏卮，亦可以抵塞矣。
>
> 广州三水间，新式工业发达，年需烟煤等物达六十万吨。广东煤产，颇不足以应需要，湖南煤产虽多，但亦以交通不便，无法供应广东所需求。株韶段完成，湘粤两感其利，全国贸易上，又少一漏卮矣。
>
> 广东工业发达，各种日常用品俱能自制，仪器尤多。非运南洋，即由海道税关，负担如此之重，自不能与外货争衡。湖南之物产有出路，其消费量必随之而增，苟得粤汉线全部落成，则湖南立成广东工业品之销场。而湖南之蚕丝、茶油、夏布、桐油等，广东之水果，俱得其出路。
>
> 湖南之食盐，取之广东，年在三百万石以上，向赖旧式运输，往往较原价贵达四倍之多。粤汉路完成，湘人食盐负担自能减轻不少。①

对于乡村地区来说，公路网的建设对他们的影响更为直接。公路穿

---

① 陈增敏、孙海晏：《湘奥旅行见闻录》《地学杂志》第22年，第2期。

越广大乡村地区，所过之处，不仅便利了乡民货物的运输，促进了商品的流通，而且也促使新的乡村集镇的形成，公路设站之处，渐渐成为新的集市，甚而演化为新的集镇，从而改变了乡村地区人们的生活环境，尤为重要的，它也深刻改变人们的思想观念和生活习俗。

乡村生活环境的改善还表现在乡村公共医疗卫生状况的改善。中国传统社会没有公共卫生行政机构，清承明制，据《清史稿·职官志》载："府正科，州由典科，县训科各一人，由所辖有司遴选通医理人员充咨询"，并没有设正式卫生行政机构。1905 年在巡警部警保司下设卫生科，是政府第一次设置专管卫生的机构。1906 年谕旨改巡警部为民政部，设有卫生司。[①] 于是各省也参照中央卫生司设置。清末湖南设保卫局，兼理"去民害，卫民生"，负责公共卫生。1913 年 11 月，湖南督军府内务司下设卫生科掌管卫生防疫，1915 年 10 月在省警察厅下设卫生科，各县市也相应地建立了警察署卫生科，逐渐初步形成省市县卫生体系。

国民政府成立后，设立了卫生部（后改为卫生署），开始尝试建立乡村卫生体系，1936 年，教育部颁布了《乡村小学卫生设施暂行标准》，规定了乡村小学卫生工作。在具体的乡村卫生体系建设中，各省乃至一省之不同地区的办法也不尽相同，湖南的办法是依靠和利用社会组织力量甚至外国教会及其医疗机构的力量进行乡村卫生体系的建设，县卫生院是县一级卫生行政、防疫、妇幼保健机构，同时开设医疗业务。

1936 年，湖南尝试以合作社的方式进行乡村卫生建设，"为推进农村卫生事业，各县试办健康合作社，援日本各国成例组织，现平江卫生院，业已计划进行，并由社办保健训练所，由各乡社派员入所训练，然后返乡办理种痘及简易治疗工作，以期普遍推行乡村卫生事业"[②]。

虽然国民政府和各省政府采取各种办法推动乡村卫生体系的建设，但由于经费的缺乏、抗日战争的爆发以及乡村社会的贫困和长期形成习惯，无论较发达的沿海省份，还是湖南这种比较贫困的省份，乡村卫生体系并没有真正建立起来。尽管如此，近代湖南乡村卫生事业还是取得

---

① 方石珊：《中国卫生行政沿革》，《中华医学杂志》1929 年第 14 卷第 5 期，第 36 页。
② 《平江合作社推行乡村卫生》，《湖南合作》1936 年第 24 期。

了一定成绩。以湘乡县为例，该县在1929年以前全部为中医，有中医药人员1229名。1929年成立第一所西医院——三民医院。到1939年才建立县卫生院，负责全县卫生行政、防疫、妇幼保健及医疗业务。1947年始建县公立医院，到1949年共有4家私人医院和7家诊所，分布于城乡各处。① 又如沅陵县，县卫生院到1937年建立，到1949年，全县共有医院3家，中西医诊所34家，大部分在县城开业。此外还有教会医院宏恩医院，1942—1943年，省卫生处与美国天主教堂在沅陵分别建立省第三医院和天主堂医院。

乡镇一级，也有卫生建设事业建设较好的案例，如邵阳县五峰镇。五峰铺除了天主教堂的附设诊所外，民国三十二年（1943）邵阳县卫生院在五峰铺设立西医卫生所，有4名工作人员。由于市镇来往人口众多和在教会医院的刺激下，在汉口学医的汪天仪于1943年在五峰铺开设眼科，医术精湛。此外还有彭文蔚等人开办的5家私人诊所。清末民国时期，邵阳县境内有私营零售药店、药铺150余家，其中五峰铺就有15家，这些私营药店所需药品，主要从宝庆及永丰、湘潭进货。各私营药店大都前店后坊，自制各种药丸、散、膏、丹，均是手工操作。各药店处于自购自销，无批发业务，以销售中药为主，兼营中成药，品种约3000个到4000个，药价随行就市。部分药店设坐堂行医，兼营行医。民国十二年（1923）塘渡口福音堂始售西药，40年代西药扩展到境内，经营品种50个左右。1947年五峰铺药业界成立同业公会，统一药价，互相监督药品质量，对磺胺类及柠檬精等西药限定在有医疗知识的药店销售，加强药政管理。众多医疗机构的设立显示了五峰铺商业的繁荣，市镇医疗服务的完善。②

近代湖南乡村卫生事业虽不尽人意，但与晚清乃至清前期的乡村卫生工作相比，已经有了很大的进步。现代医药科学和技术进入了乡村，部分地改变了传统乡村社会大多数人们治病靠巫师神汉的现象，更重要

---

① 湘乡县志编纂委员会：《湘乡县志》，湖南出版社1993年版，第881页。
② 李小凤：《民国时期湖南宝庆五峰铺市镇经济研究》，硕士学位论文，吉首大学，2013年。

的是传播了科学知识，对乡村社会摆脱迷信愚昧的观念和习惯有重要的意义，同时也是乡村生活环境进步的表现。

二 乡村生活状况的变化

湖南是内陆省份，农业社会，向以保守著称，乡村日常生活以保守节俭为特征。鸦片战争后的相当长的时期内，还保持着传统的服饰、饮食习俗。同治八年（1869）《石门县志》记载：衣服"俭约朴素，不入绮靡。近虽较畴昔稍异，要以布帛为先，无违古式"[1]。布料也以本省所产土布为主，尤其是"浏阳、醴陵每岁所出夏葛二种，足供本省之用"[2]。同治十年（1871）《长沙县志》载："省会之区，妇女工刺绣者多，事纺绩者少。大家巨族，或以细饰相尚；乡间妇女，钗荆裙布……"[3] 光绪元年（1875）《衡山县志》载："富者夏葛冬裘，无奇邪之消；贫者夏苎冬絮，饶古朴之风。便洗浣而服蓝青，颜色不歆红绿；准躯干以裁襟袖，尺度不竞宽长。幼稚美服鲜绫罗，妇女恒装无金玉。"[4] 如果有所变化的话，也只是上衣下裙的长短之变，"咸丰初，袖尚窄长，衣与踵齐，马褂短。同治初，则上衣长，而下衣反短，衫袖阔几盈尺焉。光绪以后，又渐如咸丰时，短者絮长不及十之四，而长衣竟曳地矣，袖亦狭至三寸、襟有缘宽者且及四寸，甚至有饰文绣如妇人……其冠缘乍高乍低，约十年二十年即互易其尺寸，变迁伸缩……"[5]

到 19 世纪末 20 世纪初，岳阳、长沙相继开辟为通商口岸，进出口贸易大幅度发展，特别是轻工产品和日用品的进口，对湖南城乡百姓的日常生活产生了深刻的影响。湖南进口轻纺工业品大宗首推棉货，约占全省进口洋货价值的 40% 以上，每年输入 2 万关平两左右，80% 为日本货。至民国六年（1917），棉纱减少，但棉布进口始终持旺盛的态势。进口洋布之数量，也是逐年增加。1900 年，进口洋布总值尚只 407 关平两，为

---

[1] 《石门县志》卷三，《舆地志·风俗》。
[2] 《湖南民情风俗报告书》，湖南教育出版社 2010 年版，第 94 页。
[3] 《长沙县志》卷一六，《风土·妇女》。
[4] 《衡山县志》卷二〇，《风俗·衣服》。
[5] 民国《慈利县志》，卷一七，风俗。

数甚少，但到 1911 年，进口洋布总值就激增到 3288252 关平两，十年之内，净增 8078 倍，平均每年进口洋布总值达 328825.2 关平两。①

洋纱洋布及日用工业品的大量进口，逐步影响了人们的日常生活。据清末民初《湖南民情风俗报告书》记载：②

> 洋纱、洋布、竹布、羽绫、羽缎等物，则概由外国输入，花团锦簇，日异月新，近年风气浮靡，城邑尤甚，人人不惜重资为章身之具棉苎各布销路亦滞……

尤其在长沙、湘潭、常德等地，"风俗日偷，纨绔子弟立异矜奇，日以服饰争相夸耀，故洋货业日渐增加，绸缎店亦多销售外国绸料"③。

与此同时，服装的式样也发生了变化，"民国十年以后，由于舶来品的影响，几个月便流行一种新式服装，年轻人与祖辈父辈的衣着区别就像换三个朝代"④。西装、中山装、学生装、旗袍之类的服饰开始流行，但基本上是在城市，或在乡镇所谓缙绅之家，如在醴陵，除男性"渐次流行中山装和学生装，少数公务人员着西服"外，"县城中上层妇女和农村少数官绅家妇女，多爱穿旗袍或短衣裙，冬季在旗袍上罩一件短毛线衣"。⑤ 至于农村，则基本上还是传统的中式服饰。所谓中式服饰，在清末民国时期的湖南乡村，大致如《湘乡县志》所描述：

> 纱粒坨帽是编织品，帽口可摺，冷时放下防耳冻。大襟衣有长短两式，长者为袍，短者为褂，特点是一路布扣齐侧腰而下，无翻领，无明兜（短对襟褂除外）。布料色泽因身份而异……裤不开裆，一根纱带贴身缚，裤头一摺，几条裤同束一带。穿布袜，渐兴土纱编织袜。鞋底系多层布用麻绳纳成，新鞋锁脚，需先用楦头"楦

---

① 周石山：《岳州长沙自主开埠与湖南近代经济》，湖南人民出版社 2001 年版，第 146 页。
② 《湖南民情风俗报告书》，湖南教育出版社 2010 年版，第 94 页。
③ 《湖南民情风俗报告书》，湖南教育出版社 2010 年版，第 95 页。
④ 《湘乡县志》，湖南出版社 1993 年版，第 969 页。
⑤ 《醴陵市志》，湖南出版社 1995 年版，第 848 页。

松。富家妇女多着百褶裙、套裙、扎裹脚带，鞋上绣花。雨天出外穿有铁钉油鞋及四齿木屐子鞋，也有以老竹蔸制成简便木屐的。①

此外，日用消费品的进口则种类繁多，从煤油、罐头到水果洋洋数百种。煤油使用范围日广，逐渐取代了松子和桐油、茶油照明。

有些地区甚至出现了崇洋、奢靡之风。"衣必舶来上品，出必包车肩舆，宴客必殊味，居处必崇高。"② "中国之赌具甚多而今之赌者必曰扑克，中国之酒甚多而今之饮者必曰白兰地香槟，中国之菜甚多而今之食者必曰番菜，问何以故，必曰趋时也。"③ 醴陵渌江书院，旧时"一院之中，著缎者不过数人，袭羊裘者不过一二人。今则丝履皮袍，殆成常服"④。"衣宽窄、长短，几于月异而岁不同"⑤；女子服装式样很多是"自沪上之妓女创之，浸渐及于内地，即上流女子，亦随以俱靡"⑥。

与服饰变化同时饮食也发生了变化。湖南乡村传统饮食以大米为主，佐以粱、菽、黍、麦、粟、荞等"杂粮"；少数边远山区，不宜种植水稻，亦以相适应的杂粮为主。肉类以猪肉为主，猪、牛、羊肉外，还有家养的狗，家禽鸡、鸭、鹅，以及鱼类等。绝大多数农户包括贫困农户都饲养猪、牛、狗等牲畜和鸡、鸭、鹅等家禽，少数富裕农家还有自己的鱼塘。一般是饲牛为耕田，养狗为看家，作为肉食主体的猪肉和鸡、鸭、鹅、鱼类及蛋品，除城乡少数地主富裕之家外，也并不是一般民众餐桌的常物，大多只是在延客或喜庆节日时才得以享用。在生产力水平较低和相对闭塞的自然经济条件下，人们的饮食较为简朴、单调、清苦。长期以来，大多数人一日三餐，湘西、湘中一些贫困地区一日两餐。近代以来，饮食结构及方式发生变化。对乡村大众来说，主食中红薯成为主要的果腹之食。红薯在清初传入湖南后，由于产量高，逐渐成为湖南

---

① 《湘乡县志》，湖南出版社1993年版，第969页。
② 《赌饮食》，湖南《大公报》1919年2月15日。
③ 《长沙一览》，湖南《大公报》1925年9月3日。
④ 民国《醴陵县志》卷四，1948年。
⑤ 傅熊湘：《醴陵乡土志》，1926年刊，第19页。
⑥ 傅熊湘：《醴陵乡土志》，1926年刊，第19页。

乡村农民的主要杂粮。据载，"迩来人烟日以稠密，近山者遂争蓺薯，户产二三十石，斜坡深谷，大半辟薯土。……故山谷之民虽遇歉岁，而有含哺鼓腹之乐"，"近山之民，以番薯夹米煮饭，谓之薯饭，不如是不足以自给"。① 这种情况在湖南丘陵、山区具比较普遍。清末民初湖南调查局调查称："宁远、道州、零陵、永明、江华、桂阳、蓝山、临武各属，所产稻米举以售人，而红薯、包谷悉留自食。盖因生计艰难，实非嗜好有所歧异。"②

但在城镇的影响下，乡村的饮食习惯也发生了变化，据载，20世纪20年代的醴陵，"旧俗俭朴，衣布茹蔬……宴客以十碗为丰，十碗之供，海味不过刺参，其次蛏干、鱿鱼以名席面而已。乡民非令节不食肉，非庆吊不置酒，款客止于杀鸡，鲜味止于罾鱼。"而至20世纪20年代，则"中人之家，酬酢往还，争奢斗靡，以远物为尚，暴殄为豪"③。40年代末的长沙，"宴请亲友，在省甚奢，或在潇湘、奇珍（阁）、玉楼东等著名酒家，海陆珍馐，所费不赀"。即乡村及"中人以下之席面"，亦"总以十碗为常"。④

当然，近代以来工业化的进程和西方观念的传播对于中国社会生活的影响是巨大的，但就程度而言，城镇地区与乡村地区，沿海地区与内陆地区，发达地区与贫困地区是存在差异的，有时这种差异还非常巨大。对广大乡村一般农民来说，基本上保留着传统的饮食服饰结构与方式。其原因当然是由于生活的贫困，非不为之，实不能也。1927年，陈仲明在《湘中农民状况调查》一文这样描述说：

> 每天只有两顿粗糙饭，还有一点自家种的蔬菜。肉除掉大节气如过年节的时候，是不容易发现的。鸡鸭喂得尽管多，都仿佛是地主小财主的专门食物。农民眼巴巴的望着他们长大、生蛋，统统送到有余钱的人家，换得极低微的代价。衣服仅足蔽体，料子都是极

---

① 《醴陵县志》卷四，《礼俗》卷五，食货，1948年刊。
② 《湖南民情风俗报告书》，湖南教育出版社2010年版，第95页。
③ 傅熊湘：《醴陵乡土志》，《风俗》，1926年刊。
④ 黄曾甫：《春泥馆随笔》，《长沙文史资料》1990年增刊，第137—138页。

粗的老棉布，常常看到许多的农民，身上穿的衣裤，没有一件不是补过又补，缝过又缝的。脚是差不多终年赤着，穿鞋袜的，大概只有到人家拜年的时候才看见。穿了一二天，又得好好的收藏起来，预备明年的此时再用。①

1934年，湖南省政府委员黄士衡视察衡阳，所见亦极为悲惨："入衡阳境，查邹姓三村，所查各户多食草根、树皮、仙泥，有杂粮者极少。沿途豆麦极稀，均称土性不宜，又无钱购种子"，"到桐梓坪，灾民拦舆跟追请贩数次。沿途抽查朱姓邓姓各二村。至曲栏，灾民数千包围请愿，出示蒿草、蔽薇、榔树皮、地瓜皮、野菜籽、艾叶、夏枯草、观音土等食品，鸡形鹄面，惨不忍睹"。②

1935年，湖南省立农民教育馆对长沙县黄土岭第二实验区的调查，也说明了乡村一般民众生活的困苦：

  民众生活，因感频年天灾人祸，无资经营，因而谋生乏术者居多，本年入春以来，天雨绵绵，蔬菜时被虫蚀，加以菜价低廉，百斤之小菜，所获不上一元，一家数口，惟此是赖，因而无米为炊之事，时有所闻，困难达于极点。③

如果说，上述材料只说明1935年的个案，那么1948年中山大学社会研究所对长沙崇礼堡乡的调查结论则是对民国时期湖南乡村农民生活的总的概括：

  ……在该堡中1/3田地及其生产物为堡外之地主收买，其余2/3之耕地，不敷分配，且佃农居多，租佃制度之未能改善，耕作方法之未尽合理……乡民颠沛流离，致影响其生活江河日下……

---

① 陈仲明：《湘中农民状况调查》，《东方杂志》1927年第24卷第16号，第79页。
② 天津《大公报》1935年4月24日。
③ 湖南省立农民教育馆：《黄土岭第二实验区基本区内社会调查报告》，《民国时期社会调查丛编》，二编，乡村社会卷，福建教育出版社2009年版，第792页。

（1）乡民每日三餐，既感不济，乃改食廉价食品，勉求一饱，并图节省食物费用，以弥补他项开支，致使生活程度，续行降低。

（2）所生子女，幼年既难获致受教育之机会，或新式之技术训练，而长成则惟有承袭父业，以谋生活，如此"工之子恒为工，农之子恒为农"生活模式，墨守成规，毫无改进，而代代穷困相因，每况愈下。

（3）能由高利贷借到债款以接济家用者，仅可周转一时，无异剜肉医疮，饮鸩止渴，而多数家庭，因连岁亏欠，债台高筑，终于连租佃之资本，渐次蚀完，惟有退还耕地，卖佃为生，其家庭来日之苦况，又可想而知了。①

由此可以了解到，近代以来湖南乡村生活状况虽然由于工业化的发展有了若干的进步，在一定程度上改变了乡村社会的面貌，但是对于大多数农民来说，其状态的确差强人意，并非持续贫困，但也没有发生根本的改变。晚清持续的社会动荡，民国时期军阀混战和艰苦卓绝的抗战，乡村付出了极大的牺牲。而土地所有制没有根本的改变，甚至租佃关系也没有得到良好的改善，故乡村民众特别是占大多数的自耕农、佃农的生活的确是陷入了持续贫困的循环。乡村生活的改变，有赖于土地制度的根本变革。

第三节　近代湖南乡村习俗及文化生活的改良

物质生活的改变，必然引起文化的变化。只是与前者变化的广度和深度相比，文化的变迁要缓慢得多。近代湖南乡村在鸦片战争后的 100 多年间，物质生活发生了深刻的变化，其社会习俗和文化生活也开始了变化的过程，并影响于近代湖南乡村社会。

---

① 孙本文等：《湖南长沙崇礼堡乡村调查》，《民国时期社会调查丛编》，二编，乡村社会卷，福建教育出版社 2009 年版，第 807 页。

一 近代湖南乡村习俗的改良

社会风俗作为一种文化现象或一种意识形态，都是以它独特的方式来反映社会存在和作用于社会存在的。在中国漫长的封建社会中，中华民族形成了纷繁复杂的习俗，这些习俗一方面是民族精神的外在体现；另一方面也反映了封建落后的文化，成为所谓陋俗。随着时代的变迁，封建陋俗逐渐成为社会发展的桎梏。有人描述传统社会的陋俗说："我国上古，男替束发于顶。世祖入关，乃慈发垂辫。女子多缠足，不轻出外。男子吸鸦片者甚众，亦好赌博，烟管赌具，几视为日用要物……而知书识字者，百人中不可得一也。"① 此外，还有重男轻女、包办婚姻、纳妾蓄婢、狎妓吃花酒、迷信鬼神风水、跪拜礼仪等，不胜枚举。近代以来，伴随着资本主义的发展，科学和教育的进步，以及西俗的传播，封建陋俗逐步得以改良。

放足与不缠足。妇女缠足是禁锢妇女身心的陋俗，晚清以来为有识之士所诟病，维新时期，社会各界倡导不缠足，尤以《湘报》的推动最力。它刊发了不少抨击缠足弊端、主张不缠足的文章，指出缠足有"七大害"："废天理""伤人伦""削人权""害家事""损生命""败风俗""戕种族"。② 大声疾呼"缠足之陋习不废，则中国几有亡种之奇殃"，③早日废除缠足，实现天足，才能够"以存天理，以叙人伦，以保人权，以修家事，以全生命，以厚风俗，以葆种族"④。在谭嗣同等维新人士的倡导下，成立了湖南不缠足总会。《湖南不缠足会简明章程》明确规定：入会人所生女子，不得缠足，凡八岁以下缠足的，一律放足；入会人所生男子不得娶缠足女子。⑤ 由谭嗣同拟定的《湖南不缠足会嫁娶章程十条》也明文规定：入会者可以互通婚姻，对会外人，入会者只能与未缠

---

① 徐珂：《清稗类钞·风俗类》，中华书局2010年版。
② 黄遵宪：《皋宪告示》，《湘报》1898年55号。
③ 唐才常：《书洪文治〈戒缠足说〉后》，《湘报》1898年15号。
④ 黄遵宪：《皋宪告示》，《湘报》1898年55号。
⑤ 谭嗣同：《湖南不缠足会简明章程》，《湘报》1898年30号。

足者通婚姻。① 在他们的带领下,湖南各地纷纷成立不缠足会,计有:岳阳不缠足会、新化不缠足会、邵阳不缠足会、武冈不缠足会、浏阳不缠足会、善化不缠足会、宝庆不缠足会、衡山不缠足会等。甚至在乡村,也出现了不缠足团体。如善化县东乡绅士,鉴于"乡间僻陋,限于见闻,故特鸿集同人,设会于都仙庚岭"②。各地不缠足会还纷纷开展活动,劝阻人们不缠足。地方官员和开明绅士纷纷予以支持,邵阳、新化县令有劝禁缠足的谕批,善化、衡山且厘定章程;湘乡有王瑞明、萧礼横等发起倡立,团防局公布了不缠足条例,规定按户取具甘结,五家联保,若有违犯,从重罚款,无力认罚者,游街示众;学政徐仁铸为宝庆府不缠足会分会撰序;湖南署理按察使黄遵宪,应绅士刘颂虞等人之请,发布了《湖南臬司黄劝谕幼女不缠足示》。天津的《国闻报》对此做过报道:"湖南不缠足会风行之盛,甲于各省,刻下该会陆续报名,每日或十数人,或数十人……"在开明官员的支持下,不缠足运动在湖南城乡进一步发展起来。③ 进入民国以后,不缠足变为政府行为,政府通过法令禁止缠足。

剪发辫。剃发留辫是满族的民族习俗,满洲人入主中原后,清廷通过武力强迫汉族男子留辫子,留辫与否,曾经是导致满汉民族之间严重矛盾并引发激烈的对抗,后来逐渐演变为满汉共有的习俗,而留辫子已经成为清代统治在人们服饰上的一种政治符号、心理暗示和服饰礼仪的组成部分。自清末革命运动兴起后,汉族民族意识迸发,留学生和国内激进人士纷纷蓄发剪辫,表示对清朝统治和民族歧视的不满,如湖南志士陈天华、禹之谟就是长发披肩。辛亥革命湖南光复后,湖南都督府明令剪辫,宣布"凡军民人等,所有辫发,限三日内一律剪去,否则由军警干涉之"④。稍后,民国政府向全国发布《临时大总统关于限期剪辫致内务部令》,规定"凡未去辫者,于令到之日,限二十日,一律剪除净

---

① 谭嗣同:《湖南不缠足会嫁娶章程十条》,《湘报》1898 年 53 号。
② 《善化东乡不缠足会简明章程》,《湘报》,第 113 号。
③ 陈文联、张乐平:《湖南维新运动中的移风易俗》,《衡阳师范学院学报》2011 年第 2 期。
④ 粟戡时等:《湖南反正追记》,湖南人民出版社 1981 年版,第 23 页。

尽，有不遵者，以违法论"①。剪辫很快成为广泛群众性的行动。在长沙，"剪辫子是光复后最早形成的一种风气，大家认为不剪辫子就是甘心做满奴和亡国奴的显明标志。于是在学校中剪掉同学的辫子，当街剪掉路人的辫子"。有些遗老和顽固派，"就把辫子盘在头顶上，用帽子遮盖起来，或者索性把头发全部留起来，改作道士装，借以逃过这一关"②。在岳州，"光复后，岳州社会风气一新，首先是大家忙着把辫子剪掉了。不愿意剪辫子，偷偷地盘在头上用帽子盖着的，只是极个别的顽固派"③。其他地方的情况也大体一样。当然这种风气的变革首先发生在城市中，农村变革稍为缓慢。然大势所趋，留辫者越来越少。至民国后期，全省"男性发型一般为西式、平头、光头三类，留辫者几乎绝迹"。以醴陵的记载为例："民国成立，男人剪掉长辫，缠巾戴帽。农民一般用青布或白布缠头，南乡农民多用印花布缠头。城市工人戴蒸钵帽，商人戴红顶瓜皮帽，士绅戴博士帽，老人冬天戴风帽。夏天，城市少数人戴藤织国字帽和拿破仑帽，居民喜戴小蓬草帽，农民喜戴大蓬草帽。"④

婚姻习俗的变革。传统中国婚姻是所谓"父母之命，媒妁之言"，没有子女的自由可言，"嫁、娶皆由祖父母、父母主婚，祖父母、父母俱无者，以余亲主婚"⑤。"婚姻重媒妁，即古之所谓媒氏也。"⑥ 所谓"男子无媒不娶妻，女子无媒老不嫁"、"天上无云不行雨，地上无媒不成亲"成为一种习俗。媒妁分官媒和私媒，"官媒为妇人之充官役者。旧例各地主官遇发堂择配之妇女，皆交其执行，故称官媒。兼看管女犯之罪轻者，如斩绞监候妇女，秋审解勘经过之地，俱派官媒伴送"⑦。私媒就是社会上的职业媒人，"夫媒妁者，古人以之比如鸠鸮，后世以之沦于谩姐，故世之为媒妁者，大率皆趋附之徒，好事之辈。其本意所在，或以之博取

---

① 《中华民国档案资料汇编》第2辑，江苏人民出版社1981年版，第32页。

② 陶菊隐：《长沙辛亥光复后的片段见闻》，《湖南文史资料选辑》第2辑，湖南人民出版社1981年版。

③ 宋斐夫：《湖南通史》（现代卷），湖南出版社1994年版，第603页。

④ 《醴陵市志》，湖南出版社1995年版，第849页。

⑤ 张友渔：《中华律令集成·清代卷》，吉林人民出版社1999年版，第99页。

⑥ 《蓝山县志》，民国三十五年刊本。

⑦ 徐珂：《清稗类钞》，第5册，中华书局1984年版，第2115页。

厚酬，或以之交欢豪族，财帛之外，他非所顾。于是短长其言，上下其手，事成则已任其功，事败则人受其祸，其心术与狐蜮无间矣"①。与"父母之命，媒妁之言"相适应，旧式婚姻还有烦琐的礼仪。湖南传统的婚姻程序，俗称"六礼"，即《仪礼·士昏礼》所说纳采、问名、纳吉、纳征、请期和迎亲。个中烦琐，兹不赘述。总之，旧式婚姻不仅造成当事人经济和身心的负担，更造成无数无爱和不幸的家庭。

近代以来，商品经济的发展和观念的变革，特别是妇女解放和婚姻自主的思潮的兴起，对旧式婚姻发起了挑战，婚姻习俗也逐渐发生变化。先是太平天国倡导男女平等，"天下多男人，尽是兄弟之辈；天下多女人，尽是姊妹之群"，规定凡天下婚姻不论财。婚嫁费用由基层国库定额供给，天下一式。维新运动时期，有识之士对封建的婚姻制度进行了猛烈的抨击。谭嗣同从批判封建的三纲五常的角度，对婚姻制度进行了批判，"本非两厢情愿，而强合漠不相关之人，絷之终身，以为夫妇，未果何恃以伸其偏权而相若哉？实亦三纲之说苦也。夫即自命为纲，则所以遇其妇者，将不以人类齿"②。主张"夫妇择偶判妻，皆由两相情愿"③。20世纪初年，革命派发表大量言论，对包办婚姻、旧式家庭大加答伐。倡言"中国今日不可以不革命中国今日之家庭不可以不革命"，"若我中国二千年来家庭制度太发达……以致使家之外无事业、家之外无思虑、家之外无交际、家之外无社会、家之外无日月、家之外无天地"，"欲革政治之命者，必先革家之命，以其家庭之有专制也，而革家族之命者，尤必先革一身之命，以其一身无自由也"④。强调"欲破家庭，必自废婚姻始，婚姻既废，家庭不得成，使人各无自私自利之心"⑤。

进入民国后，尤其是五四新文化运动时期，对于婚姻自主的舆论更

---

① 陈壬：《论婚礼之弊》，《辛亥革命前十年间时论选集》（第1卷），下册，生活·读书·新知三联书店1978年版，第856页。

② 《谭嗣同全集》，中华书局1981年版，第349页。

③ 《谭嗣同全集》，中华书局1981年版，第351页。

④ 张枏、王忍之等：《辛亥革命前十年间时论选集》（第1卷），下册，生活·读书·新知三联书店1960年版，第833页。

⑤ 张枏、王忍之等：《辛亥革命前十年间时论选集》（第2卷），下册，生活·读书·新知三联书店1960年版，第1022页。

是进入高潮。

湖南农民运动时期，在中国共产党的领导下，各县农民群众特别是广大妇女对封建的婚姻制度进行了彻底的揭露和批判。湘乡县女界联合会在1926年成立后，也以"结婚、离婚绝对自由，剪发放脚、打倒族权、夫权、男女平等"相号召，提出废除家庭包办婚姻制度等主张，并发动妇女实施。[1]

在社会对封建婚姻制度强烈谴责的舆论中，国民政府成立后，颁布了新的《婚姻法》，规定"婚约由男女当事人自行订之，并征得法定代理人的同意。婚约解除，无过失一方有权依法律向有过失的他方请求损害赔偿。规定结婚有公开之仪式及二人以上见证人，禁止近亲结婚"；规定了子女从父姓，另有约定者，从其约定等，具有明确的进步意义。[2]

中华苏维埃共和国临时政府成立后，也颁布了《婚姻法》，确定男女婚姻以自由为原则，废除一切包办强迫和卖买的婚姻制度。禁止童养媳；实行一夫一妻，禁止一夫多妻与一妻多夫；结婚的年龄男子须满二十岁，女子须满十八岁；男女结婚须双方同意，不许任何一方或第三者加以强迫；禁止男女在三代以内亲族血统的结婚；确定离婚自由，男女一方坚决要求离婚的，即可离婚；离婚后男女原来的土地，财产，债务，各自处理；在结婚满一年，男女共同经营所增加的财产，男女平分。如有小孩，则按人口平分；男女同居时所负的公共债务，则归男子负责清偿。[3]这个婚姻法充分体现了中国共产党对男女平等、婚姻自主原则的认同，是符合社会发展进步潮流的。

婚礼的烦琐的传统礼仪日趋简化，在长沙，新婚礼，"其仪节较旧为简，首由男女同意，各告其父母许可，遂觅介绍人绍介，订立婚约，男女有交换戒指或其他物作证者，结婚多在大旅社或公共场所，门首悬旗结彩，庭设礼案，新郎新妇及主婚证婚介绍人，男女来宾均有一定席次，首读婚证，颂词，然后用印或交换戒指，新夫妇行鞠躬礼，乃谢主婚证

---

[1] 《湘乡县志》，湖南出版社1993年版，第655页。

[2] 张晋藩：《中国民法通史》，福建人民出版社2003年版，第1261—1266页。

[3] 中国妇女管理干部学院：《中国妇女运动文献资料汇编》（1918—1949）第一册，中国妇女出版社1987年版，第326页。

婚介绍人及男女来宾并答词，礼毕，谒见亲族如仪"①。衡阳一些新式婚礼更简单，"新式者，新妇盛妆，乘生花轿，西乐随行，入门，新郎互行一鞠躬礼而礼成"②。在偏远的蓝山婚礼也受影响，趋向简化，"近十年来，女子出阁时，揖辞家长亲戚，即升舆，稍革旧俗矣。然蓝俗自自治时已觉过奢，今益有以自节矣"③。据载，20世纪30年代长沙及其附近地区的新式婚礼大致如下：

> 新婚礼，其仪节较旧为简。首由男女同意，各告其父母许可，遂见介绍人介绍。订立婚约，男女有交换戒指或其他物作证者。结婚多在大旅社或公共场所。门首悬旗结彩，庭设礼案，新郎、新妇及主婚、证婚、介绍人、男妇来宾均有一定席次。首读婚证、颂词，然后用印（或交换戒指）。新婚夫妇互相鞠躬礼，乃谢主婚、证婚、介绍人及男女来宾，并答词。礼毕，谒见亲族如仪。④

20世纪40年代末，醴陵的婚礼则是：

> 民国亦有媒妁，但改称介绍人。别推有声望者证婚。父或他尊长则为主婚人。届时饰礼堂，植国旗，备婚证，并用彩轿或汽车迎新妇。新妇至，集男女二家主婚二人，证婚一人或二人，介绍二人，傧相四人或二人，及来宾行礼：傧相引新郎、新妇相向三鞠躬，交换戒指，铃章于婚证。主婚人、证婚人、介绍人以次铃章毕，证婚人宣读婚证，致贺词。主婚人、介绍人均致词，男女宾亦各推代表致词。于是新郎、新妇向证婚人、主婚人、介绍人、来宾分别鞠躬致敬。礼毕宴客。谓之文明结婚。其余旧仪一概免除。⑤

---

① 沈若患、杨肇筠：《长沙县调查笔记》，《自治旬刊》1930年第73期。
② 曾继梧：《湖南各县调查笔记》，民国二十二年刊本。
③ 雷飞鹏：《蓝山县图志》，民国二十一年刊本。
④ 曾继梧：《湖南各县调查笔记》，民国二十二年刊，"长沙"。
⑤ 民国《醴陵县志》卷四，礼俗。

但是，婚姻观念和礼俗的变化在近代湖南乡村地区发展不平衡，有的地区变化较大，有些仍然保留就得习俗，如早婚的习俗，1942年常宁县政府针对该县早婚现象严重，向国民政府呈报原因时认为，该县早婚现象原因是："一、一般人民观念，以为儿女早婚可以早得子孙，且得乡邻戚友颂扬命好之平誉；二、家庭做事需人，早娶可为人工之帮助；三、乡村农民仍多重男轻女心理，尤以穷苦之家以为妃字人早嫁可省教养负担；四、男家因子小订大媳可得扶持之帮助。"① 湘乡县则仍然具有繁琐的旧俗，据《湘乡县志》载：

> 民国年间，迎娶新娘基本沿袭旧俗，发嫁前几天亲友送礼，叫"妆奁"，迎亲日连成嫁奁以"春檀"抬送。发嫁前要用线绞去脸额上的汗毛，称"开眉"，将姑娘头饰改成已嫁式，称"结发"。发嫁前在娘家吃最后一顿早餐，接受父母嘱咐，称"吃发嫁饭"。与祖宗告别与亲人告别时要哭泣，一直要哭出离家头一段路程，称"哭嫁"。由伴娘将纱布巾蒙头的新娘送入花轿并由媒人锁住轿门，称"上轿"。花轿有二人抬、四人抬、六人抬三种，轿衣是红地起凤凰花之类的缎料所制，二人抬是普通青轿贴上红纸对联，四人抬、六人抬轿内放烘炉，供小解。旧俗因男家礼仪不周，女家可以延宕发嫁。除父母不送亲外、祖辈、叔辈、平辈、晚辈均可以送，叫"高亲"。富户送亲者按尊卑分别坐四人轿、三人轿、二人轿，官僚家有仪仗队、筒伞队、纱灯笼队伴送，一般富户有中西乐队伴送。"送亲队伍"，途中碰上其他迎娶队伍，互相举高花轿，要分不出高低，有的则互换红纱布条（俗叫红扣）和平让路，叫"抢道"、"争高"。轿进夫家场院，夫家出人握雄鸡持刀赞彩轿，叫"斩草"。花轿入厅，媒人开锁，两女傧引新娘入洞房更换红装红纱巾，再进厅堂，在一对大红烛下结拜，叫"拜堂"，一拜天地，二拜高堂，三是互拜。向亲友行礼，喊出"称呼"，受礼者赠红包，叫"赠见面礼"。入洞房揭面纱坐床沿，喝交杯酒叫"行合卺礼"。以美词相赞，祝福

---

① 《湖南常年县县长邓少云呈内政部部长》，1942年12月31日，中国第二历史档案馆藏。

新夫妇，称"赞床"。戏谑媒婆，以锅底灰抹脸，称"刷媒"。洞房花烛夜，大家戏闹新郎新婚谓"闹房"。文闹小节目为"点烟"、"抬茶"、"鸳鸯吃吊糖"等；武闹则使新人吃苦头，双亲亦陪罪，称"新婚三日无大小。"客散就寝时放鞭炮，称"圆房"。隔窗听新房动静或凿孔扔鞭炮，称"听房"，"不吵不发"，新郎新娘能够忍让。①

可见习俗的改变并非简单容易之事。

溺婴等陋俗的消亡。乡村中千百年来形成的陋习，阻碍着社会的进步与发展。溺婴就是其中最丑陋的恶习。中国几千年的纲常伦理是以男性为中心，妇女是没有社会地位的，而溺婴就是这种封建伦理的表现。

所谓溺婴，实际上是溺杀女婴的简称，它是封建的男尊女卑观念的反映。②湖南乡村溺婴的习俗由来已久。长沙县，"向有溺女陋习，至今相沿，牢不可破，全不顾恤"③。蓝山县，"俗贵男而贱女，穷家尤患此，甫生而多溺，伤人道甚矣"④。《醴陵县志》云"邑中旧有溺女恶习，贫穷之家尤数见不鲜"。⑤淑浦县志云"民间产女多溺死"，⑥《祁阳县志》云"楚南溺女之风，所在皆然，痼习相沿，牢不可破"，⑦《永州志》载"东邑（东安县）俗多溺女，恬不为怪，甚至溺男"，⑧可以说在湖南各个州县，溺婴之恶俗非常流行，惨无人道，《湖南民情风俗报告书》也说"男女一也，世俗多尊男而贱女，贱之甚者，以其抚养嫁妆，在在为多事也，乃从而溺之，湖南此风于咸同间为极盛。"⑨除了男尊女卑的观念外，经济贫困，难以抚养或为将来难筹嫁妆也是一个原因。"湘省道咸以前，俗尚俭朴，妆奁之属，不过布衣数事，木器数件而已，近则富者争胜，

---

① 《湘乡县志》，湖南出版社1993年版，第976页。
② 乔志强主编：《中国近代社会史》，人民出版社1992年版，第498页。
③ 光绪《长沙县志》，卷一七，风俗。
④ 民国《蓝山县志》卷一。
⑤ 《醴陵县志·政治志》，1948年刊本。
⑥ 《淑浦县志》卷二《风俗》，民国十年刊本。
⑦ 《祁阳县志》，同治九年刊本，卷二一，"建置"。
⑧ 《永州志》，光绪二年刊本，卷四，"建置"。
⑨ 《湖南民情风俗报告书·湖南商事习惯报告书》，湖南人民出版社2010年版，第203页。

贫者效尤，不惜变产举债为光宠，故欲有'家有两个女，连娘三个贼'之谚，盖风俗之弊也。"① 湖南巡抚卞宝第也认为："照得湖南各府州县多有溺女恶习，推原其故，一由家道之贫，一由风俗之奢华，陪奁多费，不知孩提费用几何，惟家是称。"② 加之近代湖南内乱频仍，自然灾害频发，乡村生活极为艰辛，溺婴也成为人们减少经济负担的重要方式。

然而，溺婴毕竟是有违人道、背弃人伦的恶行，历来为有识之士所反对。"乡俗士子有作戒溺婴文，以因果之说相警惕者，其为济与否，未可知也。"③ 近代资本主义经济的发展和社会观念的进步，以及传教士带来的宗教行为（设置育婴堂），逐步使社会对育婴的恶习加以抨击，指出"杀人者有罪，杀子女者何独无罪？乃年今一般无知识之父母，徒以生计困苦，受胎则堕之，生女则溺之，残忍惨酷，全无人道。"④ 他们举办各种慈善事业予以解救。最早的是外国传教士创办的育婴堂，也有"各属倡设育婴堂，乡村组织育婴会（湘阴、平江、武陵各乡各团多设立），以为救济"⑤。

在法律上，政府对溺婴行为是予以严惩的，《大清律例》规定："父母将女溺死者，照故杀子孙罪律，杖六十，徒一年；奴婢动手溺毙者，照谋杀家长期亲律，治以死罪；稳婆下手溺死者，照谋杀人为从罪，拟绞；邻右亲族等，知情不首报者，照知情谋害他人，不即阻挡救护及被害后不首告律治罪；保甲徇庇不首报官者，是甘坐视杀人，又有受贿隐匿者，立拿治罪，比引科断，照例疑办。"⑥ 民国成立后，北京政府和国民政府也有法律法令对此行为加以惩处，但溺婴长期存在，只是逐步消亡，直到中华人民共和国成立后才完全禁绝。

此外，蓄婢、童养媳等陋习，也在近代随着观念的转变、法律的禁止得以逐步消失。

---

① 《湖南民情风俗报告书·湖南商事习惯报告书》，湖南人民出版社2010年版，第109页。
② 《洪江育婴小识》，光绪十三年刊本，卷八，"建置"。
③ 《湖南民情风俗报告书·湖南商事习惯报告书》，湖南人民出版社2010年版，第203页。
④ 《论堕胎溺女之不法》，《申报》，上海书店2011年影印本，第184页。
⑤ 《湖南民情风俗报告书·湖南商事习惯报告书》，湖南人民出版社2010年版，第203页。
⑥ 光绪《大清会典事例》卷四〇六，"礼部·风教"。

新的节日的确立。节日习俗是一个民族文化和精神的体现。中华民族长期处在农业社会，其节庆多与农耕相联系，除二十四节气之外，其他的主要节庆如春节、元宵节、端午节、中秋节、重阳节等，均为农历节庆，反映了中国农业社会的特征，也反映中华民族传统如重家庭团圆、尊老等。进入近代特别是民国以后，由于习俗东渐，更由于民族、国家意识的强化，有关民族、国家的一些重大纪念日被列为节日，成为人们缅怀先烈、弘扬民族精神，同时又具有休息、休闲的节庆意义。

南京临时政府成立后，采用公元纪年。临时政府参议院在编印历书时规定：一，由政府于阴历十二月前制定历书，颁发各省。二，新旧二历并存。三，新历下附星期，旧历下附节气。四，旧时习惯可存者，择要附录，吉凶神宿一律删除。[①] 1914年，北京政府内务部呈交大总统袁世凯规定四季节日，阴历元旦为春节，端午为夏节，中秋为秋节，冬至为冬节。袁世凯批准了呈文，"四节之时，国民得休息，公务人员放假一天"[②]。但是民国前期政局变幻莫测，节日设置也经常因政治形势的变化而改变。南京国民政府成立后，对节日也有增删，据周秋光《湖南社会史》研究统计，国民政府成立后，节日大幅增加：如增设儿童节为4月4日；国际劳动节在5月1日；学生运动纪念日定为5月4日；教师节是8月27日（孔子诞辰日）；6月30日为禁烟纪念日。1935年中华民国日历所标明的纪念日就有：1月1日，中华民国成立纪念日；1月28日，淞沪血战纪念；3月12日，孙中山逝世纪念；3月18日，北平民众革命纪念；3月29日，七十二烈士殉国纪念；4月12日，国民党清党纪念；4月18日，国府迁都南京纪念；5月3日，济南惨案国耻纪念；5月4日，学生运动纪念；5月5日，孙中山就任非常大总统纪念；5月9日，"二十一条"国耻纪念；5月31日，上海惨案国耻纪念；6月1日，孙中山奉安纪念；6月3日，拒毒纪念；6月16日，孙中山广州蒙难纪念；6月23日，沙基惨案国耻纪念；7月1日，国民政府成立纪念；7月8日，国民革命军誓师纪念；8月20日，廖仲恺先生殉难纪念；8月27日，孔子诞

---

① 《命令内务部编印历书令》，《孙中山全集》第2卷，中华书局2011年版，第54页。
② 王跃年、孙青：《百年风俗变迁》，江苏美术出版社2000年版，第15页。

辰纪念；8月29日，《南京和约》国耻纪念；9月7日，《辛丑条约》国耻纪念；9月9日，孙中山第一次举义纪念；9月18日，国难纪念；9月21日，朱执信先生殉国纪念；10月10日，国庆纪念；11月12日，孙中山诞辰纪念；12月5日，肇和兵舰举义纪念；12月25日，云南起义纪念。① 以后又增加了7月7日抗战建国纪念日。其中有元旦、孙中山逝世、黄花岗烈士殉难、孙中山就任非常大总统、国民革命军誓师日、双十节、孙中山诞辰纪念7个节日有政府主持纪念，并放假一天。客观地说，这些节日都是纪念国耻或怀念先烈，或有革命意义而设立的，但是的确过于繁多。对于广大乡村民众来说，元旦和10月10日的"国庆节"有所记忆的话，其他节日基本上是没有响应的。传统的春节、元宵、清明、端午、中秋、重阳、冬至等节日，仍然是湖南乡村最主要的节日。如当时舆论所论："民国改用新历，除阳历元旦及双十节城中公团、学校庆祝、拜贺外，其余城乡节令一仍旧时，故岁时仍用阴历。"② 湖南地方志也记载称："自建民国，岁俗旧者散在田野，新俗重纪念，自双十节外，盖无月不纪念日焉，然政府学校、通都大邑知之行之，蓝山人民则亦尚在可由不可知之例云。"③ 这就说明，节日或纪念日的设置，需要经过历史的积淀，在时间的沉淀下，慢慢演变为民间的习俗，成为民族共同的节日。在近代中国政治变幻的环境中，更需要长期的历史筛选才能获得民众的认同。同样。在近代历史的发展过程中，传统的许多节日，特别是拜鬼敬神之类的节日，也随着时间的推移而成为少数人的记忆，不能继续成为民族的习俗和人民的纪念。

二 乡村文化生活的演进

人们的文化生活，特别是观念、信仰等精神生活，都是与人们的物质生产方式、人们所处的地理环境相联系的。湖南长期以来是一个农耕区域，其地理环境复杂，北面是浩瀚的洞庭湖，东、南、西三面高山峻

---

① 周秋光等：《湖南社会史》（二），湖南人民出版社2013年版，第1216—1217页。
② 黄远庸：《日历新年发笔》，《远生遗著》卷四，商务印书馆1984年版，第114页。
③ 《蓝山县图志》第33卷，民国二十年刻本，卷一三，礼俗篇。

岭，湘、资、沅、澧四大水系分布全域。农耕的艰辛以及变幻莫测的自然现象，使人们世代承袭着的原始信仰、古老宗教、俗信观念，天地崇拜、太阳崇拜、雷公崇拜、土地崇拜、五谷崇拜以及龙图腾、凤图腾、犬图腾、竹图腾等自然崇拜和祖先崇拜都保存得更为完整、原始与古朴，而湖南作为楚国的一部分，也承袭着楚人好巫的习俗。汉代王逸说："昔楚国南郢之邑，沅、湘之间，其俗信鬼而好祠。其祠，必作歌乐鼓舞以乐诸神。屈原放逐，窜伏其域……见俗人祭祀之礼，歌舞之乐……因为作《九歌》之曲。"① 朱熹也认为湖南"其俗信鬼而好祀，其祀必使巫现作乐，歌舞以娱神"②。即使在清末民初这种情况仍然非常盛行：

> 湘人无论贫富，迷信神权者什居八九。家中……更有立财神者，为求财也。立观音者，为求嗣也。立钟馗与天师者，为驱邪也。立土地与吞口者，为镇宅也。以上六种，以立财神为最多，凡百商家几于无不祀之……③

在众多地方志中，关于乡村敬神、拜鬼、崇巫的记载很多：

> 各乡市镇尤重"酬愿"，或曰"庆庙"。或曰"庆土地公公"，或曰"庆姑婆"、"庆三伯公"。巫者跳舞作法，大致相类。又有还傩愿者，先期科敛酒米，买猪、羊、鸡、鱼等类至期鼓角铙钹，爆竹轰然，酬愿之人竟随巫者后，手持纸蟠人马，遨游于墟庙间，谓之"行香"。农事一毕，遍地皆然。④
>
> 疾病祈赛，听命于巫，昼夜嬉戏。……淑俗信鬼尚神，由来已久。平民常年祷禳，不独延请僧道巫觋，昕夕拜祝，并为演剧酬神，而傀儡戏尤多。其戏班每岁多于春季入城唱演，栽种后及收获后则

---

① 王逸：《楚辞·九歌章句》。
② 朱熹：《楚辞集注》，上海古籍出版社1979年版。
③ 《湖南民情风俗报告书·湖南商事习惯报告书》，湖南人民出版社2010年版，第150—151页。
④ 《宁远县志》第十卷，清嘉庆十六年刻本，第583页。

分散各乡。①

醴俗信鬼而事神，老佛杂糅。②

俗尚淫祀，多野庙，凡祀典所不载者，争趋奉之。③

苗人畏鬼信巫。人病则曰有鬼，延巫祈祷，酿酒割牲，约亲邻饮福，名曰做鬼。既祭不愈，则委之于命。祭后插标于门，禁人入其家室；误入者谓惊其鬼，必勒偿所费之数，复祭如前而后已。……五月逢子、寅、午日祭祖先毕，老幼避入山洞，曰躲鬼；是日不举火，道路相值不偶语。……遇有冤怨，必告庙誓神，刺猫血滴酒中，饮以盟心，谓之吃血。吃血后三日，必宰牲酬愿，谓之悔罪，做鬼入庙，膝行股栗，莫敢仰视。抱歉者则逡巡不敢饮，悔罪乃罢。以是决祸福。……事无大小，吃血后无反悔，否则官断亦不能治，盖苗人畏鬼，甚于畏法也。④

由此可见鬼神信仰是湖南乡村最基本的信仰，也是乡村农民精神生活的支柱，乡村中各种事项均依赖于神祇的保佑。进入近代以来，由于资本主义经济的发展，科学技术的发展和科学知识的传播以及近代教育的兴起，特别是连续不断的农民运动和农民革命，对偶像及其偶像崇拜的载体——寺庙的打击，在一定程度上摧毁了湖南乡村的鬼神崇拜和偶像崇拜。

太平天国对湖南乡村社会的冲击是巨大的，它以洪秀全改造了的上帝为信仰主体，因而视传统社会所有偶像为"妖魔鬼怪"，加以彻底的打击。"所过郡县，先毁庙宇，即忠臣义士如关帝、岳王之凛凛，亦皆污其宫室，残其身首，以至佛寺、道院、城隍、社坛，无庙不焚，无像不灭。"⑤《湖南地方志记》载了这一时期众多庙宇被毁的情况：⑥

---

① 《溆浦县志》卷一一，《典礼志·风俗》，民国十年刊。
② 《醴陵县志》卷一，《舆地志》，同治九年刊。
③ 傅熊湘：《醴陵乡土志》七，《宗教》1926年铅印。
④ 《湖南民情风俗报告书·湖南商事习惯报告书》，湖南人民出版社2010年版，第14页。
⑤ 曾国藩：《讨粤匪檄》，《曾国藩全集》十四，诗文，岳麓书社2011年版。
⑥ 杨奕青、唐增烈：《湖南地方志中的太平军史料》，岳麓书社2010年版。

（道州）武庙，咸丰壬子，粤匪陷城，庙焚于火。城煌庙、东岳宫、南岳宫、仰山庙，咸丰壬子焚于火。

（江华）武庙、龙王庙、刘猛将军庙、东岳庙、吕祖庙、观音阁，咸丰间毁于贼。

（安仁）药湖寺，本朝咸丰壬子兵毁，同治六年修复。白衣庵，咸丰壬子毁于兵，己未士民重修。三元宫，咸丰二年粤逆烧毁。财神殿，咸丰二年为粤逆毁。

（桂阳）桂阳学宫，在县城东……咸丰己未正月，发逆陷城，正殿被毁。

（茶陵）武庙，咸丰毁于兵资。城煌庙，咸丰壬子两经兵资。书院，自咸丰二年、五年叠经兵焚，书院不免旷废。

（善化）兴隆庵，咸丰二年兵焚被毁。自在庵，咸丰二年兵焚被毁。白鹤观，咸丰二年兵资被毁。洪恩寺，咸丰二年毁于兵。天符宫，咸丰壬子兵焚后仅存基址。水府庙，咸丰二年毁于兵焚，九年后合洲居民重修。雨花厅，咸丰二年兵资后众姓重修。金盆寺，咸丰二年兵焚毁李公庙，咸丰壬子兵焚被毁。

（龙阳）关帝庙、奎星楼、城煌庙、净照寺、云台寺、鸡鸣观、上林寺。咸丰四年毁于贼。

（武陵）善卷祠，江神庙，乾明寺，忠义寺，咸丰四年兵毁。

太平军对湖南庙宇的摧毁，对湖南乡村社会的精神冲击是巨大的。20世纪20年代轰轰烈烈的农民运动再一次扫荡了乡村社会的鬼神、偶像崇拜。毛泽东在《湖南农民运动考察报告》中给予了形象的描述：

中国的男子，普通要受三种有系统的权力的支配，即：（一）由一国、一省、一县以至一乡的国家系统（政权）；（二）由宗祠、支祠以至家长的家族系统（族权）；（三）由阎罗天子、城隍庙王以至土地菩萨的阴间系统以及由玉皇上帝以至各种神怪的神仙系统——总称之为鬼神系统（神权）。……神权的动摇，也是跟着农民运动的发展而普遍。许多地方，农民协会占了神的庙宇做会所。一切地方的农民协会，都主张提取庙产办农民学校，做农会经费，名之曰"迷信公款"。醴陵禁迷信、打菩萨之风颇盛行。北乡各区农民禁止家神老爷（傩神）游香。渌口伏波岭庙内有许多菩萨，因为办国民党区党部房屋不够，把大小菩萨堆于一角，农民无异言。自此以后，人家死了人，敬神、做道场、送大王灯的，就很少了。

……

在农民势力占了统治地位的地方，信神的只有老年农民和妇女，青年和壮年农民都不信了。农民协会是青年和壮年农民当权，所以对于推翻神权，破除迷信，是各处都在进行中的。[1]

其次，清末开始，直到国民政府时期还在进行的寺庙、祠堂等寺、祠产办学运动，将偶像崇拜的载体予以摧毁，虽然在一些地方遭遇农民的反对乃至暴力阻止，但确实取得很大的进展，也促进了近代以来的乡村教育普及和发展。科举制的废除，教育的发展又传播和普及了科学知识，也是对礼佛拜神等封建迷信崇拜的破除。

近代以来先进的人士对鬼神崇拜信仰的抨击，对破除迷信，消除鬼神崇拜的影响也起到了一定的作用。维新运动时期的谭嗣同就是一个激烈反对鬼神崇拜和迷信活动的人士，他抨击这些丑陋的现象，"凡乩者皆人之意识练而成神，名曰识神，故有时极灵验；久之将化为邪魔入人之藏识，或眩乱而成疯癫，或夺惑而致凶死，或流衍而成信鬼之俗，数世不绝，害将不可胜言"[2]。辛亥革命时期的宋教仁发起社会改良会，提出"婚、丧、祭等事不作奢华迷信等举动""戒除迎神、建醮、拜经及诸迷信鬼神之习""戒除供奉偶像牌位""戒除风水及阴阳禁忌之迷信"等主张，[3] 对于改良社会具有重要的意义，也无疑对乡村社会产生一定的影响。

---

[1] 《毛泽东选集》第一卷，人民出版社1991年版，第31—32页。
[2] 《谭嗣同全集》，中华书局1981年版，第503页。
[3] 《宋教仁集》，中华书局1981年版，第379页。

近代以来种种破除鬼神崇拜的革命运动以及科学知识的传播，对于打破乡村社会的鬼神崇拜和迷信有一定的作用，但是，信仰所反映的精神生活，并非短时间可以消亡，精神世界的重建，信仰的确立，需要一个漫长的时期并要求其客观条件的成熟。"只有当实际日常生活的关系，在人们面前表现为人与人之间和人与自然之间极明白而合理的关系的时候，现实世界的宗教反映才会消失。只有当社会生活过程即物质生产过程的形态，作为自由结合的人的产物，处于人的有意识有计划的控制之下的时候，它才会把自己的神秘的纱幕揭掉。但是，这需要有一定的社会物质基础或一系列物质生存条件，而这些条件本身又是长期的、痛苦的历史发展的自然产物。"① "当社会通过占有和有计划地使用生产资料而使自己和一切社会成员摆脱奴役状态的时候（现在，人们正被这些由他们自己所产生的、但作为不可抗拒的异己力量而同自己对立的生产资料所奴役），当谋事在人，成事也在人的时候，现在还在宗教中反映出来的最后的异己力量才会消失，因而宗教反映本身也就随着消失。原因很简单，这就是那时再没有什么东西可以反映了。"② 近代以来，封建的土地关系没有改变，农民受地主的剥削压迫的程度有增无减，农村凋敝，灾害频发，使农民不能够掌握和改变自己的命运，因此，鬼神崇拜的消除，并不是完全消失了。即使到了民国时期，这种鬼神崇拜的信仰仍然是乡村农民精神生活重要组成部分。1935年，衡山县乡村师范学校对衡山县师古乡的调查描述了这种情形：

  师古乡一般民众，尤其是妇女，几乎完全崇拜偶像。庙宇虽然没有北方的那样多，可是，迷信之深，却有过之而无不及。就是一般受过教育，迷信较为薄弱的青年，遇有疾病或困难不能解决时，亦多照例烧香拜神，成为牢不可破的传统习惯。至于有组织的宗教团体，则有佛教、道教、儒教、耶教。信仰天主教与回教的教徒，在这里却找不到一家。1486家中，信仰佛教者28家，信仰道教者23

---

① 《马克思恩格斯全集》第23卷，人民出版社1972年版，第96—97页。
② 《马克思恩格斯选集》第3卷，人民出版社1992年版，第356页。

家，信儒教的 18 家，信耶教的只有 12 家，其余的家庭都是偶像崇拜者。①

根据上述情况统计，师古乡信仰宗教的家庭仅占该乡全部家庭的 5%，其余全部是鬼神、偶像崇拜。可见在乡村地区，对鬼神崇拜的信仰是相当牢固的。因此，对于近代以来乡村地区精神生活的改变程度的估计不能过高，乡村精神生活的根本变化，有赖于社会制度的根本变革和与之相适应的科学文化的普及。

与传统社会的信仰相适应，近代以前乃至在近代社会中，乡村地区的文化生活也是与其信仰相联系的。乡村的娱乐活动是乡村文化生活的重要方面，一般来说，传统社会中乡村的娱乐活动可以分为两大类：一是传统节日习俗的表演和带有迷信色彩的迎神、酬神等娱乐活动；二是传统的戏曲、杂艺、游戏等娱乐活动，这两种类型的活动构成了湖南乡村地区基本的文化娱乐生活。

传统节日活动最大的特点是具有娱乐性，它既表达了人们对鬼神、偶像的膜拜心理、感情，同时也娱乐了大众。湖南是一个多民族聚集的地区，因而各种节日丰富多彩，但主要的节日有新年（元旦）、元宵、四月八、端午节、赶秋节、火把节、七夕节、中秋节、重阳节、盘王节、腊八节、年关等。此外，还有各种神祇，诸如财神、土地神、文昌帝君、日神、月神门神、灶神以及各行各业的保护神，它们的诞辰及忌日是乡村祭祀的对象，而祭祀的活动往往成为盛大的民间娱乐活动。

元旦："元日，举家长幼男女女皆夙兴盛服，择吉时开门，烧纸钱，叩拜天地，以祈一岁之祥。次谒祠堂，无祠堂者即于祖先堂上香烛、茶果、酒馔列拜焉，然后拜于尊长，其下各以长幼为序而拜。次日拜母党，又次日拜妻党，已乃会见诸亲邻。往来者肩相摩于道，谓之'贺岁'。嗣是，亲友始以春酒互相邀叙。"②

---

① 湖南省立衡山乡村师范学校：《衡山县师古乡社会概况调查》，《民国时期社会调查丛编》二编，乡村社会卷，福建教育出版社 2009 年版，第 907 页。
② 《临武县志》卷四七，同治六年增刻本。

元宵：正月十五元宵节又称为上元节、灯节，是以灯为主要节物的节日，也是新年的终结。"十五夜为元宵，先数日剪纸为灯，或悬庭户，或列街衢，或数十人击鼓鸣锣，舞龙灯，跳狮子，百戏并作，谓之'庆新节'，又谓之'闹元宵'，观者如堵。"①祁阳"上元，城市自初十日起至十五日，每夜张灯大门，有鱼龙、狻猊、采茶诸戏，金鼓爆竹喧阗，午夜不禁"②。湘潭"上元，祀太一神，食浮圆子。向夕，六街三市竞赛花灯及花爆、烟火，诸杂剧。故褚遂良《潭州偶题》云'踏遍九衢灯火夜，归来月挂海棠前。'唐时风俗已如此。闺秀多结伴迎紫姑神卜吉祥，达旦始散"③。观灯之外，还有众多赶庙会、唱大戏、舞狮舞龙活动，常常通宵达旦，故名闹元宵。善化"元宵，张挂彩灯，有走马、鳌山、花爆、烟火诸戏，乡间则坟墓送灯，田园燕柴，豚栅、鸡栖皆置灯烛。并有金鼓、爆竹，龙灯、竹马、狮子等戏，彻夜不息，为'闹元宵'。"④黔阳则"十日以外，货灯于市。十三日夜，各家张灯门外，谓之'上灯'，十四日夜亦然。十五，彩灯悬照，以巧丽角胜，鸣金鼓达旦，谓之'闹元宵'。其灯，裁绘剪纸像人物、花果、禽鱼，童子执之。绕街而行。又为百戏，若耍舞走马，打花鼓唱四大景曲，扮采茶妇，戴假面哑舞诸色，人人家演之。又舞龙灯，沿街盘绕，箫鼓喧阗，道路鼎拂以为乐"⑤。

端午：端午吃粽子是湖南的习俗，但更重要的娱乐活动是赛龙舟。相传赛龙舟是为了纪念屈原，"屈原，楚人也，遭谗一不见用，以五月五日投汨罗之江而死，楚人哀之，至此日，以竹筒贮米，投水以祭之。汉建武中，长沙区曲忽白日见一士人，自云三闾大夫，谓曲曰：'闻君当见祭，甚善，但常所遗，每为蛟龙所窃，今若有惠，可以楝树叶塞其上，以彩丝缠之，此二物，蛟龙所惮也。'曲依其言，反复见原感之。今世人五月五作粽，并带五色丝及楝叶，皆汨罗之水遗风也……用菰叶裹角黍

---

① 《会同县志》卷一四，清光绪二年刻本。
② 《祁阳县志》卷二四，清嘉庆十七年刻本。
③ 《湘潭县志》卷四〇，清嘉庆二十二年修道光四年校补本。
④ 《善化县志》卷三〇，嘉庆二十三年刻本。
⑤ 《黔阳县志》卷六〇，同治十三年刻本。

投之江中，以吊三闾，龙舟竞渡亦沿楚俗，自五月初一，至'端午日'止。"①"坊市造龙舟竞渡，俗谓屈原以此日沉汨罗，人竞以舟楫拯之。"②"沿河有龙船竞渡之戏。《隋书·地理志》：屈原以五月望日赴汨罗，士人追至洞庭不见，湖大船小，莫得济者，乃歌曰，何由得渡湖，因而鼓棹争归，竟会亭上，习以相传，为竞度之戏。其迅楫齐驰，棹歌乱响，喧振水陆，观者如云。诸郡率然。"③

龙舟赛在湖南各地极为普遍，是民间的一大盛事，也是乡村重要的娱乐活动。贬职到湖南朗州（今常德）的唐代诗人刘禹锡曾赋诗记载其盛况，诗云："沅江五月平堤流，邑人相将浮彩舟。灵均何年歌已矣，哀谣振楫从此起。杨桴击节雷阗阗，乱流齐进声轰然。蛟龙得雨鬐鬣动，蝳蝐饮河形影联。刺史临流褰翠帏，揭竿命爵分雄雌。先鸣馀勇争鼓舞，未至衔枚颜色沮。百胜本自有前期，一飞由来无定所。风俗如狂重此时，纵观云委江之湄。彩旗夹岸照蛟室，罗袜凌波呈水嬉。曲终人散空愁暮，招屈亭前水东注。"④

中秋：中秋是团圆之节，食月饼也是取团圆之意。湖南各地均有食月饼、赏月之俗，"八月十五日，是夜街巷聚侣，备酒肴赏'中秋'，或候月华而竟夕不寝者。每家办月饼、凉瓜，计大小均授，盖庆皎月，取团圆之象也"⑤。"中秋是日，戚友各以月饼杂他物相饷遗，至夜治具，团坐集饮，曰'赏月'。"⑥ 赏月之外，也有乡村趁此佳节召集戏班，搭台演戏，以娱乡亲。

总之，传统节日是乡村举办娱乐活动的最佳时机，也是乡民娱乐的主要形式。由于民间节日是民族传统的习俗，蕴含深刻的民间意象，因此即使是到了近代，新的娱乐形式不断传入和流行，但此类民间娱乐形式始终流传。民国时期，每逢民间节日或鬼神诞忌之日，最是乡间欢愉

---

① 《攸县志》卷五五，同治十年刻本。
② 《衡州府志》卷三三，光绪元年补刻本。
③ 《晃州厅志》卷四四，道光五年刻本。
④ 刘禹锡：《竞渡曲》，《刘禹锡集》，商务印书馆2007年版。
⑤ 《临武县志》卷四七，同治六年增刻本。
⑥ 《耒阳县志》卷八，光绪十一年刻本。

之时。"湘人迷信神道者极多,元旦日俱先赴各庙观敬神,名曰出神方,以至玉泉山、龙王宫等处,红男绿女编趾为止,车水马龙络绎不绝。附近街巷路口之塞,颇极一时之盛。轻薄少年即穿游其中,评头品足,倍极浪谑,大为社会风化之害。闻南岳宫、定湘王等处盛况以如之各庙,连日收入颇丰云。"① 一到节庆,"就见红男绿女,三五成群,嘻嘻哈哈的说看迎神去。讲到军路边,就闻得锣鼓喧天,人声嘈杂,鞭炮轰轰,始晓得长沙明都大贤等镇团总,因为现在瘟疫流行,特举行迎神游街大会,将什么龙王、金容大帝,派八人由庙内抬出,游行各镇乡,驱除瘟疫,与会的人大约有六七万。从一点钟走起,四点钟始完。护卫的龙有七八十条,旁边看热闹的人更不计数。其中扎有蚌壳精、三怕老婆等戏"②。在醴陵,"赛会之期……大作法会。用磁器扎成飞凤古塔,异常雅观,并用十五六岁之男童妓女,装成人物故事九十余台。如兹公放鹤、木兰从军及矮奴通碟。网罗人才种种,无不惟妙惟肖。最后四城士绅,随因城陛菩萨鱼贯而行,沿途商民鸣锣放炮,声震耳鼓,观者人山人海,全城无一隙地。惟闻此间各绸缎店数年堆积之纺绸官纱及香纹纱与鞋店之女鞋,均以销售净尽"③。

近代以来,各种新的娱乐形式出现,如中国的则有京剧在光绪年间传入湖南,外国的则有电影、话剧(文明戏)、歌剧、歌舞传入中国,在湖南,城市也开始有了电影这些新式的娱乐活动。但是对于广大乡村地区来说,民众的娱乐形式仍然是传统的戏曲,如湘剧、京剧、围鼓戏、傀儡戏、灯戏、影戏、花鼓戏等,还有各种民间杂耍如杂技、说书、魔术、禽戏、猴戏等。一般来说,乡村举办演出,大致有两种情况,一是各种民间节庆或祭祀活动,邀请戏班演出以助兴;二是社会团体或个人重大事情邀请戏班演出。"县昔秋熟垸必请优人演戏四至七日,名曰酬神,其即称赛之礼欤。"④ "……湘俗演剧有三原因,一赛会媚神,义主庆祝,故兼旬弥月,不能自休;一誓愿(俗称许愿还愿)酬神,义主报答,

---

① 《阴历新年中之见闻》,湖南《大公报》1917年1月27日。
② 《昨日的迎神游街会》,湖南《大公报》1922年7月12日。
③ 《醴陵市上城陛热》,湖南《大公报》1923年7月13日。
④ 《安乡县志》卷一六,民国二十五年刊本。

不过一二日、半日而已；一灾后谢神（如火灾、雷击、瘟疫后谢火神、雷神、瘟神皆是），乂主警戒，连日浃旬，剧亦不一；大戏小戏（俗呼演封神、西游、目莲、精忠等传为大戏，一日、三日、五日、七日、十日，随时敬演。其演杂志仅一日、半日或半夜者为小戏，大戏日需钱数十绪，乡曲半之，或不及半）。"[1] 其他情况举办娱乐活动，"其关于团体者则迎神忏仙，农隙报赛神乡禁闹春台；其关于个人者，或出仕荣旋、或生日宴客、或新屋落成及一切喜庆事亦皆假梨园为重以凑热闹"[2]。有的乡村演戏则成为惯例，如"一年一祈禳三年一大戏，各乡团皆然。岁或小浸，大集城乡绅民募钱设醮，亦曰万人缘。一举动费千金"[3]。这种情况基本上是地方社会团体组织的活动。此外还有所谓赛会，"益阳之赛关帝会，一岁争享四百余祭。慈利之单刀会（岁以五月十三为期），不出三日需费千金，抑亦盛矣。至赛城煌，几于无属无之。若醴陵、宁乡、湘阴、湘潭，莫不称盛，而要以长沙、善化为最。湘俗赛会以为娱乐。约分两种：乡村市集，则龙灯百戏，鼓吹钲铙，杂遝喧阗，椎牛赌博，其弊也多盗窃械斗。省城则葆羽麾幢、执戈扬盾、范神柷鬼，光怪陆离。"[4]

同治初年，湖南士人杨恩寿，游宦于本省郴州、长沙之间，就记载了他所看到的乡村演戏的场景：

> 泊西河口，距永兴二十余里。对岸人声腾沸，正唱花鼓词。……时沉霾净扫，新月微明，与桂仆以百钱另买小舟，剪波而渡。至则金鼓轰方，灯光如海。缚草为台，环以破布……余至，正演次曲之半，不识其名。有书生留柳莺婢于室，甫目成而书童至，仓卒匿案下。书生与童语，辄目注案下，案下人亦送盼焉。幢觉，执婢，书生羞而遁。童婢相调，极诸冶态。台下喝采之声，几盖钲鼓，掷金钱如雨。[5]

---

[1] 《湖南民情民俗报告书》，湖南教育出版社2010年版，第187页。
[2] 《汝城县志》，民国二十一年。
[3] 光绪《新宁县志》，岳麓出版社2011年版。
[4] 《湖南民情民俗报告书》，湖南教育出版社2010年版，第186页。
[5] 杨恩寿：《坦园日记》卷一，上海古籍出版社1983年版，第8页。

1935年，湖南省立衡山乡村师范学校调查衡山县师古乡农民生活状况时，曾描述了他们的娱乐活动：

> 花鼓戏。花鼓戏为乡村农民最喜好的戏剧，师古乡男女多有会唱者。戏班人数普通由10人至15人，最多达20人，最少亦得七八人，每天戏价由3至8元不等，无何场面，随地搭台唱戏。演出之戏剧，有刘海砍樵，拷打落庙，张古董借妻，拷打春桃，王三卖肉，拐子伸冤，小放牛等类，锣鼓声音，与湘剧大致相同，不过剧情多属爱情类，差不多没有一出戏不表演男女调情的故事的，并且多有伤风化，政府现已禁止演唱。乡间平常多不敢唱花鼓戏，在婚嫁喜庆和新年的时候，偶尔唱演一两次而已。
>
> 影剧。影剧为夜间娱乐的一种，农民遇喜庆之辰，多演影之。演唱一夜，需费一二元。唱影剧者普通二至四人，以竹竿作方架，左右后三面围以布帐，前面置大纸窗一具，内燃桐油灯一盏，唱者坐帐内，一方面手提弄皮人，一方面口里唱着，使皮人随音乐节奏，手舞足蹈，布帐外则露出各种影子来，如大剧之表演，所演之剧多为关于忠臣、孝子、烈女，贤妇的故事，感化人心的力量颇大。
>
> 傀儡戏。傀儡戏也是师古乡流行的一种戏剧，遇有生辰及敬神和还愿的时节，亲朋赠送或自己出资找傀儡戏到家演唱，普通演员由8人至12人不等，每日戏价由3元至5元不等。演戏时围以4尺高蓝布帐，奏乐者亦在幕内，演唱者举傀儡人随唱随舞，有如大戏所演，戏出有天官赐福，金山寺，渭水求贤等类。戏情多属迷信及因果报应之类，无淫污词调，亦算是一种正当的娱乐。①

师古乡是湖南乡村的缩影，可见在清末民国时期，乡村文化娱乐生活仍然以传统形式为多。当然，毕竟时代变迁，也有新的文化社会进入乡村地区，但大多数限于县城及其附近地区。据《湘乡县志》记载，五

---

① 湖南省立衡山乡村师范学校：《衡山县师古乡社会概况调查》，《民国时期社会调查丛编》二编，乡村社会卷，福建教育出版社2009年版，第926—927页。

四运动以后，教师、学生和中下层知识分子采用话剧、歌剧、活报剧等形式，演出以反帝、反封建为内容的《血战情花》《觉悟青年》《五百元痛史》《放下你的鞭子》《雷雨》等剧目，群众称之为文明戏。电影也在1906年由日本商人水野梅晓引入湘乡短期放映，放映剧目多为风光片、滑稽片、侦探片。民国时期，放映《十三妹》《七侠五义》《唐僧取经》等，均为无声片。1933年，为抗战募捐放映数日，"观者累万"。① 岳阳县也于1930年建立电影院，放映《三笑姻缘》等无声剧。② 偏僻如沅陵县，也在民国十七年（1928）首次放映黑白无声电影，抗战时期设立简易电影院，1947年建立"民众电影院"，始放有声电影。③

尤其值得提出的是，国民政府成立后，在各县均设立民众教育馆，（初名通俗教育馆），负责公民教育、语文教育、健康教育、科学教育、休闲教育、播音教育、艺术教育、生计教育，也附设县级图书馆，经常开展辅导活动和其他文化活动，对乡村文化生活的改进起到了一定的作用。

三 近代湖南人精神与湖南人才的崛起

近代湖南乡村文化生活之进化，最为显著的成效是湖南人精神世界的改变，并因此出现了人文荟萃、人才辈出的盛况。

湖南在古代多被称为蛮荒之地，是流囚、遣客栖息之所，经济欠发达，人文学术更是无从谈起，皮锡瑞曾论及，"湖南人物罕见史传，三国时如蒋琬者只一二人。唐开科三百年，长沙刘蜕始举进士，时谓之破天荒"④。近代则不然，风气一新，人才辈出。钱基博先生认为乃湖南独特的自然环境所造成："湖南之为省，北阻大江，南薄五岭，西接黔蜀，群苗所萃，盖四塞之国，其地水少而山多。（重山迭岭，滩河峻激，而舟车不易交通。远见石赭土。）地质刚坚，而民性多流于倔强，以故风气锢塞，常不为中原人文所沾被。抑亦风气自创，能别于中原人物以独立，

---

① 《湘乡县志》，湖南出版社1993年版，第806—807页。
② 《岳阳县志》，湖南人民出版社1997年版，第473页。
③ 《沅陵县志》，中国社会出版社1993年版，第599页。
④ 《师伏堂未刊日记》，《湖南历史资料》1959年第1期，第105页。

人杰地灵，大儒迭起，前不见古人，后不见来者，宏识孤为，涵今茹古，罔不有独立自由之思想，有坚强不磨之志节。湛深古学而能自辟蹊径，不为古学所囿。义以淑群，行必厉己，以开一代之风气，盖地理使其然也。"① 林增平先生则以为是移民因素养成湖南人的开拓精神使然。② 原因当然是多方面的，但曾国藩及其湘军改变了湖南人的精神，却是湖南人才崛起的重要原因和契机。

曾国藩及其湘军人物，以乡村士人身份，创建湘军，最终造成平定东南半壁河山之事功，更造成湖南人慷慨悲歌、敢为人先的精神特质，造成近代湖南人文荟萃之盛况。一方面，湘军本身出现了大批人才，所谓"楚省风气，近年极旺，自曾涤生领军后，概用楚勇，遍用楚人。各省共总督八人，湖南已居其五：直隶刘长佑、两江曾国藩、云贵劳崇光、闽浙左宗棠、陕甘杨载福是也。巡抚曾国荃、刘蓉、郭嵩焘皆楚人也，可谓盛矣。至提镇两司，湖南北者，更不可胜数。曾涤生胞兄弟两人，各得五等之爵，亦二百余年中所未见。"③ 正如谭其骧先生所云："清季以来，湖南人才辈出，功业之盛，举世无出其右。"④ 另一方面是造成了湖南人以天下为己任的精神，就如清末湘籍志士杨笃生所说："咸同以前，我湖南人碌碌无所轻重于天下，亦几不知有所谓对天下之责任。知所谓对天下之责任者，当自洪杨之难始。"⑤

特别是在同治、光绪年间，湖南人以天下为己任、敢为人先的慷慨之气达到极点：

> 振支那者惟湖南，士民勃勃有生气，而可侠可仁者惟湖南。⑥
> 万物昭苏天地曙，要凭南岳一声雷！⑦

---

① 钱基博：《湖南近百年学风》，岳麓书社1985年版，第1页。
② 参见林增平《近代湖湘文化试探》，《林增平文存》，中华书局2006年版，第90页。
③ 张集馨：《道咸宦海见闻录》，中华书局1981年版，第377页。
④ 谭其骧：《中国内地移民史——湖南篇》。
⑤ 杨笃生：《新湖南》，《辛亥革命前十年时论选集》（第1卷），下册，生活·读书·新知三联书店1977年版。
⑥ 《唐才常集》，中华书局1982年版，第178页。
⑦ 《谭嗣同全集》，中华书局1981年版，第490页。

中国如今是希腊，湖南当作斯巴达，中国将为德意志，湖南当作普鲁士。诸君诸君慎如此，莫言事急空流涕，若道中华国果亡，除非湖南人尽死。①

湖南天下之中，而人才之渊薮也……其可以强天下而保中国者，莫湘人若也！②

正是这样一种精神，激励湖南人不断进取，在近代社会始终站在时代的潮头，引领近代社会的发展。湘军之后，湖南又涌现了以谭嗣同、黄兴为代表的资产阶级维新与革命家群体和以毛泽东为代表的无产阶级革命家人才群体，无疑不是这种精神的弘扬。黄兴、宋教仁、陈天华等辛亥革命志士，也大都出身湖南乡村，也是在民族危机的时刻进入新学堂，寻求新知识，成长为资产阶级革命家。同盟会成立时，人数最多的即为湖南籍者，据1905—1907年间在东京加入同盟会的名册统计，湖南籍者为157人；次为四川，127人；再次为广东，112人；湖北106人。③陈天华于革命前广泛鼓动宣传，写成《警世钟》及《猛回头》，对当时的社会更是"哀其不幸，怒其不争"，"大地沉沦几百秋，风烟滚滚血横流。伤心细数当时事，同种何人雪耻仇！"1905年12月8日，写下万余字遗言，"夫空谈谈救国，人多厌闻……以生而多言，或不如死而出少言之有欲乎？"于日本东京大森海湾蹈海自杀。1906年姚宏业亦在上海跳江自杀。对于这种行为，梁启超曾评陈天华曰："君既已一死欲易天下，则后死者益崇，释之而思竟其志，亦义所宜然。"陈天华与姚宏业的棺椁抵湘后，禹之谟冲破当局之阻挠力主公葬二烈士于岳麓山，并挽寄曰："杀同胞是湖南，救同胞亦是湖南，倘中原起义，应是湖南。烈士竟捐生，两棺得赎湖南罪。"后禹之谟被捕入狱，受尽折磨，十指尽断，遍体鳞伤。第二年2月6日被当时酷吏金蓉镜绞杀于靖州西门外，就义前曾用断指写下："躯壳死耳，我志长存！"黄兴为同盟会的创始人之一，为革命事业

---

① 《杨度集》，湖南人民出版社1986年版，第95页。
② 梁启超：《饮冰室合集·文集》第2册，中华书局1989年版，第66页。
③ 冯自由：《革命逸史》第6集，《中国同盟会最初三年会员人名册》。

鞠躬尽瘁，死而后已，革命中断指犹战，黄花岗之役前曾书曰，"丈夫不为情死，不为病死，当为国杀贼死"。蔡锷曾挽寄黄兴曰："以勇健开国，而宁静持身，贯彻实行，是能创作一生者；曾送我海上，忽哭公天涯，惊起挥泪，难为卧床九洲人。"蔡锷戎马一生，亦曾为"四万万人争人格"，孙中山题其为"平生慷慨班都护，万里间关马伏波"。宋教仁喋血宪政是为宪法流血第一人。果真是"广东人革命、江浙人出钱，湖南人流血"。如果对湘籍革命群体形容以"碧血横飞，浩气四塞"亦为不过。真个是"千古英雄巨浪东，壮志未泯吐长虹。石榴五月经如火，谁人思君泪更红"。晚清湖南人的精神和贡献，湖南人的突出作用，还是梁启超说得有代表性："湖南天下之中，而人才之渊薮也，其学者有思斋，船山之遗风，其任侠尚气，与日本摩萨，长门藩士相仿佛，其乡先辈若魏默涂，郭筠仙，曾劼刚先生，为中土言西学者所自出焉。近岁以来，官与绅一气，士与民一心，百废俱举，异于他日。其可以强天下而保中国者，莫湘人若也。"[①]

在湘籍无产阶级革命家群体中，毛泽东、刘少奇、彭德怀等在中华民族灾难深重的深刻，毅然投身革命，为民族独立和人民解放奋斗一生，同时也引领了一代湖南的无产阶级革命家群体。中华人民共和国成立后，在第一届中央人民政府的52名领导人中，湖南籍的有10人，占19.2%。1955年，给长期戎马倥偬，功勋卓著的军事领导人授勋典，在授予元帅的10人里，湖南籍的3人，授大将的10人里，湖南籍的6人，授上将的57人里，湖南籍的19人。这些共和国的元勋、将军们，基本上是都是农家子弟，在湖南乡村的土地上成长，濡染着近代以来湖南人的精神气质，承继着湘人的事功，顺应了马克思主义传播的历史潮流，是为近代湖南乡村社会造就的杰出人才群体。

[①] 梁启超：《饮冰室合集·文集》第2册，中华书局1989年版，第66页。

参考文献

一 史料

1. 李文海、夏明方、黄兴涛主编：《民国时期社会调查丛编》（一编、二编、三编），福建教育出版社2004—2014年版。
2. 孙燕京、张研等：《民国史料丛刊》，大象出版社2012年版。
3. 孙燕京、张研等：《民国史料丛刊》（续编），大象出版社2012年版。
4. 中国近代史资料丛刊：《太平天国》，上海人民出版社、上海书店2000年版。
5. 罗尔纲、王庆成编：《中国近代史资料丛刊续编·太平天国》，广西师范大学出版社2004年版。
6. 中国第一历史档案馆、福建师范大学历史系合编：《中国近代史资料丛刊续编·清末教案》，中华书局2006年版。
7. 沈云龙主编：《近代中国史料丛刊》，正编，台北：文海出版社1966—1973年版。
8. 沈云龙主编：《近代中国史料丛刊》，续编，台北：文海出版社1974—1982年版。
9. 沈云龙主编：《近代中国史料丛刊》，三编，台北：文海出版社1963—1987年版。
10. 中国第二历史档案馆编：《中华民国史档案资料汇编》（第1辑），江苏古籍出版社1979年版。
11. 中国第二历史档案馆编：《中华民国史档案资料汇编》（第2辑），江苏古籍出版社1981年版。

12. 中国第二历史档案馆编：《中华民国史档案资料汇编》（第3辑），江苏古籍出版社1991年版。
13. 中国第二历史档案馆编：《中华民国史档案资料汇编》（第4辑），江苏古籍出版社1991年版。
14. 中国第二历史档案馆编：《中华民国史档案资料汇编》（第5辑），凤凰出版社、江苏古籍出版社1994—2000年版。
15. 李文治编：《中国近代农业史资料》，生活·读书·新知三联书店1957年版。
16. 《曾国藩全集》，岳麓书社2011年版。
17. 中国第一历史档案、中国社会科学院历史研究所编：《清代地租剥削形态》，中华书局1982年版。
17. 刘锦藻：《清朝续文献通考》，杭州古籍出版社1988年版。
18. 尹耕云：《心白日斋集》，台北：文海出版社1969年版。
19. 沈菁士：《春星草堂集》，光绪刊本。
20. 冯子材：《军牍集要》，中国书店1994年版。
21. 易佩绅：《贵东书牍节钞》，光绪十八年（1892）刻本。
22. 《大清会典事例》，嘉庆二十三年刊本。
23. 朱寿朋：《东华续录》，上海集成图书公司1909年版。
24. 王先谦：《同治朝东华续录》，文澜书局，光绪二十四年（1898）刊本。
25. 骆秉章：《骆文忠公奏议》，台北：文海出版社1967年版。
26. 丁日昌：《抚吴公牍》，华文书局股份有限公司1969年版。
27. 徐霸：《未灰斋文集》，国家清史编纂委员会文献丛刊，《清代诗文集汇编》，上海古籍出版社2010年版。
28. 张之洞：《张文襄公全集》，中国书店1990年版。
29. 卞宝第：《卞制军（颂臣）政书》，台北：文海出版社1968年版。
30. 吴敏树：《吴敏树集》，岳麓书社2010年版。
31. 彭泽益：《中国近代手工业史资料》，生活·读书·新知三联书店1957年版。
32. 黄辅辰：《戴经堂日钞》（节录），近代史资料专刊《太平天国资料》，知识产权出版社2013年版。

33. 实业部国贸局编:《中国实业志·湖南省》,宗青图书公司 1934 年版。
34. 李鸿章:《李鸿章全集》,安徽教育出版社 2007 年版。
35. 贺长龄辑:《皇朝经世文编》,台北:文海出版社 1966 年版。
36. 冯和法:《中国农村经济资料续编》,黎明书局 1935 年版。
37. 湖南省政府秘书处:《湖南年鉴》,洞庭印书馆 1936 年版。
38. 《中华年鉴》,中华年鉴社 1948 年版。
39. 张枬、王忍之:《辛亥革命前十年间时论选集》,生活·读书·新知三联书店 1960 年版。
40. 汤志钧编:《康有为政论集》,中华书局 1981 年版。
41. 《湖南资料手册》(1949—1989),中国文史出版社 1990 年。
42. 李杕:《拳祸记》,土山湾印书馆 1905 年版。
43. 《湖南民情风俗报告书·湖南商事习惯报告书》,湖南人民出版社 2010 年版。
44. 《江忠源集·王鑫集》,岳麓书社 2013 年版。
45. 《曾国藩全集》,岳麓书社 2011 年版。
46. 杜文澜等撰:《平定粤匪纪略》,台北:文海出版社 1966 年版。
47. 赵烈文:《能静居日记》,岳麓书社 2013 年版。
48. 戚继光撰,盛冬铃点校:《纪效新书》,中华书局 1996 年版。
49. 王安定:《求厥斋弟子记》,台北:文海出版社 1973 年版。
50. 中国人民大学清史研究所、中国人民大学档案系中国政治制度史教研室合编:《清代的矿业》,中华书局 1983 年版。
51. 李桓:《宝韦斋类稿》,台北:文海出版社 1966 年版。
52. 《湖南实业杂志》,湖南师范大学出版社 2010 年版(光盘版)。
53. 太平天国历史博物馆编:《太平天国史料丛编简辑》,中华书局 1961 年版。
54. 夏震武:《灵峰先生集》,1916 年刊本。
55. 毛祥麟撰,毕万忱点校:《墨余录》,上海古籍出版社 1985 年版。
56. 胡林翼:《胡文忠公遗集》,华联出版社 1965 年版。
57. 朱克敬:《暝庵杂识·暝庵二识》,岳麓书社 1983 年版。
58. 《儒林琐记·雨意消窗录》,岳麓书社 1983 年版。

59. 梁启超：《戊戌政变记》，中华书局1954年版。
60. 《清季教务教案档》，台北"中央研究院"近代史研究所编辑出版。1974—1981年版。
61. 湖南省哲学社会科学研究所编：《唐才常集》，中华书局1980年版。
62. 蔡尚思、方行编：《谭嗣同全集》（增订本），中华书局1981年版。
63. 刘清波编：《杨度集》，湖南人民出版社1986年版。
64. 杨鹏程编：《湖南咨议局文献汇编》，湖南人民出版社2010年版。
65. 王先谦：《葵园自订年谱》，台北：文海出版社1971年版。
66. 赵尔巽编《清史稿》，中华书局1976年版。
67. 李鸿章等撰：光绪朝《大清会典事例》，商务印书馆宣统己酉版。
68. 王韬：《弢园文新编》，生活·读书·新知三联书店1988年版。
69. 《圣祖仁皇帝圣训》，《景印文渊阁四库全书》上海古籍出版社1988年版。
70. 《世宗宪皇帝圣训》，《景印文渊阁四库全书》，上海古籍出版社1988年版。
71. 《世宗宪皇帝朱批谕旨》，《景印文渊阁四库全书》，上海古籍出版社1988年版。
72. 《钦定大清会典事例》，《续修四库全书》，上海古籍出版社2002年版。
73. 卞颂臣：《抚湘公牍》，《清代兵事典籍档册汇览》（第69册），学苑出版社2005年版。
74. 徐栋编：《保甲书》，安徽师范大学出版社2012年版。
75. 继昌：《行素斋杂记》，上海书店1984年版。
76. 《大清法规大全》，台北：考正出版社1972年版。
77. 李铁明：《湖南自治运动史料选编》，湖南师范大学出版社2012年版。
78. 《清末筹备立宪档案史料》，中华书局1979年版。
79. 湘潭县议事会编：《湘潭城议事会议案》，1913年铅印本，湖南省图书馆藏。
80. 长善城议事会编：《长善城议事会第一次报告书》，1912年铅印本，湖南省社会科学院图书馆藏。

81. 《湖南省政府三十二年七至九月份工作报告》，民国史料丛刊，第126册，大象出版社2009年版。
82. 《湖南省限制私有耕地面积最高额实施办法》，民国史料丛刊，第126册，大象出版社2009年版。
83. 《湖南民情风俗报告书》，湖南教育出版社2010年版。
84. 中国人民大学清史研究所、中国第一历史档案馆合编：《天地会》，中国人民大学出版社1980—1988年版。
85. 《刘坤一遗集》，中华书局1959年版。
86. 中国史学会主编：《中国近代史资料丛刊·戊戌变法》，上海人民出版社2000年版。
87. 《梁启超全集》，北京出版社1999年版。
88. 朱有瓛主编：《中国近代学制史料》，上册，华东师范大学出版社1983—1989年版。
89. 王延熙辑：《皇朝道咸同光奏议》，上海久敬斋1902年版。
90. 陈元晖主编：《中国近代教育史资料——教育行政机构与教育团体》，上海教育出版社2007年版。
91. 国民政府主计处统计局编：《中国土地问题之计量分析》，正中书局1941年版。
92. 国民政府土地委员会编：《全国土地调查报告纲要》，1937年版。
93. 湖南省社会科学院历史研究所编：《湖南历史资料》（第2辑），1980年版。
94. 《湖南文史资料》（第16辑），湖南人民出版社1982年版。
95. 罗元铮：《中华民国实录·文献统计》，吉林人民出版社2005年版。
96. 宋恩荣、章咸编：《中华民国教育法规选编》（修订本），江苏教育出版社2005年版。
97. 张其昀：《蒋总统集》，台湾"国防研究院"，中华大典编印会，1968年版。
98. 秦孝仪：《中华民国重要史料初编——对日抗战时期》续编，中国国民党中央委员会党史委员会。
99. 沈从文：《沈从文全集》，北岳文艺出版社2002年版。

100. 孟广涵：《国民参政会纪实》（上卷），重庆出版社 1985 年版。
101. 中国第一历史档案馆编：《康熙朝汉文朱批奏折汇编》，档案出版社 1985 年版。
102. 李秀成：《忠王李秀成自述》，广西人民出版社 1961 年版。
103. 章有义：《中国近代农业史资料》，生活·读书·新知三联书店 1957 年版。
104. 《张治中回忆录》，中国文史出版社 1993 年版。
105. 湖南省政府秘书处编印：《民国十九年度湖南省县政府报告》，1931 年编印。
106. 湖南名人家谱丛刊：《麦田胡氏族谱》卷二，《祠堂志》，全国图书馆文献缩微复制中心。
107. 《蓝山县氏族祠祀调查表》，湖南省图书馆藏。
108. 庄吉发：《清代天地会源流考》，台北"故宫博物院" 1981 年版。
109. 张振鹤、丁原英：《清末民变年表》（上、下）《近代史资料》，（总第 49、50 号），中国社会科学出版社 1982 年版。
110. 明亮、纳酥泰等：《钦定中枢政考》，上海古籍出版社 2002 年版。
111. 马建石、杨育棠主编，吕立人等编撰：《大清律例通考校注》，中国政法大学出版社 1992 年版。
112. 故宫博物院编，（清）李宗等修：《户部则例》，海南出版社 2000 年版。
113. 陈绍闻主编：《中国近代经济文选》，上海人民出版社 1984 年版。
114. 赵靖、易梦虹主编：《中国近代经济思想资料选辑》，中华书局 1982 年版。
115. 《湖南航道史志稿》，湖南省航务管理局办公室印，1986 年。
116. 《毛泽东早期文稿》，湖南人民出版社 2008 年版。
117. 《湖南民情风俗报告书·湖南商事习惯报告书》，湖南人民出版社 2010 年版。
118. 朱熹：《楚辞集注》，上海古籍出版社 1979 年版。
119. 杨奕青、唐增烈：《湖南地方志中的太平军史料》，岳麓书社 2010 年版。

120. 刘禹锡：《刘禹锡集》，商务印书馆 2007 年版。
121. 杨恩寿：《坦园日记》，上海古籍出版社 1983 年。
122. 樊锥：《樊锥集》，中华书局 1984 年版。
123. 冯自由：《革命逸史》，中华书局 1981 年版。
124. 朱羲农、朱保训编纂：《湖南实业志》，湖南人民出版社 2008 年版。
125. 傅角今编著：《湖南地理志》，雷树德校点，湖南教育出版社 2008 年版。
126. 曾赛丰、曹有鹏编：《湖南民国经济史料选刊》，湖南人民出版社 2009 年版。
127. 中华续行委办会调查特委会编：《中华归主：中国基督教事业统计》，中国社会科学院世界宗教研究所印行，1985 年。
128. 湖南省财政厅：《湘鄂西湘鄂川黔革命根据地财政经济史料摘编》，湖南人民出版社 1988 年版。
129. 《中央革命根据地史料选编》，江西人民出版社 1982 年版。
130. 江西妇女联合会、江西省档案馆选编：《江西苏区妇女运动史料选编》，江西人民出版社 1982 年版。
131. 罗玉明：《湖南抗日救亡运动史料》，湖南人民出版社 2011 年版。
132. 中共平江县委党史办编：《平江革命历史文献资料汇编》（内部资料），1983 年 9 月。
133. 江西省档案馆编：《湘赣革命根据地史料选编》，江西人民出版社 1984 年版。
134. 中共郴县党史办编：《中共郴县党史大事记》（内部资料）。
135. 《湘鄂赣革命根据地》，中共党史资料出版社 1991 年版，第 303 页。
136. 国民政府内政部人口局：《人口统计》，中华年鉴社 1948 年印行。
137. 丁世良、赵放主编：《中国地方志民俗资料汇编》（中南卷），北京图书馆出版社 1991 年版。
138. 曾继梧主编：《湖南各县调查笔记》，民国二十年（1931）长沙和键印刷公司铅印本。
139. 冯和法：《中国农村经济资料续编》，黎明书局 1935 年版。
140. 湖南省博物馆编：《湖南全省第一次工农代表大会日刊》，湖南人民出版社 1979 年版。

141. 《辛亥革命前十年时间论选集》，生活·读书·新知三联书店 1978 年版。

145. 徐秀丽主编：《中国近代乡村自治法规选编》，中华书局 2004 年版。

146. 于峥嵘：《中国农民问题研究资料汇编（1912—1949)》（第 1 卷），中国农业出版社 2007 年版。

147. 张叔复：《湘鄂赣革命根据地文献资料》（第 2 辑），人民出版社 1985 年版。

148. 中共中央党史研究室第一研究部编：《共产国际、联共（布）与中国革命档案资料丛书》，中共中央文献出版社 2002 年版。

149. 丁世良、赵放：《中国地方志民俗资料汇编·中南卷》（上卷），北京图书馆出版社 1991 年版。

150. 舒新城：《中国近代教育史资料》，人民教育出版社 1981 年版。

151. 朱孔彰：《中兴将帅别传》，岳麓书社 1989 年版。

152. 湖南师院历史系编：《湘鄂川黔革命根据地调查资料》，1960 年 7 月，湖南省社科院图书馆藏。

153. 财政科学研究所编：《革命根据地的财政经济》，中国财政经济出版社 1985 年版。

154. 《新民学会资料》，人民出版社 1980 年版。

156. 江西省档案馆选编：《湘赣革命根据地史料选编》，江西人民出版社 1984 年版。

157. 复旦大学法律系、福建省档案馆编：《中华苏维埃共和国法律文件选编》，江西人民出版社 1984 年版。

158. 中央档案馆编：《中国共产党第二次至第六次全国代表大会文件汇编》，人民出版社 1981 年版。

159. 中央档案馆编：《中共中央文件选集》，中共中央党校出版社 1989 年版。

160. 《陈独秀文章选编》，生活·读书·新知三联书店 1984 年版。

161. 湖南省社会科学院、武汉师范学院历史系、宜春地区史料征集办：《湘鄂赣苏区史稿》，湖南人民出版社 1982 年版。

162. 湘鄂西湖南苏区革命文化史料编委会：《湘鄂西湖南苏区革命文化史料选编》，湖南省常德市石门县印刷厂印制，1992 年。
163. 江西省妇女联合会编：《女英自述》，江西人民出版社 1988 年版。
164. 《第一次国内革命战争时期的农民运动资料》，人民出版社 1983 年版。
165. 荣孟源：《中国国民党历次代表大会及中央全会资料》，光明日报出版社 1985 版。
167. 《中国共产党编年史》编委会：《中国共产党编年史（1927—1936）》，山西人民出版社 2002 年版。
168. 中央档案馆、江西档案馆编：《江西革命历史文件汇集（1932 年）》，1992 年。
169. 厦门大学法律系、福建省档案馆选编：《中华苏维埃共和国法律文件选编》，江西人民出版社 1984 年版。
170. 赣南师范学院、江西教育科学研究所编：《江西苏区教育资料汇编》，赣南师范学院、江西教育科学研究所印行，1985 年。
171. 中共湖南省党史委：《湖南人民革命史——新民主主义革命时期》，湖南出版社 1991 年版。
172. 罗玉明：《湖南抗日救亡运动史料》，湖南人民出版社 2011 年版。
173. 中国人民政治协商会议湖南省委员会文史委员会编：《湖南近 150 年史事日志（1840—1990）》，湖南人民出版社 1993 年版。
174. 谭仲池：《长沙通史》（现代卷），湖南教育出版社 2013 年版。
198. 中国人民政治协商会议政协茶陵县委员会文史资料研究委员会编印：《茶陵文史》，1989 年。

二　地方志、档案

1. 卞宝第、李瀚章修，曾国荃、郭嵩焘等纂：《湖南通志》，光绪十一年本，台北：华文书局 1967 年版。
2. 邓以权修，雷飞鹏等纂：《蓝山县图志》，民国二十二年刊本。
3. 余良栋修，刘凤苞纂：《桃源县志》，光绪十八年刊本。
4. 陈家榆等修，王闿运等纂：《湘潭县志》，光绪十五年刊本。

5. 罗庆芗修，彭玉麟等纂：《衡阳县志》，同治十一年刊本。
6. 陈吴萃等修，姚炳奎纂：《邵阳县乡土志》，光绪三十三年刊本。
7. 盛镒源修，戴联璧等纂：《城步县志》，同治七年刊，民国十九年重刊本。
8. 阙名撰：《辰州府义田总记》，道光间刊本。
9. 徐淦等修，江晋光等纂：《醴陵县志》，同治九年刊本。
10. 符为霖修，刘沛纂，何梦熊等辑补：《龙山县志》，同治九年修，光绪四年重刊本。
11. 林葆元等修，申正扬等纂：《石门县志》，同治七年刊本。
12. 刘华邦修，唐为煌纂：《江华县志》，同治九年刊本。
13. 傅熊湘纂修：《醴陵乡土志》，民国十五年排印本。
14. 曾钰纂修：《宁远县志》，嘉庆十七年刊本。
15. 孙炳煜修，黄世昌等纂：《重修会同县志》，光绪二年刊本。
16. 嵇有庆修，魏湘等纂：《续修慈利县志》，同治八年刊本。
17. 张大煦修，欧阳泽闿纂：《宁远县志》，光绪元年刊本。
18. 周来贺纂修：《桑植县志》，同治十一年刊本。
19. 苏益馨修，梅峄等纂：《石门县志》，嘉庆二十三年刊本。
20. 盛赓修，许清源纂：《道州志》，光绪三年刊本。
21. 田兴奎等修，吴恭亨等纂：《慈利县志》，民国十二年排印本
22. 金蓉镜等纂辑：《靖州乡土志》，光绪三十四年刊本。
23. 黄心菊修，胡元士等纂：《东安县志》，光绪二年刊本。
24. 吕恩湛等修，宗绩辰纂：《永州府志》，道光八年刊本。
25. 吕肃高修，张雄图等纂：《长沙府志》，乾隆十二年刊本。
26. 黄文琛等纂修：《清邵阳县志》，光绪二年刊，民国二十三年重印本。
27. 黄宅中等修，邓显鹤等纂：《宝庆府志》，道光二十九年修，民国二十三年重印本。
28. 孙炳煜等修，张钊等纂：《华容县志》，光绪八年修，民国十九年重排印本。
29. 张之觉修，周龄等纂：《澧县县志》，民国二十八年刊本。
30. 王熛纂修：《安乡县志》，民国二十五年手抄本。

31. 王闿运等修，张修府等纂：《清泉县志》，同治八年刊本。

32. 于学琴等修，宋世煦纂：《耒阳县志》，光绪十一年刊本。

33. 唐荣邦修，周作翰等纂：《酃县志》，同治十二年刊本。

34. 嵇有庆修，刘沛纂：《零陵县志》，光绪二年修，民国二十年补刊本。

35. 陈玉祥修，刘希关等纂：《祁阳县志》，同治九年刊本。

36. 赵文在等修，易文基等纂：《长沙县志》，嘉庆十五年刊，二十二年增补本。

37. 陈必闻修，范大湴等纂：《汝城县志》，民国二十一年刊本。

38. 刘华邦修，郭岐勋等纂：《桂东县志》，同治五年修，民国十四年重印本。

39. 王彬等修，雷飞鹏等纂：《嘉禾县图志》，民国二十七年刊本。

40. 俞克振修，梅峰纂：《晃州厅志》，道光五年修，民国二十五年重排印本。

41. 郭树馨等修，黄榜元等纂：《兴宁县志》，光绪元年刊本。

42. 王树人修，侯昌铭纂：《永定县乡土志》，民国九年排印本。

43. 吕履恒等纂修：《宁乡县志》，康熙四十一年刊本。

44. 关培钧等修，刘洪泽等纂：《新化县志》，同治十一年刊本。

45. 张厚郿等修，乐明绍等纂：《新田县志》，嘉庆十七年刊，民国二十九年重排印本。

46. 梁葆颐等修，谭钟麟等纂：《茶陵县志》，同治十年重修本。

47. 张修府等纂：《清泉县志》，同治八年刻本。

48. 潘清等纂：《武冈州志》，光绪元年刊本。

49. 张镇南等纂：《宝庆府志》，道光二十五年刊本。

50. 吴绂荣：《嘉禾县志》，同治二年刊本。

51. 《永定乡土志》，民国十年刊本。

52. 民国《慈利县志》，民国十二年刊本。

53. 陈鲲等修，刘谦纂：《醴陵县志》，民国三十七年（1948）铅印本。

54. 同治《长沙县志》，《中国地方志集成》，"湖南府州县志"，第4册。江苏古籍出版社、上海书店、巴蜀书社出版。

55. 光绪《道州志》，《中国地方志集成》，"湖南府州县志辑"，江苏古籍出版社、上海书店、巴蜀书社2009年版。

56. 民国《蓝山县志》,《中国地方志集成》,"湖南府县志辑",江苏古籍出版社、上海书店、巴蜀书社2002年版。

57. 民国《嘉禾县志》,《中国地方志集成》,"湖南府县志辑",江苏古籍出版社、上海书店、巴蜀书社2002年版。

58. 民国《醴陵县志》,《中国地方志集成》,"湖南府县志辑",江苏古籍出版社、上海书店、巴蜀书社2002年版。

59. 民国《溆浦县志》,《中国地方志集成》,"湖南府县志辑",江苏古籍出版社、上海书店、巴蜀书社2002年版。

60. 民国《慈利县志》,《中国地方志集成》,"湖南府县志辑",江苏古籍出版社、上海书店、巴蜀书社2002年版。

61. 同治《茶陵州志》,《中国地方志集成》,"湖南府县志辑",江苏古籍出版社、上海书店、巴蜀书社2002年版。

62. 同治《湘乡县志》,《中国地方志集成》,"湖南府县志辑",江苏古籍出版社、上海书店、巴蜀书社2002年版。

63. 《光绪新宁县志》,岳麓书社2011年版。

64. 曾继辉:《洞庭湖保安湖田志》,岳麓书社2008年版。

65. 黄教镕等:《重修龙阳县志》,光绪元年刻本。

66. 湖南省地方志编纂委员会编:《湖南通鉴》,湖南人民出版社2008年版。

67. 湖南省地方志编纂委员会编:《湖南省志》,湖南人民出版社1982—2000年版。

68. 长沙市地方志编纂委员会:《长沙市志》,湖南人民出版社1999年版。

69. 醴陵市地方志办公室:《醴陵市教育志》,1989年印,湘潭大学图书馆藏。

70. 攸县地方志办公室:《攸县教育志》,1987年印,湘潭大学图书馆藏。

71. 湘潭市地方志编纂办公室编:《湘潭修志有关史料汇编》(内部资料)1987年7月。

72. 郴州地区地方志编纂委员:《郴州地区志》,中国社会出版社1996年版。

73. 沅陵县志编纂委员会：《沅陵县志》，中国社会出版社1993年版。
74. 湖南警务公所编：《湖南警务文件杂存》，湖南省图书馆藏。
75. 《民国蓝山县图志》，江苏古籍出版社、上海书店、巴蜀书社2002年版。
76. 醴陵市志编撰委员会重印：《醴陵县志》（民国版），1987年版。
77. 长沙市地方志编纂委员会：《长沙市志》（第四卷），湖南出版社1999年版。
78. 湘乡县志编纂委员会：《湘乡县志》，湖南人民出版社1993年版。
79. 武冈县志编纂委员会：《武冈县志》，中华书局1997年版。
80. 平江县志编纂委员会：《平江县志》，国防大学出版社1994年版。
81. 浏阳县志编纂委员会：《浏阳县志》，中国城市出版社1994年版。
82. 桂阳县志编纂委员会：《桂阳县志》，中国文史出版社1994年版。
83. 湘乡县志编纂委员会：《湘乡县志》，湖南人民出版社1993年版。
84. 汝城县志编纂委员会：《汝城县志》，湖南人民出版社1997年版。
85. 蓝山县志编纂委员会：《蓝山县志》，中国社会出版社1995年版。
86. 城步县志编纂委员会：《城步县志》，湖南人民出版社1996年版。
87. 零陵县志编纂委员会：《零陵县志》，中国文史出版社1992年版。
88. 攸县县志编幕委员会：《攸县县志》，中国文史出版社1990年版。
89. 湘潭县志编纂委员会：《湘潭县志》，湖南人民出版社1995年版。
90. 新宁县志编纂委员会：《新宁县志》，湖南人民出版社1995年版。
91. 郴县县志编纂委员会：《郴县县志》，中国社会出版社1995年版。
92. 花垣县志编纂委员会：《花垣县志》，生活·读书·新知三联出版社1993年版。
93. 醴陵市志编纂委员会：《醴陵市志》，湖南人民出版社1995年版。
94. 新晃县志编纂委员会：《新晃县志》，生活·读书·新知三联书店1993年版。
95. 衡南县志编纂委员会：《衡南县志》，中国社会出版社1992年版。
96. 新晃县志编纂委员会：《新晃县志》，生活·读书·新知三联书店1993年版。
97. 望城县志编纂委员会：《望城县志》，生活·读书·新知三联书店

1993年版。

98. 宁乡县志编纂委员会：《宁乡县志》，中国大百科全书出版社1995年版。

99. 湘潭市地方志编纂办公室编：《湘潭修志有关史料汇编之八》，清末·民国时期，1987年7月，铅印本，湘潭大学图书馆藏。

100. 《中国国民党湖南省党部民国30—34年工作纲领计划》，湖南省档案馆1—1—43卷。

101. 《中国国民党湖南省党部民国30—34年工作纲领计划》，湖南省档案馆1—1—43卷。

102. 《中国国民党湖南省县市党领导运用县市参议会方案》，湖南省档案馆1—1—102卷。

103. 《中国国民党湖南省党务法规》，湖南省档案馆1—1—27卷。

104. 《中国国民党湖南省党部民国30—34年工作纲领计划》，湖南省档案馆1—1—43卷。

105. 《军机处录副奏折（内政类·道光朝）》，中国第一历史档案馆藏档案，054号。

三　近人著作

1. 陈翰笙、薛暮桥、冯和法合编：《解放前的中国农村》，中国展望出版社1985年版。
2. 钱基博：《近百年湖南学风》，岳麓书社1985年版。
3. 刘泱泱：《近代湖南社会变迁》，湖南人民出版社1998年版。
4. ［德］瓦格勒：《中国农书》，王建新译，商务印书馆1934年版。
5. 彭泽益：《十九世纪后半期的中国财政与经济》，人民出版社1983年版。
6. 张人价：《湖南之谷米》，湖南省经济调查所丛刊，长沙商务印书馆1936年版。
7. 谷兴荣：《湖南科学技术史》，湖南科学技术出版社2009年版。
8. 王国宇：《湖南经济通史》（现代卷），湖南人民出版社2013年版。
9. 秦孝仪：《十年来之中国经济建设》，台北"中央文物供应社"1976

年版。

10. 李会刚：《湖南工业经济发展历史及展望》，湖南人民出版社 1988 年版。

11. 王首道、萧克等：《回忆湘赣根据地》，江西人民出版社 1986 年版。

12. 唐伯藩主编：《浏阳人民革命斗争史》，湖南人民出版社 1989 年版。

13. 胡涤非主编：《茶陵人民革命史》，中共党史出版社 1994 年版。

14. 赵文林：《中国人口史》，人民出版社 1988 年版。

15. 林增平：《林增平文存》，中华书局 2006 年版。

16. 姜涛：《中国近代人口史》，浙江人民出版社 1993 年版。

17. 王勇：《湖南人口变迁史》，湖南出版社 2009 年版。

18. 毛况生主编：《中国人口湖南分册》，中国财政经济出版社 1987 年版。

19. 杨子慧主编：《中国历代人口统计资料研究》，改革出版社 1996 年版。

20. 杨懋春：《近代中国农村社会的演变》，台北：巨流图书公司 1980 年版。

21. 闻钧天：《中国的保甲制度》，商务印书馆 1936 年版。

22. 蒋维乔：《中国佛教史》，上海世纪出版集团 2007 年再版。

23. 李六如：《六十年的变迁》，人民文学出版社 1981 年版。

24. 周谷城：《中国社会史论》，齐鲁书社 1988 年版。

25. 王安定：《湘军记》，岳麓书社 1981 年版。

26. 严中平主编：《中国经济史》，经济管理出版社 2007 年版。

27. 罗尔纲：《太平天国史事考》，生活·读书·新知三联书店 1955 年版。

28. 费孝通：《乡土中国》，上海人民出版社 2006 年版。

29. 王继平等：《晚清人才地理分布研究》，中国社会科学出版社 2012 年版。

30. 冯象钦等：《湖南教育通史》，岳麓书社 2002 年版。

31. 罗尔纲：《湘军兵志》，中华书局 1984 年版。

32. 周锡瑞：《改良与革命》，中华书局 1982 年版。

33. 迟子华：《中国近代流民》（修订版），社会科学文献出版社 2007 年版。

34. 周秋光等：《湖南社会史》，湖南人民出版社 2013 年版。

35. ［日］长野郎：《中国土地制度的研究》，强我译，神州国光社 1932 年版。

36. 张朋园：《湖南现代化的早期进展（1860 年—1916 年）》，岳麓书社 2002 年版。

37. 王亚元：《长沙工人运动大事记》，湖南大学出版社 1988 年版。

38. 陈志让：《军绅政权：近代中国的军阀时期》，生活·读书·新知三联书店 1980 年版。

39. 朱传誉主编：《赵恒惕传记资料》，台北：天一出版社 1979 年版，第一册。

40. 文公直：《最近三十年中国军事史》，民国丛书，第一编，卷 32，上海书店 1989 年版。

41. 林增平：《麓山论史萃编》，湖南人民出版社 1988 年版。

42. 阳信生：《湖南近代绅士阶层研究》，岳麓书社 2010 年版。

43. 张仲礼：《中国绅士》，上海社会科学院出版社 1991 年版。

44. 萧一山：《曾国藩传》，湘潭大学出版社 2011 年版。

45. 王先明：《变动时代的乡绅——乡绅与乡村社会结构变迁（1901—1945）》，人民出版社 2009 年版。

46. 贺跃夫：《晚清士绅与近代社会变迁》，广东人民出版社 1994 年版。

47. 王广义：《近代东北乡村社会研究（1840—1949）》，光明日报出版社 2010 年版。

48. 江沛、王先明主编：《近代华北区域社会史研究》，天津古籍出版社 2005 年版。

49. 钱端升等：《民国政制史》，上海人民出版社 2011 年版。

50. 周磊：《湘潭老城故事》，湖南大学出版社 2008 年版。

51. 徐矛：《中华民国政治制度史》，上海人民出版社 1992 年版。

52. 胡次威：《民国县制史》，大东书局 1948 年。

53. 张治中：《张治中回忆录》，文史资料出版社 1985 年版。

54. 陈之迈：《中国政府》，上海书店 1991 年版。

55. 秦谈：《地方自治》，中央陆军军官学校，1935 年版。

56. 魏光奇：《官治与自治》，商务印书馆 2004 年版。

57. 朱汉国、杨群主编：《中华民国史》，四川人民出版社 2006 年版。
58. 阮毅成：《地方自治与新县制》，台北：联经出版社 1978 年版。
59. 黄星辉：《旧长沙府属之佃租关系》，台北：成文出版社 1977 年版。
60. 陈岩松：《中华合作事业发展史》，台湾商务印书馆 1972 年版。
61. 肖栋梁等：《湖南抗日战争史》，湖南教育出版社 1995 年版。
62. 张鼎丞：《中国共产党创建闽西革命根据地》，人民出版社 1979 年版。
63. 计荣：《中国妇女运动史》，湖南出版社 1992 年版。
64. 陈钢、黄惠运、欧阳小华：《湘赣革命根据地全史》，江西人民出版社 2007 年版。
65. 李永芳：《近代中国农会研究》，社会科学文献出版社 2008 年版。
66. 何友良：《中国苏维埃区域社会变动史》，当代中国出版社 1996 年版。
67. 陈钢：《湘赣革命根据地全史》，江西人民出版社 2007 年版。
68. 郑长裕：《闽北革命史》，人民出版社 1992 年版。
69. 姜涛：《中国近代人口史》，浙江人民出版社 1993 年版。
70. 李金铮：《近代中国乡村社会经济探微》，人民出版社 2004 年版。
71. 郝锦花：《新旧学制更易与乡村社会变迁》，人民出版社 2009 年版。
72. ［日］山田贤：《移民的秩序——清代四川地域社会史研究》，曲建文译，中央编译出版社 2011 年版。
73. 高石钢：《高利贷与 20 世纪西北乡村社会》，中国社会科学出版社 2011 年版。
74. 邓慧君：《甘肃近代社会史》，甘肃人民出版社 2007 年版。
75. 姚曙光：《乡土社会动员》，南京大学出版社 2015 年版。
76. 严昌洪：《20 世纪中国社会生活变迁史》，人民出版社 2007 年版。
77. 费孝通：《美国与美国人》，生活·读书·新知三联书店 1985 年版。
78. 徐扬杰：《中国家族制度史》，武汉大学出版社 2012 年版。
79. 陈宝良：《中国的社与会》，浙江人民出版社 1996 年版。
80. 彭先国：《湖南近代秘密社会研究》，岳麓书社 2001 年版。
81. 周振鹤撰集、顾美华点校：《圣谕广训：集解与研究》，上海书店出版社 2006 年版。
82. 张晋藩：《中国民法通史》，福建人民出版社 2003 年版。

83. 人民出版社编辑部：《新区土地改革前的农村》，人民出版社 1951 年版。
84. 蒋介石：《中国之命运》，正中书局 1943 年版。
85. 李维汉：《回忆与研究》（上册），中共党史出版社 2013 年版。
86. 李永芳：《近代中国农会研究》，社会科学文献出版社 2008 年版。
87. 田伏隆：《湖南近 150 年史事日志》，中国文史出版社 1993 年版。
88. 秦孝仪：《抗战建国史料——社会建设（四）》，台北"中央文物供应社"1978 年版。
89. 乔启明：《中国农村社会经济学》，商务印书馆 1947 年版。
90. 李华兴：《民国教育史》，上海教育出版社 1997 年版。
91. 汪曾祺：《忆昔》，江苏人民出版社 2014 年版。
92. 萧栋梁、余应彬：《湖南抗日战争史》，湖南教育出版社 1995 年版。
93. 翟克：《中国农村问题之研究》，中山大学出版部，1933 年版。
94. 林增平、范忠程：《湖南近现代史》，湖南师范大学出版社 1991 年版。
95. 池子华：《中国流民史·近代卷》，安徽人民出版社 2001 年版。
96. 彭先国：《民国湖南土匪史探》，岳麓书社 2002 年版。
97. 湖南史学会：《辛亥革命在湖南》，湖南人民出版社 1984 年版。
98. 于建嵘：《岳村政治——转型期中国乡村政治结构的变迁》，商务印书馆 2001 年版。
99. 卿汝楫：《美国侵华史》，生活·读书·新知三联书店 1952—1957 年版。
100. 乔志强：《中国近代社会史》，人民出版社 1992 年版。
101. 黄强：《中国保甲实验新编》，正中书局 1936 年版。
102. 曾虚白：《中国新闻史》，台北：三民书局 1966 年版。
103. 丁淦林：《中国新闻事业史》，高等教育出版社 2002 年版。
104. 刘哲民：《近现代出版新闻法规汇编》，学林出版社 1992 年版。
105. 方汉奇：《中国新闻事业编年史》，福建人民出版社 2000 年版。
106. 周开庆：《经济问题资料汇编》，台北：文海出版社 1979 年版。
107. 朱翔、周国华、贺清云：《推进湖南城市化进程研究》，湖南大学出版社 2002 年版。

108. 谭仲池：《长沙通史》，湖南教育出版社 2013 年版。
109. 史鹏主编：《湖南公路史》，人民交通出版社 1988 年版。
110. 徐珂：《清稗类钞·风俗类》，中华书局 2010 年版。
111. 粟戡时等：《湖南反正追记》，湖南人民出版社 1981 年版。
112. 王跃年、孙青：《百年风俗变迁》，江苏美术出版社 2000 年版。
113. 张集馨：《道咸宦海闻见录》，中华书局 1981 年版。
114. 李文海等编：《近代中国灾害纪年》，湖南教育出版社 1990 年版。
115. 杨鹏程：《湖南灾荒史（1912—1949）》，中国文史出版社 2007 年版。
116. 宋斐夫：《湖南通史》（现代卷），湖南出版社 1994 年版。
117. 赖文等：《岭南瘟疫史》，广东人民出版社 2004 年版。
118. 中共中央文献研究室、中国井冈山干部学院编：《毛泽东中央革命根据地斗争时期调查文集》，中央文献出版社 2010 年版。
119. 黄星辉：《旧长沙府属之佃租制度》，台北：成文出版社 1977 年版。
120. 郑德荣等编：《毛泽东思想史稿》，甘肃人民出版社 1983 年版。
121. 中共郴州市委党史办：《湘南起义史稿》，湖南人民出版社 1986 年版
122. 财政科学研究所编：《革命根据地的财政经济》，中国财政经济出版社 1985 年版。
123. 费成康主编：《中国的家法族规》，上海社会科学院出版社 1998 年版。
124. 桑植县档案馆编：《桑植革命史》，1959 年，内部资料，湘潭大学图书馆藏。
125. 中共石门县委党史办编：《石门人民革命斗争史》，内部资料，1986 年，湘潭大学图书馆藏。
126. 中共平江县委党史办：《平江人民革命史》，国防大学出版社 1987 年版。

四 论文（期刊论文、硕士论文、博士论文）

1. 刘重来：《乡村建设运动三杰：晏阳初、梁漱溟、卢作孚》，《光明日报》1999 年 1 月 29 日。
2. 王先明：《中国近代乡村史研究及展望》，《近代史研究》2002 年第

2 期。

3. 谭其骧：《论近代湖南人之蛮族血统》，《史学年报》1939 年第 2 卷第 5 期。

4. 何业恒：《洞庭湖区水利事业的历史兴废》，《益阳师专学报》1987 年第 3 期。

5. 陈仲明：《湘中农民状况调查》，《东方杂志》1927 年第 24 卷，第 16 号。

6. 徐幼芝：《湖南农村妇女教育及生活调查报告》，《农村建设》1940 年第 2 卷第 1 期。

7. 佚名：《益阳工商业调查》，《工商半月刊》1934 年第 6 卷，第 15 号。

8. 姚顺东：《地方政府与近代湖南农业转型》，《武陵学刊》2012 年第 2 期。

9. 余籍传《湖南省之经济建设》，《实业部月刊》1937 年第 2 卷第 2 期。

10. 潘劲：《民国时期农村合作社的发展与评价》，《中国农村观察》2002 年第 2 期。

11. 丁鹏翥：《湖南之合作事业》，《经济季刊》1942 年第 1 卷第 1 期。

12. 《浏阳经济概况》，《湖南省银行经济季刊》1944 年第 1 卷第 6 期。

13. 姚顺东：《近代湖南农贷事业发展研究》，《求索》2011 年第 11 期。

14. 姚溥荪：《湖南之合作金融》，《湖南省银行经济季刊》1944 年第 1 卷第 7 期。

15. 《一年来的湘政》，《湖南省政府公报》1947 年 5 月 3 日，第 47 期。

16. 周敬德：《湘赣根据地茶陵工人运动情况》，《湖南工运史研究资料》1986 年第 3 期。

17. 刘普庆、易雨华：《土地革命时期的攸县情况概述》，《攸县史志通讯》1983 年第 4 期。

18. 赵效民：《土地革命时期的根据地合作社商业》，《财贸经济》1983 年第 2 期。

19. 姜涛：《清代人口统计制度与 1741—1851 年间的中国人口》，《近代史研究》1990 年第 5 期。

20. 彭辉：《近代湖南人口及其变迁》，硕士学位论文，湖南师范大学，

2006 年。

21. 肖栋梁：《战时湖南人口伤亡考略》，《抗战史料研究》2013 年第二辑（总第 4 辑）。
22. 陈长蘅：《清末民政部户口调查之新研究》，《统计月刊》，上海黎明书局 1934 年版。
23. 向警予：《女子解放与发行之商榷》，《少年中国》1927 年第 2 期。
24. 谭件国：《近代湖南宗族研究》，硕士学位论文，湖南师范大学，2007 年。
25. 陈益元：《民国时期国民党农村基层政权建设：制度与实践的脱节——以湖南省醴陵县为中心的考察》，《中国农史》2008 年第 1 期。
26. 唐忠毛：《中国佛教的衰落及其原因略考》，《佛教研究》2010 年总第 19 期。
27. 许效正：《清末民初（1895—1916）湖南的庙产兴学运动》，《兰台世界》2013 年第 6 期。
28. 杨豪：《回顾与思考：中国近代乡村社会分层与社会流动研究述评》，《民国档案》2012 年第 3 期。
29. 吴承明：《论清代前期我国国内市场》，《历史研究》1983 年第 1 期。
30. 伍春辉：《近代湖南留日热潮与湖南新教育》，《当代教育论坛》2008 年第 3 期。
31. 皮锡瑞：《伏师堂未刊日记》，《湖南历史资料》1958 年第 4 期。
32. 任忠道：《湖南省安乡县湖田区域中的农田经营》，《中国农村》1935 年第 1 卷第 5 期。
33. 农业部中央农业试验所：《乡村教育调查》，《农情报告》1936 年第 9 期。
34. 姜朝晖、朱汉国：《民国时期乡村教师的生存状况》，《史学月刊》2015 年第 5 期。
35. 岑生平：《咸丰同治朝湖南的财政政策》，《求索》1993 年第 2 期。
36. 郑亦芳：《清代团练的组织与功能》，《中国近现代史论集》，第 33 辑，台湾商务印书馆 1986 年版。
37. 张研：《清代县以下行政区划》，《安徽史学》2009 年第 1 期。

38. 孙海泉：《清代地方基层组织研究》，博士学位论文，中国社会科学院，2002年。

39. 魏光奇、丁海秀：《清末至北洋政府时期区乡行政制度考略》，《北京师范大学学报》（社会科学版）2004年第2期。

40. 周健：《清代中后期田赋征收中的书差包征》，《中国社会历史评论》，第十三卷，2012年。

41. 郭晓灵：《清代湖南义学研究》，硕士学位论文，湖南师范大学，2014年。

42. 王日根、陈瑶：《晚清湘潭民仓与地方政治的变迁——基于〈湘潭积谷局志〉的分析》，《社会学研究》2009年第5期。

43. 王先明、尤永斌：《略论晚清乡村社会教化体系的历史变迁》，《史学月刊》1999年第3期。

44. 刘国习：《辛亥前后湖南地方自治运动探略（1908—1914）》，《重庆师范大学学报》（哲学社会科学版）2014年第1期。

45. 刘宗让、郝琦：《大革命时期国共土地政策及其比较》，《延安大学学报》（社会科学版）2000年第2期。

46. 刘培平：《论中国共产党关于划分农村阶级标准的形成》，《山东大学学报》（哲学社会科学版）1992年第3期。

47. 董志凯：《关于我国土地斗争中的划阶级问题》，《近代史研究》1984年第3期。

48. 温锐：《试论党在中央苏区土地革命中划分阶级的标准》，《江西师范大学学报》（哲学社会科学版）1987年第1期。

49. 孙伟、张庆杭：《试论湘鄂赣苏区的教育工作》，《井冈山大学学报》（社会科学版）2012年第4期。

50. 谢开贤：《中华苏维埃共和国的社会建设研究》，硕士学位论文，湖南师范大学，2012年。

51. 王永乐、刘妮妮、宣跃文：《试论大革命时期农民协会的发展状况》，《党史文苑·学术版》2007年第4期。

52. 张庆杭：《中央苏区时期群众组织研究》，《鸡西大学学报》2012年第11期。

53. 柏台：《今年选举的初步总结》，《红色中华》第 139 期，《红藏》，湘潭大学出版社 2014 年版。

54. 卓夫、博生：《梅江区的选举运动》，《红色中华》第 122 期，《红藏》，湘潭大学出版社 2014 年版。

55. 何友良：《苏区社会格局中的社团组织》，《地方文化研究》2013 年第 1 期。

56. 周荣：《中国传统社会晚期的"乡土互助圈"与农村社会保障——以两湖地区为中心》，载《近代史辑刊》，华中师范大学出版社 2007 年版。

57. 闵杰：《戊戌学会考》，《近代史研究》1995 年第 3 期。

58. 闵杰：《戊戌维新时期不缠足运动的区域、组织和措施》，《贵州社会科学》1993 年第 6 期。

59. 朱英：《辛亥革命前的农会》，《历史研究》1991 年第 5 期。

60. 苏全有、张超：《清末宣讲所探析》，《河南理工大学学报》（社会科学版）2014 年第 15 卷第 2 期。

61. 杨婉蓉：《试论民国时期农村宗族的变迁》，《广东社会科学》2002 年第 2 期。

62. 林源西：《近代两湖族田研究》，硕士学位论文，南京师范大学，2011 年。

63. 傅建成：《新民主主义革命时期中共宗族政策、行为分析》，《历史教学》2001 年第 1 期。

64. 王奇生：《论国民党改组后的社会构成与基层组织》，《近代史研究》2000 年第 2 期。

65. 王奇生：《战时国民党党员与基层党组织》，《抗日战争研究》2003 年第 4 期。

66. 王颖：《抗战时期国共两党基层党组织建设比较研究》，博士学位论文，东北师范大学，2015 年。

67. 钟永兴：《近代湖南集市贸易的发展》，《求索》1998 年第 1 期。

68. 谷小水：《抗战时期的国民精神总动员运动》，《抗日战争研究》2004

年第1期。

69. 孟维宪：《洞庭湖滨之农民生活》，《东方杂志》，第33卷8号，1936年4月刊。

70. 杨军民：《近代湖南社会问题及其治理》，硕士学位论文，湖南师范大学，2005年。

71. 谭件国：《湘军与湖南宗族变迁》，《郑州航空工业管理学院学报》（社会科学版）2008年第4期。

72. 安井正太郎：《湖南》，《湖南历史资料》1958年第4期。

73. 王继平：《太平天国时期的湖南社会》，《求索》2016年第3期。

74. 隆鸿昊：《抗战时期湖南兵役初探》，《抗日战争研究》2013年第3期。

75. 余籍传：《湖南省之经济建设》，《实业部月刊》1937年第2期。

76. 姚顺东：《地方政府与近代湖南农业转型——以1926—1937年湖南农业政策为研究中心》，《武陵学刊》2012年第2期。

77. 姚溥荪：《湖南之合作金融》，《湖南省银行经济季刊》1944年第1卷第7期。

78. 丁鹏矗：《湖南之合作事业》，《经济季刊》1942年第1卷第1期。

79. 《浏阳经济概况》，《湖南省银行经济季刊》第1卷第6期。

80. 陈仲明：《湘中农民状况调查》，《东方杂志》第24卷第16号。

81. 李小凤：《民国时期湖南宝庆五峰铺市镇经济研究》，吉首大学，2013年。

82. 王朝辉：《试论近代湘西市镇化的发展》，《吉首大学学报》1996年第2期。

83. 方石珊：《中国卫生行政沿革》，《中华医学杂志》1929年第14卷第5期。

84. 致贤：《上旬教育消息·教部颁发乡村小学卫生设施暂行标准》，《教育短波》1936年第70期。

85. 陈增敏、孙海晏：《湘奥旅行见闻录》《地学杂志》第22年第2期。

86. 黄遵宪：《臬宪告示》，《湘报》1898年55号。

87. 唐才常：《书洪文治〈戒缠足说〉后》，《湘报》1898年15号。
88. 谭嗣同：《湖南不缠足会简明章程》，《湘报》1898年30号。
89. 陶菊隐：《长沙辛亥光复后的片段见闻》，《湖南文史资料选辑》第2辑，湖南人民出版社1981年版。
90. 刘国习：《辛亥前后湖南地方自治运动探略（1908—1914）》，《重庆师范大学学报》（哲学社会科学版）2014年第1期。
91. 魏光奇、丁海秀：《清末至北洋政府时期区乡行政制度考略》，《北京师范大学学报》（社会科学版）2004年第2期。

后　　记

本书是我主持的国家社会科学基金项目"近代湖南乡村社会研究（1840—1949）"的结项成果。该项目于 2012 年立项。当时我还担任副校长职务，行政事务较多，难以保持专业上较长时间的专注，思路和想法往往被各种会议、出差等事务打断，工作余暇只能进行资料的搜集和阅读。2015 年 9 月，我辞去行政职务后，开始专心研究这一课题，至 2017 年完成课题，并通过国家社科规划办组织的鉴定。

湖南地方史的研究一直是我从事的研究方向之一。在本科做毕业论文时，我选择了湖南邵东人物贺金声反洋教的题目，为此到邵东县调查，在县文化馆张先生的帮助下，发现了贺金声的未刊遗集《意诚公遗集》等一批资料，以此为材料撰成毕业论文，后来以《贺金声起义述论》发表，这是我第一篇学术论文，也是研究湖南地方史的第一篇论文。1982 年初，我毕业留校任助教，指导老师崇汉玺先生建议科研方向不妨考虑以地方史为切入点。在地方高校工作，地方史料比较容易猬集，研究有自己的特色。因此，我先后就太平天国在湖南、湖南教案、湖南辛亥革命等方面进行研究，研究生毕业以后，开始专注于湘军研究。并在 1998 年获得教育部人文社会科学研究项目《湘军集团与晚清湖南》。

从 1982 年开始专注湖南历史研究，到 2012 年本课题立项，30 年过去了。这个课题，既是我近三十年湖南地方史研究的总结，也是湖南地方史研究的深入。湖南在近代中国是具有重要地位的省份。鸦片战争后提出"师夷之长技以制夷"思想的湖南人邵阳人魏源，从实践上实现"师夷长技"思想的是湖南人曾国藩、左宗棠等人；太平天国金田起义后发展壮大、由弱变强是在向南京进军的湖南途中。在湖南，太平军建立了劲旅"土营"和"水营"，吸收了湖南的贫苦民众和会党群众，由蓑衣渡失败后的数万之众发展为二十余万。同样，镇压太平天国起义，为清政府克复东南半壁江山的也是由湖南人组建的湘军完成的。维新运动时期，湖南人谭嗣同、唐才常、熊希龄在梁启超等维新人士的帮助下，使湖南变成最有生气的省份。辛亥革命时期，包括湖南在内的两湖志士，成为孙中山民主革命的先锋，涌现了黄兴、宋教仁、陈天华等一大批革命志士，并实现了对武昌起义的首先相应。进入新民主主义革命时期，湖南更是风云际会，人文荟萃。湘籍无产阶级革命家群体的崛起，引领了中国革命的方向。20世纪20年代轰轰烈烈的农民运动，成为国民革命运动的一道亮色。湘赣、湘鄂赣、湘鄂西、湘鄂川黔红色革命根据地的建立，使湖南这片热土更充满了神奇的色彩。抗日战争期间，湖南是正面战场进行会战最多、最为惨烈的战场。三次长沙会战、长衡会战、常德会战、湘西会战，谱写了中国抗日战争辉煌的篇章。

湖南近代的崛起，湖南在近代中国的重要地位，是与湖南社会这一土壤分不开的，20世纪90年代初，我曾经撰写《论湘军兴起的社会土壤》一文（刊于《史学月刊》1992年第3期），做过初步的探讨。湖南地处内陆，是典型的农业社会。四江一湖（湘、资、沅、澧和洞庭湖）流域的湖南乡村社会，以其雄浑的色调、鲜明的特征构造了近代湖南历史的画卷。

本书试图从近代湖南乡村环境、乡村经济、乡村人口、家庭、宗教与信仰、乡村社会分层与社会流动、乡村社会治理、乡村社会组织与社会动员、乡村社会冲突及社会控制等层面阐释湖南百年变迁及其造成近代湖南崛起的社会因素。马克思说："人们自己创造自己的历史，但是他们并不是随心所欲地创造，并不是在他们自己选定的条件下创造，而是在直接碰到的、既定的、从过去承继下来的条件下创造的。"近代湖南和湖南人以其"先天下之忧而忧"的胸怀、"敢为天下先"的勇气、上下求索的精神，创造了百年辉煌，乃是在湖南社会这一深厚的土壤上创造的。期待本书的解读能够给予读者一定的启迪。

本书在修改过程中，得到中国社会科学院近代史所虞和平先生、左玉河先生，华中师大历史学院朱英先生、何卓恩先生，南京大学历史学院李玉先生的指正，在出版过程中，得到中国社会科学出版社安芳同志的帮助。在此一并致谢。

王继平

2021 年 3 月 28 日